HISTOIRE
DE L'INGÉNIEUX
DON QUICHOTTE
DE LA MANCHE

TRADUITE SUR LE TEXTE ORIGINAL

PAR

FILLEAU DE SAINT-MARTIN

Nouvelle Édition

REVUE ET CORRIGÉE D'APRÈS LES TRADUCTIONS COMPARÉES

Oudin et Rosset, Florian, Bouchon-Dubournial, Delaunay,
F. de Brotonne, etc.

ORNÉE DE HUIT GRAVURES.

PARIS.
D. RENAULT, ÉDITEUR.
—
1845.

IMPRIMERIE LE HAUQUELIN ET BAUTRUCHE, RUE DE LA HARPE, 90.

HISTOIRE

De l'Ingénieux Seigneur

DON QUICHOTTE

DE LA MANCHE

TRADUITE SUR LE TEXTE ORIGINAL

PAR

FILLEAU DE SAINT-MARTIN.

Nouvelle Édition

REVUE ET CORRIGÉE D'APRÈS LES TRADUCTIONS COMPARÉES

DE

Oudin et Rosset, Florian, Bouchon-Dubournial et Delaunay,
F. de Brotonne, etc.

ORNÉE DE HUIT GRAVURES.

PARIS,

B. RENAULT, ÉDITEUR.

1845

PROLOGUE.

Lecteur désœuvré, je n'ai pas besoin de te jurer combien je voudrais que ce livre, comme fils de mon entendement, fût le plus beau, le plus parfait, le plus amusant des livres qu'il se puisse imaginer. Cependant on ne peut changer l'ordre de la nature qui ne fait rien venir de ce qui n'a pas été semé. Que pourrait produire un esprit aussi peu cultivé que le mien, sinon l'histoire d'un enfant maigre, décharné, mal bâti, extravagant et plein de pensées et d'imaginations qui ne sont jamais venues à personne? au surplus cet enfant naquit en prison; de là proviennent toutes ses infirmités, il les doit à la tristesse d'une telle habitation. Le spectacle des beautés champêtres, la sérénité des cieux, le murmure des ruisseaux, la tranquillité de l'esprit, suffisent pour rendre fécondes les muses les plus stériles. Heureux ceux qui en jouissent!

Trop souvent l'amour paternel fascine tellement les yeux d'un père, qu'il regarde comme des grâces les défauts de son enfant. Don Quichotte n'est pas le mien : il n'est que mon fils adoptif; ainsi, cher lecteur, je ne viens point, selon l'usage, te supplier presque la larme à l'œil de pardonner ou dissimuler les défauts que tu remarqueras; d'ailleurs tu n'es ni son parent ni son ami. Libre de ton opinion, souverain maître de ton avis, tu peux le juger à ton gré. Le bien ou le mal que tu diras de lui ne vaudra ni châtiment ni récompense.

J'aurais seulement désiré pouvoir t'épargner le prologue, l'avant-propos, l'introduction, tout ce bavardage inutile dont aucun auteur ne fait grâce. Ma paresse y trouvait son compte : car je t'avoue que cette préface me coûte plus que l'ouvrage. Je ne savais par où commencer; je ne trouvais rien à dire; mon papier restait devant moi;

j'étais appuyé sur mon coude, ma joue dans une main, ma plume derrière mon oreille, quand je fus surpris, ainsi méditant, par un de mes amis, homme d'esprit, qui me demanda ce qui m'occupait. Mon prologue, lui répondis-je : comment voudriez-vous que don Quichotte osât paraître sans prologue? que dirait de moi ce vieux censeur nommé le public, si, après tant d'années de silence, déjà sur le retour de l'âge, je lui présentais un misérable livre sans discours préliminaire, sans érudition, sans remarques ou sans notes marginales? Voyez tous les ouvrages nouveaux; ils sont pleins de citations savantes. Leurs auteurs ont consulté tant de philosophes anciens, qu'ils sont obligés d'en donner une liste alphabétique qui va depuis Aristote jusqu'aux Xénophon et Zénon. Voilà ce qu'un lecteur admire, et tout ce qui fait passer un écrivain pour un homme instruit et disert. A leur exemple, il me faudrait encore, après mon titre, quelques sonnets à ma louange, dont les auteurs fussent des marquis, des ducs, des évêques, des dames, ou des poètes un peu célèbres. Je n'en ai point ; aussi, mon ami, suis-je presque décidé à laisser le seigneur don Quichotte enseveli dans les archives de la Manche, plutôt que de le produire au grand jour, dépourvu d'ornements si nécessaires, et qu'un ignorant comme moi désespère de lui fournir. C'est à cela que je réfléchissais.

A ce discours, mon ami fit un grand éclat de rire. Pardieu, frère, me répondit-il, je vous croyais du bon sens. Comment se peut-il qu'avec l'esprit que je vous connais, vous soyez arrêté par une bagatelle? Ecoutez, je vais aplanir toutes vos difficultés.

Vous désirez d'avoir, comme les autres, au frontispice de votre ouvrage, des sonnets à votre louange, dont les auteurs soient des personnes titrées. Qui vous empêche de les faire vous-même, et de mettre au bas les noms que vous voudrez : par exemple celui du Prêtre-Jean des Indes, ou de l'empereur de Trébisonde? Ce sont de très-grands seigneurs; et j'attesterai qu'ils sont de grands poètes. Si quelque pédant s'avise de vous démentir, que risquons-nous ? la justice ne punit point ces espèces de faux. Quand aux citations, aux remarques que vous seriez bien aise de mettre en marge, apprenez par cœur quelques vers latins, quelques sentences un peu générales, que vous jetterez, à propos de rien, au milieu de votre discours. Vous aurez ainsi un prétexte de citer Homère, Horace, Virgile, les Pères de l'Eglise, et nos modernes les plus connus. Ensuite, pour les écrivains que vous êtes censé avoir consultés, copiez bien exactement les noms de tous les anciens, faites-les imprimer en gros caractères à la fin de votre livre : vous trouverez beaucoup de gens qui croiront que vous les avez lus, et vous aurez à bon marché la réputation d'érudit.

PROLOGUE.

Ce n est pourtant pas qu'à la rigueur vous ne puissiez vous passer de toutes ces belles choses : car votre intention est d'écrire une satire plaisante des livres de chevalerie; or, je ne me rappelle point qu'Aristote en ait fait mention, que saint Basile en ait parlé. Les philosophes, les rhéteurs, les géomètres, les conciles, sont assez étrangers à vos extravagances. Peut-être vous suffirait-il d'imiter parfaitement ce que vous voulez ridiculiser; d'écrire avec un style pur, harmonieux, naturel, précis, des aventures neuves et gaies; de peindre aux yeux ce que vous dites, et d'exprimer clairement ce que vous pensez. Ce mérite est bien peu de chose, j'en conviens. Cependant tâchez que vos écrits intéressent, qu'ils divertissent l'homme mélancolique, qu'ils plaisent au lecteur enjoué, qu'ils n'ennuient point l'ignorant, qu'ils se fassent estimer du sage. Surtout ne perdez point de vue le but que vous vous proposez qui est de détruire l'estime qu'ont usurpée auprès de tant de gens les romans de chevalerie, et, si vous en venez à bout, vous n'aurez point perdu votre temps.

J'écoutais en grand silence ce que me disait mon ami. Ses raisons firent une telle impression sur moi, que, sans les discuter, je les approuvai comme bonnes, et résolus d'en faire la matière de ce prologue dans lequel tu verras cher lecteur, le savoir vivre de mon ami, dont le bon conseil, donné si à propos, t'a fait aborder sans autre préliminaire l'histoire de ce fameux don Quichotte de la Manche, regardé, chez les habitants de la plaine de Montiel, comme le plus chaste des amants, le plus vaillant des chevaliers qui jamais illustrèrent cette contrée. Je ne veux point trop faire valoir le service que je te rends en te faisant connaître un si notable et si honoré chevalier; mais je demande que tu me saches quelque gré de te présenter son illustre écuyer Sancho Pança, qui réunit dans sa personne toutes les grâces écuyères éparses dans l'immense fatras de livres de chevalerie. Dieu te conserve, lecteur, sans m'oublier cependant!

HISTOIRE
DE L'INGÉNIEUX SEIGNEUR
DON QUICHOTTE
DE LA MANCHE.

PREMIÈRE PARTIE.

LIVRE PREMIER.

CHAPITRE PREMIER.

Condition et exercice du fameux don Quichotte.

Dans une province d'Espagne qu'on appelle la Manche, vivait, il n'y a pas longtemps, un gentilhomme, de ceux qui ont une lance au ratelier, une vieille rondache, un roussin maigre, et un chien de chasse. Un morceau de viande dans sa marmite, plus souvent bœuf que vache, le soir, un sal picon du reste du dîner; le vendredi, des lentilles, des œufs au lard le samedi, à la manière d'Espagne, et un pigeon en extra le dimanche, consumaient les trois quarts de son revenu. Le reste était pour la dépense des habits, qui consistaient en un surtout de beau drap avec des chausses de velours, et les mules de même pour les jours de fête; et les autres jours c'était un bon habit du plus fin drap. Il avait chez lui une servante qui passait la quarantaine et une nièce qui n'avait pas encore vingt ans, avec un valet qui servait à la maison et aux champs, qui pansait le roussin, et allait aux bois. L'âge de notre gentilhomme approchait de cinquante ans. Il était d'une complexion robuste, maigre de visage, et le corps sec et décharné; fort matineux et grand chasseur. Quelques-uns lui donnent le surnom de *Quixada* ou *Queseda*. Les jours que notre gentilhomme ne savait que faire (ce qui arrivait pour le moins les trois quarts de l'année), il s'amusait à lire des livres de chevalerie, mais avec tant d'affection et de plaisir, qu'il en oubliait entièrement la chasse et le soin de son ménage. Sa curiosité à cet égard fut portée à ce point, qu'on dit qu'il vendit plusieurs pièces de terre pour acheter des romans, et fit si bien qu'il en remplit sa maison. De cette grande quantité de livres il n'y en avait point qui fût si à son goût que les ouvrages du célèbre Felician de Sylva. Il était enchanté de la pureté de son style, et tous ces galimatias embrouillés lui paraissaient des merveilles ; surtout il ne pouvait se lasser de lire et admirer ses lettres galantes et amoureuses, dont voici un des plus beaux endroits : « La raison de la déraison que vous faites à ma raison affaiblit si fort ma raison, que ce n'est pas sans raison que je me plains de votre beauté ; » et cet autre endroit incomparable, où il est dit : « Les hauts cieux, qui de votre divinité divinement avec les étoiles, vous fortifient, et vous font mériter le mérite que mérite votre grandeur. » Parmi ces beaux raisonnements notre pauvre gentilhomme perdait insensiblement la tête, et il se donnait la torture pour en trouver le sens, les admirant d'autant plus qu'il n'y pouvait rien comprendre. Il ne s'accommodait pas des blessures que don Bélianis faisait et recevait, s'imaginant que, quelque excellents que pussent être les chirurgiens qui les pansait, il ne se pouvait qu'il en restât d'étranges cicatrices. Cependant, il estimait fort l'auteur de ce roman, et il fut plusieurs fois tenté d'achever son livre, bien qu'il eût laissé inachevé le récit d'une admirable aventure. Il l'aurait fait sans doute, s'il n'avait point eu d'autres fantaisies dans la tête. Il avait souvent des disputes avec le curé de son endroit, homme de lettres et gradué Sigüence, sur la préférence entre Palmerin d'Olive et Amadis de Gaule ; mais maître Nicolas, barbier du même lieu, soutenait que nul chevalier n'approchait de celui du soleil, et que, s'il y en avait qui pût entrer en comparaison avec lui, ce ne pouvait être que don Galaer, frère d'Amadis, qui était un homme accompli en toutes choses, et non pas un pleureux et un délicat comme Amadis, à qui au reste il ne cédait en rien en fait de chevalerie. En un mot, notre gentilhomme s'acharna si fort à sa lecture, qu'il y passa les jours et les nuits ; si bien qu'à force de lire et de ne point dormir, il se desséha le cerveau au point d'en perdre le jugement. Il se remplit l'imagination de toutes les fadaises qu'il avait lues, et on peut dire que ce n'était plus qu'un magasin d'enchantements, de querelles, de défis, de combats, de batailles, de blessures, d'amours, de plaintes amoureuses, de tourments, de souffrances et de disparates semblables. Il s'imprima encore si bien dans l'esprit tout ce qu'il avait lu dans ces romans, qu'il ne croyait pas qu'il y eût d'histoire au monde plus véritable. Il disait que le Cid Ruy Das avait été fort bon chevalier, mais qu'il n'y avait pas de comparaison entre lui et le chevalier de l'Ardente Epée, qui d'un seul revers avait pourfendu deux géants de grandeur effroyable. Il estimait beaucoup Bernard de Copio, parce que dans la plaine de Roncevaux, il était venu à bout de Roland enchanté, se servant de l'adresse d'Hercule, qui étouffa entre ses bras Anthée, ce prodigieux fils de la Terre. Il parlait aussi très-avantageusement du géant Morgan, qui, pour être de cette orgueilleuse et discourtoise race de géants, était cependant civil et affable. Mais il n'y en avait pas qu'il aimât autant que Renaud de Montauban, surtout quand il le voyait sortir de son château et détrousser tout ce qu'il rencontrait, et, lorsqu'en Barbarie il déroba cette idole de Mahomet, qui était toute d'or à ce que dit l'histoire. Quant au traître Ganelon, il eût volontiers donné sa servante et sa nièce, pour pouvoir lui donner cent coups de pieds dans le ventre. Enfin, l'esprit déjà troublé, il lui vint à l'imagination la plus étrange pensée dont jamais fou se soit avisé. Il crut ne pouvoir mieux faire pour le bien de l'état, et pour sa propre gloire, que de se faire chevalier errant, et d'aller par le monde chercher des aventures, réparant toute sorte d'injustices, et s'exposant à tant de dangers, qu'il en acquierra un renom immortel. Le pauvre gentilhomme se voyait déjà couronné par la force de son bras, et c'était le moins à quoi il pût prétendre, que l'empire de Trébisonde. Parmi ces agréables pensées, emporté du plaisir qu'il y prenait, et enflé d'espérance, il ne songea plus qu'à exécuter promptement ce qu'il souhaitait avec tant d'ardeur.

La première chose qu'il fit fut de fourbir des armes qui avaient appartenu à son bisaïeul, et que la rouille mangeait depuis longtemps dans un coin de sa maison. Il les nettoya et les redressa le mieux qu'il put; mais, voyant qu'au lieu du casque complet il n'y avait que le simple morion, il y suppléa avec du carton, et, attachant le tout ensemble, il s'en fit une espèce de casque, ou quelque chose au moins qui en avait l'apparence. Mais il arriva que, voulant éprouver si cette coiffure résisterait au tranchant de l'épée, il tira la sienne et brisa du premier coup ce qu'il avait eu bien de la peine à faire en huit jours. Cette grande facilité de se rompre ne lui plut pas dans un armet, et pour remédier à cet inconvénient, il le refit de nouveau, et mit par dedans de petites bandes de fer, en sorte qu'il en fut satisfait; et, sans en faire d'autre expérience, il le tint pour une armure de fine trempe et à l'épreuve. Il pensa ensuite à son cheval, et quoiqu'il eût autant de javarts que de jambes, et que le pauvre animal n'eût que la peau et les os, il lui parut en si bon état, qu'il ne l'eût pas changé pour le Bucéphale d'Alexandre ou le Babieça du Cid. Il fut quatre jours à chercher quel nom il lui donnerait, parce qu'il n'était pas raisonnable, disait-il en lui-même, que le cheval d'un si fameux chevalier fût sans nom. Il essayait de lui en composer un qui pût faire connaître ce qu'il avait été avant que d'être cheval d'un chevalier errant, et ce qu'il était alors. Il croyait surtout que le maître ayant changé d'état, il était bien juste que le cheval prît un nom convenable à sa nouvelle profession. Après avoir bien rêvé, tourné, ajouté, diminué, fait et défait, enfin il le nomma Rossinante, nom ronflant, significatif, et bien digne du premier rossin du monde. Ayant trouvé un si beau nom à son cheval, il pensa aussi à s'en donner un à lui-même, et après avoir passé huit autres jours à rêver, il se nomma enfin don Quichotte; ce qui a fait croire aux auteurs de cette véritable histoire qu'il devait s'appeler Quixada, et non Quesada, comme d'autres l'ont dit. Mais notre héros se ressouvenant que le vaillant Amadis ne s'était pas contenté de son nom, et qu'il y avait encore ajouté celui de sa patrie et de son royaume pour les rendre plus célèbres, et s'était nommé Amadis de Gaule, ajouta pareillement au sien celui de son pays, et s'appela don Quichotte de la Manche, croyant par là que sa famille et le lieu de sa naissance allaient être connus et recommandables par toute la terre. Ayant donc bien fourbi ses armes, de son morion fait une salade entière, donné un beau nom à son cheval, et en ayant pris un illustre pour lui-même, il crut qu'il ne lui manquait plus rien que de chercher une dame à aimer, parce que le chevalier errant sans amour est un arbre sans feuilles et sans fruits, un corps sans âme. Si par malheur, se disait-il, ou plutôt par bonheur, je viens à me rencontrer avec quelque géant, comme il arrive d'ordinaire aux chevaliers errants, et que du premier coup je l'abatte par terre, ou que je le fende par la moitié, enfin que je le vainque, ne sera-t-il pas bon d'avoir à qui en faire présent, et qu'allant trouver madame, et se mettant à genoux devant elle, il lui dise d'une voix humble et respectueuse : Madame, je suis le géant Caraculiambro, seigneur de l'île Malindranie, que l'invincible et non jamais assez loué chevalier don Quichotte de la Manche a vaincu en combat singulier ; et c'est par son ordre que je viens me jeter aux pieds de votre grandeur, afin qu'elle dispose de moi comme de son sujet et de son esclave. Oh ! que notre chevalier se sut bon gré quand il eut fait ce beau discours, et qu'il eut de joie ensuite quand il trouva qui rendre maîtresse de son cœur ! Ce fut, à ce que l'on croit, une assez jolie paysanne, fille d'un laboureur de son village, dont il avait été quelque temps amoureux, sans qu'elle l'eût jamais vu, ou qu'elle s'en fût souciée. Elle s'appelait Aldonza Lorenço, et ce fut elle qu'il créa dès ce moment pour jamais dame de ses pensées ; puis, lui cherchant un nom qui ne fût pas moins noble que le sien, et qui eût quelque chose de celui d'une princesse, il la nomma enfin Dulcinée du Toboso, parce qu'elle était de ce lieu-là, et ce nom ne lui parut pas moins harmonieux, ni moins expressif que ceux qu'il avait inventés pour lui-même et pour son cheval.

CHAPITRE II.

Première sortie de don Quichotte.

Notre chevalier, ayant pris toutes ses mesures, ne voulut pas différer de se mettre en route, car, selon lui, le moindre retard le rendait complice de tout ce qu'il y avait de maux à réparer dans le monde, ou d'abus et d'injustices auxquels il pouvait remédier. Ainsi, sans donner connaissance de ce qu'il méditait, et sans que personne s'en aperçût, un bon matin avant le jour, et dans le plus chaud du mois de juillet, il s'arme de pied en cap, monte sur Rossinante, embrasse son écu, prend sa lance, et par la fausse porte d'une basse-cour, sort à la campagne, tout transporté de voir l'exécution d'un si beau dessein, commencer avec tant de facilité. Mais à peine se vit-il à cent pas de la maison, qu'un terrible scrupule faillit le faire retourner et renoncer entièrement à son entreprise. Il se ressouvint qu'il n'était pas armé chevalier ; et que, suivant les lois de la chevalerie errante, il ne devait, ni ne pouvait sans cela en venir aux mains contre aucun chevalier ; et, que, quand même il le serait, il devait porter des armes blanches comme nouveau chevalier, sans devise dans l'écu, jusqu'à ce qu'il en eût mérité une par la force de son bras. Ces réflexions le firent chanceler dans son dessein ; mais sa folie étant plus forte que tous ces raisonnements, il résolut de se faire armer chevalier par le premier qu'il rencontrerait, à l'imitation de beaucoup d'autres qui en avaient ainsi usé, comme il l'avait lu dans ses livres. Pour ce qui regardait la couleur des armes, il prétendait si bien fourbir les siennes, qu'elles seraient plus blanches que la neige. Par là, il se mit l'esprit en repos, et poursuivit son chemin sans en prendre d'autre que celui qu'il plut à son cheval, croyant que c'était en cela que consistait l'essence des aventures. En marchant ainsi profondément enseveli dans ses pensées. Quelle joie, disait-il en lui-même, pour les siècles à venir de voir l'histoire de mes fameux exploits, que le sage qui la doit écrire ne manquera pas de commencer de cette sorte, en parlant de ma première sortie : « A peine le lumineux Apollon commençait à répandre les tresses dorées de ses blonds cheveux sur la face de la terre, et les petits oiseaux saluaient de leur douce harmonie de la venue de la belle et vermeille aurore, qui, sortant du lit de son jaloux mari, se venait montrer aux mortels sur les balcons de l'horizon de la Manche, quand le fameux chevalier don Quichotte, ennemi d'un lâche repos et de la mollesse du lit, enfourcha son excellent coursier Rossinante et entra dans l'ancienne et renommée campagne de Montiel. » C'était là, en effet, qu'il se trouvait alors. Heureux âge, ajouta-t-il, heureux siècle, de pouvoir contempler de mes grandes et incomparables actions, dignes d'être gravées sur le bronze et taillées dans le marbre, pour servir de monument à ma gloire, et d'exemple aux races futures ! O toi ! sage enchanteur, qui que tu sois, qui auras l'avantage d'écrire cette surprenante et véritable histoire, n'oublie pas, je te prie, de faire savoir à la postérité la vigueur et l'adresse de mon bon Rossinante, fidèle et perpétuel compagnon de mes aventures. De ce discours il passait tout aussitôt à un autre, et comme s'il eût été véritablement amoureux : O princesse Dulcinée ! disait-il, dame de ce cœur esclave, vous m'avez fait une grande injustice en me bannissant de votre présence, et m'ordonnant avec tant de rigueur de ne me présenter jamais devant votre beauté. Souvenez-vous, illustre et unique dame de mes pensées, combien l'amour que j'ai pour vous me coûte de soins et de souffrances. Il continuait cependant son chemin, s'entretenant toujours de ces rêveries et de mille autres pareilles, selon ce qu'il avait lu dans ses livres, dont il imitait de son mieux le langage : et il était si préoccupé de ses belles imaginations, qu'il ne s'apercevait pas que le soleil était déjà bien haut, et lui donnait d'à-plomb sur la tête, à lui fondre la cervelle s'il lui en fût resté.

Il marcha presque tout ce jour-là sans qu'il lui arrivât rien qui valût la peine de le raconter, ce qui le mettait au désespoir, tant il avait d'impatience d'éprouver la vigueur de son bras ! Sur le soir, son cheval et lui étaient à demi morts de faim, et si fatigués, qu'ils ne pouvaient se soutenir. Cependant, don Quichotte, regardant de tout côté s'il ne découvrirait point quelque château ou quelque maison de paysan où il pût se retirer, vit sur son chemin une hôtellerie ; et ce fut comme s'il eût aperçu l'étoile qui devait le conduire au port du salut. Il pressa son cheval malgré sa lassitude et arriva tout proche de l'hôtellerie, comme le jour baissait ; il y avait, par hasard, sur la porte deux créatures, de celles qu'on appelle femmes de bonne volonté, qui s'en allaient à Séville avec des muletiers qui s'étaient arrêtés là pour cette nuit, et, comme notre aventurier avait l'imagination pleine de rêveries de ses romans, et jugeait de toutes choses sur ce pied-là, il n'eut pas plutôt vu l'hôtellerie, qu'il se la représenta comme un château avec ses quatre tours, sans oublier le pont-levis et les fossés, avec les accompagnements que les auteurs ne manquent pas de donner à leurs châteaux. Il s'arrêta à quelques pas de cette nouvelle forteresse, attendant qu'un nain sonnât du cor au haut du donjon, pour avertir qu'il arrivait un chevalier ; mais comme il vit que le nain tardait à paraître et que Rossinante avait impatience d'être à l'écurie, il s'avança jusqu'à la porte de la maison, où il vit les deux péronnelles qui lui parurent deux demoiselles d'importance ou deux charmantes déesses qui prenaient le frais.

Il se rencontra même fort à propos que près de là un gardien de pourceaux sonna deux ou trois fois de son cornet pour les rassembler ; et don Quichotte ne manqua pas de se persuader que c'était le nain qui donnait le signal de son arrivée. Aussitôt, avec une joie qu'on ne saurait exprimer, il s'approcha de la porte et des dames, qui voulaient rentrer dans l'hôtellerie, effrayées de voir un homme armé jusqu'aux dents avec le bouclier et la lance. Mais don Quichotte, pour les rassurer, haussant sa visière de carton, et découvrant son sec et poudreux visage, leur dit de bonne grâce et avec gravité : Ne fuyez point, belles demoiselles, vous n'avez rien à craindre : la chevalerie dont je fais profession ne permet d'offenser personne, et moins encore de charmantes et honnêtes demoiselles comme vous. Elles s'arrêtèrent, regardant avec étonnement l'étrange figure de notre aventurier, dont la mauvaise visière couvrait à demi le visage ; et comme elles s'entendirent appeler demoiselles, ce qui ne leur arrivait pas souvent, elles poussèrent un éclat de rire, dont don Quichotte, qui n'en savait pas le sujet, se fâcha tout de bon, et leur dit : La modestie sied bien aux belles, et il n'y a que les folles qui rient sans sujet. Je ne dis pas cela pour vous offenser, car, après tout, je n'ai point d'autre dessein que de vous rendre service. Cette façon de parler ne fit que redoubler leur envie de rire, et blesser de plus en plus notre chevalier qui, sans doute, ne s'en serait pas tenu là si, en même temps, il n'eût vu paraître l'hôte. En apercevant ce personnage si étrangement accoutré d'un corselet, d'un écu et d'une lance, l'hôte eut pour le moins autant d'envie de rire que les demoiselles ; mais craignant tout cet appareil de guerre, il se résolut d'en user respectueusement, et dit à don Quichotte : Seigneur chevalier, si vous cherchez à loger, il ne vous manquera rien ici que le lit : tout le reste s'y trouve en abondance. Don Quichotte voyant la civilité du gouverneur de la citadelle, car tels lui parurent l'hôtellerie et l'hôte, lui répondit : Pour moi, seigneur châtelain, la moindre chose me suffit, je ne me pique point de délicatesse, ni, comme vous le voyez, de parure ; les armes sont tous mes ornements et tout mon équipage, et le combat tout mon repos. L'hôte ne comprit pas d'abord pourquoi don Quichotte l'avait appelé châtelain ; mais, comme c'était un matois d'Andalou, de la plage de San-Lucar, grand larron de son métier, et aussi malin qu'un écolier, ou qu'un page. A ce compte, monsieur, répliqua-t-il, les pierres seront un assez bon lit pour votre seigneurie, qui se soucie peu de dormir, cela étant, vous êtes assuré que vous trouverez ici de quoi passer non-seulement une nuit sans dormir, mais même toute l'année. En disant cela, il alla tenir l'étrier à don Quichotte, qui descendit de cheval avec bien de la peine, comme un homme qui n'avait pas encore déjeuné à neuf heures du soir.

Le chevalier pria l'hôte d'ordonner à ses gens d'avoir grand soin de son cheval, vu que c'était la meilleure bête qui mangeât du foin dans le monde. L'hôte le considéra attentivement ; mais il ne lui parut pas même à moitié si bon que disait don Quichotte. Après avoir accommodé le cheval à l'écurie, il vint voir ce que voulait notre chevalier, et il le trouva qui se faisait désarmer par les prétendues demoiselles, avec qui il s'était déjà reconcilié. Elles lui avaient ôté le corselet et la cuirasse : mais, quelque effort qu'elles fissent, elles ne purent désenchâsser le hausse-col, ni ôter l'armure de tête, qui était attachée avec des rubans verts, dont elles ne pouvaient défaire les nœuds sans les couper, ce qu'il ne voulut jamais souffrir : ainsi il passa toute la nuit avec son morion, ce qui faisait la plus grotesque figure du monde, et, comme il prenait les créatures qui le désarmaient tout au moins pour des châtelaines, il leur dit galamment : « Je ne crois pas qu'il y ait eu de chevalier hors de sa maison si bien servi des dames que don Quichotte, les demoiselles prennent soin de lui et les princesses de son palefroi : ô Rossinante ! c'est le nom de mon coursier, mes belles demoiselles, et don Quichotte de la Manche est le mien, que je n'avais dessein de découvrir qu'après avoir fait pour votre service quelque action qui le rendît recommandable. L'occasion qui m'a fait ressouvenir de ce vieux roman de Lancelot a été cause que vous l'avez su avant le temps ; mais il en viendra un autre où j'espère que vous m'honorerez de vos commandements, et que je vous ferai voir par mon obéissance et par la valeur de mon bras, le désir que j'ai de vous rendre agréables mes très-humbles services. Ces femmes, qui n'étaient pas faites à cette emphase, n'y répondaient rien ; elles lui demandèrent seulement s'il souhaitait manger quelque chose. Volontiers, dit don Quichotte, et cela ne saurait venir plus à propos. Par malheur, c'était un vendredi, et il n'y avait dans toute l'hôtellerie que quelques bribes d'une espèce de merluche qu'on appelle, en quelques endroits d'Espagne, *truchuela*; qui veut dire petite truite ; et lui, croyant qu'il s'agissait de truitons : des truitons, dit-il, cela m'est égal, avec des truitons on fait une truite, pourvu qu'il y en ait assez ; car, au bout du compte, soixante deniers valent toujours cinq sous, et peut-être même que les truitons seront comme le veau qui est meilleur que la vache, et le cabri que la chèvre. On lui dressa la table à la porte de l'hôtellerie, pour qu'il fût au frais, et l'hôte lui servit une portion de cette merluche, mal cuite, et plus mal assaisonnée, avec un pain fort noir et moisi comme ses armes. C'était à mourir de rire que de le voir manger ; car, de la manière qu'était posée la salade et agencée sa visière, il ne pouvait rien porter à la bouche, et il fallut qu'une de nos demoiselles lui rendît cet office. Mais de lui donner à boire, il n'y avait pas moyen, et il s'en serait passé si l'hôte ne se fût avisé de percer une canne dont on lui mit un bout dans la bouche en lui versant du vin par l'autre. Le bon gentilhomme prenait tout cela en patience, et il aimait encore mieux souffrir cette incommodité que de faire couper les rubans de son morion. Pendant que cela se passait, il arriva à l'hôtellerie un châtreur de pourceaux qui donna d'abord quatre ou cinq coups de son sifflet ; ce qui acheva de confirmer don Quichotte dans la croyance qu'il était dans quelque fameux château où on le servait, que la merluche était de la truite, que le pain était blanc, les gourgandines de grandes dames, l'aubergiste le châtelain du noble manoir ; ainsi, il était enchanté de la détermination qu'il avait prise, et ravi de son début. Une seule chose le chagrinait, c'était de n'être pas encore armé chevalier, parce qu'en cet état il ne pouvait légitimement entreprendre aucune aventure.

CHAPITRE III.

Où l'on raconte l'agréable manière dont don Quichotte se fit armer chevalier.

Notre aventurier, tourmenté de l'inquiétude que je viens de dire, abrégea son maigre repas, et, sortant de table assez brusquement, emmena l'hôte dans l'écurie, où, après avoir fermé la porte il se jeta à ses genoux en lui disant : Je ne me leverai jamais d'ici, valeureux chevalier, que votre courtoisie ne m'ait octroyé la faveur que je lui demande, et qui ne tournera pas moins à sa gloire qu'au profit du genre humain. Celui-ci, le voyant à ses pieds et entendant de semblables discours tombait véritablement de son haut, et le regardait tout ébahi sans savoir que faire ni que dire : il s'efforça de le faire lever, mais il ne put jamais y parvenir tant qu'il ne lui eut pas promis de faire ce qu'il désirait. Je n'attendais pas moins de votre grande générosité, répondit don Quichotte : la faveur que je vous demande, et que vous me faites la grâce de me promettre si obligeamment, c'est que demain, dès la pointe du jour, vous ayez à m'armer chevalier, et que cette nuit vous me permettiez de faire la veille des armes dans la chapelle de votre château, pour qu'à l'aurore s'accomplisse ce que je désire avec tant d'ardeur, pour pouvoir, comme cela se doit, aller par les quatre parties du monde chercher les aventures, en donnant secours aux affligés et châtiant les méchants, selon les lois de la chevalerie et des chevaliers errants, enclins comme moi à de semblables exploits. L'hôte qui, comme je l'ai dit, était un farceur, et qui soupçonnait quelque chose de la folie du chevalier, acheva de se confirmer par ses dernières paroles ; et, pour se préparer de quoi rire, il résolut d'abonder dans son sens. Il lui dit donc qu'il avait très-bien rencontré dans son dessein, qu'il ne pouvait mieux choisir, et que rien n'était plus digne des chevaliers d'importance tel qu'on le jugeait être à sa bonne mine ; que lui-même, dans sa jeunesse, s'était adonné à ce noble exercice, allant en diverses parties du monde chercher les aventures, n'ayant pas laissé un coin dans toute l'Espagne où il n'eût exercé la légèreté de ses pieds et la subtilité de ses mains, faisant partout de son mieux, sollicitant les veuves, abusant des jeunes filles, dupant les niais, en un mot se faisant connaître dans toutes les audiences et tribunaux d'Espagne ; et qu'enfin, il s'était retiré dans ce château, où il vivait de son revenu et de celui des autres recevant tous les chevaliers errants, de quelque qualité et condition qu'ils fussent, par la seule affection qu'il leur portait, et pour partager avec eux ce qu'il avait de bien, en récompense de celui qu'ils faisaient dans le monde. Il ajouta qu'il n'avait point de chapelle dans son château pour y faire la veille des armes, parce qu'il l'avait fait abattre pour en construire une nouvelle ; mais qu'en cas de nécessité on pouvait veiller n'importe où et que cette nuit il pourrait veiller dans une des cours du château, et que le matin, Dieu aidant, on procéderait à la cérémonie de manière à ce que dans cinq ou six heures il fût aussi chevalier que quelque chevalier qu'il y eût au monde. Portez-vous de l'argent? ajouta-t-il. De l'argent! dit don Quichotte, pas un sou; je n'ai jamais lu en aucune histoire des chevaliers errants qu'un seul en ait porté. C'est en quoi vous vous trompez, dit l'hôte, et si l'on ne trouve rien à cet égard dans les livres, c'est que les auteurs ont cru que cela allait sans dire, et qu'on ne s'imaginerait jamais que les chevaliers errants eussent pu manquer à une chose aussi nécessaire que celle d'avoir de l'argent et des chemises blanches. Ainsi ne doutez pas que tant de chevaliers errants, dont les livres sont pleins, n'eussent toujours la bourse bien garnie en cas de besoin, et qu'ils ne portassent aussi du linge et une boîte pleine d'onguent pour les blessures qu'ils recevaient; car, se trouvant en des combats terribles, au milieu des bois et des déserts, vous jugez bien qu'ils n'avaient pas toujours à point nommé des chirurgiens pour les panser, ni quelque enchanteur pour ami, qui leur envoyât dans une nue, quelque demoiselle ou quelque nain avec une fiole pleine d'une eau de telle vertu, qu'en en mettant seulement une goutte sur le bout de la langue, ils se trouveraient aussi sains et aussi frais que s'ils n'eussent pas eu le moindre mal. Aussi ils ne manquaient jamais d'ordonner à leurs écuyers de se pourvoir d'argent et d'autres choses nécessaires comme d'onguent et de charpie; et s'il arrivait même qu'un chevalier n'eût point d'écuyer, ce qui était pourtant bien rare, il portait lui-même cette provision dans quelque bissac, si proprement accommodé sur la croupe du cheval, qu'il ne paraissait presque pas; car, à dire le vrai, ce n'était pas une chose fort riante à des chevaliers que de porter un bissac, et, en toute autre occasion, ils s'en seraient bien gardés. Ainsi, ajouta l'hôte, je vous conseille et vous ordonne même, comme à mon fils de chevalerie que vous allez être, de ne marcher jamais sans argent et sans les autres choses nécessaires, et vous verrez que vous vous en trouverez bien au moment où vous y penserez le moins.

Don Quichotte l'assura qu'il suivrait au moment ou ponctuellement son conseil, et aussitôt il se disposa à faire sa veille de chevalier dans une grande cour qui était à côté de l'hôtellerie. Il les ramassa donc toutes ses armes, et les posa sur un abreuvoir auprès d'un puits, et embrassant son écu, et la lance au poing, se mit à se promener devant l'auge d'un air satisfait et fier tout ensemble. Il était déjà nuit, et l'hôte apprit à tous ceux qui étaient dans l'hôtellerie la folie de don Quichotte, leur parlant de sa veille des armes, et de son impatience d'être armé chevalier. Tous ces gens, bien étonnés d'une si étrange folie voulurent en avoir le plaisir, et regardant de loin, ils virent don Quichotte qui, se donnant des airs de dignité, tantôt se promenait, et tantôt, appuyé sur sa lance, regardait du côté des armes, y tenant assez longtemps les yeux arrêtés. Cependant la nuit s'éclaircit, et la lune répandit une lumière si vive, que l'on put voir distinctement tout ce que faisait le chevalier. Il prit en même temps la fantaisie à un des muletiers qui étaient dans l'hôtellerie, d'abreuver ses mulets, et pour cela il fallait qu'il ôtât les armes de dessus l'abreuvoir. Mais don Quichotte le voyant arriver, et connaissant son dessein, lui cria d'une voix de stentor : O qui que tu sois, téméraire chevalier, qui as la hardiesse, l'audace de vouloir toucher les armes du plus valeureux de tous les chevaliers errants qui aient jamais ceint l'épée, garde-toi de toucher ces armes, si tu ne veux pas laisser la vie pour châtiment de ta témérité. Le malavisé muletier fit si peu de cas de cette menace qu'il prit les armes et les jeta aussi loin qu'il put. Alors don Quichotte leva les yeux vers le ciel, et pensant sans doute à sa Dulcinée : Secourez-moi, madame, s'écria-t-il, dans cette première occasion qui s'offre à votre esclave ; ne me refusez pas votre protection dans cette aventure. En disant cela, il se défit de son écu, et prenant sa lance à deux mains, il en donna un si grand coup sur la nuque du muletier, qu'il l'étendit à ses pieds, et en si mauvais état, que s'il avait recommencé, il n'y aurait pas eu besoin d'un chirurgien pour le panser. Ce premier exploit étant achevé, don Quichotte ramassa ses armes, les remit sur l'abreuvoir et recommença à se promener comme auparavant. A quelque temps de là, un autre muletier, qui ne savait point ce qui s'était passé, parce que le premier était encore à terre tout étourdi, s'en vint aussi dans le dessein d'abreuver ses mulets ; et comme il prenait les armes pour débarasser l'abreuvoir, don Quichotte, sans rien dire et sans implorer la faveur de personne, ôta une seconde fois son écu, une seconde fois prit sa lance à deux mains, et lui en déchargea trois ou quatre coups sur la tête qu'il lui ouvrit en trois ou quatre endroits. Au bruit qui se fit et aux cris du blessé, tous les gens de l'hôtellerie accoururent, et avec eux l'hôtelier ; et don Quichotte, les voyant venir, embrassa son écu, et posant la main sur son épée : Dame de la beauté, cria-t-il, force et vigueur de mon cœur, il est temps maintenant que vous tourniez les yeux de votre grandeur sur le chevalier, votre esclave, dans cette terrible aventure. Après cette invocation, il se sentit tant de courage et tant de force, que tous les muletiers du monde ne l'auraient pas fait reculer d'un pas. Cependant les compagnons du blessés ne purent voir leurs camarades en si mauvais état sans en tirer vengeance ; ils lancèrent sur don Quichotte une nuée de pierres, dont il se gardait le mieux qu'il pouvait avec son écu, sons s'éloigner jamais de l'abreuvoir, pour ne pas désemparer les armes. L'hôte, de son côté, criait de toute sa force qu'on le laissât, qu'il les avait bien avertis qu'il était fou, et qu'en cette qualité on ne lui ferait rien quand même il aurait tué tous les muletiers d'Espagne. Mais don Quichotte criait encore plus fort que tous, les traitant de lâches et de traîtres, disant que le seigneur du château était un félon, puisqu'il souffrait qu'on maltraitât ainsi les chevaliers errants. Je vous ferais voir, disait-il, que vous n'êtes qu'un perfide, si j'avais reçu l'ordre de chevalerie. Pour vous autres, ajoutait-il, vous êtes de viles canailles dont je ne fais cas : tirez, approchez, faites tous vos efforts, vous verrez quel paiement vous en recevrez, et le châtiment que je ferai de votre insolence. Il dit cela avec tant de fierté et de résolution, qu'il inspira de la terreur à ceux qui l'attaquaient, si bien que la crainte des muletiers et les cris de l'hôte firent cesser la grêle de pierre ; et don Quichotte, pendant qu'on emportait les blessés, retourna à la veille des armes avec autant de sang-froid que s'il ne lui était rien arrivé. L'hôte ne trouvant pas de son goût les plaisanteries de don Quichotte, résolut pour s'en délivrer, de lui donner promptement ce maudit ordre de chevalerie, afin d'éviter d'autres algarades. Ainsi, après s'être excusé de l'insolence de ces rustres, dont il n'avait rien su, et qui étaient si bien châtiés de leur audace, il lui répéta qu'il n'y avait point de chapelle dans son château, mais qu'on pouvait fort bien s'en passer ; que toute la formalité d'armer un chevalier consistait dans l'accolade et dans ce coup d'épée sur le dos, ainsi qu'il se souvenait de l'avoir lu dans le cérémonial de l'ordre, et que cela se pouvait faire en plein vent : qu'au reste, il avait accompli tout ce qui regarde la veille des armes, où deux heures suffisent, et qu'il en avait mis plus de quatre. Don Quichotte se laissa aisément persuader, et répondit au châtelain qu'il était prêt d'obéir, et qu'il le priait d'achever promptement, parce que s'il se voyait une fois chevalier, et qu'on l'attaquât comme on l'avait fait, il ne croyait pas laisser un homme en vie dans ce château, hors ceux qu'il lui commanderait d'épargner. L'hôte se tenant pour averti alla aussitôt chercher le livre où il écrivait la paille et l'orge qu'il donnait aux muletiers, et, avec les deux donzelles dont il a été parlé, et un petit garçon qui portait un bout de chandelle, il vint retrouver don Quichotte, et le fit mettre à genoux. Puis, lisant dans son livre comme s'il eût dit quelque oraison, il leva la main au milieu de sa lecture, et lui en donna un grand coup sur le cou, qui lui fit baisser la tête, et du plat de l'épée un autre sur le dos, marmottant toujours entre ses dents. Cela étant fait, il dit à l'une des dames de ceindre l'épée au chevalier, ce qu'elle fit de fort bonne grâce, et toujours sur le point d'éclater de rire à chaque endroit de la cérémonie, si les prouesses que venait de faire notre chevalier n'eussent déjà fait voir qu'il n'entendait pas raillerie. Maintenant, dit-elle, Dieu vous donne fortune dans les combats, très avantureux chevalier. Don Quichotte la pria de lui apprendre son nom, afin qu'il sût à qui il avait l'obligation d'une si grande faveur, et qu'il pût partager avec elle la gloire qu'il acquerrait par la valeur de son bras. La belle répondit fort humblement qu'elle s'appelait la Toloza, qu'elle était fille d'un ravaudeur de Tolède, qu'elle travaillait dans la boutique de Sancho Bienaya, et qu'en quelque lieu qu'elle se trouvât, elle le servirait et le tiendrait pour son seigneur. Je vous en conjure pour l'amour de moi, dit don Quichotte, prenez le don à l'avenir, et appelez-vous dona Toloza, ce qu'elle promit de faire. L'autre nymphe lui chaussa l'éperon, et il y eut entre eux le même colloque; il lui demanda son nom; elle dit qu'elle s'appelait la Molinera, et qu'elle était fille d'un honorable meunier d'Antequerre. Le nouveau chevalier l'obligea aussi de promettre qu'elle prendrait le don, et lui fit mille remercîments et de grands offres de services. Toute cette admirable et jusqu'alors inouie cérémonie étant achevée, don Quichotte, qui mourait d'impatience d'aller chercher ses aventures, alla promptement seller Rossinante sur lequel il vint embrasser son hôte, le remerciant par un long compliment de la grâce qu'il lui avait faite de l'armer chevalier; sur quoi il lui dit des choses si étranges, qu'il serait impossible de les rapporter. L'hôte pressé de le voir hors de son auberge lui répondit sur le même ton, mais plus brièvement; et sans lui rien demander de sa dépense, il le laissa partir de bon cœur.

CHAPITRE IV.

De ce qui arriva à notre chevalier quand il fut sorti de l'hôtellerie.

Le jour commençait à paraître quand don Quichotte sortit de l'hôtellerie si content, si gaillard, si enthousiaste de se voir armé chevalier, qu'il n'y avait pas jusqu'à son cheval qui ne s'en ressentît ; mais, se ressouvenant des conseils de l'hôte touchant les choses dont il fallait nécessairement qu'il se pourvût, il résolut de s'en retourner chez lui pour prendre de l'argent et des chemises, et pour se faire un écuyer, à quoi il destinait déjà un pauvre laboureur de ses voisins, qui était chargé d'enfants, et en cela même à l'office d'écuyer dans la chevalerie errante, propre pour la charge d'écuyer errant. Dans cette résolution, il dirigea vers son village Rossinante, lequel, comme s'il reconnaissait le chemin, mit tant de cœur à la marche, que ses pas ne semblaient pas toucher la terre. Don Quichotte n'était pas très éloigné de l'auberge qu'il entendit à main droite une voix plaintive qui sortait de l'épaisseur d'un bois. Grâce au ciel, dit-il, qui m'envoie si tôt l'occasion d'accomplir ce que je dois à ma profession, et de recueillir le fruit de mes bons desseins. Ces plaintes sont sans doute de quelque malheureux ou malheureuse qui a besoin de mon assistance ; et tournant bride du côté d'où venait la voix, et à quelques pas dans le bois il poussa Rossinante ; il vit, attachés à un chêne, une jument et un jeune garçon d'environ quinze ans, nu de la ceinture en haut. C'était de lui que venaient ces cris, et il ne les faisait pas sans sujet. Un paysan nerveux et de bonne taille lui déchargeait à tour de bras de grands coups de fouet avec une ceinture de cuir, accompagnant chaque coup d'un conseil et d'une remontrance. Les yeux alertes, disait-il, et bouche close. A quoi le jeune garçon ne cessait de crier : Je n'y retournerai plus, mon maître : par la passion de notre Seigneur, je ne dirai plus mot, et j'aurai une autre fois plus soin du troupeau. Don Quichotte, voyant ce qui se passait, cria au paysan d'une voix courroucée : Discourtois chevalier, c'est affreux de s'en prendre à qui ne peut se défendre ; montez à cheval, et prenez votre lance (contre le chêne auquel était attaché le berger, il croyait en voir une, n'était qu'une perche), et je vous ferai connaître que l'action que vous faites est d'un poltron. Le paysan, se croyant mort à la vue de ce fantôme armé qui lui tenait la lance dans l'estomac, lui répondit en tremblant : Seigneur chevalier, ce garçon que je châtie est un de mes serviteurs, qui garde un troupeau de moutons que je tiens ici autour, et il en a si peu de soin, qu'il ne se passe point de jour qu'il n'en perde quelqu'un ; et parce que je ne puis souffrir sa négligence, ou plutôt sa malice, il dit que je me plains pour ne pas lui payer ses gages, et sur mon Dieu et sur mon âme il en a menti. Un démenti en ma présence ! insolent, dit don Quichotte ; par le soleil qui nous éclaire, je ne sais à quoi il tient que je te perce de part en part d'un coup de ma lance. Qu'on délie ce garçon et qu'on le paie, et sans réplique sinon par Dieu qui est notre maître, je t'anéantis tout à l'heure. Le laboureur, baissant la tête et sans souffler mot, détacha le berger, à qui don Quichotte demanda combien il lui était dû. Neuf mois, dit-il, à sept réales chacun. Don Quichotte ayant compté, trouva qu'il y avait soixante-trois réales, qu'il ordonna au laboureur de compter à l'instant, s'il ne voulait mourir. Le paysan, demi-mort de peur, repartit qu'il ne voudrait pas se parjurer dans l'état où il se trouvait; mais que par le serment qu'il avait fait (il n'en avait pas fait), il ne devait pas tant, et qu'il fallait rabattre trois paires de souliers, et une réale pour deux saignées qu'on lui avait faites étant malade. Tout cela est fort bien, dit don Quichotte, mais la saignée et les souliers lui resteront pour les coups que vous lui avez donnés sans motif. S'il a usé le cuir de vos souliers, vous lui avez déchiré sa peau; et si le chirurgien lui a tiré du sang étant malade, vous lui en avez tiré étant sain; ainsi, de ce côté, il n'est rien dû. Le malheur, dit le paysan, est que je n'ai pas d'argent sur moi, mais qu'André vienne à la maison, je le paierai rubis sur l'ongle. Moi, m'en aller avec lui! reprit brusquement le berger, jamais; s'il me tenait seul, il m'écorcherait comme un saint Barthélemy. Il ne le fera pas, dit don Quichotte: il suffit que je le lui défende pour ne pas manquer au respect qu'il me doit, et pourvu qu'il me le jure par les lois de la chevalerie qu'il a reçues, je le laisse aller libre, et je réponds du paiement. Seigneur chevalier, prenez bien garde à ce que vous dites, répondit le jeune garçon : mon maître n'est pas chevalier et n'a jamais reçu les lois d'aucune chevalerie; c'est Jean Haldudo, le riche, qui demeure proche de Quintanar. Peu importe, reprit don Quichotte; il peut y avoir des chevaliers parmi les Haldudos, d'autant plus que chacun est fils de ses œuvres. C'est vrai, dit André, mais de quelles œuvres est-il fils, puisqu'il me nie ce que j'ai gagné à la sueur de mon corps? Je ne le nie pas, André, mon ami, répondit le laboureur; et s'il vous plaît, encore une fois, de venir avec moi, je jure, par tous les ordres de chevalerie qu'il y a au monde, de vous payer comme je l'ai dit, sans qu'il y manque une obole, et encore en réales toutes neuves. Pour neuves, je t'en tiens quitte; paie-le seulement en réales, et je suis content, reprit don Quichotte. Mais prends bien garde à ton serment; sinon je jure à mon tour que je te saurai bien trouver, fusses-tu caché dans les entrailles de la terre, et afin que tu saches à qui tu as affaire, apprends que je suis le vaillant don Quichotte de la Manche, le redresseur de torts et le réparateur d'injures. Adieu encore une fois; qu'il te souvienne de ta parole, ou je n'oublierai pas ce que je te promets. En achevant ces mots, il piqua Rossinante et s'éloigna.

Le laboureur le suivit des yeux; et, quand il l'eut perdu dans l'épaisseur du bois, il retourna au berger, et lui dit : Viens, André, mon fils, que je te paie comme je dois et comme ce redresseur de torts et d'injures me l'a commandé. Je jure, dit André, que si vous ne me faites ce qu'a ordonné ce bon chevalier, que Dieu lui donne mille ans de vie, pour sa valeur et sa bonne justice, je l'irai chercher en quelque endroit qu'il puisse être, et je l'amènerai pour vous châtier comme il l'a juré. J'y consens, dit le laboureur; et pour te montrer combien je t'aime, je veux encore accroître la dette pour augmenter le paiement. Et prenant André par le bras, il le rattacha au même chêne et lui donna tant de coups qu'il le laissa pour mort. Appelle maintenant ton redresseur de torts, disait le laboureur, tu verras qu'il ne redressera pas celui-ci, quoiqu'il ne soit que demi-fait, car je ne sais qui me tient que je ne te fasse dire vrai et que je ne t'écorche tout vif. A la fin, détachant ce misérable : Va chercher ton juge, ajouta-t-il en le détachant, qu'il vienne exécuter sa sentence, et tu auras toujours cela par provision. André partit fort mécontent, jurant de chercher le vaillant don Quichotte de la Manche jusqu'à ce qu'il l'eût rencontré, afin de lui conter tout de point en point, et disant au laboureur qu'il lui ferait rendre le tout au centuple. Mais avec tout cela, il s'en alla pleurant pendant que son maître riait à gorge déployée. De son côté, le valeureux don Quichotte, après avoir si bien réparé cette injustice, s'en allait fort content de lui-même, car il croyait avoir donné un très heureux commencement à sa chevalerie : Tu peux bien te dire heureuse sur toutes celles qui vivent, disait-il, ô la belle des belles, Dulcinée du Toboso, d'avoir pour esclave un aussi renommé chevalier que l'est et le sera don Quichotte de la Manche, lequel, comme tout le monde sait, n'est armé chevalier que d'hier seulement, et a déjà réparé la plus terrible offense qu'ait jamais inventée l'injustice et commise la cruauté, et qui vient d'arracher des mains de cet enragé le fouet dont il déchirait sans sujet ce jeune enfant. En achevant ces paroles, il arriva à un endroit où le chemin se partageait en quatre, et tout aussitôt il lui vint dans l'esprit qu'en pareille occurence les chevaliers errants s'arrêtaient pour délibérer sur celui qu'ils prendraient ; de sorte que, pour les imiter, il s'arrêta quelque temps ; mais, après y avoir bien pensé, il lâcha la bride à Rossinante, se remettant du choix du chemin à sa discrétion ; et Rossinante suivit son inclination naturelle et prit le chemin de son écurie. Don Quichotte avait marché près de deux milles quand il découvrit une grande troupe de gens qui venaient par le même chemin, et c'étaient, comme on l'a su depuis, des marchands de Tolède qui allaient acheter de la soie à Murcie. Ils étaient six, bien montés, avec leurs parasols, quatre valets à cheval, et trois à pied qui conduisaient des mules. Don Quichotte s'imagina que c'était une nouvelle aventure, et, pour imiter en tout, autant que possible, ce qu'il avait lu dans ses livres, et voulant faire bonne contenance, il s'affermit sur ses étriers, apprête sa lance, se couvre de son écu, et, se campant au milieu du chemin, attend ceux qu'il prenait pour des chevaliers errants ; et, comme ils furent assez proches pour le voir et l'entendre, il haussa sa voix et leur cria arrogamment : Qu'aucun de vous ne prétende passer outre, s'il ne veut confesser que dans le reste du monde il n'y a pas une dame qui égale la beauté de l'impératrice de la Manche, l'incomparable Dulcinée du Toboso. A ces paroles, les marchands s'arrêtèrent pour considérer l'étrange figure de cet homme, et, à la figure aussi bien qu'aux paroles, ils le prirent aisément pour ce qu'il était ; mais voulant voir à quoi tendait l'aveu qu'il demandait et se donner du plaisir, un d'eux qui était plaisant, et qui ne manquait pas d'esprit, répondit : Seigneur chevalier, nous ne connaissons point cette belle dame dont vous parlez. Faites-nous la voir ; si elle est aussi belle que vous le dites, nous l'avouerons de bon cœur comme vous le demandez. Et si je vous la montre, répliqua don Quichotte, quel mérite aurez-vous de reconnaître une vérité si évidente ? L'important c'est que vous le croyez sans la voir, que vous le confessiez, l'affirmiez, le juriez et souteniez envers et contre tous, les armes à la main, sans l'avoir vue. Confessez-le donc tout à l'heure, gens orgueilleux et superbes, ou je vous défie, mais l'un après l'autre, comme le demande l'ordre de chevalerie, ou tous ensemble, si vous le voulez, comme c'est la coutume des gens de notre trempe. Je vous attends avec toute la confiance d'un homme qui a la raison de son côté. Seigneur chevalier, répliqua le marchand, je vous supplie, au nom de tout ce que nous sommes ici de princes, que pour la décharge de notre conscience, qui ne nous permet pas d'assurer une chose dont nous n'avons aucune connaissance, et qui choque encore tout ce qu'il y a d'impératrices et de reines dans l'Alcarie et l'Estramadure, vous ayez la bonté de nous montrer le moindre petit portrait de votre dame : quand il ne serait pas plus grand que l'ongle, par l'échantillon on juge de la pièce ; vous nous mettrez l'esprit en repos, et nous vous donnerons satisfaction ; nous sommes même déjà si bien disposés en sa faveur, que, quand ce portrait nous la représenterait avec un œil de travers et l'autre distillant du vermillon et du soufre, nous ne laisserions pas d'en dire tout le bien que vous voudrez. Il n'en distille rien, canaille infâme, dit don Quichotte tout furieux, il n'en distille rien de ce que vous dites, mais de la civette et de l'ambre; elle n'est ni louche ni bossue, elle est plus droite qu'un fuseau de Guadarrama ; mais vous me paierez tout à l'heure le blasphème que vous venez de proférer contre cette beauté sans pareille. En même temps il court, la lance baissée contre celui qui avait pris la parole, avec tant de fureur, que si, de bonne fortune, Rossinante n'eût fait un faux pas au milieu de sa course, le téméraire marchand eût fort mal passé son temps. Rossinante tomba, et s'en alla rouler assez loin avec son maître, qui fit tout ce qu'il put pour se relever, sans en pouvoir venir à bout, tant il était embarrassé de son écu, de ses éperons et du poids de ses vieilles armes! Mais, pendant qu'il faisait de vains efforts, sa langue n'était pas inutile. Ne fuyez pas, criait-il, poltrons; attendez, lâches; c'est par la faute de mon cheval et non par la mienne que je suis par terre. Un des muletiers de la suite des marchands qui, sans doute n'était pas endurant, ne put souffrir les injures et les bravades du pauvre cavalier, et, lui arrachant sa lance, il la mit en pièces, et de la plus grosse d'icelles se prit à frapper sur don Quichotte avec tant de force que, malgré ses armes, il le brisa comme le blé sous la meule. Les marchands avaient beau lui crier qu'il s'arrêtât, il ne faisait que de se mettre en goût, et le jeu lui plaisait tant qu'il ne pouvait se résoudre à le quitter. Après avoir rompu le premier éclat de la lance, il eut recours aux autres, et acheva de les user successivement sur le digracié gentilhomme, qui, malgré cette grêle de coups, ne cessa de menacer ciel et terre, et ceux qu'il prenait pour des brigands. Enfin le muletier se lassa, et les marchands poursuivirent leur chemin, ne manquant pas de matière à s'entretenir. Don Quichotte, se voyant seul, fit une nouvelle tentative pour se relever, mais, s'il ne l'avait pu sain et sauf, comment l'aurait-il fait tout moulu et presque disloqué ? Cependant il ne laissait pas de se trouver heureux d'une mésaventure qui lui paraissait propre aux chevaliers errants, et dont il avait même la consolation de pouvoir attribuer toute la faute à son cheval.

CHAPITRE IV.

Suite de la disgrâce du chevalier

Comme don Quichotte vit qu'effectivement il n'y avait pas moyen de se lever, il eut recours à son remède ordinaire, qui était de songer à quelque endroit de ses livres, et sa fertile folie lui ramena aussitôt dans la mémoire celui de Baudouin et du marquis de Mantoue, quand Charles laissa le premier blessé dans la montagne; histoire sue des petits enfants, non ignorée des grands, crue des vieux, et avec tout cela, véritable comme les miracles de Mahomet. Cette histoire lui paraissait faite exprès pour l'état où il était : il commença à se rouler par terre comme un homme désespéré, et à dire d'une voix faible ce que l'auteur fait dire au chevalier du Bois : Où êtes-vous, madame, que mon mal vous touche si peu ? ou vous ne le savez pas, ou vous êtes fausse et déloyale. Comme il continuait le roman, et qu'il en fut en cet endroit : O noble marquis de Mantoue, mon oncle, le hasard fit qu'il passa un laboureur de son village et voisin de sa maison, qui venait de mener une charge de blé au moulin, et qui voyant un homme ainsi étendu, lui demanda qui il était, et ce qu'il avait à se plaindre si tristement. Don Quichotte, qui croyait être Baudouin, ne manqua pas de le prendre aussi pour le marquis de Mantoue son oncle, et ne lui fit d'autre réponse que de continuer ses vers, lui contant toutes ses disgrâces, et les amours de sa femme avec le fils de l'empereur, le tout mot à mot, comme on le voit dans le roman. Le laboureur, bien étonné d'entendre tant d'extravagances, lui ôta la visière toute brisée des coups du muletier, et lui ayant lavé le visage, qu'il avait plein de poussière, le reconnut. Hé ! bon dieu ! seigneur Quijada, s'écria-t-il (ce qui fait croire qu'il s'appelait ainsi quand il était dans son bon sens), qui vous a arrangé de la sorte? Mais quoi qu'il pût dire, l'autre poursuivait toujours le roman. Le bonhomme voyant qu'il n'en pouvait tirer autre chose, lui ôta le plastron et le corselet pour visiter ses blessures, mais il ne trouva ni sang, ni marque de coup, et, après l'avoir levé de terre avec bien de la peine, il le mit sur son âne pour le mener plus doucement. Il n'oublia pas même les armes, ramassant jusqu'aux éclats de la lance, et, liant le tout sur Rossinante, qu'il prit par la bride, il toucha l'âne devant lui, et marcha vers le village dans ce bel équipage, rêvant et ne pouvant rien comprendre aux folies que disait don Quichotte. Celui-ci, de son côté, n'était pas moins embarrassé : il était si moulu qu'il ne pouvait pas même se tenir sur l'aliboron, et de temps en temps il poussait de grands soupirs qui allaient jusqu'au ciel, ce qui obligea encore une fois le laboureur de lui demander quel mal il sentait. Mais on eût dit que le diable s'en mêlait, et qu'il prenait plaisir à ramener dans la mémoire de don Quichotte tous les contes qui avaient quelque rapport avec sa situation. En cet endroit, il oublia Beaudouin, mais pour se ressouvenir du Maure Abindarrax, quand Rodrigue de Narvaès, gouverneur d'Antequerre, le prit et l'emmena prisonnier : de sorte que le laboureur lui ayant redemandé comme il se trouvait et ce qu'il sentait, il répondit mot pour mot ce que l'Abencérage prisonnier répond à don Rodrigue dans la Diane de Montemajor, s'appliquant si bien tout cela, que le laboureur se donnait au diable de voir entasser tant d'extravagances ; et par là achevant enfin de connaître que le bon gentilhomme était devenu fou, il se hâta d'arriver au village, pour abréger l'ennui que lui donnait cette longue harangue. Mais don Quichotte ne l'eut pas finie qu'il continua de la sorte : Il faut que vous sachiez, seigneur don Rodrigue de Narvaès, que cette belle Xarife, dont je viens de vous parler, est présentement l'incomparable Dulcinée du Toboso, pour qui j'ai fait, je fais et ferai les plus fameux exploits de chevalerie qu'on ait jamais vus, qu'on voie de nos jours, et qu'on puisse voir à l'avenir. Eh ! monsieur, répondit le laboureur, je ne fus jamais Rodrigue de Narvaès, ni le marquis de Mantoue ; je suis Pierre Alonzo, votre voisin, et vous n'êtes ni Baudouin, ni Abindarrax, mais un brave gentilhomme, le seigneur Quijada. Je sais qui je suis, répliqua don Quichotte, et suis bien convaincu que je puis être non seulement ce que j'ai dit, mais encore les douze pairs de France, et tout à la fois les neuf preux, puisque toutes leurs grandes actions jointes ensemble ne sauraient égaler les miennes. Ces discours et d'autres de même nature les menèrent jusqu'au village, où ils arrivèrent comme le jour allait finir ; mais le laboureur, qui ne voulait pas qu'on vît notre gentilhomme si mal monté, attendit quelque temps, et quand la nuit fut venue, il mena don Quichotte à sa maison, où tout était en grand trouble de l'absence du maître. Le curé et le barbier, ses bons amis, y étaient, et la servante leur disait : Hé bien ! monsieur le licencié Pero Pérès (c'était le nom du curé), que dites-vous de notre maître ? Il y a six jours que nous n'avons vu ni lui, ni son cheval, et il faut qu'il ait emporté son écu, sa lance et ses armes, car nous ne les trouvons point. Malheureuse que je suis ! retenez bien ce que je vous dis : aussi vrai comme je dois mourir un jour, ces maudits livres de chevalerie, qu'il lit d'ordinaire avec tant d'affection, lui ont brouillé la cervelle. Je me souviens fort bien de lui avoir ouï dire souvent qu'il voulait se faire chevalier errant, et aller chercher les aventures par le monde. Que Satan et Barabbas puissent emporter tous les livres qui ont ainsi gâté la meilleure cervelle de toute la Manche ! La nièce en disait autant de son côté, et encore davantage, et s'adressant à maître Nicolas, qui était le barbier : Il faut que vous sachiez, disait-elle, qu'il est souvent arrivé à mon oncle de passer deux jours et deux nuits de suite à faire de ces damnées lectures, et qu'au bout de ce temps-là, tout transporté, il jetait son livre, et mettant l'épée à la main, escrimait à grands coups contre les murailles ; et, quand il était bien las, il disait qu'il avait tué quatre géants plus grands que des tours, et que la sueur, que l'agitation faisait ruisseler de tout son corps, était le sang des blessures qu'il avait reçues dans le combat. Là-dessus il buvait une grande jarre d'eau froide, disant que c'était un breuvage précieux que lui avait apporté le sage Esquife, un grand enchanteur de ses amis. Hélas ! je n'osais parler de cela, de peur qu'on ne crût que mon oncle avait perdu l'esprit, et c'est moi qui suis cause de son malheur, pour ne vous en avoir pas averti. Vous y auriez remédié avant que le mal eût été plus grand, et tous ces excommuniés de livres auraient été brûlés comme autant d'hérétiques. Ah ! je le jure, dit le curé, que la journée de demain ne se passera point qu'on ne les condamne au feu, et qu'on n'en fasse un exemple : ils ont perdu le meilleur de mes amis, mais je promets qu'ils ne feront jamais de mal à personne.

Tout cela se disait si haut, que don Quichotte et le laboureur, qui arrivaient en ce moment, l'entendirent, et le paysan, ne doutant plus de ce qu'il avait soupçonné, se mit à crier à tue-tête : Messieurs, faites ouvrir la porte au marquis de Mantoue et au seigneur Baudouin, qui revient fort blessé, et au malheureux don Rodrigue de Narvaès, gouverneurs d'Antequerre, qui amène prisonnier le Maure Abindarrax. A ces paroles, on ouvrit la porte, et le curé et le barbier, reconnaissant leur bon ami, la nièce son bon oncle, et la servante son bon maître, coururent tous à lui pour l'embrasser. Arrêtez, dit froidement don Quichotte, je suis fort blessé par la faute de mon cheval. Qu'on me porte au lit, et, s'il se peut, qu'on fasse venir la sage Urgande pour panser mes blessures. Eh bien! s'écria la servante, le cœur ne m'avait-il pas dit de quel pied boitait mon maître? Entrez, Monsieur, et laissez-là votre Urgande dont nous n'avons que faire : nous vous guérirons bien sans elle. Maudits cent fois et cent fois au bout, ces livres de chevalerie qui vous ont mis en cet état! On porta notre gentilhomme sur son lit, et comme on cherchait ses blessures sans en trouver aucune : Je ne suis pas blessé, dit-il, je me sens seulement tout meurtri pour avoir fait une chute terrible avec Rossinante, mon cheval, en combattant contre dix géants, et des plus vaillants qu'il y ait dans le monde. Bon, bon, dit le curé, voici les géants en danse. Par ma tonsure, il n'en restera pas un avant qu'il soit demain minuit. On fit ensuite mille questions à don Quichotte; mais il ne répondit jamais autre chose, sinon qu'on lui donnât à manger, et qu'on le laissât dormir, ce qui était les seules choses qui lui importaient; on le satisfit à cet égard, et pendant ce temps le curé s'informa bien au long de la manière dont le laboureur l'avait trouvé. Celui-ci raconta de point en point toutes les extravagances qu'il lui avait dites, lorsqu'il l'avait rencontré et en le ramenant, ce qui confirma encore le curé dans le dessein qu'il avait conçu pour le lendemain, et pour lequel il donna rendez-vous à maître Nicolas dans la maison de don Quichotte.

Le lendemain, notre héros, fatigué, dormait profondément quand le curé et le barbier entrèrent chez lui et demandèrent à la nièce la clé de la chambre aux livres, qu'elle leur donna de bon cœur. Ils y entrèrent tous, jusqu'à la servante, et trouvèrent plus de cent gros volumes et quantités de petits, tous bien reliés et bien conditionnés : c'étaient tous romans de chevalerie, ou pastorales romanesques, qu'ils livrèrent aux flammes, et dont il ne resta bientôt plus que des cendres.

CHAPITRE V.

Seconde sortie de notre bon chevalier don Quichotte de la Manche.

Comme ils étaient en train de faire cet auto-da-fé, ils entendirent don Quichotte qui criait dans son lit : Ici, ici, valeureux chevaliers; c'est ici qu'il faut faire voir la vigueur de vos bras : voilà les courtisans qui emportent tout l'avantage du tournoi. Il fallut accourir au bruit. Don Quichotte était levé quand le curé et le barbier entrèrent dans sa chambre, et il ne laissait pas de crier, et de continuer ses rêveries, frappant d'estoc et de taille contre les murailles, mais pourtant les yeux ouverts, et tout aussi éveillé que s'il n'eût jamais dormi. Ils se jetèrent tous sur lui, et l'ayant désarmé par force, le mirent au lit, où, après avoir reposé et repris ses esprits, il se tourna du côté du curé, et lui dit : Certes, seigneur archevêque Turpin, c'est une grande honte aux douze pairs de laisser si lâchement emporter la gloire du tournoi aux courtisans, après que nous autres chercheurs d'aventures en avons eu tout l'honneur trois jours de suite. Il faut prendre patience, monsieur mon compère, dit le curé; le sort change, et ce que l'on perd aujourd'hui se peut regagner demain. Mais ne pensons qu'à votre santé pour le présent : vous devez être étrangement fatigué, si même vous n'êtes blessé. Pour blessé, non, dit don Quichotte; mais, pour moulu et foulé je le suis autant qu'on le peut être, parce que ce bâtard de Roland m'a roué de coups avec le tronc d'un chêne, d'envie et de rage de ce que je lui dispute seul la gloire d'être le plus vaillant; mais je veux perdre mon nom de Renaud de Montauban, si, malgré tous ses enchantements, il ne me le paie cher dès que je pourrai sortir du lit. Pour le moment, ajouta-t-il, qu'on m'apporte à déjeûner; c'est de quoi j'ai le plus besoin : et qu'on me laisse le soin de ma vengeance. On lui donna à manger, après quoi il se rendormit encore une fois, et les autres se retirèrent tout émerveillés d'une si grande folie. Un des remèdes, que le curé et le barbier trouvèrent le plus propre pour la maladie de leur ami, fut de faire murer la porte du cabinet où étaient ses livres, afin qu'il ne la trouvât plus quand il se leverait, espérant que, la cause du mal cessant, l'effet cesserait aussi; et qu'alors on lui dirait qu'un enchanteur avait enlevé le cabinet et les livres. C'est ce que l'on fit avec beaucoup de diligence. Deux jours après, don Quichotte s'étant levé, la première chose qu'il fit fut d'aller voir à ses livres; mais, comme il ne trouva point le cabinet où il l'avait laissé, il cherchait de côté et d'autre, sans pouvoir deviner ce qu'il était devenu; il allait cent fois où il avait autrefois vu la porte, et, tâtant avec les mains, il regardait partout sans rien comprendre à cette aventure. Enfin, il demanda à la servante où était le cabinet de ses livres. Quel cabinet, monsieur? répondit celle-ci, qui était bien instruite; et que cherchez-vous? Il n'y a plus ni cabinet ni livres dans cette maison : le diable n'a-t-il pas tout emporté? Ce n'était point le diable, dit la nièce, mais bien un enchanteur qui vint dans la nuit sur une nue après que vous fûtes parti d'ici, et qui, descendant de la croupe d'un dragon où il était monté, entra dans votre cabinet, où, je ne sais ce qu'il fit ; puis il s'envola par le toit, laissant la maison toute pleine de fumée ; et quand nous fûmes résolus d'aller voir ce qu'il avait fait, nous ne vîmes plus ni le cabinet, ni les livres, ni même les moindres marques qu'il y en eût eu. Je me souviens seulement, et la gouvernante s'en souvient bien aussi, que le méchant vieillard dit à haute voix, comme il partait, que c'était par une inimitié secrète qu'il portait au maître des livres qu'il avait fait le dégât qu'on reconnaîtrait plus tard. Il dit encore qu'il s'appelait le sage Mugnaton. Dites Freston, et non pas Mugnaton, dit don Quichotte. Je ne sais, dit la nièce, si c'était Freston ou Friton bien que le nom finissait en *ton*. Oui, repliqua don Quichotte, c'est un savant enchanteur et mon plus mortel ennemi, parce que son art lui apprend que je dois me trouver un jour en combat singulier contre un jeune chevalier qu'il aime et qu'il protége, et que je vaincrai malgré toute sa science, de dépit il me joue tous les mauvais tours qu'il peut ; mais qu'il sache qu'il s'abuse, et qu'on n'évite point ce que le ciel a ordonné. Et qui peut douter de cela ? dit la nièce. Mais mon cher oncle, pourquoi vous engager dans tous ces démêlés ? Ne vaudrait-il pas mieux demeurer paisible dans votre maison, sans vous fatiguer ainsi à courir le monde ? Mon oncle, il y a des gens qui vont chercher de la laine, et qui reviennent sans poil. O ma chère nièce ! ma mie ! répondit don Quichotte : avant que l'on me tonde, j'aurai pelé et arraché la barbe à quiconque aura seulement l'audace de regarder la pointe de mes cheveux.

Notre chevalier demeura quinze jours entiers dans sa maison à se refaire des fatigues passées, sans donner la moindre marque qu'il passât de nouvelles folies. Le curé et le barbier eurent avec lui de fort plaisantes conversations sur ce qu'il soutenait que la chose dont on avait le plus de besoin au monde, c'était de chevaliers errants, et que ce serait lui qui en rétablirait l'ordre. Quelquefois le curé le contredisait ; quelquefois aussi il faisait semblant de se rendre, parce qu'autrement il n'y aurait pas eu moyen d'en avoir raison. Cependant don Quichotte sollicitait tous les jours en cachette un laboureur de ses voisins, homme de bien, si cela peut se dire de celui qui est pauvre, mais qui n'avait guère de cervelle dans la tête. Pour le décider il lui dit tant, il le prêcha et lui promit tant que le pauvre hère se détermina à l'accompagner pour lui servir d'écuyer. Don Quichotte lui disait, entre autres choses, qu'il ne craignît point de venir avec lui, qu'il y avait tout à gagner et rien à perdre, à ce point qu'il pourrait même arriver, qu'en échange du fumier et de la paille qu'il lui faisait quitter, il lui donnât le gouvernement d'une île. Avec ces promesses et d'autres aussi bien fondées, Sancho Pança (c'était le nom du laboureur) s'apprêta à quitter sa femme et ses enfants, et à suivre son voisin en qualité d'écuyer. Il ne restait plus à don Quichotte qu'à se procurer de l'argent? Il vendit une terre, en engagea une autre et se fit ainsi un raisonnable pécule. Il s'accommoda aussi d'une rondache qu'il emprunta, et, ayant refait son armure de tête le mieux qu'il put, il avertit son écuyer du jour et de l'heure qu'il voulait partir, afin que, de son côté, il se munît de ce qui lui serait nécessaire ; mais sur toutes choses, il lui ordonna de se pourvoir d'un bissac. Sancho répondit qu'il le ferait, et qu'il n'étant pas trop accoutumé à marcher à pied il avait même envie de mener son âne, qui était excellent. A ce nom d'âne don Quichotte réfléchit un peu pour se rappeler si quelque chevalier errant avait mené à sa suite un écuyer monté de la sorte ; mais il ne lui en vint aucun à la mémoire, cependant il ne désapprouva pas le dessein de Sancho, se réservant de lui donner une plus honorable monture à la première occasion qu'il trouverait de démonter quelque chevalier discourtois et brutal. Il se pourvut aussi de chemises et d'autres choses nécessaires, suivant le conseil que lui avait donné l'hôte; et, tout cela s'étant secrètement exécuté, Sancho, sans dire adieu à sa femme ni à ses enfants, et don Quichotte, sans parler de rien à sa nièce ni à sa servante, sortirent une nuit de leur village, et marchèrent avec tant de hâte, qu'au point du jour ils purent croire qu'on ne les atteindrait plus quand on se mettrait en devoir de les suivre. Sancho Pança allait comme un patriarche avec son bissac et sa gourde, et dans une grande impatience de se voir gouverneur de l'île que son maître lui avait promise. Don Quichotte prit la même route que dans son premier voyage, c'est-à-dire par la campagne de Montiel, où il marchait avec moins d'incommodité que l'autre fois, parce qu'il était encore fort matin, et que le soleil ne le fatiguait pas. Sancho Pança dit à son maître : Seigneur chevalier errant, n'oubliez pas, je vous prie, l'île que vous m'avez promise, car je la gouvernerai à merveille, si grande qu'elle soit. Tu dois savoir, ami Sancho, répondit don Quichotte, que ce fut une coutume pratiquée par tous les anciens chevaliers errants de donner à leurs écuyers le gouvernement des îles et des royaumes qu'ils conquéraient; et pour moi, je suis si résolu de ne pas laisser perdre un si louable usage, que même je veux faire plus, et, au lieu que ces chevaliers attendaient que leurs écuyers fussent vieux et déjà las de servir et de passer de mauvais jours et de pires nuits, et pour leur donner quelque province avec le titre de comte ou de marquis, il pourra bien se faire, si nous vivons tous deux, qu'avant six jours je gagne un royaume de telle étendue, qu'il y en ait beaucoup d'autres qui en dépendent, et que je sois en état de te faire couronner roi d'un de ceux-ci. Et il n'y aurait là rien d'extraordinaire : telles fortunes arrivent souvent aux chevaliers errants, et cela par des moyens si inconnus, et avec tant de facilité, qu'il se pourrait qu'il me fût très facile de tenir beaucoup plus que je ne te promets. De cette manière, dit Sancho, si j'étais roi par quelqu'uns de ces miracles dont parle votre seigneurie, Jeanne Gutièrez, ma ménagère, serait pour le moins reine, et mes fils infants. Et qui en doute? répondit don Quichotte. Moi, répondit Sancho, je tiens que quand il pleuvrait des couronnes il ne s'en trouverait pas une qui s'ajustât à la tête de Marie Gutièrez : en bonne foi, monseigneur, elle ne vaut pas un maravedis pour être reine; un comté lui vaudrait beaucoup mieux; et encore, Dieu lui soit en aide. Oui, aie confiance en Dieu, dit don Quichotte : il te donnera ce qui te conviendra le mieux; mais ne perds pas courage, et ne te méprise pas tant que tu veuilles te donner à moins d'un gouvernement ou de quelque chose de pareil. Monseigneur, dit Sancho, je m'en rapporte à vous, qui êtes bon maître, et qui saurez proportionner le fardeau à ma force.

CHAPITRE VI.

Du succès qu'eut le valeureux chevalier don Quichotte dans l'inimaginable aventure des moulins à vent, avec d'autres exploits dignes de mémoire.

Pendant cette belle conversation, don Quichotte et son écuyer découvrirent d'assez loin trente ou quarante moulins à vent, et d'abord que le chevalier les aperçut : La fortune, dit-il, nous guide mieux que nous le pourrions souhaiter ; ami Sancho, vois-tu cette troupe de démesurés géants, je prétends les combattre et leur ôter la vie. Commençons à nous enrichir par leurs dépouilles : cela est de bonne guerre, et c'est servir Dieu que d'ôter une si terrible engeance de dessus la terre. Quels géants ? dit Sancho Pança. Ceux que tu vois là, dit don Quichotte, avec ces grands bras, dont il y en a tels qui les ont de deux lieues de long. Monsieur, répondit Sancho, ce que vous voyez-là ne sont pas des géants, mais des moulins à vent, et ce que vous prenez pour des bras, ce sont les ailes que le vent fait tourner pour faire marcher la meule. Il paraît bien, dit don Quichotte, que tu n'es guère expert en matière d'aventure. Ce sont des géants ; mais laisse-moi un instant et retire-toi quelque part en oraison, pendant que je vais les attaquer, quelque inégal que puisse être le combat. En disant cela, il piqua Rossinante, sans vouloir entendre Sancho, qui s'évertuait à lui crier et à l'avertir que sans aucun doute c'étaient des moulins et non pas des géants, qu'il allait combattre, mais c'étaient tellement des géants pour notre chevalier, qu'il n'entendait seulement pas les cris de son écuyer ; et, plus il s'approchait des moulins, moins il se désabusait. Ne fuyez pas, poltrons, s'écriait-il, lâches et viles créatures, ne fuyez pas : c'est un seul chevalier qui entreprend de vous combattre. Un peu de vent s'étant levé au même instant, et ces grandes ailes commençant à se mouvoir : Vous avez beau faire, dit-il, redoublant ses cris, quand vous remueriez plus de bras que n'en avait Briarée, vous me le paierez tout à l'heure. En même temps il se recommande de tout son cœur à sa dame Dulcinée, la priant de le secourir dans un si grand péril ; et, bien couvert de son écu et la lance en arrêt, il court de toute la force de Rossinante contre le plus fort des moulins, et rencontre une des ailes, de sorte que le vent donnant alors de grande furie, l'aile en tournant emporta la lance et la mit en pièces, jetant le cavalier et le cheval fort loin dans le champ, et en très mauvais état.

Sancho accourut promptement au grand trot de son âne ; et trouva que son maître ne pouvait se remuer, tant la chute avait été rude. Hé ! par la mort Dieu, dit Sancho, ne vous disais-je pas bien que vous prissiez garde à ce que vous alliez faire, et que c'étaient des moulins à vent ! Et qui en pouvait douter, à moins que d'en avoir d'autres dans la tête ? Tais-toi, ami Sancho, répondit don Quichotte, le métier de la guerre, plus que tout autre, est sujet aux caprices du sort, et c'est une inconstance perpétuelle

Mais veux-tu que je te dise ce que je pense, et sans doute c'est la vérité, l'enchanteur Freston, qui a enlevé mon cabinet et mes livres, a changé ces géants en moulins, pour m'ôter la gloire de les avoir vaincus, tant il a de haine et de rage contre moi. Mais à la fin il faudra bien que toute sa science cède à la bonté de mon épée. Dieu le veuille, monsieur, répondit Sancho; et l'aidant à se lever, il fit tant qu'il monta sur Rossinante, qui était à demi épaulé; et, s'entretenant de cette aventure, ils prirent le chemin du port Lapice, parce qu'il n'était pas possible, disait don Quichotte, qu'étant un chemin fort fréquenté, ils n'y trouvassent bien des aventures. Mais il avait un regret extrême d'avoir perdu sa lance, et le témoignant à son écuyer : Je me souviens, dit-il, d'avoir lu qu'un chevalier espagnol, appelé Diégo Perez de Vargas, ayant rompu sa lance dans un combat, arracha une grosse branche de chêne, et en tua tant de Maures, que le surnom d'Écacheur lui en demeura, et lui et ses descendants se sont toujours appelés Vargas el Machuca. Je te dis cela, Sancho, parce que je prétends arracher du premier chêne que je trouverai une branche aussi forte et aussi bonne que j'imagine qu'était celle-là, et j'en ferai de tels faits d'armes, que tu te croiras trop heureux d'avoir mérité de les voir et d'être témoin d'actions si grandes qu'on aura de peine à les croire. Ainsi soit-il! dit Sancho; je le crois, puisque vous me le dites; mais redressez-vous un peu, monsieur, car vous allez tout de travers; sans doute vous êtes froissé de votre chute. C'est la vérité, répondit don Quichotte, et si je me plains point, c'est qu'il n'est pas permis aux chevaliers errants de le faire, quand même les tripes leur sortiraient du ventre. Si cela est, je n'ai rien à répliquer; mais Dieu sait que je ne vous en voudrais pas de vous plaindre un peu quand vous avez du mal : car pour moi je ne m'en saurais tenir, et je crierais comme un désespéré à la moindre égratignure, à moins que cela ne soit défendu aux écuyers errants aussi bien qu'à leurs maîtres. Don Quichotte ne laissa point de rire de la simplicité de son écuyer, et il l'assura qu'il pouvait se plaindre tant qu'il voudrait, qu'il en eût sujet ou non, et qu'il n'avait lu encore rien de contraire à cela dans les livres de chevalerie. Monsieur, dit alors Sancho, ne serait-il point temps de manger? Il me semble que vous ne vous en avisez point. Je n'en ai pas besoin pour l'heure, répondit don Quichotte; pour toi, tu peux manger, si tu en as envie. Avec cette permission, Sancho s'accommoda le mieux qu'il put sur son âne, et tirant du bissac ce qu'il avait apporté, il allait mangeant derrière son maître, levant de temps en temps la gourde avec tant de bonheur, qu'il aurait fait envie au plus fin amateur de Malaga; et, pendant qu'il allait ainsi, avalant toujours quelques gorgées, il ne se souvenait non plus de sa famille que des promesses de son maître; et, bien loin de trouver le métier rude, il ne s'imaginait que du plaisir à chercher les aventures, quelque périlleuses qu'elles fussent. Ils passèrent cette nuit-là sous les arbres, où don Quichotte ayant rompu une branche sèche assez forte pour lui servir de lance, y mit le fer de celle qui avait été brisée. Il ne ferma pas l'œil, pensant toujours à Dulcinée, pour imiter ce qu'il avait lu dans les romans, où les chevaliers restaient à la belle étoile au milieu des forêts et dans les déserts à s'entretenir du souvenir de leurs maîtresses.

Mais Sancho, qui avait l'estomac plein d'autre chose que de vent, fut bientôt assoupi et ne fit qu'un somme depuis qu'il se fut étendu à terre jusqu'au lever du soleil; dont les rayons, qui lui donnaient sur le visage, ne l'auraient pas même éveillé, non plus que le chant des oiseaux qui gazouillaient de tous côtés, si son maître ne l'avait appelé cinq ou six fois de toute la force de ses poumons. En se levant, il donna une atteinte à sa gourde, mais avec regret de la trouver plus légère que le soir d'auparavant, et en s'affligeant de voir qu'on ne prenait plus le chemin de la remplir de si tôt. Pour don Quichotte, qui s'était repu des succulentes et savoureuses pensées de sa maîtresse, il ne se soucia point de déjeûner. Ils enfourchèrent leurs bêtes, et reprirent le chemin du port Lapice, qu'ils découvrirent environ sur les huit heures du matin. C'est ici! Sancho, mon ami, s'écria don Quichotte, que nous pouvons plonger la main jusqu'au coude dans ce qu'on appelle aventures. Mais je t'avertis de prendre bien garde à ne pas mettre l'épée à la main, quand tu me verrais dans le plus grand péril du monde, à moins que par hasard tu ne me voies attaqué par de la canaille ou par des gens de rien; en ce cas, tu peux me secourir; mais contre des chevaliers, cela t'est défendu par les lois de la chevalerie, tant que tu ne seras pas armé chevalier. Soyez certain, monsieur, que je vous obéirai en cela d'autant plus que je suis fort pacifique de mon naturel, et ennemi juré des querelles. Quant à ce qui est de me défendre, quand on m'attaquera, je ne me soucierai guère de ces lois, puisque les lois divines et humaines permettent à chacun de défendre sa peau. J'en suis d'accord, dit don Quichotte; mais, s'il s'agit de me secourir contre des chevaliers, songe bien à réprimer ton impétuosité naturelle. Ne dis-je pas aussi que je le ferai? repartit Sancho; je vous promets de garder ce commandement comme celui du dimanche.

En achevant ce discours, ils virent venir vers eux deux religieux de l'ordre de Saint-Benoît, montés sur deux mules de même taille, avec leurs parasols et leur garde-vue de voyage. Derrière eux venait un coche, avec quatre ou cinq cavaliers, et deux valets de mule à pied. Il y avait dans le coche, à ce qu'on a dit depuis, une dame de Biscaye qui allait trouver son mari à Séville, d'où il devait passer dans les Indes avec un emploi considérable.

A peine don Quichotte eut-il aperçu les religieux, qui n'étaient pas de cette compagnie, quoiqu'ils suivissent le même chemin, qu'il dit à son écuyer : Ou je suis bien trompé, ami Sancho, ou voici une des plus fameuses aventures qui se soient jamais vues : car ces fantômes noirs qui paraissent là bas doivent être et sont sans nul doute des enchanteurs qu ont enlevé quelque princesse et l'emmènent par force dans ce coche. Il faut, à quelque prix que ce soit, que j'empêche cette violence. Ceci m'a la mine d'être pis que des moulins à vent, dit Sancho en branlant la tête. Considérez seigneur, que ce sont là des bénédictins, et le coche est sans doute à des gens qui font voyage; regardez bien à ce que vous allez faire; et que le diable ne vous fascine pas. Je t'ai déjà dit, mon ami, reprit don Quichotte, que tu ne te connais pas en aventures; ce que je te dis est véritable, et tu vas le voir. En disant cela, il s'avance et se campe au milieu du chemin par où devait passer les moines; et, quand ils furent assez près pour entendre, il leur cria arrogamment : gens diaboliques et excommuniés, qu'on mette tout à l'heure en liberté les hautes princesses que vous emmenez dans ce coche, sinon préparez-vous à recevoir une prompte mort, juste châtiment de vos mauvaises œuvres. Les pères retinrent leurs mules, et n'étant pas moins étonnés de l'étrange figure de don Quichotte que de ce discours : Seigneur chevalier, répondirent-ils, nous ne sommes point des excommuniés, mais des religieux de Saint-Benoît qui passent leur chemin; s'il y a dans le coche des princesses qu'on enlève, nous n'en savons rien. Je ne me paie pas de belles paroles, dit don Quichotte ; je vous connais perfide canaille, et sans attendre de réponse il pique Rossinante et se précipite, la lance basse, avec tant de fureur contre un des religieux que s'il ne se fût promptement jeté à bas de sa mule, il l'aurait renversé du coup et peut-être même l'aurait-il tué. L'autre moine, qui vit de quelle sorte on traitait son compagnon, pressa les flancs de sa mule, et enfila la campagne plus vite que le vent. Sancho Pança ne vit pas plutôt le religieux par terre, qu'il descendit prestement de son âne, et, commença alors à le déshabiller, quand deux valets qui suivaient à pied les religieux lui demandèrent pourquoi il lui ôtait ses habits. Parce qu'ils m'appartiennent, dit Sancho, et que ce sont les dépouilles de la bataille que monseigneur vient de gagner. Les valets qui n'entendaient point raillerie, se jetèrent sur Sancho, le renversèrent par terre, et le laissèrent demi-mort de coups et presque sans barbe au menton. Cependant le bénédictin, qui n'avait eu d'autre mal que la peur, sitôt qu'il vit don Quichotte s'éloigner, remonte promptement sur sa mule, et va rejoindre tout tremblant son compagnon, qui l'attendait assez loin de là, regardant ce que deviendrait cette aventure, sans oser en attendre la fin. Ils poursuivirent tous deux leur route faisant plus de signes de croix que s'ils eussent le diable à leurs trousses. Don Quichotte était, comme nous l'avons dit, à la portière du coche, où il haranguait la dame biscayenne, qu'il avait abordée par ces paroles : Votre beauté, madame, peut faire désormais tout ce qu'il lui plaira, vous êtes libre, et ce bras vient de châtier l'audace de vos ravisseurs. Et, afin que vous ne soyez pas en peine du nom de votre libérateur, sachez que je m'appelle don Quichotte de la Manche, chevalier errant, et l'esclave de la belle et incomparable Dulcinée du Toboso. Pour le service que je vous ai rendu, je ne vous demande autre chose sinon de retourner au Toboso, de vous présenter devant cette excellente dame, et de lui apprendre ce que j'ai fait pour votre liberté. Un cavalier biscayen, de ceux qui accompagnaient le coche, écoutait attentivement tout ce que disait don Quichotte ; et comme il vit qu'il ne voulait point laisser partir le coche, qu'il s'opiniâtrait à faire rétrograder vers le Toboso, il s'approcha de lui, et, le tirant par sa lance, lui dit en mauvais castillan : Va-t-en chevalier, si tu ne laisse le coche, je te tue aussi vrai que je suis de la Biscaye. Don Quichotte lui répondit fort gravement : Si tu étais chevalier aussi bien que tu ne l'es pas, misérable j'aurais déjà châtié ton insolence. Moi je ne serais pas chevalier, repartit brusquement le Biscayen ! Je le suis autant que chrétien ; jette ta lance, tire ton épée, et tu verras à qui tu as à faire ; Biscayen sur terre, gentilhomme sur mer, je le serais même pour le diable.

Don Quichotte, jetant sa lance à terre, tire son épée, embrasse son écu et attaque le Biscayen, en résolution de ne le pas épargner. Le Biscayen, qui le vit venir, eût bien voulu mettre pied à terre, parce qu'il ne se fiait pas à sa mule, qui n'était que de louage ; mais tout ce qu'il put faire, ce fut de mettre l'épée à la main. Bien lui prit même de se trouver auprès du coche, où il se saisit d'un coussin qui lui servit de rondache. En même temps les deux fiers champions coururent l'un contre l'autre comme s'ils eussent été ennemis mortels. Tous les assistants firent ce qu'ils purent pour mettre le holà ; mais il fut impossible ; et le colère Biscayen jurait, en son mauvais langage, que si on ne lui laissait achever son combat, il tuerait sa maîtresse et tous ceux qui s'y opposeraient. La dame du coche étonnée, et toute tremblante, fit signe au cocher de s'éloigner, et d'un peu loin s'arrêta à considérer les combattants. Le Biscayen déchargea dans ce moment un coup si terrible sur l'épaule de son adversaire, qu'il l'aurait fendu jusqu'à la ceinture, s'il ne l'eût trouvé couvert de son écu. A ce coup qui parut à don Quichotte la chute d'une montagne : Dame de mon âme, s'écria-t-il, Dulcinée, fleur de beauté, secourez votre chevalier, qui se trouve en cette extrémité pour soutenir vos intérêts. Dire cela, se remettre en garde, se couvrir de son écu, assaillir le Biscayen se fit en un clin d'œil avec la détermination d'en finir d'un seul coup. Le Biscayen se couvrit le mieux qu'il put de son coussin et attendit de pied ferme d'autant plus qu'il ne pouvait remuer sa mule, qui n'en pouvait plus de lassitude. Don Quichotte venait, l'épée haute, contre le rusé Biscayen, comme pour le pourfendre par la moitié, et le Biscayen se disposait aussi à n'en pas faire à deux fois. Tous les spectateurs effrayés, attendaient l'issue des épouvantables coups dont nos combattants se menaçaient, et la dame du coche avec ses femmes se vouaient à tous les saints d'Espagne pour obtenir de Dieu le salut de leur écuyer et le leurs propre.

Le premier qui déchargea son coup fut le colère Biscayen; et ce fut avec tant de force et de furie, que, si l'épée ne lui avait point tourné dans la main, ce seul coup aurait terminé cet épouvantable combat et toutes les aventures de don Quichotte; mais le sort, qui le réservait pour de plus grandes choses, fit que l'épée, tombant de plat sur l'épaule gauche, ne lui fit d'autre mal que de désarmer tout ce côté-là, après avoir emporté, chemin faisant, une grande partie de la salade et la moitié de l'oreille. Il ne faut pas prétendre pouvoir exprimer ici la rage dont le héros de la Manche fut transporté quand il se vit traité de la sorte. Il se haussa et s'affermit sur les étriers, et, relevant son épée, il en déchargea un si furieux coup et si à plein sur la tête de son ennemi, que, malgré la défense du coussin, le Biscayen commença à jeter le sang par le nez, par la bouche et par les oreilles, faisant mine d'aller tomber, comme il eût fait sans doute, s'il n'eût promptement embrassé le cou de sa mule; mais, un moment après, il abandonna les étriers et étendit les bras; alors la mule, épouvantée, se mit à courir par la campagne, et, après quelques sauts, jeta le cavalier par terre sans apparence de vie. Don Quichotte regardait tout cela avec une grande tranquillité, et sans s'ébranler; mais sitôt qu'il vit son adversaire bas, il sauta promptement de cheval, et, courant lui mettre la pointe de l'épée à la gorge, il lui cria qu'il se rendît, ou qu'il lui couperait la tête. Le Biscayen était si étourdi, qu'il ne pouvait proférer une parole; et dans la colère où il était, don Quichotte, sans doute, ne l'aurait pas ménagé, si la dame du coche qui jusqu'alors avait regardé le combat, n'était venue lui demander avec beaucoup d'instance la vie de son écuyer. Notre héros, adoucissant un peu sa fierté, répondit gravement : Je vous l'accorde, ma belle dame, mais à condition que ce chevalier me donnera sa parole d'aller au Toboso, et de se présenter de ma part devant l'incomparable Dulcinée, afin qu'elle dispose de lui comme il lui plaira. La dame, demi-morte de frayeur, sans savoir ce qu'il demandait, ni s'informer qui était cette Dulcinée, promit pour son écuyer tout ce qu'il plut à don Quichotte. Qu'il vive donc, ajouta notre chevalier, sur votre parole, et qu'en faveur de votre beauté il jouisse d'une grâce dont son insolence le rendait indigne.

LIVRE SECOND.

CHAPITRE VII.

Il y avait déjà quelque temps que Sancho s'était relevé après les rudes gourmades que lui avaient données les valets bénédictins, et il avait attentivement considéré le combat de son maître, priant Dieu dans son cœur qu'il en sortît victorieux, et qu'il y pût gagner quelque île dont il le fît gouverneur, comme il le lui avait promis. Voyant donc le combat fini, et que don Quichotte allait monter à cheval, il courut vite pour lui tenir l'étrier; mais, avant qu'il montât, il se jeta à genoux devant lui, et, lui baisant la main : Mon seigneur et mon maître, lui dit-il, si vous avez agréable de me donner l'île que vous venez de gagner, je me sens en état de la gouverner, quelque grande qu'elle puisse être, et aussi bien qu'autre qui s'en soit jamais mêlé. Ami Sancho, répondit don Quichotte, ce ne sont pas ici des aventures d'îles : ce ne sont que des rencontres de grands chemins où l'on ne gagne guère autre chose que de se faire casser la tête et remporter une oreille de moins ; mais, prends patience, il s'offrira assez d'aventures qui me donneront occasion de m'acquitter de ma promesse, et non seulement de te donner un gouvernement, mais mieux que cela. Sancho faillit à fondre en remercîments sur les nouvelles promesses de son maître, et, après lui avoir baisé la main et le bas de la cotte d'armes, il lui aida à monter à cheval, et monta lui-même sur son âne, suivant son seigneur qui s'en alla au grand pas sans prendre congé des dames du coche, et entra dans un bois qu'il trouva sur son chemin. Sancho suivait tant qu'il pouvait au grand trot; mais, que Rossinante marchait avec tant d'ardeur qu'il le laissait bien loin derrière, il cria à son maître de l'attendre. Don Quichotte, à ce cri, retint la bride à Rossinante, et l'écuyer fatigué l'ayant joint : Il me semble, monseigneur, lui dit-il que nous ferions pas mal de nous retirer dans quelque église : car celui contre lequel vous avez combattu est en fort mauvais état, et il ne faut qu'un malheur pour qu'on en avertisse la justice, et qu'on se saisisse de nous : et quand nous serons une fois coffrés, il passera bien de l'eau sous le pont avant qu'on nous en tire. Tais-toi, dit don Quichotte, tu ne sais ce que tu dis; et où as-tu lu ni vu que jamais chevalier errant ait été mis en justice pour ses homicides? Je ne sais ce que c'est que vos homicides, dit Sancho, je ne me souviens point d'en avoir vu; mais je sais fort bien que la sainte Hermantad châtie ceux qui se battent en duel; du reste, je ne m'en mêle point. Ne t'inquiète de rien, mon enfant, dit don Quichotte, je te tirerais des mains des Tartares; ainsi ne crains pas que je te laisse en celles de la justice. Mais dis-moi sérieusement, crois-tu qu'il y ait un plus vaillant chevalier que moi dans le reste du monde? As-tu lu dans les histoires qu'un autre ait jamais eu plus de résolution à entreprendre, plus de vigueur à attaquer, plus d'haleine à soutenir, plus de promptitude et d'adresse à frapper, et plus de force à renverser? La vérité est, dit Sancho, c'est que je n'ai jamais lu rien de semblable, car je ne sais ni lire ni écrire; mais je jurerai bien que de ma vie je n'ai servi un maître plus hardi que vous; et Dieu veuille que cette hardiesse ne vous mène pas où je m'imagine! Mais, monsieur, si nous pansions votre oreille? il en sort beaucoup de sang, et j'ai heureusement de la charpie et de l'onguent blanc dans mon bissac. Que nous nous passerions bien de tout cela, dit don Quichotte, si je m'étais souvenu de faire une fiole de baume de Fier-à-bras; et qu'une seule goutte de cette liqueur nous épargnerait de temps et de remèdes? Qu'est-ce donc que cette fiole de baume? dit Sancho. C'est un baume, dit don Quichotte, dont j'ai la recette en ma mémoire, avec lequel on se moque des blessures, et on nargue la mort. Aussi, quand je l'aurait fait, et que je t'en aurai donné, s'il arrive que, dans quelque combat, tu me voies coupé d'un revers par le milieu du corps, comme il nous arrive souvent, tu n'as qu'à ramasser la moitié qui sera tombée, et la rejoindre à l'autre avant que le sang se refroidisse, prenant toujours bien garde à les ajuster également; après cela, donne-moi seulement à boire deux traits de ce baume, et tu me verras aussi sain qu'auparavant. Si cela est, dit Sancho, je renonce tout à l'heure au gouvernement que vous m'avez promis, et je ne demande autre chose, en récompense de tous mes services, que la recette de ce baume. Mais, monsieur, ce baume coûte-t-il beaucoup à faire? On en fera toujours six pintes pour trois réales, répondit don Quichotte, et qu'attendez-vous, monsieur, s'écria Sancho, que vous ne me l'enseigniez tout à l'heure, et que nous n'en fassions deux ou trois poinçons? Doucement, ami, reprit don Quichotte : je te garde bien d'autres secrets et de plus grandes récompenses! Pour l'heure, pansons mon oreille : elle me fait plus de mal que je n'en fais semblant.

Sancho tira de l'onguent et de la charpie de sa besace. Mais quand don Quichotte en s'accommodant, aperçut sa salade toute brisée, peu s'en fallut qu'il ne perdît le reste de son jugement. Il mit l'épée à la main, et, levant les yeux en haut : Je jure dit-il, par les entrailles de mon père, par la foi que j'ai promise à Dulcinée, et par toute la nature ensemble, que, jusqu'à ce que j'aie pris vengeance de celui qui m'a fait cette injure, je mènerai la même vie que le grand marquis de Mantoue, qui, ayant fait vœu de venger la mort de son cousin Baudouin, jusque-là ne mangea ni pain sur table, ni ne coucha avec sa femme, et observa quantité d'autres choses semblables, dont je ne me souviens pas, et que pourtant je prétends qui soient comprises dans mon serment. Monseigneur, dit Sancho, tout étonné de ce serment effroyable, vous avez tort de vous fâcher : car, si le chevalier fait ce que vous lui avez ordonné, et qu'il s'aille présenter devant madame Dulcinée du Toboso, il en est quitte. Ta remarque est juste, reprit notre chevalier, et ainsi j'annule le serment quant à la vengeance; mais je le confirme et le refais de nouveau, et m'engage encore une fois de mener la vie que j'ai dit, jusqu'à ce que j'aie enlevé de force à quelque chevalier un autre salade aussi bonne que celle-ci. Et ne t'imagine pas, Sancho, que je fasse ceci en étourdi, je sais qui je dois imiter au pied de la lettre, et la même chose arriva pour l'armet de Mambrin, qui coûta si cher à Sacripan. Monsieur, répliqua Sancho, donnez tous ces serments-là au diable : Dieu ne veut pas qu'on jure, et vous vous damnez à crédit. Hé! dites-moi, s'il vous plaît, si par hasard nous ne trouvons de longtemps un homme armé d'une salade, que ferons-nous en attendant? tiendrez-vous votre serment en dépit de tous les accidents et de toutes les incommodités qui vous en peuvent arriver, comme de dormir tout vêtu, et de ne coucher jamais en ville, bourg, ni village, et deux mille autres pénitences que contenait le serment de ce vieux fou de marquis de Mantoue? Souvenez-vous, monsieur, qu'il ne passe point de gens armés en ces quartiers, et que l'on n'y trouve que des charretiers et des meneurs de mules. En bonne foi, ces gens-là ne portent point de salades, et ils n'en ont peut-être jamais vu d'autres que de laitue. Va, va tu te trompes, mon ami, dit don Quichotte, et nous n'aurons pas été ici deux heures que nous y verrons plus de gens en armes qu'il n'en vint devant la forteresse d'Albraque, à la conquête de la belle Angélique. Je le veux bien, puisque vous le voulez, reprit Sancho, et Dieu veuille que tout réussisse, et que le temps arrive de gagner cette île qui me coûte si cher, quand je devrais mourir incontinent après. Je t'ai déjà dit, Sancho, dit don Quichotte, que tu ne te mettes pas en peine; et quand l'île te manquerait, n'y a-t-il pas le royaume de Danemark et celui de Sobradise qui ne te sauraient manquer, et, ce qui est de meilleur, qui sont en terre ferme? mais cela se trouvera dans son temps. Pour le présent, regarde si tu as quelque chose à manger dans ton bissac, afin que nous allions promptement chercher quelque château où nous puissions nous retirer cette nuit, et faire mon baume; car, pour ne pas mentir, l'oreille me fait grand mal. J'ai ici un oignon et un morceau de fromage avec deux ou trois croutes de pain, dit Sancho; mais ce ne sont pas là des viandes pour un vaillant chevalier comme vous.

Que tu l'entends mal! répondit don Quichotte. Il faut que tu saches, Sancho, que c'est la gloire des chevaliers errants de passer des mois entiers sans manger, et, quand ils mangent, c'est, sans façon, de la première chose qu'ils trouvent, et tu n'en douterais pas si tu avais lu autant d'histoires que moi : car, je te puis bien jurer que, quelque recherche que j'aie faite, je n'ai point encore trouvé que les chevaliers mangeassent autrement que par hasard ou quand ils étaient invités à de somptueux banquets et à des fêtes royales; car, pour le reste du temps, ils ne se repaissaient guère que de leurs pensées; et, comme il n'était pourtant pas possible qu'ils s'en passassent absolument, non plus que des autres nécessités, puisqu'ils étaient hommes comme nous, il faut croire que, passant leur vie dans les forêts et dans les déserts, et sans cuisinier, leurs repas ordinaires étaient des viandes rustiques comme celles que tu m'offres. Ainsi, ami Sancho, ne te chagrine point d'une chose qui me fait du plaisir, et ne pense pas à faire un monde nouveau, ni à changer les coutumes de la chevalerie errante établies depuis longtemps. Il faut me pardonner, monsieur, dit Sancho, parce que je ne sais ni lire ni écrire, comme je vous ai dit, et n'ai jamais lu les règles de la chevalerie; mais à l'avenir le bissac sera bien fourni de toute sorte de fruits secs pour vous, qui êtes chevalier, et, comme je n'ai pas l'honneur de l'être, j'achèverai de le remplir pour moi de quelque chose de plus nourrissant. Je ne dis pas, répliqua don Quichotte, que le chevalier errant soit obligé de ne manger que des fruits, mais que c'était leur manger ordinaire, avec quelques herbes encore qu'ils trouvaient par les champs, et qu'ils connaissaient toutes parfaitement, et que je connais bien aussi. C'est une grande vertu que de connaître ces herbes, répondit Sancho, et, si je ne me trompe, nous aurons quelque jour besoin de cette connaissance ; cependant voici ce que Dieu nous a donné, ajouta-t-il. Et, ayant tiré les vivres de sa besace, ils mangèrent avec appétit et de compagnie. Ils eurent bientôt fait leur frugal repas, et montèrent aussitôt à cheval pour aller chercher à loger, mais le soleil leur manqua, avec l'espérance de trouver ce qu'ils souhaitaient, auprès de quelques cabanes de chevriers, où ils résolurent de passer la nuit. Autant qu'il y eut d'ennuis pour Sancho de n'être pas dans quelque bon village, autant don Quichotte trouva-t-il de plaisir à dormir à découvert, se figurant que tout ce qui lui arrivait de cette manière était autant d'actes de possession qui facilitaient les preuves de sa chevalerie.

CHAPITRE IX.

De ce qui arriva à don Quichotte avec des chevriers.

Notre chevalier fut très bien reçu des chevriers de ces cabanes, et Sancho, ayant du mieux qu'il put accommodé Rossinante et son âne, se rendit à l'odeur de quelques morceaux de chèvre que les chevriers faisaient rôtir pour leur souper. Le bon écuyer eût bien voulu les manger, comme on dit : de bouche en bouche ; mais il fallut, malgré lui, qu'il attendît que les chevriers, après les avoir tirés du feu, eussent étendu à terre quelques peaux de brebis et de chèvres pour servir de nappes. Ce rustique couvert étant mis, ils convièrent leurs hôtes de manger avec eux de bon cœur ce qu'ils leur offraient de même. Six chevriers qu'ils étaient dans cette cabane s'assirent sur leurs talons autour des peaux de brebis, après avoir, en cérémonies champêtres, prié don Quichotte de s'asseoir sur une auge qu'ils avaient renversée. Sancho se tenait derrière lui, pour lui servir à boire dans une coupe de corne qu'avaient les chevriers. Son maître, le voyant debout, lui dit : Afin que tu voies, Sancho, le bien qu'enferme en soi la chevalerie errante, et combien ceux qui la suivent sont en état d'être bientôt estimés et honorés dans le monde, je veux que tu te mettes à mon côté, et que tu t'asseyes dans la compagnie de ces bonnes gens ; que tu sois une même chose avec moi, qui suis ton seigneur et ton maître ; que tu manges en même plat, que tu boives dans mon verre : car enfin on peut dire de la chevalerie errante ce qu'on dit de l'amour, qu'elle nivelle toutes choses. Monseigneur, je vous remercie ; dit Sancho : mais si j'avais bien de quoi, j'aimerais mieux le manger seul debout qu'assis au côté d'un empereur, et, pour parler franchement, je m'accommode aussi bien d'un morceau de pain bis et d'une ciboule dans mon coin, sans façon et sans contrainte, que d'un coq d'Inde en compagnie d'honnêtes gens où je suis obligé de mâcher lentement, de boire de petits coups, de m'essuyer à toute heure, sans oser tousser ni éternuer, quelque envie qu'il m'en prenne ; changez donc, s'il vous plaît, mon seigneur et maître, en d'autres choses qui soient de plus de profit, l'honneur que vous me voulez faire.

Pour la part que j'ai à la chevalerie errante, comme écuyer de votre seigneur, je vous en remercie, et la tiens pour reçue, y renonçant dès à présent jusqu'à la fin du monde. Avec tout cela, dit don Quichotte, encore faut-il que tu te mettes là, parce que Dieu élève celui qui s'humilie. Et le tirant en même temps par le bras, il le fit asseoir par force auprès de lui. Les chevriers qui n'entendaient rien à ce jargon d'écuyers et de chevaliers errants, ne faisaient que manger, regardant, sans rien dire, leurs hôtes, qui avalaient des morceaux gros comme le poing. Le service de viandes achevé, on mit sur la table quantité de noisettes, et un fromage qui n'était guère moins dur que s'il avait été de chaux et de ciment. Pendant tout ce temps-là, la corne n'était point inutile, elle ne cessait d'aller et de venir à la ronde, tantôt pleine, tantôt vide, et si souvent enfin que sur deux peaux de bouc pleines de vin qu'il y avait là, il y en eut une de vide. Après que don Quichotte eut bien mangé, et qu'il vit que son estomac avait à peu près ce qu'il fallait à un héros moderne, il prit une poignée de noisettes, et, les regardant attentivement : Heureux âge, s'écria-t-il, heureux siècle, à qui nos premiers pères donnèrent le nom d'âge d'or, non pas que l'or, qu'on estime tant dans ce siècle de fer, s'y trouvât plus communément, ou qu'on le tirât avec moins de peine des entrailles de la terre, mais parce qu'on ne connaissait point alors ces deux funestes paroles, le tien et le mien, qui ont depuis divisé tout le monde. Toutes choses étaient communes dans ce saint âge, et les hommes n'avaient d'autre soin à prendre pour leur nourriture que de cueillir le fruit que les arbres leur offraient libéralement, et de puiser avec la main les pures et délicieuses eaux que les ruisseaux et les fontaines leur présentaient en abondance. Les soigneuses abeilles, enrichissant les fentes des rochers et le creux des arbres de la dépouille des fleurs, formaient sans crainte leur vigilante république, et permettaient aux hommes de recueillir l'agréable moisson de leurs fertiles travaux. De simples huttes tenaient lieu de maisons et de palais aux habitants de la terre, et les arbres se défaisant d'eux-mêmes de leurs écorces, leur fournissaient de quoi couvrir leurs cabanes et se garantir de l'intempérie des saisons. Tout était en paix pour lors ; on ne voyait qu'union et qu'amitié. Jusque-là le soc et la bêche n'avaient point ouvert le sol de la terre ; cette bonne et féconde mère donnait gratuitement tous les fruits de son vaste sein, et ses heureux enfants y trouvaient tout à la fois, et ce qui était nécessaire pour l'entretien de la vie, et ce qui était délectable. La beauté n'était point un avantage dangereux aux jeunes filles ; elles allaient librement partout, étalant sans artifice et sans dessein tous les présents que leur avait faits la nature, ne se cachant qu'autant que l'honnêteté commune à tous les siècles l'a toujours demandé. La pourpre de Tyr, ni l'or, ni la soie ne faisaient point leurs ornements ; elles n'empruntaient rien des agréments de l'art, et, avec de simples guirlandes de fleurs ou de feuilles entrelacées, elles étaient plus parées que ne le sont aujourd'hui les dames les plus galantes par les plus riches inventions que le luxe et la vanité du siècle leur ont enseignées. L'amour s'expliquait mûrement et sincèrement, comme l'ame le ressentait, sans rechercher, dans l'artifice des paroles, une expression plus forte ou plus élégante que celle de la nature ; on voyait, dans toutes les actions des hommes, une sincérité naïve, non seulement exempte de tromperie, mais encore incapable de dissimulation. La justice, toujours le bandeau sur les yeux, ne connaissait alors ni la faveur ni l'intérêt ; ce n'est que dans les siècles suivants que ces monstres ont pris naissance, et que glissant un venin subtil au cœur des hommes, ils ont étouffé l'équité naturelle, qui, d'un commun consentement, gouvernait auparavant toutes choses. L'honnêteté, comme j'ai dit, était inséparable des filles; elles allaient partout sur leur foi, assurées des autres et d'elles-mêmes, et n'appréhendaient rien de leurs propres désirs ni de ceux d'autrui. Mais il n'y a plus d'asiles pour elles en ce siècle détestable; l'amour s'introduit partout : il n'y a ni grades qu'il ne trompe, ni labyrinthe dont il ne démêle l'artifice. Dans les lieux mêmes d'où les rayons du soleil sont exclus, l'inquiète ardeur des amants pénètre et triomphe enfin de la plus exacte retenue. Ainsi cette première innocence s'étant perdue, et la corruption croissant de jour en jour, il fallut, pour la sûreté publique, opposer des digues à ce torrent; et l'on institua l'ordre de la chevalerie errante pour défendre l'honneur des filles, protéger les veuves, secourir les orphelins et les misérables, et servir de bouclier à tous ceux que la violence opprime. Je suis de cet ordre-là, mes bons amis, et c'est à un chevalier errant et à son écuyer que vous avez fait un si bon accueil; et, quoique toutes sortes de gens soient obligés de bien recevoir ceux de notre profession, néanmoins, comme vous l'avez fait sans me connaître et seulement par bonté de cœur, il est juste que je vous en témoigne mon sentiment et que je vous proteste que jamais je n'en perdrai le souvenir et la reconnaissance.

Ce furent les noisettes qui rappelèrent l'âge d'or dans la mémoire de notre chevalier et lui firent faire tout ce beau discours, dont il se serait bien passé, aussi bien que les chevriers, qui l'écoutaient attentivement sans y rien comprendre et sans dire une parole. Sancho non plus ne disait mot, mais il n'était pas demeuré sans rien faire : se bourrant de noisettes et de fromage, sans perdre un seul coup de dent que pour visiter de temps en temps la seconde peau de bouc, qu'on avait pendue à un liége pour la tenir plus au frais.

Le souper fini, un des bergers, s'adressant à don Quichotte : Pour vous faire voir, seigneur chevalier, lui dit-il, que rien ne manque à l'intention que nous avons de vous bien traiter et de vous divertir, nous vous ferons entendre tout à l'heure un de nos compagnons, qui est sur le point d'arriver, et qui vous donnera sans doute du plaisir. C'est un jeune berger fort amoureux, et tout plein d'esprit; il sait lire et écrire comme un maître d'école; mais surtout il chante et joue du violon à ravir. A peine le berger eut-il achevé de parler, qu'on entendit le son du violon, et, un moment après, arriva un jeune garçon d'environ vingt-deux ans et d'assez bonne mine. Les bergers lui demandèrent s'il avait soupé; et comme il répondit que oui : En ce cas, Antoine, dit celui qui venait de parler, tu nous feras bien le plaisir de chanter quelque chose pour régaler monsieur notre hôte et lui faire voir que, dans les forêts et les montagnes, on ne laisse pas de trouver des gens qui savent la musique. Nous avons dit à monsieur ce que tu vaux, et nous voudrions bien ne pas passer pour menteurs. Assieds-toi, je t'en prie, et nous chante la romance que ton oncle le bénéficier a faite sur tes amours, et qui a tant plu à tout le voisinage. Je le veux bien, dit Antoine. Et, sans se faire davantage prier, il s'assit sur un tronc de chêne, et, après avoir accordé son violon, il chanta une romance.

Le berger ayant achevé celle-ci, don Quichotte le pria d'en chanter une seconde; mais Sancho, qui avait plus d'envie de dormir que d'écouter des chansons, s'y opposa, et dit à son maître qu'il était temps qu'il pensât à s'accommoder quelque part pour passer la nuit, et que ces bonnes gens, qui travaillaient tout le jour, n'avaient pas besoin d'employer la nuit à chanter. Je t'entends, Sancho, répondit don Quichotte, et je ne songeais pas qu'une tête pleine des vapeurs du vin a plus besoin de sommeil que de musique. Dieu soit béni, dit Sancho, mais chacun en a bien pris sa part. J'en conviens, répliqua don Quichotte. Couche-toi où tu voudras, et me laisse faire. Il sied mieux de veiller que de dormir aux gens de ma profession ; mais auparavant panse-moi un peu l'oreille : je t'assure qu'elle me fait grand mal. Sancho commença à chercher de l'onguent, un des chevriers, qui vit la blessure, dit à don Quichotte de ne s'en pas mettre en peine, et qu'il l'aurait bientôt guéri ; et sur l'heure il alla quérir quelques feuilles de romarin, et, après les avoir mâchées et mêlées avec du sel, il les mit sur l'oreille, l'assurant qu'il n'avait que faire d'autre remède : ce qui réussit en effet.

CHAPITRE X.

De la désagréable aventure qu'eut don Quichotte avec des Yangois.

Don Quichotte, ayant le lendemain pris congé des chevriers, erra plus de deux heures dans un bois, à l'issue duquel lui et son écuyer se trouvèrent dans un pré plein d'herbe fraîche, et qui était arrosé d'un agréable ruisseau. Le doux murmure de l'eau, la beauté et la fraîcheur du lieu les invitant d'y passer les chaleurs du midi, don Quichotte et Sancho mirent pied à terre, et, laissant à Rossinante et à l'âne la liberté de paître à leur fantaisie, ils délièrent le bissac, et sans cérémonie mangèrent ensemble de ce qui s'y trouva. Sancho ne s'était pas mis en peine de donner des entraves à Rossinante, le connaissant si pacifique et de si bonnes mœurs, que toutes les juments de la prairie de Cordoue ne lui auraient pas donné une mauvaise pensée.

Cependant le sort, ou plutôt le diable, qui ne dort jamais, fit trouver mal à propos dans le même vallon une troupe de juments de Galice qui étaient à des muletiers yangois, dont la coutume est de s'arrêter ainsi pendant la grande chaleur du jour dans les endroits où ils trouvent de l'eau et de l'herbe pour rafraîchir leur caravane. Rossinante était bénin, mais il était de chair aussi ; et il ne sentit pas plutôt les juments, que, contre sa retenue naturelle, il lui prit envie de s'aller divertir avec elles ; et, sans en demander la permission à son maître, il s'en alla au petit trop leur communiquer ses nécessités ; mais, comme elles avaient apparemment plus de besoin de manger que d'envie de rire, elles ne reçurent le galant qu'avec les pieds et les dents, et firent si bien, qu'en moins de rien elles lui rompirent les sangles et la selle, et le mirent à nu avec bien des contusions. Pour surcroît de malheur, les muletiers, voyant l'attentat de Rossinante, accoururent avec de gros bâtons et lui en donnèrent tant de coups sur les reins, qu'ils l'étendirent par terre, où il eut, avant de se lever, tout le loisir de faire des réflexions sur les malheurs qu'attire l'incontinence.

Don Quichotte et Sancho, qui aperçurent de loin le mauvais traitement qu'on faisait à Rossinante, coururent promptement à son secours ; et, en arrivant tout essoufflé : Ami Sancho, dit don Quichotte, à ce que je vois, ce ne sont pas ici des chevaliers, mais des rustres et de la canaille ; tu peux bien m'aider à prendre vengeance de l'outrage qu'ils m'ont fait en s'attaquant à mon cheval ? Hé ! quelle diable de vengeance pouvons-nous prendre ? répondit Sancho : ils sont vingt, et nous ne sommes que deux ; et encore ne sais-je s'il faut nous compter pour un et demi. J'en vaux cent à moi seul, répondit don Quichotte. Et, sans s'arrêter davantage, il met l'épée à la main et attaque vigoureusement les muletiers. Sancho, animé de l'exemple de son maître, fait aussi voir le jour à son épée, et se fourre au milieu des ennemis. Don Quichotte donna d'abord un si grand coup au premier qu'il trouva sous sa main, qu'il lui fendit un collet de cuir, et lui emporta une grande partie de l'épaule ; il allait s'essayer sur un autre, quand les muletiers, honteux de se voir ainsi mal menés par deux hommes seuls, recoururent à leurs épieux, et, entourant le vaillant chevalier et le bon écuyer, commencèrent à manœuvrer sur eux à coups de bâtons, avec une diligence admirable. L'affaire fut bientôt expédiée : dès la seconde décharge que Sancho reçut à la ronde, il tomba de son long par terre ; et rien ne servit à don Quichotte d'avoir du courage et de l'adresse, il n'en fut pas quitte à meilleur marché ; le bon chevalier fut renversé aux pieds de Rossinante, qui n'avait encore pu se relever. Les muletiers, n'ayant plus rien à faire, et craignant même d'en avoir trop fait, chargèrent promptement leurs voitures et poursuivirent leur chemin.

Le premier de nos aventuriers qui se reconnut après l'orage fut Sancho Pança, qui, se traînant auprès de son maître, lui dit d'une voix faible et dolente : Seigneur don Quichotte ! Ah ! seigneur don Quichotte ! Que me veux-tu, ami Sancho ? répondit le chevalier d'un ton pour le moins aussi pitoyable. N'y aurait-il point moyen, dit Sancho, que vous me donnassiez deux gorgées de ce bon baume de Fier-à-Bras, si par hasard vous en avez sur vous ? Peut-être sera-t-il aussi bon pour des os rompus que pour d'autres blessures. Hé ! mon ami, répondit don Quichotte, si j'en avais, nous faudrait-il autre chose ? mais je te jure, foi de chevalier errant, que, si je ne perds l'usage des mains, j'en aurai avant qu'il soit deux jours. Deux jours ! répartit Sancho ; et dans combien de temps croyez-vous que nous soyons seulement en état de nous remuer ? La vérité est, dit le moulu chevalier, que je ne saurais qu'en dire, à la manière dont je me sens ; mais aussi la chose m'est bien due, et je ne m'en dois prendre qu'à moi-même qui vais mettre imprudemment la main à l'épée contre des gens qui ne sont pas armés chevaliers ; et je ne doute point que la fortune n'ait permis que je reçusse ce châtiment, pour avoir méprisé les lois de la chevalerie. C'est pourquoi aussi, ami Sancho, je t'avertis, une fois pour toutes, et dans notre intérêt commun, que, lorsque de semblables marauds nous feront insulte, tu n'attendes plus que je tire l'épée contre eux, car assurément je n'en ferai rien ; mais, comme c'est ton affaire, mets toi-même l'épée à la main, et châtie-les comme tu l'entendras. Si, par hasard, il vient des chevaliers à leur secours, oh ! je te défendrai de la bonne sorte ! Tu sais ce que c'est que la force de ce bras : tu en as vu d'assez bonnes preuves. Sancho ne trouva pas l'avis de son maître si bon qu'il n'y eût quelque chose à dire : Seigneur chevalier, répondit-il, je n'aime point tant les querelles qu'on dirait bien, et je sais, Dieu merci, pardonner une injure, parce que j'ai une femme et des enfants. Tenez-vous donc pour dit, s'il vous plaît, qu'assurément je ne mettrai l'épée à la main ni contre chevalier, ni contre paysan ; que je leur pardonne devant Dieu toutes les offenses passées, et toutes celles qu'ils me pourront faire à l'avenir, et avec cela encore tout ce que m'ont fait, font, ou feront quelques personnes que ce puisse être, riche ou pauvre, noble ou roturier, sans exception d'état ou de condition.

Si j'étais assuré, reprit don Quichotte, que l'haleine ne me manquât point, et que la douleur que je sens au côté me laissât parler à mon aise, que je te ferais bientôt comprendre que tu ne sais ce que tu dis! Viens çà, misérable pécheur! Si la fortune qui, jusqu'ici, nous a été contraire, vient enfin à changer en notre faveur, et que, nous conduisant comme par la main, elle nous fasse prendre terre en quelques unes des îles dont je t'ai parlé, que sera-ce, dis-moi, si, après l'avoir conquise, je t'en donne le gouvernement? Pourras-tu en remplir dignement la charge, n'étant pas chevalier et ne te souciant point de l'être, n'ayant ni valeur ni ressentiment pour repousser les injures et défendre ton État? Ne sais-tu point encore que dans tous les pays nouvellement conquis, les naturels ont toujours l'esprit remuant, et ne s'accoutument qu'avec peine à une domination étrangère; que jamais ils ne sont si soumis à leur nouveau seigneur qu'ils ne soient toujours sur le point de tenter de se mettre en liberté? Ainsi, crois-tu que leur prince n'ait pas besoin de jugement pour se conduire avec des esprits si mal disposés, et de courage pour attaquer et pour se défendre en tant d'occasions qui peuvent se présenter à toute heure? Il eût été bon, répartit Sancho, que j'eusse eu le jugement et le courage que vous dites dans l'aventure qui vient de nous arriver; mais pour l'heure, monsieur, je vous le dis franchement, j'ai bien plus besoin d'emplâtres que de remontrances. Mais voyons un peu si vous ne sauriez vous lever pour m'aider à faire lever Rossinante, encore qu'il ne le mérite pas? Non, car c'est lui qui est cause que nous avons été roués de coups. De bonne foi, je n'aurais jamais pensé cela de Rossinante: je le croyais sage et paisible; j'aurais juré pour lui comme pour moi. A qui se fier après cela? Croyez qu'on dit bien vrai, qu'il faut bien du temps avant que de connaître les gens. Mais, seigneur, il n'y a rien de certain dans cette vie. Et qui diantre eût dit, qu'après vous avoir vu faire tant de merveilles contre ce malheureux chevalier errant de l'autre jour, cette tempête de coups de bâtons devait venir fondre sur nos épaules? Pour les tiennes encore, dit don Quichotte, elles doivent être faites à de semblables orages; mais les miennes, qui n'y sont pas accoutumées, s'en sentiront longtemps; et si ce n'était que je m'imagine, ce qui est même certain, que toutes ces disgrâces sont attachées à la profession des armes, je me laisserais mourir ici de pur ennui. Mais, monsieur, répliqua Sancho, puisque toutes ces infortunes-là sont des revenus de la chevalerie, dites-moi, je vous prie, arrivent-elles souvent, ou cela finit-il après un certain nombre? Car apparemment, si nous faisons encore deux semblables récoltes, nous ne serons point en état d'en faire une troisième, à moins que le bon Dieu ne nous assiste. Ne sais-tu pas, ami Sancho, répondit don Quichotte, que la vie des chevaliers errants est sujette à mille fâcheux accidents, et qu'elle éprouve presque incessamment l'une et l'autre fortune? Il n'y en a point qui ne puissent à toute heure devenir rois et empereurs, comme on l'a vu souvent; et, sans le mal que je sens, je te raconterais l'histoire de plusieurs qui se sont élevés sur le trône par leur seule valeur. Mais il n'y en a point aussi qui soient exempts des revers de la fortune; je t'en ferais voir, parmi ceux-là même, qui sont ensuite tombés dans d'étranges malheurs. Le grand Amadis de Gaule ne se vit-il pas au pouvoir de l'enchanteur Arcalaüs, le plus cruel de ses ennemis, et ne tient-on pas pour assuré que ce perfide nécromant lui donna deux cents coups d'étrivières, après l'avoir attaché à une colonne dans la cour de son château? N'y a-t-il pas encore un auteur qui dit que le chevalier du Soleil, ayant été surpris à une trappe qui fondit sous ses pieds, en un certain château, il se trouva sous terre attaché par les pieds et les mains dans un profond cachot, où d'abord on lui donna un lavement d'eau de neige, qui le pensa faire mourir? et si un sage de ses amis ne l'eût secouru dans ce misérable état, on ne sait ce qu'il fût devenu. Ainsi, Sancho, je puis bien me régler sur des chevaliers qui ont reçu des affronts encore plus grands que le nôtre. Mais il est bon que tu apprennes que les blessures qui se font par le premier instrument que le hasard fait tomber entre les mains ne déshonorent point le blessé et ne lui font aucun affront; et l'on trouve, en termes exprès, dans la loi des duels, que, si le cordonnier frappe quelqu'un avec la forme qu'il tient à la main, elle a beau être de bois, comme le bâton, on ne dira pas pour cela qu'il ait donné des coups de bâton. Je te dis cela, Sancho, afin que tu ne penses pas que, pour avoir été assommés de coups par cette canaille, nous soyons déshonorés : car, à le bien prendre, les armes dont ils nous ont frappés n'étaient pas tant des bâtons que des espèces de pieux, sans quoi ils ne vont jamais; et aucun d'eux, si je m'en souviens, n'avait épée ni poignard. Ils ne m'ont point donné le temps d'y regarder de si près, dit Sancho, et je n'eus pas plutôt tiré la maudite flamberge, qu'ils me rouèrent de coups, et m'en donnèrent tant, que les yeux et les jambes me manquant à la fois, je tombai tout de mon long dans le même endroit où me voilà encore, Dieu merci. Et pour vous parler franchement, ce qui me fait de la peine n'est pas de savoir que les coups d'épieux m'ont fait affront, c'est la douleur des coups que je ne saurais arracher de ma mémoire, non plus que de dessus mes épaules. Avec tout cela, Sancho, répondit don Quichotte, il n'y a point de ressentiment que le temps n'efface, ni de douleur dont la mort ne guérisse. Grand merci, répliqua Sancho; et qu'y a-t-il de pis qu'un mal à quoi il n'y a que le temps qui puisse remédier, ou qui ne finisse que par la mort? Encore, si nos maux étaient de ceux qui s'en vont avec une couple d'emplâtres, patience! mais il nous faudrait tout l'onguent d'un hôpital, et encore ne sais-je s'il y suffirait. Laisse-là tous ces discours inutiles, dit don Quichotte, et tâchons tous deux de tirer des forces de notre faiblesse.

Voyons un peu comment se porte Rossinante. Ce pauvre animal, à ce qui me paraît, a eu sa bonne part de l'aventure. Le voilà bien malade, ma foi! reprit Sancho. Pourquoi en serait-il exempt? est-il moins chevalier errant que les autres? Ce n'est pas là ce qui m'étonne: c'est de voir que ma monture s'en soit sauvée sans qu'il lui en coûte seulement un poil, pendant qu'il ne nous reste pas à tous trois une côte entière. Dans les plus grands malheurs, répliqua don Quichotte, la fortune laisse toujours quelque porte pour en sortir, et cette pauvre bête suppléera au défaut de Rossinante pour m'ôter d'ici et me porter à quelque château où je me fasse panser. Je ne tiendrai pas même à déshonneur une telle monture, car il me souvient d'avoir lu que le vieux Silène, le père nourricier du dieu Bacchus, était monté et fort à son aise sur un bel âne quand il fit son entrée dans la ville aux cent portes. Cela serait bon, dit Sancho, si vous pouviez vous tenir comme lui; mais il y a bien de la différence entre la posture d'un homme à cheval et celle d'un homme étendu de travers comme un sac de farine : car je ne pense pas que vous puissiez aller autrement. Les incommodités qui restent des combats ne font jamais de déshonneur, reprit don Quichotte : ainsi, Pança, mon ami, ne me réplique pas davantage; essaie seulement de te lever, et me mets comme tu pourras sur ton âne, et partons d'ici avant que la nuit nous surprenne. Mais ne vous ai-je pas ouï dire, monsieur, reprit Sancho, que la coutume des chevaliers errants est de dormir à découvert, et que c'est une agréable aventure pour eux que de passer les nuits dans les champs, et au milieu des bois et des déserts? Ils en usent ainsi, dit don Quichotte, quand ils ne peuvent faire mieux, ou quand ils sont amoureux ; et cela est si vrai, qu'on a vu tel chevalier passer deux ans entiers sur un rocher exposé à toutes les rigueurs du chaud et du froid, sans que sa maîtresse en eût la moindre connaissance.

Amadis a été un de ceux-là, dans les temps qu'il s'appelait le beau Ténébreux, et qu'il se retira sur la roche Pauvre, où il passa huit ans ou huit mois ; car je ne m'en ressouviens pas présentement. Quoi qu'il en soit, il est constant qu'il y demeura longtemps, faisant pénitence pour je ne sais quel dégoût qu'Oriane lui avait donné; mais enfin laissons cela et fais ce que je t'ai dit, avant qu'il arrive quelque disgrâce à l'âne aussi bien qu'à Rossinante. Ce serait bien le diable alors, dit Sancho. Et puis poussant trente ou quarante soupirs, entrelardés de *ouf* et de *aye*, et jurant comme un charretier embourbé, il fit tant d'efforts qu'à la fin il se leva sur ses pieds, demeurant pourtant à moitié chemin courbé comme un arc, sans pouvoir achever de se redresser. Dans cette étrange posture, il fallut encore qu'il allât prendre son âne, qui, profitant de la liberté de sa journée s'était écarté assez loin de là, où il se donnait à cœur joie du bien d'autrui.

Quand l'âne fut accommodé, Sancho vint lever Rossinante mais ce ne fut pas sans peine pour l'un et pour l'autre. Sancho suait à grosses gouttes ; et si le pauvre animal eût pu se plaindre, il eût encore fait leçon au maître et au valet. Enfin, après bien des efforts et des cris, Sancho mit don Quichotte de travers sur l'âne ; et ayant attaché Rossinante à la queue, il prit l'âne par le licou, et s'en alla du côté qu'il crut trouver le grand chemin. Au bout de trois quarts d'heure, la bonne fortune leur fit découvrir une hôtellerie que don Quichotte, en dépit de sa chétive apparence, ne manqua pas de prendre pour un château. L'écuyer soutenait opiniâtrement que c'était une auberge ; et la dispute entre eux dura si longtemps, qu'elle n'était pas finie quand ils se trouvèrent à la porte, où Sancho entra avec sa petite caravane, sans se mettre en peine de faire voir qu'il avait raison.

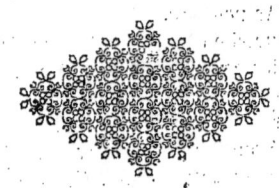

CHAPITRE XI.

De ce qui arriva à don Quichotte dans l'hôtellerie qu'il prenait pour un château.

Le maître de l'hôtellerie, surpris de voir un homme de travers sur un âne, ayant demandé à Sancho quel mal il avait, celui-ci répondit que ce n'était rien, qu'il était seulement tombé d'une montagne en bas, et qu'il avait les côtes tant soit peu rompues. La femme de l'hôte, contre l'ordinaire de celles de son métier, était une femme charitable et qui prenait part aux afflictions de son prochain : aussi n'eut-elle pas plutôt vu don Quichotte, qu'elle pensa à le soulager, et se fit aider par une jeune fille qu'elle avait et qui n'était pas mal faite. Dans la même hôtellerie servait une jeune Asturienne qui avait le visage large, le derrière de la tête plat, le nez écrasé, un œil louche et l'autre dont elle ne voyait guère ; du reste, elle était délibérée, et la souplesse du corps suppléait à ce qui lui manquait d'agrément. Pour la taille, elle avait environ trois pieds, des pieds à la tête, et les épaules lui chargeaient si fort le reste du corps, qu'elle avait de la peine à regarder en haut. Cette gentille servante aida prestement à la fille de l'hôte à panser don Quichotte, et après cela elles lui dressèrent toutes deux un fort mauvais lit dans un endroit qui, selon toutes les apparences, n'avait jusque-là servi qu'à mettre de la paille. Dans ce même lieu, un peu plus loin que don Quichotte, un muletier s'était fait aussi avec les bâts et les couvertures de ses mulets, un lit bien préférable à celui de notre aventurier, composé seulement de quatre ais mal joints sur deux bancs inégaux, avec une espèce de matelas qui n'était guère moins dur que les ais mêmes, et des draps qu'on eût plutôt pris pour du cuir que pour de la toile. Dans ce maudit lit fut couché don Quichotte, et aussitôt l'hôtesse et sa fille lui mirent des emplâtres depuis les pieds jusqu'à la tête, à la faveur d'une lampe que tenait l'agréable Maritorne, car c'est ainsi que s'appelait l'Asturienne.

L'hôtesse, le voyant meurtri en tant d'endroits : Vraiment, dit-elle, ceci ressemble bien plutôt à des coups qu'à une chute. Ce ne sont pourtant point des coups, dit Sancho ; mais le rocher avait beaucoup de pointes, et chacune a fait sa meurtrissure. Au reste, madame, ajouta-t-il, gardez, s'il vous plaît, quelques étoupes ; nous trouverons bien à les employer : car les reins me font aussi un peu de mal. Vous êtes donc aussi tombé ? reprit l'hôtesse. Je ne suis pas tombé, reprit Sancho, mais de la frayeur que j'ai eue de voir tomber mon maître, il m'a pris un tel je ne sais quoi par tout le corps, qu'il me semble qu'on m'a donné mille coups de bâton.

Vraiment je ne m'en étonne point, dit la jeune fille, car il m'est souvent arrivé de songer que je tombais d'une tour en bas, et que je ne pouvais arriver jusqu'à terre, et quand j'étais réveillée, je me trouvais aussi lasse et aussi rompue que si je fusse tombée tout de bon.

Voilà justement l'affaire, dit Sancho, au contraire toute la différence qu'il y a; c'est que sans avoir songé, et étant aussi éveillé que je suis à cette heure, je ne me trouve pourtant pas moins meurtri que mon maître. Comment l'appelez-vous, votre maître? dit alors Maritorne.

Don Quichotte de la Manche, répondit Sancho, chevalier errant, et des plus francs qu'on ait vus depuis longtemps. Chevalier errant! reprit l'Asturienne, et qu'est-ce que cela? Quoi! vous êtes si neuve dans le monde? reprit Sancho. Apprenez, ma chère sœur, qu'un chevalier errant est une chose qui se voit toujours à la veille d'être empereur, ou roué de coups de bâton; aujourd'hui la plus malheureuse créature qui vive, demain avec trois ou quatre royaumes à donner à son écuyer. D'où vient donc, dit l'hôtesse, qu'étant écuyer d'un si grand seigneur, vous n'avez pas pour le moins quelque comté, ce qui se verrait à votre mine. Oh! cela ne va pas si vite, répondit Sancho; il n'y a pas plus d'un mois que nous cherchons les aventures, et nous n'en avons point encore trouvé de celles-là; outre que bien souvent on cherche une chose et l'on en trouve une autre. Mais, à vous dire vrai, si monseigneur don Quichotte peut une fois guérir de ses blessures, et que je ne sois point estropié des miennes, je ne troquerais pas mes espérances contre le meilleur comté d'Espagne.

Don Quichotte, qui écoutait attentivement cette conversation, crut qu'il était de la civilité d'y entrer, et, se levant le mieux qu'il put sur son séant, il prit aimablement la main de l'hôtesse, et lui dit : Croyez-moi, belle châtelaine, vous n'êtes pas malheureuse d'avoir eu occasion de me recevoir dans votre château. Je ne vous en dis pas davantage, parce qu'il ne sied jamais bien de se louer soi-même, mais mon fidèle écuyer vous apprendra qui je suis. Je vous dirai seulement que je conserverai la mémoire de vos bons offices le reste de ma vie, et que je ne perdrai jamais l'occasion de vous en témoigner ma reconnaissance. Plût au ciel, ajouta-t-il, regardant amoureusement la fille de l'hôtesse, que l'amour ne m'eût pas assujetti à ses lois, et que les yeux de la charmante ingrate à qui je pense n'eussent point triomphé de ma liberté! je la sacrifierais de bon cœur aux pieds de cette demoiselle.

L'hôtesse, sa fille et la bonne Maritorne tombaient des nues au discours de notre chevalier, qu'elles n'entendaient pas plus que s'il eût parlé grec, quoiqu'elles se doutassent pourtant bien que c'étaient des compliments et des offres; et comme ce langage leur était tout nouveau, elles ne faisaient que se regarder l'une l'autre, ou le regarder lui-même comme un homme d'une espèce particulière. Elles lui firent pourtant quelques remercîments en termes d'hôtellerie de campagne; et, après l'avoir salué fort humblement, elles se retirèrent. Mais auparavant, Maritorne prit soin de panser Sancho, qui n'en avait pas moins de besoin que son maître.

Le muletier dont j'ai parlé et l'Asturienne avaient comploté de passer une partie de la nuit ensemble, et elle avait donné sa parole que, sitôt que les hôtes se seraient retirés, et que le maître et la maîtresse se seraient endormis, elle viendrait le trouver. On dit de cette bonne fille que jamais elle ne donna semblable parole sans la tenir, fût-elle donnée au fond d'une cave et sans témoins; aussi se piquait-elle d'être une dame, et ne croyait point avoir dérogé pour être servante d'hôtellerie; parce que c'était comme elle le disait, la mauvaise fortune de ses parents qui l'avait réduite en cet état.

Le détestable et chétif lit de don Quichotte était le premier qu'on rencontrait dans cet étrange appartement, et Sancho avait fait le sien tout auprès sur une natte de jonc, avec une couverture qui semblait être plutôt de canevas que de laine. Un peu plus avant était celui du muletier, composé, comme j'ai dit, des bâts et des couvertures de deux mulets, sur douze qu'il avait, fort gras et bien entretenus : car c'était un des riches muletiers d'Arevalo. Ce muletier, ayant donné l'avoine à ses mulets, s'alla étendre sur ses bâts, attendant avec impatience sa ponctuelle Maritorne.

Cependant Sancho faisait tout ce qu'il pouvait pour dormir, et la douleur de ses côtes tout ce qu'il fallait pour l'en empêcher ; don Quichotte de son côté, ne sentant pas moins de mal, avait aussi les yeux ouverts comme un lièvre. Tout était en silence dans l'hôtellerie, et il n'y avait d'autre lumière que celle d'une lampe pendue sous la grande porte. Cette tranquillité et les tumultueuses pensées que fournissaient continuellement à notre chevalier les divers événements qu'il avait lus, lui firent naître dans l'esprit la plus bizarre extravagance qu'on puisse imaginer : il crut être dans un fameux château (car il ne voyait point d'hôtellerie à qui il fît cet honneur), et que la fille de l'hôte, qui l'était par conséquent du seigneur châtelain, touchée de sa bonne mine et de sa gentillesse, lui avait promis de se dérober adroitement et de venir passer quelque temps avec lui.

Cette chimère le tourmentant comme une chose bien réelle, il était dans une inquiétude étrange du péril où sa fidélité allait être exposée. Mais enfin il résolut en son cœur de ne point faire la moindre infidélité à sa chère Dulcinée, quand la reine Genièvre elle-même, avec sa fidèle Quintagnone, l'en viendrait solliciter. Pendant qu'il s'entretenait de ses rêveries, l'exacte Asturienne pensait à tenir sa parole, et, toute en chemise, les pieds nus, et les cheveux ramassés sous sa rézille de futaine, elle entre à pas de loup, cherchant le lit de son muletier.

Don Quichotte, qui avait l'oreille au guet, l'entendit, ou devina que quelqu'un entrait, et, se relevant sur son lit, malgré ses emplâtres et la douleur de ses côtes, tendit les bras pour recevoir sa prétendue demoiselle. L'Asturienne marchait doucement, craignant de faire le moindre bruit, et tâtonnant des mains pour ne pas se heurter ; mais, avec toutes ces précautions, elle alla se donner dans les bras de don Quichotte, qui la saisit aussitôt par le poignet, et, la tirant à lui, sans qu'elle osât dire une parole, la fit asseoir sur son lit. Sa chemise, qui était d'une toile à faire des sacs, ne désabusa point le chevalier. Il prit des bracelets de verre qu'elle avait aux bras pour des perles d'Orient ; ses cheveux, qui pouvaient passer pour du crin, lui semblèrent des tresses d'or ; et cette haleine d'ail et de viande froide pour un agréable mélange des parfums d'Arabie ; il se représenta cette agréable nymphe telle qu'on peint dans les livres qu'il avait lus ces gentes demoiselles qui vont voir en cachette leurs amants blessés ou malades.

En un mot, l'entêtement du pauvre gentilhomme était si fort, qu'insensible à des choses qui auraient fait rendre tripes et boyaux à tout autre qu'un muletier, il crut tenir entre ses bras la déesse de la beauté. Enfin le galant chevalier, éperdu de tant de charmes, et serrant l'incomparable Maritorne d'une manière à l'étouffer : Que ne donnerais-je point, lui dit-il fort bas d'une voix amoureuse, que ne donnerais-je point, belle princesse, pour me voir en état de reconnaître la grâce que vous me faites, et me laver auprès de vous du reproche d'une lâche ingratitude ! J'en meurs de honte, mais j'ai promis ma foi à l'incomparable Dulcinée du Toboso ; elle est l'unique dame de mon cœur et de mes plus secrètes pensées, et je ne puis acheter une bonne fortune au prix d'un parjure.

Pendant ce beau discours, Maritorne était en des angoisses extrêmes de se voir entre les mains de don Quichotte, et faisait tout ce qu'elle pouvait pour s'en arracher, sans écouter ce qu'il lui disait. De son côté le bon muletier, que son impatience empêchait de dormir, avait bien senti sa nymphe dès qu'elle était entrée ; l'oreille au guet et entendant quelque chose du discours de notre chevalier, il soupçonna l'innocente Asturienne de ne lui manquer de parole que pour faire part de ses faveurs à un autre. La jalousie le transportant alors, il s'approcha, sans bruit du lit de don Quichotte et se mit à l'écouter attentivement pour voir ce que cela deviendrait.

Mais, comme il connut que sa fidèle Maritorne se débattait pour sortir des mains de don Quichotte, qui la retenait malgré elle, il ne pensa plus qu'à se venger de cette violence ; il leva le bras et, visant au visage du malencontreux chevalier, lui déchargea un si grand coup de poing sur les mâchoires, qu'il le mit tout en sang ; en même temps il lui sauta sur le corps, et, avec ses larges pieds et ses souliers ferrés, il le lui parcourut brutalement trois ou quatre fois d'un bout à l'autre. Le lit, dont les fondements n'étaient pas trop bons, ne put supporter cette surcharge ; il fondit sous le poids du muletier, et ce vacarme éveilla l'hôte, qui se douta aussitôt que c'était quelque tour de Maritorne, parce qu'il l'avait appelée cinq ou six fois sans qu'elle eût répondu. Dans ce soupçon, il alluma sa lampe pour aller où il avait entendu du bruit, et l'Asturienne, l'entendant venir, alla se cacher dans le lit de Sancho, qui dormait, et se pelotonner auprès de lui. L'hôte entra, et jurant en homme du métier : Où es-tu, carogne ? s'écria-t-il, car assurément ce sont ici de tes tours. En même temps, Sancho, s'éveillant à demi, et sentant presque tout sur lui ce fardeau qui l'étouffait, crut que c'était le cauchemar, et commença à donner de tous côtés de grands coups de poing, dont la plupart tombèrent sur Maritorne, qui perdant enfin patience, et, ne s'inquiétant plus d'être en chemise, ne songea qu'à prendre sa revanche, et donna tant de coups dans l'estomac et sur le visage de Sancho, qu'elle acheva de l'éveiller. De sorte que, se voyant traiter de cette manière, et sans savoir pourquoi, il se releva le mieux qu'il put sur son lit, et, prenant à bras-le-corps Maritorne, ils recommencèrent la plus plaisante escarmouche qu'on ait jamais vue. Cependant le muletier, qui vit, à la lumière de la lampe, l'état où était sa chère Maritorne, laissa don Quichotte pour aller la secourir ; et l'hôte, commençant à se reconnaître, y courut pareillement, mais avec une intention bien différente, et pour châtier l'Asturienne, qu'il croyait coupable de tout ce désordre. Ainsi le muletier frappait sur Sancho, Sancho sur Maritorne, Maritorne sur lui, et l'hôte sur Maritorne ; et tout cela si dru, qu'on eût dit qu'ils appréhendaient que le temps leur manquât. Le beau de l'affaire, c'est que la lampe s'éteignit ; et que dans le chaos de l'obscurité, ce ne fut plus qu'un chamaillis sans discernement, mais avec tant d'animosité, que pas un des combattants ne remporta la moitié de sa chemise ni aucune partie du corps qui n'eût sa meurtrissure.

Il y avait par hasard dans l'hôtellerie un archer, de ceux qu'on appelle de l'ancienne confrérie de Tolède, qui, s'étant éveillé au bruit du combat, s'en vint avec sa verge et la boîte de ferblanc où étaient ses titres, et entra, sans voir goutte, dans l'arène, criant : Holà tous ! de-par la justice de la sainte Hermandad. Le premier qu'il trouva fut le moulu don Quichotte, qui gisait étendu dans les ruines de son lit, le visage en haut, sans aucun sentiment ; et l'ayant pris à tâtons par la barbe, il ne cessait de crier : Main forte à la justice ! Mais enfin, n'apercevant aucun signe de vie dans celui qu'il tenait, il ne douta point qu'il ne fût mort et que ceux qui étaient là ne fussent les meurtriers, ce qui le fit encore crier plus fort : Qu'on ferme la porte de l'hôtellerie et qu'on prenne garde que personne ne s'échappe ! on a tué ici un homme. Cette voix alarma les combattants, et, malgré qu'ils en eussent, l'affaire demeura indécise et dans l'état où l'archer l'avait trouvée. L'hôte se retira doucement dans sa chambre, le muletier sur ses bâts et la déchirée Maritorne dans son sale lit. Pour don Quichotte et Sancho, qui ne pouvaient se remuer, ils demeurèrent à leur place, et l'archer laissa la barbe de notre chevalier pour aller quérir de la lumière et revenir s'assurer des coupables. Mais l'hôte, en se retirant, avait exprès éteint la lampe de la porte, si bien que l'archer fut contraint de recourir à l'âtre, où il souffla plus d'une heure avant de pouvoir rien allumer.

CHAPITRE XII:

Suite des traverses innombrables que don Quichotte et son bon écuyer rencontrèrent dans l'hôtellerie.

Don Quichotte revint enfin de son étourdissement, et, du même ton que son écuyer l'avait appelé le jour de devant, après le rude combat des voituriers, il l'appela à son tour en lui disant tristement : Ami Sancho, dors-tu ? dors-tu, ami Sancho ? Hé ! comment diable dormirais-je, répondit Sancho, plein de colère et d'indignation, quand il me semble que tous les diables ont été cette nuit après moi ! Tu as raison de le croire, dit don Quichotte, et je n'y entends rien, ou ce château est enchanté. Ecoute ce que je te vais dire, mais auparavant jure-moi de n'en parler qu'après ma mort. Je vous le jure, répondit Sancho. J'exige ce serment, continua don Quichotte, parce que je ne veux jamais nuire à l'honneur de personne. Hé ! ne vous dis-je pas que j'en jure, répliqua Sancho, et que je n'en ouvrirai jamais la bouche qu'après la fin de vos jours ? et Dieu veuille que je le puisse faire bientôt ?

Te suis-je bien si à charge, dit don Quichotte, que tu souhaites me voir si tôt mort ? Ce n'est pas pour cela, répondit Sancho, mais c'est que je n'aime pas à garder si longtemps un secret, et je crains qu'il ne me pourrisse dans le corps. Qu'il en soit ce qu'il pourra, dit don Quichotte, je m'en fie à l'affection que tu as pour moi et à ta sagesse. Il faut donc que tu saches qu'il m'est arrivé cette nuit une des plus surprenantes et des plus belles aventures qu'on puisse imaginer. Pour te le raconter en peu de mots, tu sauras qu'il n'y a pas deux heures, la fille du seigneur de ce château m'est venue trouver ici, et que c'est une des plus belles demoiselles qu'on puisse voir dans le monde. Je ne saurais t'exprimer les charmes de sa personne, ni les gentillesses de son esprit, et je ne veux pas même penser à tant de beauté, pour ne point manquer à la foi que je dois à ma dame, Dulcinée du Toboso. Je te dirai seulement que, parce que le ciel était jaloux du trésor que la bonne fortune m'avait mis entre les mains, ou pour être plus vrai, parce que ce château, comme je l'ai dit, est enchanté, il est arrivé qu'au moment où j'étais avec cette belle dans une conversation tendre et passionnée, une main que je ne voyais point, et qui venait de je ne sais où, mais une main pendant au bras de quelque géant énorme, m'est venue décharger un si grand coup sur les mâchoires, que j'en suis tout en sang; et, après cela, le perfide, profitant de ma faiblesse, m'a donné tant de coups, que je suis encore pis que je n'étais hier quand les muletiers se prirent à nous de l'incontinence de Rossinante. Je conjecture de là que quelque Maure enchanté doit garder ici ce trésor de beauté pour un autre que pour moi.

Je ne crois pas que ce soit pour moi non plus, interrompit Sancho, car plus de quatre cents Maures se sont si bien exercés sur ma peau que les coups d'épieux d'hier ne sont rien en comparaison; mais, je vous prie, monsieur, songez-vous bien à l'état où nous sommes, quand vous trouvez cette aventure si belle? Encore vous, qui avez eu le plaisir de tenir cette étonnante beauté entre vos bras cela vous peut consoler; mais moi, qu'ai-je eu, si ce n'est les plus rudes coups que j'aurai de ma vie? Diable soit de moi, continua-t-il, et qui m'a mis au monde! Je ne suis point chevalier, ni ne prétends jamais l'être, et s'il y a quelque malencontre, j'en ai toujours la meilleure part. Comment! t'a-t-on maltraité aussi? dit don Quichotte. Et ventre de moi! monsieur, reprit Sancho; qu'est-ce donc que je viens de vous dire? Moque-toi de cela, cher ami, dit don Quichotte : je vais faire tout à l'heure le précieux baume de Fier-à-Bras, qui nous guérira dans un instant.

Ils en étaient là quand l'archer, qui avait enfin allumé la lampe, parut, et comme les lits étaient vis-à-vis de la porte, Sancho, qui le vit d'assez loin, nu en chemise, la tête enveloppée d'un méchant linge, avec sa mine de traître, demanda à son maître si ce n'était point là le Maure enchanté qui venait voir s'il leur restait encore quelque côte à briser. Il n'y a pas d'apparence, répondit don Quichotte, car les enchantés ne se laissent voir à personne. Ma foi, ils se font bien sentir, s'ils ne se laissent pas voir, dit Sancho; il ne faut qu'en demander des nouvelles à mes épaules. Et crois-tu que les miennes ne sauraient qu'en dire? répondit don Quichotte; mais cependant la preuve n'est pas suffisante pour en conclure que ce soit ici notre Maure. L'archer, entrant là dessus, fut fort étonné de voir des gens s'entretenir si paisiblement dans un endroit où il croyait qu'il y eût un homme de tué; mais, comme il vit notre héros encore étendu tout de son long, et dans la posture d'un homme fort incommodé, il lui dit : Eh bien? bon homme, comment vous va? A votre place, je serais plus poli, observa don Quichotte. Est-ce ainsi, lourdaud, qu'on parle aux chevaliers errants dans votre pays? L'archer, qui était naturellement colère, ne put souffrir ce traitement d'un homme de si peu d'apparence; il jeta de toute sa force la lampe à la tête du malheureux chevalier, et, ne doutant pas qu'il ne la lui eût fracassée, se déroba incontinent à la faveur des ténèbres.

Eh bien! monsieur, dit alors Sancho, il n'y a plus moyen d'en douter, voilà justement le Maure qui garde le trésor pour les autres, et pour nous les gourmades et les coups de lampe. Pour cette fois cela pourrait être, dit don Quichotte, et je t'avertis qu'il n'y a qu'à se moquer de tous ces enchantements, au lieu de s'en mettre en colère; car ce sont toutes choses fantastiques et invisibles. Sancho, lève-toi, si tu peux, et va prier le gouverneur de ce château de me faire donner promptement un peu d'huile, de sel, de vin et de romarin; que je fasse mon baume : je ne crois pas pouvoir m'en passer longtemps, au sang qui sort de la plaie que ce fantôme m'a faite. Sancho se leva, mais non sans crier plus d'une fois de la douleur qu'il sentait ; et, allant à tâtons chercher l'hôte, il rencontre l'archer qui était demeuré à la porte, fort inquiet de ce qui arriverait de sa brutalité. Monsieur, lui dit-il, qui que vous soyez, ayez, s'il vous plaît, la charité de nous donner du romarin, du sel et de l'huile : nous en avons besoin pour panser un des meilleurs chevaliers errants qui soit sur la terre, et qui vient d'être dangereusement blessé dans son lit par le Maure enchanté qui est dans cette hôtellerie.

A ce discours, l'archer prit Sancho à peu près pour ce qu'il était, mais il ne laissa pas d'appeler l'hôte, et de lui dire ce que cet homme demandait, et comme il commençait à faire jour, il ouvrit la porte de l'hôtellerie et alla s'habiller. L'hôte donna à Sancho tout ce qu'il voulut ; et celui-ci, l'ayant porté à son maître, le trouva se tenant la tête à deux mains, et se plaignant du coup de lampe, qui ne lui avait heureusement fait d'autre mal que deux bosses au front : et ce qu'il prenait pour du sang n'était que l'huile qui lui coulait le long du visage. Don Quichotte posa tout cela sur le feu dans un même vaisseau, et l'ayant fait bouillir jusqu'à ce que la composition lui parût à son point, il demanda une bouteille pour l'y renfermer; mais, comme il n'y en avait point dans l'hôtellerie, il fallut se servir d'un vase de ferblanc à mettre l'huile, dont l'hôte lui fit présent. Il dit ensuite sur le contenant de son baume plus de cent *Pater noster*, et autant d'*Ave*, de *Salve* et de *Credo*, accompagnant chaque parole d'un signe de croix par forme de bénédiction. De cette pieuse cérémonie furent témoins Sancho Pança, l'archer et l'hôte, car, pour le muletier, il était déjà occupé à panser ses mulets, sans faire semblant d'avoir eu aucune part aux aventures de la nuit.

Cette admirable composition étant faite, don Quichotte voulut l'éprouver sur l'heure, et sans s'amuser à l'appliquer sur ses plaies, il en avala, en manière de potion vulnéraire, la valeur d'un bon verre. Mais à peine eut-il pris cette dose, qu'il lui prit un tel vomissement qu'il rendit, comme on dit, tripes et boyaux ; alors les efforts qu'il avait faits l'ayant mis tout en nage, il demanda qu'on le couvrît et qu'on le laissât reposer. Il dormit, en effet, trois heures, au bout desquelles il se trouva si soulagé, qu'il ne douta point que ce ne fût là véritablement le précieux baume de Fier-à-Bras, et qu'avec ce secours il fût en état d'entreprendre, sans rien craindre, les plus périlleuses aventures. Sancho Pança, qui trouva la guérison de son maître miraculeuse, le pria instamment de lui laisser prendre ce qui restait dans le pot ; et don Quichotte le lui ayant donné, il le prit par les deux anses, et de la meilleure foi du monde, s'en mit une bonne partie dans le corps, c'est-à-dire autant à peu près que son maître.

Avant que ce remède opérât, le pauvre homme eut des nausées et des sueurs si violentes, et souffrit des angoisses si excessives, qu'il ne douta point que sa dernière heure ne fût venue ; et, dans ce pitoyable état, il ne cessait de maudire le baume et le traître qui le lui avait donné. Ami Sancho, lui dit gravement son maître, je suis le plus trompé du monde si tout ceci ne t'arrive parce que tu n'es pas armé chevalier, et je tiens pour moi que le baume n'est bon qu'à ceux qui le sont. Hé ! de par tous les diables, répliqua Sancho, que vous ai-je donc fait pour m'en avoir seulement laissé goûter ? il est, ma foi, temps de me donner cet avis quand je crève. Mais bientôt le baume fit son effet, et le pauvre écuyer vida tant d'ordures de tous côtés, qu'en un moment il mit son matelas de jonc et sa couverture hors d'état de servir jamais à personne. Ces vomissements étaient accompagnés de si violents efforts, que tous les assistants désespéraient de sa vie ; enfin la bourrasque s'appaisa, mais au lieu de se sentir soulagé comme son maître, il se trouva si faible et si abattu, qu'à peine pouvait-il respirer.

Cependant don Quichotte, qui se sentait tout refait, ne voulut pas perdre un instant à se mettre en quête d'aventures. Il se croyait redevable de tous les moments qu'il perdait à tout ce qu'il y avait d'infortunés dans le monde; et, plein de confiance désormais dans son baume, il ne demandait que des dangers, et ne comptait pour rien les plus terribles blessures. Dans cette impatience, il dit à Sancho qu'il fallait partir. Aussitôt il sella lui-même Rossinante, mit le bât sur l'âne, et l'écuyer sur le bât, après lui avoir aidé à s'habiller ; et puis, s'étant jeté à cheval, en guise de lance il se saisit d'une demi-pique qu'il vit dans un coin.

Sur près de vingt personnes qu'il y avait dans l'hôtellerie, toutes le regardaient avec étonnement, et la fille de l'hôte l'observait encore plus curieusement que les autres, car de sa vie elle n'avait rien vu de si grotesque. Lui interprétait autrement l'attention avec laquelle elle le considérait ; il avait aussi les yeux attachés sur elle, et de temps en temps faisait de grands soupirs, qu'il semblait arracher du fond de ses entrailles, mais dont il savait seul la raison, quoique ceux qui l'avaient vu si meurtri le soir d'auparavant s'imaginassent la deviner en l'imputant à la douleur de ses blessures.

Dès que nos deux héros furent à cheval, don Quichotte, s'arrêtant sur le pas de la porte, appela l'hôte, et, d'une voix grave et posée : Seigneur châtelain, lui dit-il, je serais un ingrat si je ne me ressouvenais de toutes les courtoisies que j'ai reçues dans votre château. Si je puis me reconnaître de tant d'honnêtetés en vous vengeant de quelque outrage, vous savez bien que mon devoir est de secourir les faibles et de châtier les traîtres. Cherchez donc dans votre mémoire, et, si vous avez à vous plaindre de quelqu'un, vous n'avez qu'à me le dire, je vous promets, par l'ordre de chevalerie que j'ai reçu, que vous serez bientôt satisfait. L'hôte répondit avec la même gravité : Seigneur chevalier, je n'ai, Dieu merci, besoin que vous me vengiez de personne : quand on m'offense, je sais fort bien me venger moi-même. Toute la satisfaction que je vous demande, c'est que vous me payez la dépense que vous avez faite cette nuit, et le foin et l'avoine que vos bêtes ont mangés, car on ne sort pas ainsi de l'hôtellerie. Quoi ! c'est ici une hôtellerie ? répliqua don Quichotte. Oui sans doute, et des meilleures, dit l'hôte. J'ai été bien trompé jusqu'à cette heure, continua le chevalier : en vérité, je l'ai toujours prise pour un château d'importance. Mais puisque c'est une hôtellerie, il faut que vous me pardonniez si je ne vous paie pas ma dépense ; je ne dois pas contrevenir à l'ordre des chevaliers errants qui, je le sais, n'ont jamais payé quoi que ce soit, parce que la raison veut, aussi bien que la coutume, qu'on les régale partout gratis, en récompense des fatigues incroyables qu'ils souffrent en cherchant des aventures de jour et de nuit, l'hiver et l'été, à pied et à cheval, mourant tantôt de faim et de soif, de froid et de chaud, et sans cesse exposés à toutes les incommodités qui se rencontrent sur la terre. Ce sont là fadaises de chevalerie dont je n'ai que faire, répliqua l'hôte ; payez-moi ce que vous me devez, et laissons-là ces contes : je ne donne pas ainsi mon bien. Vous êtes un sot et un méchant hôte, dit don Quichotte ; puis, baissant sa lance et piquant des deux, il sortit de l'hôtellerie sans que personne l'en pût empêcher, et marcha quelque temps sans regarder si son écuyer le suivait.

L'hôte, voyant qu'il ne fallait rien espérer de don Quichotte, voulut s'en prendre à Sancho; mais celui-ci jura qu'il ne paierait pas plus que son maître, et qu'étant écuyer de chevalier errant, on ne lui pouvait pas contester le même privilége. L'hôte eut beau se mettre en colère et le menacer de se payer lui-même par ses mains d'une manière que l'écuyer s'en souviendrait longtemps; Sancho jura tout de nouveau par l'ordre de la chevalerie qu'avait reçu son maître, qu'il ne donnerait pas un maravédis, quand on le devrait écorcher, et qu'il ne serait jamais dit que les écuyers à venir pussent reprocher à sa mémoire qu'un droit si beau et si juste se fût perdu par sa faute.

Malheureusement pour l'infortuné Sancho, il y avait dans l'hôtellerie quatre laineurs de Ségovie et trois marchands d'aiguilles du Porto, tous bons compagnons et gens délibérés, qui, poussés d'un même esprit, s'approchèrent de lui, et le descendirent de son âne, pendant qu'un d'eux alla quérir une couverture dans laquelle ils mirent le pauvre Sancho, qu'ils emportèrent dans la cour. Alors quatre des plus forts prirent chacun un coin de la couverture et commencèrent à faire sauter et ressauter Sancho, jusqu'à douze et quinze pieds en l'air.

Les cris affreux que faisait le misérable berné allèrent jusqu'aux oreilles de son maître, qui crut d'abord que le ciel l'appelait à quelque nouvelle aventure; mais, reconnaissant bientôt que ces hurlements venaient de son écuyer, il poussa de toute la vitesse de Rossinante vers l'hôtellerie, qu'il trouva fermée. Comme il en faisait le tour pour chercher quelque entrée, les murailles de la cour qui n'étaient pas fort hautes, lui laissèrent voir Sancho montant et descendant dans l'air avec tant de grâce et d'agilité, que, sans la colère où il était, il n'aurait pu s'empêcher d'en rire. Mais cette plaisanterie ne lui revenant pas dans l'humeur où il se trouvait, il essaya plusieurs fois de monter de dessus son cheval sur le haut de la muraille, et il l'aurait fait s'il n'eût été si froissé qu'il ne fût pas même en son pouvoir de mettre pied à terre. Tout ce qu'il put, ce fut de dire, du haut de son cheval, tant d'injures aux berneurs, et de leur faire tant de défis, qu'il est impossible de les pouvoir écrire; mais les impitoyables n'en continuèrent pas moins leur jeu; ils n'en rirent même que plus fort; et le malheureux Sancho, priant, menaçant tour à tour, ne gagna rien que lorsque les berneurs, après s'être reposés deux ou trois fois, le laissèrent de pure lassitude, et, l'enveloppant dans sa casaque, le remirent charitablement où ils l'avaient pris, c'est-à-dire sur son âne. La charitable Maritorne, qui n'avait pu voir sans douleur le cruel traitement qu'on faisait à Sancho, lui apporta sur l'heure un pot d'eau fraîche qu'elle venait de tirer du puits; et comme il le portait à sa bouche, il fut arrêté par la voix de son maître, qui lui criait de l'autre côté de la muraille : Mon fils Sancho, ne bois point de cette eau; n'en bois point, mon enfant, ou tu es mort : n'ai-je pas ici le divin baume qui va te remettre en un moment? Et en disant cela, il montrait le vaisseau de ferblanc.

Mais Sancho tournant la tête à ses cris, et le regardant tant soit peu de travers : Hé, monsieur, lui dit-il, avez-vous déjà oublié que je ne suis pas armé chevalier, ou voulez vous que j'achève de vomir les boyaux qui me restent? De par tous les diables, gardez votre breuvage et me laissez en repos. En même temps il commença à boire; mais, comme il sentit à la première gorgée que ce n'était que de l'eau, il ne put passer outre, et pria Maritorne de lui donner un peu de vin, ce qu'elle fit de bon cœur, le payant de son propre argent. Aussi dit-on qu'elle ne laissait pas d'avoir quelque chose de bon, quoiqu'il y en eût de plus scrupuleuses. Sancho, ayant bu, fut conduit honorablement jusqu'à la porte de l'hôtellerie, où, donnant des talons à son âne, il sortit fort content de n'avoir rien payé, quoique ce fût aux dépens de ses reins et de ses épaules, ses cautions ordinaires. Il est vrai que son bissac demeura pour les gages ; mais il était si transporté de joie qu'il ne s'en aperçut pas.

L'hôte voyant Sancho dehors, voulut fermer la porte aux verroux ; mais les berneurs, qui n'étaient pas gens à se soucier de notre chevalier, quand même il aurait été de la Table ronde, ne le voulurent pas souffrir, et peut-être qu'ils n'eussent pas été fâchés d'avoir occasion de se divertir avec le maître comme ils avaient fait avec le valet.

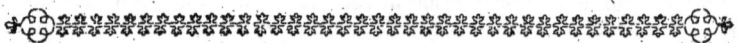

CHAPITRE XIII.

Conversation de don Quichotte et de Sancho Pança, et autres aventures dignes d'être racontées.

Sancho vint joindre son maître, qui, le voyant si abattu qu'il n'avait pas la force de faire aller son âne, lui dit : C'est pour cette fois, ami Sancho, que je ne doute plus qu'il n'y ait de l'enchantement dans cette hôtellerie ou château, je ne sais franchement lequel : car que pouvaient être ceux qui se sont cruellement joués de toi, sinon des fantômes et des gens de l'autre monde? Mais afin que tu en sois aussi convaincu que moi, c'est que pendant que je considérais ce triste spectacle par-dessus la muraille de la cour, il n'a jamais été en mon pouvoir d'y monter, ni seulement de descendre de cheval, parce qu'ils m'y tenaient enchantés. Et, pour dire vrai, ils n'ont pas mal fait de prendre cette précaution, car s'il m'avait été permis de faire l'un ou l'autre, je t'aurais vengé de telle sorte, que ces garnements ne s'en seraient pas moqués ; et, de l'humeur où j'étais, j'aurais sauté à pieds joints par dessus les lois de la chevalerie, qui, comme je t'ai dit souvent, ne permettent pas qu'un chevalier tire l'épée contre ceux qui ne le sont pas, si ce n'est pour la défense de sa vie, et dans une extrême nécessité. Je me serais bien vengé moi-même si j'avais pu, dit Sancho, chevalier ou non ; mais, ma foi, cela n'a pas dépendu de moi, quoique je jurerais pourtant bien que les fainéants et les traîtres qui se sont réjouis à mes dépens ne sont point des fantômes ni des hommes enchantés, comme vous dites, mais de vrais hommes en chair et en os comme nous ; et je me ressouviens fort bien qu'ils avaient chacun leur nom.

Il y en avait un nommé Pédro Martinez, un autre s'appelait Tenorio Hernandez, et j'ai bien entendu que l'hôte s'appelle Jean Palomeque le Gaucher. Des fantômes ne sont point baptisés, monsieur ; n'allez donc point dire que c'est un enchantement qui vous a empêché de passer par-dessus la muraille, ou de mettre pied à terre. Pour moi, ce que je vois ici clair comme le jour, c'est qu'à force d'aller chercher des aventures, nous en trouverons à la fin qui nous donneront malencontre. Si Dieu ne nous aide, nous ne connaîtrons bientôt plus notre pied droit d'avec le gauche. Voyez-vous, monsieur, ma foi, le meilleur et le plus sûr, selon mon petit entendement, serait de nous en retourner à notre village, à cette heure que voici le temps de la récolte : aussi bien ne la faisons-nous pas bonne dans le champ d'autrui ; et franchement c'est toujours de mal en pis, et de fièvre en chaud-mal.

 Ah ! mon pauvre Sancho, interrompit don Quichotte, pour la centième fois, que tu es ignorant en fait de chevalerie ! Tais-toi et prends patience ; un jour viendra que tu seras convaincu par ta propre expérience des avantages de cette profession. Car enfin, dis-moi, y a-t-il quelque plaisir au monde qui égale celui de vaincre dans un combat et de triompher de son ennemi ? aucun, sans doute. Je le crois, répondit Sancho, encore que je n'en sache pourtant rien. Tout ce que je sais, c'est que, depuis que nous sommes chevaliers errants, au moins vous, car pour moi, je ne mérite pas cet honneur, nous n'avons gagné de bataille que contre le Biscayen, et encore comment en sortîtes-vous ? avec la moitié d'une oreille de moins, et votre salade fracassée. Depuis lors, ce n'a été que coups de poing et coups de bâton pour vous et pour moi ; et puis j'ai été berné par dessus le marché, et encore par des gens enchantés, de qui je ne saurais me venger, pour goûter ce grand plaisir de la vengeance, que vous dites si doux.

 Voilà ma peine, dit don Quichotte, et ce doit être la tienne aussi ; mais laisse-moi faire, je te réponds que j'aurai avant qu'il soit peu une épée faite par tel art magique, que celui qui la portera ne pourra jamais être enchanté de quelque enchantement que ce soit ; et il pourrait bien arriver que ma bonne fortune me mît entre les mains celle que portait Amadis, quand il s'appelait le chevalier de l'Ardente-Epée, laquelle fut assurément la meilleure du monde : car, outre qu'elle avait cette vertu, elle coupait encore comme un rasoir, et ne trouvait point d'armes si fortes ni si enchantées qu'elle ne brisât comme du verre. Je suis si chanceux, dit Sancho, que quand vous auriez une épée comme celle-là, elle n'aura de vertu que pour ceux qui sont armés chevaliers, non plus que le baume, et tout cela tombera sur le pauvre écuyer. Ne crains pas cela, dit don Quichotte : le ciel te sera plus favorable.

 Nos aventuriers en étaient là quand don Quichotte aperçut de loin une épaisse nuée de poussière que le vent chassait de leur côté, et, se tournant en même temps vers son écuyer : Ami Sancho, lui cria-t-il, voici le jour qui fera voir ce que me garde la bonne fortune. Voici le jour, te dis-je, où va paraître plus que jamais la force de mon bras, et où je vais faire des exploits dignes d'être écrits dans les livres de la renommée, pour servir d'instruction aux siècles à venir. Vois-tu là-bas ce tourbillon de poussière, il s'élève de dessous les pieds d'une armée innombrable, et qui est presque composée de toutes les nations du monde. A ce compte là, dit Sancho, il y doit avoir deux armées, car, de cet autre côté, en voilà tout autant.

 Don Quichotte se tourna prestement, et, voyant que Sancho disait vrai, il sentit une joie inexprimable, croyant fortement, car il ne croyait jamais pour peu, que c'étaient deux grandes armées qui s'allaient donner bataille dans cette plaine. Ce bon gentilhomme avait naturellement du cœur, et il s'était tellement rempli l'imagination de combats, de défis, d'enchantements, et de toutes les impertinences que chantent les romans, qu'il ne faisait et ne pensait rien qui ne tendît de ce côté-là. Deux grands troupeaux de moutons qui venaient de deux endroits différents vers le chemin qu'il tenait, faisaient ces nuages de poudre, et elle était si grande, qu'on n'en pouvait reconnaître la cause, à moins que d'en être tout proche.

Don Quichotte assurait néanmoins avec tant de certitude que c'étaient des gens de guerre, que Sancho vint à le croire, et lui dit : Hé bien, monsieur, qu'avons-nous à faire là, nous autres? Ce que nous avons à faire! répondit don Quichotte, à secourir ceux qui en auront besoin. Mais, afin que tu saches de quoi il s'agit, cette armée que tu vois venir à notre gauche est commandée par le grand empereur Alifanfaron, seigneur de l'île Taprobane, et celle que nous avons à la droite est l'armée de son ennemi, le roi des Garamantes, Pentapolin au bras retroussé, qu'on appelle ainsi parce qu'il combat toujours le bras nu. Et pourquoi, dit Sancho, ces seigneurs-là se font-ils la guerre? Ils sont devenus ennemis, répondit don Quichotte, parce que cet Alifanfaron est devenu amoureux de la fille de Pentapolin, qui est, à mon gré, une des plus belles personnes du monde, et chrétienne; et comme Alifanfaron est païen, le père ne la lui veut pas donner qu'il ne renonce auparavant à son faux Mahomet, et qu'il n'embrasse le christianisme. Par ma barbe, dit Sancho, Pentapolin fait fort bien, et je lui aiderai de bon cœur en tout ce que je pourrai. Tu ne feras en cela que ce que tu dois, répondit don Quichotte : aussi bien en ces sortes d'occasions il n'est point nécessaire d'être armé chevalier.

Non! dit Sancho; ô parbleu, laissez-moi donc faire! Où mettrai-je mon âne, pour être assuré de le retrouver après le combat? car je ne crois pas que je m'y doive fourrer sur une pareille monture.

Tu as raison, dit don Quichotte, mais tu n'as qu'à le laisser aller à l'aventure, quand il devrait se perdre, car nous aurons tant de chevaux à choisir quand nous aurons vaincu, que Rossinante même court risque d'être changé pour un autre. Ecoute cependant, je te veux apprendre qui sont les principaux chefs de ces deux armées, avant qu'elles se choquent. Afin que tu les puisses mieux connaître, montons sur cette petite éminence, d'où nous les découvrirons aisément. Ils montèrent, en disant cela, sur une hauteur, d'où ils auraient bien vu que c'étaient des troupeaux de moutons que notre chevalier prenait pour deux armées, si la poussière ne les eût enveloppés; mais enfin don Quichotte, voyant dans son imagination mille choses qui ne pouvaient être ailleurs, commença à dire d'une voix élevée : Ce chevalier que tu vois là aux armes dorées, et qui porte dans son écu un lion couronné, étendu aux pieds d'une jeune fille, est le valeureux Laurcalche, seigneur du Pont-d'argent. Celui qui a ces armes à fleurs d'or, et qui porte trois couronnes d'argent en champ d'azur, est le redoutable Micocolembo, grand duc de Quirocie. Cet autre qui marche à sa droite avec cette taille de géant, c'est l'intrépide Brandabarbaran, seigneur des trois Arabies, armé, comme tu vois, d'un cuir de serpent, et qui a pour écu une porte qu'on dit être une de celles de ce temple que Samson renversa quand il se vengea de ses ennemis aux dépens de sa propre vie. Tourne maintenant les yeux, et tu verras à la tête de cette autre armée l'invincible vainqueur Timonel de Carcassonne, prince de la Nouvelle-Biscaye, qui porte des armes écartelées d'azur, de sinople, d'argent et d'or, et dans son écu un char d'or en champ de pourpre, avec ces trois lettres MIU, qui font la première syllabe du nom de sa maîtresse, qui est, à ce qu'on dit, l'incomparable fille du duc Alphenique d'Algarve. Cet autre qui fait plier les reins à cette puissante jument sauvage, et dont les armes sont blanches comme neige, avec l'écu de même couleur et sans devise, c'est un jeune chevalier français, appelé Pierre Papin, seigneur des baronnies d'Utrique. Celui aux armes bleues qui pique le flanc de cette pie que tu vois si légère, c'est le puissant duc de Nervie, Espartafilando du Bocage, qui a dans son écu un champ semé d'asperges, avec cette devise espagnole : *Rastreo mi suerte.* (de moi-même je renais).

Notre héros nomma encore je ne sais combien d'autres chevaliers de l'une et l'autre de ces prétendues armées, leur donnant à tous sur le champ les armes les couleurs et les devises que lui inspirait sa fertile folie ; et sans s'arrêter, il poursuivit de la sorte : Ce corps que tu vois là, en tête, est composé de diverses nations : ici sont ceux qui boivent les agréables eaux du Xanthe; là sont les montagnards qui cultivent les champs Massiliens ; ici, ceux qui criblent le fin or de l'Arabie-Heureuse ; là, ceux qui jouissent des frais ombrages du Thermodon ; ceux qui pêchent le sable d'or du riche Pactole ; les Numides, inconstants et peu sûrs dans leurs promesses ; les Perses, sans pareils à tirer de l'arc ; les Mèdes et les Parthes qui combattent en fuyant ; les Arabes qui campent toujours sans avoir jamais de demeure arrêtée ; les Scythes farouches et cruels ; les Éthiopiens qui se percent les lèvres ; et mille autres nations que je vois et dont je connais les visages, mais dont je n'ai pas retenu le nom. De cet autre côté viennent ceux qui boivent le liquide cristal du Bétis, dont les bords sont couverts d'oliviers ceux qui se décrassent le teint dans les riches ondes du Tage ; ceux qui jouissent des salutaires eaux du divin Génil ; ceux qui cultivent les champs tartésiens, si abondants en pâturages ; ceux qui mènent une vie si heureuse dans les délicieuses prairies du Xèrès ; les riches Manchegues, couronnés de jaunes épis ; ces gens, tout couverts de fer, et qui sont le reste du sang des anciens Goths ; ceux qui se baignent dans le Pisverga, fameux par la tranquillité de ses eaux ; ceux qui font paître leurs troupeaux dans les amples pâturages du tournoyant Guadiana ; ceux qui tremblent au pied des froides montagnes des Pyrénées et dans les neiges de l'Apennin ; en un mot, tout ce que l'Europe enserre dans sa vaste étendue.

C'est une chose inconcevable que la quantité de nations qu'il nomma, en donnant à chacune ce qu'elle a de particulier, avec une présence d'esprit merveilleuse, et toujours suivant le style de ses inimitables livres. Sancho était tellement étonné de ce flux de paroles, qu'il n'avait pas le mot à dire. Il ouvrait seulement de grands yeux, et suivait de la tête la main de son maître, pour tâcher de découvrir les chevaliers et les géants qu'il lui montrait. Mais enfin, ne pouvant parvenir à rien voir : Monsieur, lui dit-il à demi désespéré, je donne au diable l'homme, le chevalier et le géant qui paraît, de ceux que vous avez là nommés ! au moins n'en vois-je pas la queue d'un. Peut-être que tout cela se fait par enchantement, comme les fantômes de cette nuit. Comment es-tu donc fait? répondit don Quichotte; est-ce que tu n'entends pas le hennissement des chevaux, le son des trompettes, le bruit des tambours et des timbales? Que je meure, si j'entends rien, dit Sancho, si ce n'est le bêlement de quelques moutons.

Aussi était-ce la vérité, et les troupeaux étaient déjà assez proches pour les entendre. Je vois bien, dit alors don Quichotte, que tu as plus peur que tu ne dis : car un des effets de la crainte, c'est de troubler les sens et de peindre les objets autrement qu'ils ne sont. Mais si le courage te manque, tiens-toi à l'écart, et me laisse faire : c'est assez de moi pour porter la victoire où je porterai mon bras.

En disant cela, il donne des éperons à Rossinante, et, la lance en arrêt, fond comme un éclair du haut de la colline dans la campagne. Sancho lui criait à pleine tête qu'il s'arrêtât, et que c'étaient assurément des moutons; il prenait le ciel à témoin, il se donnait à tous les diables, et tout cela inutilement. Maudit soit celui qui m'a engendré! disait-il. Hé! quelle folie est donc ceci? Seigneur, seigneur don Quichotte, vous vous trompez : il n'y a là ni géants, ni chevaliers, ni asperges, ni écu entier, ni demi ; et voulez-vous assommer plus de moutons que vous n'en sauriez payer? Don Quichotte ne s'arrêtait point pour cela ; et, bien loin de l'écouter, il criait lui-même de toute sa force : Courage, courage, chevaliers qui combattez sous les étendards du valeureux Pentapolin au bras retroussé ! suivez-moi seulement, et vous verrez que je l'aurai bientôt vengé du traître Alifanfaron de Taprobane. En même temps, il vole tout furieux au milieu de l'escadron de brebis, qu'il perce de tout côté et avec autant de courage et de vigueur que s'il eût eu affaire à ses plus cruels ennemis.

Ceux qui conduisaient le troupeau se contentèrent d'abord de lui crier à qui il en avait, et que lui avaient fait ces pauvres bêtes; mais enfin, voyant qu'ils ne gagnaient rien à crier, ils prirent leurs frondes, et commencèrent à saluer notre héros à coups de pierres un peu plus grosses que le poing, avec tant de diligence, qu'un coup n'attendait pas l'autre. Mais lui, méprisant cette manière de combattre, ne daignait pas s'en garder, et ne cessait de courre de tous côtés, criant à haute voix : Où es-tu, superbe Alifanfaron? A moi, à moi! je t'attends ici, seul, pour éprouver tes forces et te punir de la guerre injuste que tu fais au valeureux Pentapolin! De tant de pierres qui volaient autour de notre héros, une enfin l'atteignit dans les côtes, et lui en enfonça deux. Il se crut mort, ou du moins dangereusement blessé; mais, se souvenant de son excellent remède, il porte promptement le vaisseau de ferblanc à la bouche, et commence à avaler cette précieuse liqueur. Mais, avant qu'il en eût pris ce qu'il jugeait nécessaire, une autre pierre lui vient fracasser le vaisseau dans la main, et chemin faisant lui emporte trois ou quatre dents de la bouche, et lui écrase presque tous les doigts. Ces deux coups furent si violents que le bon chevalier en fut jeté par terre, où il demeura étendu ; et les bergers, le croyant mort, rassemblèrent vite leurs troupeaux, et, ramassant les moutons qui étaient demeurés sur la place au nombre de sept ou huit, sans comprendre les blessés, s'éloignèrent en diligence.

Sancho cependant n'était pas parti de dessus la colline, d'où il contemplait les incompréhensibles folies de son maître, et, s'arrachant la barbe à pleines mains, il maudissait cent fois le jour et l'heure où sa mauvaise fortune le lui avait fait connaître. Mais le voyant par terre et les bergers retirés, il courut à lui, et le trouvant en très mauvais état, quoiqu'il n'eût pourtant pas perdu le sentiment : Ah! seigneur don Quichotte, lui dit-il, ne vous disais-je pas bien de revenir, et que c'étaient des moutons, et non pas une armée que vous alliez attaquer? Voilà, dit don Quichotte, comment le larron d'enchanteur qui m'en veut, tourne et change toutes choses à sa fantaisie ; car, mon pauvre Sancho, je te l'ai dit cent fois, ce n'est rien pour ces joueurs de gobelets que de nous faire voir et croire tout ce qu'ils veulent ; et le traître de nécromant, envieux de la gloire que j'allais acquérir, n'a pas manqué de métamorphoser ces escadrons d'ennemis et d'en faire des moutons, pour diminuer le prix de ma victoire. Mais veux-tu me faire un plaisir, et en même temps te désabuser une bonne fois? Monte sur ton âne, et suis de loin ce prétendu bétail : je gage qu'ils n'auront pas fait mille pas qu'ils reprendront leur première forme, et tu verras ces maîtres moutons devenir des hommes faits et parfaits, comme je te les ai dépeints d'abord. Mais non, n'y vas pas pour l'heure, j'ai besoin de toi. Approche, et regarde combien il me manque de dents, car il me semble qu'il ne m'en est pas resté une dans la bouche. Sancho s'approcha, et comme il y regardait de si près qu'il avait quasi le nez dedans, le baume achevait justement d'opérer dans l'estomac de don Quichotte, de sorte qu'avec la même impétuosité qu'aurait pu faire un coup d'arquebuse, il darda tout ce qu'il avait dans le corps aux yeux et dans la barbe du charitable écuyer. Sainte Marie! s'écria Sancho, mon maître est blessé à mort; il rend le sang tout clair par la bouche. Cependant, y regardant de plus près, la couleur, l'odeur et le goût lui firent connaître que ce n'était pas du sang, mais le baume qu'il lui avait vu boire, ce qui lui donna un si grand soulèvement de cœur, que, sans avoir le loisir de tourner seulement la tête, il vomit, à son tour, tout ce qu'il avait dans les entrailles au nez de son maître, et ils demeurèrent tous deux dans le plus joli état qu'on se puisse imaginer. Sancho courut promptement à son âne pour chercher du linge à s'essuyer et de quoi panser son maître; mais, ne trouvant point le bissac, qu'il avait oublié dans l'hôtellerie, comme je l'ai dit, peu s'en fallut que la tête ne lui tournât. Il se donna de nouveau mille malédictions; il résolut dans son cœur de planter là son maître et de s'en retourner à son village, sans se soucier de la récompense de ses services et du gouvernement de l'île.

Don Quichotte cependant se leva avec bien de la peine, et mettant la main gauche dans la bouche, comme pour étayer le reste de ses dents, qui étaient fort ébranlées, il prit de la droite la bride du fidèle Rossinante, qui ne l'avait pas abandonné d'un pas, tant il était de bonne amitié, et s'en alla du côté de Sancho, qu'il trouva demi-couché sur son âne et la tête dans ses mains, comme un homme enseveli dans une profonde tristesse. Ami Sancho, lui dit-il en le voyant en cet état, sais-tu bien que tu n'es pas plus homme qu'un autre, si tu ne fais plus qu'un autre? Toutes ces bourrasques qui nous arrivent, ne sont-ce pas des signes évidents que le temps va devenir serein et nos affaires meilleures? Ne sais-tu pas que le bien et le mal ont leurs termes, et s'il est vrai que les choses violentes ne sont pas de durée, ne devons-nous pas croire infailliblement que nous touchons du doigt les faveurs de la bonne fortune? Cesse donc de t'affliger si excessivement des disgrâces qui m'arrivent, et dont même il ne tombe pas sur toi la moindre partie. Comment donc! répondit Sancho, peut-être que celui qu'on berna hier était un autre que le fils de mon père? et le bissac que l'on m'a pris, avec tout ce qui était dedans, n'était peut-être pas à moi! Quoi! tu as perdu le bissac? reprit brusquement don Quichotte. Je ne sais pas s'il est perdu, dit Sancho, mais je ne le trouve point où j'avais accoutumé de le mettre. Nous voilà donc réduits à jeûner aujourd'hui, répartit don Quichotte. Assurément, dit Sancho, si nous ne trouvons pas dans les prés ces herbes que vous connaissez, et qui ont accoutumé de suppléer au défaut de nourriture pour les chevaliers malencontreux comme vous. Pour te dire la vérité, continua don Quichotte, j'aimerais mieux, à l'heure qu'il est, un quartier de pain bis et deux têtes de sardines que toutes les herbes que décrit Dioscoride, même avec les commentaires de Mathiole. Mais cependant monte sur ton âne, mon fils Sancho, et me suis. Dieu, qui pourvoit à toutes choses, ne nous manquera pas, lui qui n'oublie pas les moucherons de l'air, et qui prend soin des plus petits vermisseaux et des moindres insectes de la terre, lui qui fait luire son soleil sur les justes et les injustes, et qui répand sa rosée sur les méchants aussi bien que sur les bons, n'abandonnera pas des gens qui, comme nous, s'appliquent à le servir.

Monsieur, interrompit Sancho, je crois, Dieu me pardonne, que vous seriez meilleur prédicateur que chevalier errant. Il faut, dit don Quichotte, que les chevaliers errants sachent de tout, et il y en eut tel, dans les siècles passés, qui se mettait aussi hardiment à faire un sermon ou quelque autre discours, au milieu d'une armée, que s'il eût été gradué dans l'université de Paris, tant il est vrai que l'épée n'émousse point la plume, ni la plume l'épée ! A la bonne heure, monsieur, dit Sancho, qu'il en soit tout ce qu'il vous en plaira ; mais ôtons-nous d'ici, et cherchons à loger pour cette nuit; et Dieu veuille que ce soit dans un endroit où il n'y ait ni berne ni berneurs, ni fantômes, ni Maures enchantés ! car, par ma foi, si j'en trouve, adieu la chevalerie, et j'en donne ma part à tous les diables. Prie Dieu qu'il nous guide, mon fils, dit don Quichotte, et prends quel chemin tu voudras : je te laisse, pour cette fois, le soin de nous loger. Mais donne-moi un peu ta main, et tâte avec le doigt combien il me manque de dents dans la mâchoire d'en haut, du côté droit, car c'est là qu'est mon mal.

Sancho lui mit les doigts dans la bouche, et, tâtant en haut et en bas, il lui demanda : Combien de dents aviez-vous de ce côté-là, monsieur ? Quatre, répondit don Quichotte, sans compter l'œillère, toutes entières et bien saines. Monsieur, reprit Sancho, prenez garde à ce que vous dites. Je dis quatre, s'il n'y en avait même cinq, répondit don Quichotte, car on ne m'en a jamais arraché jusqu'à cette heure, et il ne m'en est encore point tombé. Oh bien! dit Sancho, vous avez justement deux dents et demie dans la mâchoire d'en bas, et pour celle d'en haut, il n'y a ni dent ni demie, tout est ras comme la paume de la main. Comment! dit don Quichotte à cette triste nouvelle, j'aimerais mieux qu'on m'eût coupé un bras, pourvu que ce ne fût pas celui de l'épée ! Vois-tu, mon enfant, une bouche sans dents est proprement un moulin sans meule, et il n'y a point de dent qui ne vaille mieux qu'un diamant; mais enfin qu'y faire? c'est là notre partage, à nous qui faisons profession des austères lois de la chevalerie. Marche, ami, et me guide; j'irai le train que tu voudras.

Sancho prit le devant et s'achemina du côté qu'il crut trouver à loger, sans s'écarter du grand chemin, qui paraissait fort battu en ce lieu-là. Et, comme ils allaient très lentement, parce que don Quichotte sentait beaucoup de douleur, et que le mouvement du cheval l'augmentait encore, Sancho voulut l'entretenir pour charmer son mal; et, entre autres choses, il lui dit ce qu'on verra dans le chapitre suivant, si l'on veut se donner la peine de le lire.

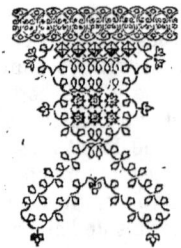

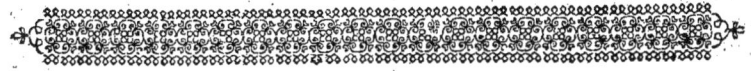

CHAPITRE XIV.

**De l'agréable conversation qu'eut Sancho avec son maîtr
et de la rencontre d'un corps mort, avec d'autres aventures admirables.**

Si je ne me trompe, monsieur, commença Sancho, tant de disgrâces qui nous sont arrivées depuis quelques jours ne sont autre chose que la punition du péché que vous avez commis contre l'ordre de votre chevalerie, en violant le serment que vous aviez fait de ne point manger de pain sur table et tout ce qui s'ensuit, jusqu'à ce que vous eussiez gagné l'armet de ce Malendrin ou je ne sais comment, car j'ai oublié le nom du Maure. C'est fort bien dit à toi, répondit don Quichotte; mais, pour ne pas mentir, cela m'avait échappé de la mémoire. Et toi, tu peux croire aussi comme une chose indubitable que c'est pour avoir manqué à m'en faire ressouvenir que tu as eu l'aventure de la berne; mais enfin, pour moi, je réparerai ma faute, car dans l'ordre de chevalerie, il y a accommodement pour tout. Et moi, monsieur, reprit Sancho, est-ce que j'ai fait des serments qui m'engagent à quelque chose? Cela n'y fait rien, dit don Quichotte : quoique tu n'aies pas juré, tu es participant, et il faut que tu en aies ta part, au moins comme complice : ainsi il serait bon, à tout hasard, que nous essayions d'y mettre ordre. Puisque cela est, dit Sancho, n'allez pas, s'il vous plaît, l'oublier comme vous aviez fait; car peut-être reprendrait-il fantaisie aux fantômes de s'égayer encore une fois à mes dépens, et peut-être bien aux vôtres, s'ils vous voyaient si incorrigible.

Pendant cette conversation, la nuit surprit nos gens au milieu du chemin, sans qu'ils sussent où se mettre à couvert. Ce n'est pas tout, ils mouraient de faim, et ils étaient, comme on dit, au bissac par la perte du leur. Pour les achever de peindre, il leur arriva une nouvelle aventure, ou du moins quelque chose qui en avait véritablement l'air. Il se fit nuit tout à fait, et ils ne laissaient pas de marcher, parce que Sancho s'imaginait qu'étant dans le grand chemin, ils n'avaient tout au plus qu'une lieue ou deux à faire pour trouver une hôtellerie. Pendant qu'ils allaient dans cette espérance, l'écuyer mourant de faim, le maître ayant grande envie de manger, et la nuit fort obscure, ils virent, à quelque distance d'eux, quantité de lumières qui paraissaient autant d'étoiles mouvantes. Peu s'en fallut que Sancho ne s'évanouît à cette vue, et don Quichotte même fut un peu effrayé. L'un tira le licou de son âne, et l'autre retint la bride de son cheval, et, s'arrêtant pour considérer ce que ce pouvait être, ils s'aperçurent, que les lumières venaient droit à eux, et que, plus elles s'approchaient, plus elles devenaient grandes. La peur de Sancho en redoubla et les cheveux en dressèrent sur a tête à don Quichotte, qui, rappelant pourtant son courage : Ami Sancho, dit-il, voici sans doute une très grande et très périlleuse aventure, et où j'aurai besoin de toute ma valeur.

Malheureux que je suis! répondit Sancho, si c'est encore ici une aventure de fantômes, comme elle en a bien la mine. Où diantre sont les côtes qui pourront y tenir ? Fantômes tant qu'ils voudront, dit don Quichotte, je te réponds qu'il ne t'en coûtera pas un cheveu de la tête. S'ils te jouèrent un mauvais tour la dernière fois, c'est que je ne pus sauter les murailles de la cour; mais à présent nous sommes en rase campagne, et j'aurai la liberté de jouer de l'épée. Et s'ils vous enchantent encore, comme ils firent, dit Sancho, que me servira-t-il que vous ayez le champ libre ou non? Prends courage seulement, répliqua don Quichotte, et l'expérience te va faire voir quel est le mien. Ainsi ferai-je, si Dieu le veut, répondit Sancho. Et, se tirant tous deux un peu à l'écart, ils se mirent encore à considérer ce que deviendraient ces lumières, et peu à peu ils découvrirent comme un grand nombre d'hommes tout blancs.

Ce fut alors que Sancho perdit tout à fait courage et que les dents commencèrent à lui craquer de la force qu'il tremblait. Le tremblement augmenta encore de beaucoup quand ils virent distinctement environ vingt hommes à cheval, qui paraissaient en chemise ; ils portaient chacun une torche à la main, et semblaient murmurer quelque chose d'une voix basse et plaintive ; après cela venait une litière de deuil, suivie de six cavaliers tout couverts de noir jusqu'aux pieds de leur monture. Cet étrange spectacle, à une telle heure et dans un lieu si désert, aurait bien épouvanté un autre que Sancho, dont aussi toute la valeur fit naufrage en cette occasion ; et l'on ne sait pas trop ce qui fût arrivé du maître, si sa folie ne lui eût mis dans l'esprit que c'était absolument là une des aventures de ses livres. Il s'imagina qu'il y avait dans la litière quelque chevalier mort ou extrêmement blessé, dont la vengeance lui était réservée, et sans consulter autre chose, il met la lance en arrêt et se plante au milieu du chemin par où cette troupe devait passer. Quand il les vit assez proches :

Demeurez-là, leur cria-t-il à haute voix, qui que vous soyez, et me dites qui vous êtes, d'où vous venez, où vous allez, et ce que vous menez dans cette litière? Apparemment que vous avez fait outrage à quelqu'un, ou d'autres vous en ont fait, et il faut que je le sache, ou pour vous punir ou pour vous venger. Nous sommes pressés, répondit un des cavaliers, l'hôtellerie est encore loin, et nous n'avons pas le temps de vous rendre compte de ce que vous demandez. Il piqua en même temps la mule qu'il montait et voulut passer outre. Mais don Quichotte, irrité de cette réponse, et saisissant les rênes de la mule : Apprenez à vivre, lui dit-il, et répondez tout à l'heure à ce que je vous demande, ou vous préparez tous au combat.

La mule était ombrageuse et si forte que, quand don Quichotte la prit par le frein, elle se cabra, et, mettant la croupe à terre, se renversa sur son maître fort rudement. Un garçon qui était à pied, ne pouvant faire autre chose, se mit à dire mille injures à notre chevalier, ce qui acheva de le mettre en colère ; et, sans s'amuser davantage à faire des questions, il court de toute sa force sur un de ceux qui était couvert de deuil et le jette par terre en fort mauvais état; de celui-ci il passe à un autre, et c'est une chose étonnante que la vigueur et la promptitude dont il y allait ; en sorte qu'il semblait qu'en ce moment il fût né des ailes à Rossinante, tant il avait de légèreté. Le métier de ces gens-là n'était pas d'être braves ni de porter des armes : aussi prirent-ils bientôt l'épouvante, et, s'enfuyant à travers champs avec leurs torches allumées, on les eût pris pour des masques qui font les fous dans une nuit de saturnales. Les gens de deuil, aussi troublés pour le moins, et, de plus, embarrassés de leurs longs manteaux, ne pouvaient seulement se remuer. Ainsi don Quichotte, frappant tout à son aise, demeura maître du champ de bataille à fort bon marché, toute cette troupe épouvantée le prenant pour le diable qui leur venait disputer un corps mort qui était dans la bière. Sancho cependant admirait la hardiesse de notre héros, et concluait, en raisonnant en lui-même, qu'il fallait bien que son maître fût tout ce qu'il disait.

Après cette belle expédition, don Quichotte apercevant celui sur qui la mule s'était renversée, à la lueur de sa torche qui brûlait encore, alla lui mettre la pointe de sa lance à la gorge, et lui dit de se rendre ou qu'il le tuerait. Je ne suis que trop rendu, répondit l'autre, puisque je ne saurais me remuer, et que je crois avoir une jambe rompue. Je vous supplie, monsieur, si vous êtes chrétien, de ne pas me tuer; vous commettriez un sacrilège, car je suis bachelier et j'ai reçu les premiers ordres. Hé! qui diable vous amène donc ici, dit don Quichotte, si vous êtes homme d'église ? Ma mauvaise fortune, répliqua-t-il, comme vous voyez. Elle pourrait bien devenir encore plus mauvaise, reprit don Quichotte, si vous ne répondez tout à l'heure à tout ce que je vous ai demandé. C'est ce qui ne sera pas difficile, répondit le bachelier ; car je n'ai qu'à vous dire, monsieur, que je m'appelle Alonzo Lopez, natif d'Alcovendas; que je viens de Baça avec onze autres ecclésiastiques, qui sont ceux que vous venez de faire fuir ; et que nous accompagnons le corps d'un gentilhomme mort depuis quelque temps à Baça, et qui a voulu être enterré à Ségovie, qui est le lieu de sa naissance. Et qui l'a tué, ce gentilhomme? demanda don Quichotte. Dieu, répondit le bachelier, par une fièvre maligne qu'il lui a envoyée. Cela étant, répliqua notre chevalier, le Seigneur m'a délivré du soin de venger sa mort, comme j'aurais dû le faire si quelque autre l'avait tué ; mais, puisque c'est Dieu, il n'y a qu'à se taire et plier les épaules, comme je ferais pour moi-même, s'il m'en avait fait autant. Sachez maintenant à votre tour, monsieur le bachelier, que je suis un chevalier de la Manche appelé don Quichotte, et que ma profession est d'aller par le monde, redressant les torts et défaisant les injures. Je ne vois pas, répondit le bachelier, comme vous pouvez appeler cela redresser les torts, après m'avoir mis, de droit que j'étais, en l'état où je suis, avec une jambe rompue, et que je ne verrai peut-être jamais redressée : voilà l'injure que vous avez défaite, et pendant que vous cherchez les aventures, vous m'en avez fait trouver la plus mauvaise à moi, qui ne pensais pas à vous.

Les choses de ce monde ne vont pas toujours comme on le souhaite, dit don Quichotte, et tout le mal que je vois en ceci, monsieur le bachelier, c'est que vous ne deviez point aller ainsi de nuit avec ces longs manteaux de deuil, ces surplis et ces torches allumées, murmurant entre les dents et ressemblant proprement à des gens de l'autre monde. Vous voyez bien que je n'ai pu m'empêcher de vous charger en cet état-là, étant ce que je suis ; et je l'aurais fait quand vous auriez été autant de diables, comme je croyais en effet que vous le fussiez à vos habits et à votre mine. Enfin, dit le bachelier, puisque mon malheur l'a ainsi voulu, il faut s'en consoler ; je vous supplie seulement, monsieur le chevalier errant, d'avoir la bonté de m'aider à me tirer de dessous cette mule, où j'ai une jambe engagée entre l'étrier et la selle. Que ne l'avez-vous donc dit plus tôt? dit don Quichotte ; attendiez-vous que je le devinasse ?

Il appela incontinent Sancho, qui ne se pressa pourtant pas de venir, parce qu'il était occupé à dévaliser un mulet chargé de vivres que menaient avec eux ces bons ecclésiastiques, et il fallut attendre qu'il eût fait de sa casaque une manière de sac, et qu'il l'eût chargé sur son âne, après l'avoir farcie de tout ce qu'il y put faire entrer. Il courut ensuite à son maître, à qui il dit : Pardi! monsieur, je ne puis pas être au four et au moulin. Don Quichotte lui dit d'aider au bachelier, ce qu'il fit; et l'ayant mis sur sa mule, il lui rendit sa torche ; et don Quichotte lui dit qu'il n'avait qu'à suivre sa compagnie, à laquelle il le pria de faire des excuses de sa part pour le traitement qu'il leur avait fait, et qu'il n'avait pu ni dû s'empêcher de leur faire. Monsieur, lui dit aussi Sancho, si par hasard ces messieurs demandent quel est ce vaillant chevalier qui les a si bien ajustés, vous leur direz, s'il vous plaît, que c'est le fameux don Quichotte de la Manche, qui s'appelle autrement le chevalier de la Triste-Figure.

Le bachelier étant parti, don Quichotte demanda à Sancho ce qu'il voulait dire avec son chevalier de la Triste-Figure. Puisque vous le voulez savoir, répondit Sancho, c'est que je vous ai quelque temps considéré à la lueur de la torche qu'avait ce pauvre diable, et, à vous dire le vrai, vous m'avez paru si drôlement fait, que je n'ai jamais rien vu de semblable ; il faut que ce soit de travail et de lassitude, ou à cause des dents qui vous manquent. Tu n'y es pas, dit don Quichotte, et je vois bien que le sage qui doit écrire mon histoire a jugé à propos que j'eusse un surnom comme tous les anciens chevaliers : car tel s'appelait le chevalier de l'Ardente-Épée, un autre de la Licorne, celui-ci des Demoiselles, celui-là du Phénix, un autre du Griffon, un autre de la Mort, et ils étaient connus sous ces noms-là par toute la terre. Ainsi, sans doute, c'est ce sage lui-même qui t'a inspiré le surnom de la Triste-Figure, que je prétends désormais porter. Et pour cela, je suis résolu de faire peindre dans mon écu quelque figure fort étrange. Ma foi, monsieur, reprit Sancho, vous pouvez bien vous en épargner la dépense : vous n'avez seulement qu'à vous montrer ; nos longs jeûnes et le pitoyable état de vos mâchoires vous font une si étrange mine, qu'il n'y a peinture qui en puisse approcher ; et tous ceux qui vous verront vous donneront assez le nom de Triste-Figure, ce qui soit dit pourtant sans vous offenser. Don Quichotte sourit de la plaisanterie de son écuyer, et résolut tout de bon de prendre le surnom qu'il lui avait donné, et de faire peindre son écu à la première occasion qu'il en aurait.

Le bachelier s'en étant allé sans rien dire, don Quichotte eut envie de savoir si ce qui était dans la bière était le corps entier du gentilhomme, ou seulement les os ; mais Sancho s'y opposa, en lui disant : Monsieur, qu'il soit dit, je vous en supplie, que vous êtes sorti une fois de quelque aventure sans y laisser du poil ; je n'ai encore vu que celle-ci, n'allez point la gâter. Si ces gens viennent à reconnaître que c'est un seul chevalier qui les a si mal menés, ils retourneront peut-être, et nous donneront bien du tintoin. Mon âne est en bon état, nous voici proche de la montagne, la faim nous presse : qu'avons-nous plus à faire qu'à nous retirer bravement? et que le mort, comme on dit, s'en aille en terre, et celui qui se porte bien au cabaret. En même temps il se mit à toucher son âne devant lui, et pria son maître de le suivre ; ce qu'il fit sans répliquer davantage, voyant bien que Sancho n'avait pas tout à fait tort.

Après avoir marché quelque temps entre deux collines qu'ils ne distinguaient qu'à peine, ils se crurent un peu plus au large, et ils étaient en effet dans un grand vallon, où don Quichotte mit pied à terre ; et là, étendus, sur l'herbe fraîche, et sans autre sauce que leur appétit, ils déjeûnèrent, dînèrent, goûtèrent et soupèrent tout à la fois, de ce que Sancho avait trouvé en abondance dans les paniers des ecclésiastiques, qui, pour l'ordinaire, ne sont pas gens à s'oublier. Mais une disgrace que Sancho trouva la pire de toutes, c'est qu'ils mouraient de soif, et qu'ils n'avaient pas même une goutte d'eau pour se rafraîchir la bouche. Cependant, comme il remarqua qu'ils étaient dans un pré où l'herbe était fort fraîche, il donna un conseil de bon sens à son maître, mais qui ne réussit pas si bien qu'il l'espérait, comme on le verra dans le chapitre suivant.

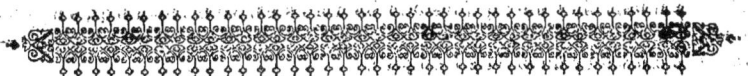

CHAPITRE XV.

De la plus étonnante aventure qu'ait jamais eue chevalier errant, et que don Quichotte acheva avec peu de péril.

Sancho, pressé de la soif, comme nous venons de voir, dit à son maître : L'herbe sur quoi nous sommes me paraît si fraîche et si drue, qu'il faut assurément qu'il y ait ici autour quelque ruisseau qui l'arrose : ainsi je crois qu'en cherchant un peu nous trouverons de quoi apaiser cette terrible soif qui nous tourmente, et qui me semble présentement plus difficile à souffrir que la faim. Don Quichotte le crut, et, prenant aussitôt Rossinante par la bride, et Sancho son âne par le licou, ils commencèrent à marcher en tâtonnant, parce que l'obscurité était si grande, qu'ils ne voyaient rien du tout. Mais ils n'eurent pas fait deux cents pas qu'ils entendirent un grand bruit, comme d'un torrent qui tomberait du haut d'une montagne. Ce bruit leur donna bien de la joie; et, comme ils écoutaient de quel côté il pouvait venir, ils en entendirent un autre qui diminua fort le plaisir que le premier leur avait fait, surtout pour Sancho, qui naturellement n'était pas fort courageux. C'étaient de grands coups redoublés avec un cliquetis de fers et de chaînes, et cela, joint au bruit du torrent, faisait un si grand tintamarre, que tout autre que notre héros en eût été épouvanté. La nuit était fort obscure, et le hasard les conduisit sous de grands arbres, dont un vent frais, qui s'était élevé, agitait les feuilles et les branches; si bien que l'obscurité, le bruit de l'eau, le murmure des arbres, et ces grands coups qui ne cessaient point, tout cela semblait fait pour donner de la terreur, et d'autant plus qu'ils ne savaient où ils étaient, et que le jour ne venait point.

Mais l'intrépide don Quichotte, au lieu de s'épouvanter, se jeta légèrement sur Rossinante, et embrassant son écu : Ami Sancho, lui dit-il, apprends que le ciel m'a fait naître pour ramener l'âge d'or en ce maudit siècle de fer : c'est pour moi que sont réservées les grandes actions et les périlleuses aventures; c'est moi, encore une fois, qui dois effacer la mémoire des chevaliers de la Table ronde, des douze pairs de France et des neuf preux, des Olivantes, des Bélianis, des chevaliers du Soleil, et de cette multitude innombrable de chevaliers errants du temps passé, en faisant de si grandes choses, qu'elles obscurciront tout ce qu'ils ont fait. Tu vois bien, cher et fidèle écuyer, quelle est l'obscurité de cette nuit, ce profond silence, le sourd et confus murmure de ces arbres, l'épouvantable bruit de cette eau que nous sommes venus chercher, qui semble tomber des montagnes de la lune, et ce continuel battement qui nous blesse les oreilles : la moindre de ces choses suffirait pour étonner le dieu Mars même, et combien plus des gens qui ne seraient pas accoutumés à de semblables aventures! Cependant ce ne sont que des aiguillons qui réveillent mon courage, et je sens que le cœur me bondit comme pour aller au devant du péril, que je suis d'autant plus résolu de tenter, qu'il me paraît plus grand et plus horrible. Serre donc les sangles à Rossinante, et demeure en la garde de Dieu. Si tu ne me vois dans trois jours, tu peux t'en retourner au village, et de là tu me feras bien le plaisir d'aller au Toboso, où tu diras à mon incomparable Dulcinée que le chevalier, esclave de sa beauté, est mort pour avoir voulu entreprendre des choses qui puissent le rendre digne d'elle.

Quand Sancho l'entendit parler de la sorte, il se prit à pleurer avec la plus grande tendresse du monde, et lui dit: Je ne comprends pas, monsieur, pourquoi vous voulez éprouver une si effroyable aventure. Il est nuit, et personne ne nous voit; nous pouvons fort bien nous ôter du chemin et éviter le péril, quand nous ne devrions boire de trois jours. Et comme personne ne sera témoin de notre retraite, il n'y aura personne qui nous puisse accuser de poltronnerie. J'ai ouï dire souvent à notre curé, que vous connaissiez bien, que celui qui cherche le péril ne manque point d'y périr : ainsi n'allez point tenter Dieu en entreprenant une aventure dont vous ne sauriez vous tirer sans miracle. Ne vous suffit-il pas, monsieur, que le ciel vous ait garanti d'être berné comme moi, et que vous veniez de sortir sain et sauf du combat que vous avez eu contre ceux qui accompagnaient ce mort? Mais si tout cela ne peut émouvoir votre cœur de roche, qu'il s'attendrisse au moins pour moi, et songez, monsieur, que vous ne m'aurez pas sitôt abandonné, que de belle peur je suis capable de donner mon âme à qui la voudra. Hé! ne vous souvenez-vous plus que j'ai quitté ma maison pour vous suivre, que j'ai laissé femme et enfants pour me donner à vous; et qu'outre l'honneur de vous servir, j'ai cru faire par là leur profit et le mien? Mais je vois bien présentement la vérité de ce qu'on dit: qui trop embrasse mal étreint.

Voilà toutes mes espérances à vau-l'eau, dans le temps que je croyais tenir cette malheureuse île que vous m'avez si souvent promise; et, pour toute récompense, vous voulez me laisser seul dans un lieu épouvantable, où il ne passe ni bêtes ni gens. Pour l'amour de Dieu, mon seigneur et mon cher maître, n'ayez pas cette cruauté; et si vous êtes résolu d'entreprendre cette maudite aventure, attendez au moins qu'il soit jour. Il n'y a pas plus de trois heures à attendre, selon ce que j'ai appris lorsque j'étais berger ; car voilà la bouche de la petite Ourse au dessus de la tête, et qui marque minuit dans la ligne du bras gauche.

Hé! mon pauvre Sancho, interrompit don Quichotte, comment peux-tu voir cette ligne et cette bouche, puisque la nuit est si obscure, qu'il ne paraît pas une étoile dans tout le ciel? Cela est vrai, répondit Sancho; mais la crainte a des yeux qui voient bien clair, et d'ailleurs il n'est pas malaisé de connaître qu'il n'y a pas loin d'ici au jour. Qu'il vienne, s'il peut, ou ne revienne jamais, dit don Quichotte, il ne sera pas dit que les prières ni les larmes de personne m'aient empêché de faire le devoir de chevalier : ainsi, Sancho, tout ce que tu dis est inutile. Le ciel, qui m'a mis dans le cœur le dessein d'éprouver tout à l'heure cette terrible aventure, saura bien m'en tirer, ou prendre soin de toi après ma mort. Tout ce que tu as à faire, c'est de bien sangler Rossinante, et de m'attendre ici ; je reviendrai bientôt, mort ou vif.

Sancho, voyant la dernière résolution de son maître, et que ses larmes ni ses conseils ne servaient de rien, prit le parti de jouer d'adresse et de l'obliger malgré lui d'attendre le jour ; et pour cela, avant que de serrer les sangles à Rossinante, il lui lia, sans faire semblant de rien, les jambes de derrière avec le licou de son âne, en sorte que, quand don Quichotte voulut partir, son cheval, au lieu d'aller en avant, ne faisait que sauter. Eh bien ! monsieur, dit Sancho, fort satisfait de son invention, vous voyez que le ciel est de mon côté : il ne veut pas que Rossinante parte de là ; et si vous vous opiniâtrez à tourmenter ce pauvre animal, ne sera-ce pas regimber contre l'aiguillon, et mettre la fortune en mauvaise humeur ? Don Quichotte enrageait de tout son cœur ; mais, voyant que, plus il piquait, moins il semblait que Rossinante eût envie de partir, il se résolut enfin d'attendre le jour, ou que son cheval fût en humeur de marcher, sans qu'il lui vînt jamais dans l'esprit que ce pût être un tour de son écuyer. Puisqu'il plaît à Rossinante, dit-il, il faut bien que j'attende, quelque regret que j'en aie. Et qu'y a-t-il là de si fâcheux ? reprit Sancho. Je vous ferai des contes, et je m'engage de vous en fournir jusqu'au jour, si ce n'est que votre seigneurie veuille mettre pied à terre et dormir un peu sur l'herbe fraîche, à la manière des chevaliers errants : aussi bien vous en trouverez-vous plus frais et plus en état d'entreprendre cette endiablée aventure. Moi, dormir et mettre pied à terre ! dit don Quichotte : est-ce que je suis de ces chevaliers qui reposent quand il est question de combattre ?

Ne vous fâchez point, monsieur, je ne l'ai dit que pour rire, ajouta Sancho. Et s'approchant en même temps tout auprès de son maître, il mit une main sur l'arçon de devant, et l'autre sur celui de derrière, en sorte qu'il lui embrassait la cuisse gauche, et s'y tenait comme collé, sans oser tant soit peu s'en détacher, tant il était épouvanté de ces grands coups, qui ne cessaient point. Fais quelque conte, lui dit son maître, pour m'entretenir en attendant le jour. Je le voudrais bien, répondit Sancho, si le bruit que j'entends ne m'importunait point ; mais, ma foi, monsieur, j'ai un peu peur, il ne faut point que j'en mente. Avec tout cela, je vais tâcher de vous dire une histoire, et la meilleure peut-être que vous ayez jamais ouïe, si je la puis retrouver, et qu'on me laisse conter en patience. Or, écoutez-donc, je m'en vais commencer.

Il y avait ce qu'il y avait : que le bien qui vient soit pour tout le monde, et le mal pour celui qui va le chercher. Remarquez, je vous prie, en passant, monsieur, que les anciens ne commençaient par leurs contes comme on fait aujourd'hui, mais par ce proverbe d'un certain Caton l'encenseur romain, qui dit que le mal est pour celui qui va le chercher ; ce qui vient ici tout à propos pour avertir votre seigneurie de se tenir en paix, sans aller éveiller le chat qui dort, et que nous ferons bien de prendre une autre route, puisque personne ne nous force de continuer celle-ci, où l'on dirait que tous les diables nous attendent. Poursuis seulement ton histoire, dit don Quichotte, et, pour ce qui est du chemin que nous devons prendre, laisse-m'en le soin. Je dis donc, reprit Sancho, qu'en un certain lieu de l'Estramadure il y avait un berger chevrier, c'est-à-dire, monsieur, qui gardait les chèvres, lequel berger ou chevrier, comme dit le conte, s'appelait Lopez Ruys, et ce berger Lopez Ruys était amoureux d'une bergère nommée la Toralva, laquelle bergère, nommée la Toralva, était fille d'un riche pasteur qui avait un fort grand troupeau.

Si tu t'y prends de cette manière, interrompit don Quichotte, et que tu répètes toujours deux fois la même chose, tu n'auras pas fait dans deux jours ; conte ton histoire en homme d'entendement, ou ne t'en mêle pas.

Toutes les nouvelles se content ainsi en nos quartiers, reprit Sancho, et je ne les sais point conter d'une autre façon; trouvez bon, monsieur, que je n'aille point faire de nouvelles coutumes. Conte comme tu voudras, dit don Quichotte; puisque mon mauvais sort veut que je t'entende, tu n'as qu'à poursuivre. Vous saurez donc, mon cher maître, continua Sancho, que ce berger, comme j'ai dit, était amoureux de la bergère Toralva, qui était une jeune créature toute ronde, hagarde et malaisée à gouverner, et qui tenait de l'homme, car elle avait même un peu de barbe. Il m'est avis que je la vois à l'heure que je vous parle. Tant y a donc que, les jours allant et venant, comme dit l'autre, le diable, qui ne dort point et qui se fourre partout, fit en sorte qu'ils eurent noise, et que l'amour du berger se changea en haine; et le sujet de cela, disaient les mauvaises langues, ce fut une bonne quantité de petites jalousies que la Toralva lui donnait, mais, dam! qui passaient la raillerie, entendez-vous. Depuis cela, le chevrier l'a haïe si fort, qu'il ne la pouvait plus souffrir, et, pour ne la voir jamais, il lui vint une fantaisie de s'en aller si loin, qu'il n'en entendît parler de sa vie. Ainsi dit, ainsi fait; mais la Toralva, qui se vit méprisée de Lopez Ruys, vint à l'aimer tout aussitôt plus qu'elle n'avait jamais fait.

Voilà bien le naturel des femmes, interrompit encore don Quichotte : elles méprisent qui les aime, et elles aiment ceux qui les haïssent. Poursuis, Sancho.

Il arriva donc, continua Sancho, que le berger partit touchant ses chèvres devant lui, et s'achemina par les champs de l'Estramadure droit vers le royaume de Portugal. La Toralva, qui avait bon nez, en sentit quelque chose, et incontinent la voilà après lui à beau pied, ses souliers dans une main, un bourdon dans l'autre, et un petit sac au cou, où il y avait, à ce qu'on dit, un morceau de miroir et un demi-peigne, avec une boîte de fard à farder, et d'autres brimborions pour s'enjoliver. Mais il y avait ce qu'il y avait, peu m'importe. Enfin final, le berger Lopez Ruys, avec son troupeau de chèvres, arriva sur le bord du Guadiana, dans le temps qu'il était si fort crû, qu'il était grand comme père et mère, et, dans l'endroit où le berger se trouva, il n'y avait ni bateau ni personne pour le passer lui et son troupeau, dont il mourait d'angoisse, parce qu'il sentait la Toralva sur ses talons, et qu'elle l'aurait fait enrager avec ses pleurs et ses criailleries. Mais à la fin, il regarda tant de tout côté, qu'il aperçut un pêcheur qui avait un petit bateau, mais si petit qu'il n'y pouvait passer qu'un homme et une chèvre. Cependant il était si pressé, qu'il fit marché avec le pêcheur pour le passer lui et trois cents chèvres qu'il avait. Le pêcheur amène donc le bateau, et passe une chèvre; il revient et en passe un autre; il revient encore, et en passe une troisième. Au reste, monsieur, continua Sancho, comptez bien, s'il vous plaît, combien le pêcheur passe de chèvres : car je vous avertis que, s'il vous en échappe une seulement, le conte finira là tout net, et au diable le mot que j'en pourrai retrouver. Or, le rivage de l'autre côté était fort glissant et plein de boue, ce qui faisait que le pêcheur était fort longtemps à chaque voyage. Avec tout cela, il allait toujours, et passa encore une chèvre, et puis une autre, et encore une autre.

Que ne dis-tu tout d'un coup qu'il les passa toutes, dit don Quichotte, sans les faire aller et venir de cette manière? Tu n'achèveras pas d'un mois si tu continues. Combien y en a-t-il de passées à cette heure? demanda Sancho. Et qui diable le saurait, répondit don Quichotte : penses-tu que j'y aie pris garde? Eh bien! voilà ce que j'avais dit, reprit Sancho : vous n'avez pas voulu compter, et voilà aussi mon conte achevé; il n'y a pas moyen de passer outre. Hé! comment cela? dit don Quichotte; est-il si fort de l'essence de savoir par le menu le compte des chèvres qui sont passées, que si l'on en manque une, il faut que tu restes court? Oui, monsieur, répondit Sancho; et dans le même temps que je vous ai demandé combien il y avait de chèvres passées, et que vous m'avez répondu que vous n'en saviez rien, et dans le même moment j'ai perdu tout ce que j'avais à dire, et, par ma foi, c'est dommage, car c'était le meilleur. De cette façon-là, dit don Quichotte, l'histoire est donc finie? Finie comme ma mère, dit Sancho.

En vérité, Sancho, mon ami, continua notre chevalier, voilà le plus étrange conte et la plus bizarre manière de raconter que l'on puisse imaginer; mais que pouvais-je attendre autre chose de ton esprit? Sans doute ce chamaillis continuel t'a troublé la cervelle! Cela se pourrait bien être, répondit Sancho; mais, pour le conte, je sais bien qu'il finit là où l'on manque le compte des chèvres. Qu'il finisse où il pourra, dit don Quichotte, voyons si Rossinante voudra marcher. En disant cela, il donne des deux, et le cheval répond d'un saut, ne pouvant faire davantage, tant Sancho l'avait bien lié!

Cependant, soit que ce fût la fraîcheur de la nuit, ou que Sancho eût mangé en soupant quelque chose de laxatif, ou plutôt que ce fût la nature, qui opérait toujours admirablement en lui, il se sentit pressé d'un fardeau dont il était malaisé qu'un autre le soulageât; mais il avait si grand'peur qu'il n'osait s'éloigner tant soit peu de son maître. S'il fallait-il pourtant apporter le remède à un mal si pressant, et que chaque instant redoublait : de sorte que, pour s'accorder toutes choses, il tira doucement la main droite dont il tenait l'arçon de derrière, et, se mettant à son aise le mieux qu'il put, il détacha franchement son aiguillette. Sancho, en étant parvenu jusque là, crut avoir fait le plus difficile; mais comme il voulut essayer le reste, il désespéra presque d'en pouvoir venir à bout sans faire quelque bruit, et il commença à serrer les dents et les épaules, retenant son haleine autant qu'il pouvait avec tout cela. Mais il fut si malheureux qu'il ne put s'empêcher de faire un peu de bruit, dont le son était bien différent de celui qui les importunait depuis si longtemps.

Qu'est-ce que je viens d'entendre? dit brusquement don Quichotte. Je ne sais, monsieur, répondit Sancho; vous verrez que ce sera encore une nouvelle diablerie : car les aventures ne commencent jamais pour un peu. Le chevalier s'en était heureusement tenu là, Sancho fut obligé de faire une nouvelle tentative, qui lui réussit si bien, que, sans avoir fait le moindre bruit, il se trouva délivré du plus incommode fardeau qu'il eût porté de sa vie. Mais don Quichotte n'ayant pas le sens de l'odorat moins vif que celui de l'ouïe, et Sancho étant tout près de lui, certaines vapeurs qui montaient presque en ligne droite, ne manquèrent pas de le faire apercevoir d'une partie de ce qui se passait. A peine en fut-il frappé qu'il courut au remède, et se serrant le nez avec les doigts : Il me semble, dit-il, Sancho, que tu as grand'peur? C'est vrai, répondit Sancho; mais monsieur, pourquoi vous en apercevez-vous à cette heure plutôt qu'auparavant? C'est, reprit notre chevalier, que tu ne sentais pas si fort que tu fais présentement, et ce n'est pas l'ambre que tu sens. Cela peut être, dit Sancho, mais ce n'est pas ma faute : pourquoi me tenez-vous à une telle heure dans un lieu comme celui-ci? Retire-toi à trois ou quatre pas, mon ami, reprit don Quichotte, et désormais prends un peu plus garde à toi et à ce que tu me dois : je vois bien que la trop grande liberté que je te donne te fait oublier ce que nous sommes l'un et l'autre. Je gage, répliqua Sancho que votre seigneurie s'imagine que j'ai fait quelque chose qui ne soit pas de faire? Quoi qu'il en soit, dit don Quichotte, éloigne-toi encore une fois Oh! qu'à cela ne tienne, dit Sancho, vous êtes le maître; mais nous verrons si vous en êtes mieux.

Notre chevalier et son écuyer passèrent la nuit en de semblables discours : et celui-ci, voyant enfin que le jour allait paraître, releva ses chausses, et délia tout doucement les jambes de Rossinante, qui leva aussitôt deux ou trois fois les jambes de devant, ce qui ne lui était pas ordinaire, et ce pauvre animal aurait même fait des courbettes, s'il en avait su faire, tant il était aise de se voir en liberté. Son maître, le sentant en état de marcher, en tira bonne augure, et crut que c'était le signal que sa bonne fortune lui donnait pour aller à cette épouvantable aventure. Le jour achevait alors de paraître, et les objets se pouvant distinguer, don Quichotte reconnut qu'il était dans un bois de châtaigniers, mais sans voir d'où pouvait venir ce tintamarre qui continuait toujours. Il résolut donc d'en aller chercher la cause sans attendre davantage, et faisant sentir l'éperon à Rossinante pour achever de l'éveiller, il dit une seconde fois adieu à son écuyer, en lui ordonnant, comme il avait déjà fait, de l'attendre trois jours, et de ne point douter, s'il ne revenait dans ce temps-là, qu'il n'eût perdu la vie. Il répéta encore ce que Sancho devait dire de sa part à Dulcinée, en ajoutant qu'à l'égard de la récompense de ses services, il ne s'en mît point en peine, parce qu'avant de partir de sa maison, il y avait pourvu par un testament où il se trouverait traité à proportion des services qu'il aurait pu lui rendre. Mais s'il plaît au ciel, continua-t-il, que je sorte sain et sauf de cette périlleuse affaire, et que les enchanteurs ne s'en mêlent point, fais état, mon enfant, que le moins que tu puisses attendre c'est l'île que je t'ai promise. Sancho ne put retenir ses pleurs au tendre adieu de son maître, et fondant en larmes, il lui jura qu'il le suivrait dans cette entreprise, quand il n'en devrait jamais revenir. Une résolution si louable, et qui faisait bien voir qu'il n'était pas un écuyer à la douzaine, attendrit son maître, qui, sans en faire semblant, pour ne pas témoigner la moindre faiblesse, marcha du côté que le bruit de l'eau et ces grands coups l'appelaient, et Sancho le suivit à pied, menant par le licou le fidèle compagnon de toutes ses aventures.

Après avoir marché quelque temps entre les châtaigniers, ils arrivèrent dans un pré bordé de rochers, du haut desquels tombait le torrent qu'ils avaient d'abord entendu. Au pied de ces rochers, on voyait quelques cabanes mal bâties, et qui ressemblaient plutôt à des masures qu'à des maisons, d'où ils connurent que sortaient ces coups terribles qui duraient encore. Tant de bruit et si proche épouvanta Rossinante; mais notre chevalier, le flattant de la main et l'animant, s'approcha peu à peu de ces cabanes, se recommandant de tout son cœur à sa Dulcinée, et la suppliant de le favoriser de son secours dans cette effroyable entreprise, et quelquefois aussi il ne laissait pas de prier Dieu de ne le point abandonner. Pour Sancho, il se tenait à côté de son maître, et de temps en temps il allongeait le cou, regardant entre les jambes de Rossinante s'il ne découvrirait point ce qui lui faisait tant de peur. Mais à peine eurent-ils fait encore cent pas, qu'ayant passé une pointe de rocher qui s'avançait un peu, ils virent pleinement et à découvert la cause de tout ce tintamarre, qui les tenait depuis tant de temps en de si étranges alarmes. C'étaient six maillets à foulon qui n'avaient pas cessé de battre depuis le jour précédent.

A cette vue, don Quichotte demeura muet et pensa tomber de son haut. Sancho le regarda et le vit, la tête basse, dans la consternation d'un homme outré de honte et de dépit: Don Quichotte regarda aussi Sancho, et voyant qu'il avait les joues enflées comme un homme qui étouffe d'envie de rire, il ne s'en put tenir lui-même malgré tout son chagrin : de sorte que Sancho, ravi que son maître eût commencé, lâcha la bride, et se mit à rire si démesurément, qu'il fut obligé de se serrer les côtes avec les poings pour n'en pas crever. Il cessa quatre fois, et quatre fois il reprit de la même force ; mais ce qui acheva de faire perdre toute patience à don Quichotte, c'est que Sancho, le regardant entre les deux yeux, lui alla dire avec toute la gravité qu'il put : Apprends, ami Sancho, que le ciel m'a fait naître pour ramener l'âge d'or en ce maudit siècle de fer : à moi les grandes actions et les périlleuses aventures. Et tout de suite il s'en allait lui répéter les mêmes paroles que son maître avait dites la première fois qu'ils avaient entendu le bruit du moulin; mais notre chevalier, qui était trop en colère pour souffrir que son écuyer se moquât si librement de lui, lève sa lance et lui en donne deux si grands coups sur les épaules, que, s'ils fussent aussi bien tombés sur la tête, le pauvre écuyer n'aurait plus eu que faire de gages ni de récompenses.

Sancho, voyant que ses plaisanteries lui réussissaient mal, et craignant que son maître ne continuât, lui dit d'un ton fort contrit : Hé! monsieur, me voulez-vous tuer? ne voyez-vous pas que je raille? C'est parce que vous raillez que je ne raille pas, moi, dit don Quichotte. Venez un peu, monsieur le plaisant : si ç'avait aussi bien été une aventure réelle, comme ce n'était rien, est-ce que je n'ai pas fait paraître tout le courage qu'il fallait pour l'entreprendre et pour l'achever? Suis-je obligé, moi qui suis chevalier, de connaître tous les sons que j'entends, et de distinguer s'ils viennent d'un moulin à foulon, surtout si je n'ai jamais vu de moulin de ce genre comme c'est la pure vérité? c'est bon pour vous, qui n'êtes qu'un chétif paysan, né et nourri à ces sortes de choses; mais supposez que ces six maillets soient autant de géants, et donnez-les-moi l'un après l'autre ou tous ensemble, il ne m'importe, et, si je ne vous les livre tous sans tête, raillez alors tant que vous voudrez.

Monsieur, interrompit Sancho, en voilà assez, s'il vous plaît. J'avoue que je ne m'entends pas à railler, et je le sens bien; mais de bonne foi, à cette heure que nous voilà d'accord (le ciel vous tire de toutes les aventures aussi heureusement que de celle-ci!) n'y a-t-il pas de quoi rire et de quoi faire bon conte de la frayeur que nous avons eue? au moins moi, car pour vous je sais bien que la peur n'est pas de votre connaissance.

En effet, répondit don Quichotte, ce qui nous vient d'arriver a quelque chose d'assez plaisant, et prête à rire, mais il ne faut pas le raconter, parce que tout le monde ne sait pas prendre les choses comme il faut, ni en faire bon usage. Par ma foi, monsieur, reprit Sancho, on ne dira pas cela devant vous : vous savez prendre la lance comme il faut, et vous en servir de la bonne manière ; si ce n'est pourtant que vous visez à la tête et frappez à l'épaule. Il est vrai que ce n'est pas votre faute : car, si je n'eusse fait la cane, j'en tenais d'une belle façon. Mais tout cela s'en ira à la première lessive, et, comme on dit, qui bien aime, bien châtie ; outre qu'un bon maître n'a jamais manqué de donner des chausses à son valet quand il lui a dit une injure. Véritablement, je ne sais pas bien ce qu'il donne après des coups de bâton; mais je m'imagine que les chevaliers errants donnent pour le moins des îles, ou quelque royaume en terre-ferme. Ecoute, dit don Quichotte, la chance pourrait à la fin si bien tourner, qu'il arriverait une partie de ce que tu viens de dire. Cependant pardonne-moi le passé : tu sais bien que l'homme n'est pas maître de ses premiers mouvements. Mais je t'avertis d'une chose, afin qu'à l'avenir tu ne t'émancipes pas à prendre de trop grandes libertés avec moi : c'est que dans tous les livres de chevalerie que j'ai lus, qui sont, sans vanité, en assez bon nombre ; je n'ai jamais trouvé qu'aucun autre écuyer que toi ouvrît si hardiment la bouche devant son maître. Et, à dire vrai, nous avons tort tous deux, toi, de n'avoir pas assez de respect pour moi, et moi, de ne m'en pas faire assez rendre : car enfin, quoique Gandalin, écuyer d'Amadis, fût comte de l'Ile-Ferme, il se lit pourtant de lui qu'il ne parlait jamais à son maître que la toque à la main, la tête baissée, et le corps à demi courbé, à la manière des Turcs. Mais c'est bien pis de Casabal, écuyer de don Galaor, qui fut si discret, que, pour instruire la postérité de son merveilleux silence, l'auteur ne le nomme qu'une seule fois dans toute cette longue et véritable histoire.

Ce que je viens de dire te doit apprendre, Sancho, qu'il faut qu'il y ait de la différence entre le maître et le valet. Ainsi, encore une fois, vivons, je vous prie, un peu plus dans l'ordre à l'avenir, sans nous en faire avaler l'un à l'autre. Car, après tout, de quelque manière que cela arrive, ce sera toujours vous, comme on dit, qui serez le plus fort, et qui porterez les coups. Les récompenses que je vous ai promises viendront dans leur temps ; et quand il faudrait s'en passer, les salaires au moins ne manqueront pas, comme je vous l'ai déjà dit.

Tout ce que vous dites est très bien, monseigneur, répliqua Sancho, et j'en remercie votre seigneurie ; mais si par hasard, le temps des récompenses n'arrivait jamais, et qu'il fallût s'en tenir aux salaires, apprenez-moi de grâce ce que gagnait un écuyer de chevalier errant, et s'il était payé à tant par mois, ou bien à la journée. Je ne crois pas, répondit don Quichotte, qu'on ait jamais vu ces sortes d'écuyers être à gages : on leur donnait toujours récompenses ; et si je t'ai autrement traité dans mon testament, c'est qu'on ne sait ce qui peut arriver, et que tu aurais peut-être de la peine à prouver ma chevalerie dans ce misérable temps ; et il me fâcherait que pour si peu de chose mon âme fût en peine dans l'autre monde. Nous en avons assez d'autres, nous autres aventuriers : car, mon pauvre ami, je t'apprends qu'il n'y a pas de métier plus scabreux de ce côté-là que le nôtre. Je n'en doute point, dit Sancho, surtout si la patience est une chose nécessaire, puisqu'il ne faut qu'une méchante raillerie pour faire sortir des gonds le plus grand aventurier qui soit dans la Manche ; mais tenez-vous pour assuré qu'à l'avenir j'aurai bien envie de rire quand je rirai de vos affaires, et que je n'en ouvrirai jamais la bouche que pour vous honorer comme mon maître et mon véritable seigneur. C'est le moyen que tu vives longtemps et tranquillement sur la face de la terre, dit notre chevalier, parce qu'après les pères et les mères, on doit respecter les maîtres comme s'ils avaient la même qualité.

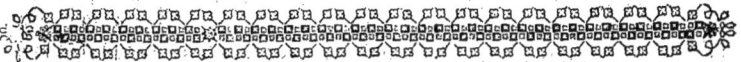

CHAPITRE XVI.

De la conquête de l'armet de Mambrin.

Comme don Quichotte et son écuyer s'entretenaient de cette sorte, ils furent surpris d'une petite pluie dont Sancho eût bien voulu se mettre à couvert en entrant dans le moulin. Mais don Quichotte l'avait pris en telle aversion depuis que ce n'était qu'un moulin, qu'il n'y voulut jamais entrer. Il prit donc un chemin à droite; et, après avoir marché quelque temps, il découvrit un cavalier qui portait sur tête quelque chose de luisant comme si c'eût été de l'or. A peine l'eût-il aperçu, qu'il se tourna du côté de Sancho et lui dit : Ami Sancho, sais-tu bien qu'il n'y a rien de si vrai que les proverbes? aussi sont-ils autant de maximes tirées de l'expérience, et particulièrement celui qui dit que le diable n'est pas toujours à la porte d'un pauvre homme. Je dis ceci parce que, si la dernière nuit, nous avons été abusés par le bruit de ce maudit moulin, et que l'aventure que nous cherchions se soit évanouie, il s'en présente, à l'heure qu'il est, une infaillible, et qui nous offre bien de la gloire à acquérir. Si je ne l'entreprends, ce sera ma faute : il n'y a ni bruit inconnu qui m'en fasse accroire, ni obscurité que j'en puisse accuser. En un mot, Sancho, voici, selon toutes les apparences, celui qui porte l'excellent armet de Mambrin : il vient droit à nous, et tu sais le serment que j'ai fait.

Monsieur, répondit Sancho, prenez garde, s'il vous plaît, à ce que vous dites, et plus encore à ce que vous allez faire. Ne serait-ce point ici d'autres maillets à foulon qui achèveraient de nous fouler l'entendement, et peut-être les côtes. Le diable t'emporte avec tes foulons! interrompit don Quichotte; quel rapport est-ce qu'ils ont avec un armet? Je n'en sais rien, répondit Sancho; mais, ma foi, si j'osais parler comme autrefois, peut-être vous ferais-je voir par mes raisons que votre seigneurie pourrait bien se tromper.

Et comment veux-tu que je me trompe, misérable mécréant, qui doutes de tout? reprit notre héros : est-ce que tu ne vois pas ce chevalier qui vient droit à nous sur un cheval gris-pommelé, et qui porte en tête un armet d'or?

Ce que je vois et revois, répliqua l'écuyer, c'est un homme monté sur un âne gris-brun, et qui porte je ne sais quoi de luisant sur sa tête. Eh bien, dit don Quichotte, ce que tu vois là c'est l'armet de Mambrin. Eloigne-toi de quelques pas, et me laisse seul : tu verras que, sans perdre de temps en discours inutiles, j'achève cette aventure en un moment et demeure maître de ce précieux armet, que j'ai tant souhaité.

Pour me tenir à l'écart, répliqua Sancho, ce n'est pas une affaire; mais, encore une fois, Dieu veuille que ce ne soit pas ici une nouvelle manière de foulons

Je vous ai déjà dit, frère, reprit don Quichotte en fureur, que je ne voulais plus entendre parler de foules ni de foulons, et je jure par.... que si vous m'en rompez davantage la tête, je vous foulerai l'ame dans le corps d'une manière qu'il vous en souviendra. Sancho se tut tout court, pour ne pas obliger son maître d'accomplir le serment, car il l'avait fait bien plein et bien entier.

Cependant il est bon de savoir ce que c'était que cet armet, ce cheval et ce chevalier, que voyait don Quichotte. C'est qu'il y avait dans ce canton deux villages, dont l'un était si petit, qu'il n'y avait point de barbier : aussi le barbier du grand village, qui se mêlait aussi de chirurgie, servait pour les deux. Il était donc arrivé que, dans le petit, un homme malade avait eu besoin d'une saignée, et quelque autre de se faire faire la barbe ; si bien que le barbier s'y acheminant, et se trouvant surpris de la pluie aussi bien que nos héros, il avait mis son bassin sur sa tête pour conserver un mauvais chapeau ; et, comme le bassin était de cuivre et tout neuf, on le voyait reluire d'une demi-lieue. Ce barbier montait un bel âne gris, comme avait fort bien remarqué Sancho ; et tout cela faisait justement pour don Quichotte un chevalier sur un cheval gris-pommelé avec un armet d'or : car il accommodait toujours tout ce qu'il voyait aux extravagances de ses livres.

Ainsi donc, voyant que le pauvre chevalier approchait, il courut contre lui à bride abattue et la lance basse, résolu de le percer de part en part. Et, sur le point de l'atteindre : Défends-toi, lui cria-t-il, chétive créature, ou me rends tout à l'heure ce qui m'appartient avec tant de raison. Le barbier, qui vit fondre si brusquement sur lui cette espèce de fantôme, et sans savoir pourquoi, ne trouva d'autre moyen, pour éviter le coup, que de se laisser aller de son âne à terre, où il ne fut pas plutôt, que, se relevant prestement, il enfila la plaine avec plus de vitesse qu'un daim, sans se soucier de l'âne ni du bassin.

Don Quichotte, voyant que le bassin lui demeurait, n'en voulut pas davantage, et, se retournant vers son écuyer : Ami, lui cria-t-il, le païen n'est pas bête. Il a fait comme le castor, à qui la nature apprend à se sauver des chasseurs en se coupant lui-même ce qui les anime après lui. Ramasse cet armet. Par mon âme, dit Sancho en considérant ce prétendu armet, le bassin n'est pas mauvais : il vaut un écu comme un double. Puis, l'ayant donné à son maître, celui-ci le mit incontinent sur sa tête, le tournant de tout côté pour trouver l'enchâssure. Mais, comme il n'en pouvait venir à bout : Parbleu, dit-il, le païen pour qui cette fameuse salade fut forgée devait avoir la tête bien grosse ; mais, ce que j'y trouve de pire, c'est qu'il en manque la moitié.

Sancho ne put entendre sans sourire qu'on appelât un bassin de barbier une salade, et il eût éclaté, si ses épaules ne se fussent encore ressenties de la colère de son maître. De quoi ris-tu, Sancho ? demanda notre chevalier. Je ris, reprit Sancho, de la furieuse tête que devait avoir le maître de cette salade, qui ressemble à un bassin de barbier comme deux gouttes d'eau. Sais-tu bien ce que je pense ? reprit don Quichotte ; c'est qu'assurément cet incomparable armet sera tombé par hasard entre les mains de quelqu'un qui n'en a pas connu la valeur, et, sans savoir ce qu'il faisait, il en aura fait fondre la moitié, voyant que c'était de l'or fin, pour profiter d'autant, et du reste en a fait faire ceci, qui, comme tu dis, ne ressemble pas mal à un bassin de barbier. Mais, qu'il en soit ce qu'il pourra ; pour moi, qui en connais le prix, je me moque de cette métamorphose : je ferai fort bien raccommoder la salade au premier endroit où il y aura une forge, et je prétends qu'elle ne cédera en rien à celle que Vulcain forgea pour le dieu de la guerre. Cependant je la porterai telle qu'elle est ; elle vaudra toujours mieux que rien et sera bonne, pour le moins, contre les coups de pierre. Oui, dit Sancho, pourvu qu'elles ne soient pas tirées avec la fronde, comme celles qui volaient au combat des deux armées, qui vous accommodèrent si bien les mâchoires, et rompirent le pot du bénit breuvage qui me pensa faire vomir la fressure. Je ne me soucie guère de cette perte, dit don Quichotte, puisque je sais la recette du baume. Je la sais bien aussi, répondit Sancho ; mais, s'il m'arrive jamais d'en faire, et encore moins d'en goûter, que j'en puisse crever tout à l'heure par avance ! Véritablement, je ne crois pas me mettre en état d'en avoir besoin : je suis bien résolu d'employer mes cinq sens de nature à m'empêcher d'être jamais blessé, et je renonce aussi de bon cœur à blesser jamais personne. Pour ce qui est d'être berné encore une fois, je n'en dis rien, parce qu'il n'est pas aisé de prévoir de semblables accidents ; et si par malheur j'y retombe, je n'y sais autre remède que de serrer les épaules, retenir mon haleine, et me laisser aller les yeux fermés au gré du sort et de la couverture. Tu n'es pas chrétien, Sancho, dit don Quichotte : jamais tu n'oublies une injure. Apprends qu'il n'est pas d'un cœur noble et généreux de s'amuser à de semblables bagatelles. De quel pied es-tu boiteux, quelle côte as-tu de rompue, et quelle tête cassée, pour ne te ressouvenir jamais de cette plaisanterie qu'avec chagrin ? car, après tout, ce ne fut proprement qu'un passe temps ; et, si je ne l'avais pris ainsi, j'y serais retourné, et j'en aurais tiré une vengeance plus sanglante que celle que firent les Grecs de l'enlèvement de leur Hélène, qui, au reste, ajouta-t-il avec un grand soupir, n'aurait pas tant de réputation de beauté si elle était en ce temps-ci, ou que ma Dulcinée eût été du sien. Oh bien ! dit Sancho, que l'affaire passe donc pour plaisanterie, puisque aussi bien il n'y a pas moyen de s'en venger ; je ne laisse pas de savoir ce qui en est, et je m'en souviendrai tant que j'aurai des reins. Mais laissons cela pour une autre fois, et dites-moi, s'il vous plaît, monsieur, ce que vous voulez que nous fassions de ce cheval gris pommelé qui semble un âne gris brun, qu'a laissé sans maître ce pauvre diable errant que vous avez renversé. De la manière qu'il a gagné au pied, il n'a pas envie de revenir, et, par ma barbe, le grison n'est pas mauvais. Je n'ai pas accoutumé, répondit don Quichotte, de rien ôter à ceux que j'ai vaincus, et ce n'est pas l'usage de la chevalerie de les laisser aller à pied, si ce n'est que le vainqueur eût perdu son cheval dans le combat : car, en ce cas là, il peut légitimement prendre celui du vaincu, comme conquis de bonne guerre. Ainsi, Sancho, laisse-là ce cheval ou cet âne, comme tu voudras : celui qui l'a perdu ne manquera pas de le venir reprendre dès que nous nous serons éloignés. De bonne foi, dit Sancho, si voudrais-je pourtant bien emmener cette bête, ou du moins la troquer pour la mienne, qui ne me paraît pas si bonne. Malepeste ! monsieur, que les lois de votre chevalerie sont étroites, si elles ne permettent seulement pas de troquer un âne contre un âne ! Au moins voudrais-je bien savoir s'il ne m'est pas permis de troquer le bât. Je n'en suis pas trop assuré, répondit don Quichotte ; et, dans le doute, je tiens, jusqu'à ce que je m'en sois mieux informé, que tu t'en peux accommoder, pourvu néanmoins que tu en aies nécessairement besoin. Aussi nécessairement que si c'était pour moi-même, répondit Sancho. Et là dessus, fort de la permission de son maître, il fit l'échange des harnais, ajustant bravement celui du barbier sur son âne, qui lui en parut une fois plus beau et meilleur de la sorte.

Cela étant fait, ils déjeûnèrent du reste de leur souper et burent de l'eau qui venait du moulin à foulon, sans que jamais don Quichotte pût se résoudre à regarder de ce côté-là, tant il était en colère de ce qui s'était passé. Ils montèrent à cheval après un léger repas; et, sans choisir aucun chemin, pour imiter mieux les chevaliers errants, ils se laissèrent conduire par Rossinante, que l'âne suivait toujours de la meilleure amitié du monde, et se trouvèrent insensiblement dans le grand chemin, où ils marchèrent à l'aventure, n'ayant point pour lors de dessein.

En allant ainsi tout doucement, Sancho dit à son maître : Monsieur, voudriez-vous bien me permettre de raisonner tant soit peu avec vous? Depuis que vous me l'avez défendu, il m'est pourri quatre ou cinq bonnes choses dans l'estomac, et j'en ai présentement une sur le bout de la langue que je voudrais bien qui ne fît pas si mauvaise fin. Dis-là, Sancho, dit don Quichotte, mais en peu de paroles : les longs discours sont toujours ennuyeux. Je vous dis donc, monsieur, qu'après avoir bien considéré la vie que nous menons, je trouve que ce n'est pas une chose de grand profit que les aventures de forêts et de grands chemins, où les plus périlleuses que vous puissiez entreprendre et achever ne sont ni vues ni sues de personne, et tous vos bons desseins et vos vaillants exploits sont autant de bien perdu dont il ne vous revient ni profit ni honneur. Il me semble donc qu'il serait beaucoup plus à propos, sauf votre meilleur avis, que nous nous missions au service de quelque empereur ou de quelque autre grand prince qui eût guerre contre ses voisins, et où vous puissiez faire voir votre valeur et votre entendement : car, au bout de quelque temps, il faudra bien, par nécessité, qu'on récompense vous et moi, chacun selon son mérite, s'entend; et vous ne manquerez pas non plus de gens qui prendront soin d'écrire tout ce que vous ferez, et de le faire savoir aux enfants de nos enfants. Je ne parle point de mes faits à moi, car je sais bien qu'il ne les faut pas mesurer à la même aune, et que le limaçon ne doit pas sortir de sa coquille ; quoique pourtant si c'était l'usage d'écrire aussi les actions des écuyers errants, il serait peut être fait mention de moi aussi bien que d'un autre.

Ce n'est pas mal dit à toi, dit don Quichotte ; mais avant que d'en venir là, il faut aller ainsi par le monde, cherchant les aventures, comme pour faire ses preuves, afin que les grandes actions du chevalier portent son nom par toute la terre, et que quand il arrivera chez quelque grand prince, sa réputation y étant déjà répandue, les enfants s'assemblent autour de lui d'abord qu'il paraîtra, et crient en courant après lui : C'est le chevalier du Soleil, ou celui du Serpent, ou de quelque autre enseigne sous laquelle il sera connu pour avoir fait des choses incomparables. C'est celui-là, dira-t-on, qui a vaincu en combat singulier le géant Brocambruno l'indomptable, et celui qui a désenchanté le grand Mammeiu de Perse du terrible enchantement où il était depuis près de neuf cents ans. Si bien qu'au bruit que feront les enfants et tout le peuple, en publiant les hauts faits du chevalier, le roi ne manquera pas de se mettre aux fenêtres de son palais, et, connaissant d'abord le nouveau venu à ses armes ou à la devise de son écu, il ordonnera soudain aux chevaliers de sa cour d'aller recevoir la fleur de chevalerie qui arrive. Ce sera alors à qui obéira le plus promptement : le roi lui-même descendra à la moitié des degrés de son palais, et viendra embrasser étroitement le chevalier, en le baisant au visage ; puis, le prenant par la main, le mènera à la chambre de la reine, où se trouvera l'infante, sa fille, qui doit être la plus belle et la plus parfaite personne du monde. Mais ce qui ne manquera pas d'arriver, c'est que, dans le même instant que l'infante, et le chevalier jetteront les yeux l'un sur l'autre, ils s'admireront réciproquement, comme des personnes plus divines qu'humaines, et, sans savoir pourquoi ni comment, se trouveront embrasés d'amour l'un pour l'autre, et dans une inquiétude extrême de ne pouvoir se découvrir leurs peines. Ensuite, comme tu peux bien croire, on mènera le chevalier dans un des plus beaux appartements du palais, où l'on aura exprès tendu les plus riches meubles de la couronne; et là, après l'avoir désarmé, on lui mettra sur les épaules un manteau d'écarlate, tout couvert d'une riche broderie; et s'il avait bon air étant armé, combien paraîtra-t-il galant et de bonne mine en habit de courtisan! La nuit étant venue, il soupera avec toute la famille royale et aura toujours les yeux sur l'infante; mais de manière pourtant que personne n'y prendra garde, comme elle le regardera aussi à la dérobée et sans faire semblant de rien, parce que c'est, comme j'ai dit, une personne aussi sage qu'on en puisse trouver.

Le souper achevé, on sera bien surpris de voir entrer un petit nain tout contrefait, suivi d'une très belle dame entre deux géants, avec une certaine aventure faite par un ancien sage, et si difficile à achever, que celui qui en aura l'avantage sera tenu le meilleur chevalier de la terre. Aussitôt le roi voudra que tous ceux de sa cour éprouvent l'aventure; mais quand ils seraient cent fois autant, ils ne feraient qu'y perdre leur peine, il n'y aura que le nouveau venu qui puisse la mettre à fin; ce qui augmentera encore sa gloire. Et Dieu sait si l'infante en aura de la joie et ne se tiendra pas trop heureuse d'avoir mis ses pensées en si bon lieu. Le meilleur est, Sancho, mon ami, que ce roi ou ce prince soit en guerre avec un de ses voisins aussi puissant que lui : de sorte que ce chevalier, après avoir séjourné quelques jours dans sa cour, lui demandera la permission de le servir dans cette guerre, ce que le roi lui accordera de bon cœur; et l'autre lui baisera les mains, pour le remercier de ce qu'il lui fait tant de grâce et de courtoisie. Cette même nuit, il prendra congé de l'infante, sa souveraine, par une fenêtre grillée de son appartement, qui regarde dans le jardin, où il lui a déjà parlé plusieurs fois, tout cela par le moyen d'une demoiselle, médiatrice de leurs amours, en qui la princesse a une entière confiance. Il soupirera, elle s'évanouira; la demoiselle apportera vite de l'eau pour jeter au visage, et s'inquiétera fort, parce que le jour est tout proche, et qu'elle ne voudrait pas, pour tous les biens du monde, que l'honneur de sa maîtresse reçût la moindre tache. Enfin l'infante reviendra de son évanouissement et donnera, au travers de la grille, ses mains blanches au chevalier, qui les baisera mille et mille fois, et les trempera de ses larmes. Ils conviendront ensuite de la manière dont ils se feront savoir des nouvelles l'un de l'autre, et la princesse priera le chevalier de revenir le plus tôt qu'il pourra; ce qu'il ne manquera pas de lui promettre avec de grands serments. Il lui baisera encore une fois les mains, et s'attendrira de telle sorte en lui disant adieu qu'il s'en faudra peu qu'il n'en meure.

De là, il se retirera dans sa chambre et se jettera sur son lit, où il ne lui sera pas possible de fermer l'œil. Ainsi il sera debout dès la pointe du jour, pour prendre congé du roi et de la reine; après quoi il voudra aussi saluer l'infante, qui lui fera dire qu'elle est indisposée, et qu'on ne la peut voir; et lui, qui ne doute pas que ce ne soit à cause de son départ, en est si touché que peu s'en faut qu'il ne fasse connaître ce qu'il a dans le cœur. Cependant la demoiselle confidente remarque bien tout cela et va sur l'heure en rendre compte à sa maîtresse qu'elle trouve tout en larmes, et qui lui dit que sa plus grande peine est de ne pas savoir qui est son chevalier, et s'il est fils de roi ou non. Mais la confidente l'assure qu'on ne saurait avoir tant de courtoisie, d'honnêteté et de valeur, à moins que d'être d'une naissance illustre. Cela console un peu cette pauvre princesse, qui fait ce qu'elle peut pour se remettre, tant elle craint que le roi et la reine ne se doutent de quelque chose! Et au bout de quelques jours elle se laisse voir, et se promène à l'ordinaire.

Cependant il y a déjà quelque temps que le chevalier est parti; il combat, il défait les ennemis du roi, il prend je ne sais combien de villes et gagne autant de batailles. Il retourne à la cour et paraît devant sa maîtresse, tout couvert de gloire; il la revoit à la fenêtre que tu sais, et enfin ils arrêtent ensemble qu'il la demandera en mariage pour la récompense de ses services. Le roi ne veut point entendre à ce mariage, parce qu'il ne sait pas la naissance du chevalier; mais avec tout cela, soit qu'il enlève l'infante ou autrement, tant il y a qu'ils se marient ensemble, et le roi même en a de la joie, et le tient à honneur, parce qu'on découvre que son gendre est fils d'un grand roi et de je ne sais quel royaume : car je crois même qu'il ne doit pas être dans la carte. Le père meurt peu après; l'infante demeure héritière : voilà le chevalier roi. C'est alors qu'il pense à récompenser son écuyer et tous ceux qui peuvent avoir contribué à sa bonne fortune; et d'abord il marie son écuyer avec une demoiselle de l'infante, qui sera sans doute la médiatrice de ses amours, et fille d'un duc des plus considérables du royaume.

Eh là donc, s'écria Sancho, voilà ce que je demande, et vogue la galère! Par ma foi, monsieur, cela vous est aussi sûr que si vous le teniez déjà, si vous prenez le nom de chevalier de la Triste-Figure. N'en doutez point, mon fils, répliqua don Quichotte, car voilà mot pour mot la route que suivent les chevaliers errants, et c'est par là qu'il y en tant qui se sont faits rois ou empereurs. Nous n'avons donc plus qu'à chercher quelque roi chrétien ou païen qui soit en guerre, et qui ait une belle fille. Mais nous aurons le temps d'y penser; et, comme je t'ai dit, il faut faire provision de renommée avant que de s'aller présenter à la cour de ce prince, afin d'y être connu en arrivant. Aussi n'est-ce pas ce qui m'inquiète. Mais une autre chose, dont je ne sais pas bien le remède; cela est de toi à moi, c'est que quand j'aurai trouvé ce roi et cette infante, et que j'aurai acquis une réputation incroyable, je ne vois point comment il se pourra faire que je sois de race royale, ou pour le moins bâtard de quelque empereur. Car le roi ne voudra jamais me donner sa fille qu'il ne soit entièrement assuré de cela, quand j'aurais fait des actions qui mériteraient cent fois davantage; et je crains bien que faute de si peu je ne vienne à perdre ce que la valeur de mon bras m'aura acquis. Pour gentilhomme, véritablement je le suis, et de race ancienne et bien connue pour telle. Et que savons-nous même si le sage qui doit écrire mon histoire ne débrouillera pas si bien ma généalogie que je me trouve cinq ou sixième petit-fils de roi? Car il faut que tu saches, Sancho, qu'il y a dans le monde deux sortes de races : les uns tirent leur origine de rois et de princes, mais peu à peu le temps et la mauvaise fortune les ont fait déchoir, et ils ont achevé en pointe comme des pyramides; les autres étant descendus de gens de petite étoffe, ont toujours été en montant, jusqu'à devenir enfin de très grands seigneurs, de manière que la différence qui se trouve entre eux, c'est que les uns ont été et ne sont plus, et les autres sont ce qu'ils n'étaient pas. Ainsi je ne jurerais pas que je ne fusse de ceux dont l'origine a été grande et fameuse, ce qui, venant à se bien avérer, contenterait sans doute le roi mon beau-père. Mais quand cela ne serait pas, l'infante doit m'aimer si fort, que, malgré la résistance de son père, elle est résolue de m'épouser, quand je serais fils d'un porteur d'eau. Et si elle fait la scrupuleuse, je l'enlève et l'emmène où bon me semblera : et le temps où la mort terminera les ennuis du beau-père.

Et par ma foi, monsieur, reprit Sancho, vous avez raison, il n'est que de se nantir d'abord, et, comme disent certains vauriens, à quoi bon demander de gré ce qu'on peut prendre de force? Et après tout, il ne faut point demeurer entre deux selles le cul à terre : je veux dire que, si le roi votre beau-père ne veut pas vous donner madame l'infante, ce sera fort bien fait, comme dit votre seigneurie, de la saisir et tout d'une main de la déplacer. Tout le mal que j'y trouve, c'est qu'en attendant que la paix se fasse entre le beau-père et le gendre, et que vous jouissiez paisiblement du royaume, le pauvre écuyer court grand risque de n'avoir rien à mettre sous la dent, et de mourir de faim dans l'attente des récompenses, sur lesquelles on ne trouverait peut-être pas dix réaux à emprunter, à moins que la demoiselle médiatrice, qui doit être ma femme, ne plie bagage avec l'infante, et que je me console avec elle jusqu'à ce que le ciel nous envoie mieux. Car, monsieur, je m'imagine que le seigneur chevalier peut bien marier sur le champ la demoiselle avec son écuyer.

Et qui l'empêcherait? dit don Quichotte. Puisqu'il en est ainsi, dit Sancho, nous n'avons donc plus qu'à nous recommander à la fortune, et laisser rouler la boule; peut-être la mènera-t-elle au but. Dieu le veuille, répondit don Quichotte, comme nous l'entendons toi et moi! et que celui qui ne s'estime rien se donne pour ce qu'il voudra. Ainsi soit-il encore une fois! reprit Sancho. Parbleu, je suis des vieux chrétiens : n'est-ce pas assez pour être comte? Il y a de reste, dit don Quichotte, et, quand tu ne le serais pas, cela ne fait rien à l'affaire : car, sitôt que je serai roi, je te puis anoblir sans que tu achètes la noblesse, ni que tu la tiennes à foi et hommage; et, d'abord que tu seras comte, te voilà chevalier. Et qu'on en dise ce qu'on voudra, si faudra-t-il qu'on te traite de seigneurie.

Ho! ho! dit Sancho, pourquoi non? croit-on que je n'en vaudrais pas bien un autre? On pourrait bien s'y tromper, oui. Ho! qu'on sache que j'ai eu l'honneur d'être une fois en mes jours bedeau d'une confrérie, et tout le monde disait que j'étais de si belle prestance, et que j'avais si bonne mine avec la robe de bedeau, que je méritais d'être le marguillier. Que sera-ce donc, au prix, quand j'aurai sur le corps un manteau ducal, ou que je serai tout cousu d'or et de perles comme un comte étranger? Par mon ame, je veux qu'on me vienne voir de cent lieues.

Oh! pour cela, il te fera beau voir, dit don Quichotte; mais il faudra que tu te fasses raser quelquefois; car avec cette barbe épaisse et crasseuse on te reconnaîtra d'une lieue de loin, si tu n'y passes le rasoir au moins tous les deux jours.

Hé bien! est-ce là une affaire? reprit Sancho : il n'y a qu'à prendre un barbier à gages, qui demeurera dans ma maison, et qui, au besoin, viendra derrière moi, comme l'écuyer d'un grand.

Et comment sais-tu, demanda don Quichotte, que les grands mènent des écuyers après eux?

Je m'en vais vous le dire, répondit Sancho. Il y a quelques années que je fus un mois à la cour, et je vis un jour un petit homme qu'on disait être un grand seigneur, qui se promenait, et qu'un autre homme suivait pas à pas, s'arrêtant quand le seigneur s'arrêtait, et marchant quand il marchait, ni plus ni moins que s'il eût été son ombre. Je demandai à quelqu'un pourquoi celui-ci ne se joignait pas avec l'autre, sans aller toujours derrière; et l'on me dit qu'il était écuyer, et que c'est l'usage des grands de se faire suivre ainsi. Dame, depuis, je ne l'ai pas oublié, et j'en userai de même: car il faut bien faire les uns comme les autres.

Tu as raison, Sancho, dit don Quichotte, de vouloir mener ton barbier après toi, toutes les modes n'ont pas été inventées tout d'un coup, et tu seras le premier comte qui auras mis cela en usage. Et il me semble même plus à propos de s'assurer d'un homme qui fait la barbe que de celui qui a soin de l'écurie. Pour ce qui est du barbier, reposez-vous-en sur moi, dit Sancho; et que votre seigneurie songe seulement à devenir roi et à me faire comte, et après cela vous verrez. J'y songerai, quand ce ne serait que pour l'amour de toi, répondit don Quichotte, qui, haussant en même temps les yeux, vit ce que nous dirons dans le chapitre suivant.

CHAPITRE XVII.

Comment don Quichotte donna la liberté à quantité de malheureux qu'on menait malgré eux où ils ne voulaient pas aller.

Le grand cid Hamet Benengeli, célèbre auteur arabe, rapporte, dans cette très véritable histoire, qu'après la longue et admirable conversation que nous venons de voir, don Quichotte, levant les yeux, vit venir environ douze hommes à pied, qui paraissaient enfilés comme des grains de chapelet dans une longue chaîne qui les prenait par le cou, et ils avaient des menottes aux bras. Il y avait aussi avec eux deux hommes à cheval et deux autres à pied; les premiers avec des arquebuses à rouet, et les autres l'épée au côté avec chacun un dard ou pique de Biscaye. D'abord que Sancho vit cette triste caravane : Voilà, dit-il, la chaîne des forçats qu'on mène servir le roi aux galères.

Comment! s'écria don Quichotte, des forçats! Est-il possible que le roi fasse violence à quelqu'un? Je ne dis pas cela, répondit Sancho; je dis que ce sont des gens qu'on a condamnés, pour leurs crimes, à servir le roi dans les galères.

Quoiqu'il en soit, dit don Quichotte, ces gens-là sont forcés et ne vont pas de leur plein gré.

Pour cela, je vous en réponds, dit Sancho. Ainsi, reprit don Quichotte, cela me regarde, moi, dont la profession est d'empêcher les violences et de secourir tous les misérables.

Hé! ne savez-vous pas, monsieur, répartit Sancho, que le roi ni la justice ne font aucune violence à ces garnements, et qu'ils n'ont que ce qu'ils méritent?

Cependant la chaîne arriva; et don Quichotte pria les gardes, avec beaucoup de civilité, de vouloir bien lui dire pour quel sujet on menait ainsi ces pauvres gens. Monsieur, répondit un des cavaliers, ce sont des malfaiteurs qui vont servir sur les galères du roi; je n'en sais pas plus, et je ne crois pas qu'il soit besoin que vous en sachiez davantage. Vous m'obligeriez pourtant, répliqua don Quichotte, de me laisser apprendre de chacun en particulier quelle est la cause de sa disgrâce. Il ajouta à cela tant de civilités, que l'autre garde à cheval lui dit : Nous avons bien ici les sentences de ces coquins, mais il n'y a pas assez de temps pour les lire, et cela ne vaut pas la peine de défaire nos valises. Vous n'avez, monsieur, qu'à les interroger vous-même. Ils vous satisferont s'ils veulent, et ils n'y manqueront pas; car ces honnêtes gens ne se font pas prier de dire des bourdes. Avec cette permission qu'il aurait bien prise de lui-même, si on la lui avait refusée, don Quichotte s'approcha de la chaîne, et demanda au premier quel crime il avait fait pour être ainsi traité.

C'est pour avoir été amoureux, répondit-il. Quoi! pour cela? et rien de plus? dit notre chevalier. Si l'on envoie les gens aux galères pour être amoureux, il y a longtemps que je devrais ramer. Mes amours n'étaient pas ce que vous pensez, dit le forçat : c'est que j'aimais si fort une corbeille pleine de linge, que je ne la pouvais abandonner, et je la tenais si embrassée, que, si la justice ne s'en fût mêlée, elle serait encore entre mes bras. Je fus pris sur le fait; il ne fut pas besoin de la question : on me condamna; j'eus les épaules mouchetées d'une centaine de coups de fouets, et quand j'aurai été trois ans à faucher le grand pré, me voilà hors d'intrigue.

Qu'appelez-vous faucher le grand pré? demanda don Quichotte.

C'est ramer aux galères, en bon français, répondit le forçat, qui était un jeune homme d'environ vingt-quatre ans, natif de Piédrahita, à ce qu'il dit.

Don Quichotte fit la même demande au second, qui était si triste qu'il ne répondait pas une parole; mais le premier lui en épargna la peine, et dit : Pour celui-ci, c'est un serin des Canaries qui va aux galères pour avoir trop chanté.

Comment! reprit don Quichotte envoie-t-on aussi les musiciens aux galères? Oui, monsieur, répondit le galérien, parce qu'il n'y a rien de plus dangereux que de chanter dans l'angoisse. Au contraire, dit don Quichotte, j'ai toujours ouï dire que qui chante son mal enchante. C'est tout au rebours ici, reprit l'autre : qui chante une fois, pleure toute sa vie. J'avoue que je ne l'entends pas, dit don Quichotte. Monsieur, dit alors un des gardes, entre ces bonnes gens, chanter dans l'angoisse veut dire confesser à la torture. On a donné la question à ce drôle, il a reconnu son crime; qui était d'avoir volé des bestiaux ; et pour avoir confessé ou chanté, comme ils disent, il a été condamné à six ans de galères, outre deux cents coups de fouet qui lui ont été comptés sur-le-champ : et de ce que vous le voyez ainsi triste et honteux, c'est que les autres le traitent de misérable et ne lui donnent point de repos, pour n'avoir pas eu la résolution de souffrir et de nier, comme s'il était plus malaisé de dire non que oui; et qu'un criminel ne fût pas trop heureux d'avoir son absolution sur le bout de sa langue, quand il n'y a point de témoins contre lui. Et pour ce point-là, franchement, je trouve qu'ils n'ont pas tort.

Je le trouve aussi, dit don Quichotte. Et passant au troisième. Et vous dit-il, qu'avez-vous fait? Celui-ci, sans se faire tirer l'oreille, dit gaîment : Je m'en vais aux galères pour cinq ans, faute de dix ducats.

Ah! j'en donne vingt de bon cœur pour vous en tirer, dit don Quichotte. Ma foi, il est un peu tard, reprit le galérien : c'est justement de la moutarde après dîner. Si j'avais eu en prison les vingts ducats que vous m'offrez, pour graisser la patte au greffier et pour réveiller l'esprit de mon procureur, je serais à l'heure qu'il est dans le Zocodouer de Tolède, et ne me verrais pas ainsi mené en laisse comme un lévrier ; mais patience, chaque chose à son temps.

Don Quichotte passa au quatrième, qui était un vieillard tout gris, avec une longue barbe blanche qui lui descendait sur la poitrine. Celui-ci se prit à pleurer quand on lui demanda qui l'avait mis là, et ne répondit pas un mot ; mais celui qui suivait lui servit de trucheman : ce vénérable barbon, dit-il, va servir le roi sur mer pour quatre ans, après avoir été promené en triomphe par les rues, vêtu pompeusement. Cela s'appelle, si je ne me trompe, dit Sancho, avoir fait amende honorable, et avoir été mis au carcan.

Justement, répondit le galérien, et c'est pour avoir été marchand de chair humaine, c'est-à-dire, monsieur, que ce bonhomme était messager d'amour, et, par dessus cela, il se mêlait aussi un peu de sortilége et de charme. Pour ceci, je n'ai rien à dire, reprit don Quichotte ; mais, s'il n'avait été que messager d'amour, il ne devrait pas aller aux galères, si ce n'est pour en être général : car, enfin, l'emploi des messagers d'amour n'est pas ce qu'on s'imagine, et, pour le bien exercer, il faut être habile et prudent. Ce sont des gens dont on ne saurait trop avoir dans un état bien réglé, et il serait même fort à propos de créer des contrôleurs et examinateurs pour ces sortes de charges, comme il y en a pour les autres, et que ceux qui les exercent fussent un nombre fixé et prêtassent serment. On éviterait par là une infinité de désordres qui arrivent tous les jours, parce que trop de gens se mêlent du métier, gens idiots et sans esprit, pour la plupart, comme de sottes servantes, des laquais et de jeunes fripons sans expérience, qui, dans l'occasion, se laissent surprendre, et n'ont pas l'invention de donner un détour à propos. Si j'en avais le temps, je ferais bien voir qui sont les gens qu'il faudrait choisir pour exercer ces charges, et les raisons qui doivent obliger d'y pourvoir ; mais ce n'est pas ici le lieu. J'en parlerai quelque jour à ceux qui peuvent y remédier. Pour l'heure, je vous dirai seulement que la douleur que j'avais de voir ce vieux bonhomme, avec ses cheveux gris et sa barbe vénérable, si durement traité pour avoir été médiateur d'amour, a cessé quand vous y avez ajouté qu'il se mêlait aussi de sortilége, quoique, à dire vrai, je sache fort bien qu'il n'y a point de charmes au monde qui puisse forcer ni ébranler la volonté, comme le pensent beaucoup d'esprits simples. Nous avons tous le libre arbitre, qui ne craint point la force des herbes et des enchantements. Tout ce que savent faire de certaines affronteuses et quelques vieillaques de charlatans, se borne à des mixtions empoisonnées dont ils rendent des gens fous, en leur faisant accroire qu'ils leur donnent de quoi se faire aimer.

C'est la pure vérité, dit le vieillard ; et, sur ma foi, monseigneur, pour ce qui est d'être sorcier, j'en suis innocent comme vous.

Ah ! quant à mon maître, il n'est pas sorcier, interrompit Sancho, et il y paraît bien.

Pour le reste, reprit le galérien, je ne le nie pas ; mais je n'ai jamais cru qu'il y eût du mal. Mon intention était que tout le monde se réjouît, et qu'on vécût en bonne amitié ; mais mon bon dessein n'a servi de rien qu'à m'envoyer dans un lieu d'où, apparemment, je ne reviendrai jamais, à l'âge que j'ai, et avec une rétention d'urine qui ne me donne pas un moment de repos. Le bonhomme recommença à pleurer, et Sancho en eut tant de compassion, qu'il tira une pièce de vingt-neuf sous de sa poche, et la lui donna.

Don Quichotte demanda au cinquième quel était son crime, et celui-ci lui répondit avec beaucoup moins de chagrin que l'autre, et comme si l'affaire ne l'eût point touché.

Je m'en vais, dit-il, servir sa majesté pour avoir trop folâtré avec deux créatures qui m'étaient fort proches, et avec d'autres qui ne m'étaient rien ; et le jeu a été si fort, que mon bien s'en est accru de la moitié. Cela n'a pas plu à tout le monde, parce que tout le monde n'est pas de la même humeur. En un mot, monsieur, j'ai troqué mes vieilles chemises contre des neuves, et j'en ai pris d'autres en paiement des gens qui ne me doivent rien. Il y a eu preuve du tout : la faveur et l'argent m'ont manqué, et je me suis vu sur le point de mourir d'un mal de gorge ; cependant je n'ai été condamné qu'à six ans de galères. Je n'en ai point appelé, de peur de pis ; j'ai bien mérité le châtiment ; je me sens jeune, la vie est longue, et avec le temps on vient à bout de tout. Si votre seigneurie a quelque chose à donner aux pauvres, Dieu vous en donnera la récompense dans le ciel, et nous autres nous aurons soin de le prier en terre de vous donner bonne et longue vie. Celui-ci était en habit d'écolier, et un des gardes dit que c'était un grand discoureur, et qu'il savait beaucoup de latin.

Après tous ceux-là venait un homme de bonne mine, de l'âge de trente ans, qui avait un œil un peu louche, et était attaché différemment des autres. Il avait à un pied une chaîne qui venait en montant lui entourer tout le corps, avec deux anneaux de fer qui lui entouraient le cou : l'un attaché à la chaîne, et l'autre de ceux qu'on appelle *pied-d'ami*, qui font tenir la tête droite, d'où descendaient deux branches qui allaient jusqu'à la ceinture, et tenaient deux menottes qui lui serraient les bras avec de gros cadenas : de telle sorte qu'il ne pouvait porter les mains à la bouche, ni baisser la tête jusque sur ses mains. Don Quichotte demanda pourquoi celui-ci était si maltraité.

Parce que lui seul, répondit le garde, est plus criminel que tous les autres ensemble, et qu'il est si hardi et si artificieux, que même en cet état-là, nous ne sommes pas assurés qu'il ne nous échappera pas.

Hé ! quelle sorte de crime a-t-il donc commis, répliqua don Quichotte, s'il n'a point mérité la mort ? Il est condamné aux galères pour dix ans, reprit le garde ; ce qui est comme une mort civile. Mais il ne faut que savoir que cet honnête homme est le fameux Gines de Pasamonte, ou autrement Ginesillo de Parapilla.

Monsieur le commissaire, interrompit le forçat, allons bride en main, je vous prie, et n'épiloguons point sur nos noms et surnoms : je m'appelle Gines, et non pas Ginesillo, et Pasamonte est le nom de ma famille, et non pas Parapilla, comme vous dites. Que chacun s'examine sans examiner les autres, et quand nous aurons fait le tour, ce sera bien assez.

Je vous ferai parler plus bas d'un ton ; larron à triple étage, répliqua le commissaire. Il paraît bien que les choses vont comme il plaît à Dieu, répliqua Pasamonte ; mais quelqu'un apprendra un jour si je me nomme ou non Ginesillo Parapilla. Est-ce donc qu'on ne t'appelle pas ainsi, imposteur ? dit le garde. Hé ! oui, oui ! répondit Gines ; mais je ferai en sorte qu'on ne m'y appellera plus, ou je mourrai à la peine.

Seigneur chevalier, ajouta-t-il, si vous nous voulez donner quelque chose, faites-le promptement, et vous en allez, à la garde de Dieu : cette curiosité d'apprendre la vie des autres nous fatigue. Et si vous avez si grande envie de savoir la mienne, sachez que je suis Gines de Pasamonte, et qu'elle est écrite par les cinq doigts de cette main.

Il est vrai, dit le commissaire : lui-même a écrit son histoire, et aussi bien qu'on le puisse faire ; mais il a laissé son livre en gage dans la prison pour deux cents réales.

Oui, dit Pasamonte, et il n'y demeurera pas, je le retirerais quand il y serait pour deux cents ducats. Quoi! il est si bon que cela? dit don Quichotte. Il est si bon, dit Pasamonte, que malheur à *Lazarille de Tormes*, et à tous les livres de cette espèce écrits ou à écrire! Tout ce que j'ai à vous dire, continua-t-il, c'est qu'il dit des vérités, et des vérités connues, agréables et plaisantes, de telle sorte qu'on ne saurait inventer des fables qui les vaillent. Et quel titre porte le livre? demanda don Quichotte. *La vie de Gines de Pasamonte*, répondit Gines. Est-il achevé? dit don Quichotte. Achevé, dit Gines, autant qu'il le peut être jusqu'à présent que je n'ai pas achevé de vivre. Il commence dès que je suis né, et continue jusqu'à la dernière fois que j'ai été aux galères. Ce n'est donc pas ici la première fois? dit don Quichotte. Non, par la grâce de Dieu, répondit Gines : j'ai eu l'honneur de servir le roi déjà quatre ans, et je sais ce que c'est que le biscuit et le gourdin, pour avoir souvent tâté de l'un et de l'autre. Au reste, il ne me fâche pas tant qu'on se pourrait imaginer d'aller aux galères, parce que j'y achèverai mon livre, où il y a beaucoup de choses à ajouter : dans les galères d'Espagne on a plus de loisir qu'il n'en serait besoin ; et il ne m'en faut pas beaucoup, parce que j'ai déjà dans l'esprit tout ce que j'ai à écrire. Tu me parais habile homme, dit don Quichotte. Dites malheureux aussi, répondit Gines, car le malheur poursuit toujours les bons esprits. Il poursuit les méchants, interrompit le commissaire. Je vous ai déjà dit, monsieur le commissaire, que nous allions bride en main, répondit Gines : nos seigneurs ne vous ont pas donné le pouvoir de nous maltraiter, et ils ne nous ont mis entre vos mains que pour nous mener où le roi a besoin de nous ; et après la mort... Après tout, les taches qui se sont faites à l'hôtellerie pourraient bien se laver à la première lessive. Que chacun se taise, ou parlons mieux une fois pour toutes, et marchons sans discourir davantage : il y a trop longtemps que ces fadaises durent.

A ces mots, le commissaire leva la canne pour répondre aux menaces de Pasamonte ; mais don Quichotte, se mettant entre deux, le pria de ne pas le maltraiter. Encore est-il juste, dit-il, que celui qui a des bras si bien serrés ait pour le moins la langue libre. Et de là se tournant devers les forçats : Mes frères, leur dit-il, de tout ce que vous m'avez dit je connais clairement que quoique la peine à laquelle on vous a condamnés soit le châtiment de vos fautes, vous ne la souffrez cependant pas sans chagrin ; que vous n'avez guère d'envie d'aller aux galères, et que c'est entièrement contre votre volonté que l'on vous y mène ; et comment il se peut faire aussi que le peu de courage de l'un à la question, le manque d'argent de l'autre, et le peu de faveur que trouvent des misérables auprès des juges, qui vont vite en besogne, vous aient mis en l'état où vous êtes, et privés de la justice qu'on vous devait, tout cela ensemble m'oblige de vous faire voir que le ciel ne m'a mis au monde et ne m'a fait embrasser la profession de chevalerie errante que pour secourir les affligés et délivrer les petits de l'oppression des grands. Mais parce qu'il est de la prudence de faire les choses doucement et sans violence quand on le peut, je prie monsieur le commissaire et messieurs vos gardes de vous détacher, et vous laisser aller libres : il se trouvera assez d'autres gens pour servir le roi dans les occasions ; et

6

pour dire le vrai, c'est une chose bien dure de vouloir rendre esclaves des gens qui sont nés avec la liberté.

Mais, messieurs les gardes, ajouta-t-il, je vous en prie d'autant plus que ces pauvres gens ne vous ont jamais offensés, laissez-les aller faire pénitence, sans les forcer à en faire une où ils n'auraient point de mérite. Il y a une justice au ciel qui prend assez soin de châtier les méchants quand ils ne se corrigent pas, et il n'est pas bienséant à des hommes qui ont de l'honneur d'être les bourreaux des autres hommes. Messieurs, je vous en serai redevable : mais si vous ne le faites pas de bonne grâce, cette lance et cette épée, et la vigueur de mon bras, vous le feront faire par force.

Ha ! ha ! voici une bonne plaisanterie ! répond le commissaire : cela n'est pas mal imaginé de nous demander la liberté des forçats du roi, comme si nous avions le pouvoir de les délivrer, et que celui-ci eût l'autorité de nous le faire faire ! Allez, monsieur, allez, poursuivez votre chemin, et redressez le bassin que vous avez sur la tête, sans mettre votre nez où vous n'avez que faire. Vous êtes un maraud et un franc vieillaque ! répondit don Quichotte. Et en même temps il l'attaque avec tant de promptitude, que sans lui donner le loisir de se mettre en défense, il le renverse à terre, dangereusement blessé d'un coup de lance.

Les gardes, fort étonnés d'une chose si brusque, attaquèrent tous ensemble don Quichotte, les uns avec leurs épées, et les autres avec leurs dards, et ils lui auraient fait mal passer le temps, si les forçats, voyant une si belle occasion de recouvrer leur liberté, n'avaient essayé de s'en servir en s'efforçant de rompre leurs chaînes. La confusion fut si grande alors parmi les gardes, que, tantôt accourant aux forçats qui se détachaient, et tantôt à don Quichotte, qui ne leur donnait point de repos, ils ne purent rien faire de bon. Sancho cependant aidait à Gines de Pasamonte, qui se voyant libre et débarrassé, se jeta sur le commissaire, et, lui ayant ôté l'épée et l'arquebuse, il couche en joue tantôt l'un, tantôt l'autre, sans tirer pourtant, et témoignant pourtant tant de résolution, que, les autres forçats le secondant à coups de pierre, les gardes prirent la fuite et quittèrent le champ de bataille.

Sancho n'eut pas trop de joie de ce grand exploit, parce qu'il ne douta point que les gardes n'allassent à l'heure même informer la justice et demander main-forte pour revenir chercher les coupables. Dans cette appréhension, il dit à son maître qu'il était à propos de s'ôter du chemin et de se cacher dans la montagne qui était tout proche : car, dit-il, les diables d'archers ne manqueront point de faire sonner le tocsin, et on nous enveloppera de tout côté, et il nous pourrait arriver pis que d'être bernés et roués de coups de bâton. Cela est bien, dit don Quichotte, mais pour l'heure je sais ce qu'il faut faire. Et appelant en même temps les forçats qui venaient de dépouiller le commissaire, et l'avaient mis tout nu, ils se rendirent tous auprès de lui, et se rangèrent à la ronde pour apprendre ce qu'il leur voulait. C'est la vertu des honnêtes gens, leur dit-il, que d'avoir de la reconnaissance des bienfaits qu'ils reçoivent, et l'ingratitude est le vice le plus noir de tous. Vous voyez, messieurs, ce que je viens de faire pour vous, et l'obligation que vous m'avez : je suis persuadé que je n'ai pas servi des ingrats, et c'est à vous de me faire voir ce que vous êtes. Je vous demande, pour toute reconnaissance, que vous repreniez la chaîne que je vous ai ôtée, et qu'en cet état vous alliez dans la cité du Toboso vous présenter devant madame Dulcinée, et lui dire que c'est de la part de son esclave le chevalier de la Triste-Figure ; et que vous lui racontiez mot pour mot tout ce que j'ai fait en votre faveur, jusqu'à vous remettre en liberté. Après cela je vous laisse maîtres, et vous pourrez faire tout ce que vous voudrez.

Gines de Pasamonte répondit pour tous, et dit à don Quichotte : Seigneur chevalier, notre libérateur, il nous est impossible de faire ce que vous ordonnez : car nous n'oserions nous montrer tous ensemble en l'état que vous dites, de crainte d'être aussitôt reconnus ; au contraire, il faut que nous nous séparions, et que nous fassions si bien, en nous déguisant, que nous ne retombions plus entre les mains de la Sainte-Hermandad, qui, sans doute, va mettre des gens à notre poursuite. Mais ce que votre seigneurie peut faire, et ce qui est juste, c'est de changer votre ordre, et de commuer le tribut que nous devons à madame Dulcinée du Toboso en une certaine quantité de prières que nous dirons à son intention. C'est une chose que nous pourrons accomplir sans risque et aussi bien de nuit que de jour, en fuyant ou en reposant, dans la paix et dans la guerre, mais de penser que nous nous exposions encore une fois à manger de la soupe d'Égypte, je veux dire à reprendre la chaîne, il n'y a pas d'apparence, et je ne pense pas que vous y ayez bien songé. Et par Dieu vivant, dit don Quichotte enflammé de colère, don Ginesillo de Parapilla, don fils de putain, ou qui que vous puissiez être, vous irez seul, chargé de la chaîne et de tout le harnais que vous aviez sur votre noble corps.

Pasamonte, qui n'était pas né fort patient, et qui n'avait pas trop bonne opinion de la sagesse de don Quichotte, après l'action qu'il venait de faire, ne put souffrir de se voir traiter de la sorte : il fit signe à ses compagnons, qui s'écartèrent aussitôt les uns des autres, et firent pleuvoir tant de pierres sur don Quichotte, qu'il ne pouvait fournir à se couvrir de sa rondache, ni faire aller non plus Rossinante qui ne se remuait pas plus sous l'éperon que s'il eût été de bronze. Sancho se mit derrière son âne, et, par ce moyen, évita la tempête ; mais son maître ne put si bien se garantir qu'il n'attrapât par les reins quatre ou cinq cailloux qui le jetèrent par terre. L'écolier fondit aussitôt sur lui, et, lui prenant le bassin, lui en donna cinq ou six coups sur l'épaule, et autant contre une pierre où il le mit presque en pièces.

Les forçats prirent un jupon ou casque que don Quichotte portait par-dessus ses armes, et lui auraient ôté jusqu'à ses chausses, si les cuissards et les genouillères n'en eussent empêché. Et, pour ne pas laisser l'ouvrage imparfait, ils déchargèrent aussi Sancho de son manteau, et, l'ayant presque mis nu comme la main, ils partagèrent entre eux les dépouilles du combat ; et chacun s'en alla de son côté, avec plus de soin d'éviter la Sainte-Hermandad que d'envie de connaître madame Dulcinée. L'âne, Rossinante, Sancho et don Quichotte, demeurèrent seuls sur le champ de bataille : l'âne, la tête basse, et secouant de temps en temps les oreilles, croyant sans doute que la pluie de cailloux durait encore ; Rossinante étendu près de son maître, et froissé de deux grands coups de pierre ; Sancho presque nu comme quand il vint au monde, et mourant de peur de tomber entre les mains de la Sainte-Hermandad ; et don Quichotte triste et tout irrité de se voir en si mauvais état, par l'ingratitude des brigands à qui il avait rendu un si bon office.

CHAPITRE XVIII.

De ce qui arriva au fameux don Quichotte dans la montagne Noire.

Don Quichotte, se voyant ainsi maltraité, dit à son écuyer : J'ai toujours ouï dire, Sancho, que c'est écrire sur le sable que de faire du bien à des méchants : si je t'avais cru, j'aurais évité ce déplaisir ; mais enfin cela est fait ; patience, et que l'expérience nous rende sages désormais. Laissez donc, monsieur, vous vous rendrez sage comme je suis Turc, dit Sancho ; mais, puisque vous me dites que, si vous m'eussiez cru, vous auriez évité ce déplaisir, croyez-moi à cette heure, et vous en éviterez un plus grand : car, en un mot comme en mille, je vous avertis que toutes vos chevaleries sont inutiles avec la Sainte-Hermandad, et qu'elle ne ferait pas plus de cas de tous les chevaliers errants du monde que d'un chien mort. Tenez, il me semble que j'entends déjà ses flèches qui me sifflent aux oreilles. Tu es naturellement poltron, Sancho, dit don Quichotte ; mais, afin que tu ne dises pas que je suis opiniâtre, et que je ne fais jamais ce que tu me conseilles, je veux bien t'en croire pour cette fois-ci, et m'éloigner de cette terrible Hermandad, que tu crains si fort, mais ce sera à une condition : c'est que, ni mort, ni vif, tu ne diras jamais à personne que je me suis retiré, et que j'ai évité le danger par aucune crainte, mais seulement à ta prière, et pour te faire plaisir. Si tu dis autre chose, tu mentiras ; et dès à présent comme dès lors, et pour lors comme dès à présent, je te démens, et dis que tu as menti et mentiras toutes les fois que tu le diras et penseras ; et ne me réplique pas davantage : car si je pouvais penser seulement que tu aies soupçon que je m'éloigne et me retire de quelque péril apparent, et surtout de celui-ci, où il peut y avoir quelque chose à craindre, je serais capable de rester ici jusqu'au jour du jugement, et attendre de pied ferme non seulement la sainte confrérie que tu dis, mais encore toute la fraternité des douze tribus d'Israël, les sept Machabées, Castor et Pollux, et tous les frères fraternités et confréries du monde. Monsieur, dit Sancho, se retirer n'est pas fuir ; mais attendre est encore moins sagesse quand le péril surpasse l'expérience et les forces, et il est de l'homme prudent de se garder aujourd'hui pour demain, sans aventurer tout à un seul coup ; et, écoutez, quoique rustique et lourdaud, je me suis toujours piqué de ce qu'on appelle politique. Ainsi ne vous repentez point d'avoir pris mon conseil ; montez seulement sur Rossinante, si vous le pouvez, sinon je vous aiderai, et suivez-moi, je vous prie : le cœur me dit qu'il ne fait pas bon ici, et que nous avons plus besoin de nos pieds que de nos mains.

Don Quichotte monta à cheval sans rien dire davantage, et Sancho prenant le devant, ils entrèrent dans la montagne Noire assez avant, le bon écuyer ayant grande envie de la traverser toute, et d'aller jusqu'à Amoldova-del-Campo, afin de se cacher là quelques jours, pour ne pas tomber entre les mains de la justice. Ce qui le portait encore plus à cela, c'est qu'il avait sauvé de la bataille et des mains des forçats toutes les provisions qui étaient sur son âne ; ce qui fut véritablement une espèce de miracle.

Nos aventuriers arrivèrent cette nuit-là au milieu de la montagne Noire, et dans l'endroit le plus désert, où Sancho conseilla à son maître de passer quelques jours, au moins autant que dureraient leurs provisions. Ils commencèrent à s'établir pour cette nuit entre deux coteaux, sous des liéges, où il se crurent en sûreté et à couvert de toute sorte d'insultes. Mais la fortune, qui gouverne et accommode toutes choses à sa fantaisie, voulut que Gines de Pasamonte, ce fameux scélérat que la vigueur et la folie de don Quichotte avaient tiré de la chaîne, craignant et fuyant la Sainte-Hermandad, songeât à s'aller cacher aussi dans ces rochers et arrivât justement au même lieu où étaient don Quichotte et Sancho, qu'il reconnut à leurs paroles, et qu'il laissa s'endormir. Et, comme les méchants sont toujours ingrats et incivils, et que la nécessité fait songer à des choses dont on ne s'aviserait pas. Gines, qui n'était ni civil ni bien intentionné, s'accommoda, pendant leur sommeil, de l'âne de Sancho, préférablement à Rossinante, qui lui parut si mince, qu'il ne crut pas pouvoir s'en défaire, ni par vente, ni par échange ; et avant qu'il fût jour, s'éloigna si bien du maître et du valet, qu'ils ne pouvaient plus l'attrapper.

Cependant l'aurore vint avec sa face riante réjouir et embellir la terre ; mais elle ne fit qu'attrister et enlaidir Sancho, qui pensa mourir de douleur quand il se vit sans son âne. Il fit des plaintes si tristes et des gémissements si pitoyables, que don Quichotte s'en éveilla, et entendit qu'il disait : O cher fils de mes entrailles, qui a pris naissance en ma maison, agréable jouet de mes enfants, les délices de ma femme, l'envie de mes voisins, et le soulagement de mes travaux, enfin le nourricier de la moitié de ma personne, puisque avec quatre sous que tu me valais chaque jour tu fournissais la moitié de ma dépense !

Don Quichotte, devinant par ces lamentations le sujet de la douleur de Sancho, tâcha de le consoler avec des paroles tendres et de savants raisonnements sur les disgrâces de ce monde. Mais rien ne réussit si bien que quand il le pria de prendre patience, en lui promettant de lui donner une lettre de change de trois ânons à prendre sur cinq qu'il avait dans sa maison. Sancho s'apaisa, ne pouvant résister à des raisons si fortes ; il essuya ses larmes, arrêta ses soupirs et ses sanglots, et fit un grand remercîment à son maître de la faveur qu'il venait de lui faire.

Don Quichotte, que le soleil avait un peu remis, se réjouit de se voir au milieu de ces montagnes, ne doutant point que ce ne fût un lieu propre à trouver les aventures qu'il cherchait. Il rappelait dans sa mémoire les merveilleux événements qui étaient arrivés aux chevaliers errants en de semblables solitudes, et il était si enivré et si transporté de ces fadaises, qu'il ne se souvenait ni ne se souciait d'autre chose au monde. Sancho n'avait guère de souci non plus depuis qu'il se voyait en sûreté, et il ne songeait qu'à remplir sa panse des restes qu'il avait sauvés. Il allait derrière son maître avec le bissac que portait son âne, tirant de temps en temps quelques bribes et avalant de toute sa force, sans se soucier des aventures, et ne s'en imaginant point de plus belle que celle-là.

En allant ainsi, il s'aperçut que son maître était arrêté, et qu'il tâchait de lever quelque chose de terre avec sa lance ; il se pressa pour aller auprès de lui. Quand il arriva, don Quichotte tenait déjà au bout de sa lance un coussin et une valise qui y était attachée, le tout en fort mauvais état et plus à demi-pourri, mais si pesant, qu'il fallut que Sancho aidât à le lever.

Il regarda vite ce que c'était, et il vit que la malette était bien fermée avec une chaîne et son cadenas; mais, par les trous que la pourriture avait faits, il tira quatre chemises de Hollande très-fines, et d'autre linge propre et délié, et, dans un mouchoir, une bonne quantité d'écus d'or. Béni soit le ciel enfin, dit Sancho à cette vue, puisque nous trouvons une fois en notre vie une aventure profitable. En cherchant encore, il trouva des tablettes richement garnies. Je retiens cela pour moi, dit don Quichotte; garde l'argent pour toi, Sancho. Grand merci, monseigneur, répondit-il en lui baisant les mains, et il mit le tout en même temps dans son bissac.

Il faut sans doute, Sancho, dit don Quichotte, que quelqu'un se soit égaré dans ces montagnes, et que des voleurs l'aient assassiné et enterré quelque part parmi ces rochers. Cela ne saurait être, monsieur, répondit Sancho: si c'étaient des voleurs, ils n'auraient pas laissé là cet argent. Tu as raison, dit don Quichotte, et je ne devine plus ce que ce peut être. Mais attends: sans doute nous trouverons dans ces tablettes, quelque chose d'écrit qui nous apprendra ce que nous demandons. Il les ouvrit en disant cela, et il lut ce qui suit:

« La fausseté de vos promesses, et mon malheur, dont je ne puis plus douter, me font prendre la résolution de m'éloigner de vous, et vous apprendrez plutôt les nouvelles de ma mort que le sujet de mes plaintes. Vous m'avez abandonné, ingrate, pour un homme qui n'a pas plus de mérite que moi, mais parce qu'il a de plus grands biens. Si la vertu était une richesse dans ce siècle, je n'aurais pas lieu d'envier celle des autres, et je n'aurais pas d'infortune à pleurer. Que votre beauté et vos actions s'accordent mal; car, il s'en faut de beaucoup, que le même éclat les relève! L'une m'avait fait croire que vous étiez divinité, et les autres m'apprennent que vous n'êtes qu'une femme. Adieu. Je vous souhaite la paix, à vous qui me faites une si cruelle guerre. Le ciel veuille que la perfidie de votre époux ne soit jamais connue, afin que, venant à vous repentir de l'injustice que vous m'avez faite, je ne sois point engagé de venger nos déplaisirs communs sur un homme que vous êtes désormais obligée de considérer. »

Ceci ne nous apprend rien, dit don Quichotte, si ce n'est que celui qui a fait cette lettre est un amant trahi. Et, feuilletant toutes les tablettes, il trouva des vers et d'autres lettres dont il ne put lire qu'une partie, mais il vit bien que tout était des plaintes et des lamentations, des défiances, des désespoirs et des chagrins, des faveurs et des mépris. Pendant que don Quichotte feuillettait les tablettes, Sancho revisait la valise; il ne laissa pas le moindre repli, où il ne fît une recherche exacte, tant il était en goût de fouiller depuis la découverte des écus d'or, dont il avait trouvé plus d'une centaine! Mais, quoiqu'il ne trouvât rien davantage, il ne laissa pas de se croire bien dédommagé des sauts, de la berne, du vomissement et des tranchées de Fier-à-bras, de la grêle de pieux des voituriers, des coups de poing du muletier, de la perte du bissac et de l'âne, du vol de son manteau, de la faim, de la soif, et de tout le travail qu'il avait souffert au service de son bon maître. Cette récompense lui parut raisonnable, et il en eût voulu tous les mois autant à ce prix-là. Notre chevalier avait cependant grande envie de connaître le maître de la valise, jugeant à la quantité d'or, à la beauté du linge et à l'excellence de la prose et des vers, qu'il trouvait admirables, que ce devait être un homme de conséquence, que le mépris et le mauvais traitement de sa maîtresse avaient réduit au désespoir. Mais, comme il crut que personne ne lui en pourrait dire de nouvelles dans ce lieu désert, il poussa plus avant, au gré de Rossinante, qui allait comme il pouvait, sur ces rochers, et au travers des épines.

Don Quichotte, allant de cette manière, et ayant toujours dans l'imagination que les aventures ne lui manqueraient pas dans un pays si sauvage, vit, au haut d'une petite montagne qui était devant lui, un homme qui sautait avec une étonnante légèreté de rocher en rocher et par dessus les halliers et les buissons; il crut le voir nu, avec une barbe noire et épaisse, les cheveux en désordre, sans bas et sans souliers, et les cuisses couvertes seulement d'un méchant caleçon, qui semblait être de velours tanné, mais si déchiré, que la chair paraissait presque tout à découvert. Il n'avait rien sur la tête, et, quoiqu'il passât d'une grande vitesse, notre chevalier, qui avait la vue fort bonne, remarqua toutes ces particularités, et fit ce qu'il put pour le suivre, ne doutant pas que ce ne fût le maître du coussin. Mais Rossinante était trop faible pour courir dans un pays si rude, outre qu'il était naturellement paresseux, et n'aimait pas à aller à toute bride. Le chevalier de la Triste-Figure était pourtant résolu d'atteindre le chevalier de la valise, dût-il le poursuivre toute une année par ces montagnes.

Dans cette résolution, il ordonna à Sancho de chercher d'un côté pendant qu'il irait de l'autre. Peut-être, dit-il, le trouverons-nous, avec tant de diligence et d'exactitude. Je ne ferai point cela, monsieur, répondit Sancho. Je ne saurais m'éloigner tant soit peu de vous, qu'aussitôt la frayeur ne me vienne assaillir de tout côté avec tous les diables de la tentation de saint Antoine; et, une fois pour toutes, je vous avertis que dorénavant je ne m'en écarterai pas d'un demi-pied. A la bonne heure, dit le chevalier, je suis bien aise que tu te fasses fort de mon courage : je t'assure qu'il ne te manquera jamais, quand même l'âme te manquerait au corps. Viens donc après moi tout doucement, et cherche bien avec les yeux; nous visiterons cette petite montagne, et, peut-être rencontrerons-nous le maître de la valise, qui est sans doute celui que nous avons vu passer si vite. Monsieur, dit Sancho, ne vaudrait-il pas mieux de ne le point chercher? parce que si nous le trouvons, et que la valise soit à lui, je prétends assurément lui en faire restitution : ainsi, comme vous voyez, cette diligence ne peut être utile, et il vaudrait mieux posséder cela de bonne foi, en attendant que nous venions à rencontrer cet homme par quelque autre voie et peut-être dans le temps que nous aurons dépensé les écus d'or et usé les chemises; alors nous en serons quittes d'après la loi du prince. Tu te trompes en cela, Sancho, dit don Quichotte, du moment que nous avons cru reconnaître le maître de ce bien, nous sommes obligés de le chercher et de le lui rendre; et quand nous ne le chercherions pas, nous ne pouvons retenir légitimement ce que nous croyons être à lui; ce seul soupçon que nous en avons nous rend déjà coupables, comme si la chose était claire et évidente. Ainsi, ami Sancho, que cette recherche ne te donne point de chagrin, car pour moi il me semble que je serai déchargé d'un grand fardeau, si je puis retrouver cet homme. En disant cela, il piqua Rossinante, et Sancho le suivit à pied et chargé comme un âne, grâce à Ginesillo de Pasamonte.

Après avoir parcouru tous les endroits de la montagne, ils arrivèrent au bord d'un ruisseau, où ils trouvèrent une mule avec sa selle et sa bride : elle était plus de demi-mangée des corbeaux et des chiens; ce qui les confirma encore dans l'opinion qu'ils avaient que cet homme qui fuyait était le maître de la valise. Pendant qu'ils étaient arrêtés à considérer la mule et à faire des réflexions sur cette aventure, ils entendirent siffler, comme font les bergers en gardant les troupeaux, et en même temps ils virent sur la gauche un grand nombre de chèvres, et au-delà un vieux berger à qui elles devaient appartenir. Don Quichotte, l'appela et le pria de descendre; le bonhomme, tout étonné, leur demanda qui les amenait là dans un lieu si sauvage et si escarpé, et qui n'était jamais foulé que des pieds des chèvres ou des loups et d'autres bêtes farouches. Descendez seulement bonhomme, dit Sancho : nous vous rendrons compte de tout.

Le chevrier descendit, et en arrivant près de don Quichotte : Je gage, dit-il, que vous considérez cette mule qui est dans ce ruisseau. Il y a bientôt six mois qu'elle est à la même place ; mais dites-moi, monsieur, n'avez-vous point trouvé son maître en venant ici? Nous n'avons trouvé personne, répondit don Quichotte, mais seulement un coussin et une petite valise à quelques pas d'ici. Je l'ai bien aperçue, dit le chevrier, mais je me suis bien donné garde de la prendre; je n'en ai seulement pas voulu approcher de peur de quelque surprise, et que par hasard je ne fusse accusé de larcin : car le diable est subtil, et l'on trouve souvent sous les pieds des choses qui font broncher sans savoir ni pourquoi ni comment. Voilà justement ce que je disais, répondit Sancho : car j'ai aussi trouvé la valise; mais je n'en ai pas voulu approcher d'un jet de pierre, je l'ai laissée où je l'ai trouvée : qu'elle y demeure : je ne veux point de chien avec des sonnettes.

Dites-moi, bonhomme, dit don Quichotte, savez-vous à qui était la mule? Tout ce que je sais, répondit le chevrier, c'est qu'il y a environ six mois, un jeune homme de belle taille et de bonne façon, monté sur la même mule que vous voyez (mais elle était en vie), et portant en croupe le coussin et la valise que vous dites, s'en vint, à une bergerie qui est à trois lieues d'ici, demander quel était l'endroit le plus retiré et le plus rude de la montagne. Nous lui répondîmes que c'était celui où nous sommes à présent; et cela est bien vrai : car, si l'on allait une demi-lieue plus avant, on aurait bien de la peine à en sortir, et je suis tout étonné de ce que vous êtes venus ici, parce qu'il n'y a ni chemin ni sentier qui y conduise. Or donc, ce jeune homme n'eut pas plutôt entendu notre réponse qu'il tourna promptement bride, et prit le chemin que nous lui avions montré, nous laissant tous émerveillés de sa belle apparence et de l'empressement qu'il avait de venir à la montagne. Depuis ce temps-là nous ne le vîmes plus, jusqu'à ce que quelques jours après il rencontra dans le chemin un de nos bergers, et, sans lui rien dire, il se jeta sur lui, et le battit; de là il s'en alla à l'âne qui portait les provisions, et, après avoir pris tout le pain et le fromage qui y était, il s'enfuit dans la montagne plus vite qu'un cerf.

Comme nous eûmes appris cela, quelques bergers que nous étions, nous le cherchâmes près de deux jours dans les endroits les plus reculés de la montagne; et, après avoir bien cherché, nous le trouvâmes caché dans le trou d'un gros liège. Il s'en vint à nous avec beaucoup de douceur, mais le visage tout défiguré, et si brûlé du soleil, que nous eussions eu de la peine à le connaître sans ses habits, qui, avec tout cela, étaient déjà tout délabrés. Il nous salua fort civilement; et, en peu de paroles, mais bien arrangées, il nous dit que nous ne nous étonnassions point de le voir fait de la sorte, et qu'il fallait que cela fût ainsi pour accomplir une pénitence qu'on lui avait donnée. Nous le priâmes fort de nous dire qui il était ; mais il n'en voulut rien faire. Nous lui dîmes aussi de nous enseigner où nous le pourrions trouver quand il aurait besoin de quelque chose, et particulièrement pour vivre, l'assurant que nous lui donnerions de bon cœur, et que tout au moins nous le priions de le demander sans le venir prendre de force. Il nous remercia de nos offres, et nous demanda pardon de l'insulte passée, nous promettant qu'il demanderait désormais pour l'amour de Dieu, sans faire déplaisir à personne. Nous lui demandâmes encore où il se retirait ; il nous dit qu'il n'avait point de retraite assurée, qu'il la prenait selon l'occasion où la nuit le surprenait. Il finit son discours avec des plaintes si pitoyables, qu'il eût fallu être de bronze pour n'en avoir pas de pitié, nous autres surtout qui le voyons dans un état si mauvais et si différent de celui où il était la première fois. Car, comme je vous ai dit, c'était un fort agréable jeune homme, de bonne mine, qui avait de l'esprit, et paraissait sage et modéré ; tout cela, avec le reste, nous fait croire qu'il est de fort bonne naissance.

Or, comme il était au milieu de son discours, il s'arrêta tout d'un coup comme s'il était devenu muet ; il baissa les yeux en terre, et demeura longtemps en cet état, pendant que nous regardions attentivement à quoi aboutirait ce grand étonnement. Après avoir été quelque temps ainsi, nous lui vîmes prendre un air farouche, ouvrir et fermer les yeux, froncer les sourcils, se pincer les lèvres, serrer fortement les poings l'un contre l'autre, et nous jugeâmes qu'il lui était survenu quelque accès de folie, ce qui nous donna beaucoup de compassion. Il ne fut pas longtemps à nous confirmer dans la pensée que nous avions ; il se leva brusquement de terre où il était assis, et attaqua le premier de nous qu'il trouva sous sa main, avec tant de furie et de rage, que, si nous ne lui eussions arraché de force, il l'aurait assommé à coups de poing, et l'aurait déchiré à belles dents. Et en même temps il criait : Ah ! traître Fernand, c'est ici, c'est ici, que tu me paieras l'outrage que tu m'as fait ! ces mains t'arracheront ce lâche cœur où tu renfermes toutes les méchancetés du monde, et surtout la fourbe et la perfidie. Il ajoutait encore mille autres injures à celles-ci, qui tendaient toutes à reprocher des trahisons à ce Fernand. Après cela, il s'éloigna sans rien dire, entra dans le bois, courant avec une telle vitesse au travers des buissons et sur ces rochers, qu'il nous fut impossible de le suivre.

Tout cela nous fit croire que la folie le prenait par intervalle, et que quelqu'un qui s'appelait Fernand lui avait fait un si grand déplaisir qu'il en avait perdu le jugement, et il nous l'a persuadé en venant dans le chemin demander doucement à manger aux bergers, et quelquefois aussi prenant leurs provisions par force, selon qu'il est en son bon ou mauvais sens ; et il faut que je vous dise, messieurs, poursuivit le chevrier, que nous avons résolu, deux bergers de mes amis, leurs deux valets et moi, de chercher ce pauvre jeune homme jusqu'à ce que nous l'ayons trouvé, et de l'emmener de gré ou de force à Almodobar, à huit lieues d'ici, pour le faire traiter, s'il y a du remède à son mal, ou tout au moins pour apprendre qui il est, afin de le remettre à sa famille. Voilà, messieurs, tout ce que je saurais vous dire sur ce que vous m'avez demandé ; et celui que vous avez vu courir si légèrement, et presque tout nu, est le véritable maître de la valise et de la mule morte que vous avez trouvées.

Don Quichotte fut tout émerveillé de ce que le chevrier venait de lui dire, et en eut d'autant plus d'envie de savoir quel était ce malheureux, qui lui paraissait si indigne de l'être, et qu'il trouvait si fort à plaindre. Il résolut de poursuivre jusqu'au bout le dessein qu'il avait fait de le chercher par toute la montagne, jusqu'à ce qu'il l'eût trouvé ; mais le sort en ordonna encore mieux qu'il ne l'espérait : car, dans le même moment, il vit paraître, par l'ouverture d'un rocher, ce jeune homme qui venait vers eux, murmurant quelque chose entre les dents, qu'ils n'auraient pas pu entendre quand ils en eussent été tout proche. Il était fait comme nous l'avons dépeint, si ce n'est qu'il avait un pourpoint tout en lambeaux, que don Quichotte reconnut être de cuir de senteur ; il jugea par là et par le reste de ses habits que ce devait être un homme de condition. Le jeune homme en arrivant les salua fort civilement, mais d'une voix brusque et enrouée. Don Quichotte lui rendit le salut avec la même civilité, et, descendant de Rossinante, s'en alla à lui de bonne grâce, et l'embrassa étroitement, comme s'il l'avait connu toute sa vie ; et l'autre, après s'être laissé embrasser quelque temps, s'écartant un peu de don Quichotte, se mit à le considérer comme s'il eût cherché à le reconnaître, avec autant d'étonnement, sans doute, de voir la taille, la figure et l'air de don Quichotte, que don Quichotte en avait de le voir dans un état si terrible. Le premier qui parla des deux fut le chevalier déchiré, et il dit ce que vous allez voir dans l'autre chapitre.

CHAPITRE XIX.

Où se continue l'aventure de la montagne noire.

Don Quichotte écoutait avec grande attention tout ce que lui disait le désastreux chevalier de la montagne, qui, poursuivant son discours, dit : En vérité, monsieur, qui que vous soyez, car je ne vous connais point, je vous suis extrêmement obligé de votre courtoisie et de l'honnêteté que vous m'avez faite, et je voudrais bien être en état de vous témoigner autrement que par des paroles la reconnaissance que j'ai d'un si bon accueil ; mais ma mauvaise fortune ne s'accorde pas avec mon cœur, et pour tant de bontés il ne me reste que des désirs inutiles. Les miens, répondit don Quichotte, sont de vous servir en tout et partout, et j'étais même résolu de ne point sortir de ces montagnes jusqu'à ce que je vous eusse rencontré, et que je susse de vous-même s'il y a quelque remède aux déplaisirs qui vous font si tristement passer la vie, pour le chercher, à quelque prix que ce soit, et au péril de la mienne. Et au cas que vos malheurs fussent de ceux qui sont inconsolables, je venais pour vous aider à les supporter en les partageant avec vous, et mêler mes larmes avec les vôtres ; car au moins est-ce une espèce de consolation dans les plus grandes disgraces de trouver des gens sensibles à notre affliction. Si vous croyez, monsieur, que ma bonne intention mérite quelque reconnaissance, je vous supplie, par la courtoisie que vous m'avez témoignée, et vous conjure, par tout ce que vous avez jamais aimé, de me dire qui vous êtes et ce qui vous oblige de vous retirer dans un lieu si sauvage et si éloigné du commerce des hommes. Je jure, ajouta don Quichotte par l'ordre de chevalerie que j'ai reçu, quoique indigne, et par la profession que j'en fais, que, si vous avez cette complaisance pour moi, je vous rendrai en revanche tous les services que je pourrai, ou en apportant du soulagement à vos maux, ou en vous aidant à les supporter.

Le chevalier de la montagne, qui entendit parler ainsi celui de la Triste-Figure, ne faisait que le regarder et le considérer sans cesse de la tête aux pieds. Après l'avoir bien examiné, il lui dit : Si vous avez quelque chose à manger, pour l'amour de Dieu, faites qu'on me le donne ; et, après avoir mangé, je ferai tout ce que vous souhaitez de moi. Aussitôt Sancho tira de son bissac, et le chevrier de sa panetière, de quoi apaiser la faim du déchiré chevalier, qui se prit à dévorer avec tant de hâte, qu'un morceau n'attendait pas l'autre. Ayant achevé de remplir son estomac, il se leva, et ayant fait signe à don Quichotte et aux autres de le suivre, il les mena non loin de là dans un pré, au bas d'un rocher, et en arrivant il s'étendit sur l'herbe, où, après que les autres se furent assis, il se mit à son aise, et commença ainsi :

Monsieur, si vous voulez que je vous fasse le récit de mes tristes aventures, il faut que vous me promettiez auparavant que pas un de vous ne m'interrompra pour me faire quelque demande ou pour quelque autre chose que ce soit, parce que dès le moment que l'on dira la moindre parole, je finirai mon histoire. (Ce préambule fit ressouvenir don Quichotte du conte de Sancho où, faute d'avoir exactement compté le nombre des chèvres qui passaient la rivière, l'histoire finit sans que Sancho la pût achever). Je ne prends cette précaution, ajouta le chevalier du bois, qu'afin de ne pas m'arrêter longtemps sur mes disgraces, dont le triste ressouvenir me fait souffrir mille morts, et pour avoir plus tôt achevé. Ce n'est pas que je veuille vous taire la moindre chose, et je vous assure que je n'en oublierai aucune qui soit de quelque importance. Don Quichotte, au nom de tous, promit une grande attention et un silence exact, et avec cette assurance, le déchiré chevalier commença de cette manière :

Mon nom est Cardenio, ma patrie une ville des meilleures de l'Andalousie, ma race est noble et ma famille riche ; cependant mes malheurs sont si grands, que ni les richesses, ni toute la bonne fortune de mes parents n'y sauraient apporter de remède. Dans le même lieu a pris naissance l'admirable Luscinde, incomparable en beauté, noble, riche autant que je puis être, mais qui n'a pas eu assez de fermeté pour répondre à la sincérité de mes sentiments. J'aimai Luscinde dès mes plus tendres années, je l'adorai dès son enfance, et Luscinde m'aima avec cette simplicité et cette franchise qui accompagnent toujours un âge innocent. Nos parents connaissaient nos intentions et ne s'y opposaient point, parce qu'ils ne craignaient rien de fâcheux, et que l'égalité des biens et de la naissance les aurait facilement fait consentir à notre mariage. Cependant l'amour crût avec l'âge ; et le père de Luscinde, ne croyant pas pouvoir souffrir avec bienséance notre familiarité ordinaire, me fit dire qu'il me priait de cesser mes visites. Ce refus ne fit qu'augmenter l'amour et nous faire sentir de nouveaux désirs. Pendant que nous ne nous vîmes plus, nous nous en disions davantage par nos lettres, n'ayant rien qui nous empêchât d'exprimer librement nos pensées ; et comme nous avions des voies sûres et aisées pour nous écrire, nous le faisions à toute heure. Je fis des chansons et des vers amoureux, et tout ce que font les amants pour adoucir leurs peines ; et Luscinde prenant aussi tous les soins imaginables de me faire connaître la tendresse de ses sentiments, nous soulagions ainsi nos déplaisirs et nous entretenions une passion violente. Il faut de grands remèdes dans les grands maux : les petits ne font que les irriter et les faire ressortir davantage.

Enfin pressé de ma passion et de l'impatience de revoir Luscinde, je me résolus à la demander en mariage ; et pour ne pas perdre le temps qui était si précieux à mon amour, j'allai moi-même en faire la demande à son père. Il me répondit avec beaucoup de civilité qu'il me remerciait de l'honneur que je lui faisais; mais que mon père étant encore au monde, c'était à lui à faire cette demande, et que si ce dessein était formé sans son consentement, ou qu'il refusât de l'approuver, sa fille ne savait point faire une action de mauvaise grâce, et ne se donnerait pas à la dérobée. Je le remerciai de son honnêteté, et, trouvant qu'il avait raison, je l'assurai que mon père viendrait lui-même faire la proposition. J'allai donc promptement le trouver pour lui découvrir mon dessein, et le prier de l'approuver et d'y contribuer.

Je le trouvai dans sa chambre, tenant une lettre qu'il me donna à lire avant que je lui pusse dire une parole. Tu verras par là, Cardenio, me dit-il, la grâce que le duc Richard te veut faire. Le duc Richard, comme vous savez, messieurs, est un grand d'Espagne dont les terres sont dans le meilleur endroit de l'Andalousie. Je lus la lettre, et je la trouvai si obligeante, que je crus que mon père ne devait pas refuser l'honneur qu'on lui faisait à lui et à moi. Le duc me priait de m'envoyer sans délai où il était, parce qu'il voulait que je fusse avec son fils aîné, non pas comme étant à lui, mais comme son compagnon, et il se chargeait de me faire une fortune qui répondît à la bonne opinion qu'il avait de moi. Je perdis la parole en lisant cette lettre, et je pensai perdre l'esprit quand mon père me dit : Cardenio, il faut que tu te tiennes prêt pour partir dans deux jours. Rends grâce à Dieu cependant de ce qu'il t'ouvre une voie de faire connaître ce que tu vaux, tu y trouveras de l'honneur et des récompenses. Et, après m'avoir donné ses conseils de père et d'homme du monde, il me laissa. Le jour de mon départ arriva, et la nuit d'auparavant je vis Luscinde, et lui appris tout ce qui se passait. Je vis aussi son père, que je suppliai de me conserver toujours la bonne volonté qu'il m'avait témoignée, et de différer de pourvoir sa fille, jusqu'à ce que j'eusse vu le duc Richard. Il me le promit, et Luscinde et moi nous nous séparâmes avec toute la douleur que peuvent sentir des amants tendres et passionnés; après nous être fait mille serments réciproques, je partis donc, et me rendis auprès du duc, qui me reçut avec beaucoup d'honnêteté, et tant de marques de bienveillance, que je donnai dès lors de l'envie à tous ceux de sa maison. Le fils aîné me fit aussi un fort bon accueil; mais don Fernand, son cadet, fort bien fait de sa personne, agréable et libéral, renchérit encore sur lui. Il me témoigna qu'il avait une joie incroyable de mon arrivée; et, quelque temps après, il me dit obligeamment qu'il voulait que je fusse de ses amis, et me fit enfin si bien connaître qu'il était le mien, que, quoique son frère m'aimât beaucoup et m'en donnât de grandes marques, j'y voyais cependant bien de la différence.

Comme il n'y a rien de secret entre de véritables amis, don Fernand se croyant aussi assuré de mon amitié que je devais l'être de la sienne, me communiqua dès lors toutes ses pensées, et, entre autres choses, il m'apprit que l'amour lui donnait un peu d'inquiétude. Il était amoureux d'une belle paysanne, fille d'un riche laboureur des vassaux du duc son père. Cette fille avait tant de beauté et de sagesse, qu'elle était l'admiration de tous ceux qui la connaissaient; et toutes ses bonnes qualités avaient si bien charmé l'esprit de don Fernand, que, voyant de l'impossibilité à s'en faire une maîtresse, il était résolu de l'épouser. Je crus que l'amitié que je portais à Fernand m'obligeait de le détourner de ce dessein, et je lui dis sur cela tout ce que je pus trouver de raisons; mais, voyant enfin que c'était inutile, je pris la résolution d'en avertir le duc son père. Don Fernand était fin et adroit, et, comme il crut que je pouvais avoir une telle pensée, afin de me persuader qu'une semblable démarche n'était pas nécessaire, il me dit qu'il ne connaissait aucun moyen plus propre à éteindre sa passion que de s'éloigner quelque temps de celle qui en était l'objet, et, que pour motiver son absence, il dirait au duc que nous allions, lui et moi, chez mon père pour acheter des chevaux. L'intérêt de mon amour me fit approuver sa résolution, et je le pressai d'exécuter ce projet.

Don Fernand avait déjà, à ce que j'ai su depuis, pris les derniers engagements avec la belle paysanne en qualité d'époux ; mais il n'osait encore le découvrir, dans l'incertitude de ce que ferait le duc son père quand il apprendrait son mariage. Cependant, comme l'amour n'est autre chose, dans la plupart des jeunes gens, qu'une passion déréglée et un désir bouillant qui n'a pour objet que la volupté, et qui se dissipe dans la jouissance, don Fernand n'eut pas plus tôt obtenu les faveurs de sa maîtresse que son affection diminua, ce grand feu s'amortit, et tous ses désirs se refroidirent ; et s'il avait feint auparavant d'avoir envie de s'éloigner, il le souhaitait véritablement. Le duc lui en donna la permission et m'ordonna de l'accompagner. Nous vînmes chez mon père, où don Fernand fut reçu comme une personne de sa qualité devait l'être par des gens de la nôtre, et moi j'allai voir Luscinde, qui me reçut comme un amant qui lui était cher, et dont elle connaissait la persévérance.

Quelques jours s'étant écoulés à faire divertir don Fernand, je crus devoir à son amitié la même confiance qu'il m'avait témoignée, et j'allai, pour mon malheur, lui faire confidence de mon amour. Je lui parlai de la beauté de Luscinde, de son esprit, de sa sagesse, et je lui en dis tant de choses, que je lui fis naître l'envie de connaître une personne qui avait de si rares qualités ; et, pour contenter l'impatience qu'il m'en témoignait, je la lui fis voir un soir à une fenêtre basse où nous avions accoutumé de nous parler. Elle était extrêmement parée ce jour-là, et elle parut si belle aux yeux de don Fernand, qu'il oublia au même instant toutes les beautés qu'il avait jamais vues. Il perdit presque tout d'un coup la parole et le sentiment ; il demeura ravi, en un mot, et devint amoureux au point que vous le verrez par la suite. Pour l'enflammer davantage, et pour augmenter la jalousie qui naissait peu à peu dans mon cœur, quoique je n'en témoignasse rien, le hasard lui fit tomber entre les mains un billet de Luscinde, par lequel elle me priait de la faire demander à son père, et de presser notre mariage ; mais cela avec tant d'honnêteté et de discrétion, que don Fernand s'écria que Luscinde à elle seule avait toutes les beautés de l'esprit et du corps qui sont partagées entre tout le reste des femmes. Il faut que j'avoue que les louanges de don Fernand, toutes justes qu'elles étaient, ne me plurent pas dans sa bouche ; elles me devinrent entièrement suspectes, et je commençai à me cacher de lui ; mais autant que je prenais soin d'éviter lui parler de Luscinde, autant prenait-il de plaisir à m'en entretenir. Il m'en parlait à tout moment, et recommençait à toute heure, et faisait si bien que, quelque conversation que nous eussions auparavant, il la faisait toujours tomber sur ce sujet. Cela acheva de me donner de la jalousie, non pas que je craignisse rien de la part de Luscinde, dont je connaissais la fidélité, et qui m'en donnait tous les jours de nouvelles assurances ; mais je redoutais tout de mon mauvais sort, d'ailleurs les amants sont rarement sans inquiétude. Don Fernand avait encore une curiosité extrême de voir tous les billets que je recevais de Luscinde, et mes réponses ; et, afin que je ne lui refusasse pas, il me disait qu'il prenait beaucoup de plaisir à voir l'honnête manière dont nous nous écrivions tous deux.

Il arriva un jour que Luscinde, qui aimait fort les livres de chevalerie, m'ayant demandé Amadis de Gaule... A peine don Quichotte eut entendu nommer un livre de chevalerie, qu'il interrompit Cardenio, et lui dit : Si vous m'aviez averti, dès le commencement, que cette belle demoiselle est affectionnée aux livres de chevalerie, il n'eût pas été nécessaire de me dire autre chose pour me faire connaître la bonté de son esprit; et, à vous dire vrai, je ne l'aurais jamais trouvée si spirituelle que vous la faites si elle n'avait pas eu de goût pour une si excellente lecture. Il ne faut donc pas d'autre chose pour me faire croire qu'elle est belle, spirituelle, et d'un mérite infini. Puisqu'elle a cette inclination, je la tiens et la soutiens la plus belle et la plus spirituelle personne du monde. Je souhaiterais, monsieur, que vous eussiez envoyé avec Amadis de Gaule, le bon don Roger de Grèce : mademoiselle Luscinde aurait sans doute fort aimé Darayda de Geraya, et le discret berger Darinel, avec les admirables vers de ses bucoliques, qu'il chantait de si bonne grâce. Mais avec le temps il sera aisé de réparer cette faute, et ce sera aussitôt que vous voudrez me faire l'honneur de venir chez moi, où je vous ferai voir plus de trois cents volumes qui font mon plaisir et toute ma joie, et qui sont entièrement à votre service, quoique peut-être n'en saurais-je trouver aucun à l'heure qu'il est, par la malice et l'envie des maudits enchanteurs. Pardonnez-moi, je vous prie, monsieur, si, contre ma promesse, je vous ai interrompu, mais il m'est impossible de m'empêcher de parler quand il est question de la chevalerie errante. Poursuivez donc quand il vous plaira.

Pendant le discours de don Quichotte, Cardenio, baissant la tête dans l'estomac, s'était mis en la posture d'un homme qui rêve profondément; et, quoique don Quichotte le priât deux ou trois fois de continuer son histoire, il ne répondait pas un mot et ne levait seulement pas la tête. Il la leva enfin au bout de quelque temps, et, les yeux troublés : On ne saurait, dit-il, m'ôter de la fantaisie, et il faut être un coquin et un maraud pour me nier que ce bélître de maître Élisabeth couchait avec la reine Madasime. Non pas cela, par la mort!... dit don Quichotte avec une colère extrême : c'est une médisance et une calomnie. La reine Madasime fut une excellente et vertueuse dame, et il n'y a pas d'apparence qu'une grande princesse s'amusât à faire l'amour avec un arracheur de dents. Quiconque le dit ment insolemment, et je le lui ferai voir, à pied et à cheval, armé et désarmé, de jour et de nuit, et de telle manière qu'il le voudra. Cardenio regardait attentivement don Quichotte sans rien dire ; et, son accès de folie reprenant, il n'était pas en état de poursuivre son histoire, non plus que don Quichotte en état de l'entendre, tant il avait de colère de l'affront qu'on faisait à la reine Madasime, dont il prenait le parti avec autant de chaleur que si elle eût été sa véritable reine et lui son sujet, tant il était entêté de ses livres qu'il croyait comme article de foi! Cardenio, qui, comme j'ai dit, était déjà dans son accès, ne fut pas satisfait de se voir démenti et traité d'insolent ; il ramassa un caillou qu'il trouva à ses pieds, et le jeta si rudement dans l'estomac de don Quichotte, qu'il l'étendit par terre. Sancho Pança, ne pouvant souffrir qu'on traitât ainsi son maître, se lança, le poing fermé, sur Cardenio, qui, d'un seul coup de poing, le mit à ses pieds; il lui sauta aussitôt sur le ventre, et le trépigna tout son content.

Le chevrier, qui voulut aller au secours de Sancho, n'en fut pas quitte à meilleur marché; et après que Cardenio les eut bien frottés et bien moulus, il les laissa et s'en alla tranquillement se cacher dans le bois de la montagne. Sancho se leva quand personne ne l'en empêcha plus, et, demi-enragé de se voir ainsi maltraité, voulut s'en prendre au chevrier, disant qu'il avait tort de ne les avoir point avertis que cet homme avait de temps en temps de la fureur, et que, s'ils l'avaient su, ils s'en seraient donnés de garde. Le chevrier répondit qu'il les avait avertis, et que, s'ils ne l'avaient pas entendu, ce n'était pas sa faute. Sancho repartit, le chevrier répliqua, et la fin des parties et des répliques fut de se prendre à la barbe et de se donner des gourmandes, de telle sorte que, si don Quichotte ne les avait séparés, ils se seraient mis en pièces. Sancho était en goût, et criait à son maître : Laissez-moi faire, seigneur chevalier de la Triste-Figure : cet homme-ci n'est qu'un vilain paysan non plus que moi ; il n'est pas armé chevalier, je puis combattre contre lui main à main, en homme d'honneur, et me venger du tort qu'il m'a fait. Cela est vrai, dit don Quichotte, mais je sais qu'il n'a point de tort en ce qui vous est arrivé. En disant cela il les sépara, et demanda au chevrier s'il ne serait pas possible de trouver Cardenio, parce qu'il mourait d'envie de savoir la fin de son histoire. Le chevrier répondit, comme il avait fait l'autre fois, qu'il ignorait sa demeure ; mais qu'il ne faudrait pas long-temps le chercher aux alentours pour le retrouver fou ou sage.

CHAPITRE XX.

Des choses étranges qui arrivèrent au vaillant chevalier de la Manche dans la montagne Noire, et de la pénitence qu'il fit à l'imitation du beau Ténébreux.

Don Quichotte dit adieu au chevrier, et Sancho l'ayant regardé de travers, le chevalier monta à cheval, et l'écuyer le suivant à pied, ils prirent leur chemin par l'endroit le plus escarpé de la montagne. Ils marchèrent quelque temps sans rien dire ; toutefois la langue démangeait furieusement à Sancho, mais il n'osait commencer, pour ne pas contrevenir aux ordres de son maître. Voyant enfin que don Quichotte ne parlait pas, et n'y tenant plus : Monseigneur, lui dit-il, je supplie votre seigneurie de me donner sa bénédiction et mon congé, que je m'en aille tout à l'heure retrouver ma femme et mes enfants, avec qui je pourrai au moins jaser et contester quand j'en aurai l'envie : car j'aimerais autant être en terre tout vif que d'être condamné à vous suivre dans ces déserts de jour et de nuit, sans proférer un seul mot. Si Dieu voulait que les bêtes parlassent comme au temps d'Ésope, encore passe : je m'entretiendrais avec Rossinante de tout ce qui me viendrait dans la fantaisie, et les paroles ne me pourriraient pas dans le corps. O ma foi, c'est chose insupportable d'aller toujours chercher les aventures pour ne trouver jamais que des gens qui nous bernent, et qui nous assomment à coups de poing et de pierres, et par dessus le marché d'avoir la bouche cousue, comme si on était né muet. Je t'entends, Sancho, répondit don Quichotte, tu ne saurais tenir longtemps ta langue captive : eh bien ! je lui rends sa liberté, à condition pourtant que ce ne sera que pour le temps que nous serons dans ces montagnes.

En ce cas, dit Sancho, je vais donc cracher tout mon saoul, et je commence : Or çà, monsieur, quel intérêt aviez-vous de prendre si chaudement le parti de cette reine *Marcassine*, et que vous importe que cet *Halie-Labé* fût son ami ou non? Si vous aviez laissé passer cela, qui ne vous touche en rien, le fou aurait achevé son histoire, vous n'auriez point attrapé le coup de caillou, et je n'aurais pas la toile du ventre rompue. Ami Sancho, répondit don Quichotte, si tu savais, comme moi, combien c'était une honnête dame que la reine Madasime, je suis assuré que tu dirais que j'ai eu encore trop de patience de n'arracher pas cette langue insolente qui a osé proférer de si grands blasphêmes. Car enfin n'est-ce pas un blasphême exécrable que de dire qu'une reine ait couché avec un chirurgien? La vérité de l'histoire est que le maître Elisabeth fut un homme prudent et de bon conseil, qui servait de gouverneur et de médecin à la reine ; mais prétendre qu'elle fut son amie, c'est une rêverie insolente et digne de châtiment.

Et, afin que tu voies que Cardenio ne savait ce qu'il disait, tu n'as qu'à te ressouvenir qu'il était déjà dans son accès, et qu'il avait l'esprit égaré. Hé ! c'est où je vous attendais, s'écria Sancho : qu'aviez-vous à vous mettre en peine des discours d'un fou? Et si par hasard ce béni caillou vous avait donné par la tête, comme il a fait dans l'estomac, nous serions en bel état pour avoir pris le parti de cette belle dame ; que Dieu la confonde ! Sancho, répondit don Quichotte, et contre les fous et contre les sages tout chevalier errant est obligé de défendre l'honneur des dames, quelles qu'elles puissent être, et à plus forte raison celui des grandes princesses et des reines d'importance, comme le fut la reine Madasime, pour qui j'ai une vénération particulière à cause de sa vertu et de toutes ses bonnes qualités? Car, outre qu'elle était très-belle, elle fut extrêmement sage et fort patiente dans les malheurs dont elle fut accablée.

C'est en cet état qu'elle eut grand besoin des sages conseils de maître Elisabeth, qui lui aidait à supporter ses déplaisirs ; et c'est de là que le vulgaire, ignorant et malin, a pris occasion de dire qu'ils vivaient familièrement ensemble ; mais ils mentent encore une fois, et ils mentiront deux cents autres, tous ceux qui le diront et qui en auront seulement la pensée. Je ne le dis ni ne le pense, dit Sancho, je ne me mêle point des affaires des autres, je n'y ai que voir ; s'ils ont fait la folie, çà les regarde ; je viens de mes vignes, je ne sais rien de rien ; je ne fourre point mon nez où je n'ai que faire ; qui achète et vend en sa bourse le sent ; après tout je suis né tout nu, et tout nu je me trouve ; je n'y prends ni n'y mets ; je n'y perds ni n'y gagne ; mais s'ils ont couché ensemble ou non, que m'importe à moi? On croit bien souvent que ce sont des lardons, qu'il n'y a que des chevilles ; et qui diantre est-ce qui peut mettre des portes aux champs? Dieu me soit en aide ! s'écria don Quichotte ; eh ! combien tu enfiles-là de sottises! et dis-moi, je te prie, quel rapport ont tous ces impertinents proverbes avec ce que je viens de dire? Va, va, mêle-toi désormais d'avoir soin de ton âne, et non de choses qui te sont étrangères. Mais souviens-toi, une fois pour toutes, de bien imprimer dans ta cervelle que tout ce j'ai fait, fais et ferai, est toujours selon la droite raison, et *très-conforme*

aux lois de chevalerie, que j'entends mieux que tous les chevaliers qui en ont jamais fait profession.

En bonne foi, monsieur, dit Sancho, est-ce une bonne loi de chevalerie que nous courions par ces montagnes comme gens perdus, sans voir ni chemin ni sentier, cherchant qui achève de nous briser à vous la tête et à moi les côtes? En voilà assez encore une fois, répondit don Quichotte. Apprends que mon dessein n'est pas seulement de trouver ce pauvre fou, mais de faire en cette montagne une action qui me donnera de la réputation parmi les hommes, qui éternisera mon nom, et damera le pion à tous les chevaliers errants passés et à venir. Est-elle bien périlleuse, monsieur, cette action-là? demanda Sancho. Non, répondit don Quichotte, quoiqu'il pourrait arriver que nous rencontrions guignon au lieu de chance. Mais enfin cela dépend de ta diligence. De ma diligence, monsieur? dit Sancho.

Oui, mon ami, répondit don Quichotte, parce que, si tu viens promptement d'où je pense à t'envoyer, ma peine sera bientôt finie, et ma gloire commencera. Mais pourquoi te tenir davantage en suspens? Il faut que tu saches, fidèle écuyer, que le fameux Amadis de Gaule fut un des plus parfaits chevaliers errants du monde; que dis-je, un? il fut le seul, au moins il fut le premier, et le prince de tous ceux qu'il y a jamais eu jusqu'à lui. Et que les Bélianis ni pas un autre ne prétendent point entrer en comparaison avec lui : ils se tromperaient du blanc au noir, et il n'y en a pas un qui mérite d'être son écuyer. Je t'apprends aussi que le peintre qui veut se rendre fameux dans son art, tâche toujours d'imiter les meilleurs originaux, et prend pour modèle les ouvrages des plus excellents peintres qu'il connaît; et ceci doit être une règle pour tous les arts et pour toutes les sciences qui servent d'ornement dans les républiques. De même celui qui veut acquérir la réputation de patient et de sage doit imiter Ulysse, qu'Homère nous représente comme l'image et le prototype de la sagesse et de la patience. Ainsi Virgile nous donne, en la personne d'Enée, un exemple admirable de la piété d'un fils envers son père, et en même temps de la prudence d'un vaillant capitaine, dépeignant chacun leur héros, non pas peut-être comme ils ont été, mais tels qu'ils devaient être. De la même manière aussi, Amadis ayant été le nord, l'étoile et le soleil des vaillants et amoureux chevaliers, c'est lui que nous devons imiter, tous tant que nous sommes, à combattre sous les étendards de l'amour et de la chevalerie errante. Cela étant ainsi, je trouve, ami Sancho, que le chevalier errant qui l'imitera le mieux approche le plus de la perfection. Et une des choses en quoi le grand Amadis fit davantage éclater sa sagesse et sa valeur, sa fermeté et son amour, ce fut en se retirant sur la roche Pauvre pour y faire pénitence sous le nom du Beau Ténébreux, nom assurément significatif et propre, et convenant admirablement à la vie qu'il voulait faire et qu'il avait lui-même choisie. Et, comme il m'est beaucoup plus aisé de l'imiter en sa pénitence qu'à fendre des géants démesurés, couper des serpents, tuer des endriaques, mettre des armées en déroute, dissiper des flottes et défaire des enchantements; et que d'ailleurs ces lieux sauvages sont tout propres pour un tel dessein, je ne veux pas laisser perdre l'occasion qui s'offre si favorablement.

Mais enfin, monsieur, dit Sancho, qu'est-ce donc que vous prétendez faire dans un lieu si désert? Et ne t'ai-je pas dit, répondit don Quichotte, que je prétends imiter Amadis et en même temps le valeureux Roland dans ses folies quand il sut qu'Angélique s'était si lâchement abandonnée à Médor? ce qui lui donna tant de chagrin, qu'il devint fou et arracha les arbres

7

troubla les eaux et fontaines, ravagea les troupeaux, tua les bergers, brûla leurs cabanes, déroba leurs juments, et fit cent mille autres extravagances dignes d'une éternelle mémoire. Et, quoique je ne sois pas résolu d'imiter exactement Roland, Orland ou Rotoland, car il avait tous ces noms-là, en toutes ses folies, je prétends pour le moins choisir les plus essentielles, et celles qui peuvent passer pour orthodoxes. Peut-être aussi que je me contenterai d'imiter seulement Amadis qui, sans faire de folies éclatantes et pernicieuses, mais seulement des plaintes et des lamentations, acquit tant de réputation et de gloire, qu'on n'en peut avoir davantage.

Il me semble, monsieur, dit Sancho, que les chevaliers qui faisaient ces folies et ces pénitences en avaient quelque sujet ; mais vous, monsieur quelle raison avez-vous de devenir fou ? quelle dame vous a méprisé, e quelle marque avez-vous trouvée que madame Dulcinée du Toboso ait fai des sottises avec maure ou chrétien ? Hé, voilà le point, s'écria don Quichotte ; c'est là le fin de l'affaire : en devenant fou sans cause ni sujet, cela fera voir à madame de quoi je suis capable dans l'occasion, puisque j'extravague sans que rien m'y oblige. Mais, au reste, le long temps qu'il y a que je me suis éloigné de l'incomparable Dulcinée ne m'en donne-t-il pas assez de motif ? Et, comme tu as ouï dire au berger Ambroise, l'absence ne fait-elle pas craindre et sentir tous les maux ? Ainsi donc, ami Sancho, ne perds point de temps à me vouloir détourner d'une si rare, si heureuse et si extraordinaire émulation. Je suis fou, et fou je veux être, jusqu'à ce que tu sois de retour avec la réponse d'une lettre que je veux que tu portes à madame Dulcinée ; et si je la trouve digne de ma fidélité, je cesse au même moment d'être fou et de faire pénitence ; mais, si la lettre n'est pas obligeante, je demeurerai fou absolument, et en cet état-là je ne sentirai rien, de telle sorte que, quoi que me réponde ma dame, je me tirerai toujours d'affaire, ou en jouissant en homme sage du bien que j'espère de ton retour, ou comme fou, sans sentir le mal que tu m'auras apporté.

Mais à propos, Sancho, as-tu sauvé l'armet de Mambrin ? Je m'aperçus bien que tu le ramassas après que cet ingrat eût fait tous ses efforts pour le mettre en pièces : mais qu'est-il devenu ? Vive Dieu, seigneur chevalier de la Triste-Figure, s'écria Sancho, je ne saurais souffrir de certaines choses que vous dites ; et elles me font croire que tout ce que vous chantez des chevaleries, de gagner des royaumes et des empires, et de donner des îles et autres récompenses, à la mode des chevaliers errants, tout cela n'est que vent et que mensonge. Hé qui diable, Dieu me pardonne, peut entendre dire qu'un plat à barbe est l'armet de Mambrin, et voir que celui qui le dit ne s'en désabuse pas en quatre ou cinq jours, sans penser qu'il a perdu le jugement ? J'ai ce bassin dans mon bissac, tout enfoncé et tout gâté, et je l'emporte pour le faire raccommoder, et m'en servir à me faire la barbe, si Dieu me fait la grâce de me revoir avec ma femme et mes enfants.

Sancho, dit don Quichotte, par le Dieu vivant que tu viens de jurer, tu es bien l'écuyer du plus petit entendement qu'il y ait encore au monde. Est-il bien possible que, depuis le temps que tu es avec moi, tu ne te sois pas encore aperçu que toutes les affaires des chevaliers errants semblent des chimères, des folies et des impertinences, et qu'elles paraissent toutes à rebours, non qu'elles soient ainsi, mais parce qu'il y a toujours parmi nous une troupe d'enchanteurs qui changent et bouleversent tout, me semble, selon qu'ils ont envie de nuire ou de favoriser ? C'est justement ce qui paraîtrait autre chose à un autre. J'admire en cela la providence du sage qui est dans mon parti d'avoir fait que tout le monde prenne cet armet de

Mambrin pour un bassin de barbier, parce qu'étant une des plus précieuses choses du monde, et la plus enviée, je n'aurais jamais été en repos; il m'aurait fallu faire mille combats pour le défendre; et, avec cette apparence trompeuse, personne ne s'en soucie, comme cet étourdi l'a bien fait voir en essayant de le rompre, et ne voulant pas même s'en charger. Garde-le, cher ami Sancho, je n'en ai pas besoin pour l'heure, au contraire, je veux me désarmer entièrement et me mettre tout nu comme je sortis du ventre de ma mère, du moins si je trouve qu'il soit à propos d'imiter la pénitence de Roland plutôt que celle d'Amadis.

En achevant ce discours, ils se trouvèrent au pied d'une roche fort haute qui était détachée de toutes les autres, comme si on l'eût fait exprès. Un petit ruisseau coulait doucement par la pente, et venait, en serpentant, arroser un pré qui l'entourait. La fraîcheur et la verdure de l'herbe, et la quantité d'arbres sauvages, de plantes et de fleurs dont la roche était couverte, rendaient ce lieu le plus agréable du monde. Cet endroit-là plut extrêmement au chevalier de la Triste-Figure, qui, le choisissant pour faire sa pénitence, en prit possession en ces termes, comme s'il eût entièrement achevé de perdre la raison :

Voilà, ô ciel! s'écria-t-il, le lieu que je choisis pour pleurer le pitoyable état où vous m'avez réduit! Je veux que mes larmes augmentent les eaux de ce ruisseau, et que mes soupirs perpétuels agitent perpétuellement les feuilles et les branches de ces arbres, pour faire connaître à tout le monde le cruel tourment et l'épouvantable peine que souffre mon cœur. O vous! qui que vous soyez, dieux champêtres, habitants de ces déserts, écoutez les plaintes d'un malheureux amant, qu'une longue absence et une jalousie imaginaire ont amené dans ces tristes lieux, pour pleurer son mauvais sort et se plaindre en liberté des rigueurs d'une belle ingrate en qui le ciel a rassemblé tous les attraits de la beauté humaine! O vous! naïades, et vous dryades, qui avez accoutumé d'habiter les monts sauvages (ainsi soyez-vous en sûreté contre les satyres qui troublent votre repos), aidez-moi à plaindre mes malheurs, ou, pour le moins, ne vous lassez point de les entendre! O Dulcinée du Toboso! soleil de mes jours et lune de mes nuits, gloire de mes peines, nord de mes voyages, étoile de mes aventures, ainsi le ciel t'en donne toujours d'heureuses, comme je te conjure d'avoir pitié du triste état où me réduit ta cruelle absence, et que ton cœur se rende favorable à la constance de ma foi! O vous! arbres solitaires et sombres, qui devez désormais me faire compagnie dans ma solitude, faites-moi connaître par le doux murmure de vos feuilles agitées, et par le frémissement de vos branches, que ma présence ne vous est pas désagréable. Et toi, mon cher écuyer, aimable et fidèle compagnon de toutes mes aventures, considère attentivement tout ce que je vais faire, sans en oublier la moindre chose, afin de le raconter exactement à celle pour qui je le fais. O toi, Rossinante! qui m'a toujours inséparablement accompagné, et si utilement servi, non seulement dans la prospérité, mais tant que la fortune m'a été contraire, qui as toujours partagé mon bonheur et mes disgrâces, pardonne-moi si, dans celle-ci, je choisis la solitude, et crois que ce n'est pas sans regret que je t'abandonne.

En disant cela, il mit pied à terre, ôta promptement la selle et la bride à son cheval, et, lui donnant de la main sur la croupe, il lui dit en soupirant : Celui qui a perdu la liberté te la donne. O cheval! aussi excellent pour tes grandes actions que malheureux dans ton sort, va-t'en où tu voudras, car tu portes écrit sur le front que jamais l'hippogriffe d'Astolphe, ni le renommé Frontin, qui coûta si cher à Bradamante, n'ont égalé la légèreté et la vigueur.

Maudit soit, s'écria Sancho en cet endroit, et mille fois maudit celui qui m'a délivré du soin de débâter mon âne! Les flatteries ne lui manqueraient pas, ni de belles paroles à sa louange; mais pourtant, quand il serait ici, le pauvre grison! pourquoi lui ôter le bât? Qu'est-ce qu'il a à démêler avec les folies des amoureux et des désespérés, puisque son maître, qui était moi, n'a jamais été ni l'un ni l'autre! Mais, dites-donc, monsieur, si mon voyage et votre folie sont véritables, croyez-vous qu'il soit mal à propos de seller Rossinante, afin qu'il supplée au défaut de mon grison, et que mon voyage ne dure pas si longtemps? car, s'il me faut aller à pied, je ne sais pas trop bien quand j'arriverai, ni quand je serai de retour, parce que je suis un fort mauvais piéton.

Fais comme tu voudras, Sancho, répondit don Quichotte; il me semble que tu n'as pas tout à fait tort. Au reste, tu partiras dans trois jours ; je te retiens encore ce temps-là, afin que tu voies ce que je fais pour ma dame, et que tu puisses le lui redire. Et que puis-je voir davantage que ce que j'ai vu, dit Sancho. Vraiment, tu es loin de compte, répartit don Quichotte. Ne faut-il que je déchire mes habits, que jette mes armes pièce à pièce, que je saute la tête en bas sur les rochers, et que je fasse mille autres choses de cette nature qui te donneront de l'admiration? Pour l'amour de Dieu, monsieur, dit Sancho, prenez bien garde comment vous ferez ces sauts : vous pourriez donner de la tête en tel endroit, que dès le premier coup vous auriez achevé la pénitence. Et je serais d'avis, pour moi, si ces soubresauts sont si nécessaires, et que l'œuvre ne se puisse faire sans cela, que vous vous contentassiez, puisque cela est feint, et n'est qu'une imitation, de les faire dans l'eau ou sur des matelas, et je ne laisserai pas de dire à madame Dulcinée que vous l'avez fait sur des roches pointues et dures comme du fer. Je te remercie de ta bonne intention, ami Sancho, répondit don Quichotte; mais il faut que tu saches que ceci n'est point une feinte, mais chose très sérieuse, parce qu'autrement ce serait pécher contre les lois de la chevalerie, qui nous défendent de mentir, sous peine d'être déclarés indignes de l'ordre; et faire une chose pour l'autre, c'est mentir ; ainsi il faut que mes soubresauts soient réels, effectifs, constants et valables, sans aucune supercherie. Cependant il sera bon que tu me laisses de la charpie pour mettre sur mes blessures, puisque nous avons perdu le baume.

C'a bien encore été pis de perdre l'âne, dit Sancho, puisqu'il portait le baume et la charpie; mais je prie votre seigneurie de ne me pas parler de ce vilain breuvage, rien que de l'entendre nommer, je suis prêt de rendre tripes et boyaux. Je vous prie aussi de vous souvenir que les trois jours que vous aviez pris pour me faire voir vos folies sont passés, et que je les tiens pour vues sans appel. Je dirai des merveilles à madame, laissez-moi faire; écrivez seulement, et me dépêchez, car je grille d'être déjà revenu, pour vous tirer du purgatoire où je vais vous laisser. Tu l'appelles purgatoire, Sancho! dit don Quichotte; dis enfer et quelque chose de pis, s'il y en a dans le monde. Et qui est en enfer n'a point de rémission, dit Sancho, à ce que j'ai ouï dire! Qui est une fois en enfer n'en saurait plus sortir ; ce qui n'arrivera pas de vous, autrement que me servirait de remuer les talons pour bâter Rossinante? Quoi qu'il en soit, je prétends bien qu'il me rende comme il m'aura pris devant madame Dulcinée du Toboso, à qui je dirai des choses si admirables de vos folies et de vos impertinences, car je pense que c'est tout un, que je la rendrai plus souple qu'un gant, fût-elle plus dure qu'un chêne. Et j'en obtiendrai une réponse douce comme miel, avec laquelle je m'en viendrai par l'air comme un sorcier, vous tirer de votre purgatoire, qui semble un enfer, mais qui ne l'est pas, puisqu'il y a espérance d'en sortir, et que l'on dit qu'on ne sort jamais d'enfer quand on y a une fois mis le pied, qui est aussi, à ce que je crois, le sentiment de votre seigneurie.

C'est la vérité, dit don Quichotte; mais comment faire pour écrire la lettre? Et le mandat pour les ânons? ajouta Sancho. Je ne l'oublierai pas, reprit don Quichotte; et, puisque je n'ai point de papier, il faudra que j'écrive sur des feuilles d'arbre ou sur des lames de cuivre; mais je viens de me ressouvenir que j'ai les tablettes de Cardenio, qui seront très propres pour cela, et tu auras soin de faire transcrire le tout en belles lettres, au premier bourg où tu trouveras un maître d'école, et, s'il n'y en a pas, par le sacristain de la paroisse; mais donne-toi garde de le faire faire par un homme de chicane, car le diable même ne le lirait pas. Oui, mais comment faire pour la signature? observa Sancho. Jamais Amadis ne signait ses lettres, répondit don Quichotte. Bon pour cela, dit Sancho; mais le mandat, il faut bien qu'il soit signé, et s'il l'est d'une autre écriture que la vôtre, ils diront que le seing est faux, et me voilà sans ânons. Le mandat sera aussi dans les tablettes, et je le signerai; et quand ma nièce verra mon nom, elle ne fera aucune difficulté. Pour ce qui est de la lettre d'amour, tu feras mettre au bas: Votre jusqu'à la mort, le chevalier de la Triste-Figure. Il ne faut point se soucier que l'écriture soit d'une autre main que la mienne, parce que, si je m'en souviens bien, Dulcinée ne sait ni lire, ni écrire, et de sa vie n'a vu ni de mes lettres ni de mon écriture. Nos amours ont toujours été en idée et n'ont jamais passé les bornes d'un honnête regard, et encore ç'a été si peu souvent que je puis bien jurer que depuis douze ans qu'elle m'est plus chère, je ne l'ai pas vue quatre fois, et peut-être même ne s'est-elle jamais aperçue que je la regardasse, tant Lorenzo Corchuelo, son père, et Alonzo Nogatès la veillent de près et la tiennent resserrée.

Et quoi, s'écria Sancho, la fille de Lorenzo Corchuelo, autrement Aldonza Lorenzo, est madame Dulcinée du Toboso! C'est elle-même, répondit don Quichotte, et celle qui mérite d'être maîtresse de toute la terre. Ah! je la connais bien, dit Sancho, et je sais qu'elle tire une barre aussi rudement que pourrait le faire le plus fort berger du village. Vive Dieu! quelle créature! qu'elle est droite et bien faite! et ma foi, elle peut prêter le collet à tout chevalier errant qui la prendra pour maîtresse. Jarni! qu'elle est vigoureuse et de bonne complexion, et la bonne voix qu'elle a! Un jour elle était au haut du clocher de notre village, et elle se mit à appeler les valets de son père, qui étaient à plus d'une demi-lieue de là; ils l'entendaient comme s'ils eussent été au pied de la tour. Ce qu'elle a de meilleur, c'est qu'elle n'est point dédaigneuse: elle joue avec tout le monde et se moque de tout. Oh! vraiment, à l'heure qu'il est, seigneur chevalier de la Triste-Figure, vous pouvez bien faire pour elle tant de folies que vous voudrez; vous pouvez vous désespérer et vous pendre; il n'y a personne qui ne dise que vous aurez bien fait, quand même le diable vous aurait emporté. Aldonza Lorenzo! bon Dieu, je grille d'être en chemin pour la voir, car il y a déjà longtemps que je ne l'ai vue. Elle doit être bien changée à cette heure! le soleil, le grand air, et aller tous les jours aux champs, cela gâte fort le visage des femmes. Il faut que je vous avoue une chose, seigneur don

Quichotte, car jusqu'ici j'ai vécu dans une grande ignorance : j'aurais juré que madame Dulcinée était quelque grande princesse dont vous êtes amoureux, ou quelque autre dame d'importance méritant les riches présents que vous lui avez envoyés, comme celui du biscayen et celui des forçats, et tant d'autres que je m'imagine, selon que vous avez remporté de différentes victoires dans le temps que je n'avais pas l'honneur d'être votre écuyer. Mais après avoir considéré que c'est la dame Aldonza Lorenzo, je dis la dame Dulcinée du Toboso, devant qui ceux que vous avez vaincus doivent aller fléchir le genou, il me vient à l'idée qu'ils pourraient bien arriver pendant qu'elle peignerait du chanvre, ou qu'elle battrait du blé dans la grange ; et ces gens-là auraient grande honte de se jeter à genoux devant une créature si maussade ; elle-même se moquerait peut-être bien de votre présent.

Je t'ai déjà dit plusieurs fois, Sancho, dit don Quichotte, que tu es un grand parleur, et, quoique lourdaud et d'un esprit grossier, tu te mêles de subtiliser et de dire des choses piquantes. Mais, mon cher ami, je suis bien aise de te faire voir que je suis encore plus sage que tu n'es sot ; et au lieu de me fâcher de ce que tu dis, je t'apprends que, pour ce que je souhaite de Dulcinée du Toboso, elle est aussi bonne et meilleure que la plus grande princesse de la terre. Tous les poëtes qui chantent les louanges des dames sous des noms qu'ils leur donnent à leur fantaisie n'ont pas pour cela de véritables maîtresses. Crois-tu que les Philis, les Sylvie, les Diane et les Amaranthe, que l'on voit dans les livres et sur le théâtre, aient été des créatures en chair et en os, et les dames de ceux qui les ont vantées ? Non assurément : ce sont des imaginations de la plupart des poëtes, qui pensent à s'exercer l'esprit et donner matière à leurs poésies, et faire croire qu'étant amoureux, ils sont aussi gens de mérite et d'importance. Il suffit donc pour moi qu'Aldonza Lorenzo soit belle et honnête. Pour ce qui est de sa naissance, je ne m'en mets pas en peine, et sans l'examiner, j'en suis content comme si je savais qu'elle est une grande princesse. Je t'apprends, Sancho, si tu ne le sais pas, que les choses qui nous obligent le plus à aimer sont la beauté et la sagesse ; et elles se trouvent toutes deux si parfaitement en Dulcinée, qu'elle est, sans contestation, la plus belle et la plus sage du monde. En un mot, je m'imagine que cela est tout ainsi que je le dis, sans qu'il s'en faille la moindre chose. Je m'en fais une idée au gré de mes moindres souhaits, et je me la représente telle, que ni les Hélène, ni les Lucrèce, ni toutes les héroïnes des siècles passés, grecques, latines et barbares, n'en ont jamais approché. Qu'on en dise tout ce qu'on voudra, si les idiots ne l'approuvent pas, les honnêtes gens ne laisseront pas moins d'être de mon sentiment. Monsieur, dit Sancho, vous avez raison en tout et partout, et je suis un âne ; mais pourquoi, diable, est-ce que ce nom-là me vient à la bouche ? Il ne faut pas parler de cordes dans la maison de celui qui a été pendu. Cependant, monsieur, écrivez vos lettres, et que je déménage.

Don Quichotte tira les tablettes, et après s'être un peu écarté pour écrire, il appela Sancho, et lui dit qu'il voulait lui lire sa lettre, afin qu'il l'apprît par cœur, parce qu'elle pouvait se perdre en chemin, et qu'il avait tout à craindre de sa mauvaise fortune. Vous ne savez pas, monsieur, dit Sancho, écrivez-là plutôt deux ou trois fois dans les tablettes ; car de penser que je la puisse mettre dans ma mémoire, c'est une folie ; je l'ai si mauvaise, que bien souvent je ne me souviens pas de mon nom. Avec tout cela, pourtant, je vous prie de la lire : je m'imagine qu'elle est faite comme au moule, et je serais bien aise de l'entendre. Ecoute donc, dit don Quichotte :

« Celui qui est percé jusqu'au vif de la pointe trop aiguë de votre absence, et que l'amour a blessé dans la partie la plus sensible du cœur, vous souhaite la santé dont il ne jouit pas, très agréable Dulcinée du Toboso. Si votre beauté me méprise, si votre vertu ne s'explique en ma faveur, et si vos dédains continuent, il est impossible que je résiste à tant de maux, quoique je sois assez accoutumé à la souffrance, parce que la force du mal est plus forte que ma force. Mon fidèle écuyer, Sancho, vous rendra un compte exact, belle ingrate et trop aimable ennemie, de l'état où je suis à cause de vous, et des tourments que j'endure. Si vous avez assez de compassion pour me secourir, vous ferez un acte de justice digne de vous et de moi ; et, en m'obligeant, vous sauverez un bien qui est à vous. Sinon, faites ce qu'il vous plaira ; en achevant de vivre, j'aurai satisfait à votre cruauté et à vos désirs.

« Celui qui est à vous jusqu'à la mort,

« Le chevalier de la Triste-Figure. »

Par ma barbe ! s'écria Sancho, si ce n'est là la meilleure lettre que j'aie jamais vue ! Hé ! ventre de moi ! que vous dites bien tout ce que vous voulez, et que vous avez bien enchâssé là le chevalier de la Triste-Figure ! Par ma foi, je vous le dis, vous êtes le diable même, et il n'y a rien au monde que vous ne sachiez. Il faut tout savoir, répondit don Quichotte, dans la profession que je fais. Or ça, reprit Sancho, écrivez donc de l'autre côté le mandat des trois ânons ; et signez bien nettement, afin qu'on connaisse que c'est bien votre écriture. Je le veux, dit don Quichotte. Et, après avoir écrit, il lut :

« Ma nièce, vous paierez, par cette première de change, trois ânons des cinq que j'ai laissés dans ma maison, à Sancho Pança, mon écuyer, valeur reçue de lui. Je vous en tiendrai compte en me rapportant la présente quittancée dudit Sancho. Fait au fond de la montagne Noire, le 26 d'août de la présente année. »

Elle est fort bien comme cela, monsieur, dit Sancho ; vous n'avez qu'à signer. Il ne faut point la signer, répondit don Quichotte : je m'en vais seulement la parapher, et cela suffirait pour trois cents ânes. Je m'en fie bien bien à vous, dit Sancho. Je m'en vais seller Rossinante ; préparez-vous à me donner votre bénédiction, car je prétends partir tout à l'heure, sans m'amuser à voir les folies que vous voulez faire ; et je dirai que j'en ai tant vu, que je suis sûr qu'on en sera content. Je veux pour le moins, Sancho, que tu me voies tout nu, dit don Quichotte, et il est même nécessaire que je fasse devant toi une ou deux douzaines de folies, qui seront faites dans un instant, afin que, les ayant vu faire, tu puisses jurer, en sûreté de conscience, de toutes celles que tu voudras y ajouter, et je t'assure bien que tu n'en diras pas la moitié autant que j'en ferai. Ho ! cela, je le crois bien, repartit Sancho. Mais, monsieur, pour l'amour de Dieu, que je ne vous voie point nu ! vous me feriez pitié, et je ne pourrais m'empêcher de pleurer. J'ai déjà tant pleuré, cette nuit, mon pauvre âne, que j'aimais beaucoup, aussi bien que vous, que je n'ai pas besoin de m'y remettre. Mais, s'il faut absolument que je vous voie faire des folies, faites-les vite, et les premières qu: vous viendront dans l'esprit, sans aller raffiner, quoique, après tout, il n'en soit pas besoin pour moi, et, comme je vous ai dit, ce sera autant de pris sur mon voyage ; je n'en apporterai pas sitôt la réponse que vous demandez, et que votre bonté mérite. Ma foi, madame Dulcinée peut bien se préparer à me la donner bonne : je jure Dieu, que si elle ne répond pas comme de raison, je lui tirerai la réponse de l'estomac à beaux soufflets comptant et à grands coups de pieds dans le ventre. Et oui ! oui ! je souffrirai qu'un chevalier errant, fameux comme vous, devienne fou, sans rime ni raison, pour une... Qu'elle ne me le fasse pas dire, la bonne dame, et qu'elle aille seulement droit en besogne : car, par ma foi, il ne faut pas m'échauffer les oreilles. Ha ! elle a bien trouvé son homme ! vraiment je ne suis pas si facile qu'elle s'imagine, et elle me connaît mal, et fort mal : si elle me connaissait, elle verrait bien que je ne me mouche pas du pied.

En bonne foi, Sancho, dit don Quichotte, à ce qu'il me paraît, tu n'es guère plus sage que moi. Je ne suis pas si fou, répliqua Sancho, mais je suis plus colère ; mais laissons cela à part. De quoi vivrez-vous, monsieur, jusqu'à ce que je sois de retour ? Irez-vous dans les chemins, comme Cardenio, dérober le pain des pauvres bergers ? Que cela ne te mette pas en peine, dit don Quichotte : quand j'aurais bien de quoi, je suis résolu de ne manger autre chose que les herbes de ces prés et les fruits de ces arbres ; et le fin de mon affaire consiste à mourir de faim en de semblables austérités. A propos, monsieur, dit Sancho, savez-vous bien que j'appréhende fort de ne point retrouver cet endroit-ci quand je reviendrai, tant il est caché et difficile ! Remarque-le bien, répondit don Quichotte : pour moi je ne m'écarterai pas d'ici, et je monterai de temps en temps sur le plus haut des rochers, afin que tu puisses me voir ou que je te découvre dans les chemins. Mais, pour plus de sûreté, tu n'as qu'à couper quantité de branches de genêt, et les épandre de six pas en six pas, jusqu'à ce tu entres dans la plaine : cela te servira d'enseignes et de guides, à l'imitation du fil de Thésée, pour sortir du labyrinthe de Crête.

Je m'en vais le faire tout à l'heure, dit Sancho. Et, après avoir coupé sa charge de genêt, il vint recevoir la bénédiction de son seigneur, pleurant tendrement l'un et l'autre, et il monta sur Rossinante. Ami Sancho, lui dit don Quichotte, je te recommande mon bon cheval ; aie soin de lui comme de ma propre personne.

Sancho dit encore une fois adieu à son maître, et se mit en chemin, semant les branches de genêt comme il lui avait conseillé. Il n'était pas encore bien éloigné qu'il revint sur ses pas, et don Quichotte lui ayant demandé ce qu'il voulait : Monseigneur, répondit-il, il me semble que vous avez quelquefois raison, et vous avez fort bien dit qu'il faut que je sois témoin auxiliaire de quelqu'une de vos folies, afin que je puisse jurer sûrement que je vous en ai vu faire, encore que c'en soit bien une assez grande que le dessein de votre pénitence. Ne te le disais-je pas bien, Sancho ? dit don Quichotte. Attends un peu, le temps de réciter un *Credo* j'en aurai fait une demi-douzaine. Et, défaisant en même temps ses caleçons, il demeura nu, de la ceinture en bas, et fit deux sauts en l'air, se donnant du talon contre le derrière, puis deux culbutes, la tête la première et les pieds en haut, découvrant de si agréables choses, que Sancho tourna promptement bride pour ne les pas voir davantage, et s'en alla fort satisfait de pouvoir jurer sans scrupule que son maître était évidemment fou. Il faut lui laisser faire son voyage et attendre son retour, qui ne sera pas long.

CHAPITRE XXI.

Continuation des finesses d'amour du galant chevalier de la Manche dans la montagne Noire.

Don Quichotte, nu de la ceinture en bas, comme nous l'avons laissé, ayant fait toutes ses culbutes, et voyant Sancho parti, monta sur le haut d'un rocher, et là se mit à penser et à repenser sur une chose qu'il n'avait encore pu résoudre. Il avait de la peine à décider lequel était le meilleur, ou d'imiter Roland dans sa fureur, ou Amadis dans ses extravagances mélancoliques ; et, raisonnant en lui-même, il disait : si Roland fut un chevalier si fort et si vaillant, comme on dit, quelle merveille y a-t-il, puisqu'il était enchanté, et qu'on ne le pouvait blesser que sous la plante du pied, où il portait toujours des souliers à six semelles de fer ? Et malgré cela, ses ruses furent inutiles avec Bernard de Carpio, qui l'étouffa entre ses bras dans la plaine de Roncevaux. Mais, sans toucher à sa vaillance, examinons sa folie : car il est incontestable qu'il perdit le jugement après les marques qu'il trouva, et les nouvelles que lui apprit le berger de la débauche d'Angélique avec Médor, jeune Maure à belle chevelure, et page d'Agramant. Si Roland ne douta donc point que sa dame lui eût fait une telle injure, je ne trouve pas qu'il fît si grande chose en devenant fou, et cela ne me paraît pas fort difficile à faire. Mais moi, comment puis-je l'imiter valablement dans ses folies, si je n'en ai pas le même sujet? Car je ferais bien serment que madame Dulcinée du Toboso n'a jamais vu de Maure en toute sa vie, et qu'elle est encore toute telle que sa mère l'a mise au monde. Par conséquent, je lui ferais un outrage manifeste en me rendant fou du genre de folie de Roland le furieux. Je vois, d'un autre côté, qu'Amadis de Gaule, sans perdre l'esprit, et sans faire des folies d'éclat, a acquis autant de réputation que lui en amour : car, suivant son histoire, il n'eut d'autre raison de faire ce qu'il fit que de se voir méprisé d'Oriane, qui lui avait défendu de paraître jamais devant elle jusqu'à ce qu'elle le rappelât. Ce fut là le véritable et unique sujet qu'il eut de se retirer sur la roche Pauvre avec un ermite, où il versa des larmes en abondance, jusqu'à ce que le ciel eût pitié de lui, et lui envoyât du secours au plus fort de son affliction et de son âpre pénitence. Et cela étant vrai, comme je sais l'être, pourquoi me donné-je la peine de courir ainsi nu, de m'en prendre à ces arbres qui ne m'ont fait aucun mal, et de troubler l'eau de ces ruisseaux qui me sera si utile ? Vive, vive la mémoire d'Amadis ! qu'il soit imité de don Quichotte de la Manche en tout ce qu'il pourra, et qu'on dise de celui-ci ce qu'on dit de l'autre, que, s'il n'a pas accompli de grandes choses, il mourait d'envie de les entreprendre. Et si je ne suis pas méprisé et rebuté de Dulcinée, ne suffit-il pas que je sois absent d'elle ? Courage donc, mettons la main à l'œuvre ; revenez dans ma mémoire, admirables actions d'Amadis, et inspirez-moi par où je dois commencer à l'imiter. Mais je me souviens bien que la prière faisait la plus grande partie de ses occupations. Il en faut faire autant,

7.

ajouta-t-il, et l'imiter en tout et partout, puisque je suis l'Amadis de ce siècle, comme il a été celui du sien.

Ce qui faisait de la peine à notre pénitent, c'est qu'il n'y avait point là d'ermite auprès de qui il pût trouver de la consolation. Cependant il s'entretenait de ses pensées, se promenant dans le pré, écrivant sur le sable et sur l'écorce des arbres des vers accommodés au triste état de sa vie, et à la louange de Dulcinée ; mais par malheur on n'en put trouver d'entiers, et qui se pussent bien lire, que ceux qui suivent :

> Beaux arbres, qui portez vos têtes dans les cieux,
> Et retirez chez vous cent familles errantes
> Vous que mille couleurs ornent à qui mieux mieux,
>   Aimables fleurs, herbes et plantes,
> Si mon séjour ici n'est point trop ennuyeux,
> Écoutez d'un amant les plaintes affligeantes.

>   Ne vous lassez pas d'écouter :
> Je suis ici venu tout exprès pour chanter
> De mes horribles maux la triste destinée.
> Vous aurez en revanche abondamment de l'eau,
> Car don Quichotte ici va pleurer comme un veau,
>   de l'absence de Dulcinée
>   Du Toboso.

> Voici le lieu choisi par un fidèle amant,
> Des plus loyaux amants le plus parfait modèle,
> Qui, pour plaindre à toute heure un inconnu tourment,
>   Se cache des yeux de sa belle,
> Et la fuit sans savoir ni pourquoi ni comment,
> Si ce n'est qu'il est fou par un excès de zèle.

>   L'amour, ce dangereux matois,
> Le brûle à petit feu par dessous son harnois,
> Et le fait enrager comme une ame damnée.
> Ne sachant plus que faire en un si grand ennui,
> Don Quichotte crie, pleure à remplir tout un muid,
>   De l'absence de Dulcinée
>   Du Toboso.

> Pendant que pour la gloire il fait un grand effort,
> Au travers des rochers cherchant les aventures,
> Il maudit mille fois son ridicule sort,
>   Ne trouvant que des pierres dures,
> Des ronces, des buissons qui le piquent bien fort,
> Et, sans lui faire honneur, lui font mille blessures.

>   L'amour le frappe à tour de bras,
> Non pas de son bandeau, car il ne flatte pas.
> Mais d'une corde d'arc qui n'est pas étrennée,
> Il frappe par la tête, il émeut son cerveau,
> Et don Quichotte alors verse de pleurs un seau,
>   De l'absence de Dulcinée
>   Du Toboso.

Ces vers firent bien rire ceux qui les lurent, mais surtout l'addition du Toboso leur parut fort plaisante : car ils s'imaginèrent que don Quichotte, en faisant ses vers, s'était figuré qu'on ne les entendrait pas, s'il oubliait de mettre du Toboso après Dulcinée ; ce qui était vrai, ainsi qu'il l'a avoué depuis. Faire des vers était une des occupations de notre amoureux chevalier dans sa solitude, comme aussi d'invoquer les nymphes des ruisseaux et des fontaines avec la dolente Echo, les conjurant tous de l'écouter, de lui répondre et de lui donner de la consolation. Ensuite, il cherchait des herbes pour se nourrir, attendait avec impatience le retour de son écuyer, qui revint au bout de trois jours ; et, pour peu qu'il eût tardé davantage, il aurait trouvé le chevalier de la Triste-Figure si défiguré, qu'il l'aurait regardé plus de trois fois sans le reconnaître. Mais voyons ce que fit Sancho dans son ambassade.

A la sortie de la montagne il prit le chemin du Toboso, et, le jour suivant, il se trouva sur le midi près de l'hôtellerie où lui était arrivée la disgrace de la berne. Il ne l'eut pas plutôt reconnue qu'il sentit certain frisson, et, s'imaginant se voir encore une fois en l'air, il était tenté de passer outre, quoiqu'il fût heure de dîner, et que le pauvre écuyer n'eût rien mangé il y avait déjà longtemps. Cependant, la nécessité le pressant, il avança jusqu'auprès de l'hôtellerie, et, comme il doutait encore s'il entrerait ou non, il en sortit deux hommes qui crurent le connaître, et l'un dit à l'autre : Monsieur le curé, n'est-ce pas là Sancho Pança, celui que la gouvernante dit que notre aventurier a emmené pour lui servir d'écuyer ? C'est lui-même, répondit le curé, et voilà le cheval de don Quichotte.

C'était justement le curé et le barbier de son village, ceux qui avaient fait la recherche et le procès des livres du chevalier. Quand ils eurent achevé de reconnaître le cheval et le cavalier, ils s'en approchèrent ; et le curé, appelant Sancho par son nom, lui demanda où il avait laissé don Quichotte. Sancho les reconnut aussitôt, et se résolut de cacher le lieu et l'état où il avait laissé son maître.

Messieurs, dit-il, mon maître est occupé en certain endroit dans une affaire de grande importance, que je n'oserais dire quand il irait de ma vie. Non, non, Sancho Pança, mon ami, dit le barbier, on ne se défait pas si aisément de nous. Si vous ne nous dites où vous avez laissé le seigneur don Quichotte, nous croirons que vous l'avez tué pour lui voler son cheval. En un mot, dites-nous où est votre maître, ou vous résolvez à venir en prison. Messieurs, messieurs, dit Sancho, il ne faut pas tant de menaces : je ne suis point homme qui tue ni qui vole ; je suis chrétien. Mon maître est au fond de la montagne, où il fait pénitence tant qu'il peut. Et, sans s'arrêter, il leur dit tout de suite en quel état il l'avait laissé, et les aventures qui lui étaient arrivées ; et que pour lui, il allait de sa part porter une lettre à madame Dulcinée du Toboso, fille de Lorenzo Corchuelo, dont il était éperdument amoureux.

Le curé et le barbier furent tout étonnés de ce que leur apprit Sancho, et bien qu'ils sussent assez la folie de don Quichotte, ils ne cessaient d'admirer qu'il y ajoutât tous les jours de nouvelles extravagances. Ils demandèrent à voir la lettre que don Quichotte écrivait à Dulcinée ; à quoi Sancho répondit qu'elle était écrite dans des tablettes, et qu'il avait ordre de son maître de la faire transcrire sur de beau papier, au premier village qu'il rencontrerait. Et sur ce que le curé lui promit de la transcrire lui-même en beaux caractères, il mit la main dans son sein pour chercher les tablettes; mais il n'avait garde de les trouver : il avait oublié de les prendre, ou, sans y penser, don Quichotte les avait retenues. Quand Sancho vit qu'il cherchait inutilement où il croyait les avoir mises, il lui prit une sueur froide, comme s'il eût été près de rendre l'ame. Il chercha encore deux ou trois fois, il visita tous ses habits, il regarda cent fois autour de lui, et, voyant enfin que c'était sans espérance, il se porta les deux mains à la barbe, et s'en arracha la moitié, et tout d'un temps il se donna cinq ou six coups de poing dans le nez et autant dans les dents, et se mit tout en sang. Le curé et le barbier, qui n'avaient pu être assez prompts pour l'empêcher, lui demandèrent ce qu'il avait pour se traiter de la sorte. Ce que j'ai! répondit Sancho, je viens de perdre en un instant, et de la main à la main, trois ânons, dont le moindre valait une métairie. Comment cela? dit le barbier. J'ai perdu, répondit Sancho, les tablettes où étaient la lettre de madame Dulcinée, et une lettre de change signée de mon maître, par laquelle il mande à sa nièce de me donner trois ânons, de quatre ou cinq qu'elle a entre ses mains. Il raconta aussi la perte du sien, et là-dessus il voulait recommencer à se châtier ; mais le curé le consola en l'assurant qu'il lui ferait donner un autre mandat par son maître, et en papier, comme c'était la coutume, parce que ceux qu'on écrivait sur des tablettes n'étaient pas en bonne forme. Sancho dit que puisque cela était ainsi, il ne se souciait pas d'avoir perdu la lettre de Dulcinée, parce qu'il la savait presque par cœur, et qu'il la pourrait faire transcrire quand il voudrait. Dites-nous ce qu'il y a, Sancho, dit le barbier, et nous la transcrirons dès ce soir. Sancho s'arrêta un peu pour songer aux termes de la lettre, il se gratta la nuque pour s'en ressouvenir ; il se mit sur un pied, puis sur l'autre, regarda quelque temps le ciel, après cela la terre ; il se mit une main sur les yeux, se rongeant les ongles et les doigts de l'autre, et après avoir bien songé : Je veux crever tout à l'heure, dit-il, monsieur le curé, si le diable ne s'en mêle : je ne saurais me souvenir de cette chienne de lettre, sinon qu'il y avait au commencement : *Haute et souterraine dame*. Il faut qu'il y ait *souveraine*, dit le barbier, et non *souterraine*? Oui, oui, justement, vous avez raison, s'écria Sancho. Mais attendez : il me semble qu'il y avait ensuite : Celui qui a les membres offensés de la vigueur de vos essences embrasse les mains de votre seigneurie, ingrate et maniable belle. Je ne sais ce qu'il disait après de santé et de maladie, qu'il envoyait, tant il y a qu'il discourait encore quelque chose de fort bon, et qu'il finissait par *Le vôtre jusqu'à la mort, le chevalier de la Triste-Figure*.

La bonne mémoire de Sancho donna bien du plaisir à ces messieurs, qui l'en louèrent fort et le prièrent trois ou quatre fois de recommencer la lettre, afin qu'ils l'apprissent aussi eux-mêmes par cœur. Il recommença donc trois ou quatre fois, et autant de fois il dit trois ou quatre mille impertinences. Il ajouta à cela tout ce qu'il savait de son maître depuis qu'ils cherchaient ensemble les aventures ; mais, pour lui, il se donna bien garde de souffler mot de son bernement dans l'hôtellerie. Il dit encore qu'au cas qu'il rapportât une bonne réponse de madame Dulcinée, don Quichotte était résolu de se mettre en chemin pour s'aller vite faire empereur ou pour le moins monarque, et qu'ils l'avaient ainsi arrêté entre eux : ce qui n'était pas une chose fort difficile à son maître, qui avait tant de force et de valeur de reste; que, cela étant fait, il devait le marier, parce qu'il serait sans doute veuf, avec une demoiselle de l'impératrice, héritière d'un grand état en terre ferme, sans aucune île, parce qu'il en était déjà las. Sancho disait cela avec tant de calme et si froidement, s'essuyant de temps en temps le nez et la barbe, que le curé et le barbier ne cessaient de l'admirer, tout étonnés de la dangereuse folie de don Quichotte, qui avait été assez forte pour brouiller en si peu de temps l'esprit de ce pauvre homme. Ils ne voulurent point perdre de temps à le désabuser, voyant qu'il n'y avait rien en tout cela qui fît tort à sa conscience, et que, tant qu'il serait plein de ces espérances ridicules, il ne songerait pas à mal faire, outre qu'ils ne furent pas fâchés de se divertir de ces extravagances.

Le curé lui dit donc qu'il priât seulement Dieu pour la santé de son maître, et qu'avec un peu de temps ce n'était pas une affaire que de devenir empereur, ou pour le moins archevêque, ou quelque chose de semblable. Monsieur le curé, répondit Sancho, si les affaires allaient de telle sorte que monseigneur n'eût plus envie de se faire empereur, qu'il se mît en fantaisie d'être archevêque, dites-moi, je vous prie, ce que les archevêques errants donnent à leurs écuyers. Ils ont accoutumé, dit le curé, de leur donner un office de sacristain, ou quelque bénéfice simple, ou même une cure qui leur vaut beaucoup de revenus, sans compter le dedans de l'église, qui se monte pour le moins autant. Mais pour cela, dit Sancho, il faudrait que l'écuyer ne fût pas marié, et qu'il sût pour le moins répondre la messe. Si cela est, me voilà en beaux draps blancs : j'ai une femme, malheureux que je suis, et je ne sais pas seulement la première lettre de l'A B C. Eh! que sera-ce de moi! misérable, si mon maître se va mettre en tête de se faire archevêque? Que cela ne vous inquiète pas, ami Sancho, dit le barbier : nous lui en parlerons, et monsieur le curé lui ordonnera, sous peine de péché, de se faire plutôt empereur qu'archevêque; car, outre que cela sera plus facile, cela lui conviendra beaucoup mieux, parce qu'il a plus de valeur que de science. C'est ce qu'il me semble aussi, dit Sancho, quoique, à vous dire le vrai, je ne croie pas qu'il y ait rien qu'il ne sache. Pour moi, je m'en vais prier Notre Seigneur de lui donner ce qui lui sera le plus convenable et où il trouvera mieux moyen de me donner de grandes récompenses. Vous parlez en homme sage, dit le curé, et de cette manière vous agirez en bon chrétien. Mais ce qui presse le plus à présent, c'est de tirer votre maître de cette farouche et inutile pénitence, qui ne lui produira pas grand fruit; et, pour y penser à loisir aussi bien que pour dîner, car il en est bien l'heure, entrons dans l'hôtellerie. Entrez-y, s'il vous plaît, vous autres messieurs, dit Sancho : pour moi, j'attendrai bien dehors, et je vous dirai tantôt pourquoi je n'y veux pas entrer; mais, je vous prie, envoyez-moi quelque chose de chaud à manger et de l'orge pour Rossinante. Ils entrèrent, et au bout de quelque temps, le barbier lui apporta à dîner; puis, retournant trouver le curé, après avoir bien consulté ensemble sur les moyens de faire réussir leur dessein, ce dernier dit qu'il en savait un infaillible, et merveilleusement approprié à l'humeur de don Quichotte.

J'ai pensé, dit-il au barbier, qu'il faut que je me déguise en demoiselle errante, et que vous vous mettiez le mieux que vous pourrez pour me servir d'écuyer. En cet état, je m'irai présenter devant don Quichotte, feignant d'être une demoiselle affligée qui cherche du secours, et je lui demanderai un don qu'il ne peut refuser de m'accorder, étant chevalier errant. Je l'engagerai à venir avec moi pour me venger d'une injure que m'a faite un chevalier discourtois et félon, le suppliant en même temps de ne point souhaiter de moi que je lève mon voile jusqu'à ce qu'il m'ait fait justice de ce mauvais chevalier. Vous êtes assuré que don Quichotte fera tout ce qu'on voudra en le prenant de la sorte : ainsi nous le tirerons de cette solitude où il est, et l'emmènerons chez lui, où nous verrons à loisir s'il n'y a point de remède à sa folie.

CHAPITRE XXII.

Comment le curé et le barbier vinrent à bout de leur dessein, et avec d'autres choses dignes d'être racontées.

Le barbier trouvant l'invention du curé admirable, ils voulurent l'exécuter sur l'heure, ils demandèrent à l'hôtesse un habit de femme et des coiffes, dont le curé s'accommoda, laissant en gage une soutane toute neuve; et le barbier se fit une grande barbe avec une queue de vache qui servait à l'hôte pour nettoyer son peigne. L'hôtesse leur demanda ce qu'ils voulaient faire de ces nippes; et le curé lui ayant appris en peu de mots la folie de don Quichotte, et qu'ils avaient besoin de ce déguisement pour le tirer de la montagne, l'hôte et l'hôtesse devinèrent que c'était leur hôte du sacré baume et le maître de l'écuyer berné, et racontèrent en même temps tout ce qui s'était passé dans leur maison, sans oublier ce que Sancho avait si grande envie de cacher. Enfin l'hôtesse habilla le curé et en fit une si jolie demoiselle qu'on ne pouvait rien voir de mieux. Elle lui mit une jupe de drap avec des bandes de velours noir de demi-pied de large, toutes découpées, et un corps de panne verte, garni de petites bandes de satin blanc, avec d'autres agréments à la mode, le tout de si bonne étoffe, qu'il s'était conservé depuis le temps de la seconde reine de Castille. Le curé ne voulut pas souffrir qu'on le coiffât en femme; il mit seulement un petit bonnet de toile piquée, dont il se servait la nuit, et le serra sur le front avec une jarretière de taffetas noire, se faisant de l'autre une espèce de masque dont il se couvrit la barbe et le visage. Par dessus son bonnet il mit son chapeau, qui était si grand, qu'il lui pouvait servir de parasol; et, se couvrant de son manteau, il monta sur sa mule à la mode des femmes. Le barbier étant aussi monté sur la sienne avec sa barbe de queue de vache qui lui venait jusqu'à la ceinture, ils prirent congé de l'hôte et de l'hôtesse et de la bonne Maritorne, qui promit de dire un rosaire, quoique grande pécheresse, pour le succès d'une entreprise si chrétienne.

Ils n'étaient pas encore à cinquante pas, qu'il prit un scrupule au curé de s'être affublé de la sorte. Il pensa que c'était une chose indécente à un prêtre de se déguiser en femme, quoique ce fût à bonne intention, et il dit au barbier : Mon compère, changeons d'habit, je vous prie : il vaut mieux que vous soyez la demoiselle, et que je sois l'écuyer; j'en profanerai moins ma dignité et mon caractère, à qui je dois plus qu'à don Quichotte. Et il ajouta que, sans cet échange, il était absolument résolu de ne passer pas plus avant. Sancho arriva justement là-dessus, et ne put s'empêcher de rire en voyant cette agréable mascarade.

Le barbier ne fit aucune difficulté de se déguiser en femme ; et, pendant qu'il se déshabillait, le curé l'instruisit de ce qu'il devait dire à don Quichotte pour l'obliger de quitter sa pénitence, et de lui prêter secours ; le barbier répondit qu'il n'éprouverait pas le moindre embarras à cet égard, vu qu'il était au fait du style de la chevalerie errante ; mais il ne voulut point s'habiller qu'ils ne fussent plus proche de la montagne. Pour le curé, il se mit la grande barbe sur l'heure, et ils commencèrent à marcher sous la conduite de Sancho, qui leur conta en chemin ce qui leur était arrivé avec un fou qu'ils avaient trouvé dans la montagne, sans rien dire pourtant de l'argent et de la valise : car le bonhomme, tout idiot qu'il était, ne laissait pas de savoir dissimuler au besoin.

Le jour suivant, ils arrivèrent où Sancho avait semé des branches pour retrouver son chemin, et le reconnaissant, il leur dit que c'était là l'entrée, et qu'il était temps de se déguiser, s'ils croyaient que cela servît pour tirer son maître de sa pénitence : car ils avaient déjà dit leur dessein, en lui défendant de témoigner devant don Quichotte qu'il les reconnût, et l'avertissant que, si par hasard il lui demandait, comme il n'y manquerait pas, s'il avait remis sa lettre à Dulcinée, de lui répondre que oui, mais que, ne sachant pas lire, elle avait répondu de bouche, et lui demandait, sous peine d'encourir sa disgrâce, qu'il se rendît incessamment auprès d'elle, et que c'était ce qu'elle souhaitait le plus. Ils ajoutèrent qu'avec cette réponse et ce qu'ils diraient de leur côté ils étaient assurés de lui faire changer de vie, et qu'il se mettrait aussitôt en chemin pour s'aller faire empereur ou monarque, sans qu'il y eût à craindre qu'il pensât à vouloir être archevêque. Il sera bon, ajouta Sancho, que j'aille un peu devant chercher mon maître, et lui dire la réponse de sa dame, qui aura peut-être assez de vertu pour le tirer de là, sans que vous autres messieurs preniez tant de peine. Et, aussitôt, il entra par une ouverture de la montagne, laissant le curé et le barbier au bord d'un petit ruisseau, où quelques arbres et les rochers faisaient une ombre fraîche et agréable, qu'ils trouvèrent d'autant plus commode que c'était au mois d'août et environ sur les trois heures après midi, où, dans ces lieux, la chaleur est excessive.

Pendant qu'ils étaient là tous deux à prendre le frais, ils entendirent une voix qui, sans être accompagnée d'aucun instrument, leur parut très belle et leur donna beaucoup d'admiration, car ils ne pouvaient comprendre par quel hasard il se trouvait quelqu'un qui chantât si bien dans un lieu si sauvage : mais ils furent encore plus surpris quand ils entendirent des vers qui n'avaient rien de rustique ni qui sentît le village. Les voici :

> Je vois d'où vient enfin le trouble de mes sens
> L'absence, le mépris, une âpre jalousie,
> Troublent ma fantaisie
> Et font tous les maux que je sens.
> Dans cet accablement, quelle est mon espérance ?
> Il n'est point de remède à des maux si pressants,
> Et les efforts les plus puissants
> Succombent à leur violence.
>
> C'est toi, cruel amour, qui causes mes douleurs !
> C'est toi rigoureux sort, dont l'aveugle caprice
> Me fait tant d'injustice !

Cruel! tu consens à mes malheurs.
Il faut mourir enfin dans un état si triste :
Le ciel, le sort, l'amour l'ont ainsi résolu :
 Ils ont un empire absolu,
 Et c'est en vain qu'on leur résiste.

Rien ne peut adoucir la rigueur de mon sort
A moins d'être insensible au mal qui me possède,
 Il n'est point de remède,
 Que le changement ou la mort.
Mais mourir ou changer, et perdre ce qu'on aime,
Ou se rendre insensible en perdant la raison
 Cela peut-il s'appeler guérison,
 Et n'est-ce pas un mal extrême.

La beauté du lieu, les vers, l'agréable voix qui les chantait émerveillèrent nos auditeurs, qui, après avoir attendu longtemps, et voyant que le musicien ne chantait plus, voulurent aller savoir de lui s'ils ne pouvaient point lui rendre quelque service ; mais, comme ils se levaient, la même voix chanta les paroles suivantes :

Pure et sainte amitié, rare présent des dieux,
Qui, lasse des mortels et de leur inconstance,
Ne nous laissant de toi qu'une vaine apparence,
As quitté ce séjour pour retourner aux cieux.

De là, quand il te plaît, tu répands à nos yeux
Des douceurs de la paix une riche abondance ;
Mais une fausse image, avec ta ressemblance,
Sous le voile du bien, désole tous ces lieux.

Descends pour quelque temps amitié sainte et pure ;
Viens détruire ici-bas la fourbe et l'imposture,
Qui sous ton sacré nom abusent les mortels.

Fais voir à découvert l'éclat de ton visage ;
Remets, avec la paix, la franchise en usage,
Et dissipant l'erreur, rétablis tes autels.

Ce sonnet fut suivi de sanglots et de profonds soupirs, et le curé et le barbier, touchés de compassion et de curiosité, résolurent de savoir qu'elle était la personne si affligée. Ils n'allèrent pas loin sans découvrir, au détour d'une roche, un homme de la taille et de la figure dont Sancho Pança leur avait dépeint Cardenio : celui-ci, les ayant aperçus, s'arrêta tout court, baissant la tête sur l'estomac, en homme qui rêve profondément, et sans lever les yeux pour les regarder. Le curé, qui était un homme charitable, et qui, aux indices que lui avait donnés Sancho Pança, connut que c'était Cardenio, s'approcha de lui, et, avec des paroles obligeantes et en termes pressants, le pria instamment de quitter un lieu si farouche, et une vie si misérable, dans laquelle il courait risque de perdre son âme, ce qui est le malheur le plus horrible de tous.

Cardenio était pour lors dans son bon sens et libre de ses accès furieux qui le prenaient si souvent. Mais voyant devant lui deux hommes tout autrement vêtus que ceux qu'il avait coutume de voir dans ces montagnes, et qui parlaient comme s'ils l'eussent connu, il ne laissa pas d'être un peu surpris ; et les ayant considérés quelque temps avec attention, il leur dit enfin : Je vois bien, messieurs, qui que vous soyez, que le ciel, touché de mes malheurs, vous a envoyés dans un lieu si éloigné du commerce du monde pour me tirer de cette affreuse solitude, et m'obliger de retourner parmi les hommes ; mais, comme vous ne savez pas si bien que moi que je ne sors jamais d'un péril que pour tomber dans un plus grand, vous croyez peut-être que je suis un misérable sans esprit et sans jugement, et ce ne serait pas chose surprenante que vous eussiez cette pensée. Je m'aperçois bien moi-même que le seul souvenir de mes disgraces me trouble souvent au point que je perds et la raison et la connaissance ; et je le reconnais surtout quand on me dit ce que j'ai fait pendant ce fâcheux accident, et qu'on m'en donne des preuves dont je ne puis douter. Mais quoi ! je ne sais qu'y faire, que de me plaindre de ma mauvaise fortune et de donner pour excuse aux folies qu'on me reproche la cause qui me les fait faire, et l'histoire de mes malheurs, que je raconte à qui la veut entendre. Il me semble que cela me soulage un peu, parce que je suis persuadé que ceux qui m'écoutent me trouvent plus à plaindre que coupable, et que la compassion qu'ils ont de mes disgraces leur fait oublier mes folies. Si vous venez ici, messieurs, avec la même intention que beaucoup d'autres, je vous prie, avant de penser à me faire changer de vie et de demeure, de vouloir écouter le récit de mes pitoyables aventures, et vous verrez si, avec tant de sujet de m'affliger et ne pouvant trouver de consolation avec les hommes, je n'ai pas raison de m'en éloigner.

Le curé et le barbier, qui étaient bien aises d'apprendre son histoire de lui-même (Sancho ne leur en ayant dit qu'une partie, et fort confusément), le prièrent de la leur raconter, l'assurant qu'ils n'avaient dessein que de lui donner de la consolation, et, s'ils pouvaient, du soulagement.

Le triste cavalier commença son histoire presque dans les mêmes termes qu'il l'avait fait à don Quichotte, quand ils se piquèrent tous deux sur le sujet de maître Elisabeth, à cause de la trop grande exactitude de don Quichotte à garder les règles de la chevalerie. Mais Cardenio, étant pour lors dans son bon-sens, eut le loisir de continuer jusqu'à la fin ; et, étant arrivé à l'endroit du billet que don Fernand avait trouvé dans Amadis de Gaule, il dit qu'il s'en souvenait bien, et qu'il y avait ainsi :

LUSCINDE A CARDENIO,

« Je découvre tous les jours en vous de nouveaux sujets de vous estimer ; si vous croyez que ce sentiment-là vous soit avantageux, profitez-en en honnête homme. J'ai un père qui vous connaît, et qui m'aime assez pour ne pas s'opposer à mes desseins quand il les verra justes. C'est à vous à me faire voir que vous m'estimez autant que vous le dites, et que j'en suis persuadée. »

Ce fut là le billet qui m'obligea de demander Luscinde à son père, et qui donna si bonne opinion de son esprit et de sa sagesse à don Fernand, et lui fit prendre le dessein de renverser tous mes projets. Je dis à ce dangereux ami la réponse du père de Luscinde, et qu'il m'avait témoigné qu'il serait bien aise de savoir les sentiments du mien, et que ce fût lui-même qui fît cette demande, mais que je n'osais lui en parler, de crainte qu'il ne me l'accordât pas, non qu'il ne sût bien que Luscinde avait assez de qualités, de beauté et de vertu, pour faire honneur à la meilleure maison d'Espagne, mais parce que je voyais bien qu'il ne voudrait pas que je me mariasse jusqu'à ce qu'il vît ce que le duc voulait faire pour moi. Don Fernand s'offrit de parler à mon père et de l'obliger de parler à celui de Luscinde.

Que t'avais-je fait, cruel et injuste ami? et quand je te découvrais les secrets de mon cœur, qui t'obligeait à trahir ma confidence et à me faire la plus noire de toutes les perfidies? Mais de qui me plains-je? Quand le ciel veut rendre un homme malheureux, il est impossible de le prévoir, et toute la prudence du monde est inutile. Qui aurait jamais cru que don Fernand, que la qualité et le mérite pouvaient faire prétendre aux plus grands partis du royaume, qui me témoignait de l'amitié, et m'était redevable de mille services, pût former le dessein de m'enlever le seul bien qui devait faire le bonheur de ma vie?

Don Fernand, voyant que ma présence était un obstacle à ce qu'il avait projeté, pensa à se défaire adroitement de moi; et le même jour qu'il se chargea de parler à mon père, ayant fait exprès marché de six chevaux, il me pria d'aller demander à son frère de l'argent pour les payer. Je n'avais garde de penser à sa trahison: je le croyais plein d'honneur, et j'étais de trop bonne foi pour soupçonner un homme que j'aimais. Dès qu'il m'eut dit ce qu'il souhaitait je m'offris de le faire à l'heure même. Le soir, j'allai prendre congé de Luscinde, et lui dire ce que don Fernand m'avait promis. Elle me répondit que je songeasse à revenir promptement, et qu'elle ne doutait pas que, sitôt que mon père aurait parlé au sien, l'affaire ne fût conclue. Je ne sais ce qu'elle sentit dans ce moment, mais je la vis tout en larmes, et elle se trouva si oppressée, quelque effort qu'elle fît, elle n'en put dire davantage. Ainsi la nuit qui précéda mon départ, et qui devait être pour tous deux un temps de joie et de plaisir, fut pour Luscinde une nuit de soupirs et de larmes. Pour moi, je demeurai plein de confusion et d'étonnement, sans pouvoir apprendre la cause de sa douleur, que j'attribuai à la tendresse qu'elle avait pour moi, et au déplaisir de me voir éloigner d'elle.

Enfin je partis avec une mélancolie profonde, et rempli de frayeurs et d'imaginations, sans savoir ni ce que j'imaginais, ni ce que j'avais à craindre. Je rendis la lettre de don Fernand à son frère, qui me fit mille caresses; mais il m'ordonna de ne paraître de huit jours devant son père, parce que don Fernand le priait de lui envoyer de l'argent sans qu'il en eût connaissance. Tout cela était un artifice de don Fernand pour retarder mon retour: car son frère ne manquait pas d'argent, et il ne tenait qu'à lui de me donner congé à l'instant même. Aussi fus-je sur le point de m'en retourner sans rien faire, ne pouvant vivre si longtemps éloigné de Luscinde, ni consentir à l'abandonner en l'état où je l'avais laissée. J'obéis pourtant, et la crainte de désobliger mon père et de faire une action que je ne pourrais excuser raisonnablement, l'emporta sur mon impatience.

Quatre jours après que je fus arrivé, un homme m'apporta une lettre, que je reconnus être de Luscinde. Je l'ouvris en tremblant, et tout surpris de ce qu'elle m'envoyait un homme exprès. Mais, avant de la lire, je demandai au porteur qui la lui avait donnée, et combien il avait été en chemin. Il me répondit que, passant par hasard dans la rue, environ sur le midi, une dame fort belle, et tout éplorée l'avait appelé par une fenêtre, et lui avait dit avec beaucoup de précipitation: Mon ami, si vous êtes chrétien, comme il me semble, je vous prie, au nom de Dieu, de partir tout à l'heure sans perdre un moment, de porter cette lettre à son adresse, et la rendre en main propre. Cependant, afin que vous soyez en état de faire ce que je vous demande, voilà ce que je vous donne. En même temps, ajouta-t-il, elle me jeta un mouchoir où je trouvai cent réales, avec cette bague d'or et la lettre; et après que je l'eus assurée que je ferais ce qu'elle m'ordonnait, elle ferma sa fenêtre. Me trouvant donc si bien payé par avance, et voyant que la lettre s'adressait à vous, que je connais bien, Dieu merci, et plus touché encore des larmes de cette belle dame que de tout le reste, je n'ai pas voulu m'en fier à un autre, et dans seize heures j'ai fait les dix-huit lieues qu'il y a d'ici à la ville.

Pendant que cet homme me parlait, j'avais une frayeur mortelle qu'il ne m'apprît quelque chose de fâcheux, et je tremblais si fort que j'avais de la peine à me soutenir. Enfin je lus la lettre de Luscinde, et voici à peu près ce qu'il y avait:

« Don Fernand s'est acquitté de la parole qu'il vous avait donnée de faire parler à mon père; mais il a fait pour lui ce qu'il vous avait promis de faire pour vous: il me demande lui-même en mariage, et mon père aveuglé de de l'avantage qu'il espère de cette alliance, y a si bien consenti que, dans deux jours, don Fernand doit me donner la main, sans qu'il y ait d'autres témoins que le ciel et quelques personnes de notre maison. Jugez de l'état où je suis par celui où vous devez être, et venez promptement si vous pouvez. La nuit de cette affaire fera voir si je vous aime. Adieu. »

Je n'eus pas achevé de lire la lettre, poursuivit Cardenio, que je partis sans achever ma commission. Ce fut alors que je connus clairement la fourberie de don Fernand, et qu'il ne m'avait éloigné de Luscinde que pour profiter de mon absence. La colère que j'en eus, l'amour et l'impatience, me donnèrent des ailes; j'arrivai le lendemain à la ville de fort bonne heure, et, passant le soir devant la maison de Luscinde, je la trouvai heureusement à sa fenêtre. Nous nous reconnûmes aussitôt l'un de l'autre; mais elle ne me le témoigna pas comme je l'espérais, et je ne la trouvai pas comme elle devait être.

Qui peut se vanter de connaître parfaitement l'esprit d'une femme, et qui a jamais pénétré le secret de son cœur? Cardenio, me dit Luscinde, je suis vêtue pour la noce, et l'on m'attend dans la salle pour achever la cérémonie; mais mon père, le traître don Fernand et les autres seront témoins de ma mort, et non pas de mon mariage. Ne te trouble point, mon cher Cardenio, mais tâche de te trouver à ce sacrifice. Je t'assure que, si mes paroles n'ont pas assez de force pour l'empêcher, ce poignard m'en fera raison, et la fin de ma vie te sera une preuve incontestable de mon amour et de ma fidélité. Faites, madame, lui dis-je avec précipitation et sans savoir ce que je disais, faites que vos actions justifient vos paroles. Entreprenons toutes choses pour nos intérêts communs, et je vous réponds que, si mon épée les défend mal, je la tournerai contre moi-même plutôt que de survivre à ma honte. Je ne sais si Luscinde m'entendit, car on la vint quérir en grande hâte pour lui dire qu'on n'attendait plus qu'elle.

Je demeurai dans une confusion et une tristesse que je ne saurais exprimer. Je m'imaginais voir coucher le soleil pour la dernière fois, et mes yeux et mon esprit perdirent tout d'un coup la lumière. Dans ce terrible état je devins presque insensible, et, si l'intérêt de mon amour ne m'eût tiré de mon assoupissement, je n'aurais plus songé à entrer dans la maison de Luscinde! Mais enfin, revenant à moi, et considérant ce que je lui avais promis et combien je pouvais lui être utile dans une rencontre si fâcheuse, j'entrai à la faveur du bruit qu'on faisait dans la maison, et, sans être vu de personne, je me cachai dans le vide d'une fenêtre, que couvrait la tapisserie, d'où je pouvais voir aisément tout ce qui se passait dans la chambre. Je ne saurais vous dire les diverses pensées qui m'agitèrent alors, les réflexions que je fis, mes frayeurs, mes inquiétudes et mes alarmes; tout cela passa avec trop de confusion et ne sert de rien à mon histoire. Don Fernand entra dans la salle avec ses habits d'ordinaire, et sans aucune parure, accompagné seulement d'un cousin-germain de Luscinde; tout le reste était des gens de la maison.

Un moment après, Luscinde sortit d'une chambre, accompagnée de sa mère et suivie de deux demoiselles qui la servaient. Elle était vêtue et parée en fille de sa qualité, et autant qu'elle le pouvait être en un jour de cérémonie; mais le trouble où j'étais m'empêcha de remarquer comment elle était habillée. Je me souviens seulement que l'étoffe était incarnate et blanche, et qu'elle avait beaucoup de perles et de pierreries; mais rien n'égalait l'éclat de sa beauté, dont elle était bien plus parée que de tout le reste.

O souvenir cruel, ennemi mortel de mon repos, pourquoi me représentes-tu si fidèlement l'incomparable beauté de Luscinde, ou que ne me caches-tu en même temps ce que je la vis faire! Messieurs, pardonnez-moi ces plaintes, je n'en suis point le maître, et ma douleur est si vive et si pressante, que je me fais violence pour ne me pas écrier à chaque parole.

Tous ceux qui devaient être de la cérémonie étant dans la salle, le prêtre y entra, et, prenant les fiancés par la main, il demanda à Luscinde si elle ne recevait pas don Fernand pour époux. En cet endroit j'avançai la tête hors de la tapisserie, et, tout troublé que j'étais, j'écoutai avec attention ce que Luscinde allait dire, attendant sa réponse comme l'arrêt de ma vie ou de ma mort.

Misérable que j'étais! qui m'empêcha de paraître alors, et de représenter à Luscinde ce qu'elle m'avait promis et ce qu'elle me devait, et qu'elle détruisait mon bonheur en gardant inutilement le silence? Pourquoi ne lui criai-je pas : Tu as ma foi, Luscinde, et j'ai la tienne : tu ne peux pire *oui* sans crime et sans me donner la mort. Et toi, perfide don Fernand, qui violes hardiment toute sorte de droits pour usurper mon bien crois-tu troubler impunément le repos de ma vie, et qu'il y ait quelque considération qui étouffe mon ressentiment, quand il s'agit de ma gloire et de mon amour? Misérable que je suis! je sais bien maintenent ce que je devais faire alors! Lâche, t'amuses-tu à te plaindre d'un ennemi dont tu pouvais te venger? Plains-toi de ton cœur, qui n'a pas su te servir, et meurs désormais comme un homme sans esprit et sans honneur, puisque tu n'as pas su ce que tu devais faire, ou que tu as été assez lâche pour n'oser l'entreprendre.

Le prêtre attendait la réponse de Luscinde, qui fut fort longtemps à la faire; et, quand je m'imaginais qu'elle allait se servir de son poignard pour se tirer d'embarras par une action généreuse, ou qu'elle se dégagerait par quelque adresse qui me serait favorable, j'entendis qu'elle dit d'une voix faible et mal assurée : *Oui*. Et don Fernand, ayant répondu de même, lui donna l'anneau de mariage en même temps, et ils demeurèrent unis pour jamais. Le marié s'approcha aussitôt pour embrasser son épouse; mais elle, se mettant la main sur le cœur, tomba évanouie entre les bras de sa mère.

Qu'est-ce qui se passa en moi pour lors! Quel trouble sentis-je et quelle confusion quand je vis la fausseté des promesses de Luscinde, toutes mes espérances trompées, et qu'une seule parole me faisait perdre pour jamais le seul bien qui me faisait aimer la vie! Il me sembla que j'étais devenu l'objet de la colère du ciel et qu'il m'abandonnait à la cruauté de ma destinée. Le trouble et la confusion s'emparèrent de mon esprit. Je me déclarai ennemi juré des hommes, et la violence de la douleur étouffant en moi les soupirs et les larmes, je me sentis pénétré d'un désespoir violent et tout transporté de jalousie et de vengeance.

L'évanouissement de Luscinde troubla toute l'assemblée, et sa mère l'ayant délacée pour lui donner de l'air, on trouva dans son sein un papier cacheté que don Fernand prit tout à l'heure, et après l'avoir lu, il se jeta dans une chaise comme un homme qui vient d'apprendre quelque chose de fâcheux, et comme s'il eût entièrement oublié que sa femme avait besoin d'être secourue. Pour moi, voyant tous les gens de la maison occupés, je pensai à sortir brusquement, sans me soucier d'être vu, et tout résolu, si on me reconnaissait, de faire un si grand désordre en châtiant le traître don Fernand, que tout le monde apprendrait en même temps sa perfidie et mon ressentiment. Mais la fortune, qui me réserve peut-être pour les plus grands malheurs, me conserva alors un reste de jugement, qui m'a tout à fait manqué depuis. Je sortis sans me venger de mes ennemis, qui étaient bien aisés à surprendre, et je pensai à exercer contre moi-même la peine qui leur était due, pour me châtier d'avoir fait fondement sur la foi des hommes.

Dans le même moment je sortis aussi de la ville, et quand je me vis à la campagne, seul, dans le silence et les ténèbres, j'éclatai contre don Fernand, à qui je donnai autant de malédictions que si j'en eusse tiré la satisfaction dont j'avais besoin et la réparation de l'injure qu'il m'avait faite. Je m'emportai contre Luscinde, et lui fis des reproches comme si elle eût été en état de les comprendre. Je l'appelai cent fois cruelle, ingrate et parjure; je l'accusai de manquer de foi par un intérêt bas et lâche, à moi qui l'avais toujours fidèlement servie, et de me préférer don Fernand, qu'elle connaissait à peine, moins par un sentiment d'orgueil que par un mouvement d'avarice. Parmi tous ces emportements et au milieu de ma fureur, un reste d'amour me faisait excuser Luscinde. Je me représentais qu'elle avait toujours été élevée dans un grand respect pour son père, et qu'étant naturellement douce et timide, elle obéissait peut-être par contrainte contre son inclination; et que d'ailleurs, en refusant un gentilhomme de grande qualité, fort bien fait et très riche, contre la volonté de ses parents, elle pouvait craindre de jeter dans le monde une mauvaise opinion de sa conduite et des soupçons désavantageux à sa réputation. Mais aussi, m'écriais-je, pourquoi n'a-t-elle pas dit les serments qui nous lient? Quelle honte l'a retenue? Ne se serait-elle pas légitimement excusée de recevoir la main de don Fernand? Qui l'a empêchée de se déclarer pour moi, sinon l'ambition et l'intérêt? car enfin, pour elle, je ne suis point un homme à mépriser, et ma recherche lui fait si peu de honte, que, sans ce perfide, ses parents ne me l'auraient pas refusée. Ah! grandeurs ennemies de mon repos et de ma gloire! richesses, idoles des ames basses, comment avez-vous fait pour corrompre la vertu de Luscinde? Lâche don Fernand! de quel charme t'es-tu servi pour la séduire?

Je marchai le reste de la nuit dans ces inquiétudes, et le matin je me trouvai à l'entrée de ces montagnes, où j'allai encore trois jours sans tenir aucun chemin, jusqu'à ce que je me trouvai dans des prairies; où je demandai à des bergers quel était l'endroit le plus désert de la montagne;

Ils m'enseignèrent celui-ci, où je vins sans m'arrêter, dans la résolution d'y achever ma triste vie. En arrivant au pied de ces rochers, ma mule tomba morte de faim et de lassitude, et je demeurai sans force et sans secours, et tellement abattu que je ne pouvais plus me soutenir. Je fus de cette sorte je ne sais combien de temps étendu par terre, d'où je me levai sans ressentir aucune faim, et je vis auprès de moi des bergers qui m'avaient sans doute donné le secours dont j'avais besoin, quoique je ne m'en ressouvinsse pas : car ils me dirent qu'ils m'avaient trouvé dans un pitoyable état, et disant tant d'extravagances, qu'ils croyaient que j'avais perdu l'esprit. J'ai bien reconnu moi-même, depuis ce temps-là, que je ne l'ai pas bien libre et que je fais mille folies dont je ne suis pas maître, déchirant mes habits, criant à pleine tête au milieu de ces montagnes, maudissant ma mauvaise fortune et répétant souvent le nom de Luscinde, sans avoir d'autre dessein que d'expirer en la nommant ; et quand je reviens à moi, je me trouve las et fatigué comme à la sortie d'un grand travail. Je me retire d'ordinaire dans un liége creux qui s'est trouvé assez gros pour me servir de demeure. Des gens qui gardent du bétail sur ces montagnes, et à qui je fais pitié, me mettent du pain et d'autres choses à manger dans les endroits où ils croient que je les pourrai apercevoir en passant : car bien que j'aie presque perdu le jugement, la nature ne laisse pas de sentir ses besoins, et l'instinct me pousse à les satisfaire. Parce que ces bonnes gens me trouvant avec un peu de raison, me font des plaintes de ce que je leur enlève violemment leur provision par force et de ce que je les maltraite, quoiqu'ils me donnent de bon cœur ce que je demande, cela m'afflige extrêmement, et je leur promets d'en user mieux à l'avenir.

Voilà, messieurs, quelle est ma triste vie, en attendant que le ciel en dispose, ou que, touché de pitié, il me fasse perdre le souvenir de la beauté et de l'ingratitude de Luscinde, et des perfidies de don Fernand. Si cela m'arrive avant que je meure, j'espère que les troubles de mon esprit se dissiperont. Cependant je prie le ciel de me regarder d'un œil de compassion, car je m'imagine bien que cette manière de vivre ne peut que lui déplaire et l'irriter ; mais j'avoue que je n'ai pas le courage de prendre de moi-même une bonne résolution : mes disgrâces m'accablent et surmontent mes forces, et ma raison s'est si fort affaiblie, que, loin de me donner du secours, elle m'entretient en des sentiments contraires. Confessez, messieurs, que vous n'avez jamais vu une histoire plus étrange et plus pitoyable que la mienne, que ma douleur n'est que trop juste, et qu'on ne peut pas témoigner moins de ressentiment avec tant de sujet. Ne perdez point de temps à me donner des conseils : ce serait inutilement. Luscinde était le seul remède à mes maux ; il faut que je meure, puisqu'elle m'abandonne. Elle m'a fait voir qu'elle en voulait à ma vie, en me préférant don Fernand. Hé bien, je la lui veux sacrifier, et, jusqu'au dernier soupir, exécuter ce qu'elle souhaite.

Cardenio finit là son affligeant récit ; et comme le curé se préparait à le consoler, il en fut empêché par des plaintes qu'ils entendirent et qui attirèrent leur attention.

LIVRE TROISIÈME.

CHAPITRE XXIII.

De la nouvelle et agréable aventure qui arriva au curé et au barbier dans la montagne Noire.

Nous avons dit que le curé, voulant donner de la consolation à Cardenio, en fut empêché par des plaintes. Serait-il vrai, soupirait une voix, que j'eusse enfin trouvé un lieu qui pût me cacher aux yeux de tout le monde, et servir de sépulture à ce corps misérable, dont la charge m'est devenue si pesante! Que je suis heureuse, dans mes disgrâces, de trouver dans la solitude de ces montagnes le repos et la sûreté qu'on ne trouve point parmi les hommes, et de pouvoir, en liberté, me plaindre au ciel des malheurs dont je suis accablé! Ciel pitoyable! écoutez mes plaintes; c'est à vous que je m'adresse : les hommes sont faibles et trompeurs; et vous seul pouvez me donner de la consolation et du soulagement, et m'inspirer ce que je dois faire.

Le curé et sa compagnie se levèrent pour voir quelle était cette personne affligée qui se plaignait de la sorte; et ils n'eurent pas fait vingt pas, qu'ils aperçurent, derrière un rocher, au pied d'un chêne, un jeune homme vêtu en paysan, dont ils ne purent voir le visage, parce qu'il baissait la tête sur ses pieds, qu'il lavait dans un ruisseau. Ils approchèrent si doucement de lui, qu'il ne les entendit point, et ils eurent le loisir de remarquer qu'il avait les jambes admirablement bien faites, et d'une si grande blancheur, qu'elles semblaient d'albâtre. Cette beauté les surprit dans un homme vêtu de la sorte, et qui apparemment travaillait tous les jours à la terre; redoublant leur curiosité, elle obligea le curé, qui allait devant, de faire signe aux autres de le laisser ou de se cacher derrière le rocher; et de là, observant soigneusement le jeune garçon, ils virent qu'il portait un jupon gris-brun, avec une espèce d'écharpe de toile blanche qui le serrait par dessus, et des chausses brunes, et sur la tête un petit bonnet de même couleur. Après qu'il se fut lavé les pieds, il tira un linge dont il les essuya; et, ayant en même temps levé la tête, il fit voir un si beau visage, que Cardenio ne put s'empêcher de dire au curé que, puisque ce n'était point Luscinde, ce n'était pas une créature humaine.

Le jeune garçon ôta ensuite son bonnet, et, secouant deux ou trois fois la tête, il en tomba une grande quantité de cheveux, dont la longueur et la beauté lui firent connaître que ce qu'ils avaient pris pour un laboureur était une jeune fille, et une des plus belles personnes du monde. Cardenio ne fut pas moins surpris que les autres, et il avoua encore que, hors Luscinde, il n'avait jamais rien vu de comparable. Pour démêler ses beaux cheveux dont elle fut toute couverte, elle n'employa que ses doigts, et fit voir en même temps des bras si bien faits et des mains si blanches, qu'augmentant l'admiration et la curiosité de ceux qui la regardaient, ils se levèrent pour l'aller voir de plus près, et pour apprendre qui elle était.

Au bruit qu'ils firent, la jeune fille tourna la tête, et, écartant ses cheveux, elle regarda de tous côtés; mais, à peine eût-elle aperçu ces trois hommes, que, sans songer à relever sa chevelure, ni garantir ses pieds qui étaient nus, elle prit seulement un paquet, et, se levant précipitamment, se mit à fuir de toute sa force; mais elle n'alla pas loin : ses pieds tendres et délicats, ne pouvant souffrir la dureté des pierres, elle tomba; et, ceux qu'elle fuyait étant accourus à son secours, le curé lui cria : arrêtez-vous, mademoiselle, vous n'avez rien à craindre, et nous n'avons d'autre intention que celle de vous rendre service.

En même temps, s'étant approché d'elle, il la prit par la main, et, la voyant étonnée et confuse; il tâcha de la rassurer en lui parlant en ces termes : vos cheveux, mademoiselle, nous ont découvert ce que votre déguisement nous cachait; mais nous n'en sommes que plus disposés à vous rendre toute sorte de services. Revenez donc de la surprise que nous vous avons causée, et dites-nous, je vous prie, de quelle manière il vous plaît que nous vous traitions? Il y a apparence, ajouta-t-il, que ce n'est pas un sujet médiocre qui vous oblige de prendre un habit si indigne de vous, et de venir demeurer, délicate comme vous êtes, dans un lieu si rude et si désert, que c'est une espèce de miracle que nous vous ayons rencontrée. Il n'est peut-être pas impossible de trouver du remède à vos maux, et il n'y en a point de si violents que la raison et le temps n'adoucissent. Si vous n'avez donc pas renoncé à la consolation et aux conseils des hommes, je vous supplie de nous apprendre le sujet de vos déplaisirs, et d'être persuadée que nous vous le demandons moins par curiosité que dans le dessein d'y chercher du remède, et de vous rendre tous les services dont nous sommes capables.

Pendant que le curé parlait ainsi, cette belle fille était interdite, et les regardait tous sans rien dire, avec le même étonnement que si elle eût vu la chose du monde la plus surprenante. Mais enfin, le curé lui ayant laissé le temps de se remettre, et fait de nouvelles offres de service, elle fit un grand soupir, et rompit le silence de cette manière :

Puisque la solitude de ces montagnes n'a pas été capable de me cacher, et que mes cheveux m'ont trahie, il me serait désormais inutile de feindre avec vous, et de nier une chose dont vous ne pouvez plus douter; et puisque vous souhaitez d'apprendre le récit de mes malheurs, j'aurais mauvaise grâce de vous le refuser, après les honnêtetés et les offres que vous m'avez faites. Mais je crains bien de vous donner moins de plaisir que de compassion, en vous les racontant, parce qu'ils sont si grands, que non seulement ils sont sans remède, mais que vous jugerez même que je ne suis pas en état de recevoir des consolations. Après tout, ce n'est pas sans peine que je vais révéler des secrets que j'avais résolu d'ensevelir avec moi dans le tombeau, et que je ne puis déclarer sans confusion; mais je m'imagine qu'il ne me sera pas aussi désavantageux de vous les apprendre que de vous laisser en doute de mes desseins et de ma conduite, après que vous m'avez trouvée toute seule et sous les habits d'un homme, dans un lieu si écarté.

Cette belle fille ayant parlé de la sorte, et le curé et les autres, qui n'admiraient pas moins son esprit que sa beauté, lui ayant fait de nou-

velles offres et renouvelé leurs prières, elle s'écarta un peu pour achever de s'habiller, et, se rapprochant d'eux, s'assit sur l'herbe, où, après s'être fait violence pour retenir ses larmes, elle commença ainsi l'histoire de sa vie.

Je suis née dans une ville de l'Andalousie, dont un duc porte le nom, et qui lui donne le titre de grand d'Espagne. Mon père, qui est de ses vassaux, n'est pas d'une condition fort relevée; mais il est si riche que si la fortune lui avait donné autant de naissance que de bien, il n'aurait rien à désirer, et je ne doute point que mes malheurs ne viennent de celui qu'ont mes parents de n'être pas nés illustres. Ils ne sont pourtant pas d'une naissance si basse qu'elle les doive faire rougir; elle n'a rien de honteux. Ils sont laboureurs de père en fils, mais sans mélange d'aucune mauvaise race; ce sont de vieux chrétiens, et leur ancienneté, avec leurs grands biens et leur manière de vivre, les relève beaucoup au-dessus de leur profession, et les met peu à peu au rang des plus nobles. Comme je suis leur seule héritière, ils m'ont toujours bien aimée; et parce qu'ils m'aimaient, ils se trouvaient encore plus heureux de m'avoir pour fille que de jouir paisiblement de toutes leurs richesses. Mon bonheur et mon amitié m'ayant rendu maîtresse de leur cœur, ils voulaient aussi que je le fusse de leur bien. Tout passait généralement par mes mains, et je donnais tous les ordres dans la maison, avec tant de confiance de leur part et de si grands soins de la mienne, que nous avons toujours vécu dans la douceur et le repos. Ce qui me restait de loisir, après le soin du ménage, je l'employais aux exercices qui sont propres aux jeunes filles, ou à travailler à l'aiguille, ou à faire de la dentelle; je ne laissais mon ouvrage que pour lire quelque chose d'utile, ou jouer de quelque instrument, ayant reconnu que la musique est propre à recueillir les esprits qui se sont dissipés dans le travail, et qu'elle délasse la tête. Voilà l'innocente vie que je menais dans la maison de mon père. Ce n'a pas été par aucune vanité, ni pour vous apprendre que je suis riche, que je vous ai dit ces particularités, mais afin que vous voyiez dans la suite que si j'ai passé d'une condition si heureuse à une si misérable, je ne me suis point attiré par ma faute les malheurs dont je suis accablée.

Pendant que je passais ainsi ma vie dans les occupations du ménage, et dans une espèce de retraite égale à celle des couvents, sans voir d'autres gens que ceux de notre maison, et sans sortir que pour aller à l'église, mais de grand matin et avec ma mère, et encore si cachée que j'avais de la peine à me conduire moi-même, il ne laissa pas de se répandre un bruit que j'étais belle, et l'amour me vint troubler dans ma solitude. Le second fils du duc dont je vous ai parlé, nommé don Fernand, me vit un jour sans que je m'en aperçusse.

A peine Cardenio entendit le nom de don Fernand qu'il changea de couleur, et fit paraître en un instant une si grande agitation de corps et d'esprit, que le curé et le barbier qui le virent, appréhendèrent qu'il n'entrât dans un de ces furieux accès qui le prenaient d'ordinaire. Mais la chose n'alla pas jusque-là: il se mit à considérer attentivement la belle paysanne, attachant fixement les yeux sur elle, et cherchant à la reconnaître; et elle, sans prendre garde aux mouvements de Cardenio, continua toujours son histoire:

Il ne m'eut pas plus tôt vue, dit-elle, qu'à ce qu'il m'a raconté depuis, il sentit dans le même instant cette passion violente dont il m'a depuis donné tant de marques. Mais, pour achever promptement l'histoire de mes malheurs, et ne perdre point de temps en des particularités inutiles, je ne m'amuserai point à vous dire tout ce qu'il fit pour me faire connaître son amour. Il s'acquit tous les gens de notre maison à force de présents ; il fit mille offres à mon père, et l'assura de sa faveur en toute chose. Tous les jours furent des jours de fête dans notre ville : ce n'étaient plus que divertissements sous mes fenêtres, et toute la nuit s'y passait en concerts de voix et d'instruments. Il me fit donner, par une adresse qui m'est inconnue, un nombre infini de billets pleins de tendres sentiments, de serments, d'offres et de promesses; mais tous ces soins ne firent que m'irriter, bien loin de me plaire et de m'attendrir, et je ne regardai plus don Fernand que comme un ennemi mortel. Ce n'est pas, après tout, qu'il ne me parût agréable dans ses galanteries, et que je ne sentisse quelque plaisir de me voir aimée d'un homme de cette qualité. Des soins si galants ne sont jamais désagréables aux femmes, et la plus farouche ne laisse pas de trouver dans son cœur un peu de complaisance pour ceux qui lui disent qu'elle est belle mais enfin la disproportion était trop grande pour me laisser des espérances raisonnables, et la galanterie trop éclatante pour ne me pas offenser. Les conseils de mon père, qui ne jugeait pas bien des intentions de don Fernand, achevèrent de détruire tout ce qui pouvait me flatter dans sa recherche, et le soin de ma réputation m'y fit entièrement opposer.

Cependant mon père, me voyant inquiète, et ne doutant pas que je ne me trouvasse embarrassée, me dit un jour qu'il se fiait absolument à ma vertu, et qu'il n'avait point de plus grand obstacle à opposer aux injustes prétentions de don Fernand; mais que, si je voulais me marier, pour arrêter tout d'un coup ses poursuites, et sauver ma réputation du danger qu'elle courait, je pouvais choisir, dans la ville ou dans les lieux voisins, un parti à ma fantaisie, et qu'il ferait tout ce que je pouvais attendre de l'affection d'un bon père. Je le remerciai de sa bonté, et lui dis que, n'ayant encore jamais pensé au mariage, j'allais songer à me défaire de don Fernand d'une autre manière, sans hasarder ma liberté pour m'en délivrer. Et je résolus dès lors de l'éviter avec tant de soin qu'il ne trouva plus moyen de me parler. Une manière de vie si réservée, et qui devait rebuter don Fernand, ne fit que l'opiniâtrer davantage dans son mauvais dessein : je l'appelle ainsi parce que, s'il avait été honnête, je n'aurais pas sujet de m'en plaindre. Enfin don Fernand, soit qu'il eût entendu dire que mon père me marierait, ou qu'il en soupçonnât quelque chose, pensa à traverser un dessein qui ruinait toutes ses espérances.

Une nuit que j'étais dans ma chambre avec une fille qui me servait, et ma porte bien fermée, pour être en sûreté contre la violence de don Fernand, que je croyais un homme à tout entreprendre, je le vis tout d'un coup paraître devant moi ; et cette vue si inopinée me troubla si fort, que, perdant l'usage de mes sens, je ne pus dire une seule parole pour appeler du secours. Don Fernand se servant alors de ma faiblesse et de mon étonnement, me prit entre ses bras, et me parla avec tant d'artifice et une tendresse si apparente, que je n'osai crier quand j'en eus la force. Les soupirs de ce perfide donnaient du crédit à ses paroles, et ses larmes semblaient justifier son intention. J'étais jeune et sans expérience dans une matière où les plus fines se trompent. Je pris tous ses mensonges pour des vérités, et touchée de ses soupirs et de ses larmes, je sentais quelques mouvements de compassion.

Cependant, étant revenue de ma première surprise, et commençant à me reconnaître, je lui dis en colère : Seigneur? si en même temps que vous m'offrez votre amitié et que vous m'en donnez de si étranges marques, vous me donniez à choisir ou d'elle ou du poison, je ne serais pas embarrassée, et, estimant beaucoup plus l'honneur que la vie, je n'aurais pas de peine à sacrifier l'une à l'autre. En un mot, je ne saurais bien juger d'un dessein qui compromet ma réputation ; et si vous ne sortez tout à l'heure, je vous ferai si bien voir la différence qu'il y a de mes sentiments aux vôtres, que, pour peu qu'il vous reste d'honnêteté, vous vous en repentirez toute votre vie. Je suis née votre sujette, ajoutai-je, mais non pas votre esclave, et je ne dois, à la grandeur de votre naissance, que les devoirs que vous rendent tous vos vassaux. A cela près, je ne m'estime pas moins dans ma condition que vous vous trouvez élevé par la vôtre. Ne croyez donc pas m'éblouir par vos richesses, ni me tenter par l'éclat de la grandeur ; ni que vos soupirs et vos larmes, ni l'artifice de vos paroles, puissent jamais m'attendrir. Enfin mon père dispose absolument de ma volonté, et je ne me rendrai jamais qu'à celui qu'il m'aura choisi pour époux. Ainsi, seigneur, si vous voulez que je croie que vous m'estimez véritablement, défaites-vous d'un dessein qui m'offense et qui ne peut jamais réussir. Laissez-moi jouir paisiblement de la vie, en me laissant l'honneur, à quoi elle est inséparablement attachée; et, puisque vous ne pouvez être mon époux, ne prétendez pas de moi une amitié que je ne puis donner à nul autre. Et comment ! belle Dorothée, s'écria le perfide don Fernand, je ne puis pas être votre époux ! qui le peut empêcher, si vous y consentez ? Je suis trop heureux que votre amitié soit à ce prix, et qu'il n'y ait point d'autre obstacle à surmonter. Je suis à vous, belle Dorothée, je vous donne la main tout à l'heure, et prends le ciel à témoin de la sincérité de mon cœur.

Cardenio ne fut pas moins surpris du nom de Dorothée qu'il l'avait été celui de don Fernand, et il acheva de se confirmer dans l'opinion qu'il avait eue dès le commencement de l'histoire ; mais il ne voulut pas l'interrompre, pour voir quelle en serait la fin, et il dit seulement : Quoi ! vous vous appelez Dorothée, mademoiselle ? J'ai ouï parler d'une personne de ce nom, dont les disgraces ont bien du rapport avec les vôtres ; mais continuez, je vous prie, et je vous apprendrai à loisir des choses qui vous surprendront. Dorothée s'arrêta pour regarder Cardenio, et après avoir considéré l'étrange état où il était : Je vous conjure, dit-elle, si vous savez quelque chose qui me regarde, de me l'apprendre tout à l'heure : il me reste assez de courage pour souffrir tous les coups que me garde ma mauvaise fortune. Et, pour vous dire le vrai, le malheur qui m'est arrivé me rend insensible à tous ceux que je pourrais craindre. Je vous aurais déjà dit ce que je sais, mademoiselle, répondit Cardenio, si j'étais sûr que ce que je m'imagine fût vrai ; mais, jusqu'à cette heure, il ne vous importe en rien de le savoir, et il y aura assez de temps pour vous l'apprendre. Dorothée reprit son histoire en ces termes :

Après ce discours, don Fernand me présenta la main, et, m'ayant donné sa foi, il me la confirma par des paroles pressantes, et avec des serments extraordinaires ; mais, avant que de souffrir qu'il s'engageât de cette manière, je le priai de ne se laisser point aveugler par sa passion, et par un peu de beauté qui n'était pas capable de l'excuser. Ne donnez point, lui dis-je, à votre père la honte et le déplaisir de vous voir marié à une personne si fort au-dessous de vous, et ne faites point par emportement une action dont vous pourrez vous repentir, et qui me rendra malheureuse. A ces raisons j'en ajoutai beaucoup d'autres, qui furent toutes inutiles. Don

Fernand s'engagea comme un amant passionné qui sacrifie tout à son amour, ou plutôt en fourbe qui ne se soucie point de sa parole.

Comme je le vis si opiniâtre dans sa résolution, je pensai sérieusement à ce que j'avais à faire. Je me représentai que je n'étais pas la première que le mariage eût élevée à des grandeurs inespérées, et à qui la beauté eût tenu lieu de naissance et de mérite, et que mille autres que don Fernand s'étaient mariés par inclination, sans se soucier de l'inégalité du bien et de la naissance. L'occasion était belle; et, la fortune ne se trouvant pas toujours favorable, je crus que je devais profiter du bien qu'elle m'offrait. Cependant, disais-je en moi-même, puisqu'elle me présente un époux qui m'assure d'une amitié éternelle, pourquoi m'en ferais-je un ennemi par des mépris injustes? Je me représentai encore que, dans l'état où je voyais don Fernand, il était difficile à ménager; que, se donnant avec tant de désavantage, un refus l'irriterait, et que, sa passion l'obligeant peut-être à se porter à la violence, il se croirait quitte d'une parole que je n'aurais pas voulu recevoir; et je demeurerais sans honneur et sans excuse.

Toutes ces réflexions, que je fis dans un instant, m'ébranlèrent, et les serments de don Fernand, ses soupirs et ses larmes. En un mot, son air, sa bonne mine, l'amour que je croyais voir en toutes ses actions, achevèrent de me perdre. J'appelai la fille qui me servait, pour être témoin des serments et de la parole de don Fernand. Pour lui, il m'en fit mille nouveaux; il prit encore une fois le ciel à témoin et pour juge, et se soumit à toutes les malédictions imaginables, au cas qu'il violât sa parole; il m'attendrit par de nouveaux soupirs et de nouvelles larmes, et, cette fille s'étant retirée, le perfide, abusant de ma faiblesse acheva la trahison qu'il avait méditée.

Le jour qui succéda à la nuit de mes disgrâces étant sur le point de paraître, don Fernand se pressa de sortir, sous prétexte de ménager ma réputation, et me dit, avec beaucoup plus de froideur ou de tranquillité qu'auparavant, que je me reposasse sur son honneur et sur la foi de ses serments, et pour gage de l'un et de l'autre, il tira un riche diamant de son doigt, et le mit au mien. Il s'en alla enfin; cette fille qui me servait, et qui l'avait caché dans ma chambre, à ce qu'elle m'avoua, le mit dans la rue, et je demeurai dans un état si confus de tout ce qui venait de m'arriver, que je ne saurais bien dire si j'avais de la joie ou de la tristesse. J'étais tout hors de moi-même, et je ne songeai pas même à reprocher à cette fille la trahison qu'elle m'avait faite, ne pouvant encore bien juger si elle m'était utile ou désavantageuse.

J'avais dit à don Fernand, avant qu'il s'en allât, qu'il pouvait se servir de la même voie pour me venir voir, jusqu'à ce qu'il trouvât à propos de déclarer l'honneur qu'il m'avait fait; mais il n'y revint que la nuit suivante, et depuis ce temps-là je ne l'ai pu voir une seule fois, ni dans la rue, ni à l'église, en tout un mois que je me suis lassée à le chercher, quoique je susse bien qu'il était dans le voisinage, et qu'il allait tous les jours à la basse.

Il ne m'est pas possible de vous dire ce que je devins quand je vis le mépris de don Fernand. Une chose si imprévue, et que je regardais comme le dernier des malheurs, pensa m'accabler entièrement. Ce fut pour lors que je reconnus le mal qui m'était arrivé de la trahison de cette imprudente fille, et combien il est dangereux de se fier aux hommes. J'éclatai contre don Fernand, et j'épuisai mes soupirs et mes larmes sans soulager ma douleur. Cependant il fallait que je me fisse violence pour cacher mon ressentiment, afin que mon père et ma mère ne me pressassent point de leur en dire le sujet. Mais enfin il n'y eut plus moyen de feindre, et ma douleur éclata quand j'appris que don Fernand s'était marié dans la ville la plus proche avec une fille très-belle et de bonne maison, qu'on appelle Luscinde.

Cardenio ressentit ses premières agitations au nom de Luscinde; mais il ne fit que plier ses épaules, se mordre les lèvres et froncer ses sourcils, et un instant après verser un torrent de larmes; et Dorothée, sans s'en apercevoir ou sans en faire semblant, poursuivit son histoire :

Cette nouvelle, dit-elle, me fit perdre toute patience; la colère et le désespoir s'emparèrent de mon esprit, et, dans le premier transport, je fus sur le point de témoigner hautement ma douleur et de publier partout la perfidie de don Fernand, sans me soucier en même temps de publier ma honte. Je ne sais si ce fut un reste de raison qui calma tous ces mouvements, mais je ne les sentis plus après le dessein que je formai sur l'heure même. Je découvris le sujet de ma douleur à un jeune berger qui servait mon père, et, lui ayant demandé un de ses habits, je le priai de m'accompagner jusqu'à la ville où je savais qu'était don Fernand. Le berger fit tout ce qu'il put pour me détourner de ma résolution ; mais, comme il vit que je m'y opiniâtrais, il m'assura qu'il était prêt à me suivre.

Ayant donc pris un habit de femme, quelques bagues et de l'argent, que je lui donnai à porter pour m'en servir au besoin, nous nous mîmes la nuit même en chemin, sans que personne en pût avoir connaissance. Pour dire vrai, je ne savais pas trop bien ce que j'allais faire : car, n'y ayant point de remède au mariage de don Fernand, que pouvais-je espérer, en le voyant, que la faible satisfaction de lui faire mille reproches inutiles?

En deux jours et demi j'arrivai à la ville, et ayant demandé en entrant où était la maison du père de Luscinde, celui qui me répondit m'apprit beaucoup plus de choses que je n'en voulais savoir. Il m'enseigna la maison et me conta le mariage de don Fernand avec toutes ses circonstances, me disant que cela était si public, qu'on ne parlait d'autre chose dans la ville. Il me dit que, la nuit de ce mariage, Luscinde était tombée évanouie dans le même moment qu'elle avait dit oui, quand le prêtre lui avait demandé si elle recevait don Fernand pour époux, et que, lui voulant défaire son corps de jupe pour lui donner de l'air, il avait trouvé dans son sein une lettre écrite de sa main, par laquelle elle déclarait qu'elle ne pouvait être femme de don Fernand, parce que Cardenio (que cet homme me dit être un gentilhomme des plus qualifiés de la même ville) avait déjà reçu sa foi, et qu'elle n'avait feint de consentir à ce mariage que pour ne pas désobéir à son père. Il me dit encore qu'il paraissait par cette lettre que Luscinde avait dessein de se tuer en achevant la cérémonie, ce que confirmait un poignard qu'on avait trouvé sur elle, et que don Fernand, de rage de se voir ainsi trompé, l'aurait tuée de ce poignard même, si ceux qui étaient présents ne l'eussent empêché. Il me dit enfin que don Fernand était tout aussitôt sorti de la ville, et que Luscinde n'était revenue de son évanouissement que le lendemain; qu'elle déclara qu'elle était femme de Cardenio, et qu'ils s'étaient donné la foi avant qu'elle eût jamais vu don Fernand. J'appris aussi que ce Cardenio s'était trouvé présent à ce mariage, et qu'il était sorti de la ville désespéré, après avoir laissé une lettre par laquelle il se plaignait de l'infidélité de Luscinde, et faisait connaître qu'il s'en allait pour jamais.

Cette histoire faisait toutes les conversations de la ville quand j'y arrivai; et l'on publia, bientôt après, l'absence de Luscinde, et le désespoir de son père et de sa mère, qui ne pouvaient deviner ce qu'elle était devenue. Pour moi, je trouvai quelque matière de consolation dans tous ces désordres, et je m'imaginai que le ciel s'était opposé aux injustes desseins de don Fernand, pour le faire rentrer dans les sentiments d'honneur et de piété que doit avoir un homme de bien; et qu'enfin, puisque son mariage n'avait point réussi avec Luscinde, je n'étais pas sans espérance de voir accomplir le mien. Je tâchai de me persuader ce que je souhaitais, et je me consolais ainsi par de vaines idées d'un bonheur à venir, pour ne pas me laisser accabler, et pour allonger une vie qui m'est désormais insupportable.

Pendant que j'étais dans la vallée sans savoir à quoi me résoudre, puisque je n'y trouvais point don Fernand, j'entendis crier publiquement qu'on donnerait une grande récompense à qui dirait où j'étais, me désignant par mon âge, par l'habit que je portais, et par d'autres signes. J'appris encore qu'on disait que le berger qui était venu avec moi m'avait enlevée de chez mon père; ce qui me donna un déplaisir aussi sensible que l'infidélité de don Fernand, car je voyais ma réputation absolument perdue, et pour le sujet du monde le plus bas et le plus indigne. Je sortis à l'heure même de la ville avec le garçon, de qui je m'imaginai reconnaître que j'avais sujet de me défier, et le soir même nous arrivâmes ici, où nous nous cachâmes dans le lieu le plus désert de ces montagnes. Mais, comme on dit d'ordinaire, les maux sont enchaînés les uns aux autres; quand l'un est passé, un autre lui succède. Je ne fus pas sitôt dans ce lieu, où je me croyais en sûreté, que le berger, que j'avais trouvé assez sage, tenté de l'occasion et de sa malice plutôt que de ma beauté, fut assez insolent pour me parler d'amour; et, comme il vit que je lui répondais en colère et avec mépris, il ne voulut plus employer des prières inutiles, et résolut de pousser son mauvais dessein à bout par force. Mais le ciel et la raison ne m'abandonnèrent point en cette rencontre, et sa passion l'aveugla à un tel point, que, ne s'apercevant pas qu'il était au bord d'un précipice, je le poussai dedans sans peine, et, courant aussitôt de toute ma force, j'entrai bien avant dans ces déserts, pour me cacher de ceux qui me cherchaient de la part de mon père. Le lendemain, je trouvai un paysan, à qui je me donnai en service en qualité de berger, et il m'emmena dans sa maison, qui est au milieu de ces montagnes. J'ai été je ne sais combien de mois avec lui, allant tous les jours aux champs, et prenant toujours bien garde de ne me laisser pas reconnaître; mais tous mes soins et toute mon industrie n'ont pas empêché qu'il ne découvrît que j'étais fille; si bien que, m'ayant témoigné de mauvais désirs, aussi bien que le premier, et la fortune ne m'offrant pas le même remède pour m'en garantir, je sortis de sa maison il y a deux jours, et je vins chercher un asile sur ces rochers et dans l'épaisseur de ces bois, pour prier le ciel en sûreté, et tâcher de l'émouvoir par mes soupirs et mes larmes à me donner du secours, ou tout au moins à finir ici ma misérable vie, et y ensevelir la mémoire de mes disgrâces.

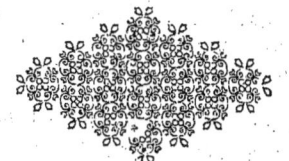

CHAPITRE XXIV.

Où l'on verra peut-être d'agréables choses.

Voilà, messieurs, l'histoire de mes tristes aventures. Jugez maintenant si les plaintes que vous avez entendues étaient justes, et si une personne si malheureuse et si affligée, dont les maux sont sans remède, est en état de recevoir de la consolation. Je vous prie seulement d'une chose : apprenez-moi où je pourrai passer le reste de ma vie à couvert de la recherche de mes parents, non pas que je craigne que mon père et ma mère aient rien diminué de leur affection, et qu'ils ne me reçoivent plus avec toute l'amitié qu'ils m'ont toujours témoignée, mais je confesse que, quand je pense seulement qu'ils ont pu soupçonner ma conduite, et qu'ils ne peuvent connaître mon innocence que sur ma parole, je ne saurais me résoudre à souffrir leur présence. Dorothée se tut en achevant ces paroles, et le rouge qui se répandit sur son beau visage, et ses yeux baissés et humides, firent voir bien clairement son inquiétude et tous les sentiments de son cœur.

Ceux qui venaient d'entendre l'histoire de Dorothée étaient charmés de son esprit et de sa bonne grâce ; et ils n'avaient pas moins de compassion pour ses malheurs qu'ils les trouvaient surprenants et injustes. Le curé, que la piété intéressait dans le parti de cette belle fille, ne voulut pas attendre davantage à lui donner des conseils et de la consolation. Mais à peine avait-elle achevé de parler, que Cardenio prit la parole : Quoi ! dit-il, madame, vous êtes Dorothée, fille unique du riche Clénard ?

Dorothée fut bien surprise d'entendre le nom de son père, et de voir que celui qui en parlait était en si mauvais état. Et qui êtes-vous, mon ami, dit-elle à Cardenio, vous qui savez si bien le nom de mon père ? Car, si je me trompe, je ne l'ai pas nommé une seule fois dans tout ce récit que je viens de faire. Je suis, répondit Cardenio, celui qui a la foi de Luscinde, celui qu'elle a dit qui était son époux, ce misérable Cardenio, que la trahison de don Fernand a réduit au triste état que vous voyez, abandonné à la douleur et privé de toute consolation, et, pour comble de malheur, n'ayant plus l'usage de la raison qu'autant qu'il plaît au ciel de me laisser de bons intervalles. C'est moi-même, belle Dorothée, qui fus le malheureux témoin des fatales noces de don Fernand, et qui, déjà plein de frayeur et de trouble, m'abandonnai au désespoir, quand je crus que Luscinde avait donné son consentement, sans avoir la résolution d'attendre le retour de sa défaillance. Je vis bien que don Fernand avait trouvé une lettre dans son sein ; mais, ne pouvant rien concevoir de favorable dans le désordre où j'étais, et, n'ayant pas assez de courage pour supporter mes malheurs, je sortis de la maison avec impatience ; et, après avoir donné une lettre à un de mes gens avec ordre de la rendre à Luscinde, je m'en vins dans ces déserts sacrifier à ma douleur une vie qui m'était insupportable. Mais le ciel n'a pas permis que je la perdisse, et il a peut-être voulu me conserver pour défendre vos intérêts et les miens, en me faisant connaître la justice des vôtres et la fidélité de Luscinde. Consolez-vous, belle Dorothée : le ciel a pris notre parti ; il faut tout attendre de sa bonté et de sa protection ; et, après ce qu'il a fait en notre faveur, ce serait l'offenser que de n'espérer pas une meilleure fortune. Il vous rendra don Fernand, qui ne peut être à Luscinde ; et il me rendra Luscinde, qui est à moi. Pour moi, belle Dorothée, quand je n'aurais pas des intérêts liés avec les vôtres, je me trouve si sensible à vos malheurs, qu'il n'est rien que je n'entreprenne pour vous en délivrer ; et je jure de ne vous abandonner jamais que don Fernand ne vous ait fait justice, et de l'y forcer même aux dépens de ma vie, si la raison et la générosité ne l'y peuvent obliger.

Dorothée était si touchée des offres que Cardenio venait de lui faire, qu'elle ne savait comment l'en remercier, et le regardant déjà comme son protecteur, elle s'allait jeter à ses pieds, si lui-même ne l'en eût empêchée. Le curé, prenant en même temps la parole pour eux deux, loua extrêmement Cardenio d'une si généreuse résolution, et consola si bien Dorothée, qu'il la fit consentir de venir se remettre un peu de tant de fatigues dans sa maison, où ils penseraient tous ensemble au moyen de trouver don Fernand, et enfin à ce qu'il y avait de mieux à faire. Le barbier, qui jusque-là avait toujours écouté sans rien dire, s'offrit aussi, avec toute l'honnêteté qu'il put, à faire tout ce qui dépendrait de lui ; et, après avoir reçu des remercîments de Cardenio et de Dorothée, il leur apprit le dessein qui les avait amenés, lui et le curé, dans la montagne, et l'étrange folie de don Quichotte, dont ils attendaient l'écuyer, qui n'avaient guère moins besoin de remèdes que son maître. Cardenio se ressouvint alors du démêlé qu'il avait eu avec don Quichotte, mais seulement comme d'un songe, et en le racontant il n'en put dire le sujet.

Sur cela ils entendirent appeler, et ils connurent à la voix que c'était Sancho, qui, parce qu'il ne les trouvait pas au rendez-vous, se tuait de crier. Ils allèrent tous au-devant de lui ; et, le curé lui ayant demandé où était don Quichotte, il répondit qu'il l'avait trouvé nu en chemise, pâle, défait, mourant de faim, et soupirant toujours pour sa dame Dulcinée ; et qu'il avait eu beau lui dire qu'elle lui commandait de sortir de là et de se rendre au Toboso, où elle l'attendait, qu'il était bien résolu de ne point se présenter devant sa beauté tant qu'il n'aurait pas accompli des actions qui méritassent sa grâce ; que cependant, si cela durait davantage, il courait risque de ne devenir jamais empereur, ni seulement archevêque, qui était le moins qu'il pût prétendre, et que, pour l'amour de Dieu, ils vissent donc promptement ce qu'il y avait à faire pour le tirer de là.

Ne vous mettez pas en peine, Sancho, dit le curé : nous l'en tirerons malgré lui. Et, se tournant vers Cardenio et Dorothée, il leur raconta ce qu'ils avaient imaginé, lui et le barbier, pour la guérison de don Quichotte, ou, tout au moins, pour l'obliger de retourner dans sa maison. Dorothée, à qui ses nouvelles espérances donnaient déjà un peu de bonne humeur, s'offrit de faire la demoiselle affligée, et dit qu'elle la ferait plus au naturel que le barbier, outre qu'elle avait avec elle un habit de femme ; qu'au reste il n'était pas besoin de l'instruire pour son personnage, parce qu'elle avait assez lu de livres de chevalerie pour en savoir le style, et de quelle manière les demoiselles aventurières demandaient des dons aux chevaliers errants. A la bonne heure, madame, dit le curé, nous vous prenons au mot ; il ne s'agit plus que de se mettre à l'œuvre. Sans aller plus loin, Dorothée tira aussitôt de son paquet une jupe de très belle étoffe et une riche simarre de brocart vert, avec un tour de perles et d'autres ajustements; et, après s'en être parée, elle leur parut à tous si éclatante et si belle, qu'ils ne cessaient de l'admirer, et d'accuser don Fernand de peu d'honneur et de connaissance d'avoir lâchement abandonné une si charmante personne.

Celui de tous qui trouvait Dorothée plus à sa fantaisie était Sancho Pança : il n'avait pas assez d'yeux pour la regarder, et il était comme en extase. Qui est cette belle dame, demanda-t-il au curé avec empressement; et qu'est-ce qu'elle cherche ici autour? Qui est cette dame? répondit le curé : hé, ce n'est rien, ami Sancho, ce n'est seulement que l'héritière en ligne droite du grand royaume de Micomicon, qui vient prier votre maître de la venger d'une injure que lui a faite un malin géant; et, au bruit que fait dans toute la Guinée la valeur du fameux don Quichotte, cette princesse n'a pas craint de faire ce grand voyage pour le venir chercher. Bon cela, s'écria Sancho, elle est la bienvenue : voilà une heureuse quête et une meilleure trouvaille, si mon maître est assez chanceux pour assommer ce fils de putain de géant. Oui, par ma foi, il l'assommera s'il le rencontre : qui l'en empêcherait, à moins que ce ne soit un fantôme? car véritablement, il n'a aucun pouvoir sur ces gens-là. Mais, monsieur le curé, continua-t-il, je vous demande une chose : je vous prie que mon maître ne se mette point en tête de se faire archevêque. Je meurs de peur que vous n'alliez le lui conseiller. Faites qu'il se marie promptement avec cette princesse, afin qu'il ne soit plus en état de recevoir les ordres, et qu'il s'aille faire empereur. Franchement j'ai bien raisonné là-dessus, et je trouve, pour mon compte, qu'il n'est pas bon pour moi que mon maître soit archevêque, parce que je ne suis pas propre pour l'église, étant marié, et que j'aille penser à prendre des dispenses pour tenir des bénéfices, ayant femme et enfants, cela n'en finirait jamais. Comme vous voyez donc, monsieur le curé, le vrai fait de mon maître est qu'il se marie bientôt avec cette dame que je ne nomme point, parce que je n'en sais pas le nom. Elle s'appelle, répondit le curé, la princesse Micomicona, car son royaume s'appelant Micomicon, elle doit en porter le nom. Il n'y a point de doute à cela, dit Sancho : j'ai vu quantité de gens qui prennent le nom du lieu de leur naissance, comme Pedro d'Alcala, Juan d'Ubeda, Diego de Valladolid, et je me doute bien qu'on pratique la même chose en Guinée. Vous avez raison, Sancho, répondit le curé; et, pour ce qui regarde le mariage de votre maître, croyez que j'y ferai tout ce qui dépendra de moi. Sancho demeura fort satisfait de la promesse du curé, et le curé encore plus étonné de voir la simplicité de Sancho, et comme il avait enchâssé dans son imagination les contagieuses folies de son maître.

Dorothée était déjà à cheval sur la mule du curé, et, le barbier ayant accommodé sa fausse barbe de queue de vache, ils dirent à Sancho de les mener où était don Quichotte, mais qu'il se donnât bien garde de témoigner devant lui qu'il connût ni le curé ni le barbier, parce que, s'il venait à les reconnaître, il se douterait de ce qu'ils avaient à lui dire, et perdrait ainsi l'occasion de se faire empereur. Cardenio ne voulut point les accompagner, de crainte de troubler la fête, si don Quichotte allait se ressouvenir du démêlé qu'ils avaient eu ensemble; et le curé, voyant qu'on pouvait se passer de lui, demeura aussi, après avoir donné quelques instructions à Dorothée, qui le pria de s'en reposer sur elle, et l'assura qu'elle suivrait exactement ce qu'elle avait lu dans les livres de chevalerie.

La princesse Micomicona, son écuyer, et le grand Sancho, ayant fait environ trois quarts de lieue, aperçurent entre des rochers don Quichotte qui était tout habillé, mais non armé. Sitôt que Dorothée fut avertie que c'était lui, elle hâta son palefroi; et, arrivant auprès de don Quichotte, l'écuyer se jeta promptement à bas, et descendit sa maîtresse, qui se mit à genoux devant le chevalier, et, lui embrassant la cuisse, malgré les efforts qu'il faisait pour la relever, lui dit ces paroles : Je ne me leverai point d'ici, vaillant et invincible chevalier, jusqu'à ce que votre courtoisie m'ait octroyé un don qui tournera à votre gloire et à l'avantage de la plus malheureuse et la plus affligée demoiselle que le soleil ait jamais éclairée. Et, s'il est vrai que votre valeur et la force de votre bras répondent à ce qu'en publie la renommée, vous êtes obligé, par les lois de l'honneur et par la profession que vous faites, de secourir une misérable qui vient de l'extrémité de la terre, au bruit de vos grands faits, vous demander votre protection. Je suis résolu, très belle dame, répondit don Quichotte, de ne vous répondre pas une seule parole et de ne vous plus entendre que vous ne soyez relevée. Je ne me le ferai point, illustre chevalier, répondit la princesse affligée, que vous ne m'ayez accordé le don que je vous demande. Hé bien, je vous l'accorde, dit don Quichotte, à condition qu'il n'y ait rien contre le service de mon roi, ou de ma patrie, et contre les intérêts de celle qui tient ma liberté enchaînée. Je puis bien vous assurer, dit la dolente dame, qu'il n'y a rien qui regarde ceux que vous dites.

Sancho, s'approchant alors de don Quichotte, lui dit à l'oreille : Allez, allez, monsieur; vous pouvez bien lui accorder ce qu'elle vous demande : ce n'est qu'une bagatelle. Il est seulement question d'assommer un malotru de géant, et celle qui vous en prie est la princesse Micomicona, reine du grand royaume de Micomicon, en Ethiopie. Advienne que pourra, répondit don Quichotte, je ferai ce que je dois et ce que prescrivent ma conscience et les règles de ma profession. Et, se tournant du côté de la demoiselle : Levez-vous, je vous prie, madame, lui dit-il : je vous accorde le don que souhaite votre beauté.

Ce que je demande à votre valeur, chevalier sans pair, repartit Dorothée, c'est que, sans différer, votre magnanime personne vienne avec moi où je voudrai la mener, et que vous me promettiez de ne vous engager à aucune autre aventure jusqu'à ce que vous m'ayez vengé d'un traître qui, contre le droit de Dieu et celui des hommes, a usurpé mon royaume. Je vous le promets, très haute dame, répondit don Quichotte; vous pouvez désormais prendre courage et bannir la tristesse qui vous accable. J'espère, avec l'aide du ciel et la force de mon bras, vous remettre dans peu en possession des États qui vous appartiennent, en dépit de tous les lâches brigands qui voudront s'y opposer; aussi vais-je promptement mettre la main à l'œuvre : les bonnes actions ne doivent jamais être différées, et le retard accommode rarement les affaires.

La dolente princesse insista pour baiser les mains de l'obligeant chevalier; mais lui, qui était civil et galant, n'y voulut jamais consentir. Il la fit lever, l'embrassa de bonne grâce, et dit en même temps à Sancho de lui donner ses armes. L'écuyer les alla prendre à un arbre où elles étaient pendues comme un trophée; et quand don Quichotte se vit armé : Allons, dit-il, allons donner du secours à cette grande princesse, et employons la valeur et la force que le ciel nous a données à la faire triompher de ses ennemis. Le barbier, qui avait toujours été à genoux, prenant bien garde de rire, ni de laisser tomber sa barbe, de peur de gâter tout le mystère, voyant avec quel empressement don Quichotte s'apprêtait à partir, se leva, et, prenant une main de la princesse pendant que don Quichotte prenait l'autre, ils la mirent tous deux sur la mule. Le chevalier enfourcha aussitôt le superbe Rossinante, le barbier sa monture, et ils commencèrent à cheminer.

Le pauvre Sancho les suivait à pied ; et la fatigue qu'il en éprouvait le faisant ressouvenir de la perte de son grison, il fit un grand soupir. Cependant il prenait son mal en patience, parce qu'il voyait son maître en train de se faire empereur, car il ne doutait point qu'il ne se mariât avec cette princesse, et qu'il ne fût pour le moins roi de Micomicon. Une seule pensée troublait le plaisir qu'il avait dans cette agréable imagination, c'était de voir que ce royaume était dans le pays des Noirs, et que les gens que son maître lui donnerait à gouverner seraient Maures ; mais il trouva sur-le-champ un remède à cet inconvénient. Et qu'importe, dit-il, que mes vassaux soient Maures! c'est tant mieux. Il n'y aura qu'à les faire transporter en Espagne, où je les vendrai fort bien et en tirerai de bon argent comptant, dont je pourrai acheter quelque office et vivre sans souci le reste de mes jours. Hé! pourquoi non? est-ce que je suis trop petit pour gouverner mes affaires? Faut-il une si grande science pour vendre vingt ou trente mille esclaves? et par ma foi, j'en viendrai bien à bout, depuis le plus grand jusqu'au plus petit : et, quand ils seraient plus noirs que le diable, je les ferai bien devenir blancs et jaunes. Et non, non, approchez-vous seulement : vous verrez si je me mouche du pied. Avec ces agréables pensées, Sancho marchait content, et charmait ainsi l'ennui qu'il avait d'aller à pied.

Le curé et Cardenio regardaient tout ce qui se passait au travers des buissons, et ils étaient en peine comment ils feraient pour se joindre aux autres. Mais le curé, qui était inventif, trouva promptement un expédient ; il tira des ciseaux de sa poche, et, après avoir fait la barbe à Cardenio, il lui fit prendre sa soutanelle et un manteau noir qu'il portait, et lui demeura avec son pourpoint et ses chausses. Dans ce nouveau vêtement, Cardenio fut si changé de ce qu'il était auparavant, qu'il ne se serait pas reconnu lui-même. Cela étant fait, ils gagnèrent le grand chemin, et s'y trouvèrent encore les premiers, tant les mules avaient de la peine à marcher dans ces lieux raboteux et difficiles. Ils n'attendirent pas longtemps que don Quichotte et sa compagnie sortirent de la montagne ; et le curé, jetant les yeux sur don Quichotte, se mit à le considérer attentivement comme un homme qu'il croyait reconnaître. Après l'avoir bien examiné, il s'en alla à lui les bras ouverts et en criant : Le miroir de la chevalerie, sois le bien venu, mon cher compatriote don Quichotte de la Manche, la fleur et la crème de la galanterie, le rempart des affligés, la quintessence des chevaliers errants! et, tout en disant, il embrassait la jambe gauche de don Quichotte, qui, tout étonné de ce qu'il voyait faire à cet homme, le regarda avec attention ; puis le reconnaissant enfin, fut bien surpris de le voir là, et fit tout ce qu'il put pour mettre pied à terre. Mais le curé l'en empêchant : Hé! monsieur le curé, dit-il, je vous en prie, il n'est pas juste que je sois à cheval pendant que votre révérence est à pied. Je ne consentirai point que vous descendiez, répondit le curé. Que votre grandeur reste à cheval, où elle fait tant de merveilles ; ce sera assez pour moi de prendre la croupe d'une de ces mules, si ces messieurs veulent bien le permettre. Je ne serai que trop bien, et j'aime mieux être de cette manière-là en votre compagnie que de me voir monté sur l'égase, ou sur la jument sauvage de ce fameux maure Musarrache, qui est encore aujourd'hui enchanté dans la côte de Zuléma, auprès de la grande Compluto. Vous avez raison, monsieur le curé, dit don

Quichotte, et je ne m'en avisais pas. Je crois que madame la princesse aura bien la bonté, pour l'amour de moi, d'ordonner à son écuyer de vous donner la selle de sa mule et de se contenter de la croupe, si tant est qu'elle soit accoutumée à porter de cette manière. Elle y porte sans doute, répondit la princesse, et mon écuyer n'attendra pas mes ordres pour offrir la selle ; il est assez civil de lui-même pour ne pas souffrir qu'un ecclésiastique aille à pied, le pouvant empêcher. Assurément, dit le barbier ; et, sautant en même temps en bas, il présenta la selle au curé, qui la prit sans se faire beaucoup prier. Par malheur, la mule était de louage, et par conséquent quinteuse et mutine ; et le barbier ne fut pas plutôt en croupe qu'elle leva brusquement le derrière, et faisant quatre ou cinq ruades, elle ébranla si fort notre homme qu'il ne put se tenir. Il dégringola assez rudement, et, dans ce désarroi, reconnaissant qu'il avait perdu sa barbe, il ne trouva point d'autre remède que de se porter les deux mains au visage, et de crier de toute sa force qu'on lui avait cassé la mâchoire.

Vive Dieu ! s'écria don Quichotte, qui aperçut ce gros paquet de barbe sans les joues, et sans qu'il y eût de sang répandu : voilà la chose du monde la plus surprenante que cette barbe soit ainsi arrachée ! Quel prodige est ceci ? Alors le curé, qui vit son intervention en danger d'être découverte, alla promptement ramasser la barbe ; et, s'approchant de maître Nicolas, qui ne cessait de crier et de se plaindre, il lui prit la tête, qu'il joignit contre son estomac ; et, murmurant quelques paroles, qu'il dit être un charme qui avait la vertu de faire reprendre la barbe, comme on l'allait voir, il la lui attacha, et l'écuyer parut aussi sain et aussi barbu qu'auparavant. De quoi don Quichotte étant encore plus émerveillé, il pria fort sérieusement de lui apprendre le charme, quand il en aurait le loisir, ne doutant point que sa vertu ne s'étendît plus loin qu'à faire reprendre les barbes, puisqu'il était impossible qu'elles fussent ainsi arrachées tout d'un coup sans que la chair fût emportée, et que, cependant, il n'y paraissait plus.

Tout le désordre étant donc réparé, il fut arrêté que le curé monterait pour lors tout seul sur la mule, et que Cardenio et le barbier se relaieraient, montant l'un après l'autre, jusqu'à ce qu'ils fussent arrivés à l'hôtellerie, qui était environ à deux lieues de là. Les cavaliers étant montés, c'est-à-dire le chevalier de la Triste-Figure, la princesse Micomicona et le curé, et Cardenio, le barbier et Sancho allant à pied, don Quichotte dit à la princesse : Que votre grandeur nous mène désormais où il lui plaira madame : nous vous suivrons partout. Et le curé prenant la parole avant qu'elle répondît : Vers quel royaume, dit-il, voulez-vous aller présentement ? Je me doute que c'est vers celui de Micomicon. Dorothée, qui avait de l'esprit, connut bien qu'il fallait dire oui. C'est justement là, dit-elle, monsieur. Puisque cela est, dit le curé, il faut passer au beau milieu de notre village, et de là prendre la route de Carthagène où vous vous embarquerez ; et, si vous avez le vent bon, vous serez, avant qu'il soit neuf ans, aux Palus-Méotides, d'où il n'y a plus que cent journées jusqu'au royaume de Votre Altesse. Il faut que vous vous trompiez, monsieur, dit-elle, car il n'y a pas encore deux ans que j'en suis partie. Cependant il y a déjà quelque temps que je suis en Espagne, où je n'ai pas eu plutôt mis le pied que j'ai entendu parler du fameux don Quichotte, que je cherchais ; et j'en ai ouï dire des choses si grandes et si extraordinaires, que, quand ce n'eût pas été lui que je venais chercher, j'aurais dès lors pris le dessein de me jeter entre ses mains et de confier tous mes intérêts à la valeur de son bras invincible. Ah ! madame, c'en est assez, dit don Quichotte, je vous supplie de ne point en dire davantage : je suis ennemi juré des flatteries; et, quoique vous me fassiez peut-être justice, je ne puis souffrir sans rougir un discours si obligeant et des louanges si excessives. Tout ce que je puis vous dire, madame, c'est que, vaillant ou non, je suis à vous jusqu'à la dernière goutte de mon sang, et le temps vous le fera voir. Cependant je vous prie de trouver bon que j'apprenne de monsieur le curé ce qui l'amène ici seul, à pied, et ainsi vêtu à la légère, je vous avoue que je suis surpris de le voir en cet état.

Pour vous le dire en peu de mots, répondit le curé, il faut que vous sachiez, seigneur don Quichotte, que maître Nicolas, notre barbier, et moi, nous nous en allions à Séville pour y recevoir de l'argent qu'un de mes parents m'envoie des Indes, et la somme en vaut la peine, c'est pour le moins six mille écus. En passant ici dans les environs, nous avons été attaqués par quatre voleurs, qui nous ont tout enlevé jusqu'à la barbe; de telle sorte que le barbier est contraint d'en porter une postiche. Ils ont aussi dévalisé ce jeune homme que vous voyez là, dit-il, en montrant Cardenio, et on dit que ces brigands sont des forçats qu'un vaillant cavalier a tirés de la chaîne malgré la résistance du commissaire des gardes. Il faut cependant que ce cavalier soit un fou et un étourdi, ou qu'il ne vaille pas mieux que les scélérats qu'il a délivrés, puisqu'il ne fait point conscience de livrer les brebis à la fureur du loup; puisqu'il viole le droit des gens et le respect qui est dû au roi et à la justice, et se rend protecteur de ceux qui détruisent la sûreté publique; qu'il prive les galères de ceux qui les font mouvoir, et trouble le repos de la Sainte-Hermandad, que tous les honnêtes gens révèrent; puisqu'enfin il commet indiscrètement sa liberté et sa vie, et renonce avec impiété au salut de son âme.

Sancho avait conté l'histoire des galériens au curé, et c'est pour cela que celui-ci en parlait si sévèrement, pour voir ce que dirait don Quichotte, qui changeait de couleur à chaque parole, et n'osait dire qu'il était le libérateur des scélérats. Voilà, ajouta le curé, les honnêtes gens qui nous ont mis dans cet état: Dieu leur pardonne! et à celui qui a empêché qu'ils ne reçussent le juste châtiment de leurs crimes.

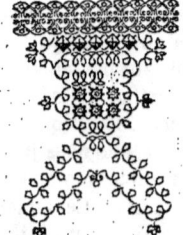

CHAPITRE XXV.

Histoire de la princesse Micomicona.

Le curé n'avait pas achevé de parler que Sancho lui dit : Par ma foi, monsieur le curé, à vous parler franchement, c'est mon maître qui fit ce bel exploit, malgré tout ce que je lui pus dire, et quoique je l'avertisse bien que c'est un grand péché de donner la liberté à des méchants qu'on châtie pour leurs méfaits. Traître, s'écria don Quichotte, est-ce aux chevaliers errants à s'informer si les enchaînés ou les opprimés qu'ils rencontrent sont maltraités pour leurs fautes ou si on leur fait injustice ? Ne leur est-il pas prescrit en toute occcasion de secourir les affligés et de ne considérer que leurs misères ? J'ai trouvé une troupe de malheureux enfilés comme des grains de patenôtre, et j'ai fait pour eux ce que ma religion m'ordonne et ce que ma profession exige. Hé bien ! qu'y a-t-il à dire à cela? Quiconque ne le trouve pas bon n'a qu'à me le témoigner, et je ferai voir à tout autre qu'à monsieur le curé, dont j'honore et respecte le caractère, qu'il ne sait rien du tout de la chevalerie errante ; et qu'il ment comme un fils de putain qu'il est ; et je suis tout prêt à le lui prouver l'épée à la main, armé et à cheval ; ou de toute autre manière. Don Quichotte, en disant cela, s'affermit sur les étriers et baissa son morion : car, pour l'armet de Mambrin, il le portait pendu à l'arçon de la selle depuis que les forçats l'avaient si maltraité.

Dorothée, qui était au fait de la manie de don Quichotte, et qui savait bien que tout le monde s'en moquait, hors Sancho Pança, qui n'était guère plus sage, voulut prendre sa part du divertissement. Voyant donc la grande colère du chevalier : Seigneur, lui dit-elle, souvenez-vous, je vous prie, de la parole que vous m'avez donnée, et songez que vous ne pouvez entreprendre aucune aventure, quelque attrayante qu'elle soit, avant de m'avoir rétablie dans mes États. Ainsi apaisez-vous de grâce, et croyez que, si monsieur le curé eût su que c'est votre valeur qui a délivré les forçats, il se serait coupé mille fois la langue plutôt que de rien dire qui vous déplût. Je vous le proteste, lui dit le curé, quand même ces marauds m'auraient arraché la moustache poil à poil. Il suffit, madame, dit don Quichotte ; je n'en parlerai pas davantage, et je ne me mêlerai de rien jusqu'à ce que j'aie satisfait à ce que je vous ai promis. Mais je vous supplie, en revanche, de nous vouloir apprendre l'histoire de vos malheurs, s'il ne vous importe pas de les cacher ; qui sont les gens, et combien il y en a de qui vous avez à vous plaindre et dont je vous dois venger. Je le veux de bon cœur, répondit Dorothée ; mais je crains bien de vous ennuyer en faisant le récit de tant de choses désagréables. Non, non, madame, répartit don Quichotte ; au contraire, vous nous obligerez beaucoup. En même temps Cardenio et le barbier se rangèrent à côté de la princesse pour entendre la fable qu'elle allait conter ; et Sancho, qui, dans cette occasion particulièrement, n'était pas moins fou que son maître, s'approcha aussi et écouta de toutes ses oreilles. Après cela, Dorothée se plaça sur la mule le mieux qu'elle put pour parler à son aise ; et, après avoir, de la meilleure grâce du monde, toussé, craché et mouché, elle commença ainsi sa pitoyable histoire :

Premièrement, messieurs, vous saurez que je m'appelle.... Elle s'arrêta là quelque temps, parce qu'elle ne se ressouvenait pas du nom que lui avait donné le curé ; mais lui, qui la vit embarrassée, venant à son secours : il n'est pas surprenant, madame, lui dit-il, que votre grandeur se trouble dans le récit de ses malheurs : c'est un effet ordinaire au grands déplaisirs de brouiller l'imagination et la mémoire, et ceux de la princesse Micomicona ne doivent pas être médiocres, puisqu'elle traverse tant de terres et de mers pour y chercher du remède. J'avoue, dit Dorothée, qu'il s'est tout d'un coup présenté à mon esprit une image si terrible de mes infortunes, que je n'ai su ce que je disais ; mais je me crois bien remise à présent, et j'espère pouvoir continuer.

Vous saurez donc, monsieur, que je suis l'héritière légitime du grand royaume de Micomicon, et que le roi mon père, qui s'appelait Tinacrio le Sage, et qui fut très savant dans la magie, connut par sa science que la reine Xaramilla, ma mère, devait mourir avant lui, et que lui-même mourant bientôt après, je demeurerais orpheline. Cela ne l'aurait pas beaucoup affligé, puisque c'était selon l'ordre de la nature ; mais il connut en même temps, par les lumières infaillibles de son art, qu'un géant démesuré, seigneur d'une grande île qui est presque sur les confins de mon royaume, appelé Pandafilando de la Vue-Sombre, et ainsi nommé parce qu'il regarde toujours de travers, comme s'il était louche, ce qu'il ne fait que par malice, pour effrayer ceux qui le regardent ; mon père, dis-je, connut que ce géant, me sachant sans père ni mère, devait un jour entrer avec une grande armée dans mes États et m'en dépouiller entièrement, sans me laisser le moindre village pour me retirer, mais que je pourrais éviter cette disgrâce en consentant à l'épouser, à quoi il prévoyait me résoudre. Ainsi que le pensait mon père, je n'ai jamais voulu me marier avec ce géant, ni ne me marierai pour tous les biens du monde avec quelque autre géant que ce soit, quand il serait une fois plus grand et plus terrible. Mon père me dit aussi qu'après qu'il serait mort, et que je verrais que Pandafilando commencerait à faire des courses sur mes terres, je ne songeasse nullement à me mettre en défense, parce que ce serait courir à ma perte ; mais que sans résistance je lui laissasse le royaume, si je voulais sauver ma vie et empêcher la ruine de mes pauvres sujets, et que, choisissant parmi eux les plus fidèles pour m'accompagner, je passasse incontinent en Espagne, où je trouverais un puissant protecteur dans la personne d'un fameux chevalier errant, connu par toute la terre pour sa valeur et sa force, et qui se nommait, si je m'en souviens bien, don Chicot, ou don Gigot...

Dites don Quichotte, s'il vous plaît, madame, interrompit Sancho, autrement le chevalier de la Triste-Figure. Vous avez raison, dit Dorothée : c'est don Quichotte. Mon père ajouta qu'il devait être grand et sec de visage, qu'il aurait sur l'épaule gauche, ou tout auprès, un seing noir tout couvert d'une espèce de crin.

Don Quichotte fit approcher Sancho, et lui dit : tiens, mon enfant, aide-moi promptement à me déshabiller, que je sache tout à l'heure si ce n'est pas de moi que ce sage roi voulait parler. Pourquoi vous déshabiller, seigneur chevalier ? dit Dorothée. C'est pour voir si je n'ai pas le seing que vous dites, répondit don Quichotte. Il ne faut point vous déshabiller pour cela, dit Sancho : je sais bien que vous avez une marque comme cela dans l'épine du dos, et que c'est signe de force.

Il suffit, dit Dorotée : entre amis on n'y regarde pas de si près; et peu m'importe que le seing soit à droite ou à gauche, puisque après tout c'est la même chair. Enfin je vois que mon père rencontra bien en tout ce qu'il dit; et moi, j'ai encore mieux rencontré en m'adressant au seigneur don Quichotte, dont la taille et le visage s'accordent si bien avec ce que m'en a dit mon père, et dont la réputation est si répandue, non seulement dans l'Espagne, mais encore dans toute la Manche, qu'à peine ai-je eu débarqué à Ossone, que j'ai entendu dire merveilles; et dès lors le cœur me dit que c'était le chevalier que je cherchais.

Mais comment se peut-il, madame, dit don Quichotte, que vous ayez débarqué à Ossone, où il n'y a point de port de mer? Madame la princesse, interrompit le curé, veut dire qu'après avoir débarqué à Malaga, le premier endroit où elle apprit de vos nouvelles fut à Ossone. C'est ce que je voulais dire, monsieur, répondit Dorothée. Cela s'entend, de reste, madame, repartit le curé, et votre majesté n'a qu'à poursuivre quand il lui plaira.

Je n'ai rien à dire davantage, reprit Dorothée, si ce n'est qu'enfin ma bonne fortune m'a fait rencontrer le seigneur don Quichotte, et que je me regarde déjà comme rétablie sur le trône de mes pères, puisqu'il a eu la courtoisie et la bonté de me promettre sa faveur, et de venir avec moi où je voudrai le mener; et ce sera contre le traître Pandafilando de la Vue-Sombre, dont j'espère qu'il me vengera entièrement, en lui ôtant la vie, et le royaume dont il m'a si injustement dépouillée. J'oubliais de vous dire que le roi Tinacrio me laissa un papier écrit en lettres grecques ou arabes, que je ne sais point lire, par lequel il m'ordonnait que si, après que le chevalier m'aurait rétablie dans mes États, il me demandait en mariage, j'y consentisse aussitôt et sans remise, et que je le misse tout d'un coup en possession de mon royaume et de ma personne

Eh bien ! que t'en semble, ami Sancho? dit don Quichotte; entends-tu ce qui se passe? Combien de fois te l'ai-je dit? Regarde maintenant si nous avons des royaumes à notre disposition, et des filles de rois à épouser. Hé là donc! dit Sancho, il y a longtemps que nous l'attendions. Fils de pulain qui n'ira vite couper la gorge au seigneur Panta Fichado, et qui n'épousera tout aussitôt mademoiselle la princesse! Mais elle n'est pas assez jolie peut-être? Hé jarni, que toutes les puces de mon lit fussent ainsi faites!

En achevant ce beau discours, il fit deux sauts en l'air, se frappant le derrière avec les talons en signe de joie : et, s'allant mettre à genoux devant Dorothée, il la supplia de lui donner sa main à baiser, en marque qu'il la recevait dès lors pour sa reine et sa maîtresse. Il eût fallut être aussi peu sage que le maître et le valet pour ne pas rire de la simplicité de l'un et de l'autre. Dorothée donna sa main à baiser à Sancho, et lui promit de le faire grand seigneur dans ses États sitôt qu'elle s'y verrait rétablie. Sancho la remercia, et lui fit un compliment si extravagant, qu'ils recommencèrent à rire; et ils n'auraient peut-être pas fini, s'ils n'eussent point eu d'autres affaires.

Voilà, messieurs, reprit Dorothée, l'histoire de mes malheurs; il ne me reste plus rien à dire, si ce n'est que de tous ceux qui sortirent de mon royaume pour me suivre, il ne m'est resté que ce seul écuyer à longue barbe : tous les autres ont péri par une grande tempête à la vue du port, et moi et mon écuyer nous nous sommes sauvés chacun sur une planche, par un miracle qui me fait croire que le ciel nous garde quelque bonne aventure. Elle est déjà trouvée, très haute dame, dit don Quichotte : je confirme le don que je vous ai accordé ; je jure de nouveau de vous suivre jusqu'au bout du monde, et de ne me point séparer de vous que je n'en sois venu aux mains avec votre cruel et injuste ennemi, à qui je prétends, avec le secours du ciel et la valeur de mon bras, couper la superbe tête, fût-il aussi vaillant que Mars même ; et, après vous avoir mise en possession de votre royaume, je vous laisserai en pleine liberté de disposer de votre personne : car tant que ma volonté sera assujettie aux lois de celle...... Je n'en dis pas davantage : il m'est impossible de songer à me marier, non ! pas même avec le phénix.

Sancho Pança, qui écoutait attentivement la réponse de son maître, fut si triste des dernières paroles qu'il venait de dire, qu'il ne put s'empêcher d'en témoigner son chagrin. Par la mort de la vie, dit-il, seigneur don Quichotte, il faut que vous ayez entièrement perdu l'esprit : hé ! comment est-il possible que vous doutiez encore si vous épouserez cette grande princesse ? Est-ce que vous pensez trouver de semblables fortunes à chaque bout de champ, ou que madame Dulcinée est peut-être plus belle ? Et oui, ma foi, c'est pour son nez ! il s'en faut plus de la moitié par le fin fait, et elle n'est pas digne de déchausser les souliers de celle-ci ! Ha ! c'est bien par ce chemin là que j'attraperai ce comté que j'attends, il y a si longtemps, et que vous m'avez tant promis ! Les perles se trouvent dans les vignes, attendez-vous-y. Mariez-vous, de par tous les diables, et prenez-moi ce royaume qui vous tombe dans la main. Et, quand vous serez une fois roi, faites-moi vite comte ou marquis, et que le diable emporte tout le reste.

Don Quichotte ne put souffrir les blasphèmes que Sancho venait de proférer contre sa dame Dulcinée ; il leva sa lance sans en rien dire, et en déchargea de si grands coups sur la tête de l'indiscret écuyer, qu'il le jeta par terre ; et sans Dorothée, qui lui cria de s'arrêter, il l'aurait assommé, dans la colère où il était. Pensez-vous, dit-il, misérable paysan, que je sois toujours d'humeur à souffrir vos insolences, et que je vous pardonne à toute heure ? Ne vous l'imaginez pas, vieillaque excommunié ; oui, excommunié sans doute, puisque vous avez ouvert la bouche contre la non pareille Dulcinée. Ne savez-vous pas, bélître, que c'est d'elle que j'emprunte ma valeur et ma force, et que sans elle je ne suis pas capable de venir à bout d'un enfant ? Dites-moi un peu, langue de vipère, qui pensez-vous qui a conquis ce royaume, qui a coupé la tête à ce géant, et qui vous a fait marquis, car je tiens cela pour fait, si ce n'est la valeur de Dulcinée même, qui s'est servie de mon bras pour accomplir ces grandes actions ? C'est elle qui combat en moi et qui remporte mes victoires, comme moi je vis et respire en elle, et c'est d'elle que je tiens l'être et la vie. Lâche et méchant ! il faut que vous soyez bien ingrat : il n'y a qu'un moment que je vous ai élevé de la poussière au rang des plus grands seigneurs, et vous vous emportez à dire du mal de ceux qui vous font du bien !

Sancho n'était pas en si mauvais état qu'il entendit bien tout ce que son maître disait : mais il voulait être en lieu de sûreté pour y répondre. Il se leva le plus promptement qu'il put, et, s'allant mettre derrière le palefroi de la princesse, il dit à don Quichotte : Or ça, monsieur, dites-moi un peu, n'est-il pas vrai que, si vous ne vous mariez pas avec cette princesse, son royaume ne sera pas en notre disposition ? et cela étant, quelle récompense avez vous à me donner? c'est cela dont je me plains : voyez si j'ai tort. Et pourquoi faites-vous façon de vous marier avec cette reine, pendant que vous l'avez là comme si elle était tombée du ciel! ce sera toujours autant de pris, et ne pourrez-vous pas bien retourner après avec votre Dulcinée! voilà qui est bien difficile! Pour ce qui est de la beauté, je n'en parle plus, et pour dire la vérité, elle m'ont paru fort belles l'une et l'autre, encore que je n'aie jamais vu madame Dulcinée. Comment, traître! tu ne l'as jamais vue! dit don Quichotte; et ne m'apportes-tu pas tout à l'heure une réponse de sa part? Je dis que je ne l'ai pas assez vue, répondit Sancho, pour remarquer sa beauté en détail, mais en gros je l'ai trouvée fort belle. A présent je te pardonne, dit don Quichotte; pardonne-moi aussi ce petit déplaisir que je t'ai fait : les premiers mouvements ne dépendent point des hommes. Je le sens bien, répondit Sancho, l'envie de parler est toujours en moi un premier mouvement auquel je ne saurais résister, et il faut que je dise une fois pour le moins ce qui me vient sur la langue. Avec tout cela, Sancho, dit don Quichotte, prends bien garde à l'avenir, de quelle manière tu parleras, car, après tout, tant va la cruche à l'eau..., je ne t'en dis pas davantage. Eh bien! bien, dit Sancho, Dieu voit au ciel comme tout se passe en ce monde, et il jugera entre nous qui fait le plus mal, ou de moi ne parlant pas bien, ou de votre seigneurie en ne faisant pas mieux. C'est assez, dit Dorothée. Sancho, allez baiser la main de votre seigneur et maître, et lui demandez pardon, et souvenez-vous une autre fois de louer et de blâmer avec plus de retenue. Surtout, ne dites jamais de mal de cette dame du Toboso, que je ne connais point, mais que je voudrais servir de bon cœur, puisque le fameux don Quichotte la considère. Du reste, fiez-vous-en à moi, vous ne manquerez point de récompense.

Sancho s'en alla la tête basse demander la main à son seigneur, qui la lui donna avec beaucoup de gravité ; et, après qu'il l'eut baisée et reçu sa bénédiction, don Quichotte s'écarta un peu, et lui dit de le suivre, parce qu'il avait à lui parler de choses de la plus haute importance. Ils prirent tous deux le devant ; et, quand don Quichotte se vit assez loin de la compagnie : Ami Sancho, dit-il, je n'ai pas eu le loisir de t'entretenir depuis ton retour touchant ton ambassade, à présent, raconte-moi, je te prie, exactement tout ce qui s'est passé, et informe-moi de toutes les particularités que je vais te demander. Demandez tout ce que vous voudrez, monsieur, et vous allez être satisfait, sans qu'il y manque une obole ; mais, je vous supplie, une autre fois ne soyez pas si vindicatif. Pourquoi dis-tu cela, Sancho? dit don Quichotte. Je le dis, répondit Sancho, parce que ces deux coups de lance me viennent de la querelle que nous avons eue ensemble sur l'affaire des galériens, et non pas de ce que j'ai dit contre madame Dulcinée, que j'honore et révère comme une relique, encore qu'elle ne le mérite pas, mais parce que c'est un bien qui vous appartient. Sancho, reprit don Quichotte, une fois pour toutes laissons là ce discours ; en un mot, il me chagrine, je te l'ai assez pardonné de fois, et tu sais bien qu'on dit : A nouveau péché, nouvelle pénitence.

Comme ils en étaient là, ils virent venir, monté sur un âne, un homme qu'ils prirent pour un Bohémien. Mais Sancho, qui depuis la perte de son âne n'en voyait aucun que le cœur ne lui sautât, n'eut pas plutôt vu cet homme, qu'il le reconnut pour Ginès de Pasamonte, comme ce l'était en effet. Ce compagnon s'était déguisé en Bohémien, dont il entendait parfaitement le jargon, pour n'être pas connu, et pour vendre l'âne qu'il avait aussi déguisé; mais comme bon sang ne peut mentir, Sancho reconnut aussi bien la monture que le cavalier, et s'écria à pleine tête : Ha ! larron de Ginesillo, laisse-moi mon bien, mon repos et ma vie; rends-moi mon âne, mon plaisir et ma joie : fuis, fuis brigand; décampe, fils de putain, infâme larron, et lâche la prise.

Il ne fallait pas tant de paroles à qui entend à demi-mot : dès la première, Ginès sauta à bas, et se sauvant à toutes jambes, s'éloigna en un moment de ses ennemis, qui ne se mirent pas en peine de le poursuivre. Sancho s'approchant en même temps de son âne et l'embrassant avec beaucoup de tendresse : Hé bien ! lui dit-il, comment te portes-tu, mon enfant, grison de mon âme, mon cher compagnon, mon fidèle ami ? Et en disant cela, il le baisait et le caressait comme une personne qu'il aurait chèrement aimée. A tout cela l'âne ne savait que dire, et se laissait baiser et caresser sans répondre une seule parole. Toute la compagnie arrivant là-dessus, chacun témoigna de la joie à Sancho de ce qu'il avait retrouvé son âne : et don Quichotte, après l'avoir loué de son bon naturel, lui confirma encore la promesse qu'il lui avait faite des trois ânons.

Pendant que notre chevalier et son écuyer s'étaient écartés pour s'entretenir, le curé s'entretenait aussi avec Dorothée. Vous m'avez paru, dit-il, madame, bien spirituelle et fort habile dans l'histoire que vous avez composée : j'admire la facilité que vous avez à vous exprimer dans les termes de chevalerie, aussi bien que d'avoir su dire tant de choses en si peu de paroles. Vraiment, répondit Dorothée, j'ai assez feuilleté les romans pour en savoir le style ; mais franchement, je ne suis pas très forte sur la géographie, et j'ai été dire mal à propos que j'avais débarqué à Ossone. Cela n'a rien gâté, dit le curé, et le petit remède que j'y ai apporté a tout raccommodé. Mais n'admirez-vous pas, madame, la crédulité de ce pauvre gentilhomme, qui reçoit si facilement tous ces mensonges, et seulement parce qu'ils ont l'air des extravagances qu'il a lues dans les romans ? Assurément, dit Cardenio, c'est chose inouïe, et, de la manière que je le vois entêté, je crois qu'on ne saurait forger de fables si déraisonnables et si éloignées de l'apparence qu'il n'y ajoutât foi. Ce qu'il y a d'admirable en ceci, repartit le curé, c'est que hors la simplicité de ce bon gentilhomme sur les matières de la chevalerie, il n'y a point de sujet dont il ne discoure pertinemment, et où il ne fasse voir qu'il a de l'entendement et le sens délicat, et de telle sorte que, pourvu qu'on ne touche point l'autre corde, il n'y a personne qui ne le prenne pour un homme d'esprit et de jugement.

Cependant don Quichotte s'étant encore séparé des autres avec son écuyer, renoua la conversation que Ginès avait interrompue. Ami Sancho, dit-il, oublions, je te prie, tous nos démêlés, comme choses non avenues et indignes de gens de notre profession, et dis-moi où, quand et comment tu trouvas Dulcinée, que faisait-elle, que lui dis-tu, que te répondit-elle, de quelle humeur te parut-elle quand elle reçut ma lettre, et qui te l'a transcrite ; enfin dis-moi tout sans ajouter ni diminuer dans le dessein de me faire plaisir, car il est important que je sache au vrai comment les choses se sont passées. Monsieur, répondit Sancho, s'il faut dire la vérité, personne ne m'a transcrit de lettre, car je n'en ai point emporté. Tu as raison, dit don Quichotte : deux jours après ton départ, je trouvai les tablettes, et je fus fort en peine de ce que tu pourrais faire, mais je crus toujours que tu reviendrais les chercher. C'est ce que j'aurais fait, dit Sancho, si je n'eusse pas su la lettre par cœur ; mais je l'ayai apprise pendant que vous me la lisiez, et je la dis tout entière à un sacristain, qui l'écrivit et la trouva si bonne, qu'il jura qu'il n'en avait jamais vu de meilleure en toute sa vie, quoiqu'il eût lu cent fois des billets d'enterrement et des excommunications. Et t'en ressouviens-tu encore? dit don Quichotte. Non, monsieur, répondit Sancho : car quand je la vis une fois écrite, je me mis à l'oublier. Je me souviens seulement de cette longue et souterraine dame, et puis de la fin : qui est : Le vôtre jusqu'à la mort, le chevalier de la Triste-Figure ; et puis, je pense, il y avait au milieu plus de trois cents ames et vie, mes yeux et mamour.

CHAPITRE XXVI.

Du plaisant dialogue de don Quichotte et de Sancho.

Tout va bien jusqu'ici, dit don Quichotte ; poursuis, Sancho, quand tu arrivas, que faisait cette reine de la beauté? Tu la trouvas sans doute enfilant des perles, ou brodant quelque riche écharpe avec l'or et la soie, pour ce chevalier son esclave? Je la trouvai, répondit Sancho, qui criblait deux boisseaux de blé dans une cour. Mais ne t'aperçus-tu pas, dit don Quichotte, que chaque grain se convertissait en perle en touchant ses belles mains, et ne pris-tu pas bien garde que le blé était du froment pur? Ce n'était que de l'orge mêlé avec de l'avoine, répondit Sancho. Assurément, dit don Quichotte, étant sassées par ses belles mains, elle aura fait le plus beau et le meilleur pain du monde; mais passons outre. Quand tu lui rendis ma lettre, ne la baisa-t-elle pas? ne la mit-elle pas sur sa tête, et ne témoigna-t-elle pas une joie extrême? que fit-elle, en un mot? Le crible était plein de blé, répondit Sancho, quand je lui présentai la lettre, et elle le remuait de la bonne façon, si bien qu'elle me dit : Camarade, mettez votre lettre sur ce sac, car je ne la saurais lire que je n'aie achevé de cribler tout ce que vous voyez là.

Voilà une discrétion admirable, dit don Quichotte, car elle le faisait sans doute pour lire la lettre seule, afin que personne ne fût témoin de la joie qu'elle en recevrait. Et, pendant qu'elle était ainsi attentive à son ouvrage, de quoi t'entretenait-elle? ne te demanda-t-elle rien de moi, et que lui répondis-tu? Achève, ne me cache rien, et contente mon impatience. Elle ne me demanda rien, répondit Sancho ; mais moi, je lui appris de quelle manière je vous avais laissé dans ces montagnes, faisant pénitence à son service, nu de la ceinture en bas comme un vrai sauvage, dormant sur la terre, ne mangeant point de pain sur nappe, ne vous peignant jamais la barbe, pleurant comme un veau, et maudissant votre fortune. Tu fis mal, dit don Quichotte, de dire que je maudissais ma fortune, parce qu'au contraire, je la bénis, et la bénirai tous les jours de ma vie, pour m'avoir rendu digne d'aimer une si grande dame que Dulcinée du Toboso. Ho, ho! pour cela, elle est fort grande, dit Sancho : en bonne foi, elle a demi-pied plus que moi. Hé! comment! Sancho, dit don Quichotte, t'es-tu mesuré avec elle pour en parler ainsi? Je me mesurai avec elle, répondit Sancho, en lui aidant à mettre un sac de blé sur son âne : nous nous trouvâmes si près l'un de l'autre, que je vis bien clair qu'elle me surpassait de presque toute la tête.

Mais n'est-il pas vrai, dit don Quichotte, que cette riche taille est accompagnée d'un million de grâces, tant de l'esprit que du corps? Au moins ne me nieras-tu pas une chose : quand tu t'approchas d'elle, ne sentis-tu pas une odeur merveilleuse, un admirable composé des plus excellents aromates, un je ne sais quoi de bon qu'on ne saurait nommer, une vapeur délicieuse, une exhalaison qui t'embaumait, comme si tu avais été dans la boutique du plus curieux parfumeur? Tout ce que je saurais vous dire, répondit Sancho, c'est que je sentis une certaine odeur aigre qui approchait de celle d'un homme, et c'est sans doute parce qu'elle était échauffée et qu'elle suait à grosses gouttes. Ce ne peut être cela, dit don Quichotte; c'est que tu étais enrhumé, ou que tu te sentais toi-même : car je sais bien ce que doit sentir cette rose entre les épines, ce lis des champs, cet ambre dissous. Je n'ai rien à dire à cela, repartit Sancho. Il est vrai qu'il sort bien souvent de moi de l'odeur que je sentais, et que je m'imaginais qui sortait de la seigneurie de madame Dulcinée; mais il n'y a rien là de si étrange : un diable en ressemble un autre.

Eh bien! dit don Quichotte, elle nettoya son froment, et l'envoya au moulin : et que fit-elle en lisant ma lettre? Votre lettre, répondit Sancho, elle ne la lut point, car elle dit qu'elle ne savait ni lire ni écrire; au contraire, elle la rompit en mille pièces, en disant qu'elle ne voulait pas que personne vît ses secrets, et qu'il suffisait de ce que je lui avais dit de bouche touchant l'amour que vous lui portez, et la pénitence que vous faisiez pour l'amour d'elle. En fin finale, elle me commanda de dire à votre seigneurie qu'elle lui baise bien fort les deux mains, et qu'elle a plus d'envie de vous voir que de vous écrire; qu'ainsi donc elle vous supplie et vous commande bien humblement, qu'aussitôt la présente reçue, vous sortiez de ces rochers, sans faire davantage de folies, et que vous vous mettiez incontinent en chemin pour vous rendre au Toboso, à moins que quelque affaire de grande importance ne vous en empêche, parce qu'elle meurt d'envie de vous revoir. Elle pensa crever de rire quand je lui dis que vous vous nommiez le chevalier de la Triste-Figure. Je lui demandai si le Biscayen de dernièrement l'avait été trouver : elle m'assura que oui, et que c'est un fort honnête homme. Je lui parlai aussi des forçats, mais elle me dit qu'elle n'en avait pas encore vu un.

Tout va bien jusqu'à présent, dit don Quichotte; mais, dis-moi, Sancho, quel présent te fit-elle quand tu pris congé d'elle, pour les bonnes nouvelles que tu lui avais portées? car c'est une ancienne coutume entre les chevaliers errants et leurs dames de donner quelque riche bague aux écuyers, aux demoiselles, ou nains, qui leur portent des nouvelles, pour récompenses de leurs messages. Cela devrait bien être ainsi, répondit Sancho, et pour moi je n'en désapprouve point la coutume; mais, sans doute, cela ne se pratiquait qu'au temps passé : à présent on se contente seulement de donner un morceau de pain et un peu de fromage. Au moins, voilà tout ce que madame Dulcinée me donna par-dessus la muraille de la cour, quand je pris congé d'elle, à telles enseignes que le fromage était bien moisi; mais, Dieu merci, tout fait ventre.

Oh! elle est extrêmement libérale, dit don Quichotte, et, si elle ne te donna pas quelque diamant, c'est qu'elle n'en avait pas sur elle : mais ce qui est différé n'est pas perdu : je la verrai et elle te satisfera. Sais-tu bien ce qui m'étonne, Sancho? c'est qu'on dirait que tu es allé et revenu en l'air, car tu n'as pas été plus de trois jours en ton voyage, et il y a trente bonnes lieues d'ici au Toboso. Cela me fait croire que le sage nécroman, qui prend soin de mes affaires, et qui ne veut pas qu'il y manque rien de la vraie chevalerie errante, t'a sans doute aidé à marcher, quoique tu ne t'en sois pas aperçu ; car il y a tel sage parmi ces messieurs-là qui vous prend un chevalier errant dans son lit, et il se trouve le lendemain, sans savoir comment, à deux ou trois mille lieues de l'endroit où il était le soir auparavant ; et si ce n'était cela, les chevaliers ne pourraient pas subsister, ni se secourir les uns les autres, comme ils le font à toute heure. Il arrivera quelquefois qu'un chevalier sera dans les montagnes d'Arménie, combattant un endriaque, ou un autre monstre, ou contre quelque chevalier qui le serre de si près, qu'il se trouve en danger de la vie ; et, lorsqu'il y pense le moins, il voit arriver sur une nue, ou dans un chariot ardent, un chevalier de ses amis, qu'il savait être auparavant en Angleterre, qui le délivre du péril où il est, et le soir même le chevalier se retrouvera chez lui soupant à son aise, et il y a quelquefois deux ou trois mille lieues d'Allemagne d'un lieu à l'autre. Tout cela se fait par la science et l'industrie de ces sages enchanteurs qui prennent soin des chevaliers errants et semblent les avoir adoptés. Ainsi je ne m'étonne plus, ami Sancho, si tu as mis si peu de temps en chemin ; car tu as assurément été mené de la sorte. Par ma foi, je le croirais bien, dit Sancho ; car Rossinante allait comme l'âne d'un bohémien, et on eût dit qu'il avait de l'argent-vif dans les oreilles. En doutes-tu, dit don Quichotte, qu'il eût de l'argent-vif, et jusqu'à une légion de démons, qui sont des gens qui vont bien à pied et qui font cheminer les autres tant qu'ils veulent, sans sentir jamais la moindre lassitude ?

Mais revenons à nos affaires. Que crois-tu, Sancho, que je doive faire touchant l'ordre que me donne madame Dulcinée de l'aller trouver? car, quoique je sois obligé de lui obéir ponctuellement, et qu'effectivement j'en meure d'envie, je me suis cependant engagé avec cette princesse, et les lois de la chevalerie veulent que j'exécute ma parole, et que je préfère l'honneur à mon plaisir. D'un côté, je me sens pressé d'un ardent désir de voir ma dame ; d'un autre côté, ma foi donnée et la gloire m'appellent, et tout cela ensemble m'embarrasse extrêmement. Mais je viens de trouver moyen de satisfaire à l'un et à l'autre : je prétends, Sancho, m'en aller vite chercher le géant, en arrivant lui couper la tête, remettre aussitôt la princesse sur le trône et lui rendre ses États paisibles. Cela fait, je pars au même instant, et je m'en viendrai retrouver cette étoile brillante qui illumine mes sens, à qui je donnerai des excuses si légitimes, qu'elle me saura gré de mon retard, parce qu'elle verra bien que tout ce que j'aurai fait doit tourner à sa gloire et à l'accroissement de sa réputation. Car tout l'honneur que j'ai jamais acquis, que j'acquiers tous les jours et que j'acquerrai à l'avenir, me vient de celui que j'ai d'être à elle, et de la faveur qu'elle me donne.

Aïe ! dit Sancho, c'est toujours la même note ; et, que diable, monsieur, est-ce que voulez faire tout ce chemin-là pour rien, et laisser perdre l'occasion d'un mariage qui vous apporte un royaume? mais un royaume qui, à ce que j'ai ouï dire, a plus de vingt mille lieues de tour, qui regorge de toutes les choses nécessaires à la vie, et qui est tout seul plus grand que la Castille et le Portugal ensemble? Ma foi, monsieur, vous devriez mourir de honte des choses que vous dites. Allez, prenez mon conseil, et mariez-vous au premier village où il y aura un curé; sinon voici le nôtre, qui fera bien l'affaire. Voyez-vous, monsieur, ma foi; je sais un peu de choses-là, et franchement je suis assez vieux pour donner un conseil, et celui que je vous donne un autre le prendrait bien. N'avez-vous jamais ouï dire que le moineau dans la main vaut mieux que la grue qui vole? Il n'est pas question de serrer l'anguille, il n'y a que façon de la prendre.

Sancho, répondit don Quichotte, tu ne prends pas garde que ce qui fait que tu me conseilles tant de me marier, c'est afin que je sois vite roi, pour te donner les récompenses que je t'ai promises; mais je t'apprends que, sans cela, je sais un moyen facile de te contenter, parce que je mettrai dans mes conditions avant d'entrer au combat, que, si je sors vainqueur, on me donnera une partie du royaume pour en disposer comme il me plaira; et, quand j'en serai une fois le maître, à qui penses-tu que je la donne, si ce n'est à toi? Vraiment, je n'en doute pas, répondit Sancho; mais, monsieur, songez bien, je vous prie, à choisir le côté qui va vers la mer, afin que, si je ne suis pas content de la demeure, je puisse embarquer mes Maures, et en faire ce que j'ai dit tantôt. Oh bien, ne vous mettez donc pas en peine pour l'heure d'aller trouver madame Dulcinée, mais allez-moi assommer le géant, et finissons promptement cette affaire: je ne saurais m'ôter de la fantaisie qu'elle sera honorable et de grand profit. Je te réponds, Sancho, dit don Quichotte, que je suivrai ton conseil, et que je ne pense pas à voir Dulcinée que je n'aie ramené et rétabli la princesse. Pour toi, qu'il te souvienne de ne rien dire à personne au monde, pas même à ceux qui viennent avec nous, de la conversation que nous venons d'avoir, parce que Dulcinée est si réservée, qu'elle ne veut pas qu'on sache rien de ses secrets, et il serait de mauvaise grâce que je les eusse découverts. Et si cela est, dit Sancho, à quoi pensez-vous, monsieur, quand vous envoyez à madame Dulcinée les gens que vous avez vaincus? n'est-ce pas leur dire que vous en êtes amoureux, et est-ce bien garder le secret pour pour vous et pour elle que de forcer les gens de s'aller jeter à ses genoux, et que vous les envoyez là pour qu'elle en fasse à sa fantaisie? Que tu es ignorant! que tu es simple! s'écria don Quichotte; et ne vois-tu pas que tout cela est à sa gloire? Ne sais-tu pas encore qu'en matière de chevalerie c'est un grand avantage à une dame d'avoir plusieurs chevaliers errants qui la servent, sans que pour cela ils prétendent d'autre récompense de leurs services que l'honneur de les lui rendre, et qu'elle daigne les recevoir pour ses chevaliers? Je pense que vous vous moquez, monsieur, dit Sancho. C'est de cette manière-là que j'ai ouï prêcher qu'il faut aimer Dieu, seulement à cause de lui, et sans songer au paradis ni à l'enfer; et pour moi aussi je voudrais l'aimer et le servir, au hasard de ce qui pourrait en arriver. Et qu'est-ce ceci? dit don Quichotte: pour un paysan, tu dis quelquefois des choses surprenantes; on dirait que tu as étudié. Par ma foi, si je ne sais pas lire, répondit Sancho, j'ai pourtant bien envie de l'apprendre un de ces jours, car je m'imagine que cela ne saurait nuire.

En cet endroit-là maître Nicolas leur cria qu'ils arrêtassent, parce que la princesse voulait se rafraîchir au bord d'une fontaine. Cela fit grand plaisir à Sancho qui était las de mentir, et craignait enfin que son maître ne le prît par le bec: car, encore qu'il sût bien que sa Dulcinée était fille d'un laboureur du Toboso, il ne l'avait jamais vue. Cardenio avait en ce temps-là vêtu les habits que portait Dorothée quand ils la rencontrèrent, et, quoiqu'ils ne fussent pas des meilleurs, ils l'étaient cependant beaucoup plus que ceux qu'il venait de quitter. Ils mirent donc tous pied à terre auprès de la fontaine, et firent un léger repas de ce que le curé avait apporté de l'hôtellerie.

Pendant qu'ils mangeaient, il passa dans le chemin un jeune garçon qui se mit à les considérer, et, un moment après, il s'approcha de don Quichotte, et lui embrassant la cuisse : Hélas ! monsieur, dit-il en pleurant, ne me connaissez-vous plus ? ne vous souvient-il point d'André, que vous trouvâtes attaché à un chêne, et que vous détachâtes ?

Don Quichotte le reconnut à ces paroles, et, le prenant par la main, il se tourna vers la compagnie, et leur dit : Vous voyez ici, messieurs, de quoi justifier l'importance et la nécessité des chevaliers errants, qui remédient aux désordres qui se font dans le monde. Il y a quelque temps que, passant auprès d'un bois, j'entendis des cris et des plaintes pitoyables ; je courus aussitôt de ce côté-là pour satisfaire à mon inclination naturelle et à l'exercice dont je fais profession, et je trouvai ce jeune garçon en un étrange état. Je suis ravi qu'il vous en puisse rendre témoignage lui-même. Il était attaché à un chêne, et nu de la ceinture en haut, et un paysan robuste et vigoureux le déchirait à coups d'étrivières. Je demandai au paysan pourquoi il le traitait avec tant de cruauté, et le rustre me répondit que c'était son valet, et qu'il le châtiait pour des friponneries et des négligences qui sentaient plus le larron que le paresseux. Monsieur, répartit celui-ci, il me fouette parce que je demande mes salaires. Le maître voulut me donner quelques excuses dont je ne fus pas content. En un mot, je fis détacher le pauvre garçon, et je fis faire serment au paysan qu'il l'emmenerait chez lui et le paierait jusqu'à une obole. Tout cela n'est-il pas vrai, André, mon ami ? Te souvient-il avec quelle autorité je gourmandai le paysan, et avec combien d'humilité il me promit d'accomplir tout ce que je lui ordonnais ? Réponds hardiment, sans te troubler, et dans la pure vérité, afin que ces messieurs apprennent de cet exemple quel bien c'est dans le monde que la chevalerie errante.

Tout ce qu'a dit votre seigneurie est véritable, répondit le jeune garçon ; mais l'affaire alla tout au contraire de ce que vous vous imaginez. Comment ! répliqua don Quichotte, le paysan ne te paya-t-il pas sur l'heure ? Non seulement il ne me paya pas, répondit André, mais sitôt qu'il vit que vous aviez traversé le bois, et que nous étions seuls, il me rattacha au chêne, et me donna tant de coups que je ressemblais à un chat écorché. Il accompagna même chaque coup de tant de plaisanteries, en se moquant de vous, que j'en aurais ri de bon cœur si c'eût été un autre que moi qui les eût reçus. Enfin il me mit en tel état que j'ai toujours été depuis dans un hôpital, où j'ai eu bien de la peine à me remettre. Pour en parler franchement, je vous ai de l'obligation de cela, monsieur le chevalier : car si vous eussiez passé votre chemin sans mettre votre nez où l'on ne vous demandait pas, j'eusse été quitte pour une vingtaine de coups, et puis mon maître m'eût payé ce qu'il me devait. Mais vous lui allâtes dire tant d'injures, et si mal à propos, que vous le mîtes en furie ; et, ne pouvant se venger sur vous, il s'en prit à mes épaules. Le mal est, dit don Quichotte, que je m'en allai trop tôt : je ne devais point partir qu'il ne t'eût entièrement payé, car les paysans ne sont guère sujets à tenir leur parole, à moins d'y trouver leur compte. Mais tu te souviens bien, André, que je jurai que, s'il manquait de te satisfaire, je le saurais bien trouver, fût-il caché dans les entrailles de la terre ? Cela est vrai, monsieur le chevalier, répondit André ; mais à quoi est-ce que cela sert? Tu verras tout à l'heure si cela sert à quelque chose, répondit don Quichotte ; et, disant cela, il se leva brusquement, et ordonna à Sancho de brider Rossinante, qui, pendant que la compagnie dînait, paissait aussi de son côté.

Dorothée demanda à don Quichotte ce qu'il voulait faire. Partir tout à l'heure, dit-il, pour aller châtier ce brutal de paysan, et lui faire payer jusqu'au dernier sou ce qu'il doit à ce pauvre garçon, en dépit de tous les paysans du monde qui voudraient s'y opposer. Mais seigneur chevalier, dit Dorothée, après la promesse que vous m'avez faite, vous ne pouvez entreprendre aucune aventure que vous n'ayez achevé la mienne ; remettez donc celle-là, je vous prie, jusqu'à ce que vous m'ayez rétablie dans mon royaume. Cela est juste, madame, répondit don Quichotte, et il faut nécessairement qu'André attende mon retour ; mais je jure de nouveau de ne me reposer jamais que je ne l'aie vengé, et qu'il ne soit entièrement satisfait. Je me fie donc comme je dois à ces juremens, dit André ; mais j'aimerais bien autant quelque pièce d'argent pour me rendre à Séville que toutes les vengeances du monde. Monsieur le chevalier, continua-t-il, faites-moi donner un morceau à manger, si vous en avez, et quelques sous pour mon voyage, et Dieu vous conserve, vous et tous les chevaliers errants du monde ; puissent-ils être tous aussi chanceux pour eux qu'ils l'ont été pour moi !

Sancho tira un quartier de pain et un morceau de fromage, et le donnant à André : Tenez, mon frère, lui dit-il, il est juste que chacun ait sa part de votre mauvaise aventure. Et qu'est-ce qu'il vous en coûte à vous? dit André. Ce pain et ce fromage que je vous donne, répondit Sancho, Dieu sait s'ils me feront faute : car, afin que vous le sachiez, André, mon ami, nous autres écuyers de chevaliers errants, nous sommes toujours à la veille de mourir de faim et de soif, sans compter beaucoup d'autres accidents qu'on sent mieux qu'on ne les dit.

André prit le pain et le fromage, et voyant qu'on ne lui donnait rien autre chose, il baissa la tête et tourna le dos à la compagnie. Mais en partant, il dit à don Quichotte : Pour l'amour de Dieu, monsieur le chevalier, ne vous mêlez point une autre fois de me secourir, quand vous me verriez mettre en pièces ; laissez-moi avec ma mauvaise aventure : elle ne saurait être pire que celle que m'attirerait votre seigneurie, que je prie Dieu de confondre, aussi bien que tous les chevaliers errants qui naîtront d'ici au jugement dernier ! Don Quichotte se levait pour châtier André ; mais celui-ci s'étant mis à courir de si grande force, qu'il eût été difficile de l'attraper, notre chevalier demeura dans sa place, pour n'avoir pas la honte d'avoir tenté une chose inutile, mais tellement en colère de la mauvaise plaisanterie d'André, que pas un de la compagnie n'osa rire, quelque envie qu'ils en eussent tous, de crainte de l'irriter davantage.

CHAPITRE XXVII.

De ce qui arrriva à l'hôtellerie.

Le repas fini, ils montèrent à cheval, ceux qui en avaient; les autres allèrent à pied, et le lendemain, ils arrivèrent à cette hôtellerie que Sancho ne pouvait regarder de bon œil. L'hôte, l'hôtesse, leur fille et Maritorne, qui avaient reconnu de loin don Quichotte et son écuyer, s'avancèrent au devant d'eux avec de grandes marques de joie. Notre chevalier les reçut, à son ordinaire, avec beaucoup de gravité, et leur dit de lui préparer un meilleur lit que la dernière fois. A quoi l'hôtesse répondit que pourvu qu'il payât mieux, elle lui en donnerait un de prince. Don Quichotte l'ayant promis, on lui en dressa un tout aussitôt dans le même endroit où il avait déjà couché, et il s'y alla jeter sur l'heure, parce qu'il était extrêmement fatigué et tout moulu des folies qu'il avait faites dans la montagne.

Cependant l'hôtesse, ayant reconnu le barbier, alla lui sauter au visage; et le prenant par sa barbe postiche : Et par ma foi, dit-elle, vous ne vous en carerez pas davantage; il est bien temps qu'elle me revienne : c'est une honte que le peigne de mon mari n'ait pas été nettoyé depuis que vous avez emporté sa queue. L'hôtesse avait beau tirer cette queue, le barbier ne voulait point la rendre; mais le curé, lui ayant dit que ce déguisement n'était plus nécessaire, et qu'il pouvait redevenir ce qu'il était réellement en racontant à don Quichotte que, quand les forçats l'avaient volé, il s'en était venu toujours courant à l'hôtellerie, et en lui disant, si par hasard il demandait des nouvelles de l'écuyer de la princesse, qu'elle l'avait envoyé devant, pour assurer ses sujets qu'elle arriverait bientôt avec son libérateur, il ne fit plus difficulté de rendre la queue à l'hôtesse avec toutes les nippes qu'elle lui avait prêtées.

Tous ceux qui étaient dans l'hôtellerie trouvèrent Dorothée admirablement belle; et Cardenio, dans son habit de berger, leur parut aussi de fort belle taille et de très bonne mine. L'hôte, sur la parole du curé et sur la bonne opinion qu'il eut de la compagnie, leur alla préparer un dîner assez raisonnable pour une hôtellerie d'Espagne. Don Quichotte dormait cependant de toute sa force, et ils ne voulurent pas l'éveiller, parce que le sommeil lui valait mieux que toute autre chose en l'état où il était.

Pendant le dîner, on ne parla presque que de l'étrange folie du pauvre chevalier et de la manière dont on l'avait trouvé. L'hôtesse, qui était présente avec tout ce qu'il y avait de gens dans l'hôtellerie, raconta, de son côté, ce qui était arrivé à notre héros avec le muletier et l'archer de la Sainte-Hermandad; et, voyant que Sancho n'était point dans la chambre, elle fit aussi l'histoire de son bernement, qui prêta bien à rire à toute la compagnie. Le curé, prenant de là occasion de déplorer le malheur de ce pauvre gentilhomme, en accusa les livres de chevalerie, et dit qu'il était dommage qu'ils lui eussent ainsi troublé le jugement.

Et comment cela peut-il être? interrompit l'hôte ; est-ce qu'il y a une meilleure lecture au monde? J'ai là deux ou trois de ces livres avec d'autres papiers, et je puis bien jurer qu'ils m'ont donné la vie, et non seulement à moi, mais encore à beaucoup d'autres : car, dans la saison que l'on coupe les blés, il vient céans quantité de moissonneurs les jours de fête, et comme il s'en trouve toujours quelqu'un qui sait lire, nous nous mettons vingt ou trente autour de lui, et nous nous divertissons si bien, qu'il ne peut se lasser de lire, ni nous de l'entendre. Sans mentir, quand j'entends parler de ces terribles coups que donnent les chevaliers errants, je meurs d'envie d'aller chercher les aventures, et je ne m'ennuierais pas d'en entendre conter jour et nuit. Pour moi, je ne m'y opposerais pas, dit l'hôtesse, car je n'ai jamais de meilleur temps au logis que quand vous êtes occupé à votre lecture : au moins ne songez-vous pas à gronder quand vous y êtes attaché. Il est vrai que cela est bien plaisant, dit la bonne Maritorne ; mais le plus beau que j'y trouve, c'est de voir une belle madame qui est là sous des orangers avec monsieur le chevalier, et qu'il y a tout auprès la vieille gouvernante qui fait garde, et qui enrage bien que je pense.

Et vous, que vous en semble, la belle jeune fille? dit alors le curé en s'adressant à la fille de l'hôtesse. Je veux mourir, monsieur, si j'en sais rien, répondit-elle : je l'écoute comme les autres, et j'y prends quelquefois plaisir, encore que je ne l'entende pas, car je m'imagine que cela est tout à fait plaisant. Mais ces grands coups que dit mon père ne me divertissent point, et les lamentations que font ces pauvres chevaliers quand ils sont loin de leurs maîtresses me font si grande pitié que je pleure bien souvent. Je suis sûr, dit Dorothée, que vous en auriez encore plus de pitié si c'était pour vous qu'ils souffrissent, et que vous ne les laisseriez pas gémir longtemps. Vraiment je ne sais ce que je ferais, répondit la jeune fille ; mais il y a de ces demoiselles qui sont si cruelles, que messieurs les chevaliers les appellent lionnes, tigresses et mille autres vilenies. J'ignore d'où elles sont, mais il faut qu'elles n'aient ni honneur ni conscience pour laisser mourir un honnête homme, ou le voir devenir fou plutôt que de l'assister. Et à quoi servent toutes ces façons? Si elles le font par sagesse, que ne se marient-elles avec ces messieurs, qui ne demandent pas mieux? Taisez-vous, petite fille, dit l'hôtesse : vous en savez beaucoup trop ; il n'appartient pas aux filles de votre âge d'être si savantes et de tant babiller. Mais, ma mère, répondit la jeune fille, ce monsieur m'interroge, il faut bien que je lui réponde. Elle dit fort bien, reprit le curé, et je lui en sais bon gré ; cependant, ajouta-t-il, en se tournant vers l'hôte, apportez-moi un peu vos livres, que je les voie. Je vais les quérir, répondit l'hôte. Et, étant sorti, il rentra un moment après, avec une vieille malle fermée d'un cadenas, d'où il tira trois grands livres et quelques papiers écrits à la main.

Le curé prit les livres : le premier qu'il ouvrit fut don Cirogilio de Thrace, l'autre don Félix Mars d'Hyrcanie, et le dernier l'histoire du grand et fameux capitaine Gonzalo Hernandez de Cordoue, avec la vie de Diego Garcia de Paredes. Sitôt que le curé eut vu le titre des deux premiers : Compère, dit-il, regardant le barbier, il ne nous manque plus ici que la nièce et la servante de notre ami. Nous n'en avons pas besoin, répondit le barbier : je les jetterai par la fenêtre aussi bien qu'un autre, et sans aller plus loin, il y assez bon feu dans la cheminée. Comment, messieurs, s'écria l'hôte, vous voulez brûler mes livres? Ces deux-ci seulement, répondit le curé, don Cirogilio et Félix Mars. Est-ce donc, reprit-il, qu'ils sont étiques, que vous les condamnez d'abord au feu? Vous voulez dire hérétiques? dit le curé en souriant. Tout comme vous vous voudrez, répondit l'hôte; mais si vous avez si grande envie d'en faire brûler quelqu'un, je vous livre de grand cœur celui du grand capitaine et de ce Diégo Garcia; mais, pour ce qui est des autres, je laisserais plutôt brûler ma femme et mes enfants.

Mon patron, dit le curé, ces deux livres ne sont qu'un amas de mensonges et de sottises qui n'aboutissent à rien; et cet autre est l'histoire véritable des actions de Gonzalo Hernandez de Cordoue, qui, pour ses fameux exploits, mérita le surnom de grand capitaine, et pour Diégo Garcia de Paredes, c'était un cavalier d'importance de la ville de Truxillo, dans l'Estramadure, vaillant soldat, et d'une force si prodigieuse, que, d'un seul doigt, il arrêtait une meule de moulin au plus fort de sa furie. On dit de lui qu'étant une fois à l'entrée d'un pont avec une épée à deux mains, il empêcha le passage à toute une grande armée; et il a fait tant d'autres choses dignes d'admiration, que si elles avaient été écrites par un autre, au lieu qu'il a été lui-même son historien, et qu'il en a parlé avec une extrême modestie, ses actions auraient fait oublier celles d'Hector et d'Achille, et de tous les héros du monde. Mais regardez, dit l'hôte, la belle chose, pour s'en étonner, que d'arrêter une roue de moulin! Lisez par plaisir Félix Mars d'Hyrcanie, qui, d'un seul revers, coupe cinq géants par le milieu du corps, comme il aurait fait de cinq raves, et qui, attaquant tout seul une des plus grandes armées qu'on ait jamais vues, tailla en pièce seize cent mille soldats armés depuis les pieds jusqu'à la tête. Mais que direz-vous de don Cirogilio de Thrace, qui avait tant de courage, comme vous verrez dans son histoire, qu'étant un jour sur je ne sais quelle rivière, d'où il vit sortir tout à coup un grand dragon de feu, il lui sauta aussitôt sur le corps, et lui serra si fort la gorge avec les deux mains, que le dragon, ne pouvant plus respirer, se plongea jusqu'au fond, sans que, pour cela, le brave cavalier lâchât prise? Et puis quand il fut là-bas, il se trouva dans un grand palais, où il y avait des jardins délicieux, et ce maître dragon se changea en un vieillard vénérable, qui lui conta des choses si merveilleuses, qu'on n'en a jamais vu de pareilles. Allez, allez, monsieur le curé, par ma foi, je crois que vous ne liriez pas cette histoire sans en devenir fou de plaisir, et nargue pour celle de ce grand capitaine, et pour ce Garcia de Paredes!

Dorothée, se tournant alors vers Cardenio : Que dites-vous de tout ceci? lui dit-elle à demi-bas; croyez-vous qu'il en manque beaucoup à notre hôte pour devenir bientôt un second don Quichotte! Je le trouve assez avancé pour cela, répondit Cardenio; et je suis d'avis qu'on lui donne ses licences. De la manière qu'il parle, il n'y a pas un mot dans les romans qu'il ne croie comme article de foi, et je défie tous les carmes déchaussés de l'en désabuser. Mais notre hôte, continua le curé, croyez-vous par votre foi qu'il y ait véritablement eu au monde un Cirogilio de Thrace, et un Félix Mars d'Hyrcanie, et tant d'autres chevaliers de cette trempe? Ne savez-vous pas que ce ne sont que des fables inventées par des gens qui ne savaient que faire, et qui n'avaient d'autre dessein que de se divertir? Désabusez-vous une fois pour toutes, et apprenez qu'il n'y a pas un mot de vrai de tout ce qu'on dit des chevaliers errants. A d'autres, à d'autres, monsieur le curé, répondit l'hôte; à qui vendez-vous vos coquilles? Oh! vraiment, on ne me donne pas ainsi le change. Je ne suis pas trop fin, monsieur; mais, afin que vous le sachiez, il y en a de plus bêtes, et vous vous leverez de bon matin avant de me faire croire que des livres moulés ne contiennent que des mensonges et des rêveries, comme si messieurs du conseil royal étaient gens à souffrir qu'on imprimât tant de menteries qui ne seraient bonnes qu'à faire tourner la tête à ceux qui les liraient!

Je vous ai déjà dit, notre ami, répliqua le curé, que tout cela n'est fait que pour amuser les oisifs; et de même que, dans les républiques bien policées, on souffre de certains jeux, comme la paume, les échecs, le billard et d'autres, pour le divertissement de certaines gens qui ne peuvent travailler, ou qui ne le doivent pas, tout de même on permet d'imprimer ou de débiter ces sortes de livres, parce qu'il ne vient point à l'esprit qu'il y ait des gens assez simples pour s'imaginer que ce soient de véritables histoires. Si c'était le moment et que la compagnie le souhaitât, je dirais quelque chose touchant les romans, et de quelle manière ils doivent être composés pour être bons, et peut-être ce que j'en dirais ne serait pas inutile, ni même désagréable; mais cela viendra, et je ne désespère pas d'en conférer un jour avec ceux qui ont pouvoir d'y mettre ordre. Cependant, notre hôte, croyez ce que je vous ai dit, et profitez-en, et Dieu veuille que vous ne clochiez pas du même pied que le seigneur don Quichotte! Oh! pour cela, ne l'appréhendez pas, monsieur, je ne suis pas assez fou pour me faire chevalier errant; je vois fort bien qu'ils ne sont pas à la mode actuellement comme ils étaient autrefois.

Sancho, qui se trouva présent à une partie de cette conversation, fut bien étonné d'entendre dire que la chevalerie errante n'était plus de mode, et que tous les romans n'étaient que folies et mensonges; il en devint tout mélancolique et tout interdit, et résolut en lui-même d'attendre encore à quoi aboutirait le voyage de son maître, et, au cas qu'il ne réussît pas à son gré, de le planter là et de s'en aller retrouver sa femme et ses enfants.

CHAPITRE XXVIII.

Des choses admirables qui arrivèrent dans l'hôtellerie.

Sancho sortit tout épouvanté du galetas où était don Quichotte, criant à pleine tête : Venez tous, venez vite secourir mon maître, que je viens de laisser dans la plus enragée bataille que j'aie jamais vue. Que je sois pendu tout à l'heure si, du premier coup il n'a enlevé la tête de l'ennemi de mademoiselle la princesse de Micomicon au rasibus des épaules! Que dites-vous là, Sancho? dit le curé; vous n'êtes pas dans votre bon sens : le géant est à plus de deux mille lieues d'ici, mon ami, et votre maître ne tue pas les gens de si loin.

Dans le même temps, on entendit dans le galetas la voix de don Quichotte, qui beuglait : Arrête, larron! arrête, brigand! Ah! je te tiens à la fin, et ton cimeterre et toute force ne te serviront de rien. Et ces cris étaient accompagnés d'un bruit de coups d'épée contre la muraille. Eh! allons donc, messieurs! criait toujours Sancho, à quoi pensez-vous de ne pas vous hâter de séparer ces combattants? quoique, selon moi, cela soit peut-être inutile, parce que le géant est déjà allé rendre compte de sa mauvaise vie à Dieu, et de là à tous les diables : car j'ai vu rouler la tête et le sang couler comme une rivière. Que je meure si elle n'est grosse comme un muid ou au moins comme un éléphant, cette tête! Vive Dieu ! s'écria l'hôte, qui était accouru au bruit avec les autres, je gagerais que don Quichotte, ou don Diable, aura donné quelques coups d'estoc aux outres qui sont dans sa chambre; et c'est le vin qui en sort que ce bonhomme a pris pour du sang.

Il entra aussitôt, suivi de la compagnie, dans le prétendu champ de bataille, où ils trouvèrent don Quichotte dans le plus terrible équipage du monde.

Il n'avait que sa chemise, et elle était si courte, qu'elle ne lui venait par devant que jusqu'à la moitié des cuisses, et qu'elle pouvait être réputée camisole par derrière; ses jambes étaient longues, sèches, fort velues et très crasseuses; il portait sur la tête un bonnet si gras, qu'à peine pouvait-on connaître qu'il avait été rouge, et il avait la couverture de son lit autour du bras gauche, et dans la main droite l'épée nue, dont il frappait à tort et à travers, disant les mêmes choses et avec autant d'agitation que s'il eût effectivement combattu contre quelque redoutable adversaire. Ce qu'il y avait de plus admirable, c'est qu'on lui voyait les yeux fermés : car il dormait en effet, et il songeait sans doute qu'il était aux mains avec le géant Pandafilando. Et comme il avait l'imagination remplie de cette aventure, dont il s'était chargé, il ne lui avait guère coûté, pendant son sommeil, de faire le voyage de Micomicon, où il croyait être aux prises avec son ennemi, et c'était à lui que s'adressaient les coups qu'il portait. Mais par malheur la plupart étaient tombés sur des peaux de bouc, pleines de vin qu'il y avait dans la chambre, en sorte qu'on y était presque à la nage.

L'hôte entra en telle fureur quand il vit ce désordre, qu'il se lança à corps perdu sur don Quichotte et l'accabla de gourmades; et il eût bientôt mis fin à la guerre du géant, si Cardenio et le curé ne lui eussent ôté notre héros des mains. Pour tout cela le pauvre gentilhomme ne s'éveillait point, il aurait dormi jusqu'au lendemain, sans le barbier, qui lui jeta sur le corps un seau d'eau froide, ce qui l'éveilla, mais pas assez pour qu'il s'aperçût de l'état où il était. Si bien que Dorothée, entrant dans ce moment, et voyant son défenseur si succinctement vêtu, retourna promptement sur ses pas et n'en voulut pas voir davantage.

Pendant tout ce tracas, Sancho n'avait cessé de chercher la tête du géant, qu'il avait vue tomber par terre; et, ne la pouvant trouver : C'est maintenant, dit-il, que je vois bien que tout se fait par enchantement dans cette maison : voici le même endroit où l'on me donna, il n'y a pas longtemps, deux mille coups de poing, sans que je pusse savoir d'où ils venaient, ni que je visse personne; et à présent le diable ne veut pas que je trouve cette tête, moi qui l'ai vu couper de mes yeux, et le sang qui ruisselait comme une fontaine. Que veux-tu dire, ennemi de Dieu et des saints? s'écria l'hôte; ne vois-tu pas, traître, que la fontaine et le sang ne sont autre chose que mes outres, qui sont percées comme des cribles, et le vin dont cette chambre est noyée? Que je puisse voir bientôt couler en enfer celui qui m'a fait tout ce ravage! Ce ne sont pas là mes affaires, repartit Sancho; mais je sais bien que cette tête me vaudrait tout à l'heure un bon comté, et que si je ne la trouve pas autant vaudrait qu'elle fût dans la mer.

L'hôte se désespérait de voir le flegme de l'écuyer, après le dégât qu'avait fait son maître; il jurait que l'affaire ne se passerait pas comme l'autre fois, qu'ils s'en étaient allés sans payer, et que, malgré les priviléges de leur chevalerie, ils lui rembourseraient jusqu'au dernier sou et les outres et le vin.

Le curé tenait pour lors don Quichotte par les mains, et le chevalier, croyant avoir achevé l'aventure et qu'il se trouvait auprès de la princesse Micomicona, se jeta à genoux devant elle, et lui dit : Votre grandeur est maintenant en sûreté, belle princesse ; vous n'avez plus à craindre le tyran qui vous persécutait; et pour moi, je suis quitte de ma parole, puisque, avec le secours du ciel et la faveur de celle pour qui je vis, mon bras vous remet en possession de vos états. Eh bien ! messieurs, que vous avais-je dit ? s'écria alors Sancho; je sais bien que je ne suis pas ivre : voyez si mon maître ne s'est pas battu contre le géant ; et, par ma foi, la vache est à nous, et mon comté est sauvé. Tout le monde riait à gorge déployée des folies du maître et du valet. Il n'y avait que l'hôte qui se donnait à tous les diables, et ne pouvait entendre raillerie.

Enfin le curé, Cardenio et le barbier obligèrent don Quichotte de se remettre au lit, où il demeura dans un parfait repos ; mais ils eurent bien de la peine à venir à bout de l'hôte, qui était désespéré de la mort de ses outres. L'hôtesse de son côté, jetait les hauts cris, et s'arrachait les cheveux par poignées. Quel malheur, disait-elle, que ce diable errant soit entré dans ma maison; il n'y est venu que pour me ruiner, le traître : l'autre fois il m'emporta la dépense de lui et de son chien d'écuyer, d'un cheval et d'un âne, sous prétexte qu'ils sont tous chevaliers errants, et qu'il est écrit dans leurs grimoires qu'ils ne doivent jamais débourser un sou. Que Dieu leur donne mauvaise aventure à tous tant qu'ils sont, et que leur ordre puisse finir dès demain! Aujourd'hui, pour nous achever de peindre, ce beau chevalier de..... avec sa vaillance de contrebande, est encore venu répandre toute notre provision de vin. Mort de ma vie! il n'en sera pas quitte à si bon marché qu'il pense : il me le paiera, ou je perdrai le nom que je porte, et ne serai pas femme d'honneur.

Pendant que l'hôtesse faisait ses plaintes, Maritorne tenait aussi sa partie, et criait de temps en temps : Que le diable emporte tous les chevaliers errants! Il n'y avait que la fille de l'hôte qui ne disait mot, et ne faisait que sourire. Enfin le curé apaisa tout en promettant à l'hôte qu'il lui ferait payer ses outres et son vin, sans oublier la queue de vache, dont sa femme avait aussi fait grand bruit. Dorothée, de son côté, consola Sancho qui se lamentait, et l'assura que, si le chevalier de son maître avait coupé la tête au géant, elle lui donnerait le meilleur comté de son royaume, dès qu'elle s'y verrait rétablie. Sancho, content de cette promesse, lui jura qu'il avait vu tomber la tête, à telle enseigne, ajouta-t-il, qu'elle avait une barbe qui allait jusqu'à la ceinture ; et ce qui faisait qu'on ne la trouvait, c'est que tout se passait par enchantement dans cette hôtellerie, comme il l'avait lui-même éprouvé d'autres fois. Dorothée lui répartit qu'elle n'en doutait point, qu'il ne se mit en peine de rien, et que tout irait si bien à la fin, qu'il en serait plus que satisfait. Comme Dorothée achevait de parler, l'hôte, qui était sur le pas de la porte, s'écria : Voici une assez bonne troupe de gens; s'ils s'arrêtent ici, nous gagnerons bien notre journée. Quelles gens sont-ce? demanda Cardenio. Ce sont quatre cavaliers, répondit l'hôte, avec le bouclier et la lance, et qui portent chacun un masque noir ; il y a parmi eux une dame à cheval, habillée de blanc, qui a aussi le visage couvert, et deux valets à pied. Et sont-ils loin? demanda le curé. Les voilà qui arrivent répondit l'hôte. Dorothée mit aussitôt son masque, et Cardenio, ne se trouvant pas en état de paraître, entra dans la chambre de don Quichotte. En même temps les cavaliers arrivèrent, et, mettant pied à terre, allèrent descendre cette dame, que l'un d'eux, ayant prise entre ses bras, mit dans une chaise qui se trouva à l'entrée de la chambre où Cardenio venait d'entrer.

Jusque-là aucun de la troupe n'avait encore quitté le masque ni dit aucune parole; mais cette dame fit seulement un grand soupir en s'asseyant, laissant aller ses bras comme une personne évanouie. Le curé, à qui ce déguisement et ce silence donnaient de la curiosité, suivit les valets à l'écurie, et demanda à l'un d'eux qui étaient ses maîtres : Ma foi, monsieur, je serais bien en peine de vous le dire, répondit le valet; il faut pourtant que ce soient des gens de condition, particulièrement celui qui a descendu de cheval cette dame que vous avez vue, car les autres lui portent beaucoup de respect; voilà tout ce que j'en sais. Et qui est la dame? répliqua le curé. Je ne suis pas plus savant sur cela que sur le reste, repartit le valet, et dans tout le chemin, je ne l'ai pas vue une fois au visage; mais en revanche, je l'ai bien ouïe soupirer et se plaindre à tout moment. Mais, monsieur, il ne faut pas s'étonner si je ne puis vous dire que cela : il n'y a que deux jours que nous servons ces messieurs, mon camarade et moi; nous les avons trouvés en chemin, et ils nous ont priés de les suivre jusqu'en Andalousie, en nous promettant de nous bien payer. N'en avez-vous pas ouï nommer quelqu'un? demanda le curé. Non vraiment, monsieur, répondit le garçon : ils voyagent comme des chartreux, sans rien dire; et nous n'avons rien entendu, depuis que nous les servons, que les soupirs et les plaintes de cette pauvre dame, que ces messieurs, si je ne me trompe, emmènent malgré elle. Pour moi, à voir son habit, je pense que c'est une religieuse, ou qu'elle va l'être; et c'est peut-être parce qu'elle n'aime pas la religion qu'elle est si triste et si mélancolique.

Cela pourrait bien être, dit le curé. Et, sortant de l'écurie, il alla chercher Dorothée, qui, ayant ouï soupirer cette dame masquée, s'était approchée d'elle pour lui offrir tous les soins qu'on peut attendre d'une femme. Mais quelques efforts qu'elle fît, elle ne put jamais l'obliger à lui répondre, jusqu'à ce que le cavalier qui l'avait descendue de cheval s'approcha d'elle et dit à Dorothée : Ne perdez point le temps, madame, à faire des honnêtetés à une ingrate qui ne sait ce que c'est que de la reconnaissance, et ne la forcez point de parler, si vous n'avez envie d'entendre dire des mensonges. Je n'en ai jamais dit, repartit fièrement la dame affligée, et ce n'est que pour avoir été trop sincère que je me trouve réduite dans le triste état où je suis; mais je n'en veux pas d'autre témoin que vous-même, qui ne me faites tant de persécutions que parce que je n'ai rien voulu faire contre la vérité. Ah! Dieu, quelle voix est-ce là? s'écria Cardenio, qui ouït bien distinctement tout ce discours qu'on faisait à la porte de sa chambre.

Au cri de Cardenio, cette dame leva la tête, et voulut se lever pour entrer dans la chambre; mais elle en fut empêchée par le cavalier qui était auprès d'elle. Cependant dans le trouble et l'agitation où elle était, son voile tomba, et fit voir, malgré son inquiétude et la pâleur qui lui restait, une beauté incomparable. Le cavalier qui s'efforçait de la retenir, fit un mouvement qui détermina la chute de son masque, et Dorothée, ayant en même temps levé les yeux, vit que c'était don Fernand, et ne l'eut pas plus tôt reconnu qu'elle fit un grand cri, et tomba évanouie. Le curé alla promptement pour la secourir, et lorsqu'il lui eut découvert le visage pour lui donner de l'air, don Fernand fut bien surpris que c'était Dorothée. Il demeura tout troublé de cette aventure ; mais il ne laissa pas aller Luscinde, qui était celle qu'il tenait, et qui faisait tous ses efforts pour lui échapper, depuis qu'elle avait reconnu la voix de Cardenio. Cardenio, de son côté, ayant entendu le cri de Dorothée, et croyant que ce fût Luscinde, qu'il avait reconnue à sa parole, sortit de sa chambre tout effrayé, et le fut bien davantage quand il aperçut don Fernand, qui ne fut pas peu étonné aussi en reconnaissant Cardenio. Ils étaient tous quatre dans la stupéfaction.

Après s'être regardés quelque temps les uns les autres sans rien dire, Luscinde parla enfin, et, s'adressant à don Fernand : Seigneur don Fernand, lui dit-elle, laissez-moi, je vous prie ; il est temps de finir une violence injuste et qui, assurément, sera toujours inutile. Vous savez bien que vos offres ne ne m'ont jamais émue, et vous ne devez pas douter que je ne consentisse à mourir plutôt que de me donner à vous, puisque je ne le saurais faire sans être la plus ingrate et la plus infidèle de toutes les femmes. Je ne m'appartiens plus : ma foi est donnée ; et Cardenio, que vous voyez, est mon mari. Rendez-lui son bien et rendez-moi le repos, je vous en conjure, ou si, après tout ce que vous m'avez fait souffrir, vous n'êtes point encore las de me persécuter, terminez tout d'un coup ma vie et mes infortunes.

Pendant ce discours, Dorothée qui était revenue de son évanouissement, connaissant que cette dame était Luscinde, aux choses qu'elle venait de dire, et voyant que don Fernand ne la laissait point et ne lui répondait pas non plus, elle alla se jeter à genoux devant lui, et, fondant en larmes, elle lui dit ces paroles : Seigneur, si votre ame est sensible à la pitié, tournez les yeux sur Dorothée, qui se jette à vos pieds ; ne refusez pas d'écouter un moment une personne que vous avez aimée, et que vous rendez misérable. J'étais heureuse dans la maison de mon père, contente de ma condition et d'une fortune médiocre, sans ambition et sans envie, et je n'avais encore connu aucune passion, quand vous vîntes troubler mon innocence et mon repos, et que vous me fîtes sentir mes premières inquiétudes. Vous le savez, seigneur, que vos offres et vos présents furent inutiles, et que, pour me voir seulement, vous eûtes besoin de toute votre adresse. Que ne fîtes-vous point pour me faire croire que vous m'aimiez et pour vous faire aimer ? Je ne veux pas vous faire ressouvenir de vos soins et de votre complaisance, et de tant de choses que vous trouvez aujourd'hui indignes de vous ; mais enfin auriez-vous témoigné plus de soumission pour une personne au-dessus de vous que vous n'en eûtes pour moi ? Ne prîtes-vous pas les mêmes soins de gagner ceux qui me servaient que si j'eusse été en état de faire votre fortune, et n'employâtes-vous pas toutes sortes d'artifices ? Cependant, seigneur, à quel prix vîntes-vous à bout de ma résistance ? Je ne me défends point d'avoir été touchée par vos soupirs et par vos soins, et d'avoir ressenti de la tendresse ; mais vous vous en souvenez, seigneur, je ne me rendis qu'à l'honneur d'être votre femme, et sur la foi que vous me donnâtes, après avoir pris le ciel à témoin par des serments qu'on ne peut violer. Depuis cela, qu'ai-je fait, seigneur, pour me voir abandonnée ? Me haïssez-vous parce que je vous ai trop aimé, et m'abandonnez-vous parce que vous m'avez rendue malheureuse ? Vous avez souhaité que je fusse à vous, et je l'ai bien voulu, quand vous m'avez

10.

protesté que vous étiez à moi par tout ce qu'il y a de plus saint. Trahirez-vous, seigneur, tout d'un coup tant d'amour, et, si je l'ose dire, tant de vertu? Mais enfin vous ne pouvez vous donner à Luscinde, puisque vous êtes à moi, et Luscinde ne saurait être à vous, puisqu'elle est à Cardenio. Rendez-les donc l'un à l'autre, comme un bien auquel vous n'avez point de droit; et rendez-moi don Fernand, que j'ai acquis par des voies si légitimes, et que personne ne me dispute. Hélas! seigneur, je n'ai cherché qu'à mourir depuis que je l'ai perdu!

Dorothée dit ces paroles d'une manière si touchante et les accompagna de tant de larmes qu'il n'y avait personne qui n'en fût attendri. Don Fernand l'écouta attentivement sans lui rien dire, jusqu'à ce que voyant qu'elle recommençait à pleurer et qu'elle s'affligeait de telle sorte qu'il semblait qu'elle allât mourir de douleur, il se sentit si vivement ému, que, ne pouvant tenir contre tant de raisons ni résister au mouvement de son cœur, il s'en alla à elle, les bras ouverts, et lui cria : Vous avez vaincu, belle Dorothée, vous avez vaincu!

Cependant, Luscinde, que don Fernand avait quité lorsqu'elle ne s'y attendait pas, fut sur le point de tomber ; mais Cardenio, qui s'était toujours tenu derrière don Fernand, pour n'en être pas vu, la retint en lui disant : Belle Luscinde, puisque le ciel permet enfin qu'on vous laisse en repos, vous ne sauriez mieux être qu'entre les bras d'un homme qui vous a si tendrement aimée toute sa vie. Luscinde tourna la tête à ce discours, et, achevant de reconnaître Cardenio, se leva toute transportée de joie et l'embrassa tendrement, sans songer à ce qu'on en pouvait dire. Quoi! c'est vous, mon cher Cardenio! dit-elle; est-il possible que je sois assez heureuse pour revoir encore une fois la seule personne que j'aime au monde?

Les caresses que Luscinde fit à Cardenio furent un étrange spectacle pour don Fernand ; et Dorothée, qui avait toujours les yeux sur lui, s'apercevant qu'il changeait de couleur, et jugeant à sa contenance qu'il songeait à mettre la main à l'épée, alla promptement se jeter à ses pieds, et lui embrassant les genoux : A quoi pensez-vous, seigneur? lui dit-elle : vous avez votre femme devant vos yeux, et vous venez de la reconnaître tout à l'heure, et cependant vous voulez troubler des personnes que l'amour unit depuis si longtemps, comme si vous aviez raison de vous y opposer. Pourquoi vous offensez-vous des témoignages d'amitié qu'ils se rendent, puisque vous n'y avez point d'intérêt? Souvenez-vous, seigneur, qu'il y a longtemps que je souffre; ne me donnez point, je vous prie, de nouveaux déplaisirs; et si mon amour et mes larmes ne vous touchent point, épargnez-moi en faveur de la raison et de vos serments, et cédez aux volontés du ciel, qui nous témoigne à tous, par une espèce de miracle, qu'il a pitié de nos malheurs.

Pendant que Dorothée parlait ainsi, Cardenio, qui tenait toujours Luscinde embrassée, ne laissait pas en même temps d'observer tous les mouvements de don Fernand, afin de ne pas se laisser surprendre ; mais ceux qui accompagnaient don Fernand étant accourus, et le curé s'étant joint avec eux, ils se jetèrent tous à ses pieds, et le supplièrent d'avoir pitié des larmes de Dorothée, puisqu'il lui faisait l'honneur de la reconnaître pour sa femme. Considérez, monsieur, ajouta le curé, que Cardenio et Luscinde sont liés par le mariage, que vous ne pouvez entreprendre de les séparer sans injustice, et que ce n'est pas une faiblesse que de céder à la raison. Mais, monsieur, la belle Dorothée n'a-t-elle pas tous les avantages qu'on peut souhaiter en une femme? Elle a de la vertu, elle vous aime ; vous lui avez donné votre foi et vous avez reçu la sienne ; qu'attendez-vous à lui faire justice ?

Don Fernand, qui avait l'ame véritablement généreuse et qui se sentait persuadé par des raisons si pressantes, acheva de vaincre des sentiments où l'amour avait alors bien moins de part que la vanité. Embrassant tendrement Dorothée : Levez-vous, madame lui dit-il : je ne saurais souffrir à mes pieds une personne à qui j'ai donné mon cœur et qui me fait voir tant de vertu et tant d'amour ; oubliez les déplaisirs que je vous ai donnés, et l'injustice que je vous ai faite : le repentir que j'en ai et la beauté de Luscinde me doivent servir d'excuse, et puisque enfin je trouve en vous tout ce que je pouvais souhaiter, que Luscinde vive heureuse avec Cardenio, je n'y mets plus d'obstacles, et la belle Dorothée va faire tout le bonheur de ma vie. En disant cela, don Fernand embrassa encore sa chère Dorothée, mais avec de si véritables sentiments d'amour et de repentir, qu'il eut bien de la peine à retenir ses larmes. Cardenio et Luscinde n'eurent pas la même force, et tous ceux qui étaient présents se trouvèrent si sensibles à la joie de ces amants, qu'ils ne purent s'empêcher de verser des larmes. Il n'y eut pas jusqu'à Sancho qui ne pleurât de bon cœur quand il vit pleurer les autres ; mais il a dit depuis que c'était de regret de voir que Dorothée n'était pas reine de Micomicon, et de ce qu'il se trouvait par là privé des récompenses qu'il en espérait. Ensuite Luscinde et Cardenio firent de grands remercîments à don Fernand de la grâce qu'il venait de leur faire, et ils lui parlèrent avec tant d'honnêteté, que don Fernand, ne sachant que leur répondre, se contenta de les embrasser avec beaucoup de témoignages d'affection. Il demanda en même temps à Dorothée par quelle aventure elle se trouvait dans un pays si éloigné du sien. Elle lui dit les mêmes choses qu'elle avait racontées au curé et à Cardenio, et ravit don Fernand et sa compagnie par le récit de son histoire. Don Fernand raconta aussi ce qui était arrivé dans la maison de Luscinde le jour qu'on les devait marier : il dit qu'après la découverte du billet par lequel elle déclarait que Cardenio était son mari, il avait été si transporté de jalousie et de rage, qu'il l'aurait tuée, si les parents ne l'en eussent empêché. Il ajouta qu'il était sorti de la maison plein de fureur, et résolu de se venger à la première occasion, et que le lendemain il avait appris la disparution de Luscinde, mais qu'enfin, deux ou trois mois après, ayant su qu'elle s'était retirée dans un couvent, avec l'intention d'y passer le reste de ses jours, si l'on n'avait point de nouvelles de Cardenio, il s'était fait accompagner de trois cavaliers, et, ayant épié le temps que la porte du couvent était ouverte, il s'en était rendu maître, et avait enlevé Luscinde sans lui donner loisir de se reconnaître ; ce qui ne lui avait pas été difficile à faire, le couvent étant au milieu de la campagne et fort éloigné des villages. Il ajouta que Luscinde, se voyant entre ses bras, s'était évanouie, et qu'étant revenue elle n'avait cessé de pleurer et de soupirer sans dire une seule parole ; et qu'ils l'avaient amenée en cet état-là jusqu'à cette hôtellerie, où le ciel leur avait fait trouver une si agréable fin à toutes leurs aventures. En achevant de parler, don Fernand se tourna du côté de Luscinde, et, après lui avoir cent fois demandé pardon de sa violence, il l'assura qu'il n'aurait pas moins d'ardeur à lui rendre service qu'il en avait eu à la persécuter.

CHAPITRE XXIX.

Suite de l'histoire de l'infante Micomicona, et de plusieurs autres choses dignes d'être sues.

Sancho Pança, témoin de tout ce qui se passait, était bien triste de voir toutes ses espérances s'en aller en fumée depuis que la princesse de Micomicon était changée en Dorothée, et le géant Pandafilando en don Fernand. Don Quichotte dormait et ronflait à son aise, sans s'inquiéter de tous ces événements dont il n'avait aucune connaissance. Dorothée se trouvai si heureuse dans le changement de sa fortune, qu'elle ne savait presque si ce n'était point un songe ; et Cardenio et Luscinde, qui n'avaient pas moins de joie qu'elle, ne pouvaient comprendre qu'un instant eût ainsi terminé tous leurs malheurs. Don Fernand, de son côté, rendait grâce au ciel de lui avoir donné moyen de se reconnaître et de sortir d'un embarras où il courait tant de risques ; et tous ceux qui étaient présents avaient un contentement incroyable de voir la joie et le repos succéder à tant de disgraces. Le curé, qui était prudent et adroit, ajustait admirablement toutes choses : il entretenait tantôt l'un, tantôt l'autre, et donnait à chacun en particulier la gloire d'avoir causé le bonheur dont ils jouissaient tous.

Mais la plus contente était l'hôtesse, à qui Cardenio et le curé avaient promis de payer tout le dégât qu'avait fait don Quichotte. Sancho seul était affligé, et, entrant tout mélancolique dans la chambre de don Quichotte, qui venait de s'éveiller : Votre seigneurie, lui dit-il, peut dormir à son aise, seigneur de la Triste-Figure, sans s'embarrasser l'esprit du soin de remettre la princesse Micomicona dans son royaume, ni de combattre des géants : tout cela est déjà fait et conclu. Je le crois, dit don Quichotte, puisque je sors tout fraîchement d'avec ce géant, à qui, après le plus épouvantable combat qu'on ait vu depuis longtemps, j'ai, d'un seul revers, fait sauter la tête. Je t'assure que le sang s'échappait comme un torrent d'eau qui se précipite de la montagne. Dites plutôt comme un torrent de vin rouge, répliqua Sancho : car, si vous ne le savez, le géant était une grande peau de bouc que vous avez percée, et le sang qui coulait, six mesures de vin qu'elle avait dans le ventre ; et pour la tête coupée, autant en emporte le vent. Hé ! que dis-tu ? Sancho ! es-tu fou ? repartit don Quichotte. Levez-vous seulement, monsieur, répondit Sancho, vous verrez le bel exploit que vous avez fait, et de la besogne qui nous coûtera plus cher qu'au marché ; sans compter que la reine est convertie en une femme toute simple, qui s'appelle Dorothée, et qu'il y a bien d'autres choses qui vous étonneront. Vraiment, je n'ai garde de m'en étonner, répliqua don Quichotte : ne te souviens-tu plus de l'autre fois que nous vînmes ici, et qu'il ne s'y passa rien qui ne se fît par enchantement ? pourquoi ne veux-tu pas qu'il en soit de même aujourd'hui ? Je le croirais, dit Sancho, si je n'avais remarqué que mon bernement n'était pas une imagination : car je me souviens fort bien que l'hôte qui est ici présent tenait un des coins de la couverture, et le traître me poussait plus vigoureusement que tous les autres, en riant de toute sa force. Or, pour moi, je tiens que, quand on reconnaît les gens, il n'y a point d'enchantement, et que c'est seulement une mésaventure. Eh bien! quoique ce soit, dit don Quichote; Dieu y remédiera. Cependant donne-moi mes habits, que je me lève, et que j'aille voir toutes ces transformations dont tu me parles.

Pendant que don Quichotte s'habillait, le curé apprenait à don Fernand et aux autres quel homme c'était, et l'artifice dont il avait fallu se servir pour le tirer de la roche Pauvre, où il s'était retiré à cause des prétendus mépris de sa dame; il leur raconta aussi toutes les aventures que Sancho lui avait apprises et dont ils rirent tous de bon cœur, sans cesser d'admirer une folie d'un genre si extraordinaire. Après qu'ils en eurent bien ri, le curé dit qu'il fallait chercher une nouvelle invention pour obliger don Quichotte de retourner chez lui, puisque le changement de condition de Dorothée empêchait qu'on achevât ce qu'on avait commencé. Cardenio répondit qu'il fallait continuer le même dessein, et que Luscinde prendrait la place de Dorothée. Mais don Fernand voulut que Dorothée ne quittât pas le rôle qu'elle avait accepté, déclarant qu'il serait bien aise de contribuer à la guérison du pauvre gentilhomme, puisqu'ils n'étaient pas loin de la maison.

Comme don Fernand parlait encore, don Quichotte parut l'armet de Mambrin en tête, quoique bosselé, embrassant son écu et s'appuyant sur sa lance. Cette étrange figure surprit extrêmement don Fernand et ceux qui n'avaient point encore vu notre chevalier. Ils considérèrent quelque temps ce visage long d'une aune, sec et basané, le bizarre assemblage de ses armes, et cette contenance fière, et ils attendirent en silence ce que ce fantôme avait à leur dire. Don Quichotte, arrêtant ses yeux sur Dorothée, lui dit d'une voix grave et d'un ton sérieux :

Madame, je viens d'apprendre par mon écuyer combien votre grandeur s'est ravalée, puisque de reine que vous étiez vous n'êtes plus qu'une simple dame. Si cela s'est fait par l'ordre du grand enchanteur, le roi votre père, qui a craint que je ne fusse point capable de vous donner tout le secours nécessaire, je dis qu'il s'est trompé, et qu'il était bien peu savant dans les histoires de chevalerie; car, s'il les eût lues et repassées aussi souvent et avec autant d'attention que je l'ai fait, il aurait vu qu'elles sont pleines d'événements beaucoup plus surprenants, et que quantité de chevaliers, sans vanité, de moindre réputation que moi, ont achevé des aventures incomparablement plus difficiles. Ce n'est pas aussi grand miracle que l'on pense que de venir à bout d'un géant, quelque force qu'il ait, et de quelque taille qu'il puisse être : il n'y a pas bien longtemps que je me suis éprouvé contre un de ces fiers-à-bras; mais je n'en dis pas davantage; car il ne me plairait pas d'être taxé de mensonge. Vous vous êtes éprouvé avec deux peaux de bouc pleines de vin, et non avec un géant, s'écria l'hôte. Il en eût bien dit davantage si don Fernand ne l'eût fait taire. Et don Quichotte poursuivit : Je dis enfin, très haute et déshéritée dame, que si ce n'est que pour la raison que je viens de dire que le roi votre père a fait cette métamorphose en votre personne, vous ne devez point craindre de vous mettre entre mes mains, car il n'est danger sur la terre dont je ne vienne à bout avec cette épée; et c'est avec elle que, mettant à vos pieds la tête de votre redoutable ennemi, je vous rétablirai dans peu sur le trône de vos ancêtres, et vous en rendrai paisible héritière. Don Quichotte se tut pour attendre la réponse de la princesse; et Dorothée lui dit sérieusement : Quiconque vous a dit que je suis transformée, vaillant chevalier de la Triste-Figure, ne vous a assurément pas dit la vérité, car je suis aujourd'hui la même que j'étais hier. Il est véritablement arrivé quelque changement agréable dans ma fortune; mais cela n'empêche pas que je ne sois que ce que vous m'avez vue, et que je n'aie toujours la même envie de me servir de la même valeur et de la force de votre bras invincible. Ainsi, seigneur chevalier, réparez, s'il vous plaît, l'honneur de mon père, et ne doutez plus que ce n'ait été un homme prudent et éclairé, puisqu'il a trouvé dans sa science un moyen si facile et si sûr de remédier à mes malheurs, et, en vérité, c'est une chose si surprenante et si avantageuse pour moi que votre rencontre, que je suis persuadée que, si vous n'aviez pas été au monde, je ne me serais jamais vue dans l'heureux état où je me trouve, et je crois que la plupart de ces messieurs sont de mon sentiment, étant témoins de ce qui m'est arrivé depuis que je vous ai rencontré. Mais enfin ce qui nous reste à faire, c'est que demain nous nous mettions en chemin; car pour aujourd'hui il est trop tard, et nous n'avancerions guère. Pour ce qui est de l'événement, je le laisse entre les mains de Dieu et m'en fie à votre courage.

Don Quichotte, voyant que Dorothée ne parlait plus, se tourna du côté de Sancho, et le regardant d'un œil courroucé : Petit Sancho, mon ami, lui dit-il, vous êtes le plus grand bélître et le plus franc maraud qu'il y ait dans toute l'Espagne. Dites-moi un peu, scélérat, ne venez-vous pas de me dire tout à l'heure que la princesse n'est plus qu'une simple demoiselle appelée Dorothée, et que la tête du géant que j'ai coupée est la putain qui vous a engendré, avec d'autres extravagances qui m'ont donné plus de confusion que je n'oserais dire? Par le Dieu vivant, je ne sais qui me tient que je ne t'étrangle tout à l'heure, et que je ne te mette en tel état que tu serves d'exemple à tous les écuyers menteurs qui auront jamais l'honneur de suivre des chevaliers errants. Monseigneur, répondit Sancho, ne vous mettez point en colère : il se peut que je me sois trompé pour ce qui est du changement de mademoiselle la princesse Micomicona; mais, pour ce qui est de la tête du géant, ou plutôt des peaux de bouc crevées et du sang qui n'est que du vin rouge, ha! par ma foi, je ne me trompe point. Les peaux de bouc criblées de blessures sont encore au chevet de votre lit, et le vin rouge qui en est sorti a fait une rivière dans la chambre; vous le verrez tout à cette heure, quant l'hôte vous demandera le paiement du dégât que vous avez fait. Quant au reste, je me réjouis de toute mon ame de ce que la reine n'a point changé, puisque j'y trouve mon compte. A présent, répliqua don Quichotte, je dis seulement que tu es un étourdi; pardonne-moi aussi, Sancho, et n'en parlons plus.

Assez, seigneur chevalier, dit don Fernand, et puisque madame la princesse veut qu'on remette le voyage à demain, il ne faut plus songer qu'à passer la nuit agréablement en attendant le jour; et nous accompagnerons tous le seigneur don Quichotte, pour être témoins des grandes et merveilleuses actions qu'il doit accomplir. C'est moi qui aurai l'honneur de vous accompagner, répliqua don Quichotte : je suis extrêmement obligé à toute la compagnie de la bonne opinion qu'elle a de moi, et je tâcherai de ne pas la démentir, m'en dût-il coûter la vie, et, s'il se peut, davantage.

En attendant, don Quichotte s'offrit de faire la garde du château, afin qu'il ne fût pas surpris par quelque géant, ou quelque autre brigand de cette nature, envieux du grand trésor de beautés qu'il renfermait : ceux qui le connaissaient l'en remercièrent, et il en sentit un vif plaisir. Alors, pendant que Sancho allait se coucher sur le bât de son âne, que les dames se retiraient dans leur chambre, et que les hommes s'accommodaient comme ils pouvaient, il sortit de l'hôtellerie pour faire garde, comme il l'avait promis.

Tout était en repos et en silence, hors la fille de l'hôtesse et Maritorne, qui, connaissant bien la faiblesse de don Quichotte, songèrent à se donner du plaisir en lui jouant quelque tour, pendant que le chevalier, tout armé et à cheval, ne pensait qu'à faire une garde exacte.

Il n'y avait dans toute la maison d'autre fenêtre qui regardât sur la campagne qu'une ouverture dans la muraille, par où on jetait la paille pour l'écurie. De cet endroit, la fille de l'hôte et Maritorne aperçurent don Quichotte à cheval, appuyé languissamment sur sa lance et poussant de temps en temps de dolents et profonds soupirs, comme s'il eût été près de rendre l'ame. O madame Dulcinée du Toboso! disait-il d'une voix amoureuse et tendre; dame souveraine de la beauté, comble de discrétion et de sagesse, trésor d'agrément et de graces, sacré dépôt de toutes les vertus, exemplaire et prototype de tout ce qu'il y a d'honnête et d'utile et de délectable au monde! que penseriez-vous, à l'heure qu'il est, si vous voyez cet esclave de votre beauté, qui s'expose pour vous seule à tant de périls et avec tant d'ardeur? O toi, luminaire inconstant, déesse aux trois visages, apprends-moi des nouvelles de ma dame! Je m'imagine qu'à l'heure qu'il est, tu la considères avec envie pendant qu'elle se promène dans quelque riche galerie d'un de ses magnifiques palais, ou qu'appuyée sur un balcon doré, elle pense aux moyens de remettre le calme dans mon ame agitée, de quelle sorte elle doit finir mes inquiétudes et me rendre le repos, en un mot, comment elle peut me rappeler d'une rigoureuse mort à une délicieuse vie, et, sans intéresser sa gloire, récompenser mon amour et mes services! Et toi, soleil! qui sans doute précipite ta course, non pas tant pour rendre le jour aux mortels que pour voir ce chef-d'œuvre des miracles, salue-la de ma part, je t'en prie, dès que tu la verras; mais donne-toi bien garde de la baiser en la saluant, parce qu'elle est extrêmement réservée, et tu ne lui ferais pas moins de honte que tu en reçus toi-même des mépris de cette ingrate et légère qui te fit tant suer à courir les plaines de la Thessalie ou les rives du Pénée : je ne me souviens pas bien lequel des deux.

Don Quichotte allait continuer cet éloquent discours, s'il n'avait été interrompu par la fille de l'hôtesse, qui, l'appelant tout doucement et faisant signe de la main, lui dit : Approchez-vous un peu d'ici, seigneur chevalier, je vous en prie. A cette voix, l'amoureux chevalier tourna la tête, et reconnaissant, à la clarté de la lune, qu'on l'appelait par le trou d'un grenier, qu'il prenait tout au moins pour une fenêtre à treillis d'or, comme en ont tous les fameux châteaux dont il avait l'imagination remplie, il alla se mettre dans l'esprit, aussi bien que la dernière fois, que c'était la fille du seigneur du château, qui, charmée de son mérite et passionnée d'amour, le sollicitait encore d'apaiser son martyre.

Dans cette pensée, ne voulant pas paraître incivil et farouche, il s'approcha de la fenêtre, où voyant les deux jeunes créatures. En vérité, dit-il, ma belle demoiselle, vous me faites pitié de vous être si mal adressée dans les sentiments amoureux qui vous possèdent; et n'en faites point de reproches à ce misérable chevalier errant, qui n'est plus maître de sa volonté, et que l'amour tient enchaîné depuis le moment qu'une autre s'est rendue maîtresse absolue de son ame. Pardonnez-moi, dis-je, mademoiselle, une chose dont je ne suis point coupable ; retournez dans votre chambre, je vous prie, et ne me rendez point encore plus ingrat à force de faveurs. Mais, si vous trouvez en moi quelque autre chose que l'amour qui puisse payer celui que vous me témoignez, demandez-le hardiment : je jure, par les yeux de cette belle et douce ennemie dont je suis esclave, que je vous le donnerai sur l'heure, quand vous me demanderiez une tresse des effroyables cheveux de Méduse, la toison d'or, ou les rayons du soleil même. Ma maîtresse n'a point besoin de tout cela, monsieur le chevalier, répondit Maritorne. Et de quoi donc, sage et discrète gouvernante? reprit don Quichotte. Donnez-lui seulement une de vos belles mains, dit Maritorne, pour l'apaiser au moins en quelque façon et soulager un peu d'ardeur qui l'a amenée en ce lieu-ci, avec tant de danger à l'égard de son père, que, s'il en avait la moindre connaissance, il la hacherait en mille pièces. Ha! je voudrais bien l'avoir vu, répartit don Quichotte, et plût à Dieu! mais il s'en gardera bien, s'il n'a envie de faire la plus terrible et la plus malheureuse fin qu'ait jamais faite un père pour avoir mis insolemment la main sur les membres délicats de son amoureuse fille.

Maritorne ne douta point que don Quichotte ne donnât sa main après le serment qu'il avait fait ; et, pensant aussitôt ce qu'elle en devait faire, elle alla promptement quérir le licou de l'âne de Sancho, et retourna vite sur ses pas, dans le temps que le courtois chevalier s'était mis tout debout sur la selle de son cheval pour atteindre jusqu'à la fenêtre où il voyait cette demoiselle passionnée pour son mérite et sa bonne mine. Il tendit la main de bonne grâce, en disant : Tenez, madame, voilà cette main que vous demandez, ou plutôt ce fléau des méchants qui troublent la terre par leurs violences, cette main, dis-je, que jamais aucune dame n'a eu l'avantage de toucher, non pas même celle qui peut disposer entièrement de mon corps et de mon ame. Je ne vous la donne pas pour la baiser, mais afin que vous admiriez l'entrelacement de ses nerfs, l'assemblage et la liaison de ses muscles, l'enflure et la grosseur de ses veines : par où vous jugerez quelle doit être la force d'un bras dont la main est si bien composée. Nous le verrons bien tout à l'heure, dit Maritorne ; et, ayant fait un nœud coulant à l'un des bouts du licou, elle le jeta au poignet de don Quichotte, et attacha fortement l'autre bout au verrou de la porte.

Le chevalier, sentant la rudesse du cordeau qui lui serrait le bras, ne savait que penser. Il me semble, ma belle demoiselle, dit-il en se radoucissant, que vous avez plus d'envie de déchirer ma main que de la caresser : épargnez-la, de grâce, elle n'a point de part au tourment que je vous fais souffrir, et il n'est pas juste que vous vous en vengiez sur une partie innocente ; et, si vous avez quelque mal de cœur, vous n'en devez pas demeurer là, et moi-même je me livre tout entier à votre ressentiment. Don Quichotte perdait en l'air un discours si galant ; car, sitôt que Maritorne le vit attaché de telle sorte qu'il ne pouvait plus se défaire, les deux demoiselles se retirèrent en crevant de rire. Le pauvre chevalier demeura donc debout sur son cheval, le bras tout entier dans le trou, et fortement attaché par le poignet, mourant de peur que Rossinante ne se détournât tant soit peu et ne le laissât dans ce nouveau genre de supplice. Dans cette inquiétude, il n'osait se remuer ; à peine prenait-il baleine, tant il craignait de faire quelque mouvement qui impatientât Rossinante ; car il savait bien que lui-même il aurait demeuré tout un siècle dans la même posture.

Après avoir été ainsi quelque temps, voyant que les dames n'y étaient plus, il commença à croire qu'il y avait de l'enchantement, comme lorsqu'il avait été roué de coups dans le même château par le muletier enchanté, et il maudissait mille fois l'imprudence qu'il avait eue de s'exposer une seconde fois, après avoir été si maltraité la première, vu que prouver une aventure sans en venir à bout, est pour tout chevalier errant un avertissement, qu'elle doit être réservée pour un autre. Avec tout cela, il ne laissait pas de tirer le bras de toute sa force, en évitant toujours d'exciter Rossinante à se mouvoir; mais, plus il tirait, plus le nœud se serrait : de sorte que le pauvre homme contraint de se tenir sur la pointe des pieds, et ne pouvant se mettre en selle sans s'arracher le poignet, était dans une grande angoisse. Combien de fois souhaita-t-il en cet état cette épée tranchante d'Amadis qui défaisait toutes sortes d'enchantements ! combien maudit-il sa mauvaise fortune qui, privant toute la terre du secours de son bras tant qu'il serait enchanté, le privait aussi lui-même des occasions d'acquérir de la gloire ! combien de fois répéta-t-il le nom de Dulcinée du Toboso, et combien de fois appela-t-il son fidèle écuyer qui, étendu sur le bât de son âne et enseveli dans le sommeil, ne se souvenait seulement pas qu'il fût au monde ! combien de fois aussi demanda-t-il du secours aux sages Lirgandeo et Alquife, et combien de fois invoqua-t-il sa chère amie Urgande ! Enfin le jour le trouva si désespéré, qu'il mugissait comme un taureau et si persuadé de son enchantement, que lui confirmait encore l'incroyable tranquillité de Rossinante, qu'il ne douta plus que lui et son cheval ne dussent demeurer quelques siècles de la sorte, sans boire, manger ni dormir, jusqu'à ce que le charme fût fini, ou qu'un plus savant enchanteur le vînt délivrer.

Cependant le jour commença à paraître, et quatre cavaliers bien armés et en bon équipage ayant frappé à la porte de l'hôtellerie, don Quichotte, pour faire le devoir d'une bonne sentinelle, leur cria d'une voix fière et arrogante : Chevaliers ou écuyers, ou qui que vous puissiez être, vous n'avez que faire de frapper à la porte de ce château : ne voyez-vous pas qu'à l'heure qu'il est ceux qui sont dedans reposent, et qu'on a coutume d'ouvrir les forteresses qu'après soleil levé? Retirez-vous, et attendez qu'il soit grand jour, et alors nous verrons si l'on peut vous ouvrir ou non. Hé ! quelle diable de forteresse ou de château est ceci, dit l'un des cavaliers, pour nous obliger à toutes ces cérémonies? Si vous êtes l'hôte, faites-nous ouvrir promptement, car nous sommes pressés, et nous ne voulons que faire donner l'avoine à nos chevaux pour suivre notre chemin. Chevalier, repartit don Quichotte, est-ce que j'ai la mine d'un hôte? Je ne sais de quoi vous avez la mine, répondit le cavalier, mais je sais bien que vous rêvez d'appeler ceci un château. C'en est un, répliqua don Quichotte, et des meilleurs de toute la province; et il y a telle personne dedans qui s'est vue le sceptre à la main et la couronne sur la tête. Cela peut être, reprit le cavalier, car je m'imagine que c'est une troupe de comédiens, qui se voient souvent rois sur le théâtre; il n'y a pas d'apparence qu'il y ait d'autre train dans un lieu si petit, et où l'on garde si bien le silence. Vous connaissez joliment le monde, repartit don Quichotte, puisque vous ignorez les miracles de la chevalerie errante !

Les cavaliers s'ennuyèrent enfin de la conversation, et commencèrent à frapper si rudement, qu'ils éveillèrent tout dans la maison dont le maître vint leur ouvrir. Il arriva en même temps que la jument d'un des cavaliers voulant flairer Rossinante, qui, tout mélancolique et les oreilles basses, soutenait sans se remuer le corps allongé de son maître ; le cheval, qui n'était pas de bois, quoiqu'il le parût, voulut à son tour s'approcher de la jument qui lui faisait des caresses ; mais il ne se fut pas plutôt ébranlé, que les deux pieds glissèrent à don Quichotte, et il serait tombé lourdement par terre, s'il n'avait été si bien attaché par le bras. Le pauvre homme sentit tant de douleur dans la secousse, qu'il crut qu'on lui arrachait le poignet : car par la violence du coup et par le poids de son corps il s'allongea si fort, qu'il touchait presque des pieds à terre ; et cela lui causa une autre manière de supplice, parce que, voyant qu'il s'en fallait si peu que ses pieds ne portassent, il s'allongeait tant qu'il pouvait, comme ceux qui sont à l'estrapade, et augmentait lui-même son tourment.

CHAPITRE XXX.

Suite des aventures inouïes de l'hôtellerie.

Aux cris épouvantables que fit don Quichotte, l'hôte, tout effrayé, ainsi que les cavaliers allèrent voir ce que ce pouvait être. Maritorne, n'ayant pas de peine à deviner ce que c'était, se glissa doucement dans le grenier et ayant détaché le licou, rendit la liberté au chevalier, qui tomba à la vue des cavaliers et de l'hôte. Ils lui demandèrent le sujet qu'il avait de crier de la sorte ; mais lui, se relevant prestement sans rien dire, sauta sur Rossinante, embrassa son écu, mit la lance en arrêt, et, prenant du champ, il revint au petit galop, et cria : Quiconque dit que j'ai été justement enchanté est un imposteur, et je lui en donne le démenti ; et, si madame la princesse de Micomicon veut me le permettre, je le défie et l'appelle en combat singulier.

Les voyageurs furent fort surpris des paroles de don Quichotte ; mais l'hôte leur ayant appris l'humeur du chevalier, ils ne s'y arrêtèrent pas davantage, et demandèrent à l'hôte s'il y avait place pour eux au logis, et sur sa réponse affirmative ils entrèrent.

Don Quichotte, voyant qu'ils ne faisaient pas cas de lui et qu'aucun d'eux ne daignait seulement le regarder, était dans une telle colère que, s'il n'eût craint de pécher contre les ordonnances de la chevalerie, après avoir donné sa parole, il les aurait attaqués tous quatre ensemble et les eût bien obligés de lui répondre ; mais, ne pouvant pas commencer une entreprise jusqu'à ce qu'il eût remis la princesse de Micomicon sur le trône, il prit patience malgré lui, et se borna à regarder curieusement les nouveaux venus. Pendant qu'il était auprès d'eux, on entendit un grand bruit à la porte de l'hôtellerie. Deux hommes qui y avaient couché cette nuit-là, voyant tous les gens de la maison occupés, voulurent s'en aller sans payer ; mais l'hôte, qui pensait plus à son compte qu'aux affaires d'autrui, les arrêta sur le seuil, et leur demanda le paiement de leur dépense avec tant d'emportement et d'injures, qu'ils se crurent obligés de

lui répondre à coups de poing, et le chargèrent effectivement de telle
sorte, que le pauvre homme fut contraint de crier au secours. L'hôtesse et
sa fille y accoururent; mais ne pouvant rien faire, la fille, qui avait vu
en passant que don Quichotte était le moins occupé, revint sur ses pas, et
lui dit : Seigneur chevalier, je vous supplie, par la vertu que Dieu vous a
donnée, de venir secourir mon père, que deux méchants hommes assassinent. Très belle demoiselle, répondit don Quichotte gravement et sans
s'émouvoir, il m'est impossible pour l'heure de vous accorder ce que vous
me demandez, parce que j'ai donné ma parole de n'entreprendre aucune
aventure que je n'en aie achevé une autre à laquelle je me suis engagé;
tout ce que je puis présentement pour votre service, c'est un conseil :
courez promptement dire à monsieur votre père qu'il se ménage et s'entretienne dans le combat le mieux qu'il pourra sans se laisser vaincre,
pendant que j'irai demander à la princesse de Micomicon la liberté de le
secourir, et soyez assurée, si je l'obtiens, que je l'en tirerai mort ou vif.
Et mort de ma vie! s'écria Maritorne qui était présente, avant que votre
seigneurie ait la permission dont vous parlez, mon maître ne sera-t-il pas
dans l'autre monde? Trouvez bon, je vous prie, mes belles dames, que
j'aille la demander, reprit don Quichotte; et, quand je l'aurai une fois, il
ne n'importe guère que le seigneur châtelain soit dans l'autre monde : je
l'en tirerai en dépit de tous ceux qui pourraient s'y opposer, ou je ferai
pour le moins telle vengeance de ceux qui l'y auront envoyé, que vous
aurez lieu d'être satisfaits. En disant cela il alla se jeter à genoux devant
Dorothée, et, avec les termes les plus exquis de la chevalerie errante, il
supplia très humblement sa grandeur de lui permettre d'aller secourir le
seigneur du château, qui se trouvait dans une nécessité pressante. La princesse lui accorda ce qu'il désirait; et le valeureux chevalier, mettant l'épée
à la main et embrassant son écu, courut promptement à la porte de l'hôtellerie, où le combat s'animait de plus en plus aux dépens de l'hôte; mais,
en arrivant, il s'arrêta tout d'un coup et demeura comme immobile, quoique Maritorne et l'hôtesse le harcelassent en lui demandant ce qu'il l'empêchait de secourir leur maître. Ce qui m'en empêche, dit don Quichotte,
c'est qu'il m'est interdit de tirer l'épée contre des écuyers; mais appelez
Sancho Pança, qui est le mien : c'est à lui qu'appartient cette vengeance.

Voilà ce qui se passait à la porte de l'hôtellerie, où les gourmades tombaient dru et menu sur la tête de l'hôte, pendant que Maritorne, l'hôtesse
et sa fille pestaient contre l'impassible don Quichotte, et lui reprochaient
sa poltronnerie. Cependant le noble chevalier errant intervint, et le démêlé de l'hôte prit fin, les raisons de don Quichotte plutôt que ses menaces
ayant obligé les escrocs à payer leurs dépenses.

Tout était tranquille ou allait le devenir, quand le diable, qui ne dort
jamais, fit entrer dans l'hôtellerie le barbier à qui don Quichotte avait ôté
l'armet de Mambrin, et Sancho Pança, le harnais de son âne. Le barbier menait son âne à l'écurie, et ayant d'abord reconnu Sancho, qui accommodait le bât du sien, il résolut de l'attaquer. Ah! monsieur le larron, dit-il
en se jetant sur lui, je vous tiens enfin, et il faut me rendre tout à l'heure
mon bassin, mon bât, et tout l'équipage que vous m'avez volé. Sancho,
ainsi attaqué à l'improviste, saisit d'une main le bât que lui disputait le
barbier, et de l'autre lui donna un si grand coup de poing, qu'il lui mit les
mâchoires tout en sang. Malgré cela le barbier ne lâchait point prise, et il
se mit à crier de telle sorte, que tous ceux qui étaient dans l'hôtellerie accoururent. Justice au nom du roi! disait-il, justice! Ce voleur de grands

chemins me veut assassiner, parce que je reprends le bien qu'il m'a volé. Vous avez menti par la gorge, répliqua Sancho : je ne suis point voleur de grands chemins, et c'est de bonne guerre que monseigneur don Quichotte a gagné ces dépouilles. Don Quichotte était lui-même témoin de la valeur de Sancho, et il avait une joie incroyable de voir avec quelle vigueur le bon écuyer savait attaquer et se défendre; il le tint toujours depuis pour un homme de courage, et il résolut de l'armer chevalier à la première occasion, ne doutant point que l'ordre n'en tirât beaucoup d'avantage.

Le barbier se défendait bien plus de la langue qu'à coups de poings, et entre autres choses : Messieurs, s'écriait-il, ce bât est à moi comme ma vie est à Dieu, et je le reconnais comme si je l'avais mis au monde! Si cela n'est pas, mon âne est là pour me démentir : qu'on le lui essaie, et s'il ne lui va pas comme de cire, que je passe pour un infâme. Mais ce n'est pas tout : car, le même jour qu'il me fut volé, on me prit encore un bassin en cuivre tout neuf, qui n'avait servi de sa vie, et qui valait, sans reproche, un bon écu. En cet endroit don Quichotte prit la parole; et, se mettant entre les deux combattants, il mit le bât en parade, afin qu'il fût vu de tout le monde jusqu'à ce que la vérité fût clairement reconnue. Messieurs, dit-il, je suis bien aise que vous voyez vous-mêmes l'erreur de ce bon écuyer, qui appelle un bassin ce qui est, a été, et sera toujours l'armet de Mambrin, et que je lui ôtai dans un combat singulier, m'en rendant le maître par une conquête légitime. Pour ce qui est du bât prétendu, je ne m'en mêle point. Tout ce que j'ai à vous dire là-dessus, c'est qu'après que j'eus vaincu ce poltron, Sancho, mon écuyer, me demanda permission de prendre le harnais de son cheval pour le mettre sur le sien ; je le lui permis, et il s'en accommoda. Mais comment ce harnais s'est changé en bât, c'est ce que je sais point, si ce n'est que ces sortes de transformations se voient fort communément dans la chevalerie errante, et que pour confirmer ce que je dis, Sancho, mon enfant, va quérir tout à l'heure l'armet que ce pauvre homme appelle un bassin. De bonne foi, monsieur, dit Sancho, si nous n'avons pas de meilleure preuve, nous pourrions bien perdre notre procès; car l'armet de Mambrin est un bassin ni plus ni moins que le harnais de ce bonhomme est un bât. Fais seulement ce que je t'ordonne, répartit don Quichotte : il n'est pas croyable que tout ce qui se fait dans ce château soit toujours conduit par enchantement.

Sancho alla quérir le bassin, et don Quichotte le prenant : Voyez, dit-il messieurs, et cet écuyer ose soutenir que ce n'est pas là un armet! Je jure par l'ordre de chevalerie dont je fais profession, que c'est le même que je lui ai ôté, sans y avoir ajouté ni retranché la moindre chose. Oui, par ma foi, ce l'est, ajouta Sancho, et depuis que mon maître l'a en sa possession, il ne l'a porté qu'en une seule bataille, qui fut lorsqu'il délivra ces misérables forçats; et bien lui en prit d'avoir ce bassin d'armet, car il lui garantit le le chef de bien des coups de pierres en cette diabolique rencontre.

CHAPITRE XXXI.

Où l'on achève de vérifier les doutes de l'armet de Mambrin et du bât de l'âne, avec d'autres aventures aussi véritablement arrivées

Eh bien! messieurs, s'écria le barbier, quelle opinion avez-vous de ces honnêtes gens, qui ont l'effronterie de soutenir que c'est là un armet et non pas un bassin? A qui osera dire le contraire, dit don Quichotte, je ferai bien voir qu'il ment, s'il est chevalier; et, s'il est écuyer, qu'il a menti et rementi mille fois.

Maître Nicolas, qui était là présent, voulut appuyer la folie de don Quichotte et pousser le jeu plus loin, pour augmenter le divertissement de la compagnie, et s'adressant au barbier : Monsieur le barbier, lui dit-il, ou qui que vous soyez, savez-vous bien que nous sommes de même métier vous et moi, qu'il y a plus de vingt ans que j'ai mes lettres d'examen, et que je connais fort bien tous les instruments de la barberie, du plus grand jusqu'au plus petit? J'ai aussi été soldat en ma jeunesse, et je sais fort bien ce que c'est qu'un armet, un morion, une salade, et toutes les choses qui sont du métier de la guerre, particulièrement pour ce qui regarde les armes des soldats, et je vous soutiens, soit dit sans vous déplaire, que cette pièce qui est entre les mains de monsieur le chevalier est si éloignée d'être un bassin de barbier, qu'il n'y a pas plus de différence entre le blanc et le noir, et que c'est un armet qui n'est véritablement pas complet. Non, assurément, répliqua don Quichotte, puisqu'il en manque la moitié, qui est la barbure. Est-ce que quelqu'un en doute? dit le curé, qui voyait bien l'intention de maître Nicolas. Cardenio, don Fernand et sa troupe affirmèrent aussi la même chose! Hé! Dieu me soit en aide, dit alors le barbier en soupirant, comment est-il possible que tant d'honnêtes gens prennent un bassin pour un armet? En vérité, il y aurait de quoi étonner la meilleure université avec toute sa science ; et, puisque le bassin est un armet, ce bât pourra bien être un harnais de cheval, comme monsieur vient de dire. Pour moi, dit don Quichotte, il me semble que c'est un bât; mais je vous ai déjà dit que je ne me mêle point d'en décider, et, que ce soit bât ou harnais, peu m'importe. Seigneur don Quichotte, dit le curé, c'est à vous à prononcer; car, en matière de chevalerie, ces messieurs et moi vous cédons tout l'avantage, et nous nous en rapporterons à votre jugement. Vous me faites trop d'honneur, repartit don Quichotte; mais il m'est arrivé des choses si étranges dans ce château, les deux fois que j'y ai logé, que je n'oserais rien affirmer de quoi que ce soit qui s'y rencontre : car je m'imagine que tout s'y fait par enchantement. La première fois que j'y suis venu, je fus cruellement fatigué par un Maure enchanté, et Sancho ne fut pas mieux traité de quelques poltrons de même trempe. Hier au soir, de fraîche date, je me trouvai pendu par un bras, et je demeurai en cet état près de deux heures sans avoir jamais pu deviner d'où me venait cette disgrace; et de vouloir me mêler à présent de débrouiller des choses si embarrassantes et si confuses, ce serait être téméraire. J'ai déjà dit mon sentiment pour ce qui est de l'armet ; mais je ne hasarderai point de décider si c'est là un bât d'âne ou un harnais de cheval : cela vous appartient, messieurs. Peut-être que, pour n'être pas armés chevaliers comme moi, les enchantements ne pourront rien sur vous, et vous jugerez plus sainement de tout ce qui se passe dans ce château, les objets vous paraissant réellement ce qu'ils sont et non pas comme ils me paraissent. Le seigneur don Quichotte dit fort bien, reprit don Fernand : c'est à nous à régler la contestation ; et, pour y procéder avec ordre et dans les formes, je vais prendre le sentiment de chacun de ces messieurs en particulier, et ce sera la pluralité des voix qui en décidera.

Tout ceci était une grande matière de divertissement pour ceux qui connaissaient l'humeur de don Quichotte; mais les autres le prenaient pour une grande folie. A tout cela le barbier se désespérait de voir devant ses yeux son bassin se changer en armet, et il ne doutait pas que le bât de son âne n'eût bientôt une fortune pareille. Tous les autres riaient de voir don Fernand qui recueillait sérieusement les voix et faisait les mêmes grimaces que si c'eût été une affaire de grande importance. Après qu'il eut pris le sentiment de tous ceux qui connaissaient don Quichotte, il dit tout haut, s'adressant au barbier : Mon bon homme, je suis las de demander tant de fois la même chose et de voir que tous me répondent que c'est une folie de demander si c'est là un bât d'âne, étant si visible que c'est un harnais de cheval, et d'un cheval de conséquence. Prenez donc patience : car, en dépit de votre âne et de vous, c'est un harnais ; vous avez mal à propos contesté, et sans preuves. Que je n'entre jamais en paradis, dit le pauvre barbier, si vous ne vous trompez tous tant que vous êtes ! et ainsi puisse paraître mon ame devant Dieu, comme cela me paraît un bât ! Au surplus les lois vont... je n'en dis pas davantage ; mais après tout, je ne suis point ivre, je n'ai aujourd'hui déjeûné, à moins que je ne l'aie fait en dormant. Les sottises que disait le barbier ne prêtèrent pas moins à rire que les folies de don Quichotte, qui dit pour conclure : Il ne reste plus rien à faire, sinon que chacun prenne son bien où il le trouve. Et en même temps il se saisit du bassin, et Sancho s'empara du bât. Mais le diable n'aurait pas été content si tout se fût passé en raillerie.

Un des voyageurs voulut se mêler de dire son avis, qu'on ne lui demandait pas. Si ce n'est là, dit-il en faisant le fin, un tour fait à plaisir, comment se peut-il que tant de gens d'esprit prennent ainsi martre pour renard ! Ce n'est assurément pas sans mystère que l'on conteste une chose si visible ; pour moi je défie tous les hommes du monde de m'empêcher de croire que voilà un bassin de barbier, et que voici un bât d'âne.

Ne jurez pas, dit le curé ; ce pourrait bien être celui d'une ânesse. Comme vous voudrez, repartit l'étranger ; mais enfin, c'est toujours un bât. Un autre voyageur, c'était un archer comme ses compagnons, en voulut aussi dire sa râtelée. Parbleu ! dit-il, la dispute est bonne ! c'est un bât comme je suis un homme, et quiconque soutient le contraire doit être ivre. Tu en as menti, vieillaque, répondit don Quichotte ; et haussant en même temps sa lance qu'il ne quittait jamais, et il lui en déchargea un si grand coup, que, si l'archer ne se fût détourné, il l'aurait jeté à ses pieds. La lance se mit en pièce, et les autres archers, qui virent maltraiter leur compagnon, commencèrent à faire grand bruit, demandèrent main-forte pour la Sainte-Hermandad. A cette parole, l'hôte qui était de cette sainte confrérie, entra vite dans la maison, et revenant aussitôt avec sa verge et son épée, se rangea du côté des archers. Don Quichotte fut entouré; et le barbier, qu'on avait tant joué, voyant toute l'hôtellerie en confusion et en trouble, voulut profiter de l'occasion, et alla se saisir de son bât, pendant que Sancho, qui ne s'en était pas éloigné, fit là même chose.

Cependant don Quichotte mit l'épée à la main, et attaqua vigoureusement les archers; don Fernand et Cardenio s'étaient mis de la partie; le curé s'égosillait pour faire cesser le désordre, mais on ne pouvait l'entendre; l'hôtesse jetait les hauts cris, sa fille était toute en larmes, et Maritorne paraissait enragée; Dorothée et Luscinde témoignaient une grande inquiétude, et ne savaient à qui s'adresser; le barbier gourmait Sancho, et Sancho rouait de coups le barbier; don Fernand tenait sous lui un archer et le foulait aux pieds, et Cardenio frappait en gros, tantôt sur l'un, tantôt sur l'autre, pendant que l'hôte ne cessait d'appeler au secours de de la Sainte-Hermandad; de telle sorte qu'en toute l'hôtellerie ce n'était que cris, que pleurs, que hurlements, que gourmandes, coups d'épée, coup de poing, que trouble et confusion.

Au milieu de ce chaos de querelles et de désordres, don Quichotte, qui avait la mémoire vive, alla se représenter la discorde qui se mit dans le camp d'Agramant, où s'imaginant qu'il était au plus fort de la mêlée, il cria d'une voie qui étonna toute l'hôtellerie : Que tous s'arrêtent, que tous remettent l'épée au fourreau, et que chacun m'écoute, s'il veut conserver sa vie! Tous s'arrêtèrent à la voix de don Quichotte, et il continua ainsi : Ne vous ai-je pas dit, messieurs, que ce château est enchanté et que quelque légion de diable y fait sa demeure? Pour confirmer ce que je vous dis; je veux que vous voyez de vos propres yeux que la discorde du camp d'Agramant s'est fourrée parmi nous : voyez comme l'on combat là pour l'épée, ici pour un cheval, d'un autre côté pour l'aigle, ailleurs pour un armet, et qu'enfin nous combattons tous sans nous entendre, et sans distinguer les amis d'avec les ennemis. Approchez donc, maître Nicolas, et vous monsieur le curé ; que l'un présente le roi Agramant, et l'autre le roi Sobrin, et tâchez de nous mettre tous en paix, car, devant Dieu, c'est une chose trop honteuse que tant de gens de conséquence que nous sommes ici s'entre-tuent pour chose de si peu d'importance.

Les archers qui n'entendaient rien aux rêveries de don Quichotte, et que Cardenio, don Fernand et ses compagnons avaient rudement étrillés, ne voulaient point cesser le combat ; pour le pauvre barbier, il ne demandait pas mieux, car son bât était rompu, et à peine lui restait-il un poil de barbe. Sancho s'était arrêté dès qu'il avait entendu la voix de son maître, et il prenait haleine en s'essuyant le visage; les archers s'apaisèrent, voyant combien il importait peu de ne pas le faire. L'hôte seul ne pouvait réprimer sa colère; il s'opiniâtrait à faire châtier ce fou, qui à tout moment mettait la division et le trouble dans sa maison. Enfin pourtant les querelles s'apaisèrent, ou du moins il y eut suspension d'armes : le bât demeura harnais, le bassin armet, et l'hôtellerie passa pour un château dans l'imagination de don Quichotte.

Les soins de Nicolas et du curé ayant rétabli la paix, tous étaient redevenus amis ou faisaient semblant de l'être.

Mais l'irréconciliable ami de la paix ne put souffrir de se voir arracher le fruit qu'il attendait d'une si grande sémence de désordres ; et, par une seconde tentative, il fit tant qu'il suscita de nouveaux troubles.

Les archers, voyant que ceux à qui ils avaient à faire étaient des gens de qualité, avec qui il n'y avait rien à gagner que des coups, se retirèrent doucement de la mêlée ; mais l'un d'eux, et justement celui qui avait été si mal mené par don Fernand, s'étant ressouvenu que, parmi les décrets de prise de corps qu'il avait contre quelques délinquants, il y en avait un contre un don Quichotte, que la Sainte-Hermandad ordonnait d'arrêter, pour avoir mis en liberté des forçats qu'on menait aux galères, voulut voir si les renseignements qu'il avait sur ce don Quichotte ne convenait point à celui qu'il avait devant les yeux : il tira donc un parchemin de sa poche, et, le déchiffrant assez mal, parce qu'il ne savait pas trop bien lire, à chaque mot il jetait les yeux sur don Quichotte et confrontait les traits de son visage avec les indications où on le dépeignait. Il reconnut enfin que c'était le même que marquait son décret ; il n'en fut pas plutôt assuré, que, tenant son parchemin de la main gauche, il porta l'autre au collet de don Quichotte et le saisit à lui ôter la respiration, criant en même temps : Assistance, messieurs, à la Sainte-Hermandad ! et afin que personne ne doute que ce ne soit tout de bon, voilà le décret qui ordonne de mettre la main sur ce voleur de grands chemins. Le curé vit que l'archer disait vrai ; mais le chevalier, s'entendant traiter en brigand par un tel maraud, entra dans une si furieuse colère, que les os lui craquaient par tout le corps ; et, malgré la contrainte où le tenait l'archer, il lui porta les deux mains à la gorge et allait l'étrangler plutôt que de lâcher prise, si ses compagnons ne fussent venus au secours. L'hôte accourut comme les autres, y étant obligé par le devoir de sa charge ; l'hôtesse, qui vit son mari encore une fois dans la mêlée, recommença à crier de plus belle, pendant que sa fille et Maritone, enchérissant sur le ton, imploraient en hurlant la faveur du ciel, et l'aide de tous ceux qui étaient dans l'hôtellerie. Vive Dieu ! s'écria Sancho, voyant ce nouveau désordre, mon maître a raison de dire que ce château est enchanté : tous les diables y sont déchaînés, et il n'y a pas moyen d'y vivre une heure en repos. Don Fernand sépara don Quichotte et l'archer, au grand soulagement de tous les deux, qui s'étranglaient réciproquement. Les archers ne laissaient pas néanmoins de réclamer leur prisonnier, et qu'on le remît entre leurs mains, parce qu'il y allait du service du roi et de la Sainte-Hermandad, au nom de laquelle ils demandaient incessamment du secours et de la protection pour s'assurer de cet insigne bandit et de ce détrousseur de passants.

Don Quichotte riait de ce discours et leur dit d'abord sans emportement : Venez ici, misérables, canaille vile et abjecte ! Appelez-vous détrousseur de passants celui qui rend la liberté à des gens enchaînés, qui délivre des prisonniers, secourt des malheureux, et prend la défense de ceux que l'on opprime ? Gens infâmes, qui pour la bassesse de votre courage et la faiblesse de votre entendement, ne méritez pas que le ciel vous communique la vertu qu'enferme en soi la chevalerie errante, ni qu'elle vous tire de l'erreur et de l'ignorance où vous croupissez, ne sachant pas que vous devez non seulement honorer la présence, mais encore l'ombre du moindre chevalier errant qui soit au monde. Venez ici, larrons en troupe, voleurs de grands chemins, et non pas archers, sous l'autorité de la Sainte-Hermandad, dites-moi un peu quel est l'étourdi qui a osé signer un décret contre un chevalier comme moi ; le mal appris, qui ne sait pas que les chevaliers errants ne sont pas du gibier de la justice, qu'ils ne reconnaissent aucun tribunal ni aucun juge dans le monde, qu'ils n'ont point d'autres lois que leurs épées, et que leur volonté seule leur tient lieu d'édits, d'arrêts et d'ordonnances? Quel est l'impertinent, continua-t-il, qui ignore qu'il n'y a point de titre de noblesse qui donne tant de priviléges, de prérogatives et d'exemptions, qu'en acquiert un errant le jour qu'il est armé chevalier, et qu'il se dévoue à cet illustre et pénible exercice? Quel chevalier errant a jamais payé taille, ni gabelle, ni aides, ni impôts, ceinture de la reine, monnaie foraine, entrées, ni passages? Quel tailleur leur a jamais demandé la façon d'un habit? Qui est le châtelain qui leur a jamais refusé l'entrée de son château, ou qui leur a fait payer aucune dépense? Où est le roi qui ne les a pas reçus à sa table, et la dame qui n'a pas été charmée de leur mérite, et qui ne s'est point rendue à leur discrétion? Et se trouvera-t-il enfin un chevalier errant dans tous les siècles passés, en celui-ci et à l'avenir, qui n'ait pas la force et le courage de donner lui seul quatre cents coups de bâton à quatre cents marauds d'archers qui seront assez fous pour l'attendre?

CHAPITRE XXXII.

De la grande colère de don Quichotte et d'autres choses admirables.

Pendant que don Quichotte parlait de la sorte, le curé tâchait de persuader aux archers que c'était un homme qui avait perdu l'esprit, comme ils le pouvaient juger eux-mêmes à ses actions et à ses paroles, et qu'il était inutile qu'ils passassent plus avant, parce que, quand ils l'auraient pris et emmené, on le lâcherait aussitôt comme fou. Le porteur du décret lui répondit que ce n'était point à lui de juger de la folie du personnage, mais seulement d'exécuter les ordres qu'il avait, et que, quand on l'aurait une fois pris, on le pouvait relâcher cinquante fois pour une, sans qu'il s'en mît en peine. Vous ne l'emmènerez pourtant pas pour cette fois, dit le curé : je vois bien qu'il n'est pas d'humeur à y consentir. En effet, le curé sut si bien dire, et don Quichotte fit tant d'extravagances, que les archers eussent été plus fous que lui s'ils n'eussent pas reconnu qu'il avait perdu le sens. Ils s'apaisèrent donc par nécessité et se mêlèrent eux-mêmes de l'accommodement du barbier et de Sancho, qui se regardaient toujours de travers et mouraient d'envie de recommencer. Ils jugèrent cette affaire comme étant membres de justice, et les parties déférèrent à leur jugement avec quelque satisfaction de part et d'autre, parce que les bâts furent échangés, mais non pas les licous, ni les sangles; et, pour ce qui regardait l'armet de Mambrin, le curé donna huit réales au barbier, sans que don Quichotte s'en aperçût, tirant promesse de lui qu'il n'en ferait jamais aucune poursuite.

L'hôte, qui s'était aperçu du présent que le curé avait fait au barbier, voulut aussi se faire apaiser; et, pour montrer qu'il était fort en colère, il demanda la dépense de don Quichotte, avec le prix de ses outres et de son vin, jurant qu'il ne laisserait sortir ni Rossinante, ni Sancho, ni l'âne, qu'il

11.

ne fût payé jusqu'au dernier sou. Le curé fit le prix de tout, et don Fernand le paya. Ainsi pour la seconde fois la paix fut faite, et au lieu de la discorde du camp d'Agramant, on vit régner le repos et la douceur de l'empire d'Auguste, comme le dit don Quichotte. Tout le monde demeura d'accord dans l'hôtellerie que c'était l'ouvrage de la prudence du curé et de la libéralité de don Fernand, et chacun leur témoigna de la reconnaissance.

Don Quichotte, se voyant libre et débarrassé de toute querelle, tant des siennes que de celles de son écuyer, crut qu'il était à propos de continuer ce qu'on avait commencé, et d'aller achever cette grande aventure pour laquelle on l'avait choisi. Dans cette pensée, il alla se jeter à genoux devant Dorothée, et, s'étant relevé, parce qu'elle ne voulut pas consentir qu'il lui parlât en cet état, il lui dit : C'est un commun proverbe, très haute et très illustre dame, la diligence est la mère de la bonne fortune. L'expérience a souvent fait voir en des rencontres importantes que les soins et la vigilance viennent à bout des choses les plus difficiles ; mais il n'y a point d'endroit où cette vérité paraisse mieux ni si souvent qu'à la guerre, où la vigilance à prévenir les desseins de l'ennemi nous en fait quelquefois triompher avant qu'il se soit mis en défense. Je vous dis ceci, très excellente princesse, parce qu'il me semble que notre séjour dans ce château non seulement est désormais inutile, mais qu'il pourrait même nous être un jour fort désavantageux. Qui sait si Pandafilando n'aura point appris par des espions secrets que je suis sur le point de l'aller détruire, et si, se prévalant du temps que nous perdons, il ne sera point fortifié dans quelque château où la force de mon bras infatigable, tous mes soins et toute mon adresse deviendront inutiles ? Prévenons donc, comme j'ai dit, ses desseins par notre diligence, et partons, s'il vous plaît, madame ; car l'accomplissement de vos souhaits n'est maintenant éloigné qu'autant que je tarde à me voir aux mains avec d'ennemi.

Don Quichotte se tut, attendit gravement la réponse de la princesse, qui, avec une contenance étudiée et des paroles accommodées à l'humeur du chevalier, lui répondit de cette sorte : Je vous suis bien obligée, invincible chevalier, du désir ardent que vous faites paraître de vouloir me soulager dans mes déplaisirs, comme franc chevalier, à qui il appartient de secourir les orphelins affligés ; Dieu veuille que vos souhaits et les miens réussissent afin que je puisse vous faire voir qu'il y a des femmes au monde qui ne manquent pas de reconnaissance ! Pour ce qui est de mon départ, je suis toute prête, et n'ai pas d'autre volonté que la vôtre. Disposez donc de moi comme il vous plaira : celle qui a mis entre vos mains et ses intérêts et la défense de sa personne a bien fait voir l'opinion qu'elle a de votre prudence, et qu'elle s'abandonne absolument à votre conduite. Allons, à la garde de Dieu, reprit don Quichotte ; et puisqu'une si grande princesse ne craint pas de s'abaisser devant moi, ne perdons point l'occasion de la relever, et rétablissons-la promptement sur son trône ; partons tout à l'heure. Madame, le péril est souvent dans le retard et cela ne me presse pas moins que le désir d'acquérir de la gloire. Et puisque le ciel n'a jamais rien créé ni l'enfer jamais rien produit qui m'épouvante, selle Rossinante, Sancho ; prépare ton grison et le palefroi de la reine ; prenons congé du châtelain et de tous ces chevaliers, et ôtons-nous promptement d'ici.

Ha ! monsieur, monsieur, dit Sancho en branlant la tête, qu'il y a bien plus de mal au village qu'on ne pense! soit dit pourtant sans offenser personne. Et quel mal, traître, répondit don Quichotte, peut-il y avoir en aucun village, ni en toutes les villes du monde, qui soit à mon désavantage ? Si vous

vous fâchez, monsieur, repartit Sancho, je m'en vais fermer la bouche, et vous ne saurez point ce que je me crois obligé de vous dire, étant votre écuyer, et ce qu'un fidèle serviteur doit dire à son maître. Dis tout ce que tu voudras, répliqua don Quichotte, pourvu que tes paroles ne tendent point à m'effrayer : pour toi, si tu as quelque peur, tu dois songer à t'en guérir ; mais, pour moi, je ne la connais point que sur le visage de mes ennemis. Hé jarni ! ce n'est point cela, dit Sancho, ni rien qui en approche ; mais franchement cette dame qui se dit reine du grand royaume de Micomicon, ma foi, elle l'est tout de même que ma défunte mère ; et si elle était ce qu'elle dit, elle n'irait point à toute heure baiser le grouin de quelqu'un de la compagnie.

Dorothée rougit des paroles de Sancho, parce qu'il était vrai que don Fernand la baisait quelquefois à la dérobée, comme prenant par avance des gages de l'amitié de Dorothée et des récompenses de la sienne ; et Sancho, qui s'en était aperçu, trouvait que ce procédé sentait bien plus la courtisane qu'une grande et vertueuse princesse : Ce qui m'oblige de vous dire cela, messieurs, ajouta-t-il, c'est que, si, après que nous aurons bien couru et passé dans la fatigue mille méchantes nuits et de plus mauvais jours, il faut qu'un fanfaron de taverne vienne jouir du fruit de nos travaux, je n'ai que faire de me presser de seller Rossinante et le palefroi de la reine, ni vous de battre le buisson dont un autre prendra les oiseaux ; car il sera bien mieux que nous demeurions en repos ; et coure la pretentaine qui en aura l'envie.

Qui m'aidera en cet endroit à représenter la colère de don Quichotte quand il entendit l'insolent discours de son écuyer ? Elle fut si grande que, jetant le feu par les yeux, et un regard plein de fureur sur le misérable Sancho, il lui dit d'un ton impétueux en bégayant de rage : Vieillaque, scélérat, brutal, impudent, téméraire et injurieux blasphémateur ! as-tu bien l'effronterie de dire de semblables choses en ma présence et devant ces illustres dames ! Comment oses-tu former dans ton imagination des pensées si détestables et un dessein si plein d'audace et de témérité ! Sors de ma présence, monstre de nature, cloaque de mensonge, magasin de fourberie, arsenal de malice, foyer de méchancetés, triple organe d'extravagances scandaleuses, et perfide ennemi de l'honneur et du respect qu'on doit aux personnes royales ; ne parais jamais devant moi, sous peine de mon ingnation, et si tu ne veux que je t'anéantisse, après t'avoir fait souffrir tout ce que la fureur peut inventer d'effroyable. En disant cela il fronçait les sourcils, il s'enflait les naseaux et les joues, portait de tout côté des yeux menaçants et frappait du pied droit de grands coups en terre, marques visibles de l'épouvantable colère qui échauffait ses entrailles.

A ce discours si terrible, le pauvre Sancho fut si saisi de tant de frayeur et demeura si éperdu, qu'il eût voulu de bon cœur que la terre fût ouverte pour l'engloutir ; ne sachant faire autre chose, il tourna doucement les épaules et s'éloigna de son maître. Mais la sage Dorothée, qui avait assez étudié don Quichotte pour le bien connaître, lui dit pour l'adoucir : Ne vous fâchez point, seigneur chevalier de la Triste-Figure, pour les sottises de votre bon écuyer, car peut-être ne les a-t-il pas dites sans raison, la bonté de son naturel et de sa conscience doivent faire juger qu'il n'a pas dessein de rendre de gaîté de cœur un témoignage désavantageux à la réputation de personne. Ainsi, il faut croire sans doute, comme vous l'avez déjà dit, que, tout se faisant par enchantement dans ce château, Sancho aura aussi vu par cette voie diabolique les choses qu'il a dites contre mon honneur,

Par le Dieu tout-puissant, créateur de l'univers, s'écria don Quichotte, votre grandeur l'a trouvé : quelque mauvaise vision a troublé ce misérable pêcheur et lui aura fait voir des choses qu'il ne pouvait voir que par enchantement, car je connais assez la simplicité et l'innocence de ce malheureux pour être persuadé qu'en toute sa vie il ne voudrait pas rendre un faux témoignage. Il faut que cela soit ainsi, dit don Fernand, et, par conséquent, votre seigneurie ne doit pas faire difficulté de lui pardonner et de le rappeler au giron de vos bonnes grâces, comme il était avant que ces visions lui eussent brouillé la fantaisie. Je lui pardonne, dit don Quichotte. Et le curé allant aussitôt chercher Sancho, il vint humblement se prosterner aux pieds de son maître, à qui il demanda la main pour la baiser.

Don Quichotte la lui donna avec sa bénédiction, en lui disant : Tu ne douteras plus à présent, mon fils Sancho, de ce que je t'ai dit tant de fois, que l'enchantement conduit ici la plupart des choses. Je n'en doute point, répondit Sancho, et j'en jurerai quand on voudra, car je vois bien moi-même que je parle par enchantement ; mais il faut excepter mon bernement, qui fut réel et qui arriva dans les voies ordinaires. Désabuse-toi de ceci comme du reste, dit don Quichotte ; si cela avait été, je t'aurais vengé dès lors, et je le ferais encore à cette heure ; mais je ne puis à présent ni ne puis trouver pour lors de qui prendre vengeance. Toute la compagnie voulut savoir ce que c'était que ce bernement, et l'hôte leur conta de point en point de quelle manière on s'était diverti de Sancho ; ce qui les fit tous éclater de rire. Mais Sancho était sur le point d'éclater de colère, si son maître ne l'eût assuré de nouveau que ce n'était qu'un enchantement ; à quoi il fit semblant de se rendre par des considérations politiques : car, après tout, sa folie n'a jamais été si loin qu'il pût croire que ce n'eût été qu'une illusion, et il ne doutait aucunement que ce ne fût une vérité constante et une malice inventée et exécutée par des hommes de chair et d'os.

Il y avait deux jours entiers que cette bonne compagnie était dans l'hôtellerie, et jugeant tous qu'il était temps de se retirer, ils pensèrent aux moyens de faire retourner don Quichotte en sa maison où le curé et maître Nicolas le barbier pourraient plus aisément travailler à raccommoder cette imagination démontée, sans donner la peine à don Fernand et à Dorothée de faire le voyage, ainsi qu'on l'avait arrêté d'abord, sous le prétexte de remettre la princesse Micomicon dans son royaume. La meilleure invention qu'on trouva fut de faire marché avec un charretier, qui passa là par hasard avec sa charrette, pour l'emmener de la manière que je vais dire : ils firent une espèce de cage ou gêole de grands bâtons entrelacés, assez spacieuse pour tenir un homme passablement à son aise ; et don Fernand, ses compagnons, avec ses archers et l'hôte, s'étant diversement déguisés, par l'avis du curé, qui conduisait l'affaire, ils entrèrent avec un grand silence dans la chambre de don Quichotte, où il était allé se délasser de ses fatigues. Ils s'approchèrent doucement de lui pendant qu'il dormait d'un profond sommeil, bien éloigné de penser à une telle aventure, et lui lièrent si bien les pieds et les mains, que lorsqu'il s'éveilla, il ne put faire autre chose que d'admirer l'état où il se trouvait et de considérer la nouveauté de ces figures étranges qui l'environnaient. Il ne manqua pas tout aussitôt de croire ce que son extravagante imagination lui représentait à toute heure, que c'étaient là des fantômes de ce château enchanté lui-même, puisqu'il ne pouvait se défendre ni même se remuer. Tout cela réussit justement comme l'avait pensé le curé, qui était l'inventeur de cette plaisante machination.

De tous ceux qui étaient présents à ce mystère, le seul Sancho était en sa figure ordinaire et peut-être le seul en son bon sens ; et quoiqu'il s'en fallût peu qu'il ne fût aussi fou que son maître, il ne laissa pas de reconnaître qui étaient toutes ces figures contrefaites : mais il était tellement battu de l'oiseau, qu'il n'osa jamais ouvrir la bouche jusqu'à ce qu'il eût vu où tendait le tour qu'on faisait à don Quichotte, qui, de son côté, attendait sans rien dire ce qui en pouvait arriver. On apporta la cage et on le mit dedans, et, après avoir cloué les ais de telle sorte qu'il eût fallu bien des efforts pour la rompre, les fantômes le chargèrent sur leurs épaules, et, au sortir de la chambre, on entendit une voix forte et éclatante, autant que l'a pu pousser maître Nicolas le barbier, qui dit :

«O chevalier de la Triste-Figure ! ne t'étonne point de ta captivité, car il faut que ceci arrive, afin que l'entreprise où t'a engagé la grandeur de ton courage en soit plus tôt achevée. On verra la fin de cette grande aventure quand le furieux lion de la Manche et la blanche colombe Tobosine seront liés par un heureux assemblage, sans avoir humilié leurs têtes superbes sous le joug agréable d'un doux hyménée, d'où sortiront un jour en lumière les vaillants lionceaux qui porteront leurs errantes griffes sur les traces inimitables de leur inimitable père. Et cela doit arriver avant que celui qui poursuit la nymphe fugitive ait, par deux fois, suivant son cours naturel et rapide, communiqué avec les brillantes images du zodiaque. Et toi, ô le plus noble et le plus soumis écuyer qui ait jamais ceint l'épée, porté barbe au menton et l'odorat dans les narines ! ne t'afflige ni te déconforte de voir ainsi enlever devant la lumière de tes yeux la fleur et crème de la chevalerie errante : car, avant certain nombre de lunes, tu te verras, s'il plaît à l'incomparable architecte de la nature, dans un degré si sublime et une telle élévation, que tu te chercheras toi-même sans te connaître, et tu jouiras alors en paix de l'infaillibilité absolue des promesses de ton seigneur. Je t'assure encore une fois et de la part de Mantironiana, aussi véritable que Mélusine, que tes herculéens travaux ne demeureront point sans récompense, et que tu verras, en son temps, une fertile rosée de gages et de salaires. Va, divin écuyer, sur les vestiges du valeureux et enchanté chevalier ; car il faut que tu l'accompagnes jusqu'à ce que vous vous arrêtiez tous deux au terme qu'a prescrit la destinée ; et, parce qu'il ne m'est pas permis d'en dire davantage, adieu, je m'en retourne où il n'y a que Dieu qui le sache. »

Sur la fin de la prédiction, le barbier renforça sa voix ; et la diminuant tout d'un coup, et toujours d'un ton d'oracle, il les surprit si fort tous, que ceux mêmes qui étaient avertis de la tromperie doutèrent presque si ce n'était point une vérité. Don Quichotte demeura tout consolé des promesses de l'oracle, en ayant aussitôt compris le sens, qui lui faisait espérer qu'il se verrait un jour uni par les sacrés nœuds d'un légitime mariage avec sa chère et bien-aimée Dulcinée du Toboso, dont le ventre fécond mettrait au jour des lionceaux ses enfants, à la gloire perpétuelle de la Manche. Et croyant tout cela avec autant de foi que les livres de chevalerie, il fit un grand soupir, et d'une voix élevée et forte : O toi ! s'écria-t-il, qui que tu sois, qui m'as annoncé de si grandes choses, conjure, je te prie, de ma part, le sage enchanteur qui conduit mes affaires, de ne me laisser pas périr dans cette prison où l'on m'emmène, jusqu'à ce que je voie l'heureux accomplissement des incomparables promesses que tu viens de me faire ; et, pourvu que cela soit, je me ferai gloire des peines de ma captivité ; et bien loin de regarder comme un rude champ de bataille le lieu dur et étroit où l'on mè couche, je le considérerai comme une molle et délicieuse couche nuptiale. Quant aux soins que tu as pris de consoler mon écuyer, Sancho Pança, je t'en remercie, et j'ai tant de confiance en sa fidélité et en son affection, que je suis persuadé qu'il ne m'abandonnera non plus dans ma mauvaise fortune que dans la prospérité, parce que, quand le bonheur ne me mettrait pas à même de lui donner l'île que je lui ai promise, ou quelque autre chose de même importance, il est toujours assuré de ses salaires : car j'ai eu soin de déclarer, par mon testament, ce que je veux qu'on lui donne, qui, véritablement, n'est pas digne de la grandeur de ses services, ni ne répond pas à mes intentions ; mais c'est tout ce que je puis faire selon ma fortune présente.

Sancho Pança, tout attendri de la bonté de son maître, fit une grande révérence, et lui baisa les deux mains, n'en pouvant pas prendre une seule, de la manière qu'elles étaient attachées ; et, au même instant, les fantômes mirent la cage dans la charrette.

CHAPITRE XXXIII.

Qui contient diverses choses.

Don Quichotte se considérant ainsi encagé et mené : J'ai bien lu, dit-il, des histoires de chevaliers errants : mais je n'ai encore lu, ni vu, ni ouï en toute ma vie qu'on menât les chevaliers enchantés de la sorte, et avec la lenteur ordinaire à ces lourds et paresseux animaux. D'ordinaire on les enlève par l'air avec une rapidité incroyable, enveloppés dans quelque obscure nue, ou dans un chariot de feu, ou sur un hippogriffe ou quelque autre monstre semblable ; et moi l'on me traîne dans une charrette tirée par des bœufs, j'avoue que j'en meurs de honte. Mais peut-être, après tout, que la chevalerie et les enchantements d'aujourd'hui ne suivent pas les lois anciennes ; et il se pourrait aussi que, comme je suis nouveau chevalier dans le monde, et le premier dans ce temps qui a ressuscité l'exercice de la chevalerie, qui était enseveli dans l'oubli, on a inventé, à cause de moi, de nouveaux genres d'enchantements et de nouvelles manières de mener les enchantés. Que t'en semble, ami Sancho ? Je ne sais ce qu'il m'en semble, répondit celui-ci, car je n'ai pas tant lu que vous dans les écritures errantes ; mais je jurerais pourtant bien que toutes ces visions qui nous environnent ne sont pas trop catholiques. Catholiques ! père éternel ! dit don Quichotte : eh ! comment seraient-elles catholiques, si ce sont autant de démons qui ont pris des corps fantastiques pour me venir mettre en cet étrange état ? Mais si tu en veux savoir la vérité par toi-même, touche-les seulement, Sancho, manie-les, et tu verras qu'ils n'ont qu'un corps d'air qui n'a seulement que l'apparence. En bonne foi, monsieur, repartit Sancho, je les ai déjà bien maniés, et le diable, qui se donne là tant de peine, est bien en chair, et je ne pense pas qu'il se nourrisse de vent ; il a encore une autre propriété, qui est bien différente de celle qu'on dit qu'ont les démons, qui sentent toujours le soufre à pleine bouche, et d'autres méchantes odeurs, car il sent l'ambre et le musc d'une demi-lieue. Sancho disait cela de don Fernand, qui, étant grand seigneur et fort propre, était sans doute bien parfumé.

Ne t'étonne point de cela, ami Sancho, dit don Quichotte : les diables en savent plus que tu ne penses ; et, quand ils porteraient des odeurs sur eux, ils ne peuvent les exhaler, n'étant que des esprits, ou s'ils les exhalent, ce ne peut être que quelque chose de puant et de détestable ; et la raison de cela, c'est qu'en quelque endroit qu'ils aillent, ils traînent toujours leur enfer avec eux, sans avoir jamais de relâche dans leurs tourments : et la bonne odeur étant une chose qui réjouit les sens et fait du bien, elle ne saurait être la leur, puisqu'ils sont privés de toute sorte de délices. Quand tu t'imagines donc que ce démon répand l'odeur de l'ambre, ou tu te trompes, ou il veut te tromper, afin de t'empêcher de le connaître pour ce qu'il est.

Pendant les discours du maître et du valet, don Fernand et Cardenio, craignant que don Quichotte ne découvrît la tromperie qu'on lui faisait, voulurent y mettre ordre en partant sur l'heure, ils ordonnèrent donc à l'hôte d'aller promptement seller Rossinante et mettre le bât sur l'âne de Sancho, et le curé fit marché avec les archers pour accompagner le chevalier enchanté jusqu'à son village. Cardenio après avoir attaché le bassin et la rondache à l'arçon de la selle de Rossinante, le donna à mener à Sancho qu'il fit monter sur son âne et prendre le devant, pendant que deux archers, armés de leurs arquebuses, marchaient à côté de la charette.

Avant que les bœufs commençassent à tirer, l'hôtesse, sa fille et Maritorne sortirent pour prendre congé de don Quichotte, faisant semblant d'être fort affligées de sa disgrâce. Ne pleurez point, mes illustres dames, leur dit-il : tous ces accidents sont attachés à l'exercice dont je fais profession, et, sans eux, je ne me croirais pas un illustre chevalier errant parce que de semblables choses n'arrivent jamais aux chevaliers de peu d'importance et de réputation, qu'on laisse toujours dans l'obscurité, où ils s'ensevelissent eux-mêmes ; ceci est le partage des chevaliers fameux, dont la valeur et la vertu donnent de la jalousie à plusieurs princes et aux autres chevaliers qui, ne pouvant surpasser ni égaler leur mérite, complotent lâchement leur ruine. Avec tout cela, la vertu est d'elle-même si puissante, qu'en dépit de toute la magie qu'inventa Zoroastre, elle surmontera tous ces obstacles et ne répandra pas moins de lumière dans le monde que le soleil en fait briller au ciel. Pardonnez-moi, je vous prie, mes belles dames, si, sans y penser, je vous ai donné quelque sujet de déplaisir : vous pouvez bien croire que ç'a été malgré moi, car il ne m'est encore jamais arrivé d'en agir de la sorte avec qui que ce soit de dessein prémédité. Au reste, je vous supplie de faire des vœux pour ma liberté, qu'un enchanteur mal intentionné et ennemi de ma gloire a anéantie dans cette misérable prison, et je vous proteste que, si jamais j'en sors, je me souviendrai bien de toutes les grâces que j'aies reçues dans votre château, les ayant profondément gravées dans ma mémoire, pour vous en témoigner ma reconnaissance par toute sorte de services.

Dans le temps que le courtois chevalier faisait ses compliments aux dames du château, le curé et le barbier prirent congé de don Fernand et des gens de sa suite. Ils dirent adieu au capitaine et aux dames, et firent particulièrement de grandes civilités à Dorothée et à Luscinde. Il s'embrassèrent tous, et se promirent de se faire réciproquement savoir de leurs nouvelles. Don Fernand donna exprès au curé une voie sûre pour lui écrire, l'assurant qu'il ne saurait lui faire un plus grand plaisir que de l'avertir de tout ce que ferait don Quichotte, et lui promit en revanche de lui mander tout ce qu'il croirait le pouvoir divertir. Ils s'embrassèrent encore et se firent de nouvelles amitiés.

Le curé et le barbier montèrent à cheval, le masqué sur le visage, afin de n'être pas reconnus de don Quichotte, et se mirent derrière la charrette, qui était accompagnée, comme j'ai dit par deux archers, qui marchaient aux deux côtés avec leurs arquebuses, Sancho suivant immédiatement après, monté sur son âne, et menant Rossinante par la bride. Cette illustre troupe allait d'un pas grave et majestueux, s'accommodant à la lenteur des bœufs qui tiraient la charrette. Pour don Quichotte, il était assis dans sa cage, contre les barreaux, les mains attachées et les pieds étendus, avec autant de quiétude et de silence que s'il eût été de pierre. Ils marchèrent en cet état environ dix lieues, jusqu'à ce qu'ils arrivèrent dans un vallon où le charretier voulut faire paître ses bœufs; mais, en ayant parlé au curé, le barbier dit qu'il fallait aller plus avant, parce que, derrière un côteau qu'ils voyaient devant eux, il y avait beaucoup plus d'herbe et de meilleure. Ils continuèrent donc leur chemin, et le curé ayant tourné la tête, vit six ou sept hommes de cheval qui venaient après eux en bon ordre, et qui les eurent bientôt joints, étant montés sur de bonnes mules de chanoines, et allant le train de gens qui se pressaient d'arriver à l'hôtellerie, qui était encore à une lieue de là. Ils se saluèrent civilement les uns les autres, et un de ceux qui venaient d'arriver, qui était chanoine de Tolède, et maître de toute la troupe, voyant cette procession si bien ordonnée et un homme enfermé dans une cage, ne put s'empêcher de demander ce que c'était que cette cérémonie, et pourquoi on menait un homme de cette manière, s'imaginant pourtant, à voir les archers, que c'était quelque fameux brigand dont le châtiment appartenait à la Sainte-Hermandad. Monsieur, répondit l'archer à qui le chanoine avait fait la demande, c'est à ce chevalier lui-même à vous apprendre pourquoi on le conduit de la sorte, car pour nous, nous n'en savons rien.

Seigneurs chevaliers, leur cria don Quichotte, qui avait entendu ce qu'on demandait, seriez-vous par hasard instruits et savants dans l'ordre de la chevalerie errante? dites-le moi, parce que, si cela est, je ne ferai pas difficulté de vous raconter mes disgraces; mais, si cela n'est pas, il est inutile que je me rompe la tête à vous dire des choses que vous n'entendriez point. En vérité, mon frère, répondit le chanoine, j'ai bien plus lu les livres de la chevalerie que les recueils de Villapand; et s'il ne faut que cela, vous pouvez en toute assurance me communiquer ce que vous voudrez. A la bonne heure, répliqua don Quichotte; mais rayons le mot de frère, et pour cause. Il faut donc que vous sachiez, seigneur chevalier, que je suis enchanté dans cette cage par l'envie et la fraude des maudits enchanteurs, la vertu étant toujours plus vivement persécutée par les méchants qu'elle n'est aimée et soutenue des gens de bien. Je suis chevalier errant, et non pas de ceux que la renommée ne connaît point, et dont elle ne prend pas soin d'éterniser la mémoire, mais de ceux qui, en dépit de l'envie même, et malgré tout ce qu'il y a jamais eu de magiciens en Perse, de brachmanes dans les Indes, et de gymnosophistes dans l'Éthiopie, gravent leurs noms et leurs exploits dans le temple de l'immortalité, pour servir, dans le siècle à venir, d'exemples, de règles et de modèles aux chevaliers errants qui voudront monter jusqu'au faîte de la gloire des armes.

Le seigneur don Quichotte de la Manche a raison, dit le curé, qui s'était approché avec le barbier, dès qu'il avait vu le chanoine en conversation avec don Quichotte, afin de répondre de telle sorte que le chevalier ne pût point deviner leur artifice; il est enchanté sur cette charrette, et non pas par sa faute, ni pour ses mauvaises actions, mais par surprise et l'injuste violence de ceux à qui sa valeur et sa vertu donnent de l'ombrage et de la jalousie. C'est là ce chevalier de la Triste-Figure dont vous aurez sans doute ouï parler, de qui les faits héroïques et les exploits inouïs éclateront à perpétuité sur le marbre et le bronze, quelques efforts que fassent l'envie pour en ternir l'éclat, et la malice pour les ensevelir.

Le chanoine et sa suite étaient tout étonnés de voir que celui qui était libre parlait le même langage que le prisonnier, et ils ne savaient que juger de tout cela; mais Sancho Pança, qui s'était approché pour entendre ce que l'on disait, voulut éclaircir l'affaire, comme si l'embarras des autres lui eût fait de la peine. Or bien, messieurs, dit-il, qu'on sache ou non ce que je vais dire, je dirai pourtant, puisque ma conscience m'y oblige : la vérité est que monseigneur don Quichotte est enchanté tout comme ma mère; il est tout à fait dans son bon sens, ou je n'y suis pas; il boit et mange, et fait toutes ses nécessités comme les autres hommes, et tout comme il faisait avant qu'on le mît dans la geôle; et puisque cela est, pourquoi veut-on que je croie qu'il est enchanté? comme si je ne savais pas bien que ceux qui le sont ne mangent ni ne dorment, et ne parlent pas non plus; et moi je m'en vais gager que, si mon maître s'y met une fois, il va parler plus que trente procureurs. Sancho, se tournant en même temps vers le curé : Ah! monsieur le curé, monsieur le curé, continua-t-il, vous imaginez-vous que je ne vous connaisse point, et pensez-vous que je ne devine pas où tendent ces enchantements? Vous avez beau vous cacher le visage, je vous connais comme mon âne; avec toute votre mascarade, je ne laisse pas de découvrir vos tromperies. Allez, allez, monsieur, là où règne l'envie, la vertu ne saurait vivre. Au diable soit la rencontre! Dieu me pardonne que, si ce n'était votre révérence, puisque révérence il y a, mon maître s'en allait épouser mademoiselle de Micomicon; et j'aurais été comte, qui est la moindre chose que je puisse espérer de la bonté de monseigneur de la Triste-Figure et de la fidélité de mes services; mais je vois bien que c'est bien vrai ce que l'on dit que la roue de la fortune va plus vite que celle d'un moulin, et que ceux qui étaient hier sur le pinacle sont aujourd'hui dans la boue. Il me fâche seulement de mes enfants et de ma femme, qui me verront rentrer comme un palfrenier, quand ils croyaient me voir revenir gouverneur, ou vice-roi de quelque île. Ce que je vous dis là, monsieur le curé, ce n'est pas pour en parler; mais votre paternité devrait se faire conscience du tort qu'on fait à mon maître; et prenez garde que Dieu ne vous en fasse rendre compte dans ce monde ou dans l'autre, aussi bien que le moyen de secourir les affligés, les veuves et les orphelins, et de châtier les brigands.

Bon, bon, nous y voici, interrompit le barbier; quoi! Sancho, vous êtes donc aussi de la confrérie de votre maître? Vive Dieu! il me prend grande envie de vous enchanter et de vous mettre en cage avec lui comme membre de la chevalerie. Ah! si par malheur vous êtes gros de l'île qui vous tient si fort au cœur, je vous en ferai bien avorter. Je ne suis gros de personne, repartit Sancho en colère, et je ne suis point homme à me laisser engrosser, quand ce serait d'un prince : je suis pauvre, mais j'ai de l'honneur; je suis des vieux chrétiens, et ne dois rien à la justice. Si je souhaite des îles, les autres souhaitent pis, et chacun est fils de ses œuvres; et, après tout, puisque je suis homme, je puis devenir pape, pourquoi non gouverneur d'île, si mon maître en peut tant gagner qu'il ne sache qu'en faire? Parlez mieux, si vous pouvez, monsieur le barbier : ce n'est pas tout que de faire des barbes, il y a quelque chose à dire d'un homme à un autre ; nous nous connaissons bien, Dieu merci, et ce n'est pas à moi qu'il faut donner de faux dés. Pour ce qui est de l'enchantement de mon maître, Dieu en sait la vérité ; mais laissons l'ordure où elle est, car il ne fait pas bon la remuer.

Le barbier ne voulut point répondre à Sancho, de crainte qu'il n'en dît davantage, et qu'il ne fît connaître ce que lui et le curé avaient tant d'envie de cacher. Le curé, qui craignait la même chose, avait pris le devant avec le chanoine et ses gens, à qui il apprenait le mystère de la cage, et d'autres choses plaisantes sur le compte de don Quichotte ; il les informa de la conduite du chevalier, de sa vie et de ses mœurs, racontant succinctement le commencement et la cause de ses rêveries extravagantes, et la suite de ses aventures, jusqu'à celle de la cage, avec le dessein qu'ils avaient de le ramener chez lui, pour essayer si sa folie était guérissable. Le chanoine et sa troupe n'écoutèrent pas sans admiration l'histoire de don Quichotte ; et le curé l'ayant achevée :

En vérité, monsieur, lui dit le chanoine, je trouve que les livres de chevalerie sont non seulement inutiles, mais encore très préjudiciables à la république ; et, quoique j'aie commencé de lire presque tous ceux qui sont imprimés, je n'ai pourtant jamais pu me résoudre à en achever aucun, parce qu'il me semble que c'est toujours la même chose, et qu'il n'y a pas plus à apprendre dans l'un que dans l'autre. Ce genre d'écrire a de l'air de celui qu'on appelle fables milésiennes, qui ne sont que des contes bouffons, inventés seulement pour divertir et non pour enseigner, bien loin de ressembler aux apologues, qui enseignent et divertissent tout ensemble. Cependant même ces livres, dont le but est de divertir, ne le font guère à mon sens, car ils ne sont remplis que de sottises à perte de vue qui n'ont nulle vraisemblance, comme si leurs auteurs ne savaient pas que les plaisirs de l'esprit ne consistant que dans la beauté et les justes accords qu'il trouve dans les choses, la difformité et le désordre ne lui peuvent jamais plaire. Quelle beauté y a-t-il, et quel proportion des parties au tout, et du tout aux parties, dans la peinture d'un jeune homme de quinze ans qui d'un seul revers, coupe en deux un géant d'une taille énorme, comme si ce n'était qu'un peu de vapeur ou de fumée? Et qui peut croire qu'un chevalier triomphe lui seul, par la force de son bras, d'un million d'ennemis, et sans qu'il lui en coûte une goutte de sang? Mais n'est-ce pas encore une chose admirable que la facilité que nous voyons dans une reine, ou l'héritière de quelque grand empire, à confier ses intérêts au premier chevalier qu'elle trouve? Voilà cependant les beautés de ces livres. Quel esprit assez stupide et de si mauvais goût pourra se divertir à lire qu'une grande tour pleine de chevaliers vogue légèrement sur mer comme le vaisseau le plus léger le pourrait faire par un bon vent ; que le soir elle arrive en Lombardie, et le lendemain, à la pointe du jour, sur les terres du Prêtre-Jean, ou dans les Indes, ou dans d'autres royaumes que jamais Marc-Paul ni Ptolémée n'ont pas connus? On dit que les auteurs de ces livres, les écrivant comme des mensonges, ne sont pas obligés d'y rechercher tant de finesse, ni d'affecter la vraisemblance ; belle raison ! comme si un mensonge pouvait être agréable sans approcher de la vérité, et ce ne fût pas une règle, parmi les gens de bon sens, que les aventures, pour être plaisantes, doivent tenir du douteux et du vraisemblable. Il me semble que les fables devraient être composées de manière qu'elles entrassent facilement dans l'esprit de ceux qui lisent; que les choses impossibles y parussent seulement difficiles, et les plus grandes aisées, et que, tenant l'esprit en suspens, elle le surprissent, l'émussent, le ravissent, et lui donnassent autant de plaisir que d'admiration : ce qui est toute la perfection d'un livre, et ce qui ne se trouve jamais que dans la vraisemblance. Je n'ai point encore vu un livre de chevalerie qui fasse un corps de fable entier avec tous ses membres, de sorte qu'il y ait du rapport du milieu au commencement, et de la fin au commencement et au milieu ; au contraire, on les fait toujours avec tant de membre, qu'il semble qu'on ait eu dessein de peindre un monstre ou une chimère plutôt qu'une figure proportionnée ; et, avec tout cela, ces auteurs écrivent d'un style rude et dur ; ils rendent les événements incroyables ; les aventures d'amour y sont déshonnêtes ; et les amants indiscrets ; ils se troublent dans leurs raisonnements, ils s'étendent trop dans la description des combats, et sont souvent ignorants dans la carte et impertinents dans les voyages ; et en un mot, sans science, sans arts et sans conduite, et dignes d'être chassés de toutes les républiques, comme gens inutiles ou dangereux.

Le curé qui avait attentivement écouté le chanoine, l'avait trouvé homme de bon sens, lui dit qu'il était de son opinion, et que, par une aversion particulière qu'il avait toujours eue pour les livres de chevalerie, il avait fait brûler tous ceux de don Quichotte, qui étaient en grand nombre. Il lui raconta de quelle manière il avait fait leur procès, ceux qu'il avait condamnés au feu et ceux qu'il avait sauvés, avec les raisons de l'un et de l'autre, et ce qu'avait pensé don Quichotte de la perte de sa bibliothèque : ce qui fit bien rire le chanoine et sa compagnie.

Pendant cet entretien du chanoine et du curé, le barbier s'approcha d'eux et dit au curé : Voici le lieu que je vous ai dit qui était propre à se reposer, et où les bœufs trouveront de l'herbe fraîche. Il me le semble dit le curé. Et il demanda en même temps au chanoine ce qu'il avait envie de faire. Le chanoine répondit qu'il serait bien aise de demeurer avec eux, tant pour jouir de la beauté d'une vallée qui s'offrait à leur vue, que dans la conversation du curé qui lui paraissait honnête homme, et pour apprendre aussi plus particulièrement l'histoire et les faits de don Quichotte. Il commanda aussitôt à un de ses gens d'aller à l'hôtellerie chercher à manger, afin de passer en cet endroit toute l'après-dînée ; et, parce qu'on lui dit que le mulet de bagage, qui était bien pourvu de vivres, devait être arrivé, il envoya seulement son équipage à l'hôtellerie et en fit venir le mulet avec les provisions.

Pendant tout cela, Sancho voyant que le curé et le barbier, qui lui étaient suspects, ne l'empêchaient plus d'entretenir son maître, s'approcha de la cage, et lui dit : Monsieur, pour la décharge de ma conscience, je veux vous dire ce qui se passe à l'égard de votre enchantement : ces deux hommes qui viennent avec nous, le masque sur le nez, sont le curé de notre paroisse, et maître Nicolas, le barbier du village, et je me figure, dans mon entendement, qu'ils ne vous emmènent de la sorte que par belle envie contre vous de ce que vos exploits leur jettent de la poudre aux yeux, et, puisque cela est, je conclus que vous n'êtes pas plus enchanté que mon âne, mais seulement étourdi, et qu'on se moque de vous. Pour preuve de cela, il faut que je vous demande une chose ; et si vous me répondez comme je me l'imagine, je vous ferai toucher la fourbe au doigt et à l'œil, et vous avouerez qu'au lieu d'être enchanté, vous n'avez que la cervelle brouillée. Demande ce que tu voudras, mon fils, répondit don Quichotte, et je te satisferai ponctuellement. Quant à ce que tu dis que ceux-là qui viennent avec nous sont le curé et le barbier nos compatriotes, il se peut qu'ils te paraissent tels; mais qu'ils le soient effectivement, n'en crois rien, je t'en prie. Ce que tu dois penser, s'il est vrai que ces deux hommes te semblent ce que tu dis, c'est que ceux qui m'ont enchanté ont pris la ressemblance de mes amis, comme il leur est aisé de se transformer en ce qu'ils veulent, afin de t'abuser et jeter dans un labyrinthe d'imaginations dont tu ne sortirais pas quand tu aurais le fil de Thésée, et aussi pour me troubler l'esprit, de crainte que je ne devine qui me fait ce mauvais tour. Effectivement, je ne sais où je suis : d'un côté tu me dis que ce sont là le curé et le barbier de notre village, et d'un autre, je me vois enfermé dans une geôle, pendant que je suis bien sûr que toute les forces humaines n'auraient pu venir à bout de le faire. Et que dois-je croire sinon que mon enchantement est bien plus fort et d'une toute autre sorte que ceux que j'ai lus dans les histoires infinies des chevaliers errants qui ont été enchantés ? Ne va donc point t'amuser à croire que ce sont là les gens que tu dis, car ce sont eux comme je suis Turc; et demande-moi tout ce que tu voudras, je consens à répondre jusqu'à demain.

Notre dame ! s'écria Sancho, est-il bien possible que vous ayez la tête si dure et si peu de cervelle que vous ne reconnaissiez point ce que je vous dis, que les diables se mêlent bien moins de vos affaires que les hommes ? Or, je m'en vais vous prouver clair comme le jour que vous n'êtes point enchanté. Dites-moi, s'il vous plaît, monsieur, ainsi Dieu vous délivre du mauvais état où vous êtes ! et puissiez-vous voir entre les mains de Dulcinée quand vous y penserez le moins !... Cesse de me conjurer, mon ami, interrompit don Quichotte : ne t'ai-je pas dit que je répondrai ponctuellement à tout ? C'est ce que je demande, répliqua Sancho : or, dites-moi donc, sans ajouter ou diminuer, mais franchement et dans la vérité, comme doivent parler tous ceux qui font profession des armes en qualité de chevaliers errants... Je jure encore une fois que je ne mentirai en rien, répartit don Quichotte, et achève pour l'amour de Dieu : en vérité tu me fatigues à mourir avec tes prières et tes préambules. Je n'en demande pas davantage, dit Sancho : je me crois assuré de la bonté et de la franchise de mon maître. Et puisque donc cela vient à propos, je vous demande, monsieur, depuis que vous êtes, à votre avis, enchanté dans cette cage, vous n'avez point eu envie de faire, comme on dit, du gros et du menu. Je n'entends pas, Sancho, dit don Quichotte, explique-toi mieux, si tu veux que je réponde. Vous n'entendez pas ce que veux dire faire du gros et du menu ! reprit Sancho. Vous moquez-vous de moi, monsieur ? Eh ! c'est la première chose qu'on apprend à l'école. Je vous demande si vous n'avez point eu envie d'aller où vous ne sauriez envoyer personne ? Ah ! ah ! je t'entends, Sancho : oui, vraiment, et plus d'une fois, mon ami ; et de l'heure que je te parle, je me sens bien pressé ; mets-y ordre promptement, je t'en prie : j'appréhende même qu'il soit un peu tard.

CHAPITRE XXXIV.

De l'excellente conversation de don Quichotte et de Sancho Pança.

Ah! ma foi, vous êtes pris, cria Sancho: je n'en voulais pas davantage. Or sus, monsieur, vous ne pouvez pas nier ce qu'on dit communément ici autour, quand on voit une personne abattue et languissante: Qu'est-ce qu'a un tel? dit-on: il ne mange, ni ne boit, ni ne dort, et ne sait jamais ce qu'on lui demande; on dirait qu'il est enchanté. Il faut donc croire que ceux qui ne boivent, ne mangent, ni ne dorment, et ne font point leurs fonctions naturelles, sont enchantés, mais non pas ceux qui ont l'envie qui vous presse à l'heure qu'il est, qui boivent et qui mangent quand ils ont de quoi, et qui répondent à propos. Tu dis vrai, Sancho, répondit don Quichotte; mais ne t'ai-je pas dit aussi qu'il y a plusieurs sortes d'enchantements, et que peut-être la manière en a changé par succession de temps, et qu'aujourd'hui il faut que ce soit l'usage que les enchantés fassent tout ce que je fais? Cela étant, on ne peut point tirer de justes conséquences, et il n'y a rien à dire contre l'usage; enfin je tiens pour moi et m'imagine fortement que je suis enchanté, et cela suffit pour la décharge de ma conscience: car, sans cela, je ferais grand scrupule de demeurer ainsi enseveli dans une lâche oisiveté, pendant que le monde est plein de misérables qui ont sans doute besoin de ma faveur et de mon aide. Avec tout cela, monsieur, répliqua Sancho, je voudrais, pour plus grande sûreté, que vous essayassiez de sortir de votre prison, à quoi je m'oblige de vous aider, et de vous en tirer même, et que vous tâchassiez de monter sur Rossinante, qui me paraît aussi enchanté que vous, tant il est triste et mélancolique! et cela fait, que nous allassions encore une fois chercher les aventures. Si cela ne réussit point, nous avons assez de temps pour revenir à la cage, où je promets et je jure, foi de bon et de loyal écuyer, de m'enfermer avec vous, s'il arrive que vous soyez assez malheureux et moi assez simple pour ne pouvoir venir à bout de ce que je pense. Je consens à tout, ami Sancho, répondit don Quichotte, et, dès que tu verras l'occasion favorable, tu n'as qu'à mettre la main à l'œuvre: je ferai tout ce que tu voudras, et me laisserai absolument conduire; mais tu verras, mon pauvre Sancho, que tu te trompes dans le jugement que tu fais de tout ceci.

Le chevalier errant et le fidèle écuyer s'entretinrent de cette sorte jusqu'à ce qu'ils fussent arrivés où le curé, le chanoine et le barbier avaient mis pied à terre et les attendaient. Les bœufs dételés, on les laissa paître en liberté, et Sancho pria le curé de trouver bon que son maître sortît de la cage pour un peu de temps, afin qu'il n'arrivât pas quelque désordre, et qu'elle ne devînt malpropre et indigne d'un chevalier comme lui. Le curé entendit bien Sancho, et lui répondit qu'il le ferait de bon cœur, s'il ne craignait que son maître ne fît des siennes quand il se verrait libre, et qu'il s'en allât si loin qu'on ne le revît jamais. Je vous réponds de lui, répontit Sancho. Et moi aussi, dit le chanoine, pouvu qu'il jure, foi de chevalier, qu'il ne s'éloignera de nous qu'autant que nous le voudrons. "en jure, dit don Quichotte, et d'autant plus que celui qui est enchanté n'a pas la liberté de faire ce qu'il veut, puisque celui qui l'enchante peut faire qu'il ne bouge d'un lieu de trois siècles entiers, et que s'il s'était sauvé, il le ferait retourner plus vite que le vent. Ainsi messieurs, ajouta-t-il, vous pouvez sûrement me relâcher, ou gagner au large : car, franchement, la chose presse, et je ne réponds de rien.

Sur sa parole, le chanoine le prit par la main, et le tira de la cage, ce dont le pauvre homme eut une joie extrême. La première chose qu'il fit fut de s'étendre deux ou trois fois ; incontinent après, il alla à Rossinante, et, lui donnant deux petits coups sur la croupe : J'espère en Dieu, dit-il, miroir et fleur des plus excellents chevaux errants, que nous nous souhaitons l'un et l'autre : toi sous ton cher maître, et moi sur tes reins vigoureux, faisant l'exercice pour lequel Dieu m'a mis au monde. Don Quichotte ayant dit cela, se retira à l'écart avec Sancho, et revint bientôt après, se sentant beaucoup plus libre, et avec grande envie de voir l'effet des promesses de son fidèle écuyer.

Le chanoine pouvait se lasser de considérer notre chevalier ; il en observait jusqu'aux moindres mouvements, et était tout étonné de cette étrange folie qui ne lui dérangeait l'esprit que quand il s'agissait de chevalerie. Le malheur de ce pauvre gentilhomme lui fit compassion, et il voulut essayer de le guérir à force de raisonnements. Si bien que, toute la compagnie s'étant assise sur l'herbe, en attendant les provisions, il parla ainsi à don Quichotte : « Est-il bien possible, monsieur, que cette impertinente lecture de romans vous ait troublé l'esprit au point que vous croyiez être enchanté, et mille autres billevesées du même genre? Comment se peut-il trouver au monde un homme assez simple pour s'imaginer qu'il y ait jamais eu ce grand nombre d'Amadis, cette multitude infinie de chevaliers errants, tous ces empereurs de Trébisonde et ces Félix Mars d'Hyrcanie, tant de palefrois, tant de demoiselles errantes, tant de monstres et de géants, tant d'aventures extraordinaires et impossibles, tous ces enchantements, ces défis, ces combats, ces rencontres étonnantes, tant de princesses amoureuses, tant d'écuyers comtes et tant de dames vaillantes et guerrières, en un mot, tout ce fatras d'extravagances que racontent les livres de chevalerie? Pour moi, j'avoue franchement que, quand je les lis sans faire réflexion qu'ils sont pleins de mensonges, ils ne laissent pas de me donner quelque plaisir ; mais, lorsque je viens à considérer que ce ne sont que des fables sans aucune vraisemblance, il n'y en a point que je ne jetasse au feu de bon cœur, comme des imposteurs qui abusent de la crédulité du vulgaire ignorant, et osent même jeter le trouble et le désordre dans l'esprit des gentilshommes les mieux sensés, comme ils ont fait à l'égard de vous, qu'ils ont réduit en tel état, qu'on est contraint de vous mettre en cage et de vous emmener dans une charrette à bœufs, ainsi qu'un lion ou un tigre qu'on promène de ville en ville. Hé! seigneur don Quichotte, ayez pitié de vous-même, rappelez votre raison, et servez-vous de cette prudence et de cet esprit admirables que le ciel vous a donnés pour choisir une meilleure lecture, qui vous nourrisse sérieusement et l'esprit et l'âme. Et si, après tout, votre inclination naturelle vous fait trouver tant de plaisir à lire de grands exploits de guerre et des actions prodigieuses, lisez-les dans les histoires véritables, où vous trouverez des miracles de valeur qui non seulement ne cèdent point à la fable, mais qui surpassent encore tout ce qu'on a pu imaginer. N'est-ce pas une chose indigne d'avoir inventé tant de héros fabuleux, comme si la vertu nous était inconnue et qu'il fallût avoir recours à la fable pour en donner quelques idées? Voulez-vous voir de grands hommes? La Grèce vous offre un Alexandre, Rome un César, Carthage un Annibal, le Portugal un Viriate; vous trouverez un Fernand Gonzalez dans l'Andalousie, un Diego Garcia de Paredès dans l'Estramadure, dans Xérès un Garcy Perez de Vargas, un Garcilasso dans Tolède, et dans Séville un don Manuel de Léon, dont les histoires sont autant d'images d'une vertu héroïque, qui donnent en même temps au lecteur de l'admiration et du plaisir, une noble émulation et de grands exemples à suivre: Voilà, seigneur don Quichotte, une lecture digne d'occuper un esprit comme le vôtre; là vous apprendrez l'histoire, le métier de la guerre, la conduite d'un grand capitaine et des prodiges de valeur qui, sans surpasser la nature, sont beaucoup au-dessus des actions ordinaires.

Don Quichotte écouta avec une attention extrême le discours du chanoine, et après l'avoir considéré quelque temps : Si je ne me trompe, lui dit-il, mon gentilhomme, toute cette harangue ne tend qu'à me persuader qu'il n'y a point eu de chevaliers errants au monde; que les livres de chevalerie sont faux, menteurs, inutiles, et pernicieux à l'État; que j'ai mal fait de les lire, plus mal fait d'y ajouter foi, et encore pis de les prendre pour le modèle de ma profession : enfin vous n'admettez pas qu'il y ait jamais eu d'Amadis, ni de Gaule, ni de Grèce, ni tant d'autres chevaliers dont nous avons les histoires. C'est la pure vérité, répondit le chanoine. Vous avez encore ajouté, reprit don Quichotte, que ces livres m'avaient fait grand tort, puisqu'ils m'ont troublé le jugement, et qu'ils sont cause qu'on m'a mis dans cette cage, et qu'il serait plus avantageux de changer de lecture en choisissant des livres sérieux et véritables, et qui soient en même temps agréables et utiles. Tout cela est vrai, répondit le chanoine.

Et moi, dit don Quichotte, je trouve, après y avoir bien pensé, que c'est vous qui êtes enchanté et sans jugement, puisque vous osez proférer tant de blasphèmes contre une chose si généralement reçue et reconnue, que celui qui la nie, comme vous faites, mérite le même châtiment dont vous punissez ces livres quand ils vous ennuient : car enfin, soutenir qu'il n'y a jamais eu au monde d'Amadis ni d'autres chevaliers errants dont les livres font mention, autant vaudrait dire que le soleil est sans lumière, et que la terre n'est pas solide. Je voudrais bien, ajouta-t-il, qu'on s'avisât de prétendre que l'histoire de l'infante Florippe et de Guy de Bourgogne n'est pas véritable, ni ce qui arriva à Fier-à-bras sur le pont de Mantible, du temps de Charlemagne. Si ce sont là des mensonges, il est donc faux aussi qu'il y ait eu un Hector, un Achille, une guerre de Troie, douze pairs de France, et un Arthur, roi d'Angleterre, qui est encore aujourd'hui sous la figure d'un corbeau, et qu'on attend à toute heure dans son royaume. Que ne dit-on encore que l'histoire de Guérin Mesquin et celle de la dame de Saint-Grial sont fausses! Que les amours de don Tristan et de la reine Yseult sont apocryphes, et même celle de la belle Geneviève et de Lancelot! Et ne reste-t-il pas dans le monde des gens qui se souviennent presque d'avoir vu la dame Quintaguone, qui eut le don de se connaître en vin mieux que le meilleur gourmet qui ait jamais été dans la Grande-Bretagne; et cette histoire est si véridique, que je me souviens, moi qui vous parle, que ma grand'mère du côté de mon père me disait toujours, quand elle voyait de ces vénérables matrones à grand voile : Vois-tu bien, mon fils, en voici une qui ressemble à la dame Quintaguone ; d'où j'infère qu'elle devait la connaître, ou qu'elle avait pour le moins vu son portrait. Il ne resterait plus que de contester l'histoire de Pierre de Provence et de la belle Maguelonne, pendant qu'on voit aujourd'hui même, dans le magasin royal, la cheville du cheval de bois que montait ce chevalier, qui est plus grosse qu'un limon de charrette, à telles enseignes qu'elle est auprès de la selle de Babieca, cet excellent cheval du Cid. Vous avez aussi, à Roncevaux, le corps de Roland qui n'est pas moins gros et grand qu'une solive, et par conséquent il y a eu douze pairs, un Pierre de Provence, un Cid, et d'autres chevaliers semblables qu'on appelle aventuriers. Ne voudrait-on point dire encore que Juan de Mérlo, ce vaillant Portugais, n'était pas chevalier errant, qu'il ne se battit pas en Bourgogne contre le fameux Pierre, seigneur de Charny, et depuis à Bâle, avec Henri de Remestan, et qu'il ne remporta pas l'honneur de ces deux rencontres? Il ne manque plus que cela, et de traiter de contes en l'air les défis et les aventures de Pedro Barba, et celles de Guttières Quichada, duquel je descends en ligne droite par les mâles, qui se signalèrent par la défaite des enfants du comte de Saint-Pol. Je voudrais bien qu'on me niât aussi que don Fernand de Guevara ait été chercher les aventures en Allemagne, où il combattit messire George, chevalier d'importance, de la maison du duc d'Autriche. Et qu'on dise enfin que ce ne sont que des fables que les joûtes de Sucro de Quinones du Pas, et celle de Louis de Falses contre don Gonzales de Guzman, chevalier castillan, et mille autres glorieux faits d'armes des chevaliers chrétiens, de tous les endroits du monde, qui sont si véridiques et si authentiques, que je ne crains pas de dire encore une fois qu'il faut avoir perdu la raison pour en douter seulement.

Le chanoine fut tout étonné de voir ce mélange confus que faisait don Quichotte de l'histoire et de la fable, et de l'admirable connaissance qu'il avait de tout ce qu'on a écrit de la chevalerie errante. Je ne puis nier, seigneur don Quichotte, lui dit-il, qu'il n'y ait du vrai dans ce que vous venez de dire, et particulièrement touchant les chevaliers errants d'Espagne. Je vous accorde aussi qu'il y a eu douze pairs de France; mais, en vérité, je ne saurais croire tout ce qu'en a écrit le bon archevêque Turpin. Ce qu'il y a de vrai, c'est que ce furent des chevaliers choisis par les rois de France, et qu'on appela pairs parce qu'ils tenaient tous un même rang, et qu'ils étaient égaux en valeur et en naissance ; ou, du moins, le devaient-ils être; car je ne voudrais pas juger que cela ait été pesé si également.

C'était une espèce d'ordre à peu près comme celui de Saint-Jacques, ou de Calatrava en Espagne, où l'on suppose que ceux qui en sont doivent être vaillants et d'illustre race ; et, de la même manière qu'on dit chevalier de Saint-Jean ou d'Alcantara, on disait, en ce temps-là, un des douze pairs, parce qu'ils n'étaient que douze. Pour ce qui est d'y avoir eu un Cid, il n'en faut pas douter, ni un Bernard de Carpio non plus; mais qu'ils aient fait tout ce qu'on en dit, je crois qu'on en peut douter sans scrupule. Quant à la cheville du cheval de Pierre de Provence, que vous dites qui se trouve avec la selle de Babieca dans le magasin des armes, je confesse mon ignorance et le défaut de ma vue, car je n'ai jamais remarqué cette cheville, toute grande qu'elle est, quoique j'ai bien vu la selle. Elle y est pourtant, répliqua don Quichotte, à telles enseignes qu'on l'a mise dans un fourreau de cuir pour la conserver. Cela peut-être ainsi, repartit le chanoine; mais, en conscience, je ne me souviens pas de l'avoir vue; et, au reste, quand je vous accorderais qu'elle y est, je ne m'engage pas pour cela à croire les histoires de tous ces Amadis et de ce nombre infini de chevaliers. Et, tout de bon, c'est une chose étonnante qu'un honnête homme comme vous, plein d'esprit, et riche de tant d'autres bonnes qualités, ait pu ajouter foi à toutes les impertinences de ces extravagants livres.

CHAPITRE XXXV.

De l'agréable dispute du chanoine et de don Quichotte.

Il serait plaisant, s'écria don Quichotte, que des livres imprimés sous bon privilège et avec approbation, qui sont reçus agréablement de tout le monde, aussi bien des gens de qualité que du peuple, et des savants que des ignorants, où la vérité paraît si nue et si claire, et où toutes les circonstances nécessaires sont si bien marquées que nous y trouvons le nom des pères et mères, le pays, les parents et l'âge des chevaliers, leurs exploits et les lieux où ils les ont faits; et tout cela de point en point, jour par jour, avec la dernière exactitude, il serait plaisant, dis-je, que des livres de ce genre ne fussent que des mensonges. Pour l'amour de Dieu, monsieur, fermez la bouche pour jamais plutôt que de prononcer un tel blasphème, et croyez que je vous conseille en ami. Mais, dites-moi, en vérité, n'auriez-vous pas un plaisir extrême si, à l'heure qu'il est, il paraissait devant nous tout à coup un grand lac de poix bouillante, plein de lézards et de couleuvres, et d'autres monstres aussi dangereux qu'horribles, et que, du milieu de ses ondes épaisses et fumantes, il sortît une voix lamentable qui dît: « O chevalier ! qui que tu sois, qui considères ce lac épouvantable, si tu veux posséder le riche trésor qui est caché sous ces noires eaux, fais voir la grandeur de ton courage en te plongeant au milieu de ses ondes enflammées, sinon tu es indigne de voir les merveilles incomparables qu'enferment les sept châteaux des sept fées, qui sont au-dessous de ces eaux obscures et profondes? » et qu'aussitôt la voix cessant, le chevalier, sans hésiter ni réfléchir à l'affreux péril où il s'expose, s'élançât tout armé dans ce lac bouillant, se recommandant à Dieu et à sa dame; puis tôt après ne sachant où il est, ni ce qu'il doit devenir, il se trouvait dans une campagne toute fleurie, et mille fois plus belle à la vue que les Champs-Élysées, le ciel se montrerait à lui clair et serein, et le soleil lui semblerait briller d'une nouvelle lumière ; ici une agréable forêt se présente à sa vue, et, pendant que la beauté d'un million d'arbres différents et toujours verts charmerait ses yeux, un nombre infini de petits oiseaux peints de mille couleurs voltigeraient de branche en branche, et, par un doux gazouillement, enchanteraient ses oreilles; plus loin, il apercevrait un petit ruisseau dont les fraîches eaux, telles qu'un cristal liquide, rouleraient en serpentant, de petits flots d'argent et de perles sur un sable d'or; ailleurs une riche fontaine de jaspe de diverses couleurs et d'un goût tout récent, serait ornée de statues si achevées, que l'on croirait que l'art ait voulu le disputer à la nature ; ici, il en trouverait une autre d'un ouvrage grotesque, où les conques de moules, mêlées avec celles des limaçons dans une confusion concertée, et relevées par l'éclat d'un nombre infini de pierres brillantes, formeraient, dans leur agréable variété, une grotte marine pleine de tritons et de sirènes, ensemble si bizarre qu'en même temps que l'on douterait si l'on est en sûreté parmi les monstres farouches qui s'échappent de toutes les anfractuosités, on ne pourrait se résoudre à sortir d'un lieu si admirable. Puis tout à coup s'éleverait un magnifique palais, dont les murailles d'or massif, les créneaux de diamants, les portes de jacinthes, resplendiraient dans leur agréable structure de rubis, d'escarboucles, de perles et d'émeraudes, et de mille autres matières plus précieuses ; ensuite, par une des portes du château, il verrait sortir quantité de demoiselles, et Dieu sait si elles seraient belles ! dont les habits seraient si magnifiques et si éclatants, qu'ils m'éblouissent rien que de vous en parler, et que je n'aurais jamais fait si je m'amusais à vous les dépeindre ; alors celle qui paraît être la maîtresse de toutes prend par la main ce hardi chevalier, et, sans lui dire une seule parole, le mène dans le riche palais, où l'ayant fait déshabiller par les demoiselles, on le met dans un bain d'eaux délicieuses ; on le frotte de précieuses essences et de pommade de senteur, et, au sortir du bain, on lui donne une chemise de fin lin, toute parfumée. Après quoi, une autre demoiselle lui met sur les épaules un magnifique manteau qu'on dit valoir pour le moins une ville et encore plus. Mais ce n'est pas tout : on le mène dans une autre salle, où la richesse des meubles surpasse l'imagination ; il y trouve la table couverte ; on lui donne à laver dans un bassin d'or ciselé, enrichi de diamants, avec de l'essence d'ambre et des eaux distillées des herbes les plus odoriférantes ; on le fait asseoir dans une chaise d'ivoire ; et toutes les demoiselles le servent à l'envi avec un merveilleux silence. Qui peut dire les différentes viandes qu'on lui sert, et leur délicatesse ? Quelles paroles peuvent exprimer l'excellence de la musique qu'on lui donne pendant le repas, sans qu'il voie ni ceux qui chantent, ni ceux qui jouent des instruments ? Le repas achevé et les tables levées, pendant que le chevalier, étendu dans sa chaise, se lave peut-être la bouche, vous voyez entrer à l'improviste une demoiselle incomparablement plus belle que toutes les autres, qui va s'asseoir auprès de lui et lui apprend ce que c'est que ce château, et qu'elle y est enchantée, avec beaucoup d'autres choses qui ravissent le chevalier, et qui donneront de l'admiration à tous ceux qui en liront l'histoire. Il n'est pas nécessaire que je m'étende davantage sur ce sujet ; en voilà assez, ce me semble, pour faire voir que quelque endroit qu'on lise dans les chevaliers errants, on en éprouve du plaisir et de l'étonnement.

Mais, monsieur, croyez-moi, lisez vous-mêmes ces livres, et vous verrez comme ils savent insensiblement charmer la mélancolie, comme ils font naître la joie dans le cœur ; et si par hasard vous aviez un mauvais naturel, comme ils sont capables de le corriger, et de vous donner de meilleures inclinations. Pour moi, je puis bien vous assurer que, depuis que Dieu m'a fait chevalier errant, je suis vaillant, civil, affable, doux et complaisant, libéral et généreux, hardi, patient, infatigable, et que je supporte avec beaucoup de vigueur d'esprit et de corps le travail, la prison et les enchantements. Et, quoique vous me voyiez à l'heure qu'il est enfermé dans une cage comme un fou, je ne désespère pourtant pas de me voir dans peu de jours, par la force de mon bras et la faveur du ciel, roi de quelque grand royaume, où je pourrai faire paraître la libéralité et la reconnaissance qui sont renfermées dans mon cœur. Car, en vérité, monsieur, le pauvre ne saurait paraître libéral quand il le serait au souverain degré, et la gratitude, qui n'est que le désir seulement, est une vertu morte, comme la foi sans les œuvres. C'est pour cela que je souhaiterais que la fortune m'offrît bientôt une occasion favorable de me faire empereur, pour faire voir quel est mon cœur, en enrichissant mes amis, et surtout ce pauvre écuyer que vous voyez-là, qui est le meilleur homme du monde, et à qui je voudrais bien donner un comté, qu'il y a longtemps que je lui promets, quoique cependant je me défie un peu de sa sagacité pour s'y bien conduire.

Monsieur, interrompit Sancho, qui entendit ce qu'on disait de lui, travaillez seulement à me donner ce comté que vous me faites tant attendre, et je vous réponds que je le gouvernerai bien. En tous cas, on dit qu'il y a des gens dans le monde qui prennent à ferme les terres des seigneurs, et les font valoir comme si c'était pour eux-mêmes, tandis que les seigneurs se donnent du bon temps, et mangent leur revenu sans se soucier de rien. Ma foi, j'en ferai bien autant : je ne trouve point cela si difficile. Hé ! je ne m'amuserais pas à marchander ; je vous mettrais bientôt le fermier en possession, et moi je mangerais mes rentes comme un prince. Du reste, qu'on en fasse des choux et des raves, diablezot si je m'en soucie! Vous dites bien, compère Sancho, quant au revenu, dit le chanoine ; mais, en ce qui regarde l'administration de la justice, il ne faut pas être si indifférent : c'est là que le seigneur doit s'appliquer avec soin, et qu'il fait remarquer son jugement et son habileté, et surtout sa bonne intention, qui doit être répandue dans ses actions et en être le principe et la fin : car, Dieu ne manque jamais de favoriser la bonne volonté, aussi renverse-t-il presque toujours les mauvais desseins. Je n'entends point toutes ces philosophies, mais je voudrais avoir aussitôt ce comté que je le saurais bien gouverner : j'ai autant de corps et d'âme qu'un autre, et je pense que je serais aussi roi dans mon État que chacun l'est dans le sien. Cela étant, je ferais ce que je voudrais ; et, faisant ce que je voudrais, je ferais à ma fantaisie ; et, faisant à ma fantaisie, je serais content ; et, quand je serais content, je n'aurais plus rien à souhaiter ; et, quand je n'aurais plus rien à souhaiter, que me faudrait-il davantage ? Que le comté vienne seulement, et adieu jusqu'au revoir, comme un aveugle dit à l'autre. Ces philosophies, répliqua le chanoine, ne sont pas si mauvaises que vous dites, Sancho ; il y a bien quelque chose à dire sur le sujet de ces comtés. Je ne sais ce qu'il y a à dire, interrompit don Quichotte ; mais, pour moi, je suis en ceci divers exemples de chevaliers de ma profession, qui, pour récompenser leurs écuyers, les ont faits seigneurs d'îles et de villes ; et il s'est même trouvé des gens d'assez grand mérite pour avoir l'ambition de penser à se faire rois. Mais, sans aller plus loin, le grand et non jamais assez loué Amadis de Gaule fit bien son écuyer comte de l'Ile-Ferme ; et, après cela, ne puis-je pas sans scrupule donner un comté à Sancho, puisqu'il est un des meilleurs écuyers de toute la chevalerie errante.

Le chanoine était tout émerveillé des folies qu'enfilait don Quichotte ; il admirait cette présence d'esprit avec laquelle il venait d'imaginer l'aventure du chevalier du lac, et cette vive impression que les rêveries des romans avaient faites en son imagination. Il n'était guère moins étonné de la simplicité de Sancho, qui demandait un comté avec tant d'empressement et qui croyait que son maître le lui pût donner comme une métairie. Pendant qu'il faisait ses réflexions là-dessus, les valets du chanoine revinrent avec le mulet de bagage, et, ayant jeté un tapis sur l'herbe à l'ombre de quelques arbres, on se mit à manger. Il n'y avait pas longtemps qu'ils étaient à table, qu'ils entendirent du bruit et le son d'une clochette qui venait de quelques buissons qui étaient là auprès ; et incontinent après ils virent paraître une chèvre noire et blanche, mouchetée de taches fauves, que suivait un berger, la flattant en son langage pour la faire arrêter ou retourner à son troupeau ; la chèvre, qui fuyait, s'en vint tout effarouchée se jeter au milieu de ceux qui dînaient, comme dans un asile, et s'y arrêta; et le berger, l'ayant prise par les cornes, commença à lui dire, comme si elle eût été capable de raison : Ha ! ah ! montagnarde mouchetée, comme vous fuyez ! Hé, qu'avez-vous donc, la belle ? qu'est-ce qui vous a fait peur ? Ne me direz-vous point ce que c'est, ma fille ? mais que pourrait-ce être, sinon que vous êtes femelle, et que vous ne sauriez demeurer en repos ? Revenez, ma mie, revenez : vous serez plus en sûreté dans la bergerie ou parmi vos compagnes ; et que pensez-vous qu'elles deviennent, si vous vous égarez de la sorte, vous qui les devez conduire ?

Le chanoine prit plaisir aux paroles du berger et le pria de ne point se presser de ramener sa chèvre. Mon ami, lui dit-il, étant femelle comme vous dites il faut la laisser faire : vous auriez beau vouloir l'en empêcher, elle suivra toujours sa fantaisie. Prenez ce morceau, ajouta-t-il, mon camarade, et buvez un coup pour vous remettre, pendant que la chèvre se reposera. Ils lui donnèrent une cuisse de lapin froid, que le berger prit sans façon, et, après avoir bu un coup à la santé de la compagnie : Ne croyez pas, dit-il, messieurs, pour m'avoir vu parler ainsi à cette bête, que ce soit simplicité : ce que je viens de dire n'est pas sans mystère. Je suis rustique ; mais non pas tant que je sache entretenir les hommes aussi bien que les bêtes. Je n'ai pas de peine à le croire, dit le curé : je sais par expérience que les montagnes nourrissent les gens savants et que les cabanes enferment souvent des philosophes. Au moins, messieurs, répliqua le berger, il ne laisse pas de s'y trouver quelquefois des gens expérimentés et de bon sens ; et, si je ne craignais point de vous ennuyer, et que vous voulussiez bien m'écouter un quart d'heure, je vous conterais une petite histoire pour confirmer ce que monsieur le licencié et moi venons de dire. Mon ami, dit don Quichotte, prenant la parole pour toute la compagnie, comme je vois que ce que vous avez à nous conter à quelque air des aventures de chevalerie, je vous écouterai de bon cœur, et ces messieurs le feront, je m'assure, avec plaisir, car ils ne haïssent pas les choses curieuses et nouvelles. Vous n'avez donc qu'à commencer, nous allons tous vous donner audience. Pour moi, je suis votre serviteur, messieurs, dit Sancho ; ventre affamé n'a pas d'oreilles. Je m'en vais, par votre permission, auprès de ce ruisseau, m'en donner d'une façon avec ce pâté, et me farcir la panse pour trois jours : aussi bien ai-je ouï dire à mon maître que l'écuyer d'un chevalier errant ne doit point perdre l'occasion de se remplir l'estomac quand il la trouve, et qu'il n'a que trop de loisir après de faire la digestion. Qu'ainsi ne soit, on s'ira quelquefois fourrer dans une forêt dont on ne trouverait pas le bout en six jours ; et si un homme n'est pas saoûl pour lors, et qu'il n'ait rien dans son bissac, le voilà ma foi bien pansé ! il demeurera là comme une momie. C'est fort bien raisonner, Sancho, dit don Quichotte ; va où tu voudras et mange à ton aise. Pour moi, j'en ai pris ce qu'il me faut, et je n'ai plus besoin que de donner un peu de nourriture à mon esprit, comme je vais faire en écoutant l'histoire du berger. Allons, dit le chanoine, il peut commencer quand il voudra ; il me semble que nous sommes tous prêts. Alors le berger donna deux petits coups sur le dos de la chèvre, en lui disant : Couche-toi auprès de moi, tachetée : nous avons plus de loisir qu'il ne nous en faut pour retourner au troupeau. On eût dit que la chèvre entendait son maître, elle s'étendit tout de son long auprès de lui, et, le regardant fixement au visage, semblait attendre qu'il commençât, ce qu'il fit de cette sorte.

CHAPITRE XXXVI.

Contenant ce que raconta le chevrier.

A trois lieues de cette vallée, dans un petit village des plus riches de tout le pays, il y avait un laboureur qui était aimé et considéré de tous ses voisins, encore plus pour sa façon de vivre que pour les richesses qu'il avait. Mais lui se trouvait bien plus heureux d'avoir une fille fort sage et fort belle que de tout le bien qu'il possédait. Cette fille n'avait pas plus de seize ans que le bruit de sa beauté se répandit non seulement dans tous les villages d'alentour, mais encore jusqu'aux plus éloignés, et cela donnant de la curiosité à tout le monde, on venait la voir de toute part comme une chose extraordinaire. Le père la gardait avec beaucoup de soin, comme un trésor qu'il aimait; mais elle se gardait encore mieux elle-même et vivait dans une extrême retenue. Si bien que quantité de gens du village et d'ailleurs, attirés par le bien du père, par la beauté de sa fille, et surtout par la bonne réputation qu'ils avaient l'un et l'autre, se déclarèrent serviteurs de cette fille, et la demandant tous en même temps, embarrassèrent fort le bonhomme sur le choix d'un mari.

Parmi ce grand nombre de prétendants, je fus un de ceux qui eurent le plus sujet d'espérer : j'étais fort connu du père, étant du même village : il savait que je venais de gens sans reproche; il connaissait mon bien et mon âge, et on disait dans le pays que je ne manquais pas d'esprit. Tout cela faisait beaucoup pour moi; mais un nommé Anselme, garçon du même village dont tout le monde disait du bien, avait aussi le même dessein, et faisait balancer l'esprit du père ; de sorte que ce bonhomme, qui jugeait que nous pourrions être l'un et l'autre le fait de Léandra qui est le nom de cette fille, se remit entièrement du choix qu'elle devait faire entre nous deux, de peur de contraindre son inclination s'il l'eût fait lui-même. Je ne sais point la réponse de Léandra ; mais depuis, son père nous entretint toujours adroitement, mon rival et moi, sur la trop grande jeunesse de sa fille, sans s'engager ni nous rebuter.

Pendant qu'il nous amusait de cette façon, il vint dans le village un certain Vincent de la Rose, fils d'un pauvre laboureur du même lieu. Un capitaine d'infanterie, qui passait avec sa compagnie ici autour, l'avait enrôlé à l'âge de douze ans ; et, au bout de douze autres, après avoir rôdé en Italie et en d'autres endroits, nous le vîmes revenir un jour vêtu à la soldatesque, bigarré de mille couleurs comme un Indien, et tout plein de babioles d'émail, d'argent faux. Il changeait tous les jours d'habit : aujourd'hui une garniture et demain une autre, et le tout de peu de valeur; et, comme on est naturellement malin dans les villages et qu'on ne sait bien souvent que faire, on s'amusait à examiner ses braveries, et l'on trouva enfin qu'il n'avait que trois habits de différentes étoffes, tant bons que mauvais, avec les bas de chausses et les jarretières; mais il savait si bien les déguiser et ajuster de tant de façons, qu'on eût juré qu'il en avait plus de dix paires et autant de panaches. Ne vous étonnez pas, messieurs, de ce que je vous dis ces bagatelles; vous verrez dans la suite que je ne vous en parle pas sans raison. Notre soldat s'asseyait d'ordinaire sur un perron, au-dessous d'un grand orme qui est sur la place; et là, il faisait le récit de ses aventures et nous vantait ses prouesses. Il n'y avait point d'endroit au monde qu'il n'eût vu, ni de bataille où il ne se fût trouvé; il avait tué plus de Maures qu'il n'y en a dans le Maroc et dans Tunis; Gante, Duna, Diego de Garcia de Paredes et mille autres qu'il nommait, ne s'étaient pas si souvent trouvés sur le pré que lui, et il s'était toujours tiré avec avantage de tous ces combats, sans qu'il lui en coûtât une seule goutte de sang. Après nous avoir ainsi raconté ses fameux exploits, il nous montrait des cicatrices qu'on ne pouvait voir, et nous faisait accroire que c'étaient des arquebusades qu'il avait reçues en diverses batailles. Enfin, pour achever son portrait, il était si arrogant, qu'il disait toi à ses pareils et à ceux même qui le connaissaient bien, et se familiarisait avec des gens qui étaient beaucoup au dessus de lui. Il disait encore que son bras était son père, ses actions sa race; et, qu'étant soldat, il ne le cédait à qui que ce fût au monde. Avec toutes ces vanités, ce fanfaron, qui savait un peu chanter, se mêlait aussi de racler une guitare qu'il disait avoir eue d'une duchesse, et il attirait ainsi l'admiration des idiots et amusait tous les habitants du village. Mais ce n'était pas là toutes les perfections de ce drôle : il était encore poète, et de la moindre sottise qui arrivait dans le pays il faisait une romance de trois pages d'écriture.

Ce soldat donc que je viens de dire, ce Vincent de la Rose, ce brave fut vu de Léandra par une fenêtre de la maison, qui regarde sur la place; il en fut admiré, l'oripeau de ses habits lui donna dans la vue; elle fut charmée de ses romances, dont il donnait libéralement des copies; et le récit de ses prouesses, dont il n'était pas chiche, l'ayant ravie, et le diable faisant le reste, elle en devint éperdûment amoureuse avant que lui-même eût osé lui parler d'amour. Et, comme on dit qu'en matière d'amour l'affaire est bien avancée quand le galant est regardé de bon œil, la Rose et Léandra s'aimèrent bientôt, et ils étaient déjà d'intelligence avant qu'aucun de nous autres s'en aperçût; aussi, n'eurent-ils pas de peine à faire ce qu'ils avaient résolu. Léandra s'enfuit un beau jour de la maison de son père, qui l'aimait si chèrement, pour suivre un homme qu'elle ne connaissait presque pas; et la Rose fut bien plus heureux dans cette rencontre qu'il ne se vantait de l'avoir été en toutes les autres. Une chose si surprenante étonna tout le monde; le père s'en affligeait au dernier point; et Anselme et moi nous en pensâmes mourir de désespoir.

Cependant les parents, irrités, eurent recours à la justice, et l'on mit incontinent des archers en campagne, qui se saisirent des passages et de toutes les avenues des bois, et cherchèrent si bien, comme gens payés à l'avance, qu'au bout de trois jours ils trouvèrent dans une caverne Léandra en chemise, et n'ayant plus ni l'or ni les pierreries qu'elle avait emportés avec elle. La pauvre créature fut ramenée à son père. On lui demanda le sujet de son malheur, et elle confessa que Vincent la Rose l'avait trompée, et que, sous promesse d'être son mari, il lui avait persuadé de s'en aller avec lui à Naples, où il avait, disait-il, de grandes connaissances ; et qu'ainsi ce méchant, abusant de sa facilité et de la confiance qu'elle avait en lui, après lui avoir fait prendre ce qu'elle avait pu d'argent et de bagues, l'avait menée dans cette montagne la même nuit qu'elle s'était enfuie, et l'avait enfermée dans la caverne en l'état où on l'avait trouvée, sans lui demander pourtant autre chose, ni lui faire aucune violence.

Ce fut une chose difficile à croire que l'indifférence du jeune soldat ; mais Léandra en jura et l'assura de tant de manières, que le pauvre père affligé se consola sur la parole de sa fille, et rendit mille grâces à Dieu de l'avoir préservée par un espèce de miracle. Le même jour que Léandra fut retrouvée, son père la fit disparaître et alla l'enfermer dans un couvent de filles, à une ville ici proche, en attendant que le temps eût effacé la tache qu'elle s'était faite par son imprudence. Le peu d'âge de cette fille a servi d'excuse à sa légèreté, au moins auprès de ceux qui ne prennent pas d'intérêt à elle ; mais ceux qui la connaissent bien n'attribuent point sa faute à son ignorance, et ils en accusent plutôt l'inclination naturelle des femmes, qui sont la plupart volages et inconsidérées.

Depuis que Léandra a disparu, Anselme a toujours été dans une grande mélancolie et ne trouve rien qui lui puisse plaire. Pour moi, qui l'aimais si fort, et qui l'aime peut-être encore, je ne connais plus de plaisir dans le monde, et la vie m'est devenue insupportable. Je ne vous dis point les malédictions que nous avons données au soldat, combien de fois nous avons détesté le peu de considération du père de Léandra d'avoir si mal gardé sa fille, et combien nous lui faisons de reproches à elle-même, et en un mot, tous ces regrets inutiles que font les amants désespérés. Enfin, depuis le départ de Léandra, Anselme et moi, aussi affligés l'un que l'autre, et tous deux inconsolables, nous nous sommes retirés dans cette vallée, où nous menons paître chacun un grand troupeau, passant la vie entre ces arbres, soupirant chacun de notre côté, ou chantant tous deux ensemble des vers à la louange de Léandra, ou pleins de reproches contre elle, et nous abandonnant presque toujours à la douleur, qui ne nous abandonne jamais. A notre imitation, quantité d'autres de ses amants sont venus habiter ces montagnes, où ils mènent une vie aussi peu raisonnable que la nôtre ; et le nombre en est si grand, et des bergers et des troupeaux, qu'il semble que ce soit ici l'Arcadie pastorale, dont vous avez bien ouï parler. Depuis ce temps-là, il n'y a point d'endroit ici autour où l'on n'entende incessamment le nom de Léandra. Un berger l'appelle capricieuse et légère : un autre la traite de facile et d'imprudente : d'autres l'accusent et la justifient tout ensemble. Il y en a qui ne parlent que de sa beauté et regrettent son absence, et d'autres qui lui reprochent tous les maux qu'ils souffrent. Presque tous la méprisent, et tous l'adorent ; et la folie de tous est si grande, qu'ils se plaignent de ses mépris sans l'avoir jamais vue, et d'autres qui meurent de jalousie avec aussi peu de raison : car après tout, comme je vous ai déjà dit, je ne la crois coupable que de l'imprudence qu'elle a elle-même confessée. Cependant, on ne voit sur ces rochers, au bord des ruisseaux et au pied des arbres, que des amants désolés qui font mille plaintes, et prennent le ciel et la terre à témoins de leur malheur ; les échos ne cessent de dire le nom de Léandra, le creux des montagnes en retentit perpétuellement, l'écorce des arbres en est tout écrit, et on dirait que les ruisseaux murmurent la même chose. On n'entend plus que le nom de Léandra, le jour et la nuit, et le nom de Léandra, qui ne pense peut-être pas à nous, vous étourdit et nous enchante, et nous sommes tous continuellement dans l'espérance et dans la crainte, sans que nous sachions ce que nous ayons à craindre ou à espérer. Parmi tant de fous, le plus extravagant, et le plus sensé tout ensemble, c'est Anselme, mon rival, qui ayant tant de sujets de se plaindre, ne se plaint pourtant que de la seule absence de Léandra, et, au son d'un violon dont il joue admirablement, se plaint en cadence, en chantant des vers de sa façon, qui font bien voir qu'il a beaucoup d'esprit. Pour moi, qui ne me trouve assurément pas plus sage que les autres, je passe mon temps à crier contre l'inconstance des femmes, contre la fausseté de leurs promesses et contre l'indiscrétion qu'elles font voir dans la plupart de leurs actions, dans leurs choix et dans leurs mépris. Voilà, messieurs, tout le mystère des paroles que vous m'avez ouï dire à cette chèvre quand j'approchai de vous : car, étant femelle, je ne l'estime pas beaucoup, quoiqu'elle soit la meilleure de mon troupeau, et franchement c'est une marque de mon inquiétude, que je ne sache à qui me plaindre de ce que je souffre. Je ne doute point que je ne vous aie mal divertis avec mon histoire, et j'en suis plus fâché que vous ; mais si vous voulez me faire l'honneur de venir à ma loge, ici près, je tâcherai de réparer l'ennui que je vous ai donné, par un petit rafraîchissement de fromage et de lait, avec quelques fruits de la saison, qui ne seront peut-être pas désagréables.

CHAPITRE XXXVII.

Du démêlé de don Quichotte avec le chevrier, et de la rare aventure des pénitents que don Quichotte acheva à la sueur de son corps.

L'histoire fut trouvée bonne, et le chanoine, à qui elle avait beaucoup plu, exagéra l'éloquence du chevrier, lui disant à lui-même que bien loin d'avoir dit quelque chose de grossier et de rustique, il avait parlé en homme délicat et de fort bon sens, et que monsieur le curé avait eu raison de dire qu'il se trouve quelquefois dans les montagnes des gens qui ont de l'esprit et qui savent le monde. Ils lui firent tous des honnêtetés et des offres ; mais don Quichotte en fut plus libéral que tous les autres, et il en fut aussi récompensé d'une autre manière. En vérité, dit-il, mon compère, si j'étais en état d'entreprendre quelque aventure, je n'attendrais pas un moment à partir pour vous en procurer une bonne : j'irais tout à l'heure arracher Léandra de son couvent, où sans doute elle est malgré elle ; et en dépit de l'abbesse, et de tout ce qu'il y a de moines au monde, je vous la mettrais entre les mains pour en disposer à votre fantaisie, en observant pourtant les lois de la chevalerie errante, qui ne per-

mettent pas qu'on fasse le moindre déplaisir aux dames. Mais j'espère en Dieu que le pouvoir d'un malin enchanteur ne sera pas si fort que celui d'un enchanteur mieux intentionné n'en vienne à bout; et pour lors, je vous réponds de ma faveur et de mon aide, suivant les lois de ma profession, qui m'obligent de secourir ceux que l'on opprime.

Le chevrier, qui n'avait pas encore considéré don Quichotte, le regarda depuis la tête jusqu'aux pieds, et, ne voyant pas que sa mine répondît à ses offres, il s'adressa au barbier, qui était proche de lui, et lui dit : Monsieur, quel est donc cet homme qui parle d'un air si étrange? je n'en ai point encore vu de pareil. Hé! qui peut-ce être, répondit le barbier, sinon le fameux don Quichotte de la Manche, le défenseur de torts, le réparateur d'injures, le protecteur de l'honneur des dames, la terreur des géants, le vainqueur invincible dans toutes les batailles? Ceci ressemble, dit le chevrier, à ce qu'on lit dans les livres des chevaliers errants, qui étaient tout ce que vous dites; mais pour moi, je crois bien franchement que vous vous moquez, ou que ce bon gentilhomme a des chambres vides dans la tête. Vieillaque, insolent, s'écria don Quichotte, c'est vous qui manquez de cervelle; et moi j'en ai mille fois plus que la double coureuse qui vous a mis au monde, et que toute votre chienne de race. En disant cela, il prit un pain sur la table et le jeta de si grande furie à la tête du chevrier, qu'il lui cassa presque le nez et les dents. Celui-ci, qui n'entendait point raillerie, ne prit pas plaisir à se voir traiter de la sorte, et, sans se soucier de la nappe ni des viandes, ni de ceux qui dînaient, il sauta brusquement sur don Quichotte, et, lui portant les mains à la gorge, il allait l'étrangler sans miséricorde, si Sancho, le prenant par les épaules, ne l'eût renversé sur la table pêle-mêle avec tout ce qu'il y avait de viandes, de plats, de bouteilles et de verres. Don Quichotte, qui se vit libre, se jeta aussitôt sur le chevrier; et celui-ci, se trouvant deux hommes sur les bras, le visage sanglant et le corps tout brisé des coups de Sancho, cherchait à tâtons un des couteaux de la table pour faire une sanglante vengeance; mais le chanoine et le curé s'étaient saisis par précaution de toutes les armes offensives. Le barbier, qui était charitable, eut pitié de ce pauvre homme, et fit en sorte qu'il mît don Quichotte sous lui, et l'accabla d'un déluge de gourmades, se vengeant si bien du sang qu'il avait perdu par celui qu'il tira du nez de notre héros, qu'on eût dit qu'ils avaient chacun un masque, tant ils étaient défigurés! Le curé et le chanoine crevaient de rire, les archers sautaient de joie, et tous les animaient l'un contre l'autre en les agaçant comme des chiens qu'on veut acharner. Il n'y avait que Sancho qui se désespérait de se voir retenu par un des valets du chanoine, ce qui l'empêchait de secourir son maître; mais il lui criait qu'il s'entretînt dans la bataille, et qu'il ne laissât point vaincre sa seigneurie par la vilenie de ce pataud, l'assurant que, sitôt qu'il serait en liberté, il irait tirer d'affaire.

Pendant qu'ils étaient ainsi tous occupés, les uns à rire et les combattants à se déchirer, on ouït tout d'un coup les on d'une trompette, mais si triste et si lugubre, qu'il attira l'attention de tout le monde. Celui qui en fut le plus ému fut don Quichotte, qui quoique tout chargé encore du corps du chevrier, et plus que médiocrement moulu des coups qu'il en avait reçus, fit céder l'esprit de vengeance à l'esprit de curiosité. Frère diable, dit-il à son ennemi, car qui pourrais-tu être autre chose, ayant assez de valeur et de force pour triompher des miennes, faisons trêve, je te prie, pour une heure seulement, parce qu'il me semble que le son lamentable de cette trompette m'appelle à quelque nouvelle aventure. Le chevrier, qui n'était guère moins las de gourmer que d'être gourmé, le laissa aussitôt, et don Quichotte, se mettant sur pied, après s'être secoué une bonne fois, s'essuya le visage, et tourna la tête du côté du bruit; en même temps il vit descendre, par la pente du coteau, plusieurs hommes vêtus de blanc, qui avaient l'air de pénitents ou de fantômes.

Comme il n'avait point plu cette année-là, on faisait, dans tous les endroits de cette contrée, des prières, des processions et des pénitences, pour implorer la bonté du ciel et le secours favorable de quelques pluies ; et pour cela, les habitants d'un village là auprès venaient en procession à un dévot ermitage qui est sur le penchant de la montagne.

Don Quichotte ne vit pas plutôt l'étrange habillement des pénitents, que, sans se ressouvenir qu'il en avait vu cent fois en sa vie, il s'imagina que c'était quelque aventure, et que c'était à lui de l'entreprendre, comme le seul chevalier errant de la troupe. Une image couverte de deuil que portaient les pénitents le confirma dans cette rêverie : il crut que c'était quelque princesse que des félons et discourtois brigands emmenaient par force; et, dans cette pensée, il court promptement à Rossinante, qui paissait, le bride, et saute en selle; et son écuyer lui ayant donné ses armes, il embrasse son écu, et dit à haute voix à tous ceux qui étaient présents : C'est maintenant, illustre et valeureuse compagnie, que vous allez voir combien il importe au monde qu'il y ait des gens qui fassent profession de la chevalerie errante ; c'est à cette heure, dis-je, que vous verrez par mes actions, et par la liberté que je vais donner à cette dame captive, l'estime qu'on doit avoir pour les chevaliers errants. En disant cela, il donne des talons à Rossinante, car d'éperons il n'en avait point, et au grand trot s'en alla donner dans les pénitents, malgré les efforts que purent faire le curé et le chanoine pour le retenir, et sans se soucier des hurlements de Sancho, qui criait de toute sa force : Où diable courez-vous, seigneur don Quichotte? Avez-vous le diable au corps pour aller ainsi contre la foi catholique? et ne voyez-vous point que c'est une procession de pénitents, et que la dame qu'ils portent sur ce brancard est l'image de la vierge? Il faut, mort de ma vie! que vous soyez enragé, monsieur, monsieur, monsieur le chevalier mon maître, regardez bien ce que vous faites; on peut dire cette fois-ci que vous n'y prenez garde. Sancho se tourmenta en vain, et toutes ses remontrances se perdirent en l'air. Son maître s'était mis si fort en tête de délivrer la dame en deuil, qu'il n'entendait pas une parole; et quand il les eût ouïes, il n'aurait pas retourné, non pas même pour le pape.

Il arriva donc à vingt pas de la procession ; et arrêtant Rossinante, qui en avait déjà besoin, il cria d'une voix furieuse et enrouée : Demeurez là, canailles, qui vous masquez sans doute parce que vous êtes des scélérats, et écoutez ce que je vais vous dire. Les premiers qui s'arrêtèrent furent ceux qui portaient l'image ; et un prêtre, des quatre qui chantaient les litanies, voyant l'étrange mine de don Quichotte, la maigreur de Rossinante, et tout ce qu'il y avait de ridicule dans le cavalier : Mon frère, lui répondit-il, si vous avez quelque chose à nous dire, faites vite, parce que ces pauvres gens se déchirent, et nous n'avons pas le loisir d'entendre un long discours. Je n'ai qu'une parole à dire, repartit don Quichotte : c'est que tout à l'heure vous mettiez en liberté cette belle dame, dont l'air triste et les larmes font assez connaître que vous lui avez fait quelque outrage, et que vous l'emmenez malgré elle. Pour moi, qui suis venu au monde pour empêcher de semblables violences, je ne puis consentir à vous laisser aller que vous ne lui ayez rendu la liberté qu'elle souhaite.

Il n'en fallut pas davantange pour faire connaître à tous ces gens que don Quichotte n'était guère sage, et ils ne purent s'empêcher de rire du discours qu'il venait de faire; mais ce fut mettre le feu aux étoupes : notre héros, se voyant méprisé, met l'épée à la main et court tout furieux vers le brancard. Un de ceux qui le portaient laisse en même temps la charge à ses compagnons, et, se jetant au devant de don Quichotte, il lui oppose une fourche dont il soutenait le brancard quand il reposait, et qui fut cassée en deux du premier coup qu'il donna; mais de la moitié qui lui restait il frappa si rudement le chevalier sur l'épaule droite, que, l'écu ne se trouvant pas assez à propos pour le couvrir, ou assez bon pour parer à la violence du coup, don Quichotte tomba par terre, les bras étendus, et sans mouvement. Sancho, qui avait toujours suivi son maître, arriva là dessus tout essouflé; et, le voyant en si mauvais état, il cria au paysan qu'il s'arrêtât, parce que c'était un pauvre chevalier enchanté qui, en toute sa vie, n'avait fait de mal à personne. Ce ne furent pas les cris de Sancho qui arrêtèrent le paysan; mais comme il vit que don Quichotte ne remuait point, il crut l'avoir tué; et retroussant son surplis pour être plus libre, il s'enfuit comme s'il eût eu le prévôt à ses trousses. Ceux de la compagnie de don Quichotte étant arrivés en même temps, les gens de la procession, qui les virent venir tout échauffés, et parmi eux des archers armés d'arquebuses, crurent qu'ils avaient besoin de se tenir sur leurs gardes : ils se rangèrent vite en rond autour de l'image, et relevant leur voiles, les pénitents avec leurs disciplines, et les prêtres avec les chandeliers, attendirent l'assaut, dans la résolution de se bien défendre; mais la fortune en disposa mieux qu'ils n'osaient espérer, et se rendit favorable aux deux partis. Pendant que Sancho, qui s'était jeté sur le corps de son maître, le croyant mort, faisait la plus triste et la plus ridicule lamentation du monde, le curé fut reconnu par celui de la procession, ce qui calma les esprits de part et d'autre; et le curé ayant appris à son confrère ce que c'était que don Quichotte, ils allèrent aussitôt, suivis des pénitents et de tout le reste, voir en quel état était le pauvre gentilhomme.

Comme ils arrivaient, ils trouvèrent Sancho tout en larmes qui faisait cette manière d'oraison funèbre : O fleur de chevalerie, disait-il, qu'un seul coup de bâton assomme quand il en était le moins de besoin ! ô l'honneur de ta race, la gloire et le monument de toute la Manche et du monde entier, que tu laisses orphelin par ta mort, et exposé à la rage des méchants qui vont le mettre sans dessus dessous, parce qu'il n'y aura plus personne qui châtie leurs brigandages ! ô libéral par dessus tous les Alexandre, qui, pour huit mois de service seulement, m'avais donné la meilleure île de toute la terre ! ô humble avec les superbes, et arrogant avec les humbles; entrepreneur de périls, patient dans les affaires, amoureux sans sujet, imitateur des bons, fléau des méchants et ennemi de toute malice; chevalier errant, qui est tout ce qu'on peut dire.

Les plaintes et les gémissements de Sancho firent revivre don Quichotte, et, après un triste et long soupir, qui fut le premier signe de vie qu'il donna : Celui qui est absent de vous, dit-il, incomparable Dulcinée, ne peut jamais être que misérable, et il n'y a point de malheur qu'il ne doive craindre. Aide-moi, cher Sancho, ajouta-t-il, à me remettre sur le charriot enchanté : je ne suis pas en état de résister à la vigueur de Rossinante, car j'ai l'épaule toute brisée. Je le veux de bon cœur, mon cher maître, répondit Sancho : allons retournons à notre village, avec ces messieurs, qui sont tant de vos amis : nous penserons là à faire une sortie qui nous donne plus de gloire et de profit. Tu dis fort bien, Sancho, repartit don Quichotte : il est de la prudence de laisser passer les mauvaises influences des astres. Le chanoine, le curé et le barbier ne manquèrent pas de lui dire qu'il avait raison ; et, après s'être bien donné du plaisir des simplicités de Sancho, ils remirent don Quichotte sur le charriot, comme il était auparavant. La procession se remit en ordre, et prit le chemin de l'ermitage ; le chevrier se retira, après avoir pris congé de la compagnie, ce que firent aussi les archers, se voyant désormais inutiles, et le curé les ayant payés ; le chanoine partit en même temps, et pria instamment le curé, en l'embrassant, de lui donner des nouvelles de tout ce qui arriverait à don Quichotte, et poursuivit son voyage. Enfin ils se séparèrent tous, laissant seuls le curé, le barbier, don Quichotte et Sancho, avec le fameux Rossinante, qui, parmi tant de désordres, n'avait pas moins témoigné de patience que son maître. On accommoda le grand, le célèbre et l'invincible don Quichotte sur une botte de foin, dans la cage, et le charretier, ayant attelé ses bœufs, prit le chemin que lui ordonna le curé, si bien qu'aux pas lents de ces tardifs animaux ils arrivèrent au bout de six jours au village du pauvre gentilhomme, où, entrant en plein midi, et heureusement un jour de dimanche, que tout le monde était assemblé sur la place, ils ne manquèrent pas de spectateurs, qui reconnurent aussitôt leur compatriote.

Pendant qu'une foule de gens entourent le charriot, et qu'à l'envi les uns des autres, ils s'empressent à demander à don Quichotte de ses nouvelles, et à ceux qui l'accompagnent pourquoi on le mène dans cet équipage ; un petit garçon va avertir la nièce et la gouvernante de son arrivée, et leur dit que monsieur est venu dans une charrette à bœufs, couché sur du foin, si maigre et si décharné, qu'un squelette ne l'est pas davantage. Ce fut une chose pitoyable que d'entendre les cris de ces bonnes dames, de voir les soufflets dont elles se plombèrent le visage, d'entendre les malédictions qu'elles donnèrent à ces diaboliques livres de chevalerie, et de les voir même recommencer quand elles virent entrer don Quichotte, et qu'il était encore en plus mauvais état qu'on ne le leur avait dit.

Au bruit de la venue du gentilhomme, la femme de Sancho Pança, qui avait bien su que son mari l'avait suivi en qualité d'écuyer, vint des premières pour faire son compliment, et rencontrant d'abord Sancho : Eh bien ! dit-elle, mon mari, notre âne se porte-t-il bien ? Il se porte mieux que son maître, répondit Sancho. Dieu soit loué, dit-elle, de la grâce qu'il m'a faite ! Mais conte-moi donc à cette heure, mon ami, tout ce que tu as gagné dans ton écuyerie : où sont les cottes que tu m'apportes, et les souliers pour nos enfants ? Je n'apporte rien de tout cela, femme, répondit Sancho, mais j'apporte d'autres choses qui sont bien de plus grande importance... Ah ! tu me fais grand plaisir, dit la femme ; oh, montre-les-moi ces choses de plus grande importance, mon ami ! j'ai grande envie de les voir pour me réjouir un peu le cœur, que j'ai toujours eu triste et tout abattu, je ne sais comment, depuis que je n'ai point vu ta face. Je te les montrerai à la maison, femme, répondit Sancho ; aie patience pour le présent et espère que, s'il plaît à Dieu, nous irons encore un autre voyage chercher les aventures, et que tu me verras bientôt comte ou gouverneur d'une île, je dis d'une île ferme et des meilleures qui soient sur la terre, et non de ces îles à la douzaine. Dieu le veuille ! mon mari, dit la femme : nous en avons bien besoin. Mais qu'est-ce que cela, des îles ? il me semble que je ne l'entends point. Le miel n'est point pour la gueule de l'âne, répondit Sancho; tu le sauras quand il sera temps, ma femme, et tu t'émerveilleras de te voir dire votre seigneurie par tous les vassaux. Qu'est-ce que tu dis là, Sancho, de seigneurie et de vassaux? répartit Juana Pança. C'est ainsi que s'appelait la femme de Sancho, non pas qu'ils fussent parents, mais c'est la coutume de la Manche que les femmes prennent le nom de leurs maris. Ne te presse pas tant de savoir tout cela, Juana, répondit Sancho : il y a plus d'une heure au jour. Qu'il te suffise que je dis vrai, et bouche close. Apprends seulement en passant qu'il n'y a pas un plus grand plaisir au monde que d'être écuyer d'un chevalier errant qui va chercher les aventures. Véritablement toutes celles qu'on trouve ne viennent pas toujours comme on voudrait bien, et de cent il y en aura quatre-vingt-dix-neuf de travers. Je le sais par expérience, femme: j'en ai, Dieu merci, tâté, et tu peux bien m'en croire. Il y en a où j'ai été berné, et d'autres où l'on m'a roué de coups; et pourtant, nonobstant tout cela, c'est une chose bien agréable d'aller chercher fortune en grimpant sur les montagnes, traversant des forêts, toujours à travers des buissons et des rochers. Je voudrais que tu eusses vu cela en visitant des châteaux et logeant dans les hôtelleries sans jamais payer son écot : au diable le sou qu'on y donne, quelque chère qu'on y fasse.

Voilà la manière dont Sancho et sa femme s'entretenaient pendant que la nièce et la gouvernante déshabillèrent don Quichotte et le couchèrent dans son ancien lit, et que lui les regardait l'une et l'autre avec des yeux troubles, sans les reconnaître ni se connaître lui-même. Le curé recommanda fort à la nièce d'avoir grand soin de son oncle, et de prendre garde surtout qu'il ne fît encore une escapade, lui racontant la peine qu'on avait eue à le ramener à la maison. En cet endroit, les deux pitoyables dames recommencèrent à crier de plus belles ; elles fulminèrent de nouveau mille malédictions contre les livres de chevalerie, et allèrent jusqu'à un tel point d'emportement qu'elles conjurèrent le ciel de confondre dans le centre des abîmes les auteurs de tant d'impostures et d'extravagances. Enfin elles ne songèrent depuis qu'à veiller soigneusement le bon gentilhomme, continuellement alarmées de la crainte de le reperdre sitôt qu'il serait en meilleure santé; ce qui ne manqua pas d'arriver comme elles l'appréhendaient.

Mais quelque soin qu'ait pris l'auteur de cette histoire à chercher les actes de la troisième sortie de don Quichotte, il n'en a jamais pu avoir une connaissance exacte, au moins par des écrits authentiques. La renommée seule a conservé dans la mémoire des peuples de la Manche, que don Quichotte étant sorti pour la troisième fois, alla à Saragosse, et qu'il s'y trouva dans un fameux tournoi où il fit des actions dignes de sa valeur et de l'excellence de son jugement. L'auteur n'a pu lui trouver non plus ni de ses autres aventures ni de la fin de sa vie, et n'en aurait jamais rien su s'il n'eût rencontré, par bonheur, un vieux médecin qui avait chez lui une caisse de plomb qu'il disait avoir été trouvée dans les fondements d'un ancien hermitage qu'on rebâtissait, dans laquelle on trouva certain parchemin où il y avait des vers espagnols en lettres gothiques, qui contenaient plusieurs faits de don Quichotte, et parlaient avantageusement de la beauté de Dulcinée du Toboso, de la vigueur de Rossinante et de la fidélité de Sancho Pança, avec d'autres choses fort particulières. Le fidèle et soigneux auteur de cette incroyable histoire rapporte ici tout ce qu'on en put lire, et ne souhaite autre chose du lecteur, pour toute récompense de la peine qu'il a prise à feuilleter tous les registres de la Manche, si ce n'est qu'il ajoute foi à son onvrage autant que le font les honnêtes gens aux livres de chevalerie, qui ont aujourd'hui tant de crédit dans le monde. Il n'en demande pas davantage, et cela seul l'animera à prendre de nouveaux soins, et à faire une recherche nouvelle pour trouver des choses peut-être aussi véritables et tout au moins aussi divertissantes.

FIN DE LA PREMIÈRE PARTIE.

HISTOIRE
DE L'INGÉNIEUX SEIGNEUR
DON QUICHOTTE
DE LA MANCHE.

DEUXIÈME PARTIE.

LIVRE CINQUIÈME.

CHAPITRE PREMIER.

Troisième sortie de don Quichotte.

Le curé et le barbier furent près d'un mois sans aller voir don Quichotte de crainte de le faire ressouvenir de ses folies passées, et de lui faire naître l'envie de recommencer. Ils ne laissaient pourtant pas de visiter la nièce et la gouvernante à qui ils recommandaient d'avoir grand soin de divertir don Quichotte, et de lui donner à manger des viandes solides et de bon suc, pour lui fortifier le cerveau, d'où apparemment venait tout son mal. Elles répondirent qu'elles en usaient ainsi, et qu'elles continueraient à l'avenir, d'autant plus qu'elles remarquaient que don Quichotte avait des moments où il semblait qu'il fût tout à fait dans son bon sens. Cette nouvelle donna bien de la joie au curé et au barbier, qui crurent que c'était un effet de l'enchantement qu'ils avaient imaginé. Cependant comme ils tenaient cette guérison comme impossible, ils résolurent d'aller voir don Quichotte, pour s'en assurer par eux-mêmes ; et, après avoir arrêté ensemble qu'ils ne lui parleraient nullement de chevalerie, pour ne pas réveiller une passion qui s'assoupissait, ils entrèrent dans sa chambre, où ils le trouvèrent assis sur son lit, en camisole de frise verte, avec un bonnet rouge sur la tête, et le corps si sec et décharné qu'il ressemblait à une momie. Le malade leur témoigna beaucoup de joie de leur visite, les en remercia civilement, et leur rendit compte, en homme d'esprit et de bon sens, de l'état où il se trouvait, et de tout ce qu'ils lui demandèrent. Après avoir parlé quelque temps de choses indifférentes, ils se mirent insensiblement sur les matières d'État, parlèrent de la manière de bien gouverner, réformant tantôt une coutume, et tantôt corrigeant un abus, et établissant de nouvelles lois, comme s'ils eussent été les plus habiles gens du monde. Sur tout cela don Quichotte parla avec beaucoup de sagesse, et fit voir tant de jugement que le curé et le barbier ne doutèrent plus qu'il n'eût l'esprit sain et les sens rassis.

La nièce et la servante, qui se trouvèrent à cette conversation, versaient des larmes de joie et ne pouvaient se lasser de rendre grâces à Dieu de la guérison de ce bon gentilhomme. Mais le curé, tout étonné d'un si prompt changement, voulut voir si ce qui paraissait de bon sens en don Quichotte était capable de souffrir toutes les épreuves; et il dit qu'il y avait de grandes nouvelles à la cour, et, entre autres choses, que le Turc mettait sur pied une armée prodigieuse, qu'on ne savait point où devait fondre cet orage, mais que toute la chrétienté en était alarmée, et que le roi faisait pourvoir à la sûreté de Malte et des côtes de Naples et de Sicile. Le roi en use en guerrier prudent, répondit don Quichotte, et cette précaution le met à couvert des surprises de l'ennemi; mais si l'on prenait mon conseil, il y aurait bien une autre chose à faire, à laquelle je crois que le roi est bien éloigné de penser pour l'heure, et qui cependant serait bien aussi sûre que tout le reste. A peine le curé eût-il entendu ainsi parler don Quichotte qu'il haussa les épaules, et dit en lui-même : Pauvre gentilhomme, t'y revoilà encore, et je suis bien trompé si tu n'es plus fou que jamais. Le barbier, qui en fit le même jugment que le curé, pria don Quichotte de vouloir leur apprendre quel pouvait être cet avis d'importance. Il pourrait bien mériter, ajouta-t-il, d'être mis au rang de cette foule d'avis que l'on donne d'ordinaire aux princes. Monsieur le barbier, reprit don Quichotte, il n'est pas impertinent, l'avis, il est important. Monsieur, répliqua le barbier, je n'ai pas dit cela pour vous déplaire, mais seulement parce que nous voyons, par expérience, que la plupart de ces avis se trouvent presque toujours ridicules et impossibles, ou au désavantage du roi ou de l'État. Oh bien! monsieur, dit don Quichotte, je vous apprends que le mien n'est ni ridicule, ni impossible, mais facile, bien imaginé, et le plus aisé du monde à exécuter. Vous devriez déjà nous l'avoir appris, seigneur don Quichotte, dit le curé. Franchement, répondit don Quichotte, je ne prendrais pas plaisir à le dire aujourd'hui, pour que dès demain le conseil en fût informé, et qu'ainsi un autre pût jouir des fruits de mon invention. Pour moi, dit le barbier, je jure devant Dieu et devant les hommes que je n'en parlerai à homme qui vive. Je m'en fie au serment, et je connais monsieur le barbier pour homme d'honneur, dit don Quichotte. Je réponds pour lui, dit le curé, qu'il n'en ouvrira pas la bouche. Et qui m'assurera de vous, monsieur le curé? repartit don Quichotte. Mon caractère qui m'engage à garder le secret de tout le monde. Et morbleu! dit alors don Quichotte, qu'y a-t-il autre chose à faire en cette occasion, sinon que le roi fasse publier à son de trompe que tous les chevaliers errants de son royaume aient à se rendre, à jour nommé, à la four? Et quand il n'en viendrait seulement qu'une demi-douzaine, il pourrait bien y en avoir tel parmi eux, qui viendrait tout seul à bout de cette grande armée de Turcs, toute puissante qu'elle puisse être. Mais écoutez, messieurs, et suivez bien ce que je vais vous dire : croyez-vous que ce soit une chose si nouvelle qu'un chevalier errant ait défait seul une armée de vingt mille hommes aussi entièrement que s'ils n'avaient eu tous ensemble qu'une seule tête ? Eh ! combien d'histoires sont pleines de ces prodiges ! Vraiment, c'est dommage que le fameux don Belianis ne vive dans ce siècle, ou quelqu'un de cette multitude innombrable des descendants d'Amadis de Gaule : qu'il ferait beau de le voir aux mains avec ces mahométans ! Croyez-moi, il n'en retournerait guère à Constantinople. Mais patience, Dieu aura soin de son peuple, et suscitera peut-être quelqu'un qui, s'il n'a pas autant de réputation que les chevaliers errants du temps passé, aura pour le moins autant de courage ; Dieu m'entend, je n'en dis pas davantage.

Que je meure, s'écria la nièce, si mon oncle n'a pas encore envie d'être chevalier errant ! Oui, oui, répondit don Quichotte, je suis chevalier errant, et chevalier errant je mourrai. Et que le Turc descende ou monte tant qu'il voudra, et avec toute sa puissance ; encore une fois, Dieu m'entend bien.

En attendant, je serais bien aise de faire connaître à tout le monde l'erreur grossière où l'on est de ne pas penser à rétablir la chevalerie errante. Mais après tout, je vois bien que ce misérable siècle est indigne d'un bien dont ont joui les siècles passés, où les chevaliers errants se chargeaient de la défense des royaumes, de la protection des demoiselles, de secourir les orphelins et les veuves, de châtier les superbes et de récompenser les bons. Les chevaliers d'aujourd'hui aiment bien mieux les vestes de brocart d'or et de soie que la cuirasse et les chemisettes de maille. Où s'en trouve-t-il à présent qui dorment au milieu des champs, armés de pied en cap, exposés à toutes les rigueurs du chaud et du froid? et où sont ceux qui, appuyés sur leurs lances, et le cul sur la selle, affrontent continuellement le sommeil, la faim, la soif, et toutes les autres nécessités de la vie ? Où se trouvera-t-il aujourd'hui un chevalier qui, après avoir traversé des montagnes et des forêts, et se trouvant au bord de la mer, où il ne voit qu'un petit esquif sans voiles, sans mâts, sans rame et sans matelots, se jette hardiment dedans sans consulter que son courage, quoiqu'il voie la mer irritée, dont les vagues écumantes tantôt l'élèvent jusqu'au ciel et tantôt le précipitent dans de profonds abîmes ? Cependant le chevalier intrépide fait tête à l'orage et semble ne point connaître de péril ; et lorsqu'il s'y attend le moins, il se trouve à trois mille lieues de l'endroit où il s'était embarqué, et, sautant à terre dans une côte inconnue, il y arrive et il y fait des choses si grandes et si extraordinaires, qu'elles méritent d'être gravées dans le bronze pour servir de monument à sa gloire. Je vois bien que la mollesse et une lâche oisiveté sont désormais des vertus à la mode, qui triomphent impunément du travail et de la vigilance. véritable valeur n'a plus d'éclat ni de mérite : on ne la distingue point d'avec l'insolente présomption des braves du temps, qui ne le sont qu'à la table et parmi les dames ; et l'ignorance et la paresse font mépriser l'exercice des armes, qui fut toujours le partage et l'ornement des chevaliers errants. Mais aussi, dites-moi, où en trouverez-vous de plus honnêtes et de plus vaillants qu'Amadis de Gaule ? Qui est plus courtois que Palmerin d'Olive ! qui est-ce qui égale la douceur et la complaisance de Tiran de Blanc ? Faites-moi voir un cavalier plus galant que Lisvant de Grèce, un homme plus couvert de blessures et qui frappe plus vigoureusement que don Belianis, et un courage plus intrépide que Périon de Gaule? Où trouverez-vous un chevalier aussi hardi que Félix Mars d'Hyrcanie, un cœur plus franc et plus sincère qu'Esplandan, un soldat plus déterminé que don Cirongilio de Thrace? En voyez-vous de plus fier et de plus brave que Rodomont, de plus prudent que le roi Sobrin, de plus entreprenant que Renaud, et de plus invincible que Roland? S'en trouve-t-il encore qui puissent entrer, pour la valeur et la courtoisie, en comparaison avec Roger de qui les ducs de Ferrare tirent leur origine, comme le dit Turpin dans sa cosmographie? Tous ces cavaliers, monsieur le curé, et un grand nombre d'autres que je pourrais vous dire, ont été chevaliers errants, la gloire et l'honneur de la chevalerie, et c'est d'eux, ou de leurs pareils, que je conseillerais le roi de se servir, s'il a envie de bien l'être et à peu de frais, et que le Turc s'en retourne plus vite qu'il ne sera venu.

Messieurs, dit en cet endroit le curé, je ne saurais me persuader que ces chevaliers errants que vous venez de nommer aient été de véritables hommes en chair et en os; et franchement je crois que ce sont des contes faits à plaisir.

Voilà justement, dit don Quichotte, l'erreur où tombent la plupart des gens. Ce n'est pas ici la première fois que j'ai eu des disputes pour le même sujet; car il y a des gens bien incrédules et bien opiniâtres; cependant j'en ai trouvé beaucoup qui se sont rendus à la raison et à la force de cette vérité, qui est si constante, que je suis presque assuré que j'ai vu de mes propres yeux Amadis de Gaule. C'était un homme de belle taille, qui avait le teint blanc et vif, la barbe noire et bien faite, et le regard doux et sévère; il n'était pas grand parleur, se mettait rarement en colère, et n'y demeurait pas long-temps. Je pourrais, aussi aisément que j'ai dépeint Amadis, vous faire la peinture de tous les chevaliers errants du monde par l'idée qu'en donnent leurs histoires, par les actions qu'ils ont faites; et de l'humeur dont ils étaient; on connaît et les traits et le teint de leurs visages, leur taille, leur air et le reste. Seigneur don Quichotte, demanda le barbier, de quelle taille était bien le géant Morgant? Qu'il y ait eut des géants ou non, répondit don Quichotte, les opinions sont partagées. Cependant l'Écriture qui ne peut manquer, nous apprend qu'il y en a eu, par l'histoire de ce Philistin Goliath qui avait sept coudées et demie de haut. On a aussi trouvé en Sicile des os de jambe et de bras qui font juger que ceux de qui ils étaient devaient avoir été grands comme de grandes tours, ainsi que le démontre incontestablement la géométrie. Avec tout cela je ne puis assurer avec certitude que Morgant ait été fort grand; et je crois même que non, car son histoire dit qu'il dormait quelquefois à couvert; et puisqu'il trouvait des maisons qui était capables de le recevoir, il ne devait pas être d'une grandeur démesurée. Cela est vrai, dit le curé, qui, prenant plaisir à lui entendre dire de si grandes folies, lui demanda en même temps ce qu'il pensait des visages de Renaud et de Roland, et du reste des douze pairs, qui avaient tous été chevaliers errants. J'oserai bien dire de Renaud, dit don Quichotte, qu'il avait le visage large, la couleur vive et vermeille, les yeux pleins de feu et presque à fleur de tête; qu'il était pointilleux, extrêmement colère et emporté, et qu'il aimait et protégeait les larrons et les gens de semblable farine. Roland, Rotoland, ou Orland (car l'histoire lui donne tous ces noms) était sans doute de médiocre taille, avec les épaules larges, et un peu cagneux et voûté, brun de visage, la barbe rousse, le corps velu, le regard menaçant, et ne parlant pas beaucoup, mais avec tout cela civil et honnête.

Si Roland, dit le curé, n'était pas un plus gentil cavalier que vous nous le dépeignez, je ne m'étonne point qu'Angélique lui préférât Médor, qui était jeune, beau, agréable, etc. Cette Angélique, monsieur le curé, répondit don Quichotte, était une créature légère et fantastique, une écervelée et une coureuse, aussi renommée dans le monde par ses impertinences que par sa beauté, qui remplit toute la terre du bruit de sa mauvaise conduite, et sacrifia sa réputation à son plaisir. Elle méprisa des rois et des princes, et parmi les chevaliers, dédaignant les plus sages et les plus vaillants, elle choisit un petit page qui n'avait ni bien ni mérite, et sans autre réputation que celle d'avoir été constant et fidèle en son amitié. Le fameux Arioste, qui a tant chanté la beauté de cette Angélique, cesse d'en parler après cet indigne choix, et ne voulant rien dire de ce qui lui arriva depuis, qui sans doute n'est pas trop honnête, il en finit l'histoire par ces deux vers :

> Peut-être à l'avenir une meilleure lyre
> Dira comme elle prit du grand Cathay l'empire.

et cela fut comme une prophétie. Aussi appelle-t-on les poètes devins : car, depuis quelques temps, un excellent poète d'Andalousie a composé un poème des larmes d'Angélique, et un autre poète fameux, et le seul poète espagnol, a chanté sa beauté. Dites-moi, s'il vous plaît, seigneur don Quichotte, dit le barbier, ne s'est-il point trouvé quelque poète qui ait fait des satires contre cette Angélique, aussi bien qu'il s'en est trouvé qui ont écrit à son avantage? Je ne doute point, répondit don Quichotte, si Sacripant et Roland ont été poètes qu'ils n'en aient fait une étrange peinture, car c'est l'ordinaire des amants méprisés de se venger de leur dames par des satires et des libelles : ce qui est, à dire le vrai, une vengeance ridicule et bien indigne d'un cœur généreux. Cependant je n'ai encore vu jusqu'ici aucun ouvrage au désavantage d'Angélique, quoiqu'elle ait presque bouleversé tout le monde. C'est un miracle, dit le curé. Comme ils en étaient là, ils entendirent que la nièce et la gouvernante, s'étaient retirées il y avait déjà quelque temps, faisaient de grands cris dans la cour, et ils coururent au bruit.

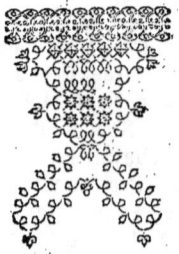

CHAPITRE II.

De l'agréable querelle qu'eut Sancho avec la nièce et la gouvernante de don Quichotte.

Le bruit qu'ils entendaient venait de ce que Sancho Pança frappait à la porte et faisait tous ses efforts pour entrer, demandant à voir son maître, et de ce que la nièce et la gouvernante s'y opposaient de toute leur force en criant : Hé! qu'est-ce donc que cherche ici ce fainéant? Allez-vous-en chez vous, mon ami; vous n'avez que faire céans ; c'est vous qui débauchez monsieur et qui lui faites ainsi courir les grands chemins. Gouvernante de Satan, répondit Sancho, vous vous trompez de plus de la moitié : c'est moi, de par tous les diables! qu'on débauche et c'est moi qu'on fait courir, en me promettant plus de beurre que de pain ; c'est votre bon maître qui m'emmène par le monde sans rime ni raison, après m'avoir tiré de chez moi en m'enjôlant de ses belles paroles et en me promettant une île qui est encore à venir. Que males îles t'étouffent, chétif vaurien ! repartit la gouvernante. Que veux-tu dire avec tes îles? est-ce quelque chose de bon à manger, dis, gouliafre? non pas à manger, dit Sancho, mais à gouverner, et meilleur que quatre villes et que toute une province. Oh! que ce soit ce qu'il pourra, répondit la gouvernante, tu n'entreras pourtant point; va-t'en gouverner ta maison et labourer tes champs, grand paresseux, sans t'amuser à tes îles.

Le curé et le barbier riaient de bon cœur de ce plaisant dialogue. Mais don Quichotte, craignant que Sancho se mutinât et qu'il allât dire des sottises qui ne seraient peut-être pas à son avantage, fit taire la gouvernante et la nièce, et ordonna qu'on le laissât entrer. Sancho entra donc, et le curé et le barbier prirent aussitôt congé de don Quichotte, désespérant de sa guérison, ou du moins de le voir jamais bien sage, puisqu'il était plus que jamais entêté de ses chevaleries. Quand ils furent sortis, le curé dit au barbier : Vous verrez, compère, que lorsque nous y penserons le moins, notre gentilhomme fera encore quelque escapade. Oh! j'en suis bien persuadé, dit le barbier, mais je m'étonne encore moins de la folie du cavalier que de la simplicité de son écuyer, qui croit si franchement qu'il attrapera un jour une île. Dieu les bénisse tous deux, s'il lui plaît! dit le curé ; mais observons-les pour voir à quoi aboutira toute cette machine d'extravagances du chevalier et de l'écuyer : on dirait qu'ils ont été faits exprès pour se faire valoir l'un l'autre, et les folies du maître ne vaudraient pas grand chose sans celles du valet. C'est mon sentiment aussi, dit le barbier ; mais je voudrais bien savoir tout ce qui se passera à cette heure entre eux. J'ai la même envie, répliqua le curé ; mais il ne faut pas se mettre en peine : nous le saurons bien de la nièce et de la gouvernante ; elles ne sont pas filles à en perdre leur part.

Cependant don Quichotte et Sancho se renfermèrent ; et, se voyant seuls : Sais-tu bien, Sancho, dit don Quichotte, que tu ne m'as point fait de plaisir d'aller dire que c'est moi qui t'ai fait sortir de ta maison? A quoi bon cela? Ne suis-je pas aussi sorti de la mienne en même temps? Nous sommes sortis ensemble, et nous avons fait tous deux le même chemin, et nous avons l'un et l'autre éprouvé la même fortune; mais si tu as été berné une fois, j'ai été roué de coups plus de cents fois, et voilà l'avantage que j'ai sur toi. Il était bien juste que vous en eussiez, répondit Sancho, puisque, comme vous dites, les mauvaises aventures sont plutôt le partage des chevaliers errants que de leurs écuyers. Tu te trompes, Sancho, dit don Quichotte, témoin ce vers, *Quando caput dolet*, etc. Monsieur, je n'entends point d'autre langue que la mienne, repartit Sancho. Je veux dire, répliqua don Quichotte que quand on a la tête malade le reste du corps s'en ressent. Ainsi moi, étant ton maître, je suis aussi le chef ou la tête du corps, dont tu fais une partie, étant mon valet, et de cette sorte je ne puis recevoir de mal sans qu'il n'en retombe sur toi, comme tu n'en saurais avoir sans que je n'en ressente. Cela devrait bien être ainsi, répondit Sancho; mais, pendant qu'on me bernait, moi, pauvre membre, ma tête était derrière la muraille, qui, sans sentir de mal, me regardait voler en l'air; et puisque les membres doivent prendre part aux douleurs de la tête, il me semble que la tête devrait aussi prendre part aux douleurs que souffrent les membres. Est-ce que tu prétends, Sancho, dit don Quichotte, que je ne souffrais point pendant qu'on te bernait? Ne le dis ni le pense, mon ami, et sois persuadé que j'avais alors plus de peine dans mon esprit que tu n'en sentais dans tout ton corps. Mais laissons cela pour cette heure, nous aurons le loisir d'en reparler et d'y mettre ordre. Dis-moi, je te prie, ami Sancho, que dit-on de moi ici autour? qu'en dit-on dans le village? qu'en pensent les paysans? quelle opinion en a la noblesse? comment en parlent les cavaliers? Que dit-on de ma valeur, de mes exploits et de ma courtoisie? et quel est le sentiment des uns et des autres sur le dessein que j'ai de rétablir entièrement et de remettre dans son premier lustre l'ordre presque éteint de la chevalerie errante? En un mot, dis-moi sans flatterie tout ce que tu en as ouï dire, et que la complaisance ne te fasse point ajouter ni diminuer, car il est d'un serviteur fidèle de rapporter sincèrement à son seigneur les choses comme il les entend dire, sans qu'aucune considération de flatterie ou de respect lui fasse altérer la vérité. Et il est bon que tu saches, ami Sancho, que, si les souverains étaient exactement instruits de la vérité par des gens dégagés de tout intérêt, on verrait régner partout le repos et la paix, la justice et l'abondance, et le siècle serait encore un âge d'or, ce qu'il est déjà, à ce que j'entends dire, à l'égard de beaucoup d'autres qui l'ont devancé. Sers-toi de cet avertissement, ami Sancho, pour me parler sans déguisement sur les choses que je t'ai demandées. Je vais vous donner contentement, monsieur, dit Sancho, et de bon cœur; mais il ne faut pas que vous vous fâchiez si je vous le dis comme je l'ai entendu dire. Je t'assure que je ne m'en fâcherai nullement, dit don Quichotte; parle librement et sans aucun détour. Premièrement, monsieur, il faut que vous sachiez que tout le peuple vous prend pour un grand fou, et moi, tout au moins pour un homme bien sot. Les gentilshommes disent que, pour vous mettre au-dessus de la noblesse, vous vous êtes vous-même donné le *don*, et que vous vous êtes fait chevalier avec deux arpents de terre, un haillon devant et l'autre derrière. Les chevaliers, à ce qu'on dit, ne sont pas bien aises que les gentilshommes fassent comparaison avec eux, particulièrement les gentilshommes à lièvre qui noircissent leurs souliers à la fumée, et qui raccommodent des chausses noires avec de la soie verte. Ce que tu dis là n'a rien de commun avec moi, dit don Quichotte : je suis toujours bien vêtu et ne porte pas d'habits rapiécés ; pour déchirés quelquefois, cela pourrait être, mais plutôt à cause des armes que pour être trop usés. Quant à ce qui regarde la valeur, la courtoisie, vos exploits et votre dessein, les opinions sont différentes. Les uns disent : C'est un fou, mais plaisant ; les autres : Il est vaillant, mais il est malheureux ; d'autres : Il est civil, mais extravagant ; et, pour dire la vérité, ils en disent tant de toutes sortes et de vous et de moi, que, par ma foi, ils ne laissent rien à dire de plus.

Admire, Sancho, dit don Quichotte, que plus la vertu est éminente, et plus elle est exposée à la calomnie. Peu de grands hommes s'en sont sauvés : Jules César, ce vaillant et ce sage capitaine, a passé pour un ambitieux ; et on lui a même reproché le luxe et la mollesse dans ses vêtements et dans sa manière de vivre. On a taxé Alexandre d'ivrognerie, ce héros qui, par tant de belles actions, a mérité le nom de Grand. Hercule, après avoir consumé sa vie en des travaux incroyables, n'a pas laissé de passer pour un homme voluptueux et efféminé. On dit de don Galaor, frère d'Amadis, qu'il était brouillon, querelleur, et d'Amadis, qu'il pleurait comme une femme. Ainsi, mon pauvre Sancho, je ne me mets pas en peine des traits de l'envie ; et, pourvu qu'ils ne soient pas plus piquants, je m'en console avec ces héros, qui, après tout, font l'admiration de tout l'univers. Oui, mais c'est le diable, répliqua Sancho, car ils ne s'en tiennent pas là. Comment ! est-ce qu'on dit autre chose demanda don Quichotte. En bonne foi, il y a la queue à écorcher, dit Sancho : jusqu'ici ce n'est que miel ; mais, si vous avez si grande envie de savoir tout ce qu'on dit, je vais vous quérir tout à l'heure un homme qui vous donnera contentement. Le fils de Barthélemy Carrasco, qui vient de Salamanque, où il s'est fait passer bachelier, est arrivé d'hier au soir, et, comme j'allai le voir pour me réjouir avec lui, il me dit qu'on a fait votre histoire, et qu'on l'appelle *l'admirable gentilhomme don Quichotte de la Manche* ; il dit que je suis aussi tout de mon long avec mon même nom de Sancho Pança, et jusqu'à madame Dulcinée du Toboso qu'on a fourrée, et d'autres choses qui se sont passées seulement entre vous et moi, que je ne sais par où ce diable d'historien les a pu apprendre. Il faut assurément, dit don Quichotte que ce soit quelque sage enchanteur qui ait écrit cette histoire, car ces gens-là n'ignorent rien. Et comment serait-ce un enchanteur, repartit Sancho, puisque l'auteur de l'histoire s'appelle Cid Hamet Berengena, à ce que dit Samson Carrasco? C'est là le nom d'un Maure, dit don Quichotte. Cela pourrait bien être, répondit Sancho, car les Maures aiment grandement les pommes d'amour. Il faut que tu te trompes, Sancho, dit don Quichotte, au nom de cid ou seigneur? Je n'en jurerais pas, répondit Sancho ; mais si vous voulez que je vous fasse voir Carrasco, je vous l'amène ici en trois pas et un saut. Tu me feras plaisir, mon enfant, dit don Quichotte : tout ce que tu m'as dit m'étonne, et je ne mangerai morceau qui me fasse bien jusqu'à ce que j'en sois exactement informé. Sancho partit sur l'heure, et de là à quelque temps revint avec le bachelier, et il y eut entre eux trois l'agréable conversation que vous verrez dans le troisième chapitre.

CHAPITRE III.

Du plaisant discours de don Quichotte, de Sancho Pança et du bachelier Samson Carrasco.

Don Quichotte demeura tout mélancolique en attendant le bachelier Carrasco, de qui il devait apprendre son histoire propre, comme Sancho lui avait dit. Il rêvait profondément et ne pouvait comprendre que l'on eût déjà pu écrire cette histoire, et graver ses fameux exploits de chevalerie, pendant que son épée fumait encore du sang de ses ennemis. Enfin il s'imagina que quelque sage devait avoir fait tout cela par enchantement ou en qualité d'ami, pour relever ses grandes actions au-dessus des plus belles qu'eussent jamais faites les plus illustres des chevaliers errants, et les recommander à la postérité; ou comme ennemi, en affaiblissant le mérite de ses hauts faits et les ravalant au-dessous des moindres actions des plus petits écuyers dont on eût jamais écrit l'histoire. Cependant, disait-il, on ne s'est jamais avisé d'écrire les exploits des écuyers; et s'il est vrai, après tout, que cette histoire soit imprimée, il ne se peut pas qu'elle ne soit belle, sérieuse et admirable, puisque c'est celle d'un chevalier errant. Dans ce sentiment-là, il trouvait quelque espèce de consolation; mais aussi quand il y voyait par le nom du Cid que l'auteur était Maure, qui est une nation hableuse et qui déguise toujours la vérité, il était sur le point de se désespérer, craignant qu'il ne se fût un peu licencié en parlant de ses amours, et que cela ne donnât quelque atteinte à la réputation de son illustre dame Dulcinée du Toboso. Il aurait bien souhaité qu'en parlant de lui il eût exalté sa fidélité, et surtout cette grande retenue qu'il avait toujours témoignée dans sa passion, avec cette sincérité admirable qui lui avait fait mépriser des reines, des impératrices, et les plus belles personnes du monde, pour ne pas donner atteinte à la fidélité qu'il devait à sa dame.

Sancho Pança et Carrasco le trouvèrent abîmé dans ces diverses pensées, et il se réveilla presque comme d'un assoupissement pour recevoir le bachelier, à qui il fit beaucoup de civilités. Ce Carrasco était un petit homme d'environ vingt-quatre ans, naturellement maigre et pâle, mais de bon esprit et grand railleur; il avait le visage rond, le nez camard et la bouche grande, tous signes d'un esprit malin, et qui ne se fait pas scrupule de se divertir aux dépens d'autrui. Sitôt qu'il vit don Quichotte, il se jeta à genoux devant lui, et lui demanda les mains de Sa Grandeur à baiser, en lui disant : Seigneur don Quichotte, par les ordres que j'ai reçus, vous êtes le plus fameux chevalier errant qui ait jamais été et qui sera jamais dans toute l'étendue de l'univers. Cid Hamet Benengeli soit mille fois loué du soin qu'il a pris d'écrire l'histoire de vos valeureux exploits! et soit loué cent mille fois celui qui l'a fidèlement traduite de l'arabe en castillan, et qui nous fait tous jouir du plaisir d'une si agréable lecture! Il est donc vrai, répondit don Quichotte en le faisant lever, que l'on a écrit mon histoire, et que c'est un Maure qui en est l'auteur? Cela est si vrai, monseigneur, repartit Carrasco, qu'à l'heure qu'il est je crois qu'on en a imprimé plus de douze mille volumes à Lisbonne, à Barcelonne et à Valence; on dit même qu'on a commencé à l'imprimer à Anvers, et je ne fais point de doute qu'on ne l'imprime un jour partout, et qu'on ne la traduise en toute sorte de langues. Une des plus agréables choses, dit don Quichotte, qui puisse arriver à un grand homme dans la vie, c'est, à mon sens, de se voir en bonne estime et en réputation dans le monde. Pour l'estime et la réputation, oh! répartit le bachelier, votre seigneurie l'emporte, ma foi, de cent piques par dessus tous les chevaliers errants, et l'auteur maure et son traducteur n'ont pas manqué de représenter votre caractère avec tous les ornements qui lui peuvent donner de l'éclat : votre intrépidité dans le péril, votre fermeté dans les adversités, la patience dans les blessures, et cette extrême retenue dans les amours imaginaires de vous et de l'illustre madame Dulcinée du Toboso. Ah! ah! interrompit Sancho, je n'avais encore point ouï dire l'illustre madame Dulcinée du Toboso, mais seulement la dame Dulcinée, et voilà déjà une faute dans l'histoire. Ce n'est pas là une objection d'importance, répondit le bachelier. Non, non, assurément, dit don Quichotte; mais dites-moi, je vous prie, monsieur le bachelier, ajouta-t-il, de quels exploits et de quelles aventures de cette histoire fait-on le plus de cas? Les esprits sont partagés là-dessus, répondit Carrasco, et les opinions sont différentes, car les uns estiment beaucoup l'aventure des moulins à vent, que votre seigneurie prit pour des géants; d'autres celle des maillets à foulon. Les uns se déclarent pour celle des deux armées, où vous fîtes des miracles de valeur, et qui se trouvèrent depuis être deux grands troupeaux de moutons; et il y en a qui sont pour l'aventure du mort qu'on menait à Ségovie; d'autres pour celle des forçats; et d'autres qui disent que celle des géants bénédictins, avec le combat du Biscaïen, l'emportent sur tout le reste.

Et dites-moi, je vous prie, monsieur le bachelier, interrompit Sancho, n'est-il point parlé dans cette histoire de l'aventure des Yangois, quand il prit fantaisie à Rossinante de faire le galant? Il n'y manque rien, répondit le bachelier : l'auteur a tout mis et tout bien circonstancié, jusqu'aux cabrioles que le bon Sancho fit dans la couverture. Je ne fis point de cabrioles dans la couverture, répliqua Sancho; dans l'air, oui, et beaucoup plus qu'il n'était de besoin. A ce que je vois, dit don Quichotte, il n'y a point d'histoire au monde qui se soutienne toujours également, et encore moins celles de chevalerie que les autres, car tous les événements ne sont pas toujours à l'avantage des chevaliers. Il est vrai, repartit Carrasco, que beaucoup de gens qui ont lu celle-ci disent qu'il serait à souhaiter que l'auteur n'eût point fait mention de ce nombre infini de coups de bâton que le seigneur don Quichotte a reçus en diverses rencontres. C'est pourtant bien la vérité, dit Sancho. Ils auraient eu raison de n'en point parler, dit don Quichotte : à quoi bon rapporter des faits qui ne sont nullement nécessaires pour l'intelligence de l'histoire, et qui peuvent faire mépriser celui qui en est le sujet? Il ne faut pas affecter si scrupuleusement de dire toutes les vérités, qu'on ne puisse supprimer celles qui désobligent et qui donnent des idées désagréables : est-ce qu'on croit qu'Énée ait eu autant de piété que Virgile le dit, et qu'Ulysse ait été aussi prudent que le fait Homère? Je crois que non, répliqua Carrasco : mais autre chose est de décrire en poète, et autre chose d'écrire en historien; le poète n'est pas obligé à une si grande fidélité, et il a bonne grâce de rapporter les choses comme elles devraient être;

mais l'historien les doit rapporter comme elles sont, sans s'éloigner jamais de la vérité, pour quelque raison que ce soit. Puisque le seigneur maure, dit Sancho, se mêle ainsi de dire des vérités, assurément, en parlant des coups de bâton de mon maître, il aura fait mention des nôtres : car, entre nous, j'en ai eu ma bonne part, et quand mon maître se plaignait des reins, j'avais à me plaindre de tout le corps ; mais il ne faut pas s'en étonner, puisque, selon lui, le chef n'est jamais affligé que tous les membres ne s'en ressentent. Vous êtes un mauvais bouffon, dit don Quichotte, et je vois bien que vous ne manquez pas de mémoire quand vous voulez. Comment diable en manquerais-je à l'égard des coups de bâton, repartit Sancho, quand les meurtrissures y sont encore toutes fraîches ? Taisez-vous, taisez-vous, Sancho, dit don Quichotte, et n'interrompez point monsieur le bachelier. Monsieur, ajouta-t-il, continuez, je vous prie ; je serais bien aise de savoir tout ce qu'on dit de moi dans cette histoire. Et pourquoi non de moi aussi, dit Sancho, puisqu'on dit que j'en suis un des meilleurs patronages ? Dites-donc personnages, ami Sancho, et non pas patronages, dit Carrasco. Bon, bon, repartit Sancho, voici un autre chercheur de midi à quatorze heures : puisque cela va ainsi, nous ne sommes pas près de finir. Vous avez raison partout, Sancho, dit le bachelier, et je veux mourir si vous n'êtes pas la seconde personne de cette histoire ; il y en a même beaucoup qui aiment mieux vous entendre parler que de lire les choses qui y sont les mieux écrites. Véritablement on trouve que vous fîtes paraître la plus grande simplicité du monde en croyant si facilement que le seigneur don Quichotte pouvait vous donner le gouvernement d'une île. Il y a encore, repartit don Quichotte, quelque feu de jeunesse dans Sancho ; mais avec l'âge et l'expérience, il sera plus propre pour le gouvernement que je ne l'ai trouvé jusqu'à cette heure. En bonne foi, monsieur, dit Sancho, l'île que je ne saurais pas gouverner à mon âge, je ne la gouvernerais point à l'âge de Mathieu-Salé ; mais le diable est que cette île ne se trouve point, et qu'on ne sait où l'aller prendre. Il faut recommander le tout à Dieu, dit don Quichotte, et tout ira peut-être mieux qu'on ne pense, car enfin il ne tombe pas une feuille de l'arbre que ce ne soit par la volonté de Dieu. Oh ! il est vrai, dit Carrasco, que, quand il plaira à Dieu, Sancho aura aussitôt vingt îles comme une. Monsieur le bachelier, dit Sancho, ma foi, je vois des gouverneurs dans le monde pour qui je ne me changerais pas, franchement, et cependant on leur donne de la seigneurie à tour de bras, et ils sont servis en vaisselle d'argent. Ce ne sont pas là des gouverneurs d'îles, répondit Carrasco ; leurs gouvernements ne sont pas si importants, et avec tout cela il faut que ce soient des gens qui vaillent quelque chose.

Laissons cela à part, repartit Sancho ; Dieu donnera à chacun ce qu'il lui faut, et ce n'est pas à nous à choisir. Au bout du compté, monsieur le bachelier Samson, je suis bien aise que celui qui a écrit cette histoire ait parlé de moi de façon qu'il n'ennuie point ceux qui lisent : car, après tout, s'il s'était joué à me faire passer pour un maroufle, foi d'écuyer, nous ne serions pas cousins, et j'aurais crié si haut que les sourds nous auraient entendus. Ç'aurait été faire un miracle, répondit Samson. Miracle ou non miracle, dit Sancho, mais que chacun regarde comme il parle ou comme il écrit des autres, et qu'il n'en aille point dire à tort et à travers la première chose qui lui vient en fantaisie ! Une des fautes qu'on trouve dans cette histoire, dit le bachelier, c'est que l'auteur y a mis, sans savoir pourquoi, bien des choses qui n'ont rien de commun avec l'histoire du seigneur don Quichotte. Je gage, dit Sancho, que le fils de putain aura tout fourré là dedans pêle-mêle comme dans une valise! Je vois bien à présent, répartit don Quichotte, que ce n'a pas été un habile homme que l'auteur de mon histoire, mais un discoureur et un ignorant, qui a écrit au hasard et sans jugement, comme peignait Orbaneja, peintre d'Ubeda, qui, quand on lui demandait ce qu'il peignait, répondait : Ce qui se rencontre; et quand il avait peint un coq, il écrivait au-dessous : C'est un coq : je crains qu'il en soit de même de mon histoire, et qu'elle ait grand besoin de commentaires. Oh! pour cela, non, répondit Carrasco : il n'y a rien qui fasse de la peine; les plus ignorants l'entendent, et, à l'heure qu'il est, d'abord qu'on voit passer un cheval maigre, tout le monde dit : Voilà Rossinante. Mais ceux qui s'appliquent davantage à cette lecture, ce sont les pages : il n'y a point d'antichambre de grand seigneur où il n'y ait un don Quichotte; dès qu'on le laisse, l'autre le prend, et tous voudraient l'avoir à la fois; et aussi ne peut-on rien trouver de plus agréable à lire, et même les plus scrupuleux n'en doivent point faire de façon, car il n'y a pas un mot qui soit trop libre, et qui puisse donner une idée déshonnête. Je le crois, dit don Quichotte : autrement ce ne serait pas écrire des vérités; et les historiens qui se mêlent de dire des mensonges devraient être châtiés comme faux monnoyeurs.

Si je ne me trompe, ajouta don Quichotte, mon histoire n'aura pas plû à beaucoup de gens. Au contraire, répondit le bachelier : le nombre des fous étant infini, il y a aussi un nombre infini de gens qui prennent plaisir à la lire; mais il y en a qui reprochent à l'auteur de manquer de mémoire, ou de s'être trompé, parce qu'il ne dit pas qui fut le voleur qui déroba l'âne de Sancho; on voit seulement qu'il est dérobé, et, sans que l'on sache comment Sancho le retrouva; puis on le revoit de là à quelque temps sur son âne, comme s'il ne l'avait point perdu. On demande aussi ce que fit Sancho des cent écus qu'il trouva dans la valise de Cardenio, en la montagne Noire, et on dit que c'est une faute dans l'histoire que de l'avoir oublié. Monsieur le bachelier, répondit Sancho, je ne suis pas bien en état maintenant de vous rendre compte de tout cela : j'ai l'estomac faible, et le cœur me manque; je m'en vais chez nous boire deux ou trois coups pour le soutenir, et, d'abord que j'aurai dîné, je reviendrai vous satisfaire et sur l'âne, et sur les cent écus, et sur tout ce que vous voudrez. En même temps il s'en alla sans attendre de réponse.

Don Quichotte pria Carrasco de vouloir bien dîner avec lui, et il accepta. On ajouta deux pigeons à l'ordinaire, et ils se mirent à table, où on ne parla que des chevaleries, Carrasco s'accommodant à l'humeur de don Quichotte, et ne croyant pas pouvoir mieux payer son écho. Ils firent la sieste après le repas, pour ne pas troubler la digestion, et ils ne s'éveillèrent que quand Sancho entra dans la chambre.

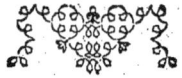

CHAPITRE IV.

Réponse de Sancho Pança aux questions de Samson Carrasco : avec d'autres choses bonnes à savoir et dignes d'être racontées.

Sancho Pança étant de retour, et reprenant le discours d'auparavant : Vous voulez savoir, dit-il, monsieur le bachelier, quand et comment, et par qui mon âne fut pris ; je m'en vais vous le dire. Il faut que vous sachiez que, la même nuit que nous entrâmes dans la montagne Noire, de peur de tomber entre les mains de la Sainte-Hermandad, à cause de cette diable d'aventure des galériens, et de l'autre de ce corps qu'on portait à Ségovie, nous nous mîmes, monseigneur don Quichotte et moi, dans l'endroit le plus écarté de la montagne, où, lui, appuyé sur sa lance, et moi, sans descendre de dessus mon grison, nous nous endormîmes comme si nous eussions été sur de bons lits de plume, tant nous étions fatigués de toutes nos batailles passées. Pour moi, je m'endormis si fort, que le larron, quel qu'il puisse être, eut tout le loisir de mettre des pieux aux quatre coins du bât pour le soutenir, et de tirer l'âne de dessous moi sans que je le sentisse. Et cela n'est pas une chose nouvelle, ni bien difficile à faire : il en arriva tout autant à Sacripant quand il était au siége d'Albraque ; ce grand larron qu'on appelait Brunel lui prit comme cela son cheval entre les jambes. Le jour vint cependant, et, en m'étendant et me remuant dans le bât, ma foi, les bâtons vinrent à manquer, et je m'en allai tout de mon long par terre, et bien lourdement. Je regardai incontinent où était mon âne, mais je ne le vis point. Je me pris à pleurer, et je fis en même temps une lamentation que je ne crois pas que celui qui a écrit l'histoire ait oublié, à moins qu'en elle il n'y ait rien qui vaille. Au bout de quelques jours, en marchant avec madame la princesse de Micomicon, je reconnus mon âne, un homme qui était dessus, en habit d'Égyptien, c'était Gines de Passamonte, ce méchant pendard que mon maître et moi avions tiré de la chaîne.

Ce n'est pas là qu'est l'erreur, dit Carrasco, mais en ce que l'auteur représente Sancho sur son grison avant que d'avoir dit qu'il l'eût retrouvé. Oh ! pour cela, repartit Sancho, si l'historien est une bête, je ne sais qu'y faire ; mais c'est peut-être aussi une faute de l'imprimeur. Il y a apparence, dit Carrasco ; mais que devinrent les cent écus ? les partageâtes-vous ? Je les ai employés, répondit Sancho, à nourrir ma femme et mes enfants, et cela est cause que ma pauvre femme a pris en patience toutes les courses que j'ai faites à la suite de monseigneur don Quichotte ; et, par ma foi, si, après un si long temps, je m'étais rendu sans mon âne et sans deniers ni maille, je n'avais qu'à me bien tenir. Si l'on en veut savoir davantage, me voici pour répondre au roi même en personne, et qui que ce soit n'a que faire d'apprendre si j'ai trouvé ou non, si j'ai dépensé ou si je ne l'ai pas fait. Allez, allez, monsieur le bachelier, il ne faut pas me les reprocher ces cent écus : si les coups de bâton que j'ai attrapés dans tous ces voyages valaient seulement quatre deniers la pièce, il m'en serait bien dû davantage ; mais que chacun se prenne au bout du nez, sans se mêler d'examiner les autres. J'aurai soin, repartit Carrasco, de faire en sorte que l'auteur n'oublie pas de mettre dans son livre ce que vient de dire le bon Sancho, et je suis bien trompé si cela ne relève de beaucoup l'ouvrage.

Y a-t-il d'autres choses à rectifier dans ce livre, monsieur le bachelier? demanda don Quichotte. Il y a encore quelques endroits, répondit le bachelier, mais de peu d'importance. Et l'auteur, dit don Quichotte, promet peut-être une seconde partie? Oui, il en promet une, répondit Carrasco, mais il dit qu'il ne l'a pas encore trouvée, et qu'il ne sait où la prendre; si bien que cela, et ce qu'on dit, que les secondes parties ne sont jamais si bonnes que les premières, nous fait craindre qu'il ne s'en tienne là. Cependant tous ceux qui aiment à rire demandent des aventures de don Quichotte. Que don Quichotte paraisse seulement, disent-ils, que Sancho parle, et que le reste s'arrange comme il pourra : nous sommes contents. Et à quel parti s'est arrêté l'auteur? demanda don Quichotte. Son intention répondit Carrasco, est d'achever cette histoire avec tout le soin imaginable, et de la donner au public sitôt qu'il l'aura trouvée. Ah! dit Sancho, que ce maître Maure attende seulement, et nous lui fournirons tant d'aventures et de rencontres différentes, mon maître et moi, qu'il ne sera pas empêché à faire une seconde partie, ni dix autres encore, s'il veut. Je pense que le bon homme croit que nous ne songeons qu'à dormir ; et là, ce sera nous qui vous le réveillerons. En fin finale, monsieur le bachelier, si monseigneur don Quichotte voulait suivre mon conseil, nous serions déjà en campagne à défaire les torts et les griefs, comme tous les bons chevaliers errants sont obligés de faire.

A peine Sancho avait achevé ces dernières paroles, qu'ils entendirent hennir Rossinante ; et don Quichotte, prenant cela pour un bon présage, résolut aussitôt de faire une nouvelle sortie de là à trois ou quatre jours. Il déclara son intention au bachelier, et le pria de lui dire quel chemin il lui conseillait de prendre. Si vous m'en voulez croire, répondit Samson, vous irez du côté de Sarragosse, où, dans peu de jours, à la fête de saint Georges, on fera un fameux tournoi ; et il y aura bien de la gloire à acquérir, car, en l'emportant sur les chevaliers d'Arragon, vous pourrez dire que vous l'aurez emporté sur tous les chevaliers du monde. Il le loua en même temps de son généreux dessein, et l'avertit qu'il ne devait pas s'exposer si souvent aux périls, parce que sa vie n'était pas à lui, mais aux affligés et aux misérables, qui avaient besoin de son secours. Et, mort de sa vie ! voilà ce qui me fait enrager, dit Sancho : par la mort du diable, si mon maître n'attaque aussi franchement cent hommes armés qu'il ferait une douzaine de poules ! N'est-il pas vrai, monsieur le bachelier, qu'il y a temps d'attaquer et temps de se retirer, et qu'il ne faut point entreprendre plus de besogne qu'on ne peut en faire? et que sert-il de courir quand on n'est pas dans le chemin? J'ai ouï dire, et je pense même que c'est par monseigneur don Quichotte, que la valeur est entre la témérité et la poltronnerie ; et, si cela est, je ne voudrais pas qu'il s'enfuît sans nécessité, mais je voudrais aussi qu'il n'attaquât point quand il n'y a pas moyen de vaincre. Mais surtout je suis bien aise de l'avertir que, s'il a envie de m'emmener avec lui, il faut que ce soit à condition qu'il se chargera de toutes les batailles, et que moi j'aurai seulement soin de sa personne, pour le tenir propre, et pour le boire et le manger. En ce cas-là, il ne me trouvera jamais en défaut, et je le servirai comme une fée ; mais de prétendre que je mette l'épée à la main, quand ce ne serait que contre des paysans et des muletiers, ma foi je suis son serviteur : j'en ai pris plus qu'il ne m'en fallait, et je n'en veux plus tâter. Voyez-vous, monsieur le bachelier, je ne songe point à passer dans le monde pour un Roland, mais pour le meilleur et le plus loyal écuyer qui ait jamais servi chevalier errant, et si, après que j'aurai bien servi, monseigneur don Quichotte veut me donner pour récompense une des îles qu'il dit qu'il doit gagner, à la bonne heure, je lui en aurai obligation; et s'il ne me la donne pas, il faudra s'en consoler : nu je suis venu au monde, et il n'y aura pas grand mal que je m'en retourne de même; et le pain que j'ai à manger, je ne le trouverai peut-être pas moins bon sans gouvernement que si j'étais gouverneur. Et, que sais-je, moi, après tout, si dans ces gouvernements le diable ne me tend point quelque croc-en-jambe, pour me faire casser le nez et les dents! Sancho je suis né, et Sancho je veux mourir. Ce n'est pas pourtant que, si le bon Dieu voulait que j'attrapasse sans courir une de ces îles, ou quelque chose de semblable, je ne la prisse de bon cœur : car je ne suis, Dieu merci, pas fou, et je ne refuse pas le bien quand il vient.

En vérité, Sancho, mon ami, dit Carrasco, vous parlez comme un livre; mais ayez patience, tout vient à point à qui peut attendre, et le seigneur don Quichotte vous donnera non seulement une île, mais un royaume. Le plus vaut encore mieux que le moins, répondit Sancho ; mais, monsieur le bachelier, je puis bien vous assurer que mon maître ne se repentira pas de me donner un royaume : je me suis bien tâté là-dessus, et, Dieu merci, je me trouve de l'esprit et de la force de reste, comme je lui ai dit autrefois à lui-même. Sancho, répliqua Carrasco, les honneurs changent les mœurs : prenez garde qu'étant gouverneur, vous ne vous énorgueillissiez pas au point de ne connaître plus personne. Non, non, ne le craignez pas, dit Sancho, les vieux chrétiens ne se laissent pas aller comme cela, et vous verrez qu'on ne se plaindra pas de moi. Dieu le veuille ! dit don Quichotte; et j'espère que nous le verrons bientôt : car, si je ne me trompe, le gouvernement ne sera pas long à venir. Mais, monsieur le bachelier, ajouta-t-il, si vous êtes poète, comme je n'en doute pas, je vous prie de faire des vers en mon nom, pour prendre congé de madame Dulcinée, surtout je voudrais que chaque vers commençât par une lettre de son nom, de telle sorte que les premières lettres de tous les vers ensemble composassent le nom de Dulcinée du Toboso. Je ne suis pas, repartit le bachelier, des meilleurs poètes d'Espagne, dont le nombre est très petit, mais j'essaierai de vous donner contentement. En tous cas, répliqua don Quichotte, faites en sorte, je vous prie, qu'il n'y ait point d'autre que madame Dulcinée qui puisse prendre les vers pour elle. Après ce discours, ils arrêtèrent leur départ pour de là à huit jours, don Quichotte priant le bachelier de garder le secret, surtout à l'égard de sa nièce, de la gouvernante, du curé et de maître Nicolas le barbier, parce qu'ils pourraient s'opposer au généreux dessein qu'il avait. Carrasco assura qu'il n'en dirait rien à personne, et se retira, après avoir prié don Quichotte de lui donner avis de tout ce qu'il lui arriverait, toutes les fois qu'il aurait la commodité d'écrire. Sancho alla en même temps pourvoir à toutes les choses nécessaires pour le départ.

CHAPITRE V.

Où l'on verra ce qui y est.

Il était environ minuit quand don Quichotte et Sancho descendirent d'une colline et entrèrent dans le Toboso. Les habitants étaient dans le silence, parce qu'il était l'heure de dormir, et qu'on s'en acquitte là aussi bien qu'en aucun lieu du monde. La nuit était légèrement obscure, et Sancho aurait bien voulu qu'elle l'eût été tout à fait, afin que l'obscurité pût excuser son ignorance. On n'entendait dans tout le village que les hurlements des chiens qui étourdissaient don Quichotte, et causaient une grande peur à Sancho : ici un âne brayait, là des pourceaux grognaient, et les chats faisaient un tintamarre épouvantable sur les tuiles. Ces bruits différents, confondus ensemble, et comme augmentés par le silence de la nuit, avaient je ne sais quoi d'affreux et de lugubre que notre amoureux chevalier prit pour un mauvais présage : mais, sans manifester rien, il dit à Sancho : Sancho, mon fils, prends le chemin du palais de Dulcinée peut-être trouverons-nous qu'elle n'est pas encore endormie. Eh, à quel diable de palais, Dieu me pardonne, voulez-vous que je vous mène, répondit Sancho; le lieu où je vis sa grandeur n'était qu'une petite maison basse, la moins apparente du village? Sans doute, dit don Quichotte, qu'il lui avait plû de se retirer dans quelque petit appartement de son palais, pour se divertir avec ses filles, comme font d'ordinaire les grandes princesses. Eh bien! monsieur, dit Sancho, puisqu'il faut que la maison de madame Dulcinée soit un palais, de bonne foi, est-ce l'heure de trouver la porte ouverte? et me conseillerez-vous bien d'aller troubler tout le monde à force de frapper, pour nous faire ouvrir? Croyez-vous par le hasard que nous allons dans un cabaret, où l'on ouvre à toute heure? Cherchons d'abord le palais, dit don Quichotte, et quand nous l'aurons trouvé, je te dirai ce qu'il faut faire : mais, Sancho, ne vois-je pas devant nous quelque chose de grand et de sombre? Il faut que ce soit là sans doute le palais de Dulcinée. Eh bien, menez-nous-y donc, répondit Sancho : il pourrait bien se faire que ce fût là. Je le verrais pourtant de mes deux yeux, et je toucherais de mes dix doigts, que je n'en croirais rien; mais vaille qui vaille!

Don Quichotte prit les devants; et, après avoir marché deux cents pas environ, il arriva au pied d'une grande tour, qu'il reconnut pour le clocher de la paroisse. C'est l'église que nous avons rencontrée, Sancho, s'écria-t-il. Je le vois bien, répondit Sancho, et Dieu veuille que nous n'ayons pas rencontré notre sépulture : car ce n'est point bon signe de se trouver ainsi la nuit dans des cimetières, et, si je m'en souviens bien, il me semble que je vous avais dit que la maison de cette dame est un cul-de-sac. Veux-tu me désespérer, dis-moi, brutal? répondit don Quichotte. Et où as-tu jamais entendu dire que les maisons royales sont bâties en de pareils endroits? Monsieur, répondit Sancho, chaque pays a sa coutume, et peut-être que c'est la coutume du Toboso de bâtir les palais et les grands édifices dans les petites rues. Laissez-moi faire, je vous en prie, je m'en vais chercher ici partout, et peut-être que je trouverai ce chien de palais dans quelque recoin, je voudrais que le diable l'eût mangé, pour la peine qu'il nous donne ! Ecoute, Sancho, cria don Quichotte, parle avec respect de tout ce qui regarde Dulcinée : c'est le moyen de vivre en paix. Je vous demande excuse, monsieur, dit Sancho, mais comment voulez-vous que je trouve à coup sûr la maison de votre maîtresse, que je n'ai vue qu'une seule fois en ma vie, quand il fait noir comme dans un four, et que vous ne la pouvez trouver vous-même, vous qui devez l'avoir vue cent mille fois ? Je jure Dieu que tu veux me livrer au désespoir ! dit don Quichotte. Viens ici, animal et bête brute : ne t'ai-je pas dit cent et cent fois que je n'ai jamais mis le pied dans son palais, et que je n'en suis amoureux que sur la grande réputation qu'elle a d'être la plus belle et la plus sage princesse du monde ? Ah ! je vous entends mieux maintenant, monsieur, répondit Sancho ; et je vous dis donc que, puisque vous ne l'avez jamais vue, ma foi, ni moi non plus. Et comment cela peut-il être ? répliqua don Quichotte : ne me dis-tu pas que tu l'avais vue criblant du blé, quand tu me rapportas la réponse de la lettre que je lui écrivais ! Ne vous fiez pas à cela, répondit Sancho : car je vous apprends que je ne l'ai jamais vue, non plus que vous que par ouï-dire, et la réponse que je vous fis était tout de même. Au diable celui qui connaît madame Dulcinée plus que le grand-turc ! Sancho, Sancho, dit don Quichotte, il y a un temps pour railler et un temps pour se réjouir : car les railleries ne sont pas toujours de saison. Est-ce parce que je dis que je n'ai jamais vu madame Dulcinée, et que je ne lui ai jamais parlé, qu'il t'est permis d'en dire autant, quoique tu saches le contraire.

Tandis que nos héros s'entretenaient de la sorte, ils virent venir vers eux un homme avec deux mules, et ils jugèrent, au bruit que faisait une charrue, que c'était un laboureur qui allait aux champs dès le matin : ce qui était vrai. Le laboureur s'en allait chantant cette romance :

> Vous y faites mal vos orges
> Français, à Roncevaux.

Sancho, dit don Quichotte, je veux mourir s'il nous arrive rien de bon pendant toute cette nuit : entends-tu ce que chante ce drôle ? Oui, j'entends fort bien, répondit Sancho ; mais qu'est-ce que cela fait ? c'est tout comme s'il avait chanté *Appelez Robinette*. Le laboureur était arrivé près d'eux, et don Quichotte lui dit : bonjour, mon ami. Ne pourriez-vous m'apprendre où est ici le palais de la princesse Dulcinée ? Monsieur, répondit le laboureur, je ne suis point de ce pays-ci, et il y a peu de temps que je suis dans le village, où je sers un riche laboureur ; mais voilà tout en face vous la maison du curé et du sacristain de la paroisse : l'un ou l'autre pourra vous donner des nouvelles de cette princesse, parce qu'ils ont une liste de tous les habitants du Toboso. Je ne crois pourtant pas qu'il y ait ici aucune princesse, mais je puis me tromper : il y a quantité de dames, et chacune peut être princesse chez elle. Celle que je demande demeure sans doute parmi celles-là, dit don Quichotte. Cela peut bien être, répondit le laboureur. Adieu, monsieur, ajouta-t-il : voilà le jour qui commence à venir. Et il fouetta en même temps ses mules.

Sancho s'aperçut que son maître n'était pas trop content de cette réponse, et le voyant embarrassé : Monsieur, lui dit-il, voici bientôt le jour, et il me semble qu'il n'est pas convenable que l'on nous trouve ainsi dans la rue. Si vous m'en croyez, nous sortirons de la ville, et nous nous retirerons dans quelque bois voisin ; quand le jour sera venu, je reviendrai ici chercher de coin en coin, et de porte en porte, le palais de votre maîtresse; et, sur ma foi, je serais bien maudit si je ne le trouve ; puis, quand je l'aurai trouvé, j'irai dire à sa grandeur que vous êtes ici, et que vous la priez bien humblement qu'elle vous accorde l'honneur de la voir sans qu'elle ait à craindre quelque chose pour son honneur. En vérité, Sancho, dit don Quichotte, tu viens de dire de bonnes choses en peu de mots, et je m'en vais suivre ton conseil. Allons, mon fils, allons chercher un lieu où je puisse me mettre à l'abri, et tu viendras faire ton ambassade à cette reine de la beauté, dont la discrétion et la courtoisie me font espérer des faveurs miraculeuses. Sancho brûlait d'envie de faire sortir son maître du village, tant il avait peur qu'il découvrît la fourberie de la réponse qu'il lui avait autrefois portée à la montagne Noire, de la part de Dulcinée ! Il commença donc à marcher le premier, et, au bout d'une demi-lieue, ayant rencontré un bois, don Quichotte s'y cacha, pendant que son écuyer revint faire son ambassade.

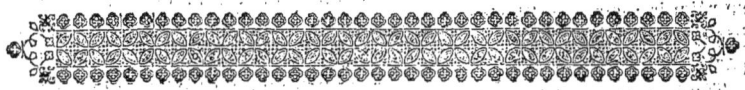

CHAPITRE VI.

Le moyen industrieux dont usa Sancho pour enchanter madame Dulcinée. — Autres événements ridicules et véritables.

Don Quichotte s'étant caché dans un bois planté de chênes, non loin du Toboso, ordonna à Sancho d'aller aussitôt à la ville, et de n'en point revenir sans avoir parlé à sa dame, et l'avoir suppliée de trouver bon que le chevalier esclave de sa beauté se présentât devant sa grandeur, et vînt recevoir ses ordres, afin de pouvoir espérer un heureux succès dans toutes ses entreprises. Sancho se chargea de bon cœur de sa commission, et promit de lui rapporter une réponse aussi bonne que la première fois. Va donc, mon fils, repartit don Quichotte, et prends garde de ne pas te troubler quand tu approcheras de l'éclatante lumière du soleil de sa beauté. Heureux écuyer ! heureux entre tous les écuyers du monde ! toi qui es choisi pour voir tout ce que la terre a de trésors renfermés dans une personne ! N'oublie pas, je te prie, de bien graver dans ta mémoire la manière dont tu seras reçu de ma dame, si elle aura changé de couleur, si elle n'aura point quelque émotion quand tu lui parleras de moi ; si elle n'est point inquiète ou chagrine ; et si tu la trouves debout, observe si elle ne se mettra point tantôt sur un pied, tantôt sur un autre ; et si elle ne ré-

pète point deux ou trois fois sa réponse ; observe ses yeux, le ton de sa voix, toutes ses actions et tous ses mouvements ; et en m'en faisant une peinture naïve, je pénétrerai les secrets de son cœur, et je saurai tout ce qu'il m'importe de savoir sur le sujet de mon amour : car il faut que tu saches, ami Sancho, si tu ne le sais pas, qu'en matière d'amour, les amants connaissent par les mouvements extérieurs tout ce qui se passe dans le cœur de la personne aimée. Va ! cher ami, le sort te donne une meilleure aventure que la mienne, et puisses-tu avoir un succès plus heureux que celui que je crains et que j'attends dans cette triste solitude !

J'irai et reviendrai promptement, répondit Sancho ; remettez-vous seulement de vos frayeurs ; je crois, à vous voir, que vous avez le cœur bien serré. Allez, monsieur, allons courage, contre fortune bon cœur ; il ne faut jamais s'étonner qu'on n'ait vu sa tête à ses pieds. Si je n'ai pas trouvé le palais de madame Dulcinée cette nuit, je le trouverai maintenant qu'il fait jour, et, quand je l'aurai une fois trouvé, laissez-moi faire. Va donc, mon enfant, va, dit don Quichotte, et Dieu veuille te faire réussir en ce qui me regarde comme il t'arrive heureusement de trouver des proverbes sur toutes sortes de matières. Ces paroles achevées, Sancho tourna le dos et piqua son grison. Don Quichotte demeura à cheval, se délassant sur les étriers, languissamment appuyé sur sa lance, et l'esprit tout plein d'imaginations tristes et confuses. Sancho Pança n'était pas moins confus que son maître, car il ne savait que faire pour le contenter sur le sujet de son ambassade ; mais à peine eût-il passé le bois, que voyant qu'il ne pouvait être aperçu de don Quichotte, il mit pied à terre, et s'asseyant au pied d'un arbre, il commença à se parler à lui-même, de la manière suivante : Sachons un peu, Sancho, où va votre seigneurie : allez-vous chercher quelque âne que vous ayez égaré ? Vraiment nenni, ce n'est point cela. Et qu'allez-vous donc chercher ? Une princesse seulement, et une princesse qui est plus belle, à elle toute seule, que le soleil et la lune ensemble. Et où pensez-vous trouver ce que vous venez de promettre, Sancho : Où ? dans la grande ville du Toboso vraiment. Bon ; et de quelle part l'allez-vous chercher ? De la part du fameux chevalier don Quichotte de la Manche ; celui qui défait les torts et les griefs, donne à manger à ceux qui ont soif, et à boire à ceux qui ont faim. Voilà qui va bien, Sancho mon ami ; et savez-vous la maison ? Pas davantage ; mais mon maître dit que c'est un grand château ou palais royal ; et avez-vous quelquefois vu cette dame ? Ni moi ni mon maître ne l'avons jamais vue. Par votre foi, Sancho, si ceux du Toboso savaient que vous êtes là pour enlever leurs dames, et qu'ils vinssent vous frotter les épaules avec de l'huile de coteret, sans qu'il vous demeurât une côte saine, croyez-vous qu'ils feraient mal ? Ils n'auraient peut-être pas tout le tort ; mais s'ils savaient que je suis ambassadeur et que je ne fais rien de ma tête, je ne crois pas qu'ils en voulussent user si librement. Ne vous fiez pas trop, mon pauvre Sancho, les gens de la Manche n'entendent point raillerie, et il ne fait nullement bon de s'y frotter. Vive Dieu, s'ils vous sentent une fois, vous n'aurez pas une besogne toute faite : vous n'avez qu'à bien vous tenir et à songer à remuer les jambes. Hé ! misérable, à qui te joues-tu donc, et qui diable est-ce qui t'amène ici ? Qu'est-ce que je vais chercher ? à me faire rouer de coups pour le plaisir des autres ! *Abrenuntio, abrenuntio* : c'est le diable qui me tente et qui voudrait déjà me voir les côtes rompues.

Sancho s'étant entretenu de la sorte, songea quelque temps en lui-même, et puis il reprit ainsi : Mais ne dit-on pas qu'il y a remède à tout, hors à la mort? il ne faut donc point se désespérer, ni jeter le manche après la cognée. J'ai remarqué en mille occasions que mon maître est un fou à renfermer; et franchement je ne pense pas que je sois en reste de beaucoup avec lui, ne faut-il pas que je sois aussi fou que lui, pour m'amuser à le suivre? car le proverbe dit : Dis-moi qui tu fréquentes, et je te dirai qui tu es. Mais enfin, fou comme il est, et d'une folie qui lui fait souvent prendre une chose pour une autre, des moulins pour des géants, des mules pour des dromadaires, et des troupeaux de moutons pour des armées, et mille autres choses pareilles, il ne sera pas difficile de lui faire croire que la première paysanne que je trouverai ici dans les environs est la dame Dulcinée. S'il ne veut pas me croire, j'en jurerai; s'il jure que non, je jurerai encore plus fort que oui; s'il s'obstine, je m'obstinerai de même; et sur ma foi, je m'opiniâtrerai jusqu'au bout sans jamais en démordre; au moins ferai-je en sorte, à force d'opiniâtreté, qu'il ne me fera plus faire de semblables messages, voyant le peu de satisfaction qu'il en tire; et peut-être même croira-t-il, et j'en jurerais, que quelque enchanteur de ceux qui lui en veulent aura changé sa Dulcinée en paysanne pour le faire enrager.

Avec cette pensée, Sancho se trouva l'esprit en repos, et crut qu'il se tirerait parfaitement d'affaire. Il s'arrêta là jusque vers le soir pour amuser encore mieux don Quichotte; et tout lui succéda si heureusement, que lorsqu'il voulut monter sur son âne, il vit venir du côté de Toboso trois paysannes à cheval, apparemment sur des ânes, car c'est la monture ordinaire des villageoises. Il ne les vit pas plutôt paraître qu'il alla au grand trot chercher don Quichotte, qui était encore dans la même posture où il l'avait laissé, soupirant et faisant des lamentations amoureuses et sentimentales. Eh bien! mon ami, qu'y a-t-il de nouveau? dit don Quichotte; faut-il marquer ce jour avec une pierre blanche ou une pierre noire? Il faut le marquer avec une pierre rouge, répondit Sancho, comme on fait pour les écriteaux qui doivent être lus de tout le monde. Tu m'apportes donc de bonnes nouvelles, mon enfant? dit don Quichotte. Si bonnes, repartit Sancho, que vous n'avez qu'à piquer Rossinante du côté de la plaine pour aller au-devant de madame Dulcinée, qui vient vous voir avec deux de ses demoiselles. Père éternel! qu'est-ce que tu dis là, Sancho? repartit don Quichotte; dis-tu vrai, mon cher ami? Ne m'abuse point, je te prie, et ne songe pas à me donner de fausses joies pour charmer mes ennuis. Et que gagnerais-je à vous tromper, répliqua Sancho, quand vous êtes sur le point de découvrir la vérité? Avancez seulement, et vous verrez venir la princesse, vêtue et parée comme il lui sied : elle et ses demoiselles ne sont qu'or et azur; ce ne sont que colliers de perles, diamants, rubis, étoffes toutes d'or et d'argent; je ne sais comment diable elles peuvent porter tout cela. Leurs cheveux tombent sur leurs épaules à grosses boucles, et on dirait que ce sont les rayons du soleil dont le vent se joue; enfin vous les allez voir dans un moment toutes trois montées sur des cananées grasses à lard, et qui valent leur pesant d'or. Il faut dire des haquenées, Sancho, dit don Quichotte. Si Dulcinée t'entendait parler de la sorte, elle ne nous prendrait pas pour ce que nous sommes. La différence n'est pas si grande, répondit Sancho, mais enfin, je n'ai jamais vu des dames galantes, et particulièrement madame Dulcinée : sur ma foi, elle convertirait un mahométan! Allons, mon cher Sancho, allons, dit don Quichotte, je te donne pour étrennes d'une nouvelle si bonne et si peu attendue, toutes les dépouilles de la première aventure qui se présentera ; et si cela ne te contente, je te promets les poulains de mes trois juments, que tu sais être sur le point de mettre bas. Je m'en tiens au poulains, à tout hasard, répondit Sancho, car il n'est pas trop sûr que les premières dépouilles soient bonnes. En disant cela ils commençaient d'entrer dans la plaine, et ils virent les trois paysannes assez proches d'eux.

Don Quichotte jeta les yeux sur le chemin du Toboso, et, comme il n'y vit que ces trois créatures, il commença à se troubler et demanda à Sancho, s'il avait laissé la princesse hors de la ville. Comment ! hors de la ville, répondit Sancho, avez-vous les yeux derrière la tête, pour ne point voir que c'est elle qui vient là plus brillante que le soleil d'été ? Je ne vois rien Sancho, dit don Quichotte, que trois paysannes montées sur des ânes. Dieu me soit en aide ! repartit Sancho : comment est-il possible que vous preniez pour des ânes trois haquenées plus blanches que la neige ! Ma foi, on dirait que vous ne voyez goutte, ou que vous êtes encore enchanté. En vérité, Sancho, mon ami, dit don Quichotte, tu ne vois pas plus clair que moi, pour ce coup : ce sont des ânes ou des ânesses, sur mon honneur, aussi assurément que je suis don Quichotte et que tu es Sancho Pança ; au moins il me semble qu'il en est ainsi, et j'en jurerais. Allez, allez, monsieur, vous vous moquez, dit Sancho : ouvrez seulement les yeux et venez faire vos salutations à la princesse que voilà tout près de nous. En disant cela il s'avance lui-même du côté des paysannes, et, descendant de son grison, il arrêta un des ânes par le licou ; puis se jetant à genoux : O princesse, s'écria-t-il, reine et duchesse de la beauté, que votre hautesse reçoive en grâce ce pauvre chevalier, son esclave, qui est là froid comme un marbre, sans force et sans pouls, tant il est étourdi de se voir devant votre magnifique présence ! Je suis Sancho Pança, son écuyer, à votre service ; et lui, c'est le malheureux et toujours errant chevalier don Quichotte de la Manche, qu'on appelle autrement le chevalier de la Triste-Figure.

L'amoureux chevalier était à genoux auprès de Sancho, pendant qu'il faisait cette harangue ; et voyant que celle qu'il traitait de princesse n'était qu'une paysanne grossière, avec un visage boursouflé et le nez camard, il était pris d'une telle confusion qu'il n'osait ouvrir la bouche. Les villageoises étaient aussi toutes étonnées de voir à genoux ces deux hommes si différents des autres, qui les empêchaient de passer ; mais celle que Sancho avait arrêtée, prenant la parole : Messieurs, dit-elle avec une mine rechignée, vous devons-nous quelque chose pour nous arrêter ? Passez votre chemin et laissez-nous aller, car nous sommes pressées. O grande princesse, répondit Sancho, dame souveraine du Toboso, comment votre cœur magnanime ne s'amollit-il point en voyant aux pieds de votre sublime présence la colonne et l'arc-boutant de la chevalerie errante ? Oui dà, oui dà, je t'en réponds, dit une des paysannes : voyez un peu comme ces messieurs se moquent des filles de villages, comme si nous n'avions pas le nez au milieu du visage aussi bien que les autres ! A d'autres, messieurs, à d'autres ! ceux-là sont pris : poussez votre fortune et laissez-nous aller notre chemin. Lève-toi, Sancho, lève-toi, dit tristement don Quichotte : je vois bien que ma mauvaise fortune n'est point lasse de me persécuter, et qu'il n'y a plus de bonheur à espérer pour moi dans le monde. Et toi, soleil vivant de la beauté humaine, chef-d'œuvre des cieux, miracle de tous les siècles, unique remède de ce cœur affligé qui t'adore, quoiqu'un enchanteur ennemi de ma gloire me poursuive et voile pour moi seul ton incomparable beauté sous la forme d'une indigne paysanne, veuille, je t'en supplie, jeter sur moi un regard amoureux, à moins qu'il ne m'ait aussi donné la figure d'un fantôme pour me rendre horrible à tes yeux. Tu vois, adorable princesse, et ma soumission et mon zèle; malgré l'artifice de mes ennemis, mon cœur ne laisse pas de te rendre les hommages qu'il doit à ta véritable beauté. Et oui, ma foi, repartit la paysanne, nous sommes venus ici tout exprès pour entendre des philosophies? Laissez-nous passer, messieurs, nous n'avons pas de temps à perdre. Sancho se leva en même temps, et lui fit place, ravi dans son cœur d'avoir si heureusement réussi dans la cascade qu'il donnait à son maître.

A peine la prétendue Dulcinée se vit-elle libre, qu'elle piqua son âne à grands coups d'aiguillon, et elle le fit courir de toute sa force à travers le pré. Mais le baudet, pressé et fatigué de l'aiguillon plus qu'à l'ordinaire, allait par sauts et par bonds, donnant de grandes ruades, et fit tant à la fin qu'il jeta madame Dulcinée par terre. A cette vue, l'amoureux don Quichotte courut aussitôt pour la relever, pendant que Sancho remettait le bât qui avait tourné sous le ventre de la bête. Le bât racommodé et sanglé, don Quichotte voulut donc prendre sa dame enchantée entre ses bras, pour la remettre sur l'âne; mais la belle dame se relevant en même temps, et reculant de deux ou trois pas pour mieux sauter, mit les mains sur la croupe de sa monture, et d'un saut léger se trouva sur le bât, jambe de ça et jambe de là. Comment diable, s'écria alors Sancho, notre maîtresse est plus légère qu'un faucon! Mort de ma vie, elle ferait la leçon à tous les écuyers de Cordoue et du Mexique! Voyez comme elle fait courir sa haquenée sans éperons; et, par ma foi, les demoiselles ne lui cèdent en rien : tout cela court comme le vent; regardez, monsieur, ne dirait-on pas que le diable les emporte? Sancho disait vrai : les dames fuyaient à toute bride, et elles coururent plus de demi-lieue sans tourner la tête.

Don Quichotte les suivit des yeux du plus loin qu'il put : et lorsqu'il les vit disparaître : Sancho, dit-il, que te semble de la malice des enchanteurs? Vois-tu combien les poltrons m'en veulent, et avec quel artifice ils me privent du plaisir que je devais prendre à voir l'incomparable Dulcinée? Vit-on jamais un homme plus malheureux que moi, et ne suis-je pas l'exemple du malheur même? Mais, Sancho, tu ne sais pas encore jusqu'où va la malice de mes lâches ennemis. Les traîtres ne se sont pas contentés de transformer Dulcinée en une paysanne laide et grossière ; ce n'était pas assez pour leur haine de me la faire voir sous une figure basse et si indigne de sa qualité et de son mérite, ils lui ont encore ôté ce qui est propre aux grandes princesses, toujours exhalant les fleurs et les parfums, je veux dire la bonne odeur; car, lorsque je me suis approché de cette excellente dame pour la mettre sur sa haquenée, pour parler à ta manière (car pour moi je l'ai toujours pris pour un âne), j'ai senti, dis-je, une odeur d'ail et d'oignon cru qui m'a fait soulever le cœur. O canaille! s'écria Sancho, enchanteurs excommuniés, n'aurai-je jamais le plaisir de vous voir tous enfilés dans une même broche et fumés comme des harengs saurs! Vous en savez beaucoup, gent maudite, et vous en faites encore davantage. Il devrait vous suffire, vieillaques, d'avoir métamorphosé les perles des yeux de ma maîtresse en des yeux de chèvre, et ses cheveux d'argent pur en queues de vaches, et enfin d'avoir gâté toute sa beauté corporelle, sans lui enlever encore l'odeur qu'elle exhalait plus douce que le baume : au moins nous aurions découvert par là ce qui était caché sous cette laide figure. Ce n'est pas cependant, s'il faut dire la vérité, que madame Dulcinée m'ait paru laide à moi; au contraire, jamais je n'ai vu une plus belle femme; j'ai même observé qu'elle a un signe sur la lèvre, du côté droit, d'où sortent sept ou huit poils roux de deux doigts de long, qui semblent être autant de filets d'or. Suivant le rapport que les signes du visage ont avec ceux du corps, dit don Quichotte, Dulcinée en doit avoir un semblable sur la cuisse droite; cependant ces poils dont tu parles, Sancho, sont bien grands pour ceux d'un signe, et cela n'est pas ordinaire. Sur ma foi, monsieur, repartit Sancho, ils font là à merveille, et ils sont de la plus belle espèce. Oh! j'en suis bien persuadé, ami, dit don Quichotte, car la nature n'a rien mis en madame Dulcinée du Toboso qui ne soit de la dernière perfection, et certes, ces signes là ne sont pas des défauts en elle, mais des étoiles brillantes et lumineuses qui relèvent davantage l'éclat de sa beauté. Mais, dis-moi, Sancho, ce qui m'a paru un bât, était-ce une selle rase ou une selle de femme? C'était une selle à la genette, répondit Sancho, avec une housse qui vaut la moitié d'un royaume, tant elle est riche! Et pourquoi n'ai-je rien vu de tout cela? s'écria don Quichotte: Ah! je l'ai dit, et je le dirai toute ma vie, je suis le plus malheureux de tous les hommes!

Le bon matois d'écuyer avait bien de la peine à s'empêcher de rire, en voyant la crédulité et l'extravagance de son maître, et il se réjouissait dans le cœur de l'avoir si finement trompé. Enfin après plusieurs discours de cette façon, ils remontèrent à cheval, et prirent le chemin de Saragosse, où ils purent arriver assez tôt pour se trouver à une fête solennelle qu'on fait tous les ans dans cette fameuse ville; mais il leur arriva tant et tant de choses surprenantes, que je crois faire un grand plaisir au lecteur en les lui apprenant.

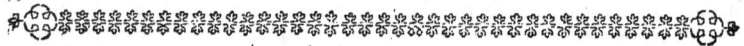

CHAPITRE VII.

L'étrange aventure du char des officiers de la mort.

Don Quichotte était dans une mélancolie extrême, eu égard au mauvais tour que lui avaient fait les enchanteurs en transformant sa douce dame en une laide paysanne, et ce qui le désespérait, c'est qu'il n'y avait point de remède. Ces tristes pensées l'occupaient si fort, qu'il en était tout hors de lui-même; et il ne s'apercevait seulement pas que la bride de son cheval lui était échappée, et que Rossinante s'arrêtait à chaque instant pour paître, mais Sancho vint le tirer de cet assoupissement. Monsieur, lui dit le fidèle écuyer, la tristesse n'est pas pour les bêtes, elle n'est que pour les hommes, mais si les hommes s'y laissent trop aller, ils deviennent bête. Remettez-vous donc, monsieur, et reprenez la bride de Rossinante; réveillez-vous et faites voir que vous êtes chevalier errant! Hé! que diable cela veut-il dire? sommes-nous ici ou autre part? je n'ai jamais vu un découragement pareil? Ne vaudrait-il pas mieux que le diable eût emporté autant de Dulcinées qu'il y en a au monde, plutôt qu'un seul chevalier errant tombât malade ? Et vous vous laissez aller cependant comme si tout était perdu ! Tais-toi, répondit don Quichotte, tais-toi, et ne profère point de blasphèmes contre la princesse Dulcinée. C'est moi qui suis coupable de sa disgrace : elle ne serait point malheureuse si les enchanteurs ne portaient point envie à ma gloire et à mes plaisirs. Sur ma foi, reprit Sancho, j'en conviens, cela est pitoyable, et je ne sais pas quel est le cœur de roche qui ne se fendrait point en voyant cette pauvre dame faite comme elle est maintenant.

Tu as raison de parler ainsi, dit don Quichotte, toi, qui as vu sa beauté, sans aucun nuage et dans tout son éclat, car le charme ne te troublait pas la vue comme à moi ; c'est pour moi seul qu'il est fait, et c'est moi seul qui en éprouve le dangereux artifice. Cependant, Sancho, si je m'en souviens bien, tu m'as fort mal dépeint la beauté de ma dame, car tu m'as dit qu'elle a des yeux de perles, et les yeux qui paraissaient de perles ne siéent pas fort bien au dames ; pour moi je m'imagine que ceux de Dulcinée doivent être des turquoises et des émeraudes de vieille roche, et que deux arcs célestes leur servent de sourcils. Réserve donc les perles pour les dents, et non pour les yeux, car assurément tu t'es trompé en prenant l'un pour l'autre. Cela peut bien être, répondit Sancho, car j'ai été aussi troublé de sa grande beauté que vous avez pu l'être de sa laideur. Mais, monsieur, il faut recommander le tout à Dieu, lui qui sait tout ce qui doit arriver dans ce malheureux monde, où on a tant de peine à trouver quelque chose qui ne soit pas mêlé de méchanceté et de perfidie. Il n'y a qu'une chose qui me fâche, monsieur, dans tout cela, c'est que, quand vous aurez vaincu quelque géant ou quelque chevalier, et que vous lui commanderez d'aller se présenter de votre part devant madame Dulcinée, où diable est-ce que le pauvre géant ou chevalier la prendra-t-il ? Je m'imagine le voir, le benêt, qui s'en va dans les rues du Toboso, bouche béante, cherchant madame Dulcinée, qui lui passe six fois devant le nez sans qu'il la reconnaisse. Peut-être, Sancho, répondit don Quichotte, que le charme ne s'étendra pas sur des géants ou des chevaliers vaincus. Mais nous en ferons l'expérience sur les deux ou trois premiers que je vaincrai, en leur ordonnant de venir me redire ce qui leur sera arrivé avec elle. Vous avez raison, monsieur, dit Sancho, je trouve l'invention bonne ; et si nous découvrons que la beauté de madame Dulcinée n'est cachée que pour vous, nous aurons la certitude que c'est vous qui êtes malheureux, et non pas elle. Mais, monsieur, tandis que votre maîtresse se porte bien, qu'avons-nous besoin de nous attrister, nous autres ? Poussons toujours notre fortune du mieux que nous pourrons, en cherchant nos aventures ; le temps remédiera à tout, lui qui est le meilleur médecin du monde, et qui guérit presque toute sorte de maladies.

Don Quichotte allait répondre, quand il aperçut dans le chemin un chariot chargé de tant de différents personnages, qu'il ne put s'empêcher d'y prêter une grande attention. Celui qui servait de cocher était un démon hideux ; et comme le chariot était découvert, on voyait aisément tout ce qui était dedans. La première figure qui s'offrit aux yeux de don Quichotte, après le cocher, fut celle de la mort sous un visage d'homme, et il y avait auprès d'elle un ange avec de grandes ailes de diverses couleurs, et de l'autre côté un empereur avec une couronne qui paraissait d'or ; aux pieds de la mort était le dieu Cupidon avec son carquois, son arc et ses flèches, mais sans bandeau ; on voyait ensuite un chevalier armé de pied en cap, mais au lieu de casque il portait un chapeau tout couvert de plumes; et il y avait en outre un grand nombre d'autres personnes diversement déguisées.

Ce spectacle surprit d'abord notre chevalier et excita son étonnement; quant à Sancho, il en eut toute la frayeur qu'on peut en avoir. Mais une prompte joie succéda à la surprise dans l'esprit de don Quichotte, qui ne douta point que ce ne fût une occasion de quelque grande et nouvelle aventure. Dans cette pensée, il s'avance, et résolu de s'exposer à toute sorte de périls, il se pose au devant du chariot, et d'une voix fière et menaçante, il crie : Charretier, cocher ou diable, il faut que tu me dises à l'instant qui tu es, où tu vas, et quels gens tu mènes dans ce chariot, qui a bien plus l'air de la barque à Caron que d'un chariot ordinaire? Monsieur, répondit doucement le diable en arrêtant son chariot, nous sommes des acteurs de la compagnie du mauvais ange; nous avons, ce matin, qui est l'octave de la Fête-Dieu, représenté la tragédie des États de la mort, derrière cette colline que vous voyez là, et nous devons la jouer encore ce soir dans ce village qui est devant nous; et parce qu'il n'y a pas loin, nous n'avons pas voulu quitter nos habits, pour ne point avoir la peine de es reprendre. Ce jeune homme représente la mort et cet autre est un ange : cette femme, qui est la femme de l'auteur de la comédie, est la reine; en voilà un qui fait le personnage d'un empereur et cet autre celui d'un soldat; et moi, je suis le diable, à votre service, et un des principaux acteurs, car c'est moi qui ouvre la scène. Si vous avez autre chose à me demander, monsieur, ne craignez point, je répondrai à tout scrupuleusement : comme je suis le diable, il n'y a rien que je ne sache. Sur mon honneur, répondit don Quichotte, foi de chevalier errant, lorsque j'ai vu le chariot, j'aurais juré que c'était une grande aventure qui s'offrait, et je vois bien maintenant qu'il ne faut jamais se fier aux apparences, si l'on ne veut être trompé. Allez, mes amis, allez en paix célébrer votre fête, et si je vous suis utile à quelque chose, croyez que je suis à vous de tout mon cœur : toute ma vie, j'ai aimé la comédie et les masques, et, dès ma tendre jeunesse, ça toujours été ma passion.

Presqu'au même instant, il arriva un des acteurs qui était resté derrière : il était tout couvert d'oripeaux, avec plusieurs rangs de sonnettes, et il portait, au bout d'un bâton, trois vessies de pourceau enflées. Ce drôle-ci, en approchant de don Quichotte, commença à escrimer de son bâton, frappant de temps en temps la terre avec les vessies, et faisant à droite et à gauche de grands sauts qui faisaient résonner les sonnettes. Une si étrange figure, ce bruit et cette agitation firent peur à Rossinante : il prit le frein aux dents, et, malgré l'adresse de don Quichotte, il se mit à courir à travers champs, avec une légèreté qu'on n'aurait jamais attendu de lui. En même temps Sancho, qui vit son maître en danger de tomber, sauta du grison à bas, et courut de toute sa force pour le secourir; mais quand il arriva, don Quichotte avait déjà fait la culbute, aussi bien que Rossinante, à qui cela ne manquait jamais d'arriver. Cependant Sancho ne fut pas plutôt à bas, que le diable des vessies, voyant l'âne sans maître, sauta légèrement dessus, et, le pressant à grands coups de vessie, tandis qu'il l'effrayait déjà bien assez, par le bruit des sonnettes, il le fit courir comme un cerf vers le village où ils allaient jouer la comédie. Sancho regardait avec une douleur incroyable la chute de don Quichotte et la course de son grison, et ne savait auquel il devait courir le premier, mais enfin son bon naturel le détermina en faveur de son maître, quelque amitié qu'il eût pour son âne, et quoiqu'il souffrît douloureusement des coups qu'il lui voyait pleuvoir sur la croupe. Il alla donc vers don Quichotte, qui était tombé assez rudement, et l'ayant aidé à remonter sur Rossinante : Monsieur, lui dit-il en soupirant, le diable emmène le grison. Quel diable? demanda don Quichotte. Celui des sonnettes, répondit Sancho. Console-toi, Sancho, repartit don Quichotte : je te le ferai bien rendre, fût-il caché dans le fond des abîmes. Suis-moi seulement : le chariot ne va pas trop vite, et les mules te récompenseront en attendant de la perte du grison. Ah! monsieur, il n'en est pas besoin, cria Sancho : le diable a abandonné le grison. Le voilà qui revient, le pauvre enfant! Je savais bien qu'il viendrait me chercher si une fois il était en liberté.

Sancho disait vrai : le diable et le grison avaient culbuté, comme pour imiter don Quichotte et Rossinante, et pendant que le diable s'en allait à pied au village, l'âne revenait vers son maître. Quoi qu'il en soit, dit don Quichotte, il ne sera pas mal à propos de châtier l'insolence de ce démon, quand ce ne serait que pour l'exemple, et je vais te venger tout à l'heure du premier qui me tombera sous la main, fût-ce l'empereur même. Monsieur, monsieur, repartit Sancho, laissons cela : sur ma foi, la chose n'en vaut pas la peine. Il n'y a rien à gagner avec les charlatans : ce sont des gens qui trouvent toujours des amis. J'ai vu autrefois un comédien poursuivi pour deux meurtres, et il sortit sans qu'il lui en coûtât une maille. Ne savez-vous pas bien que tout le monde aime ces gens-là, parce qu'ils donnent du plaisir et qu'ils font rire, et ceux-ci surtout, qui se disent de la troupe royale? Il ne sera pourtant pas dit, répliqua don Quichotte, que le diable m'ait échappé de la sorte, quand tout le genre humain devrait s'en mêler et prendre sa protection! En même temps, il court après le chariot, qui était déjà bien près du village, criant à haute voix : Arrêtez, arrêtez, faquins, arrêtez! que je vous apprenne comment il faut traiter les animaux qui servent de monture aux écuyers des chevaliers errants. Don Quichotte cria si fort, que les comédiens l'entendirent fort bien. Jugeant de son intention par ses paroles, la mort incontinent se jette à terre avec le diable qui servait de cocher, suivis de l'empereur et de l'ange ; et il n'y eut pas jusqu'au dieu Cupidon et la reine même qui ne voulussent être de la partie; ils se chargèrent tous de pierres, et, se retranchant derrière le chariot, attendirent don Quichotte, résolus à se bien défendre. Don Quichotte, qui les vit si bien armés et en si bonne contenance, retint la bride et réfléchit un instant pour savoir par où il attaquerait ce bataillon avec le moins de danger possible. Pendant qu'il se consultait sur ce qu'il avait à faire, Sancho arriva, et, le voyant tout près d'attaquer des gens si bien retranchés : Monsieur, lui dit-il, voici une aventure qui ne me paraît point du tout bonne à entreprendre : où diable sont les armes défensives contre des cailloux, à moins que l'on ne soit sous une bonne cloche de bronze? N'en avez-vous pas fait l'épreuve assez pour ne pas la renouveler et voulez-vous attaquer seul une armée où les empereurs combattent en personne, et qui est soutenue par de bons et de mauvais anges, sans compter que la mort est à la tête? Mais, mon maître, pour parler plus franchement, considérez-vous bien que, parmi tous ces gens-là, il n'y a pas un seul chevalier errant? En ce cas, interrompit don Quichotte, c'est à toi de prendre vengeance de l'outrage qu'on a fait au grison : je me tiendrai ici pour t'animer au combat et pour te donner des avis salutaires. C'est un mal, monsieur, repartit Sancho, de tirer vengeance de quelqu'un, et un bon chrétien doit tout oublier; mais je ferai en sorte avec le grison qu'il ne sera point fâché ; et, comme il est pacifique aussi bien que moi je suis assuré que je le contenterai mieux d'une mesure d'avoine qu'avec toutes les satisfactions du monde. Si c'est là ta résolution, répliqua don Quichotte, bon et pacifique Sancho, Sancho chrétien, laissons là ces fantômes et allons chercher des aventures meilleures et plus importantes : ce pays-ci a l'air d'en produire de nombreuses et des plus surprenantes. En disant cela, il se jeta sur Rossinante, et Sancho alla monter sur son âne.

CHAPITRE VIII.

Don Quichotte et son écuyer, après avoir marché quelque temps, s'arrêtèrent sous de grands arbres, où ils soupèrent aux frais avec les provisions que portait le grison. Pendant qu'ils mangeaient, Sancho dit à son maître : Parlez donc monsieur : n'aurais-je pas été joli garçon si j'avais choisi pour récompense les dépouilles de la première bataille, au lieu des poulains? Ma foi, monsieur, je le dirai toute ma vie, qui s'attend au hasard n'est pas trop assuré de dîner, et que le moineau à la main vaut mieux que l'oie qui vole. Cela peut être, répondit don Quichotte ; mais cependant, si tu m'avais laissé faire, tu n'aurais pas lieu de te plaindre des dépouilles, et, à l'heure qu'il est, tu te verrais entre les mains la couronne d'or de l'empereur et tous les beaux habits des gens de sa suite. De bonne foi, monsieur, repartit Sancho, c'est quelque chose de bon pour le regretter que les couronnes des empereurs de comédie! Ils ne sont pas si fous que de les faire faire d'or, et c'est assez qu'elles soient de laiton ou d'oripeau. Cela est vrai pour l'ordinaire, répliqua don Quichotte, et je ne jurerais pas aussi que tout ce que nous avons vu là fût réellement bon ; il y a apparence que c'étaient autant de choses fausses, car on n'y regarde pas de si près pour la comédie. Au reste, Sancho, je veux que tu l'aimes, la comédie, et que ceux qui la composent, et ceux qui la représentent, soient toujours de tes bons amis ; car, enfin, ce sont des gens importants à la république. La comédie est un miroir fidèle qui nous représente au naturel les actions de la vie humaine, et rien au monde ne nous montre mieux ce que nous sommes et ce que nous devons être que ceux qui la représentent. As-tu jamais vu représenter quelque comédie, Sancho? Oui-dà, monsieur, répondit-il, j'en ai vu. L'un est empereur, dit don Quichotte; l'autre roi, un autre chevalier; celui-ci marchand, celui-là soldat; il y a un juge, un ecclésiastique, et d'autres différents personnages, suivant le sujet; et, la comédie achevée ils demeurent tous égaux. Mon ami, la même chose arrive dans le cours de la vie : il y a des empereurs et des rois, des chevaliers, des juges, des soldats, et plus de différents personnages, sans comparaison, qu'on n'en voit sur le théâtre. Nous jouons chacun notre rôle pendant que nous y sommes et, quand la mort est venue et nous a dépouillés des choses qui mettaient de la différence entre les uns et les autres, nous entrons tous égaux dans la sépulture. Jour de ma vie! voilà qui est bien dit, s'écria Sancho, mais cela n'est pourtant pas si nouveau que je ne l'aie déjà ouï dire ; mais enfin cela est bon, aussi bien que ce qu'on dit des échecs : autant que le jeu dure, chaque pièce fait son métier, et le jeu fini, elles sont toutes pêle-mêle dans une boîte sans aucune différence, ce qui est justement comme ceux qu'on met dans le tombeau. Il me semble, Sancho, dit don Quichotte, que tu deviens plus habile de jour en jour. Assurément, dit Sancho, j'apprends tous les jours quelque chose avec vous : il faudrait que j'eusse la tête bien dure si je n'en profitais pas. Les terres sont bien stériles et bien sèches qui ne rapportent pas du fruit quand on les cultive et qu'on les fume : je veux dire, monsieur, que vos discours ont été le fumier que vous avez répandu sur la terre sèche et stérile de mon esprit, et le temps que j'ai été à votre service a été la culture, et tout cela me fera rapporter du fruit digne du bon labourage que vous avez fait dans mon intelligence. Don Quichotte sourit du bon raisonnement et des termes recherchés de Sancho ; il lui parut qu'il en savait effectivement plus qu'à l'ordinaire, et il était tout surpris des choses qu'il lui entendait dire de temps en temps. Véritablement il lui arrivait souvent de se fourvoyer quand il voulait s'élever et faire l'habile homme ; et entre tant de proverbes qu'il disait, il y en avait toujours quantité qui n'arrivaient point à propos.

Ils passèrent une partie de la nuit en tenant de semblables discours, jusqu'à ce qu'il prît envie à Sancho de fermer les contrevents de sa vue : c'était sa manière de parler quand il voulait dormir. Il ôta donc le bât et le licou au grison, et lui laissa la liberté de paître ; pour Rossinante, il lui ôta simplement la bride, parce que don Quichotte lui avait expressément défendu de lui ôter jamais la selle tant qu'ils seraient en campagne ou qu'ils coucheraient à découvert ; coutume ancienne si prudemment établie et si fidèlement observée par les chevaliers errants, qu'on ne trouve jamais rien de contraire dans leurs histoires. Enfin Sancho s'endormit au pied d'un chêne ; et don Quichotte, appuyé contre un autre, sommeillait, et rêvait par fois, pendant que Rossinante et le grison se mirent à paître l'herbe fraîche.

Ce fut une chose admirable que l'amitié de ces deux animaux, ils prenaient un plaisir singulier à se gratter l'un l'autre, et quand ils étaient las de se gratter, Rossinante étendait le cou en croix sur celui du grison, en le faisant dépasser d'une bonne demi-aune ; et puis, tous deux les yeux fichés en terre, ils auraient demeuré deux jours de cette manière, si on ne les avait tirés, ou qu'ils n'eussent été pressés par la faim.

Nos aventuriers n'avaient pas goûté un long repos, que don Quichotte, éveillé par un peu de bruit, se leva comme en sursaut, et, regardant du côté que venait le bruit, il entrevit deux hommes à cheval, dont l'un, se laissant couler de la selle en bas, dit à l'autre : Mets pied à terre, mon ami, et ôte la bride à nos chevaux : il me semble que voici de l'herbe fraîche ; et le silence et la solitude de ce lieu sont propres à entretenir mes amoureuses pensées. Après avoir dit cela, il s'étendit à terre, le bruit de ses armes apprit assez à don Quichotte que c'était un chevalier errant.

Notre héros s'approcha aussitôt de Sancho, qui dormait, et, après l'avoir fortement tiré par le bras pour l'éveiller : ami Sancho lui dit-il tout bas, voici une aventure. Dieu nous la donne bonne! répondit Sancho tout endormi ; et où est-elle, monsieur, cette aventure? Où elle est? répliqua don Quichotte : tourne les yeux et regarde, et tu verras là un

10.

chevalier étendu, qui, si je ne me trompe, a quelque grand sujet de douleur, car il s'est laissé aller à terre comme s'il fût tombé, et si fort, que ses armes ont fait beaucoup de bruit. Et pour cela, monsieur, répondit Sancho, où trouvez-vous que ce soit une aventure? Je ne veux pas dire, répartit don Quichotte, que ce soit absolument une aventure, mais un commencement d'aventure, car c'est de cette manière-là qu'elles commencent; mais écoutons un peu, car il me semble que le chevalier accorde un luth ou une guitare, et, de la manière qu'il tousse, on dirait qu'il se prépare à chanter. Ma foi, dit Sancho, vous avez raison, et il faut que ce soit un chevalier amoureux. Crois-tu qu'il y en ait d'autres? dit don Quichotte : il n'y en a point qui ne le soient, mon ami; mais taisons-nous pour l'écouter : sa chanson nous apprendra le secret de son cœur car de l'abondance du cœur la bouche parle. En même temps le chevalier chanta la chanson qui suit :

> Il faut aimable Iris, il faut vous satisfaire,
> Et ne parler jamais d'amour ;
> Mon tourment a beau croître et s'aigrir chaque jour,
> Mon cœur sait aimer sait souffrir et se taire ;
> Mais lorsque pour plaire il consent à mourir,
> Pardonnez à l'amour s'il m'échappe un soupir.

Le chevalier finit sa chanson par un profond soupir, et quelque temps après il proféra ces paroles d'une voix plaintive et dolente : O la plus belle et la plus ingrate de toutes les femmes, sérénissime Cassildée de Vandalie! comment est-il possible que vous puissiez consentir que ce chevalier, esclave de votre beauté, consume sa vie à errer ainsi par le monde, exposé à des travaux infinis? N'est-ce point assez que ma valeur et mon bras aient fait confesser à tous les chevaliers de Navarre, à tous ceux de Léon, de l'Andalousie, de Castille, et enfin à tous ceux de la Manche, que vous êtes la plus belle du monde? Il s'en faut de quelque chose, dit don Quichotte à Sancho, car je suis de la Manche, et je n'ai jamais confessé et ne confesserai de ma vie une chose si contraire et si peu favorable à la beauté de Dulcinée. Comme tu vois, mon ami, il faut que ce chevalier rêve ; mais, écoutons, il en dira peut-être davantage. De bonne foi, je m'y entends bien, répondit Sancho : il me semble qu'il s'y prend d'une manière à ne pas finir de si tôt. Le chevalier finit pourtant par ses plaintes, contre l'opinion de Sancho et de don Quichotte : car, comme il entendit qu'on parlait auprès de lui, il se leva et cria en même temps : Qui va là? qui êtes vous? Etes-vous du nombre des contents ou de celui des affligés ? De celui des affligés, répondit don Quichotte. Si cela est, répartit le chevalier, vous trouverez ici la tristesse et l'affliction.

Don Quichotte s'approcha à cette invitation et le chevalier, le prenant par la main : Asseyez-vous là, lui dit-il, seigneur chevalier, car je vois bien que vous l'êtes, et l'heure et le lieu me font assez connaître que vous êtes de ceux qui font profession de la chevalerie errante. Je suis chevalier, répondit don Quichotte, et de la profession que vous dites ; et, bien que la tristesse et le souvenir de mes disgraces continuelles m'occupent perpétuellement, je ne laisse pas d'avoir encore le cœur sensible aux malheurs d'autrui, et je compatis d'autant plus aux vôtres, seigneur chevalier, que j'ai remarqué que vos plaintes viennent de l'amour que vous avez pour une belle ingratte dont vous venez de prononcer le nom.

Pendant que nos chevaliers s'entretenaient ainsi, ils étaient assis à terre l'un auprès de l'autre, et dans la même tranquillité que s'ils n'eussent pas dû se casser la tête au lever de l'aurore. Seigneur chevalier, dit le nouveau venu à don Quichotte, vous êtes amoureux par aventure? Je le suis par infortune, répondit don Quichotte, quoique, après tout, les malheurs qui viennent d'une noble souche doivent plutôt passer pour des faveurs que pour des disgraces. Cela serait bon, dit le chevalier, si les mépris continuels d'une ingrate ne nous troublaient point la raison, et s'ils ne nous ôtaient pas toute espérance. Pour moi, répartit don Quichotte, je n'ai jamais éprouvé le mépris de ma dame. Non, assurément, interrompit Sancho, qui s'était approché, car notre maîtresse est tendre comme la rosée et plus douce qu'un mouton. Est-ce là votre écuyer? demanda le chevalier à don Quichotte. Oui répondit-il. En vérité, répliqua l'autre, je n'avais point encore vu d'écuyer qui prît la liberté de parler quand son maître parle, et j'ai là le mien, qui pour être un homme de la belle façon, n'a jamais été assez hardi pour ouvrir la bouche en ma présence. Oh! par ma foi, dit Sancho, ce n'est pas la première fois que j'ai parlé en présence d'aussi..., je ne veux rien dire, et Dieu m'entend bien. En cet endroit, l'autre écuyer tira Sancho par le bras, et lui dit à l'oreille : Mon confrère, allons-nous-en tous deux quelque part où nous puissions parler à notre aise, et laissons ici nos maîtres s'entretenir de leurs amours : ils en ont bien pour le moins jusqu'à demain au jour. Allons, dit Sancho, je serai bien aise de vous apprendre qui je suis, et de vous faire voir si c'est à moi qu'on puisse reprocher que je suis un discoureur. Ils s'éloignèrent en même temps de leurs maîtres.

CHAPITRE IX.

Suite de l'aventure du chevalier du Bois; discours des écuyers.

Les écuyers s'étant retirés à l'écart, celui du chevalier du Bois dit à Sancho : C'est une étrange et pénible vie que celle que nous menons, nous autres écuyers de chevaliers errants; et c'est nous qui pouvons bien dire que nous mangeons notre pain à la sueur de notre visage. Nous pourrions bien dire aussi, répondit Sancho, que nous le mangeons à la froidure de notre corps, car il n'y a point de misérable qui souffre plus de froid et de chaud que les écuyers errants. Encore si nous avions notre soûl de pain, ce serait quelque consolation; mais il y aura des jours entiers que nous n'aurons pas déjeûné à dix heures du soir, si ce n'est de vent qui souffle. Avec tout cela, répartit l'écuyer du Bois, on ne laisse pas de souffrir ces incommodités, dans l'espérance d'être récompensé un jour : car il faut qu'un chevalier errant soit bien malheureux s'il n'a une fois en sa vie une île ou un comté à donner à son écuyer. Pour moi, répliqua Sancho, j'ai dit à mon maître que je me contente du gouvernement de quelque île, et il est si brave homme et si libéral, qu'il me l'a promis plusieurs fois. Je n'ai pas de si grandes prétentions, repartit l'écuyer du Bois, et je me suis contenté, pour la récompense de tous mes services, d'une bonne chanoinie dont mon maître m'a donné les provisions. Votre maître est donc chevalier d'église, dit Sancho, puisqu'il peut donner des bénéfices à ses écuyers? Pour le mien, il est séculier. Je me souviens pourtant que quelques-uns de ses amis, qui, à mon avis n'étaient pas bien intentionnés, quoiqu'ils soient honnêtes gens d'ailleurs, lui conseillaient de se faire archevêque; mais il ne voulut jamais, parce qu'il a dessein de se faire empereur. Je ne veux poin vous mentir, j'avais grand'peur qu'il lui prît fantaisie de se faire homme d'église, parce que je ne me sens pas capable de tenir des bénéfices : car, voyez-vous bien, monsieur, quoique je ressemble à un homme, il faut tout vous dire, je ne suis qu'une bête pour être ecclésiastique. Ne vous y trompez pas, monsieur, dit l'écuyer du Bois, les gouvernements d'îles ne sont pas si aisés à conduire que vous pourriez bien le penser, bien souvent on n'y trouve pas d'eau à boir : il y en a de fort pauvres, d'autres de bien tristes, et les meilleures sont des charges bien pesantes que les gouverneurs se mettent sur les épaules, et on en voit à toute heure qui tombent sous le faix. Franchement, je pense que nous ferions bien mieux, nous autres qui exerçons une si maudite profession, de nous retirer dans nos maisons et de nous divertir à des exercices plus doux, comme à la chasse et à la pêche : Car enfin il n'y a si misérable écuyer qui n'ait toujours quelque méchant cheval et une couple de lévriers; quelque petit engin à pêcher, ou tout au moins une ligne, et avec cela on passe doucement le temps dans sa métairie. J'ai de tout cela chez moi répondit Sancho ; véritablement je n'ai pas de cheval, mais j'ai là un âne qui vaut, sans vanité, deux fois le cheval de mon maître. Je me donne au diable si je consentirais à troquer, quand il me donnerait encore quatre boisseaux d'avoine de surplus. De bonne foi, monsieur, vous ne sauriez croire ce que vaut mon grison, et je ne vous en dis pas la moitié. Pour des lévriers, pardi je n'en manquerai pas : il y en a de reste dans notre village; et la chasse est encore plus agréable quand on la fait aux dépens d'autrui.

Monsieur l'écuyer, dit celui du Bois, il faut que je vous l'avoue, j'ai résolu de laisser là cette sotte chevalerie et de me retirer chez moi pour vivre en repos et élever mes enfants; car j'en ai, Dieu merci, trois qui ne sont pas des moins intéressants du village. Quant à moi, j'en ai deux, reprit Sancho, qu'on pourrait sûrement présenter au pape même, surtout une jeune créature que je nourris pour être comtesse, s'il plaît à Dieu; quoique ma femme s'y oppose; mais elle aura beau dire, je ne m'en soucie guère. Hé, quel âge a cette demoiselle que vous voulez faire comtesse? demanda l'écuyer du Bois. Environ quinze ans et demi, plus ou moins, répondit Sancho; morguienne, elle est fraîche comme un gardon et forte comme un Turc. Comment, diable! s'écria l'écuyer, voilà des qualités : il n'y a seulement pas là de quoi faire une comtesse, mais encore une nymphe de haute futaie. Oh! la petite fille de putain, qu'elle m'a la mine de bien porter son bois! Ma fille n'est point putain, reprit Sancho à demi en colère, ni jamais sa mère ne le fut, et il n'en entrera jamais dans ma maison tant que je serai au monde. Monsieur l'écuyer, parlons plus sagement : pour avoir été nourri parmi les chevaliers errants, qui sont la courtoisie même vous êtes bien libre en paroles.

Ah! ah! répliqua l'écuyer du Bois, vous vous entendez bien mal en louanges, monsieur l'écuyer; et n'avez-vous jamais pris garde, quand un chevalier fait un beau coup dans un combat de taureaux, comme le peuple s'écrie : Oh! fils de putain, il a fait merveille! Comme vous le voyez, ce n'est pas une injure, mais c'est un genre de louanges, et vous devez renier vos enfants, s'ils ne font pas des actions qui en méritent de pareilles. Oui vraiment, je les renierai, repartit Sancho; mais monsieur l'écuyer, j'espère qu'ils ne m'en donneront point la peine, car ils ne font ni ne disent rien tous, la mère et les enfants, qui ne mérite qu'on les traite comme vous dites : aussi voudrais-je déjà les revoir, tant je les aime! et c'est pour cela que je prie Dieu tous les jours qu'il me tire de ce dangereux métier d'écuyer, où je me suis laissé aller encore un fois, dans l'espérance de trouver une bourse de cent écus d'or, comme je fis dans l'autre voyage à la montagne Noire. Par la morguienne, depuis ce temps-là le diable me met à chaque instant devant les yeux un sac de pistoles : il me semble que je le vois à l'heure où je vous parle, que je me jette à corps perdu dessus, que je le tiens entre mes bras, et que je l'emporte dans ma maison, que j'en achète des terres, et que je vis comme un prince; et toutes les fois que j'ai cela dans l'imagination, je compte pour rien toutes les fatigues que je souffre au service de mon maître, dont le cerveau, soit dit entre nous, me paraît bien un peu fêlé; mais j'ai l'air de ne pas m'en douter. C'est justement cela, dit l'écuyer du Bois, qui fait dire que la convoitise rompt le sac. Mais, s'il faut parler de nos maîtres, je ne crois pas qu'il y ait au monde un plus grand fou que le mien; il est de ceux dont parle le proverbe qui dit que c'est pour les soucis d'autrui qu'il en coûte la vie à l'âne : car, pour remettre en son bon sens un chevalier qui est devenu fou, il se rend fou lui-même, et il va chercher sans nécessité des choses dont il ne sera pas le bon marchand quand il les aura trouvées. Il est amoureux, sans doute, votre maître? dit Sancho. Vraiment oui, il est amoureux, répondit l'écuyer, et d'une Cassildée de Vandalie, qui est bien la plus cruelle créature et la plus difficile à gouverner qu'on puisse trouver dans le monde. Mais ce n'est point cela qui embarrasse présentement mon maître : il a bien d'autres choses dans la tête, comme il le fera voir lui-même dans peu. Il n'y a point de chemin si uni, repartit Sancho, où il n'y ait de quoi broncher : mais croyez que, s'il y a des maisons où il tombe quelques gouttes d'eau, il pleut toujours chez nous à verse, et, par ma foi, on n'y saurait suffire à tout sécher. Mais monsieur l'écuyer, s'il est vrai, comme on dit, que les misérables se consolent quand ils se rencontrent avec d'autres misérables, je pourrai me consoler avec vous, puisque vous servez un maître qui est aussi fou que le mien. Il est véritablement, dit l'écuyer du Bois, mais vaillant, et plus méchant encore que vaillant et que fou. Le mien n'est point du tout méchant, dit Sancho : au contraire, il n'a pas plus de fiel qu'un pigeon; il ne saurait faire de mal à personne; il est si bon, qu'un enfant lui ferait croire qu'il est nuit quand il est jour, et c'est cette bonté qui fait que je l'aime comme la prunelle de mes yeux, et que je ne saurais me résoudre à le quitter, malgré toutes ses extravagances. Cela est bon, dit l'écuyer du Bois; mais avec tout cela, quand un aveugle en conduit un autre, il y a grand danger pour tous deux. Je pense que le meilleur et le plus sûr serait de nous retirer tout doucement vous et moi, d'autant que ceux qui cherchent les aventures ne les trouvent pas toujours comme ils voudraient.

En cet endroit de la conversation, l'écuyer du Bois, s'apercevant que

Sancho crachottait souvent et avec peine : Monsieur, lui dit-il, il me semble qu'à force de parler nous nous sommes desséchés les poumons et la langue, et il n'y aurait pas grand mal à nous les rafraîchir. Mon cheval porte à l'arçon de la selle un remède contre de tels accidents ; il n'est assurément pas de ceux qu'on puisse mépriser ; attendez-moi là un moment. Il partit en même temps, et revint aussitôt avec une grande bouteille de cuir pleine de vin, et un pâté si grand que Sancho crut qu'il était d'un chevreuil, quoique ce ne fût que d'un lièvre. Comment, monsieur ! dit Sancho en le déchargeant du pâté, est-ce donc là le genre de vos provisions ? Et que vous imaginez-vous donc ? répondit l'autre : me prenez-vous pour un écuyer d'eau douce ? Je ne vais jamais par chemin que je n'aie toujours une semblable valise en croupe. Ils s'assirent à terre, et Sancho, sans se faire prier davantage, se mit à tordre et à avaler. Monsieur, s'écria-t-il, à voir les provisions que vous portez là avec vous, si vous n'êtes point venu ici par voie d'enchantement, au moins le dirait-on, ma foi, vous êtes le plus brave écuyer que j'aie jamais vu, et vous mériteriez d'être celui d'un roi ; il n'en est pas ainsi pour moi misérable, qui, pour tout potage, n'ai dans mon bissac qu'un morceau de fromage aussi dur qu'une pierre, avec quelques ognons et deux ou trois douzaines de noix. Dieu merci ! à la sobriété de mon maître, et à l'opinion qu'il a que les chevaliers errants doivent se contenter de fruits secs et des herbes de la campagne. De bonne foi mon frère, répliqua l'écuyer, je n'ai pas l'estomac fait pour des ognons et des racines. Que nos maîtres vivent tant qu'ils voudront selon les règles de leur étroite chevalerie, pour moi je ne saurais aller sans porter de la viandre cuite, et cette petite bouteille que vous voyez là toujours pleine ; c'est là ma fidèle compagne, c'est ma joie, c'est ma consolation ; et je l'aime si chèrement, que je l'embrasse à toute heure.

En disant cela, il mit la bouteille entre les mains de Sancho, qui, l'ayant aussitôt portée à la bouche, se mit à regarder fixement les étoiles, et fut près d'un quart d'heure en contemplation. Il acheva de boire enfin, et, penchant la tête d'un côté, il fit un grand soupir, comme pour reprendre haleine, et s'écria : Oh ! le drôle, le fils de putain ? comme il se laisse avaler. Ah ! par ma foi, je vous y prends, dit l'écuyer du Bois : eh bien ! mon brave, comment avez-vous appelé ce vin ? Je le confesse, repartit Sancho, et je vois bien que ce n'est pas une injure d'appeler qui que ce soit fils de putain quand il est question de le louer. Mais dites-moi, monsieur, de bonne foi, n'est-ce pas là du vin de Ciudad-Real ? Vous êtes un gourmet, sur ma vie, répondit celui du Bois : oui, il en est, et de plus de quatre feuilles. J'ai le nez bon, oui, repartit Sancho, voyez-vous monsieur, pour connaître le vin, j'en défie tout le monde : je ne veux que le flairer, et je vous dirai tout aussitôt d'où il est, s'il est mûr, s'il est vert, s'il est de garde, et toutes ses bonnes qualités. Et il ne faut pas s'étonner de cela : il y a dans ma race, du côté de mon père, les deux plus excellents gourmets qu'il y ait eu depuis longtemps dans la Manche, et vous allez le voir par cette petite histoire. On les appela un jour pour donner leur sentiment sur un vin qui était en tonneau. L'un en mit sur le bout de la langue, et l'autre ne fit que le sentir, après cela, le premier dit que le vin sentait le fer, et l'autre assura qu'il sentait le cuir. Le maître de la maison jura que son vin était net, et qu'on n'y avait rien mis du tout qui pût lui donner cette odeur ; mais les deux gourmets demeurèrent fermes dans leurs opinions. Quelque temps après, comme on eut vendu le vin, on voulut nettoyer le tonneau, et on trouva dedans une petite clef attachée à une lanière de cuir. Eh bien! monsieur, croyez-vous qu'un homme qui vient d'une telle race soit capable de bien juger? Assurément, répondit l'écuyer du Bois; mais à quoi vous sert cette connaissance dans le métier que vous faites? Monsieur, croyez-moi, laissez là la chevalerie et les aventures pour ce qu'elles valent; et, puisque nous avons du pain chez nous, qu'avons-nous besoin d'en aller chercher ailleurs, où il n'y en a peut-être pas? Pour moi, je suivrai encore mon maître jusqu'à Saragosse, j'y suis résolu; mais passé cela, serviteur.

CHAPITRE X.

Suite de l'aventure du chevalier du Bois.

Parmi les discours qu'eurent ensemble don Quichotte et le chevalier du Bois, l'histoire rapporte que le dernier dit à l'autre : Enfin, monsieur, vous saurez que ma destinée et mon choix m'ont rendu amoureux de l'incomparable Cassildée de Vandalie. Je l'appelle incomparable, parce qu'il n'y a point de femme au monde qui puisse égaler sa beauté et son mérite: mais, s'il m'est permis de le dire, il n'y a point aussi de femme sur la terre qu'elle ne surpasse en ingratitude : quelque chose que j'aie pu entreprendre pour Cassildée, et quelques offres que je lui aie faites, elle n'a jamais récompensé mes intentions et mes services qu'en me créant de nouveaux moyens de me signaler en diverses rencontres, et me faisant souffrir des travaux plus grands que ceux d'Hercule, sur l'espérance dont elle m'a toujours abusé, de me récompenser pleinement à la fin de chaque aventure qu'elle me fait entreprendre. Un jour, elle m'envoya défier la Giralda, cette géante objet de l'admiration de Séville; qui, sans sortir jamais d'un lieu, est cependant toujours en action, et fait bien voir qu'elle est la créature du monde la plus remuante et la plus légère. J'y allai, je la vis, je la vainquis et je fixai son mouvement, secondé par le vent du nord qui souffla toute une semaine. Une autre fois, elle m'ordonna d'aller peser les furieux taureaux de Guisando, entreprise plus digne d'un crocheteur que d'un chevalier. Quelque temps après, elle me commanda de me précipiter du haut du mont Cabra dans ses plus profonds abîmes, et d'observer soigneusement tout ce que nous cache cette grande obscurité, plus épaisse que les ténèbres d'Égypte, aventure inouïe, et dont on ne peut sortir sans miracle. Que vous dirai-je? j'arrête donc le mouvement de la Giralda, je pèse les taureaux de Guisando, je mets au jour les secrets des abîmes de Cabra, et je trouve Cassildée ingrate et dédaigneuse, et toutes mes espérances trahies. Enfin, il y a quelque temps qu'elle m'ordonna de courir par toutes les provinces d'Espagne, et de faire confesser par force, à tous les chevaliers errants qui y cherchent les aventures, qu'elle est seule digne de la couronne de la beauté, et que je suis le plus vaillant et le plus amoureux chevalier de l'univers. Depuis ce commandement, j'ai parcouru une grande partie de l'Espagne, et j'y ai vaincu tous les chevaliers qui ont été assez hardis pour me contredire. Mais la plus belle victoire que j'ai remportée, et celle dont je tire le plus de gloire, c'est d'avoir vaincu, en combat singulier, le grand, le fameux chevalier don Quichotte de la Manche, et de lui avoir fait confesser que Cassildée de Vandalie est incomparablement plus belle que Dulcinée du Toboso; victoire à jamais glorieuse pour moi et dans laquelle je puis me vanter d'avoir vaincu tous les chevaliers du monde, puisque le grand don Quichotte, dont je vous parle, les a tous vaincus.

Don Quichotte eut besoin de toute sa patience pour s'empêcher de donner cent démentis au chevalier du Bois, et il ne se retint que pour lui faire confesser de sa propre bouche ou qu'il était un imposteur ou qu'on l'avait abusé; si bien que, sans témoigner aucun emportement : Seigneur chevalier, lui dit-il, je veux bien croire que vous ayez vaincu la plupart des chevaliers errants d'Espagne, et même tous ceux du monde, si vous voulez ; mais, pour ce qui est de don Quichotte de la Manche, j'en doute fort : vous vous êtes trompé, sans doute, et vous avez pris quelque autre pour lui, quoique, à la vérité, il y en ait bien peu qui lui ressemblent. Comment, répliqua le chevalier, je me suis mépris ! est-ce que je ne connais pas don Quichotte peut-être! Allez, seigneur, je l'ai combattu, je l'ai vaincu et je l'ai vu soumis à ma discrétion ; et, pour vous faire voir que je le connais, c'est un grand homme, sec, maigre de visage, mais robuste et nerveux, qui a le poil mêlé, le nez aquilin, un peu courbé, et qui porte de grandes moustaches noires et abattues ; il combat sous le nom du chevalier de la Triste-Figure et monte un fameux coursier qu'on appelle Rossinante ; son écuyer se nomme Sancho Pança, et il a pour dame une Dulcinée du Toboso, autrefois Aldonza Lorenzo, dont il a changé le nom, comme j'ai fait de celui de Cassidée, que j'appelle Cassildée de Vandalie, parce qu'elle est Andalouse ; et si ce n'est pas vous donner assez de renseignements pour justifier la vérité que j'ai dite, je porte une épée qui sait mettre les incrédules à la raison. Doucement, seigneur chevalier, repartit don Quichotte, ne vous emportez pas, et écoutez ce que je vais vous dire. Il faut que vous sachiez que le don Quichotte dont vous parlez est un de mes meilleurs amis, au point que sa réputation ne m'est pas moins chère que la sienne propre. Aux marques que vous m'en avez données, je ne saurais douter que ce ne soit lui-même que vous ayez vaincu ; mais aussi je sais, de science certaine, que cela est tout à fait impossible ; ce qu'il y a de plus probable dans une chose si incertaine, c'est que quelque enchanteur de ceux qui le persécutent, et un, entre autres, qui est son ennemi particulier, aura pris méchamment sa ressemblance et se sera laissé vaincre exprès pour lui faire perdre la réputation que ses exploits lui ont justement acquise par toute la terre habitable ; et, pour confirmer cette vérité, je vous apprends que depuis deux jours, les vieillaques de magiciens ont enchanté la belle Dulcinée du Toboso, et l'ont transformée en une vilaine et difforme paysanne. Si, après cela, il vous reste encore quelque doute, voici don Quichotte lui-même qui vous fera voir, armé ou désarmé, à pied ou à cheval, de telle manière qu'il vous plaira, que vous êtes dans l'erreur.

A ces mots, don Quichotte se leva brusquement et porta la main sur son épée, attendant la résolution du chevalier du Bois, qui lui répondit froidement : Un bon payeur ne craint point de donner des gages : seigneur chevalier, celui qui a su vous vaincre transformé, peut bien espérer de vous vaincre de toute autre manière ; mais, comme c'est le propre des brigands et des poltrons de combattre de nuit, et que les chevaliers errants ne doivent pas ensevelir leurs exploits dans l'obscurité, attendons le lever du soleil, nous verrons pour lors à qui le dieu Mars sera favorable. à telle condition, seigneur chevalier, que le vaincu sera à la discrétion du vainqueur et obligé de faire tout ce qu'il lui ordonnera, pourvu que ce soit selon les règles de la chevalerie. J'accepte la condition, répondit don Quichotte. Et ils allèrent en même temps chercher les écuyers, qu'ils trouvèrent ronflant, et à qui ils ordonnèrent de tenir leurs chevaux prêts et en bon état, parce qu'au lever du soleil ils devaient se livrer un combat sanglant. Sancho, tout étonné de cette nouvelle, craignit beaucoup pour son maître. Cependant les deux écuyers allèrent reprendre leurs chevaux, et, chemin faisant, celui du Bois dit à Sancho : Vous n'ignorez pas, je pense que ce n'est pas la coutume en Andalousie que les écuyers demeurent les bras croisés quand leurs maîtres se battent : ainsi nous n'avons qu'à nous préparer à jouer des couteaux. Cette coutume, dit Sancho, est bonne pour ceux qui ne savent que faire, et pour des désespérés ; mais que ce soit la coutume des écuyers errants, je ne le crois pas ; au moins n'en ai-je jamais ouï parler à mon maître, qui sait par cœur toutes les ordonnances de la chevalerie errante ; et après tout, monsieur l'écuyer, quand il y aurait une ordonnance comme cela, il faut aussi qu'il y ait une peine pour les contrevenants, et j'aime mieux souffrir cette peine qui ne passe pas, j'en suis sûr, la valeur de deux livres de cire : en payant, quitte ; j'en aurai toujours meilleur marché que de me faire donner quelque mauvais coup et me ruiner en emplâtres. Mais il y a bien plus, mon cher monsieur ; c'est que je n'ai point d'épée, et n'en ai porté de ma vie qu'il me souvienne. Quant à cela, je sais un bon remède, repartit l'écuyer : j'ai ici deux sacs de toile de même grandeur ; vous en prendrez un et moi l'autre, et nous nous en donnerons jusqu'aux gardes à grands coups de sacs.

De cette manière-là, j'y consens, dit Sancho : nos armes seront plus propres à ôter la poussière de nos habits qu'à nous faire des blessures. Comment l'entendez-vous ? répliqua l'écuyer. Je prétends que nous mettions une douzaine de cailloux dans les sacs, de crainte que le vent ne les emporte, et après cela nous nous battrons en toute sûreté. Comme vous dites, repartit Sancho, c'est une chose bien douillette qu'une douzaine de cailloux ! Si vous avez la tête de bronze, pour moi je l'ai de chair et d'os. Mais en un mot comme en mille, monsieur l'écuyer, quand vous ne mettriez dans les sacs que du coton ou de la soie, je ne suis pas en humeur de me battre. Que nos maîtres combattent tant qu'ils voudront, s'ils en ont tant d'envie, pour nous, buvons : ma foi, c'est le plus court et le plus sûr. Le temps aura bien soin de nous ôter la vie, sans que nous l'accourcissions de nous-mêmes. Il ne faut pas se presser de cueillir ces prunes : elles tomberont de reste quand elles seront mûres. Avec tout cela, répliqua l'écuyer, ne devrions-nous pas combattre au moins quelque demi-heure. Non, non, monsieur, répondit Sancho, pas seulement une minute : il ne sera jamais dit que j'aie été assez ingrat pour quereller un homme avec qui je viens de boire et de manger, il faudrait ne pas savoir vivre. Et puis, qui diable peut se battre sans être en colère ? Ah ! s'il n'y a que cela, dit l'écuyer le remède est tout prêt : avant que nous commencions le combat, je m'approcherai tout doucement de vous, et avec cinq ou six coups de poing dans les dents et autant de coups de pied dans le ventre, je suis assuré de réveiller votre colère, fût-elle plus assoupie qu'une marmotte. Oh ! je sais encore un meilleur moyen, repartit Sancho : je prendrai un bon gourdin ; et avant que vous ayez réveillé ma colère, j'endormirai si bien la vôtre, qu'elle ne pourra se réveiller que dans l'autre monde, où l'on sait bien si je suis homme à me laisser manier de la sorte. Finissons, je pense que le meilleur est de laisser dormir la colère de l'un et de l'autre, puisqu'on dit qu'il ne faut point éveiller le chat qui dort, et souvent tel va chercher de la laine qui revient sans poil. Dieu a béni la paix et maudit les querelles. C'est ce que nous avons de mieux à faire. Si un chat qu'on enferme devient un lion, que pourrais-je devenir, moi qui suis un homme? Voilà tout ce qu'on peut dire, interrompit l'écuyer du Bois. Il sera bientôt jour, et nous verrons ce qu'il faudra décider.

Pendant que la naissance du jour commençait à rendre la vie et la couleur aux objets, Sancho Pança ne jouissait pas tranquillement d'un bien qui enrichissait toute la nature. La première chose qui s'offrit à sa vue, fut le nez de l'écuyer du Bois, dont la longueur démesurée lui fit tant de peur, qu'il pensa tomber à la renverse; et véritablement, ce nez était si prodigieux, qu'il faisait presque ombre à tout son corps, il avait en outre une grosse bosse au milieu, et il en sortait comme sept ou huit autres nez tout parsemés de verrues verdâtres et violettes, sans compter qu'il descendait presque de trois doigts au-dessous de la bouche; ce qui faisait un effet si terrible au visage de l'écuyer, qu'on n'aurait pu le regarder sans horreur. Cette hideuse vision épouvanta si fort le pauvre Sancho, qu'il lui prit un tremblement universel, il se voua dans son cœur à toutes les dévotions d'Espagne, pour être délivré de ce fantôme, et résolut d'en souffrir cent gourmades plutôt que de songer à réveiller sa colère.

Cependant don Quichotte jeta les yeux sur son adversaire, qui avait déjà le casque en tête et la visière baissée, si bien qu'il ne put le voir au visage; mais il remarqua que c'était un homme fort et robuste, quoique de taille médiocre; il portait sur ses armes une casaque qui paraissait de brocart d'or, où l'on voyait éclater quantité de petites lunes ou miroirs d'argent qui faisaient un fort bel effet; son casque était couvert de plumes jaunes, vertes et blanches, et sa lance, qui était appuyée contre un arbre, était grosse, longue, et ferrée par le bout d'un acier luisant d'un pied de long. Don Quichotte jugea que le chevalier devait être doué de grandes forces; mais il en eut de la joie, bien loin de s'étonner, et, s'avançant d'un air libre vers le chevalier des Miroirs: Seigneur chevalier, lui dit-il, si l'ardeur qui vous porte au combat n'altère point votre courtoisie, je vous prie de hausser la visière, afin que je voie si votre bonne mine et votre air répondent à la vigueur que promet la disposition de votre taille. Seigneur chevalier, répondit celui des Miroirs, vous aurez du temps de reste pour m'examiner; je ne puis vous l'accorder pour l'heure, parce qu'il me semble que je fais tort à la beauté de Cassildée et à ma propre gloire tant que je diffère de combattre et de vous faire confesser des vérités importantes. Au moins, répliqua don Quichotte, vous pouvez bien me dire, avant que nous soyons à cheval, si je suis ce don Quichotte que vous prétendez avoir vaincu. A cela, dit le chevalier des Miroirs, j'ai à vous répondre qu'on ne peut pas avoir plus de ressemblance; mais après ce que vous m'avez dit de la persécution que vous éprouvez de la part de quelques enchanteurs, je n'oserais jurer que vous soyez le même. En voilà assez, dit don Quichotte; qu'on amène seulement nos chevaux, et je vous tirerai entièrement d'erreur en moins de temps que vous n'en auriez mis à hausser la visière; et si Dieu, ma dame et mon bras ne me manquent, je verrai votre visage, et vous ferai voir si je suis ce don Quichotte qui se laisse vaincre si facilement. Ils montèrent à cheval sans parler davantage, et, en même temps, ils tournèrent leurs chevaux pour prendre du champ ; mais à peine s'étaient-ils éloignés de vingt pas que le chevalier des Miroirs appela don Quichotte, et ils se rapprochèrent l'un de l'autre. Seigneur chevalier, dit celui des Miroirs, vous vous souviendrez que les conditions de notre combat sont que le vaincu sera à la discrétion du vainqueur ? Je m'en souviens, répondit don Quichotte, et aussi que le vainqueur n'imposera rien qui soit contre les lois de la chevalerie. Cela est juste, repartit celui des Miroirs. En ce moment, ils allaient se séparer, quand don Quichotte jeta par hasard les yeux sur l'écuyer au grand nez. Pendant qu'il considérait cette effroyable figure, qu'il prenait pour un monstre, Sancho qui se tenait derrière la croupe de Rossinante, et qui n'avait pas le courage de demeurer avec son affreux compagnon, voyant son maître sur le point de partir, lui dit à l'oreille : Je vous supplie, monsieur, de m'aider à monter sur ce chêne, d'où je pourrai voir plus à mon aise votre combat qui sera, je pense, un des plus beaux du monde. N'est-ce point plutôt, répondit don Quichotte, que tu serais bien aise de voir sans péril le combat des taureaux ? A ne point mentir, repartit Sancho, le nez de cet écuyer me fait peur, et je ne demeurerais pas seul avec lui pour tous les biens du monde. Comment diable ce chevalier peut-il souffrir ce fantôme en sa compagnie ? Je me doute bien pourtant que c'est l'enchanteur qui a soin de ses affaires ; et tout cela, monsieur, ne me paraît point de bon présage. J'avoue, dit don Quichotte, que voilà la plus effroyable chose que je vis de ma vie, et, si je n'étais ce que je suis, j'en serais épouvanté ; mais quand ce serait Satan même, je lui ferais voir à qui il se joue. Allons, Sancho, viens que je t'aide à monter, et que j'aille apprendre à ce chevalier si je suis le véritable don Quichotte.

Pendant que don Quichotte aidait Sancho à monter sur l'arbre, le chevalier des Miroirs s'était éloigné pour prendre du champ ; et croyant que don Quichotte aurait fait la même chose, il tournait bride pour venir à sa rencontre. Il courait de toute la force de son cheval, c'est-à-dire au petit trop ; car le coursier n'était ni plus vigoureux, ni de meilleure apparence que Rossinante ; mais, comme il vit don Quichotte occupé à autre chose, il retint la bride et s'arrêta au milieu de la carrière, au grand plaisir de son cheval, qui n'en pouvait déjà plus. Cependant don Quichotte, qui s'imagina que le chevalier venait contre lui comme un tonnerre, pressa vivement les flancs de Rossinante, et l'anima de telle sorte que l'histoire remarque qu'il prit enfin le galop, ce qu'on ne lui avait encore jamais vu faire. Avec cette furie extraordinaire, le chevalier arriva auprès de celui des Miroirs, qui ne cessait de talonner sa monture, sans pouvoir la faire remuer, ce qui mettait le pauvre chevalier tellement en désordre, qu'il ne put même tenir la lance en arrêt ; don Quichotte, sans prendre garde à l'état où il trouvait son ennemi, fondit sur lui avec tant de force, qu'il lui fit vider les arçons et l'envoya à terre sans aucun signe de vie. Sitôt que Sancho vit le chevalier par terre, il se laissa couler en bas de son arbre et courut promptement vers son maître, qui, s'étant déjà jeté sur le chevalier des Miroirs, lui délaçait le casque, pour voir s'il était mort, ou pour lui donner de l'air, si par hasard il le trouvait vivant. Qui pourra dire l'étonnement de don Quichotte quand il put considérer les traits du chevalier des Miroirs ? Viens voir, Sancho, s'écria-t-il, viens voir ce qui te surprendra et ce que tu ne pourras croire. Regarde, mon ami, quel est le pouvoir de la magie ! Considère, admire quel est la malice des enchanteurs et la force des enchantements.

Sancho s'approcha, et, reconnaissant que c'était le bachelier Samson,

Carrasco, il fit vingt signes de croix, et pensa ne jamais revenir de son étonnement. L'infortuné bachelier ne revenait pas non plus de son étourdissement, et Sancho, ne sachant si le chevalier était mort ou vivant : Monsieur, dit-il, mettez-moi à tout hasard votre épée deux ou trois fois dans la gorge de ce monsieur Carrasco : qui sait si vous ne tuerez point quelque enchanteur de vos ennemis ? Je pense que tu as raison, répondit don Quichotte : aussi bien plus nous en tuerons, moins en restera t-il à combattre. Il allait en même temps exécuter le conseil de Sancho, quand l'écuyer du chevalier des Miroirs, qui n'avait plus son grand nez, courut à lui, en criant de toute sa force : Arrêtez, monsieur! prenez bien garde à ce que vous faites : celui que vous voyez à vos pieds est le bachelier Carrasco, votre bon ami, et c'est moi qui lui servais d'écuyer.

A d'autres! dit Sancho, et où est le nez? Le voici, répondit l'écuyer. Il tira aussitôt de sa poche un nez de carton, de la même figure qu'il a été dépeint. Cependant Sancho, qui ne cessait de considérer l'écuyer, dont il avait moins de peur commença à lever les mains avec admiration, et tout d'un coup il s'écria : Eh ! sainte Vierge ! n'est-ce pas là Thomas Cecial, mon compère ? Oui, oui, mon ami Sancho, c'est moi-même, répondit l'écuyer, et je vous dirai tout à l'heure par quelle aventure je me trouve ici ; mais, en attendant, priez votre maître qu'il ne fasse point de mal au chevalier des Miroirs, car c'est assurément le pauvre Samson Carrasco, notre bon voisin. Sur cela, le malencontreux chevalier revient à lui, et, au premier signe de vie qu'il donna, don Quichotte, lui portant l'épée à la gorge : Vous êtes mort, chevalier, lui cria-t-il, si vous ne confessez que Dulcinée du Toboso remporte le prix de la beauté sur votre Cassildée de Vandalie, et si vous ne promettez qu'au cas que vous guérissiez de vos blessures, vous irez au Toboso, vous présenter de ma part devant madame, pour vous soumettre à tout ce qu'elle vous ordonnera ; après quoi, si elle vous rend la liberté, vous viendrez me chercher à la trace de mes exploits, pour me rendre compte de ce qui se sera passé entre elle et vous. Je confesse, dit l'infortuné chevalier, qu'un seul regard de madame Dulcinée vaut mieux que toutes les faveurs de Cassildée, et qu'elle-même encore ; je promets encore de plus d'aller au Toboso, et de revenir vous rendre un compte exact de toutes choses. Il faut que vous confessiez encore, ajouta don Quichotte, que le chevalier que vous vainquîtes autrefois n'était ni ne pouvait nullement être don Quichotte de la Manche, mais seulement quelqu'un qui lui ressemblait, comme aussi je reconnais de ma part que vous n'êtes point le bachelier Samson Carrasco, quoique vous lui ressembliez parfaitement, mais quelque autre à qui les enchanteurs mes ennemis ont donné la même forme, afin de modérer les mouvements impétueux de ma colère, et m'obliger d'user avec clémence de ma victoire.

Je l'avoue et le confesse comme vous le souhaitez, répondit le chevalier, mais, pour Dieu, laissez-moi lever, car je me trouve fort incommodé de ma chute. Don Quichotte lui aida avec Thomas Cecial, sur qui Sancho tenait les yeux constamment attachés, lui faisait mille questions différentes, pour découvrir si c'était véritablement lui ; et ne pouvait encore s'en fier à ce qu'il voyait, tant l'opinion qu'avait don Quichotte du pouvoir des enchanteurs s'était imprimée dans son esprit ! Enfin don Quichotte et Sancho demeurèrent dans l'erreur, et le chevalier des Miroirs, prit congé d'eux et alla avec son écuyer se faire remettre les côtes. Un moment après, don Quichotte chemina vers Sarragosse, où il faut lelaisser aller, pour voir au vrai qui étaient le chevalier des Miroirs et l'écuyer au grand nez.

CHAPITRE XI.

Qui étaient le chevalier des Miroirs et l'écuyer au grand nez.

Don Quichotte s'en allait triomphant, ne pensant pas qu'il manquât désormais rien à sa gloire, et s'attendant à apprendre bientôt des nouvelles de la princesse Dulcinée. Mais le chevalier des Miroirs ne songeait qu'à se guérir promptement de sa chute pour être en état d'exécuter un nouveau dessein. Cependant l'auteur nous apprend que le bachelier Samson Carrasco ne conseilla à don Quichotte de retourner à la quête des aventures qu'après avoir conféré avec le curé et le barbier d'un commun accord, et que tous conclurent que le meilleur moyen pour guérir le pauvre chevalier d'une si étrange maladie était de le laisser aller, puisqu'aussi bien ne pouvait-on le retenir ; que Samson, se présentant à lui sur son chemin en chevalier errant, trouverait moyen de l'appeler au combat et de le vaincre, comme il n'était pas difficile, ayant préalablement mis dans les conditions du combat que le vaincu serait à la discrétion du vainqueur ; qu'après cela le bachelier, profitant de son avantage, ordonnerait à don Quichotte de retourner dans sa maison, et de n'en sortir de deux ans, s'il ne le lui permettait, ce que don Quichotte accomplirait sans doute religieusement pour ne pas contrevenir aux lois de la chevalerie ; que peut-être pendant ce temps-là il oublierait ses imaginations extravagantes, ou qu'eux-mêmes trouveraient moyen d'y remédier. Carrasco s'était chargé de bon cœur de l'entreprise ; et Thomas Cecial, compère et voisin de Sancho, et qui était un bon compagnon, s'offrit pour lui servir d'écuyer. Carrasco s'équipa donc, comme nous avons vu, sous le nom du chevalier des Miroirs, et Cecial s'étant mis un faux nez pour n'être pas reconnu de Sancho, ils suivirent don Quichotte à la trace, et de si près, qu'ils pensèrent se trouver à l'aventure du char de la mort ; enfin ils le joignirent dans le bois où se passa le combat que nous venons de raconter.

Thomas Cecial, voyant le malheureux succès de leur voyage, et le disgracié Carrasco en si mauvais état : En bonne foi, monsieur le bachelier, lui dit-il, nous avons bien ce que nous méritons ; il n'est pas difficile de faire des entreprises, mais on n'en vient pas aussi aisément à bout. Don Quichotte est un fou, et nous nous croyons sages ; cependant il s'en va sain en riant, et nous nous en retournons tous deux tristes, et vous, de plus, bien frotté. Je voudrais bien savoir à cette heure quel est le plus fou, à votre avis, ou de celui qui l'est parce qu'il ne peut s'en empêcher, ou de celui qui veut bien l'être. La différence qu'il y a entre ces espèces de fous, répondit Samson, c'est que celui qui l'est par force le sera toujours ; et que celui qui ne l'est que parce qu'il veut bien l'être cessera de l'être quand il voudra. Puisqu'il en est ainsi, reprit Cecial, j'ai bien voulu être fou en vous servant d'écuyer, et, pour ne pas l'être davantage, je vais reprendre le chemin de ma maison. Vous en êtes le maître, répartit Samson ; mais de prétendre que j'en fasse autant avant d'avoir roué don Quichotte de coups, j'aimerais mieux ne mettre jamais les pieds dans le village. Ce n'est pas désormais le dessein de lui faire recouvrer le jugement, c'est pure vengeance. J'avoue que je suis si outré des douleurs qu'il me fait sentir, que je ne saurais plus en avoir de compassion.

Ils s'entretinrent de cette manière jusqu'à ce qu'ils arrivèrent à un village, où il se rencontra heureusement un barbier entre les mains de qui se mit Samson, et Thomas Cecial retourna à son village.

CHAPITRE XXII.

De ce qui arriva à don Quichotte avec un chevalier de la Manche.

Don Quichotte s'en allait, triomphant et se croyant désormais le chevalier errant du monde le plus vaillant et le plus glorieux. Cette dernière victoire lui semblant un présage assuré de toutes les autres, il ne demandait que des aventures et des plus difficiles, les regardant déjà comme achevées, et il ne se souciait plus de la haine des enchanteurs, dussent-ils s'unir tous ensemble pour lui nuire, tant il avait de confiance en sa bonne fortune. Il ne lui manquait, à ce qu'il disait en lui-même, que de trouver un moyen de désenchanter la princesse Dulcinée : après quoi il ne croyait pas avoir sujet de porter envie à la gloire des plus heureux et des plus fameux chevaliers errants de tous les siècles passés.

Don Quichotte était abîmé dans ces agréables imaginations, quand Sancho lui dit : Ne trouvez-vous pas cela plaisant, monsieur, que j'aie toujours devant les yeux ce diable de nez et ces vilaines narines de mon compère Thomas Cecial ? j'ai beau songer ailleurs, je ne saurais m'en défaire. Est-ce que tu crois encore, Sancho, répondit don Quichotte, que le chevalier des Miroirs était le bachelier Carrasco, et son écuyer, Thomas Cecial ? Je ne sais que vous dire, repartit Sancho, mais je sais bien qu'un autre que Cecial ne pouvait me donner les renseignements que celui-ci m'a donnés de ma maison, de ma femme et de mes enfants ; et quand il n'a point ce grand nez, par ma foi, c'est le visage même de Cécial, sans qu'il y manque la moindre chose, aussi bien que son son de voix, et tout le reste, qui est comme je l'ai vu toute ma vie ; et comment diable m'y tromperais-je, puisque nous sommes presque tous les jours ensemble ? Or ça, Sancho, raisonnons un peu, répliqua don Quichotte : Quelle apparence y a-t-il, dis-moi, que le bachelier Carrasco vienne en équipage de chevalier errant, avec armes offensives et défensives, pour me combattre ? Suis-je son ennemi et lui ai-je jamais donné sujet d'être le mien ? Me regarde-t-il comme un rival, et fait-il profession des armes, pour porter envie à la gloire que je me suis acquise ? Mais, monsieur, repartit Sancho, que dites-vous donc de la ressemblance de ce chevalier avec Carrasco, et de l'écuyer avec mon compère Cecial ? Et si c'est enchantement, comme vous dites, n'avaient-ils point d'autre ressemblance à prendre dans tout le monde ? Tout cela n'est qu'artifice, dit don Quichotte, et voilà justement la malice des enchanteurs qui me persécutent ; ces traîtres, voyant bien que je demeurerais vainqueur dans ce combat, ont, par précaution, changé le visage de ce chevalier en celui de mon ami le bachelier, afin que l'amitié que j'ai pour lui servît de digue contre le torrent de ma juste fureur. Mais, mon ami, te faut-il d'autres preuves de la malice et du pouvoir des enchanteurs, que celle que nous avons eue tout récemment en la transformation de Dulcinée? Ne m'as-tu pas dit toi-même que tu la voyais avec toute la beauté naturelle, avec tous les agréments et les charmes que lui a donnés la nature, pendant que moi, qui suis l'objet de l'aversion de ces perfides, je la voyais sous la figure d'une paysanne laide et difforme, avec les choses du monde les plus dégoûtantes, des yeux chassieux et une odeur empestée? Après ce prodige, qu'a-t-il pu coûter aux enchanteurs de donner au chevalier que j'ai vaincu la ressemblance de mon ami Samson, et à son écuyer celle de ton compère? et avaient-ils d'autre moyen de m'empêcher de tirer vanité d'une si heureuse et si importante victoire? Mais enfin j'ai lieu de me consoler, puisque mon bras a été plus fort que leurs charmes. Dieu sait bien la vérité de tout, répondit Sancho, qui n'était point trop satisfait des raisonnements ridicules de son maître; mais il n'osait le contredire, de crainte de découvrir la tromperie qu'il lui avait faite sur l'enchantement de Dulcinée.

Ils en étaient sur ces discours quand ils entendirent venir derrière eux un homme à cheval. C'était un gentilhomme monté sur une fort belle jument gris pommelé; il était en habit de campagne, avec un manteau de drap vert, bordé de bandes de velours brun d'un pied de haut, et sur la tête un petit chapeau de la même étoffe; il portait un coutelas à la mauresque, avec un baudrier vert en broderie d'or; les bottines étaient de même étoffe que le baudrier et ornées de même; les éperons simplement vernis de vert, mais si bien brunis et si luisants, qu'ils avaient plus d'éclat que s'ils eussent été d'or pur. Le gentilhomme les salua fort civilement en passant; et donnant de l'éperon à sa jument, il allait s'éloigner d'eux, quand don Quichotte lui cria : Seigneur cavalier, si vous n'êtes point pressé et que vous suiviez le même chemin que nous, je serais fort aise que nous allassions de compagnie. En vérité, seigneur, répondit le cavalier, j'avais la même intention; mais j'ai craint que votre cheval s'emportât à cause de ma jument. Ah! vraiment, monsieur, dit Sancho, vous n'avez que faire de craindre; notre Rossinante est le cheval du monde le plus honnête et le plus sage. Ce n'est pas un animal à faire d'escapades; votre jument est en sûreté. Le gentilhomme se mit donc au petit pas sur la parole de Sancho, considérant avec étonnement la figure de don Quichotte, qui marchait sans casque, l'écuyer le portant sur son âne en guise de sac de nuit. Mais, si le cavalier considérait attentivement don Quichotte, don Quichotte le regardait encore avec plus d'attention, comme un homme qui méritait des égards; en effet, c'était un homme de bonne mine, de quelque cinquante ans, avec les cheveux tant soit peu mêlés, et qui avait dans l'air quelque chose de gai et de modeste qui sentait l'homme de bonne compagnie. Quant à notre héros, le cavalier jugea que c'était un homme extraordinaire, et il ne se souvenait pas d'en avoir jamais vu ni fait ni équipé de la sorte. Il admirait sa tête allongée, la maigreur et la pâleur de son visage, son air, ses armes et surtout sa posture sur le cheval efflanqué, et le tout lui paraissait si nouveau, qu'il ne se lassait point de le considérer.

Don Quichotte s'aperçut de l'étonnement du gentilhomme, et, lisant dans ses yeux l'envie qu'il avait d'en savoir davantage, il voulut le prévenir par un effet de sa courtoisie ordinaire. Je ne m'étonne pas, monsieur, lui dit-il, que vous soyez surpris de voir en moi un air et des manières si différentes de celles des autres hommes ; mais vous cesserez sans doute de l'être, quand vous saurez que je suis chevalier errant, de ceux, comme on dit communément, qui vont chercher les aventures. J'ai quitté mon pays, engagé mon bien et renoncé à mes plaisirs, pour songer à faire revivre la chevalerie errante, qui allait s'éteindre. J'ai commencé il y a déjà quelque temps, et j'ai accompli une partie de mes desseins, en secourant les veuves, protégeant les jeunes filles, défendant le droit des femmes mariées, des orphelins et de tous les affligés, exercice naturel aux chevaliers errants ; j'ai tant fait enfin par mes pieux et vaillants exploits, et après une infinité de travaux, que ma réputation s'est répandue presque dans toutes les parties du monde. On a déjà imprimé trente mille volumes de mon histoire, et l'on en verra bientôt trente millions, si Dieu n'y remédie. Mais enfin, pour vous dire tout en peu de paroles, et ne vous tenir pas plus longtemps en suspens, je suis don Quichotte de la Manche, autrement le chevalier de la Triste-Figure : et quoiqu'il ne soit pas trop honnête de publier soi-même ses louanges, je me trouve pourtant quelquefois obligé de le faire, quand il n'y a personne pour m'en épargner le soin et la peine. Ainsi donc, mon brave cavalier, vous ne devez plus vous étonner de me voir cet écu et cette lance, cet écuyer et ce cheval, ni tout le reste de l'équipage, non plus que le visage maigre et le corps décharné, sachant désormais qui je suis, et que toutes ces choses conviennent absolument avec la profession que j'ai embarssée.

Don Quichotte se tut, et le cavalier, après avoir été quelque temps sans répondre, lui dit enfin : Seigneur chevalier, vous avez très bien deviné la curiosité qui m'a pris d'abord que je vous ai vu ; mais quelque chose que vous m'ayez pu dire, vous ne m'avez point tiré de mon étonnement ; je me trouve au contraire encore beaucoup plus surpris que je n'étais. Eh quoi ! monsieur, est-il possible qu'il y ait aujourd'hui des chevaliers errants dans le monde, et qu'on en ait imprimé des histoires véritables ! En vérité, monsieur, j'aurais eu de la peine à croire qu'il y eût de ces défenseurs de dames, et de ces protecteurs de veuves et d'orphelins, si mes yeux ne m'en faisaient voir en vous un témoignage assuré. Loué soit Dieu mille fois de ce que l'histoire de vos fameux exploits va désormais faire oublier ce nombre infini de chevaliers errants dont les fables remplissent l'Europe, et gâtent l'esprit de tous ceux qui les lisent ! Monsieur, monsieur, repartit don Quichotte, il ne faut pas croire si assurément que ce soient des fables que les histoires de ces chevaliers. Est-ce qu'il y a quelqu'un qui en doute ? répondit le cavalier. Moi j'en doute, répartit don Quichotte ; mais laissons cela : j'espère, si nous allons longtemps ensemble, que je vous tirerai de l'erreur où vous a entraîné le torrent des incrédules. Ces dernières paroles de don Quichotte, et l'air dont il les avait dites, donnèrent quelque soupçon au cavalier que ce fût quelque espèce de fou.

Cependant don Quichotte, changeant de discours, pria le cavalier de lui dire qui il était, puisque lui-même n'avait point fait difficulté de lui dire et sa profession et sa vie. Pour moi, seigneur chevalier de la Triste-Figure, répondit-il, je m'appelle don Diego de Miranda, et suis gentilhomme, et né dans un village ici près, où nous irons, Dieu aidant, souper ce soir. J'ai, Dieu merci, du bien raisonnablement, et je passe doucement la vie avec ma femme et mes enfants. Mes exercices ordinaires sont la chasse et la pêche : non pas que j'entretienne pour tienne pour cela ni chiens, ni oiseaux, mais seulement quelque perdrix privée, qui sert d'appeau pour la tonnelle, et un héron avec des filets. J'ai quantité de livres, les uns latins, les autres espagnols; il y en a qui traitent de l'histoire, les autres sont de dévotion, car pour les livres de chevalerie, je n'en souffre point chez moi. Je prends beaucoup de plaisir à lire l'histoire ou des nouvelles, pourvu qu'il y ait quelque chose d'agréable dans l'invention et le style; mais à mon sens, il se trouve peu de pareils livres en Espagne. Mes voisins et moi vivons en bonne intelligence, et nous mangeons souvent les uns chez les autres; nos repas sont sans façon, assez délicats, mais sans superfluité, et nous en avons banni toute sorte d'excès, haïssant naturellement la débauche. Je me suis fait une loi de vivre en homme de bien, et d'assister les pauvres, au lieu d'employer mon revenu à des choses superflues, et je ne néglige rien pour entretenir la paix parmi mes voisins et dans ma maison, prévenant autant que je puis tous les désordres qui peuvent arriver. Sancho avait écouté avec toute l'attention possible le discours du gentilhomme, et, se figurant qu'un homme qui vivait de la sorte devait être un saint et faire des miracles; il se jeta promptement à bas de sa monture, et, les larmes aux yeux, il alla lui embrasser la jambe, lui baisant les pieds avec autant de dévotion qu'il aurait fait pour des reliques. Eh! qu'est-ce que ceci, mon ami? lui dit le gentilhomme tout étonné. Qu'avez-vous à me baiser ainsi les pieds? Laissez-moi faire, monsieur, répondit Sancho : toute ma vie j'ai honoré les saints, et n'en avais pas encore vu en vie. Ah! mon ami, je ne suis pas saint, répliqua le gentilhomme : eh! qu'il s'en faut que je le sois! Ce serait bien plutôt vous, mon pauvre frère, à l'humilité, que vous me faites voir. Sancho fort satisfait de ce qu'il venait de faire, alla remonter sur le grison; et don Quichotte, qui, malgré tout son flegme, avait bien de la peine à s'empêcher de rire de sa simplicité, reprit la parole, et demanda au seigneur don Diego s'il avait beaucoup d'enfants, ajoutant qu'il avait toujours remarqué que les anciens philosophes faisaient consister le souverain bien autant dans les avantages de la nature qu'en ceux de la fortune, et à avoir un grand nombre d'enfants et beaucoup d'amis. Monsieur, repartit don Diego je n'ai qu'un seul fils, et je ne me trouverais guère plus malheureux quand je ne l'aurais point; non pas qu'il ait de mauvaises inclinations, mais il n'a pas toutes celles que je voudrais; c'est un garçon d'environ dix-huit ans, qui en a passé six à Salamanque à apprendre le grec et le latin; et lorsque je prétendais le pousser plus avant dans la connaissance des belles-lettres, je l'ai trouvé si entêté de la poésie qu'il méprise tout le reste, et surtout la théologie et la jurisprudence, à quoi je voulais qu'il s'appliquât; mais il n'y a pas moyen d'en venir à bout : il passe les jours entiers à examiner si un vers d'Homère est bon ou mauvais, si Martial est déshonnête en ses épigrammes, ou de quelle manière il faut entendre quelques vers de Virgile; enfin tout son entretien ne roule que sur ces poètes, comme aussi sur Horace, Perse, Juvénal, et tous les anciens qui sont en réputation : car, pour les modernes, il ne les estime nullement.

Monsieur, répondit don Quichotte, les enfants sont une portion des pères, et, bons ou mauvais, on est obligé de les aimer; mais les pères doivent particulièrement prendre soin de les former à la vertu dès leur enfance et surtout leur inspirer des sentiments chrétiens, afin qu'ils soient un jour l'appui de leur vieillesse. En un mot, on ne doit rien négliger pour les erndre parfaits en toute chose et pour en faire l'honneur de leur race, car la gloire en rejaillit sur les pères. Pour ce qui est de les forcer à apprendre une science plutôt qu'une autre, je n'en serais pas d'avis ; il n'est pas mauvais de tâcher de le leur persuader, mais après cela il me semble qu'on doit leur laisser suivre leur inclination, quand ils n'ont pas besoin d'étudier pour vivre ; quoique la poésie soit une occupation bien moins utile qu'elle n'est agréable, je ne la trouve pourtant pas à mépriser, elle ne fait jamais de honte à un honnête homme. La poésie, monsieur, est comme une belle jeune fille que les autres prennent soint de parer : elle se sert des ornements de toutes les autres sciences, et elle-même les embellit quand elle se trouve avec elles ; il faut seulement prendre garde qu'il y a des endroits où elle ne doit jamais se trouver : c'est la prostituer que de l'employer dans la satire ou d'autres ouvrages déshonnêtes et, quoiqu'elle semble née pour le théâtre, elle doit y paraître sans aucune licence et n'y porter jamais que les ornements de la pureté, sans affecter de divertir les esprits bas et le vulgaire ignorant, qui ne savent point connaître les véritables beautés. Je ne sais, monsieur, si tout le monde entend de la même sorte ces mots d'esprits bas et vulgaires, mais pour moi, je veux dire tous les ignorants, de quelque condition qu'ils puissent être, et je n'en excepte pas les grands seigneurs ni les princes qui ont l'esprit mal fait. Quant à ce que vous dites, monsieur, que votre fils n'estime pas la poésie moderne, il me semble qu'il n'a pas tout à fait raison : car Homère et Virgile, qu'on peut appeler les princes de la poésie grecque et latine, ont écrit chacun en leur langue, et tous les poètes anciens ont composé leurs ouvrages de cette sorte ; je crois qu'il ne serait pas mauvais que tout le monde le pratiquât aujourd'hui de même, car chaque langue a sa beauté, et l'on n'entend pas partout le grec et le latin. Aussi, monsieur, je m'imagine que votre fils ne méprise pas la langue castillane, mais les auteurs castillans, qui ne savent point d'autre langue, et ne savent peut être pas même assez la leur pour nous y faire trouver les agréments dont les autres sont pleines. Pour achever en deux mots, je vous conseille, monsieur, de laisser suivre à votre fils son inclination naturelle, puisqu'il a le jugement bon, et qu'à l'âge où il sait parfaitement le grec et le latin, qui renferment tout ce qu'il y a de plus beau dans les sciences. Il n'a plus qu'un pas à faire pour atteindre à la perfection des belles-lettres, qui ne siéent pas moins bien à un gentilhomme de sa qualité qu'à ceux qui sont obligés d'en faire profession. Faites seulement, monsieur, qu'il choisisse toujours de bons sujets, qu'il n'écrive rien que d'honnête, que jamais il n'attaque dans ses ouvrages, la réputation de personne, et qu'écrivant en général contre les vices, il donne à tout le monde une idée agréable de la vertu et un désir ardent de la suivre : et vous verrez pour lors que la poésie ne fait point de tort à un honnête homme, et que votre fils sera en même temps l'honneur de sa race et en estime à la cour et parmi le peuple.

Don Quichotte finit là son discours, et le gentilhomme demeura si étonné qu'il ne savait plus qu'en croire, et il commençait déjà à se reprocher la mauvaise opinion qu'il en avait eue. Il allait renouer la conversation, quand notre chevalier, voyant paraître d'assez loin une charrette qui portait des banderoles avec des armoiries royales, et croyant que ce devait être quelque nouvelle aventure, cria à Sancho, qui s'était éloigné, de lui apporter promptement son casque.

CHAPITRE XIII.

De la plus grande marque de courage qu'ait jamais donné don Quichotte, et de l'heureuse fin de l'aventure des lions.

Pendant que don Quichotte tenait le discours que nous venons de rapporter, Sancho, qui n'y prenait pas trop de plaisir, voyant des bergers qui gardaient un troupeau de moutons, alla vers eux pour leur demander du lait; il leur avait déjà acheté quelques petits fromages et les allait manger, quand il s'entendit appeler ; et, se trouvant tout d'un coup pressé des cris de son maître et embarrassé de sa marchandise, qu'il ne voulait pourtant pas perdre après l'avoir payée, il la mit à tout hasard, dans le casque qu'il portait à l'arçon de la selle, et il revint au grand trot voir ce que voulait don Quichotte. Ami, dit notre chevalier, donne-moi mon casque : ou je ne me connais pas en aventures, ou j'en découvre là une qu'il ne fait pas bon entreprendre que bien armé. Le gentilhomme, qui entendait parler don Quichotte, jeta aussitôt la vue de tous côtés, et ne voyant autre chose que le chariot avec les banderoles, il crut que ce devait être une voiture d'argent pour le trésor royal, et le dit à don Quichotte ; mais lui, croyant toujours que tout ce qui lui arrivait était plus qu'aventure, lui répondit : Mon gentilhomme, un homme découvert est à demi vaincu ; je ne perds rien à me tenir sur mes gardes, et je n'ai que trop d'expérience que j'ai des ennemis visibles et invisibles qui, continuellement songent à me surprendre. Et, prenant en même temps le casque des mains de Sancho, avant qu'il eût le loisir d'en ôter les fromages, il se le mit aussitôt sur la tête, et le petit-lait commença à dégoutter de tout côté sur ses yeux et sur sa barbe. Qu'est-ce ceci, Sancho ? s'écria-t-il tout étonné : ou dirait que ma tête se ramollit, ou que ma cervelle fond, et que je sue depuis la tête jusqu'aux pieds : en effet, je sue à grosses gouttes, mais ce n'est assurément pas de peur, et il faut sans doute que cette aventure soit terrible après un tel présage. Donnez-moi de quoi m'essuyer, ajouta-t-il, car la sueur m'aveugle. Sancho lui donna un mouchoir sans dire mot, remerciant Dieu en son cœur de ce qu'il ne devinait point ce que c'était. Don Quichotte s'essuya le visage, et, ayant ôté son casque pour s'essuyer aussi la tête, et voir ce qui le rafraîchissait ainsi à contre-temps, il vit cette marmelade blanche, qu'il porta aussitôt au nez ; mais il ne l'eut pas plutôt sentie, que, reconnaissant à peu près ce que c'était : Par la vie de madame Dulcinée, s'écria-t-il, traître gourmand, ce sont des fromages mous que tu as mis dans mon casque. Monsieur, répondit froidement Sancho sans s'étonner, si ce sont des fromages, baillez-les-moi : je les mangerai, ou que le diable les mange lui-même, lui qui les y a mis ! Vraiment, monsieur, vous m'avez bien trouvé : est-ce que je suis homme à faire de ces coups-là ? oh ! je n'ai pas si grande envie d'attraper des coups de gaule ! ma foi, monsieur, il faut que j'aie des enchanteurs qui me persécutent aussi bien que les autres. Et pourquoi en serais-je exempt, étant membre de chevalerie? Vous verrez que ce sont eux qui ont mis ces ordures dans votre casque, pour vous mettre en colère, et me faire encore rouer de coups, mais, pour cette fois-ci, je me moque de ces bons affronteurs : j'ai affaire à un bon maître, qui connaît bien leur malice, et qui sait bien que, si j'avais du fromage et du lait, j'aimerais mieux le mettre dans mon estomac que dans un casque. Tout cela peut être, dit don Quichotte; mais il faudra enfin que cela finisse.

Cependant don Quichotte, après s'être bien essuyé le visage et la barbe, remit son casque en tête, regarda si son épée tenait au fourreau, et, brandissant vigoureusement sa lance : Vienne désormais tout ce qui pourra, dit-il, me voici en état de faire tête à Satan même! Sur cela, le chariot arriva avec un homme seulement, assis par derrière, et le charretier monté sur une des mules. Don Quichotte se campa au devant, et cria à ces gens : Où allez-vous, mes amis? Qu'est-ce que ce chariot? qu'y a-t-il dedans, et quelles banderoles sont-ce là? Monsieur, répondit le charretier, le chariot est à moi; il y a dedans, dans deux cages, deux lions que le gouverneur d'Oran envoie au roi notre maître; et voilà les armoiries royales pour faire connaître que cela lui appartient. Et les lions sont-ils grands? demanda don Quichotte. Vraiment oui, ils sont grands, répondit le compagnon du charretier, et si grands, qu'il n'en est jamais venu de semblables d'Afrique, au moins en Espagne. C'est moi qui les garde, ajouta-t-il, et j'en ai mené bien d'autres en ma vie, mais non pas de pareils ni rien d'approchant. Dans cette première cage est le lion, et la lionne dans l'autre; ils ont grand'faim à l'heure qu'il est, car d'aujourd'hui ils n'ont mangé : aussi, monsieur, nous n'avons pas besoin de parler davantage, et nous allons continuer notre chemin. Le charretier faisait mine de vouloir passer, quand don Quichotte, souriant un peu : A moi des lionceaux, dit-il, des lionceaux à moi, et à l'heure qu'il est! Ah! il faut faire voir à ces messieurs qui les envoient si je suis homme qui s'épouvante pour des lions. Mettez pied à terre, bonhomme, et, puisque vous êtes le gouverneur des lions, ouvrez les cages, et me les faites sortir, que je leur fasse connaître, au milieu de cette campagne, quel est don Quichotte de la Manche, en dépit des enchanteurs qui me les envoient. Ah! ah! dit alors en lui-même le gentilhomme, il n'en faut plus douter à ce coup : notre chevalier fait bien voir à quoi on doit s'en tenir. Sancho s'approcha en même temps de lui tout tremblant, et lui dit : Hé, monsieur, pour l'amour de Dieu, empêchez que mon maître ne combatte ces lions : par ma foi, monsieur, ils nous vont tous mettre en pièces. Eh? dites-moi, votre maître est-il assez fou, répondit le gentilhomme, pour vous faire craindre qu'il en vienne aux mains avec des lions? Il n'est pas fou, dit Sancho, mais c'est un homme qui ne craint rien. Allez, allez, repartit le gentilhomme, je vous réponds de lui. Et, s'approchant de don Quichotte, qui voulait à toute force qu'on ouvrît les cages : Seigneur chevalier, lui dit-il, les chevaliers errants doivent entreprendre des aventures dont ils puissent venir à bout, et non pas de celles où ils voient bien qu'ils ne sauraient réussir : car la témérité est une brutalité farouche et inconsidérée, qui tient plus de la folie que de la véritable vaillance; d'ailleurs, ce n'est pas contre vous que l'on envoie ces lions : c'est un présent que l'on fait au roi, et ce ne serait pas bien fait d'interrompre le voyage de ces gens, qui en doivent répondre. Mon gentilhomme, répondit brusquement don Quichotte, mêlez-vous de vos perdrix et de vos filets, et laissez à chacun faire son métier : c'est ici le mien. Et, se tournant promptement devers le gouverneur des lions : Vieillaque, lui cria-t-il, par le Dieu vivant! si tu n'ouvres ces cages sur-le champ, je te cloue tout à l'heure avec cette lance contre ton chariot! Hé, monsieur! s'écria le charretier, voyant don Quichotte si résolu, pour l'amour de Dieu, souffrez que je détache mes mules, et que je m'enfuie avant qu'on ouvre aux lions, parce que, s'ils se jettent une fois sur ces pauvres animaux, me voilà à l'aumône pour le reste de ma vie; car, devant Dieu, je n'ai d'autre bien que mes mules et ma charrette. Misérable, répondit don Quichotte, qui manque de confiance, descends et t'ôte du chemin, si tu en as si grande envie; mais tu verras bientôt que tu n'avais pas besoin de prendre cette précaution.

Le charretier ne se le fit pas dire deux fois : il se jeta à terre à grande hâte et détela ses mules; et aussitôt le gouverneur des lions se prit à crier à haute voix : Je vous prends à témoins, messieurs, que c'est contre ma volonté et par force que j'ouvre la porte à ces lions, et que je proteste contre monsieur de tout le mal qui peut en arriver. Je vous avertis aussi de vous mettre tous en sûreté avant que j'ouvre les cages; car pour moi, je ne m'en mets pas en peine, je suis bien assuré que les lions ne me feront point de mal. Le gentilhomme voulut, encore une fois, détourner don Quichotte d'un si étrange dessein, lui disant que c'était tenter Dieu que de s'exposer à un danger si visible; mais don Quichotte lui répondit qu'il savait bien ce qu'il faisait. Prenez-y bien garde, répliqua le gentilhomme : assurément vous vous trompez. Hé bien! monsieur, repartit don Quichotte, si vous croyez qu'il y ait tant de périls, vous n'avez qu'à donner de l'éperon et vous ôter du chemin. Sancho voulut aussi essayer de détourner son maître, et, les larmes aux yeux, il le supplia de ne point entreprendre cette aventure. Prenez garde, monsieur, qu'il n'y ait point ici d'enchantement ni rien de semblable : mon cher maître, j'en ai vu une patte au travers des barreaux de la cage, et, par ma foi, à voir les ongles, il faut que le lion soit plus gros qu'un éléphant. Oh! la peur te le fera bientôt voir aussi gros qu'une montagne, répondit don Quichotte, retire-toi, mon pauvre Sancho, qu'il te souvienne seulement, s'il arrive que je meure ici, de ce que nous arrêtâmes autrefois ensemble ; tu iras trouver Dulcinée, je ne t'en dis pas davantage. Il ajouta à cela quelques paroles qui firent bien connaître que rien n'était capable de le retenir. Le gentilhomme ne laissa pas de faire encore de nouveaux efforts ; mais, voyant que c'était inutilement, il prit le temps de s'éloigner avec Sancho et le muletier, qui hâtèrent vigoureusement leurs montures du talon et de la voix, pendant que don Quichotte faisait mille menaces au gouverneur des lions. Le pauvre Sancho s'en allait accablé de douleur, pleurant la mort de son maître qu'il croyait déjà voir entre les griffes des lions; il maudissait mille fois l'heure qu'il s'était attaché au service d'un si grand fou, tout en regrettant la perte de son temps, il ne laissait pas de talonner vivement le grison, surtout quand il tournait la tête et qu'il jetait les yeux sur le chariot, il lui prenait un sursaut terrible et il s'agitait de telle sorte sur son âne pour le hâter d'aller, qu'il avait bien de la peine à s'y tenir. Quand le garde des lions vit nos gens assez éloignés, il pria de nouveau don Quichotte de ne le point contraindre d'ouvrir à de si terribles animaux ; mais notre chevalier ne fit que sourire, et lui dit seulement de se dépêcher. Pendant que le gouverneur des lions, qui n'agissait qu'avec répugnance, s'occupait lentement à ouvrir une des cages, don Quichotte se mit à penser s'il ne serait pas meilleur de combattre à pied qu'à cheval, considérant enfin que Rossinante pouvait s'épouvanter à la vue de ces fiers animaux, il se jeta promptement à terre, et, embrassant fortement son écu et l'épée à la main, il alla avec un courage intrépide, se porter devant le chariot, se recommandant à Dieu de tout son cœur et invoquant madame Dulcinée.

Le conducteur des lions voyant qu'il n'y avait plus moyen de s'en dédire, et ne voulant pas attirer sur lui la colère de don Quichotte, qu'il voyait en posture d'un homme impatient de combattre, ouvrit entièrement la cage du lion. qui parut d'une grandeur extraordinaire, avec le regard farouche et terrible. La première chose que fit cet animal fut de se tourner d'un côté sur l'autre; ensuite, il commença à s'étendre, en allongeant les pattes et et desserrant les griffes, puis il ouvrit la gueule, et, après avoir baillé tout à son aise, il se passa un pied et demi de langue sur les yeux ; après cet agréable prélude, il avança la tête tout entière hors de la cage, et, avec des yeux ardents et un air capable d'épouvanter l'homme le plus hardi, il jeta fièrement la vue de côté et d'autre. Don Quichotte le considéra attentivement et l'attendit toujours de pied ferme, mourant d'envie d'en venir aux prises, et assurant qu'il l'aurait bientôt mis en pièces ; mais le lion plus sage que notre héros, et le méprisant, peut-être, après avoir regardé de toutes parts, se recoucha tout doucement, et lui tourna le derrière. Ce que voyant don Quichotte, il commanda au maître du lion de le harceler à coups de bâton, et de le faire sortir à quelque prix que ce fût. Ma foi, monsieur, non pas pour tout votre bien, répondit-il ; je serais le premier qu'il mangerait si je l'avais mis en colère; il ne tient qu'à lui de sortir, ne m'en demandez pas davantage ; et franchement, puisqu'il n'est point sorti, il ne le fera point de tout le jour. Mais, monsieur, n'êtes-vous pas content, et n'avez-vous pas assez fait voir votre vaillance? Vous avez défié l'ennemi, vous l'avez attendu : qu'est-ce qu'on peut faire davantage ? Pardi, c'est lui qui est le vaincu, et vous le victorieux. Tu as raison, dit don Quichotte, ferme la cage, mon ami, et donne-moi une attestation en bonne forme de tout ce que tu m'as vu faire, c'est-à-dire, comme tu as ouvert au lion, que je l'ai attendu, et qu'il n'est point sorti; que je lui ai donné tout le temps qu'il fallait, et qu'au lieu de venir, il s'est couché. J'ai fait tout ce que je devais pour ma part, je ne me suis pas obligé à davantage; et nargue des enchanteurs et des enchantements, et vive la véritable chevalerie! Tu n'as donc qu'à fermer comme je t'ai dit, pendant que je vais rappeler nos fuyards, afin qu'ils apprennent toute la vérité de ta propre bouche. Le gouverneur des lions ferma la cage, et don Quichotte mettant son mouchoir au bout de sa lance, la leva en haut, pour faire signe aux fuyards de revenir. Sancho courait encore, aussi bien que les autres ; mais, comme il tournait de temps en temps la tête, il aperçut le signal, et s'écria en même temps : Je sois pendu si mon maître n'a défait ces monstres, puisqu'il nous appelle ! A ce cri le muletier s'arrêta, et le gentilhomme qui avait pris les devants comme le mieux monté, revient sur ses pas, et reconnaissant tous que c'était don Quichotte qui leur faisait signe, ils commencèrent peu à peu à revenir de leurs frayeurs après avoir quelque temps cheminé au petit pas, ils entendirent clairement la voix de don Quichotte auprès de qui ils se rendirent enfin. Camarade, dit don Quichotte au muletier, attèle tes mules et continue ton chemin ; et toi, Sancho, donne deux écus d'or à ces gens, en récompense de ce qu'ils ont bien voulu s'arrêter pour l'amour de moi.

Les voilà de bon cœur, dit Sancho en les tirant de sa bourse. Mais que sont devenus les lions, ajouta-t il ; sont-ils morts ou vivants? Alors le gouverneur des lions, prenant la parole. commença à raconter comment toute l'action s'était passée, exagérant le mieux qu'il put, à sa manière, la valeur de don Quichotte, et attribuant la poltronerie du lion à la frayeur qu'il lui avait faite. Eh bien ! que t'en semble, Sancho, dit don Quichotte, en se tournant vers lui : crois-tu qu'il y ait des enchanteurs à l'épreuve de la vaillance? Les enchanteurs pourraient peut-être bien me dérober la victoire, mais avec tout leur pouvoir ils ne sauraient diminuer mon courage. Le charretier attela ses mules, et partit avec le conducteur des lions, qui assura don Quichotte qu'il raconterait partout l'action qu'il venait de faire, et qu'il la dirait au roi même sitôt qu'il serait arrivé à la cour. Si par hasard, repartit don Quichotte, sa majesté vous demandait qui l'a faite, vous n'avez qu'à lui dire que c'est le chevalier des Lions, car désormais je veux porter ce nom, au lieu de celui de la Triste-Figure. Ils se séparèrent ainsi, et don Quichotte, Sancho et don Diego de Miranda poursuivirent leur chemin. Pendant tout ce temps, don Diego avait toujours observé ce qui se passait, et il était en admiration, ne sachant presque quelle opinion il devait avoir de don Quichotte, en qui il trouvait également du bon sens et de l'extravagance.

Don Quichotte le tira de sa rêverie, en lui disant : Je ne doute pas, seigneur don Diego, que vous ne me preniez pour un homme téméraire et égaré de bon sens ; cependant je vous avertis, que je ne suis pas si fou que vous avez pu l'imaginer. La profession du chevalier errant est de courir le monde, d'affronter le péril, quelque part qu'il se présente, d'entreprendre toutes sortes d'aventures, et de tenter l'impossible ; il méprise la soif et la faim, la rigueur du temps, l'intempérie des saisons et des climats ; il se joue des lions et des lutins, ne sait ce que c'est que de s'épouvanter à la vue des plus horribles monstres, et le travail et les armes font tout son plaisir et tout son repos. Puis donc que le destin a voulu que je fusse chevalier errant, c'est à moi d'en faire l'exercice et d'en remplir dignement la profession. Ainsi, seigneur don Diego, je n'ai pu m'empêcher d'attaquer ces lions, quoique je visse bien que c'était une témérité extrême, mais j'aime mieux que l'on m'accuse de pousser la gloire de la chevalerie jusqu'à l'excès, que de la moindre négligence ; et de la manière que les hommes parlent de la valeur des autres, je suis bien aise qu'ils ne puissent dire autre chose de moi, sinon que je suis brave jusqu'à être téméraire.

En vérité, seigneur chevalier, dit don Diego, tout ce que vous faites et tout ce que vous dites me paraît admirable, et je suis persuadé que, si les lois et les ordonnances de la chevalier errante étaient perdues, vous les auriez rétablies, en étant mieux instruit que tous les chevaliers du monde ensemble. Cependant il se fait tard ; doublons le pas, afin d'arriver assez bonne heure à ma maison, où je serai bien aise de profiter de tout le temps que vous voudrez bien me faire l'honneur d'y demeurer. Je tiens à honneur les offres que vous me faites, seigneur don Diego, dit don Quichotte. En même temps ils pressèrent leurs chevaux, et environ sur les deux heures ils arrivèrent à la maison de don Diego.

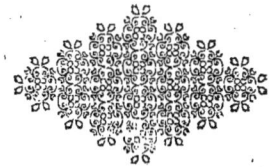

CHAPITRE XIV.

De ce qui arriva à Don Quichotte dans la maison de don Diego.

Don Quichotte, en entrant dans la maison de don Diego, aperçut dans la cour quantité de tonneaux, de ceux que l'on fait au Toboso; et cette vue le faisant ressouvenir de sa dame enchantée, il commença à soupirer; et, sans prendre garde à ce qu'il disait, et qu'on pouvait l'entendre : O incomparable Dulcinée! s'écria-t-il, quand verrai-je finir tes disgraces? Sur cela arriva le fils de don Diego tenant par la main la senora Christina, sa mère, qui venait pour recevoir son mari. Sitôt que don Quichotte la vit, il se jeta à terre, et, l'ayant saluée avec sa bonne grâce ordinaire, il lui demanda civilement les mains à baiser. Ma femme, dit don Diego, c'est le seigneur don Quichotte de la Manche, le chevalier errant le plus sage et le plus vaillant du monde; vous ne sauriez lui faire un trop bon accueil, ni lui rendre assez de respects. La senora Christina fit beaucoup de civilités à notre chevalier, et, après qu'il y eut répondu avec tant de courtoisie, il salua le fils, et ils se firent l'un à l'autre de grands compliments. Ensuite on mena don Quichotte dans une salle, où, s'étant fait désarmer par Sancho, il demeura en chausses à la vallonne, avec une camisole de chamois, toute pleine de la crasse de ses vieilles armes, un collet de simple toile, des brodequins à la mauresque et des souliers bien cirés, et, pour comble d'ornement, un large baudrier de loup marin où pendait sa bonne épée, avec un petit mantelet de drap minime sur les épaules. Mais, avant toute chose, il s'était lavé le visage et la tête avec deux ou trois aiguiérées d'eau; encore avait-il eu bien de la peine à démêler ses cheveux, qui étaient comme englués du lait caillé qui avait séché dessus. Pendant qu'on laissait à don Quichotte le loisir de se désarmer, don Laurenzo, fils de don Diego, dit à son père : Quel est le gentilhomme, monsieur, que vous nous avez amené? Nous sommes également surpris, ma mère et moi, de son air, de sa mine et de son nom, et encore plus de ce que vous dites, que c'est un chevalier errant. En vérité, mon fils, je ne sais que t'en dire, répondit don Diego : c'est un homme qui parle de très bon sens, et qui fait les plus grandes folies du monde; entretiens-le toi-même, et tu m'en diras ton sentiment.

Au même moment, don Laurenzo alla chercher don Quichotte, qu'il trouva déjà sorti de la salle; et après quelques discours qu'ils eurent ensemble, don Quichotte lui dit : Monsieur, je me réjouis de ce que vous êtes le digne fils du seigneur don Diego; il m'a assuré que vous avez beaucoup d'esprit et surtout que vous êtes grand poète. Pour poète, cela pourrait être, répondit don Laurenzo, mais pour grand poète, je ne m'en pique pas; j'aime véritablement la poésie et à lire les bons auteurs, mais, monsieur, c'est tout, et mon père se moque de moi. J'en ai encore meilleure opinion de vous, monsieur, repartit don Quichotte, de vous voir parler si modestement : car il n'y a guère de poète qui ne croie être le plus habile du métier. Il me semble, monsieur, dit don Laurenzo à don Quichotte, que vous avez étudié;

et, je vous prie, de grâce, à quelle science vous êtes-vous particulièrement appliqué! A celle de la chevalerie errante, répondit don Quichotte, qui vaut bien la poésie, à quelque point qu'on y puisse exceller. Pour ne pas vous mentir, je ne connais point cette science, répartit don Laurenzo, et je n'en ai encore jamais ouï parler. C'est une science, répliqua don Quichotte, qui renferme en soi toutes celles du monde : celui qui en veut faire profession doit être jurisconsulte et savoir les lois de la justice distributive et commutative, pour rendre à chacun ce qui lui appartient; il faut qu'il soit théologien, pour pouvoir rendre raison de sa foi toutes les fois qu'il en est question; qu'il sache la médecine et connaisse la vertu des simples, parce qu'au milieu des montagnes et des déserts, il ne trouve pas des gens à propos pour le panser de ses blessures. S'il n'est point instruit de l'astrologie et qu'il ne connaisse pas ses astres, comment connaîtra-t-il, la nuit, quelle heure il peut être, en quelle partie du monde il se trouve, et la différence des climats? S'il ignore les mathématiques et les fortifications, il ignore les choses qui lui sont les plus nécessaires et qui conviennent le mieux à sa profession. En un mot, il doit posséder toutes les vertus théologales et cardinales; et, pour descendre à de petites particularités, il faut qu'il sache ferrer un cheval, raccommoder la selle et la bride, nager, sauter, se bien servir d'un cheval, danser, faire des armes, et toutes les choses qui sont d'un bon cavalier et qui le rendent agréable; il faut surtout qu'il soit fidèle à Dieu et à sa dame, chaste dans ses pensées et honnête en ses paroles, libéral, vaillant, infatigable dans les travaux, patient dans l'adversité, et qu'il se prête incessamment aux besoins des autres, et soutienne la vérité toujours et en tout lieu aux dépens de sa vie. Voilà, seigneur Laurenzo, les parties qui composent le vrai chevalier errant : jugez à présent quelle science c'est que la chevalerie, et s'il y en a qui puisse entrer en comparaison. Si cela est, monsieur, dit Laurenzo, assurément cette science est infiniment au-dessus des autres. Comment! si cela est? répartit don Quichotte. Je veux dire, répliqua don Laurenzo, que j'ai de la peine à croire qu'il y ait jamais eu, et encore moins qu'il y ait à présent dans le monde, des chevaliers si accomplis. Voilà justement, dit don Quichotte, comme parlent la plupart des gens; et je vois bien que, si le ciel ne fait un miracle exprès pour leur faire connaître qu'il a eu des chevaliers errants, et qu'il y en a encore, c'est vouloir se rompre la tête que de prétendre de leur faire croire. Je ne m'amuserai point pour le présent, mon cher monsieur, à vous tirer d'une erreur qui vous est commune avec tant d'autres; tout ce que je puis faire, c'est de prier le ciel qu'il vous éclaire, en vous faisant voir le besoin que l'on a eu des chevaliers dans les siècles passés, combien il serait avantageux qu'il y en eût encore; mais c'est aujourd'hui, pour le malheur du monde, le triomphe de la mollesse, de l'oisiveté et de tout le reste des vices.

Pendant que don Quichotte faisait ce discours, don Laurenzo, qui l'observait soigneusement, trouvais enfin qu'il s'était un peu échappé; mais avec tout cela, il jugea que c'était un fou fort divertissant, et qui, à la chevalerie près, avait beaucoup d'esprit.

On les appela en même temps pour dîner, et don Diego, tirant son fils à part, lui demanda ce qu'il pensait de notre chevalier. Je vois bien, monsieur, répondit-il, que tous les médecins du monde ne viendraient pas à bout de le guérir : il est fou sans remède; mais, en vérité, c'est un agréable fou, et qui a de très bons intervalles. Ils se mirent à table et firent bonne chère. Don Quichotte s'en loua extrêmement; mais il ne trouva rien de plus admirable que le silence qu'on observait dans toute la maison, qu'il comparait en lui-même à un couvent de chartreux.

Notre chevalier ayant été régalé quatre jours dans la maison de don Diego, prit congé de lui avec de grands remerciments de toutes ses honnêtetés.

CHAPITRE XV.

De l'aventure du berger amoureux, et de plusieurs autres choses.

Don Quichotte n'était pas fort éloigné de la maison de don Diego; lorsqu'il rencontra quatre hommes : il y en avait deux qui avaient l'air d'écoliers, et les autres de laboureurs, et tous quatre montés sur des ânes. L'un des premiers portait un paquet où il y avait sans doute quelques hardes, et l'autre avait devant lui deux fleurets avec une paire de chaussons; pour les laboureurs, ils avaient des provisions qu'apparemment ils venaient d'acheter de quelque ville, pour emporter dans leur village. Ces gens-ci ne manquèrent pas de tomber d'abord dans l'admiration qu'éprouvaient tous ceux qui voyaient don Quichotte pour la première fois, et ils eurent aussi la même impatience de savoir ce que c'était qu'un homme si extraordinaire. Le chevalier les salua, et, après avoir appris qu'ils suivaient le même chemin que lui, il leur témoigna qu'il serait bien aise d'aller de compagnie, les priant de marcher un peu plus lentement, parce que les ânes allaient trop vite pour son cheval; pour les obliger à l'attendre, il leur dit en peu de mots qu'il faisait profession de la chevalerie errante, et qu'il allait chercher les aventures par toutes les parties du monde; que son nom était en son pays don Quichotte de la Manche, mais que depuis peu, il se faisait appeler le chevalier des Lions. Cette manière de parler fut du grec pour les paysans; mais les écoliers, qui le comprirent assez, reconnurent par là que le chevalier avait le cerveau fêlé. Seigneur chevalier, lui dit un de ceux-ci, si vous n'avez point de dessein formé, non plus que ceux qui cherchent les aventures, il ne tiendra qu'à vous de vous trouver à des noces qui seront assurément les plus magnifiques qu'on ait vues il y a longtemps dans toute la Manche. Il faut que ce soient les noces de quelque prince, répondit don Quichotte, de la façon que vous en parlez? Point du tout, répliqua l'écolier : ce sont celles d'un laboureur, le plus riche de toute la contrée, et d'une paysanne qui est une des plus belles filles qu'on ait jamais vues, elles se doivent faire dans un pré, tout proche du village de l'accordée, qu'on appelle Quitterie la belle. Le galant se nomme Gamache le riche, et c'est un garçon d'environ vingt-deux ans; pour elle, elle en a tout au plus dix-huit. En un mot, ils sont bien l'un pour l'autre, quoiqu'il y en ait qui disent que la race de Quitterie est plus belle que celle de Gamache; mais il ne faut pas prendre garde à cela, et le bien raccommode tout. Ce Gamache, qui est un garçon libéral, et qui ne veut rien épargner pour rendre la fête célèbre, a résolu de faire couvrir tout le pré de ramée, de telle sorte que le soleil n'y puisse pénétrer. On y doit établir toute sorte de jeux, jouer au ballon, lutter, jeter la barre, danser avec les castagnettes et le tambour de basque : car son village ne manque pas de gens qui sachent bien s'en servir, sans compter beaucoup d'autres danses qu'on y sait en perfection. Tout cela cependant, si je ne me trompe, ne sera pas le plus remarquable de la noce, et je m'imagine que Basile nous y fera voir des choses plus surprenantes. Et qu'est-ce que ce Basile ? demanda don Quichotte. Basile, répondit l'écolier, est un berger du même village que Quitterie, et qui a sa maison tout proche de la sienne. Ils se sont aimés tous deux dès leur enfance ; et, lorsqu'ils commencèrent à devenir grands, le père de Quitterie, qui ne trouvait pas Basile assez riche pour sa fille, lui refusa peu à peu l'entrée de sa maison, et, pour lui ôter toute espérance, résolut de la marier avec Gamache, qui a beaucoup plus de bien que lui, quoiqu'à dire vrai, il ne l'égale pas dans le reste : car Basile est le garçon du pays le mieux fait et le plus adroit. Il passe tous les autres à la course et à la lutte, et il n'y en a point qui jette si vigoureusement une barre, ni qui joue si bien au ballon ; il pince de la guitare à ravir ; il chante et danse tout de mesure, mais surtout il se sert d'une épée comme le meilleur maître d'escrime.

Quand il n'aurait que cette seule qualité-là, dit don Quichotte, il mériterait non seulement d'être le mari de la belle Quiterie, mais encore de la reine Genièvre, si elle vivait aujourd'hui, en dépit de Lancelot et de tous ceux qui voudraient s'y opposer. Ma foi, je suis de cet avis-là, s'écria Sancho, qui jusque-là n'avait rien dit ; et c'est l'avis de ma femme que chacune se marie avec son égal ; comme dit le proverbe, chaque brebis avec sa pareille : je veux dire que mon ami Basile, car je commence déjà à l'aimer, se mariera avec madame Quitterie. Dieu les bénisse l'un et l'autre et maudisse tous ceux qui empêchent le mariage des personnes qui s'aiment ! Si tous ceux qui s'aiment se mariaient ensemble, repartit don Quichotte, que deviendraient le pouvoir et l'autorité des pères ? Ce serait une étrange chose que les enfants eussent la liberté de choisir suivant leurs caprices ; et il arriverait souvent qu'une fille épouserait le valet de son père, ou le premier qui passerait dans la rue qu'elle trouverait à sa fantaisie, quoique ce ne fût peut-être qu'un fripon et un étourdi : car l'amour aveugle aisément les gens, et, quand on est surpris de cette passion, il ne reste plus assez de raison pour faire un bon choix. Et tu vois bien, mon pauvre Sancho, qu'il n'y a point d'occasion dans la vie où l'on ait si grand besoin de raison que quand il s'agit de faire un mariage : car une femme n'est pas une marchandise dont on puisse se défaire quand on veut ; c'est un nœud gordien qui ne peut être défait que par le couteau tranchant des Parques. Je t'en dirais davantage, mon enfant, mais je voudrais bien savoir si monsieur le licencié n'a point quelque autre chose à nous apprendre de l'histoire de ce Basile.

Tout ce que j'ai à vous dire sur ce sujet, répondit le bachelier, pour en parler en termes honorables à la manière de don Quichotte, c'est que, dès que Basile eut appris qu'on mariait Quitterie avec Gamache, il tomba dans une mélancolie extrême, et au point qu'on dirait qu'elle lui a ôté le jugement. On ne l'a jamais vu rire depuis, ni rien dire de raisonnable ; à peine il boit et mange, et ce n'est jamais que du fruit et de l'eau pure ; et s'il lui arrive de dormir, ce qui est bien rare, c'est toujours en plein air et au milieu des champs, couché sur la terre comme une bête brute. Ceux qui l'observent disent que de temps en temps on lui voit lever les yeux au ciel, puis tout d'un coup les attacher fixement sur terre, comme s'il était en extase, et de telle sorte qu'il semble que ce soit une statue. Enfin le pauvre garçon est en tel état, que tout ce que nous sommes de gens qui le connaissons, nous ne doutons pas que, sitôt que Quitterie aura donné la main à Gamache, il n'expire sur l'heure. Dieu y mettra la main, dit Sancho : quand il donne le mal, il donne aussi le remède. Qui est-ce qui sait ce qui doit arriver? Ma foi, personne. Il y a encore bien de l'heure d'ici à demain, et il ne faut qu'un moment pour faire tomber une maison qu'on a été longtemps à bâtir. Combien de fois a-t-on vu pleuvoir et faire soleil tout ensemble! Tel se couche sain qui se lève raide mort le lendemain. Et qui est-ce qui se peut vanter d'avoir mis un clou à la roue de fortune? Qui est-il? ma foi, je lui donne un merle blanc. Entre le oui et le non d'une femme, je ne voudrais pas entreprendre d'y mettre la pointe d'une aiguille. Mais enfin que quelqu'un fasse en sorte que Quitterie aime de bon cœur Basile, et je lui donnerai un sac de bénédiction : car enfin, à ce que j'ai ouï dire, l'amour regarde à travers des lunettes qui font passer le cuivre pour de l'or, et des noyaux pour des perles. Et où vas-tu t'enfourner, Sancho? interrompit don Quichotte; tu as une langue bien maudite! Quand tu as commencé à enfiler des proverbes ou des contes, tu ne finirais pas pour le pape; qu'il te puisse excommunier sur l'heure! Dis-moi un peu, animal, sais-tu ce que c'est que la roue de fortune et toute autre chose, pour te mêler d'en dire ton sentiment! Si on ne m'entend pas, monsieur, répondit Sancho, il ne faut pas s'étonner que je passe pour un extravagant : mais qu'importe, je m'entends bien, et je suis bien assuré que je n'ai rien dit de mal en tout ce que je viens de dire. Mais c'est que votre seigneurie prend toujours plaisir à controuver mes actions et mes paroles. Dis donc contrôler, misérable prévaricateur du bon langage, dit don Quichotte, ou que Dieu te rende muet pour le reste de tes jours? Et mort diable! monsieur, pourquoi vous prenez-vous à moi? Vous savez bien que je n'ai pas été nourri à la cour, ni étudié la philosophie, pour savoir si je manque quand je parle. Et qui diable est-ce qui peut apprendre à ceux de Sayago à parler comme ceux de Tolède? et ma foi, au bout du compte, il y en a bien de Tolède qui parlent comme il plaît à Dieu. Il n'a pas tout le tort, dit le bachelier : ceux qui travaillent dans les tanneries et qui ne partent pas du Zocodover ne parlent pas si bien que ceux qui se promènent tout le long du jour dans les cloîtres de la grande église; cependant ils sont tous de Tolède. Le langage pur et l'élégance ne se trouvent guère que parmi les courtisans, et encore parmi les plus délicats. Pour moi, messieurs, j'ai étudié quelque temps à Salamanque, et je me pique un peu de m'expliquer en bons termes. Si vous ne vous piquiez pas plus, dit l'autre écolier, de savoir bien manier les fleurets que d'entendre la beauté de la langue, vous auriez peut-être emporté le prix de l'éloquence, au lieu que vous n'êtes que le dernier. Ecoutez, bachelier, répliqua le licencié, vous vous trompez plus que vous ne pensez quand vous croyez que c'est une chose inutile que d'apprendre à faire des armes. Ce n'est point une fantaisie que j'ai, repartit Corchuelo, qui était le nom du bachelier, mais une vérité constante et bien aisée à prouver; et qu'ainsi ne soit, je suis prêt de pouvoir le faire voir tout à l'heure. L'occasion est belle : vous avez là deux épées, et j'ai de la force et du courage plus qu'il ne faut pour vous faire connaître que je ne me trompe point. Descendez seulement, et mettez en usage toutes les leçons et les ruses de la salle; et si, avec la seule adresse que m'a donné la nature, je ne vous fais voir des étoiles en plein jour, je veux avoir les étrivières. Tel que vous me voyez, je défie tous les hommes du monde de me faire reculer d'un pas, et je n'en sache point à qui je ne fasse prendre terre.

Pour ce qui est de reculer, je n'en dis rien, répondit le licencié, mais il pourrait bien arriver, que vous ne tireriez jamais le pied d'où vous l'auriez mis la première fois : je veux dire que, faute d'avoir appris le métier, il pourrait bien vous en coûter la vie. Nous le verrons tout à l'heure, repartit Corchuelo. Et, se jetant promptement à bas, il prit de furie un des fleurets que portait le licencié et l'attendit en bonne posture. Ah vraiment! cela ne se passera pas de la sorte, dit don Quichotte ; il faut faire les choses dans l'ordre, et je veux être le juge d'une question qui a été si souvent débattue sans être encore décidée. Aussitôt il descendit de cheval, et prenant sa lance, se plaça au milieu du chemin, dans le temps que le licencié s'avançait déjà d'un air libre contre Corchuelo, qui marchait vers lui avec furie et jetant le feu par les yeux. Les paysans avec Sancho s'écartèrent un peu, sans descendre de dessus leurs ânes, et furent les spectateurs du combat. Les estocades, les fendants et les revers que portait Corchuelo étaient sans nombre ; il attaquait en lion, et un coup n'attendait pas l'autre. Mais le licencié, sans s'émouvoir, parait tous ses coups, et de temps en temps lui faisait baiser le bout de son fleuret. Enfin le licencié lui coupa tous les boutons de sa soutanelle et la mit toute en lambeaux, sans recevoir jamais une butte ; il lui abattit deux fois son chapeau, et le fatigua de telle sorte que, de rage et de dépit, il jeta son fleuret, qui alla à plus de cinquante pas. Après ce grand coup, Corchuelo, las et rendu, demeura comme immobile, et Sancho, s'approchant de lui : Ma foi, monsieur le bachelier, lui dit-il, si vous voulez prendre mon conseil, vous ne défierez dorénavant personne à l'escrime, mais bien à jeter la barre ou à lutter, car vous avez de la force pour cela. Pour ces tireurs d'armes, croyez-moi, il ne faut pas s'y frotter : j'ai toujours ouï dire qu'ils savaient mettre la pointe de leur épée dans le trou d'une aiguille. Je me rends, dit Corchuelo, et je ne suis pas fâché que l'expérience m'ait fait revenir de mon erreur. Il embrassa en même temps le licencié, et ils demeurèrent plus grands amis que jamais. Ils partirent ensuite et hâtèrent leurs montures pour arriver de bonne heure au village de Quitterie, d'où ils étaient tous.

Il était déjà fort tard avant qu'ils arrivassent, mais ils virent le village si bien éclairé, qu'il ne s'apercevaient point de l'obscurité de la nuit. Ils entendirent aussi un son confus, mais agréable, de divers instruments, comme de flûtes, de hautbois, de tambours de basque, de fifres et de sonnettes; et, en entrant dans la ville, ils virent une infinité de chandelles qu'on avait pendues aux arbres, et dont la lumière était d'autant plus agréable, qu'il ne faisait pas le moindre vent. Les joueurs d'instruments qu'on trouvait de tout côté par troupes, les uns dansant, les autres jouant de leurs cornemuses et de leurs flageolets, réjouissaient toute l'assemblée. En effet, on eût dit que ce pré était le séjour de la joie et des plaisirs. En divers endroits, il y avait des gens occupés à dresser des échafauds pour placer une infinité de monde le jour de la fête, qui se devait faire le lendemain, jour dédié à la solennité des noces du riche Gamache, et apparemment aux funérailles du triste Basile. Don Quichotte ne voulut point entrer dans le village, quelques prières que lui en fissent le bachelier et les laboureurs ; et, malgré toutes les instances de Sancho, il s'en défendit sur l'ancienne coutume des chevaliers errants, qui aimaient mieux dormir à découvert et dans les forêts que sous des lambris dorés; il s'écarta un peu du village, en dépit du pauvre écuyer, qui regrettait de tout son cœur la maison et le bon traitements du seigneur don Diego.

CHAPITRE XVI.

Des noces de Gamache et de ce que fit don Basile.

Il n'y avait pas longtemps que la fraîche aurore paraissait sur l'horizon, quand l'inimitable don Quichotte se mit sur pied et appela son écuyer; mais comme il le vit ronfler et enseveli dans un profond sommeil, il lui dit ces mots : O le plus heureux d'entre tous ceux qui vivent sur la face de la terre, puisque, sans porter envie à qui que ce soit et sans être envié de personne, tu goûtes dans les bras du sommeil un repos tranquille, et tu n'es pas persécuté par les enchanteurs. Tu dors sans être troublé d'aucune passion ; tu n'as point de jalousie à craindre d'aucune dame, et tes dettes ni les soins du lendemain n'interrompent ton sommeil. L'ambition ne traverse point ton repos ni celui de ta petite famille; tu ne te soucies point de la pompe et des vanités du monde, tes désirs, renfermés dans de justes bornes, ne t'emportent jamais au-delà des choses nécessaires à l'entretien de la vie. Rien ne t'occupe davantage que les soins de ton grison, car je suis chargé de celui de ta personne, la nature et la coutume l'ayant ainsi ordonné à tous ceux qui ont des serviteurs. Le valet dort en paix pendant que le maître veille et se fatigue pour le nourrir et le récompenser. Si le ciel refuse la rosée qui engraisse la terre et si les champs demeurent stériles, c'est une affliction dont les valets ne se ressentent point : elle n'est que pour les maîtres, qui ne sont pas moins obligés d'entretenir ceux qui les servent pendant la famine que dans la plus grande abondance. A tout cela Sancho, qui dormait et ronflait, ne répondait pas une parole, et il ne se serait pas éveillé sitôt, si don Quichotte ne l'eût poussé deux ou trois fois du bout de sa lance. Enfin Sancho, ouvrant à demi les yeux et portant lentement ses regards de côté et d'autre : Il me semble, dit-il, que je sens, du côté de cette ramée, une odeur qui vaut bien celle du thym et du serpolet. Ah! que cela sent bon! Par ma foi, ce sont des carbonnades, et je gagerais bien par avance qu'il fera bon à ces noces !

Dépêche-toi, glouton, dépêche-toi, dit don Quichotte; allons voir ces noces dont tu as l'imagination si pleine, et voyons ce que fera le triste Basile. Qu'il fasse ce qu'il voudra, repartit Sancho : puisqu'il est pauvre, pourquoi veut-il se mettre en tête d'épouser Quitterie? Ma foi, c'est bien fait pour lui! Veut-il prendre la lune avec les dents? Je suis d'avis, monsieur, que celui qui est pauvre demeure dans sa chaumine, sans s'aller fourrer parmi les riches. Je parierais ma tête, ce qui est la gageure d'un fou, que Gamache le couvrirait tout entier de pistoles ; et, cela étant, conseilleriez-vous à Quitterie de renoncer aux bagues et aux robes que lui peut donner Gamache? Pour l'adresse de Basile, au diable soit-il, si toutes les danses du monde vous faisaient donner pour deux sous de vin au cabaret! tant d'habileté et de bonne mine que vous voudrez, mais vous ne trouveriez pas un liard dessus. Ah! dame, quand celui qui est habile a de l'argent, il en vaut encore mieux : avec de l'argent on achète des rentes, on bâtit des maisons, on vit content. Eh! morbleu! Sancho, dit don Quichotte, ne finiras-tu jamais sans qu'on t'en avertisse? Je crois que qui te laisserait faire, quand tu as une fois commencé à parler, tu ne songerais plus à manger ni à dormir. Si vous aviez la mémoire, monsieur, répliqua Sancho, vous vous souviendriez que nous étions demeurés d'accord, avant notre dernière sortie, qu'il me serait permis de parler tant que je voudrais, pourvu que ce ne fût point contre le prochain ni contre ce qui vous appartient; et, à l'heure qu'il est, vous tenez mal nos conventions. Je ne me souviens point de cela, répondit don Quichotte; et quand il serait vrai, je veux que tu te taises. Allons, j'entends déjà le son des instruments qui retentissent de toute part, et sans doute que les noces se feront ce matin à la fraîcheur pour éviter les chaleurs de l'après-dîner. Sancho sella promptement Rossinante, et ayant mis le bât sur le grison, ils montèrent à cheval, et s'en allèrent au petit pas du côté de la ramée.

La première chose qui s'offrit en entrant aux yeux de Sancho, et qui le réjouit extrêmement, ce fut un bouvillon à qui un ormeau entier servait de broche, et dans le feu où il devait rôtir, il n'y avait pas moins d'un bûcher de gros bois, à l'entour duquel bouillaient six grandes marmites, ou plutôt six cuves capables d'engloutir des moutons entiers. Un grand nombre de chapons, d'oisons et de poules étaient déjà tout prêts pour être ensevelis dans les marmites, et toute sorte d'oiseaux, tant gibiers que de basse-cour, pendaient en nombre infini à des arbres où on les avait mis à l'air, dès le soir auparavant, pour les mortifier. Sancho compta plus de soixante grands flacons pleins de vin, qui tenaient chacun, pour le moins, vingt pintes. Il y avait aussi de grands morceaux de pain blanc entassés les uns sur les autres, de la même façon qu'on voit des tas de moëllons autour des carrières : d'un autre côté, des fromages en piles faisaient une espèce de fortification, qui fit dire à Sancho qu'il n'avait jamais vu de place ni mieux munie, ni plus digne d'être attaquée. Tout auprès, deux chaudières pleines d'huile et de saindoux servaient à faire des beignets et autres choses semblables, pendant qu'on prenait le sucre à pleins poêlons dans une caisse qui en était toute pleine. Il y avait plus de cinquante cuisiniers ou cuisinières, la joie peinte sur le visage, et travaillant tous proprement et avec diligence. Le corps vaste et creux du bouvillon enfermait une douzaine de cochons de lait qu'on y avait mis pour lui donner bon goût, et qui servaient comme de farce. Pour les épiceries de toute sorte, elles n'étaient point là en cornets de papier, mais il y en avait un coffre plein. Enfin les préparatifs de la noce, quoique rustiques, étaient en abondance, et il y en avait pour quatre villages. Sancho regardait tout cela avec admiration ; il prenait tout en amitié, et, presque enchanté de la nouveauté de ce spectacle, il souriait de temps en temps et se passait à tout moment la langue sur les lèvres. Les marmites le tentèrent les premières, et il eut de bon cœur pris le soin de les écumer. Ensuite il se trouva attendri par les boucs de vins, et les gâteaux et l'odeur des beignets le captivèrent tout à fait; ne pouvant enfin résister à la tentation, il aborda un des cuisiniers avec des termes de courtoisie et qui sentaient l'appétit, le priant de trouver bon qu'il trempât un morceau de pain dans une des marmites. Eh! mon pauvre frère, répondit le cuisinier, ce jour-ci n'est pas un jour de jeûne, grâce à la libéralité du riche Gamache ; approchez hardiment, et cherchez s'il n'y a point là quelque cuiller pour écumer une ou deux poules, et grand bien vous fasse! vous ne trouverez pas qui vous le reproche. Je ne vois pas de cuiller, dit Sancho presque en soupirant. Voilà un grand malheur! répondit le cuisinier ; oh! que vous êtes un pauvre homme : vous ne savez pas vous servir! Et, prenant en même temps un grand poêlon neuf, il le fourra dans une marmite, et tira un poule et un oison qu'il lui donna. Tenez, mon enfant, lui dit-il, déjeûnez de cette écume en attendant le dîner. Grand merci, dit Sancho, mais je ne sais pas trop où mettre cela. Vous voilà bien embarrassé, mon frère, répondit le cuisinier, emportez et la viande et le poêlon, et ne vous mettez pas en peine.

Don Quichotte, qui s'occupait d'autres choses, vit entrer douze jeunes garçons en habits de fête, et montés sur de belles juments avec quantité de sonnettes autour du poitrail. Sitôt qu'ils furent dans le pré, ils firent plusieurs courses, maniant leurs juments avec beaucoup d'adresse, et criant tous ensemble : Vivent Quitterie et Gamache! lui aussi riche qu'elle est belle, et elle la plus belle du monde! Ignorants, dit alors don Quichotte en lui-même, il paraît bien que vous n'avez jamais vu Dulcinée : vous ne célébreriez pas ainsi les louanges de Quitterie.

De là à quelque temps, on vit entrer par divers endroits de la ramée quantité de danseurs, entre lesquels il y avait vingt-quatre jeunes bergers de bonne mine, vêtus de toile blanche et fine, la tête entortillée de gaze de soie de différentes couleurs, avec des couronnes de laurier et de chêne, et tous l'épée à la main. Sitôt que ceux-ci parurent, un de ceux qui étaient à cheval demanda à celui qui les conduisait, qui était un jeune homme bien pris, si pas un des danseurs n'était blessé. Pas un jusqu'à cette heure, répondit-il : nous sommes, Dieu merci, tous bien sains et prêts à faire merveilles. Et aussitôt il se mêla parmi ses compagnons, escrimant les uns et les autres en cadence, et faisant tant de cabrioles et de tours d'adresse, que don Quichotte, qui était accoutumé à voir de semblables danses, avoua qu'il n'en avait jamais vu de meilleures. Il ne fut pas moins surpris d'une autre qui suivit celle-là : c'étaient de jeunes filles fort belles ; de l'âge tout au plus de quinze à seize ans ; elles étaient toutes vêtues d'une étoffe verte, et avaient une partie de leurs cheveux attachés avec des rubans, et les autres épars, qui traînaient presque jusqu'à terre, et elles portaient sur la tête des guirlandes.

Cette belle troupe, sous la conduite d'un vénérable vieillard et d'une matrone de bonne mine, dansa une moresque au son d'un hautbois, mais avec tant d'adresse et de légèreté, qu'elles passèrent pour les meilleures danseuses du monde. Après cela on vit une danse parlante. Elle était composée de huit nymphes séparées en deux bandes, dont Cupidon conduisait la première, et la Richesse l'autre; le premier portant des ailes avec un carquois, un arc et des flèches dorées, et la richesse couverte d'une belle étoffe d'or et de soie de diverses couleurs. Les nymphes qui suivaient l'Amour étaient : la première la Poésie, la seconde, la Sagesse, la troisième, l'illustre Naissance, et la quatrième, la Valeur. Celles qui venaient sous la conduite de la Richesse : l'une était la Libéralité, l'autre, les Présents, la troisième, le Trésor, et la quatrième et dernière, la Possession paisible. Au devant de cette troupe on voyait un château tiré par quatre sauvages vêtus de lierre, avec des masques refrognés. Il y avait écrit sur le frontispice du château : Le château de la Prudence. Cupidon commença la danse au son de deux tambours et de deux flûtes ; et, après avoir fait une entrée, il haussa les yeux, et, mettant une flèche sur son arc, il fit mine de vouloir tirer sur une jeune fille qui paraissait entre les créneaux, et à laquelle il adressa de galantes paroles puis décocha une flèche par dessus le château, et se remit en sa place. La Richesse sortit en même temps, et, après avoir fait son entrée, elle s'adressa à la belle fille qui était au haut du château, et se vanta de la séduire.

La Richesse se retira, et la Poésie, ayant fait son entrée, complimenta à son tour la belle fille : puis vint la Libéralité qui se fit pareillement valoir.

Après que chaque personnage eut fait son entrée, ils se mêlèrent tous ensemble, faisant et défaisant la chaîne, et se séparant toujours à la fin de chaque cadence avec beaucoup d'agilité, de justesse et de précision ; toutes les fois que Cupidon passait devant le château, il tirait une flèche par-dessus ; et la Richesse cassait contre les pieds des murailles des vases dorés. Enfin, après avoir bien cherché, la Richesse tira une grande bourse qui paraissait pleine d'argent, et l'ayant jetée contre le château toutes les planches tombèrent, et laissèrent à découvert cette belle fille qui avait paru entre les créneaux. La Richesse s'en approcha aussitôt avec sa suite, et lui jeta au cou une grande chaîne dorée, comme pour la tenir captive ; mais l'Amour accourut avec les siens pour la défendre ; et, après avoir quelque temps disputé de part et d'autre, toujours au son des tambours, les sauvages les séparèrent, et rétablirent en un moment le château, où la jeune fille s'enferma comme auparavant, et la danse finit avec l'applaudissement de tous les spectateurs.

Don Quichotte demanda à l'un des danseurs qui avait composé le ballet ; il lui répondit que c'était le bénéficier du village, qui avait l'esprit admirable pour de pareilles inventions. Je gagerais bien, dit don Quichotte, qu'il est plus ami de Gamache que de Basile, le bon bénéficier, et qu'il entend mieux cela que son bréviaire. La pièce est fort bonne, et il y fait bien valoir la richesse de Gamache et l'adresse de Basile, Ma foi dit Sancho, qui écoutait tout ce qu'on disait, le roi est mon coq, et je suis pour Gamache. Tu ne saurais te déguiser, Sancho, dit don Quichotte : il faut que tu fasses toujours voir que tu es vilain, et de ceux qui disent : Vive le plus fort ! Je ne sais pas ce que je suis, répliqua Sancho, mais je sais bien que je ne tirerai jamais du pot de Basile l'écume que j'ai tirée de la marmite de Gamache. Et en disant cela, il montra la poule et l'oison, dont il se mit à manger avec grand appétit, disant : Nargue des habiletés de Basile ! tant vaut l'homme, tant vaut la terre : tant vaut la terre, tant vaut l'homme. Il n'y a que deux lignages au monde, disait ma grand'mère, tenir ou non tenir, et elle avait beaucoup d'amitié pour tenir ; et aujourd'hui, mon seigneur mon maître, on aime mieux l'avoir que le savoir, et un âne couvert d'or a meilleure mine qu'un cheval bien harnaché. Encore une fois, je suis pour Gamache, dont la marmite est grasse et bien fournie : ce ne sont qu'oisons et que poules : et de la manière dont on en parle, je pense que le bouillon de Basile est bien maigre. Auras-tu bientôt achevé ? dit don Quichotte. Voilà qui est fait, répondit Sancho, car je vois bien que cela vous fâche. Sans cela j'avais de la besogne taillée pour trois jours. Hé ! plût à Dieu, Sancho, dit don Quichotte, que je te visse muet une fois avant de mourir ! Écoutez-moi, monsieur, repartit Sancho au chemin que nous prenons j'ai bien peur de vous en donner le plaisir un de ces jours : il ne faut que tomber entre les mains des Yangois, et marcher toute une semaine par les forêts, sans trouver ni pain ni pâte, et vous me verrez si muet, que je ne dirai pas une parole d'ici au jugement. Je t'assure, mon pauvre ami, répondit don Quichotte, que, quand cela arriverait, jamais ton silence n'égalera l'excès de ton babil ; et surtout y ayant apparence, selon l'ordre de la nature, que je mourrai devant toi, je désespère de te voir jamais muet, non pas même en buvant ni en dormant. En bonne foi, monsieur, repartit Sancho, pour ce qui est de mourir les uns avant les autres, il ne faut point compter là-dessus ; il n'y a pardi point de sûreté à cette vilaine décharnée, je veux dire à la mort : elle mange l'agneau comme le mouton. Elle a beaucoup de pouvoir, cette dame, et pas un brin de courtoisie ; elle n'est pas non plus dégoûtée : elle se prend à tout, et mange de tout, et se remplit la besace de toute sorte de gens, de tout âge, de toute condition et nation, aussi bien d'Indiens que de Turcs. Oh ! vraiment, ce n'est pas le moissonneur qui dort les jours de fête : elle a toujours les yeux ouverts, et à toute heure elle coupe l'herbe verte comme la sèche, et aussi bien la nuit que le jour, et il ne faut pas dire qu'elle mange, mais qu'elle dévore et engloutit tout ce qu'elle trouve en chemin, parce qu'elle a la faim canine, qu'on ne saurait rassasier ; et, encore qu'il ne lui paraisse point de ventre, on peut bien dire que c'est une hydropique qui meurt d'envie de boire la vie de tous les hommes, comme si elle buvait un pot d'eau fraîche. Halte-là, Sancho, dit don Quichotte : tu n'en es pas mal sorti avec ton éloquence rustique ; ne vas pas plus loin crainte de tomber. En vérité, mon enfant, si tu avais autant d'étude que tu as naturellement de jugement et d'esprit, tu pourrais monter en chaire et prêcher des choses savantes et délicates. Bien prêche qui bien vit, répondit Sancho, je ne sais point d'autre philosophie. Tu n'as besoin d'en savoir d'avantage, dit don Quichotte ; mais cependant je ne puis comprendre que, le commencement de la sagesse étant la crainte de Dieu, tu en puisses savoir tant, toi qui crains plus la faim que toute chose. Monsieur, répondit Sancho, faites des jugements de votre chevalerie, et ne jugez point de la peur et du courage des autres, puisque notre curé dit qu'il faut examiner ses actions et non pas celles d'autrui. Après tout, laissez-moi lécher mon écume, car tout cela sont des paroles oiseuses dont il nous faudra rendre compte. En achevant de parler, il donna une seconde atteinte à son poëlon et avec tant de vigueur, qu'il reveilla l'appétit de son maître, et il lui aurait aidé sans doute, s'il n'en avait été empêché par ce que nous allons voir.

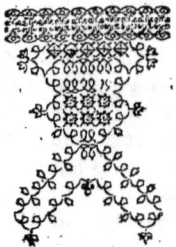

CHAPITRE XVII.

Suite des noces de Gamache et des choses étranges qui y arrivèrent.

Pendant que don Quichotte et Sancho s'entretenaient de la sorte, les accordés arrivaient accompagnés des plus apparents du village et des lieux circonvoisins, tous en habits de fête, avec quantité de joueurs d'instruments. Sitôt que Sancho apperçut l'accordée : En bonne foi, dit-il, on dirait que c'est une princesse. Comment diable ! ce n'est que corail, et sa robe est d'un velours de dix poils, avec de bonnes bordures de satin. Mais regardez ses mains : dame, ce n'est pas là du jais ni de l'émail; ce sont de bonnes bagues d'or, du plus fin, avec des perles blanches comme du lait; et il n'y en a mordi pas une qui ne vaille la prunelle de l'œil. Quels cheveux ! ma foi s'ils ne sont point faux, je n'en ai jamais vu de si longs ni de si blonds en toute ma vie : ne dirait-on pas que c'est une branche de palmier, chargée de dattes, à la voir si pleine de joyaux depuis les pieds jusqu'à la tête ! Sur mon ame, je n'ai jamais vu de créature de si bonne mise.

Don Quichotte ne put s'empêcher de sourire des louanges que Sancho donnait en son patois à la beauté de l'accordée, et il avouait lui-même qu'après Dulcinée du Toboso il n'avait jamais rien vu de si beau qu'elle. La belle Quitterie paraissait un peu pâle, ce qui venait peut-être de ce qu'elle avait passé toute la nuit à s'ajuster, comme font toutes les autres, qui ne croient jamais avoir assez de temps à se parer pour le jour de leurs noces. Toute cette troupe s'avançait vers une espèce de théâtre couvert de rameaux, qu'on avait dressé à côté d'un pré où les épousailles se devaient faire, et d'où l'on pouvait plus commodément voir les jeux et les danses. Dans le temps qu'ils arrivaient au pieds du théâtre, on entendit derrière eux de grands cris, et une voix éclatante qui leur dit : Attendez, attendez, vous êtes bien pressé. Et, comme ils tournèrent la tête, ils virent que celui qui criait ainsi était un homme vêtu d'une longue jaquette noire, bordée de bandes cramoisies sursemées de flammes; il avait sur la tête une couronne ou guirlande de cyprès, et dans la main un grand bâton, ferré par un bout ; et comme il approcha plus près, tout le monde le reconnut pour Basile, et on commença à craindre quelque triste événement. Il arriva enfin tout essouflé devant les accordés, il ficha son bâton en terre, et pâle et tremblant, et les yeux attachés sur Quitterie, il lui dit d'une voix enrouée: As-tu oublié, ingrate Quitterie, que tu m'avais donné ta foi, et que tu n'étais point en état de prendre un autre mari tant que je serais au monde? M'as-tu jamais trouvé infidèle, et peux-tu me reprocher qu'en attendant que je me visse en état de t'épouser, j'aie rien fait contre l'amitié que je te dois, pourquoi donner à un autre un bien qui m'appartient, sans qu'il ait d'autre avantage sur moi que celui que le hasard peut donner? Mais qu'il en jouisse puisque tu le souhaites : je vais le délivrer de tout ce qui lui faisait obstacle, et le rendre heureux aux dépens de ma vie. Vive, vive le riche Gamache avec l'ingrate Quitterie ! et meure le triste Basile, que sa pauvreté rend indigne d'elle ! En achevant ces paroles, il tira une courte épée qui était cachée dans son bâton, et, ayant mis la poignée contre terre, il se jeta dessus la pointe, qui sortit derrière son dos toute sanglante, et lui demeura étendu et nageant dans son sang. Les amis de Basile accoururent promptement à ce funeste spectacle, faisant des lamentations pitoyables sur son malheur. Don Quichotte se jeta aussi à terre, et, courant à Basile, qu'il trouva encore en vie, il le prit entre ses bras, et se mit à lui parler. Ses amis, voyant qu'il n'était pas mort, voulaient tirer l'épée qu'il avait dans le corps, mais le curé n'y voulut pas consentir qu'il ne se fût confessé, disant qu'on ne pouvait arracher l'épée sans lui arracher en même temps la vie. Lors Basile comme revenant à lui, dit d'une voix languissante et avec un soupir : Cruelle Quitterie ! au moins si tu voulais me donner la main dans le triste état où je suis, la consolation de me voir à toi diminuerait les peines et la douleur que je sens. Fais cet effort..... Eh ! mon enfant, interrompit le curé, il n'est plus temps de penser aux choses de ce monde; songez seulement à vous réconcilier avec Dieu, et à lui demander pardon d'une résolution si désespérée. J'avoue que je suis désespéré, repartit Basile. Et il ajouta quelques paroles qui firent croire qu'il ne se confesserait point s'il n'obtenait de Quitterie la grâce qu'il lui demandait, disant que cela lui pourrait donner le temps de se reconnaître, et que peut-être il reprendrait ses forces, qu'il sentait diminuer. Ce qu'entendant don Quichotte, il dit à haute voix que la demande de Basile était juste et raisonnable, et d'autant plus aisée à accorder, que Gamache n'avait pas moins d'honneur à prendre Quitterie veuve d'un si honnête homme, que s'il la recevait des mains de son père même. Et à cela, ajoutait-il, il n'y a qu'un oui à proférer, qui ne doit pas faire beaucoup de peine, puisque le lit nuptial de Basile et sa sépulture ne seront qu'une même chose.

Gamache, qui voyait et entendait tout cela, se trouvait si embarrassé, qu'il ne savait que dire ni que faire; mais les amis de Basile le prièrent tant de consentir que Quitterie donnât la main à leur ami mourant, quand ce ne serait que pour sauver son âme, qui serait en danger de se perdre par son désespoir, qu'ils le touchèrent et l'obligèrent enfin de dire que si Quitterie le voulait bien, il en était content, puisque ce n'était que différer d'un instant l'accomplissement de ses propres désirs. En même temps ils s'approchèrent tous de Quitterie, et, les uns les larmes aux yeux, les autres avec des paroles obligeantes, et à force de supplications, tâchèrent de l'émouvoir, lui faisant connaître qu'elle ne se faisait nullement tort, et que c'était bien peu de chose que d'accorder cette dernière grâce à un homme qui n'en pouvait jouir qu'un moment. Mais Quitterie, tout étonnée et presque insensible, témoignait par son silence ou qu'elle ne voulait pas répondre, ou qu'elle ne savait à quoi se résoudre; et l'on n'en aurait peut-être pas tiré une parole si le curé ne lui eût dit qu'il fallait se déterminer, et que Basile ayant la mort sur les lèvres, il n'y avait point de temps à perdre. Alors la pauvre fille, toute tremblante, s'approcha lentement de Basile, qui, les yeux troublés et respirant à peine, murmurait entre ses dents le nom de Quitterie. Enfin Quitterie se baissa et lui demanda sa main, mais seulement par signe, comme n'ayant pas la force de parler. Basile ouvrit les yeux, et les tournant languissamment sur Quitterie : O Quitterie, lui dit-il, quand t'avises-tu d'avoir de la pitié ? Lorsqu'elle m'est inutile et que rien ne peut arrêter la douleur qui va me mettre au tombeau. Au moins je te supplie, ne fais point cette action pour te délivrer seulement de l'importunité de ceux qui t'en prient, ne songe point à m'abuser encore une fois; parle comme si tu n'étais point forcée, et dis-moi sincèrement que tu me reçois comme ton époux.

Il parla avec tant de peine et d'un ton si languissant, qu'il n'y avait personne qui ne crût qu'il allait expirer. Quitterie, s'efforçant apparemment pour rassurer Basile, et prenant un tout autre visage, où il paraissait pourtant encore un peu de confusion, prit de la main droite celle de ce malheureux amant, et lui dit : Rien n'est capable de forcer ma volonté, Basile, et c'est aussi d'un esprit libre que je te donne ma main et que je reçois la tienne, s'il est vrai que tu me la donne avec la même franchise, et qu'il te reste assez de liberté d'esprit pour savoir ce que tu fais. Oui, je te la donne sincèrement, répondit Basile, et avec l'esprit aussi sain et aussi entier que le ciel me l'a donné, et c'est de tout mon cœur que je te reçois pour ma femme. Et moi, ajouta Quitterie, je te reçois pour époux : meurs désormais en paix. Il me semble, dit Sancho, que ce jeune homme parle beaucoup pour être si blessé; il faudrait qu'on le laissât en repos, afin qu'il songeât au salut de son ame, car un homme qui a la mort sur les lèvres n'a pas de temps à perdre. Cependant le curé, pour donner tout contentement à Basile, s'approcha de lui pendant qu'il tenait encore la main de Quitterie, et tout attendri d'un si triste spectacle et les larmes aux yeux, il leur donna la bénédiction, priant Dieu qu'il reçût en paix l'ame du nouveau marié. Mais ce qu'il y eut d'admirable, c'est que Basile n'eut pas plutôt reçu la bénédiction nuptiale qu'il se leva promptement sur ses pieds, et se tira en même temps l'épée qu'il avait dans le corps. Tous les spectateurs demeurèrent dans une étrange admiration d'une chose si étonnante, et il y en eut d'assez simples qui commencèrent aussitôt à crier : Miracle! miracle! Mais Basile s'écria d'une voix saine et plus forte que les autres : Non pas miracle, mais adresse, mais industrie!

Le curé, encore plus surpris que tout le reste, lui porta les deux mains sur sa plaie : et, après avoir tâté, il vit que l'épée ne lui avait nullement percé le corps, mais qu'elle était entrée dans un canon de ferblanc qu'il avait accommodé avec tant d'artifice, comme il l'a dit depuis, et que le sang ne s'y pouvait congeler, en un mot, le curé, Gamache et ses amis reconnurent qu'on les avait joués. Pour la nouvelle mariée, voyant que l'on disait que le mariage était frauduleux et ne serait pas valable, elle dit qu'elle le confirmerait de nouveau : ce qui fit penser à tout le monde que la fourberie avait été concertée entre elle et Basile. Gamache et ses amis en furent si irrités qu'ils en voulurent tirer vengeance sur l'heure, et, mettant l'épée à la main. ils attaquèrent Basile, en faveur de qui on vit dans un moment un grand nombre d'épées nues. Don Quichotte, voyant le désordre, monta sur son bon cheval, la lance au poing; et bien couvert de son écu, se jeta entre eux et se fit faire place, pendant que Sancho, qui avait toujours mortellement haï les querelles, se retira du côté des marmites, ne doutant point que ce ne fût un asile pour qui tout le monde aurait le même respect que lui. Arrêtez! messieurs, arrêtez! criait don Quichotte : il ne faut pas songer à se venger des tromperies que fait faire l'amour, car l'amour et la guerre sont la même chose; et comme dans la guerre il est permis de se servir de ruses et de stratagèmes pour vaincre l'ennemi, les rivaux peuvent aussi les employer dans les différends qu'ils ont en amour et pour se supplanter l'un et l'autre, pourvu qu'il n'en rejaillisse rien sur la personne aimée. Quitterie était à Basile, et Basile à Quitterie : le ciel l'avait ainsi ordonné. Gamache est riche, et il trouvera assez de femmes; pour Basile, que la fortune n'a pas mis en état de choisir, quoiqu'il ne soit pourtant pas à plaindre, il est injuste de vouloir lui ravir la sienne, d'autant plus que personne ne doit penser à séparer ce que le ciel a joint; et le premier qui sera assez hardi pour l'entreprendre, je lui déclare qu'il faudra m'arracher cette lance. Sur cela, il commença à la remuer avec tant de vigueur et de force, qu'il jeta l'épouvante dans l'esprit de tous ceux qui le regardaient; la colère de Gamache s'étant tout d'un coup changée en mépris pour Quitterie, il ne pensa plus qu'à l'ôter de sa mémoire, si bien qu'avec les persuasions du curé, qui était un homme prudent, lui et tous ceux de son parti s'appaisèrent et remirent l'épée au fourreau, blâmant bien plus la légèreté de Quitterie que l'artifice de Basile. Après y avoir même bien pensé, Gamache, considérant que Quitterie, qui avait aimé Basile étant fille, pourrait bien l'aimer encore étant mariée, trouvait qu'il n'était pas trop malheureux de n'être point son mari; il se consola entièrement, et pour faire voir qu'il n'avait aucun ressentiment de ce qui s'était passé, il voulut que la fête s'achevât comme s'il y eut toujours eu le même intérêt. Mais Basile, Quitterie et ceux de leur parti se retirèrent à la maison de Basile, qui, malgré sa pauvreté, eut tout sujet de se réjouir de son bonheur et de voir qu'il n'avait pas moins d'amis qu'en avait Gamache avec toutes ses richesses. Ils emmenèrent aussi avec eux don Quichotte qui leur parut un homme de considération et de valeur, et qui n'eut pas de peine à se résoudre à suivre le parti de Basile. Pour ne pas mentir, Sancho ne suivit son maître qu'à regret : il ne pouvait se consoler d'être obligé d'abandonner les grands préparatifs du festin de Gamache, qui fut magnifique pour un festin de village, et dura jusqu'à la nuit. Il s'en allait triste et mélancolique sur son âne, le regardant fixement entre les deux oreilles, sans dire jamais une seule parole; et quoiqu'il ne pût avoir grand'faim, parce qu'il avait avalé presque toute son écume, l'abondance qu'il laissait derrière lui, lui revenait toujours dans l'esprit, et il soupirait de temps en temps, se laissant conduire au gré de son grison, qui suivait gaîment les pas de Rossinante.

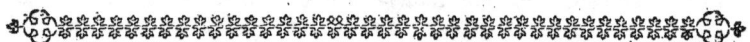

CHAPITRE XVIII.

De la grande et inouïe aventure de la caverne de Montesinos, qui est au cœur de la Manche, dont le valeureux don Quichotte vint heureusement à bout.

Au bout de trois jours que nos aventuriers demeurèrent à faire bonne chère chez les nouveaux mariés, don Quichotte, qui se lassait déjà d'une vie oisive et si contraire à sa profession, pria le bachelier, avec qui il était venu, de lui donner un guide pour le mener sur le chemin de la caverne de Montesinos, où il mourait d'envie d'entrer, et de voir lui-même à découvert toutes les merveilles qu'on en contait dans le pays. Le bachelier lui dit qu'il lui donnerait un de ses cousins, garçon fort savant, qui aimait extrêmement les livres de chevalerie, qui le mènerait de bon cœur jusqu'à l'entrée de la caverne, et il envoya chercher le cousin, qui vint sur-le-champ, monté sur une jument poulinière; et Sancho ayant amené Rossinante, et bien fourni son bissac, ils prirent tous congé de la compagnie et suivirent le chemin de la caverne de Montesinos. Comme ils marchaient, don Quichotte demanda à son guide quels étaient sa profession et son exercice. Monsieur, répond-il, je suis rhétoricien de profession, et il est peu de choses que je ne puisse enseigner. En ce cas, dit Sancho, vous pourriez bien me dire quel est le premier homme qui s'est gratté la tête : pour moi, je m'imagine que c'est Adam, notre premier père. Assurément, répondit l'autre, car Adam avait une tête et des cheveux, et il y a apparence qu'étant le premier homme, il a senti le premier de la démangeaison. C'est mon sentiment, dit Sancho ; mais monsieur, qui est-ce qui a volé le premier? En vérité, mon compère, répondit le bachelier, je ne saurais bien résoudre cela pour l'heure, et il faut que je cherche auparavant. Écoutez monsieur, dit Sancho, je viens de le trouver ; le premier voleur du monde fut Lucifer, car, quand il fut chassé du ciel, il s'en alla volant jusque dans les abîmes. Vous avez raison, compère, dit le bachelier.

Nos voyageurs passèrent la journée en de semblables plaisanteries ; et la nuit étant venue, ils allèrent loger dans une métairie, d'où le savant guide dit à don Quichotte qu'il n'y avait pas plus de deux lieues jusqu'à la caverne de Montesinos, et qu'il fallait faire provision de cordes s'il avait envie de descendre jusqu'au fond. Songez-y, Sancho, dit don Quichotte, car je suis résolu d'en voir le bout, quand elle devrait aller jusqu'aux Antipodes. Sancho acheta près de deux cents brasses de corde, et, le jour suivant, ils arrivèrent sur les deux heures après midi à l'entrée de la caverne, dont la bouche est large et spacieuse, mais si pleine d'épines et de broussailles entrelacées, qu'elle en est presque toute couverte. Don Quichotte ne fut pas plutôt arrivé, qu'il se jeta vite à terre, et les deux autres en ayant fait autant, ils l'attachèrent avec les cordes. Pendant qu'ils le liaient : Monsieur, dit Sancho à son maître, avant de vous embarquer, prenez bien garde à ce que vous faites : que sait-on si vous n'allez point vous enterrer tout vif ! J'ai vu cent fois en ma vie mettre rafraîchir des bouteilles dans un puits, dont il n'en revenait pas une qui ne fût estropiée; et quel intérêt avez-vous d'aller voir ce qui passe là-bas dans un endroit qui n'a peut-être point de fond? Attache-moi seulement, mon pauvre ami, répondit don Quichotte : assurément cette entreprise m'est réservée. Monsieur, lui dit en même temps le guide, observez, je vous prie, exactement tout ce qu'il y a dans cette caverne : il se pourrait bien faire qu'il y ait des choses dignes d'être mises dans mon livre de métamorphoses. Il a la flûte entre les mains, dit Sancho, je vous assure qu'il en jouera bien. Don Quichotte, se voyant bien lié et prêt à descendre : Ah ! nous avons fait une grande faute, dit-il, de n'avoir pas apporté une clochette pour vous avertir en cas de besoin ; mais il n'y a point de remède, me voilà entre les mains de la fortune, qui aura soin de me conduire. Il se jeta alors à genoux, et, ayant fait une prière fort courte, pour demander le secours du ciel dans une aventure aussi périlleuse, il se leva, et dit à haute voix : O reine de toutes mes actions et de mes plus secrètes pensées, illustre et non pareille Dulcinée du Toboso, s'il est possible que les prières de ton chevalier aillent jusqu'à toi, je te prie, par cette beauté incomparable dont tu m'as charmé, de ne pas me refuser ta protection et ta faveur dans une occasion où j'en ai tant besoin. Je vais m'engouffrer et me précipiter dans cet abîme par la seule ambition de faire quelque chose digne de ta grandeur.

Ces paroles achevées, il s'approche du bord de la caverne, et, voyant

qu'il n'y avait pas moyen d'y entrer, il mit l'épée à la main, et commença à couper les broussailles et les épines ; mais il n'eut pas donné quatre ou cinq coups qu'il en sortit une infinité de corbeaux, de corneilles et de chauves-souris, et avec tant d'impétuosité, qu'elles le renversèrent ; il se leva avec un courage intrépide, et, voyant qu'il ne sortait plus d'oiseaux, il se laissa couler à l'aide du guide et de Sancho, qui tenaient la corde. Sancho, le voyant descendre, lui donna sa bénédiction, et faisant sur lui mille signes de croix : Dieu te conduise, lui dit-il, avec Notre-Dame-de-Paris et la Sainte-Trinité de Gaëte. Vas en paix, la vaillance du monde, bras de fer et cœur d'acier, Dieu te guide et te ramène sain et sauf de tous tes membres.

Pendant que Sancho et le guide faisaient de semblables prières, don Quichotte descendait, criant qu'on lâchât toujours la corde ; et quand ils virent enfin qu'on avait lâché les deux cents brasses et qu'on n'entendait plus la voix, ils furent d'avis de retirer don Quichotte ; ils furent néanmoins près d'une demi-heure à attendre, et au bout de ce temps-là ils commencèrent à tirer la corde, mais avec beaucoup plus de facilité qu'ils ne l'avaient lâchée, ce qui leur fit croire que don Quichotte était tombé dans le fond de la caverne ; et Sancho n'en doutant presque point, pleurait à chaudes larmes, et tirait le plus vite qu'il pouvait, pour s'éclaircir davantage. Enfin après avoir tiré environ cent cinquante brasses, ils sentirent la corde plus pesante, ce qui leur donna une joie extrême, et Sancho, regardant en bas, aperçut distinctement don Quichotte, à qui il dit : Soyez le bienvenu, monsieur ! nous croyions déjà que vous étiez demeuré pour les gages. Mais don Quichottte ne répondit point ; et, quand il fut tout en haut, ils virent qu'il avait les yeux fermés, comme s'il eût été endormi. Ils le délièrent et l'étendirent à terre sans qu'il s'éveillât ; mais enfin ils le tournèrent et le remuèrent tant qu'il revint un peu à lui, se frottant les yeux, et s'allongeant comme si on l'eût tiré d'un profond sommeil. Après avoir regardé de toute part, comme un homme éperdu : Ah ! que vous m'avez fait grand tort, dit-il, mes amis ! vous m'avez privé de la plus douce vie et de la plus agréable vue du monde. C'est à présent que j'achève de connaître que tous les plaisirs de cette vie passent comme un songe. O malheureux Montesinos ! ô Durandart, lâchement blessé ! ô infortunée Belerme ! ô déplorable Guadiana, et vous tristes et misérables filles de Ruidera, qui faites voir par vos eaux l'abondance de celles que vos beaux yeux ont versées ! Le guide et Sancho, tout étonnés d'entendre ces paroles, que don Quichotte proférait comme s'il eût été pénétré d'une profonde douleur, le supplièrent de leur en apprendre le sens et ce qu'il avait vu dans cet enfer. N'appelez point ce lieu un enfer, répondit don Quichotte ; ce nom ne lui convient nullement. Cependant donnez-moi quelque chose à manger, je vous prie ; je ne crois pas avoir jamais eu tant de faim. Sancho lui mit vite le couvert sur l'herbe, c'est-à-dire un morceau de tapis que le guide mettait sur la selle de sa jument, et, ayant vidé leurs besaces, ils mangèrent tous trois avec beaucoup d'appétit, parce qu'ils n'avaient rien mangé de toute la journée. Le repas fini et la nappe levée, don Quichotte dit : Ne vous levez point, mais écoutez ce que je vais vous dire.

CHAPITRE XIX.

Des choses admirables que l'intrépide don Quichotte dit qu'il avait vues dans la profonde caverne de Montesinos.

Or voici quel fut son récit :
À douze ou quinze brasses du fond de cette caverne, sur la main droite, une grande concavité large et spacieuse, qui ne reçoit la lumière que par des trous ou crevasses qui s'entretiennent successivement jusque-là depuis la superficie de la terre. J'ai eu tout le loisir de considérer cet endroit, lorsque, m'ennuyant de me voir si longtemps pendu à cette corde, et las de descendre toujours sans savoir où j'allais, je me suis résolu d'y entrer pour prendre un peu de repos. Je vous ai crié dans ce temps-là que vous ne donnassiez plus de corde jusqu'à ce que je vous le dise; mais il faut que vous ne m'ayez pas entendu, si bien que, ramassant la corde qui coulait toujours, j'en ai fait un gros bourrelet et me suis assis dessus, et quelque temps après, sans que je sache comment cela s'est fait, je me suis trouvé dans la plus belle et délicieuse prairie que l'on puisse imaginer. Je me suis cent fois frotté les yeux, doutant si ce n'était point un songe ou si ma vue ne me trompait point ; et, ne pouvant me contenter de cette épreuve, je me tâtais la tête et tout le corps, pour voir si c'était bien moi-même; mais mes sens m'ont assuré que c'était moi. En même temps s'est offert à ma vue un grand et magnifique palais avec les murailles de cristal, et j'ai vu sortir, par une des deux portes qui se sont subitement ouvertes, un vieillard vénérable, qui est venu vers moi.

Il avait un grand manteau brun qui traînait jusqu'à terre, et sur les épaules une manière de chaperon de docteur, de satin vert; il portait sur sa tête une toque noire, et sa barbe blanche lui passait la ceinture ; pour toute arme, il tenait dans la main un grand chapelet dont les grains étaient gros comme des noix, et les *pater* ne l'étaient pas moins que des œufs d'autruche. La gravité, la démarche, et la mine agréable et sérieuse du vieillard m'ont donné beaucoup d'admiration ; mais j'ai été encore plus surpris lorsque, s'approchant de moi, il m'a étroitement embrassé, et m'a dit : Il y a très-longtemps, valeureux chevalier don Quichotte de la Manche, que nous t'attendions tout ce que nous sommes de gens enchantés dans cette solitude, afin que tu révèles au monde les prodigieuses merveilles qui sont enfermées dans la caverne de Montesinos. Suis-moi, illustre chevalier, que je te fasse voir les choses étonnantes qu'enferme ce palais transparent, dont je suis le gouverneur perpétuel, car c'est moi qui suis Montesinos. Le vieillard ne m'a pas plutôt appris qu'il était Montesinos, que je l'ai prié de me dire s'il est vrai ce que l'on en raconte ici haut, qu'avec une petite dague il avait tiré le cœur de l'estomac de son grand ami Durandart, et l'avait porté de sa part à Belerme, comme il l'en avait prié en mourant. Il m'a répondu que tout cela était véritable, si ce n'est qu'il ne s'était pas servi d'une dague, mais d'un poignard pointu comme une lancette.

Arrivé au palais de cristal, Montesinos me fit entrer dans une salle basse, toute d'albâtre, il y avait là un sépulcre de marbre d'un travail admirable, sur lequel était étendu un chevalier en chair et en os, la main droite qui m'a paru velue et nerveuse, marque de la grande force du cavalier, sur l'endroit du cœur; et comme je regardais cela avec beaucoup d'attention: Voilà mon ami Durandart, m'a dit Montesinos, la fleur et le miroir des braves et des amoureux chevaliers de son temps. Merlin, ce fameux magicien de France, que l'on dit fils du diable, le tient ici enchanté avec moi et quantité d'autres, tant hommes que femmes, et comment il nous a enchantés, et pourquoi, c'est ce que personne ne sait. Mais ce qui m'étonne, c'est que je suis bien sûr que Durandart rendit le dernier soupir entre mes bras, et que, dès qu'il fut mort, je lui arrachai de mes propres mains le cœur, qui pesait, sans exagération, deux bonnes livres ce qui était une marque de son courage! Ce chevalier étant donc mort, comme je vous dis, comment se peut-il faire qu'il se plaigne et soupire de temps en temps tout de même que s'il était vivant?

Comme Montesinos achevait ces paroles, le malheureux Durandart s'est écrié : O mon cher cousin Montesinos, la derrière prière que je vous fis, ce fut de m'arracher le cœur sitôt que je serais mort, et de le porter à la belle Belerme. En même temps Montesinos, mettant le genou en terre, et les yeux pleins de larmes, lui a répondu : Seigneur Durandart, le plus cher de mes parents, j'ai accompli tout ce que vous m'ordonnâtes le funeste jour de votre perte : je vous tirai le cœur le mieux que je pus ; je l'essuyai promptement avec un mouchoir à dentelle, et je partis sur-le-champ pour m'en aller en France, après vous avoir rendu les derniers devoirs, où j'avais pleines de larmes, qu'il y en eut assez pour me laver les mains, que j'avais pleines de sang ; et, pour plus grandes enseignes, mon bon parent, mon cher ami, au premier endroit que je trouvai à la sortie de Roncevaux, je jetai un peu de sel sur votre cœur, de crainte qu'il ne se corrompît, et qu'il ne fût pas en état d'être présenté à madame Belerme, que le sage Merlin tient ici enchantée depuis plusieurs années aussi bien que vous et moi, avec Guadiana, votre écuyer, la dame Ruidera, ses sept filles et deux cousines ; et, quoiqu'il se soit écoulé déjà plus de cinq cents ans que nous sommes ici, il n'est cependant mort pas un de nous, et il ne manque que Ruidera, ses filles et ses cousines, dont les larmes touchèrent si fort Merlin, qu'il les métamorphosa par compassion en autant de fontaines, que ceux qui vivent là haut, dans le pays de la Manche, appellent les sources de Ruidera, dont il y en a sept qui appartiennent au roi d'Espagne, et deux à un saint ordre, qu'on appelle de Saint-Jean. Guadiana, votre écuyer, qui déplorait aussi continuellement votre malheur, fut changé en un fleuve de son nom. Lorsqu'il commença à couler vers la superficie de la terre, et qu'il connut, en voyant le soleil de l'autre ciel, qu'il s'éloignait de vous, il en eut tant de regrets qu'il s'engouffra dans les entrailles de la terre ; mais comme il ne peut vaincre son cours naturel, il sort de temps en temps en quelques endroits, et paraît quelquefois aux yeux des hommes. Les sources que j'ai dites mêlent leurs eaux avec les siennes, et, grossissant son cours, elles l'accompagnent en pompe dans le royaume de Portugal ; mais quelque part qu'il aille, il y porte toujours un air triste et mélancolique, négligeant même de recevoir dans ses eaux des poissons de bon goût, tant il craint de faire quelque chose qui ne s'accorde pas avec une douleur si juste que la sienne. Je vous ai déjà dit souvent, mon très cher cousin, tout ce que je viens de vous dire là ; et comme vous ne me répondîtes point, je m'imagine que vous n'ajoutez point de foi à mes paroles. Je veux maintenant vous apprendre une nouvelle qui, pour le moins, n'augmentera pas vos déplaisirs : c'est que vous avez devant vous le chevalier dont le sage Merlin a prédit tant de merveilles, ce grand, ce fameux don Quichotte de la Manche, qui a non seulement ressuscité la chevalerie errante, mais qui nous tirera sans doute du long enchantement où nous sommes retenus.

Quand cela ne serait point, repartit Durandart d'une voix faible et dolente, quand cela ne serait point, ô mon cher cousin, il faudrait prendre patience et mêler les cartes. Ayant dit cela, il se retourna de l'autre côté et demeura dans le silence sans proférer depuis une seule parole. Mais en même temps on a entendu de pitoyables gémissements qui m'ont obligé de tourner la tête, et j'ai vu au travers des murailles de cristal, dans une autre salle, une procession de deux troupes de très belles demoiselles, toutes de deuil, avec des rubans blancs sur la tête ; après elles venait une très belle dame, dont l'air et la gravité faisaient bien connaître qu'elle était au-dessus des autres ; elle était aussi vêtue de noir, avec un voile blanc, si long qu'il traînait jusqu'à terre, et son turban était une fois plus grand que ceux de ses compagnes ; elle avait de grands sourcils, le nez un peu plat, la bouche grande, mais les lèvres jaunâtres et les dents extrêmement blanches, quoique rares et mal rangées ; elle tenait en ses mains un linge délié, où était un cœur embeaumé apparemment, tant il me parut sec et flétri. Montesinos m'a dit que toutes les demoiselles étaient de la suite de Durandart et de Belerme, avec qui elles sont là enchantées, et que celle qui portait le cœur était Belerme, qui, quatre fois la semaine, fait cette procession avec ses filles, chantant tristement des hymnes lugubres ; et que, si Belerme ne m'avait pas semblé si belle qu'on le publie, c'est à cause des ennuis qu'elle a de son enchantement, que sans sa douleur continuelle, la grande Dulcinée du Toboso, aurait bien de la peine à lui disputer le prix de la beauté et de la bonne grâce.

En voilà assez, seigneur Montesinos, lui ai-je répondu ; trêve de comparaison : Belerme a sa beauté et ses avantages, et l'incomparable Dulcinée n'en cède à personne. Je vous demande pardon, seigneur chevalier, me répondit Montesinos : j'avoue que je me suis un peu avancé en disant que madame Dulcinée avait de la peine à égaler le mérite de Belerme, et, après avoir appris, par le bruit qui s'est répandu jusqu'ici même, que vous êtes le seigneur don Quichotte, le chevalier de cette illustre dame, je ne devais la comparer qu'avec le ciel ou à elle-même. Cette soumission de Montesinos a apaisé les impétueux bouillons de ma colère. Par la mordi, je m'étonne bien, dit Sancho, que vous n'ayez sauté sur le ventre du fameux vieillard et que vous ne lui ayez rompu les côtes ; il faut que vous soyez devenu bien patient dans l'autre monde ! Comment diable lui avez-vous laissé un poil de la barbe ? Oh ! je n'avais garde, Sancho, lui répondit don Quichotte : il faut toujours respecter la vieillesse ; et, pour le reste, nous n'avons rien à nous reprocher l'un à l'autre. Mais comment se peut-il, monsieur, interrompit le guide, qu'en si peu de temps que vous ayez été là bas, vous ayez pu voir et dire tant de choses ? Eh ! combien y a-t-il que je suis entré dans la caverne ? demanda don Quichotte. Environ cinq quarts d'heure, répondit Sancho. Est-ce que tu te moques ! répliqua don Quichotte. Eh ! mon ami, comment cela peut-il être, puisque j'ai vu lever et coucher le soleil ? Mon maître peut avoir raison, dit Sancho : car, comme tout ce qui lui arrive se fait par enchantement, ce que nous avons pris pour une heure lui a pu paraître trois jours et trois nuit. Cela est aussi vrai, répondit don Quichotte. Et avez-vous mangé quelque chose, monsieur, pendant tout ce temps-là? demanda le guide. Rien du tout, répondit don Quichotte. Et les enchantés mangent-ils? demanda le guide. Ils ne boivent ni ne mangent, répondit don Quichotte, ni ne font rien de ce que font les autres, il n'y a que les ongles, la barbe et les cheveux qui ne laissent pas de leur croître. Mais ne dorment-ils point, mon maître? dit Sancho. Pas plus cela que le reste, répondit don Quichotte; au moins dans les trois jours que j'ai été là, pas un d'eux n'a fermé l'œil. Voilà justement ce que dit le proverbe repartit Sancho : Dis-moi qui tu fréquentes, et je te dirai qui tu es. Vous allez avec des enchantés qui ne mangent ni ne dorment, il ne faut pas s'étonner que vous n'ayez ni dormi ni mangé tant que vous avez été avec eux. Mais, voulez-vous que je vous dise, monsieur, et je vous en demande pardon, de tout ce que vous avez dit là le diable emporte qui en croit rien. Et pourquoi non? dit le guide : est-ce que le seigneur don Quichotte est capable de dire des menteries! et quand même cela serait, aurait-il eu le loisir d'inventer tant de mensonges? Ce n'est pas que je croie que mon maître mente, répondit Sancho, : Et qu'est-ce donc que tu crois? dit don Quichotte Je crois que le seigneur Merlin ou les magiciens qui ont enchanté toute cette troupe de gens que vous dites, vous ont fourré dans la tête par enchantement tout ce que vous nous avez conté et tout ce qui vous reste à dire, et de cela j'en ferais bien serment. Mon ami, dit don Quichotte, j'ai tout vu de mes propres yeux, et tout entendu de mes oreilles. Que diras-tu donc, Sancho, de ce que je vais te dire tout à l'heure, qu'entre mille autres merveilles étonnantes que me fit voir Montesinos, il me montra trois paysannes qui allaient dansant, sautant dans les prés, dont je reconnus que l'une était Dulcinée, et les autres ses deux compagnes, à qui nous parlâmes à la sortie du Toboso? Je demandai à Montesinos s'il les connaissait; il me dit que non, mais que ce devaient être quelques princesses enchantées qui étaient là il n'y avait pas longtemps, et qu'il ne fallait pas que je m'en étonnasse, parce qu'il y avait quantité d'autres dames, entre lesquelles il connaissait la reine Genièvre et la dame Quintagnone, celle qui versait du vin à Lancelot quand il revint d'angleterre.

Sancho pensa mourir de rire, quand il entendit don Quichotte parler ainsi; car il savait la fausseté de l'enchantement de Dulcinée. Monsieur, lui dit-il, mon cher maître, à la malheure avez-vous descendu dans l'autre monde, et plus malheureusement encore avez-vous rencontré le seigneur Montesinos! Vous vous trouviez bien ici haut avec le jugement sain, disant des sentences à tout bout de champ, et donnant de bon conseils à qui en voulait; au lieu que vous dites à cette heure les plus grandes folies du monde. Comme je te connais bien, Sancho, répondit don Quichotte, je ne me soucié guère de ce que tu dis. Ma foi, ni moi de ce que vous dites, repartit Sancho : je consens que vous me battiez et que vous me tuiez, si vous voulez, pour ce que je viens de dire, si vous n'avez pas envie de vous corriger! Mais, monsieur, sans rancune, de bonne foi, à quoi avez-vous reconnu madame Dulcinée? que lui avez-vous dit, et que vous a-t-elle répondu? Je l'ai reconnue, dit don Quichotte, parce qu'elle avait les mêmes habits que lorsque tu me la fis voir. Je lui ai parlé; mais, au lieu de me répondre, elle ma tourné les épaules et s'est enfuie avec tant de vitesse, que je l'ai perdue de vue dans un instant; et comme j'ai voulu la suivre, Montesinos m'en a empêché, en me disant que ce serait inutilement, et qu'il était temps que je retournasse en ce monde. Il m'a dit aussi que j'aurais un jour avis de son désenchantement, de celui de Durandart, de Belerme et de tous ceux qui sont enchantés avec eux. Mais ce qui m'a donné le plus de plaisir de tout ce que j'ai vu là bas, c'est qu'une des compagnes de Dulcinée s'est approchée de moi, sans que je la visse venir, et, toute confuse et les yeux pleins de larmes, m'a dit d'une voix basse : Dulcinée du Toboso, ma maîtresse, baise les mains à votre grandeur, et vous supplie de lui mander de vos nouvelles; et, comme elle est dans une grande nécessité, elle vous prie instamment de lui vouloir prêter douze réales sur ce cotillon de futaine que voilà, et elle vous donne sa parole de vous les rendre en peu de temps. J'avoue que j'ai été extrêmement surpris d'un tel message, et, me tournant vers Montesinos : Est-il possible, seigneur Montesinos, lui ai-je dit, que les enchantés de cette importance se trouvent en nécessité ! Croyez-moi, m'a-t-il répondu, seigneur don Quichotte de la Manche, que la nécessité se fourre partout; elle attaque toute sorte de gens et ne pardonne pas même aux personnes enchantées ; et puisque madame Dulcinée vous envoie demander douze réales, il faut qu'elle en ait grand besoin. Au reste, les gages sont bons, et je ne saurais donner douze réales non plus, car je n'en ai que quatre, qui étaient justement, Sancho, les quatre que tu m'avais données pour donner aux pauvres que nous pourrions trouver en chemin, et que j'ai en même temps données à cette demoiselle : Tenez, lui ai-je dit, je vous prie d'assurer votre maîtresse que j'ai un extrême déplaisir de l'état où elle se trouve, que je ne saurais avoir de joie et de repos tant que je serai privé du bien de la voir et de l'entretenir, et que je la supplie d'accorder la grâce de se laisser voir à son chevalier affligé, qu'elle sait qui l'aime éperdûment. Vous lui direz encore que, lorsqu'elle y pensera le moins, elle entendra dire que j'ai fait serment de ne prendre jamais de repos et de parcourir toutes les parties du monde, y en eût-il mille, avec plus d'exactitude que ne les parcourut l'infant don Pedro de Portugal, jusqu'à ce que j'aie désenchanté sa grandeur. Vous devez bien cela à ma maîtresse, et encore davantage, a répondu la demoiselle. Puis ayant pris les quatre réales, au lieu de révérence, elle a fait une cabriole de plus de quinze pieds en l'air. Eh ! sainte Marie ! s'écria Sancho, levant les mains par dessus sa tête, est-il possible que les enchanteurs et leurs enchantements aient eu assez de force pour gâter le meilleur esprit de la Manche ! O mon maître, mon cher maître ! pour l'amour de Dieu, revenez à vous et ne vous amusez point à des folies qui vous troublent le jugement. L'affection que tu as pour moi, mon pauvre Sancho, te fait parler de la sorte, dit don Quichotte ; et, comme tu n'as pas l'expérience des choses du monde, tu tiens pour impossibles toutes celles qui ne sont pas aisées à faire ; mais il viendra un autre temps, comme je t'ai dit, et je te raconterai des choses si étonnantes de ce que j'ai vu là bas, que tu ne pourras plus douter de celles que je viens de dire.

CHAPITRE XX.

Où l'on verra mille impertinences aussi ridicules qu'elles sont nécessaires pour l'intelligence de cette histoire.

Le guide, fort étonné de la liberté de Sancho, le fut encore plus de la patience de son maître, et il jugea que la joie d'avoir vu sa dame, tout enchantée qu'elle était, avait adouci son humeur, et lui faisait souffrir des insolences qui, en bonne justice, méritaient cent coups de bâton. Pour moi, seigneur chevalier, lui dit-il, je tiens cette journée pour très bien employée, puisque j'y ai acquis l'honneur de votre connaissance, que j'estime infiniment. J'en tire encore d'autres avantages qui ne me seront pas inutiles dans la suite, comme d'avoir appris les choses merveilleuses qu'enferme la caverne de Montesinos, avec la métamorphose de Guadiana et des filles de Ruidera. J'ai encore appris l'antiquité des cartes à jouer, dont je vois que l'on se servait dès le temps de l'empereur Charlemagne, par les dernières paroles que vous dites qu'avait proférées Durandart : *il faudra prendre patience et mêler les cartes*, qu'il ne peut avoir apprises depuis qu'il est enchanté, mais seulement lorsqu'il était en France, sous le règne de cet empereur. Mais laissons cela pour l'heure, et allons chercher à nous loger cette nuit. Il y a ici autour un ermitage où demeure un ermite qu'on dit avoir été autrefois soldat : c'est un homme si charitable, qu'il a fait bâtir à ses dépens une petite maison auprès de l'ermitage, où il reçoit de bon cœur ceux qui veulent y aller. Et a-t-il des provisions, ce bon ermite? demanda Sancho. Il y a peu d'ermites qui n'en aient, répondit don Quichotte : ceux d'aujourd'hui ne sont pas comme ceux de la Thébaïde, qui se couvraient de feuilles de palmier et ne vivaient que de racines.

Pendant ce discours ils virent venir vers eux un homme à pied qui marchait à grands pas, touchant devant lui un mulet chargé de lances et de hallebardes. Cet homme, en arrivant auprès d'eux, les salua, et passa outre; mais don Quichotte lui cria : Arrêtez un peu, bonhomme : il me semble que votre mulet n'a pas besoin que vous le pressiez tant. Je ne saurais arrêter, monsieur, répondit le bonhomme, parce que les armes que vous voyez là doivent servir demain, et il faut bien que je marche malgré moi ; mais, si vous avez envie de savoir pourquoi j'emporte des armes, je m'en vais coucher cette nuit à l'hôtellerie qui est au-dessus de l'ermitage; si par hasard c'est votre chemin, vous me trouverez là, et je vous conterai merveille. Adieu, monsieur, et à votre compagnie. En disant cela, il toucha son mulet avec tant de hâte, que don Quichotte n'eût pas le loisir d'en demander davantage; mais, comme il était curieux des choses nouvelles et particulièrement de celles qui avaient l'air d'aventures, il résolut aussitôt d'aller coucher à cette hôtellerie, sans s'arrêter à l'ermitage. Ils montèrent donc à cheval, et un peu vers la fin du jour ils se trouvèrent tout auprès de l'ermitage, où le guide dit qu'il serait bon d'aller se rafraîchir. En même temps Sancho poussa le grison de ce côté-là, et don Quichotte le suivit:

mais la mauvaise fortune de Sancho voulût que l'ermite ne s'y trouvât pas : il n'y avait que son compagnon, à qui le bon écuyer demanda s'il y avait moyen de boire un coup, quoi qu'il en pût coûter ; il répondit que le père n'avait point de vin, mais que s'ils voulaient de l'eau, il leur en donnerait de bon cœur, et qui ne leur coûterait rien. Si j'avais envie de boire de l'eau, repartit Sancho, j'ai assez trouvé de fontaines en chemin. Ah ! ajouta-t-il, noces de Gamache, abondance de la maison de Diego, que je vous regretterai de fois en ma vie ! Comme ils virent qu'il n'y avait rien à faire dans l'ermitage, ils prirent le chemin de l'hôtellerie, et chemin faisant, ils rencontrèrent un jeune garçon qui allait tout à son aise, portant son épée sur son épaule, avec un paquet où il paraissait quelques hardes ; il avait sur sa chemise un casaquin de velours un peu pelé, et était en bas de soie avec des souliers maroquin du Levant. Quand ils furent plus près de lui, ils virent que c'était un garçon de dix-sept à dix-huit ans, qui avait l'air gai et la mine d'être fort dispos, et ils entendirent qu'il chantait un vaudeville.

Où allez-vous ainsi, mon brave? lui demanda don Quichotte : il me semble que vous voilà vêtu bien à la légère. Monsieur, répondit-il, c'est par pure nécessité, à cause de la chaleur, et je m'en vais à la guerre. A cause de la chaleur, je n'ai rien à dire, dit don Quichotte ; mais pourquoi par nécessité ? Monsieur, repartit le jeune garçon, j'ai là dans un paquet des chausses de velours pareilles à ce casaquin que je ne veux pas gâter en marchant, parce qu'elles ne me feraient plus d'honneur quand je serai arrivé en quelque ville, et que je n'aurai pas moyen d'en acheter d'autres : c'est la raison qui me fait aller de la sorte, aussi bien que pour n'avoir pas trop chaud, jusqu'à ce que j'aie joint quelques compagnies d'infanterie qui sont à dix ou douze lieues d'ici, où j'espère m'enrôler. Monsieur, lui dit don Quichotte, vous me ferez le plaisir de prendre la croupe de mon cheval jusqu'à l'hôtellerie, où je veux que vous soupiez avec moi, et demain vous continuerez votre voyage, que je vous souhaite aussi bon que votre dessein le mérite. Le page s'excusa le plus honnêtement qu'il put de monter derrière don Quichotte ; mais il accepta l'offre du souper avec de grands remercîments. Sur la fin du jour, ils arrivèrent à l'hôtellerie, et, outre la joie d'y arriver, Sancho eut encore celle de voir que son maître la prenait ce qu'elle était, et non pour un château, comme il faisait d'ordinaire.

CHAPITRE XXI.

De l'aventure du braire de l'âne, de celle du joueur de marionnettes, et des devinations admirables du singe.

Don Quichotte avait tant d'impatience d'apprendre les merveilles que le conducteur des armes avait promis de lui raconter, qu'il alla le chercher tout sur l'heure et le somma de sa parole. Oh ! vraiment, monsieur, répondit cet homme, cela ne se fait pas ainsi : il faut du temps pour vous compter mes merveilles ; laissez-moi accommoder mon mulet, qui en a grand besoin, et je vous donnerai contentement. Qu'à cela ne tienne, répondit don Quichotte; je m'en vais vous aider moi-même. Il se mit aussitôt à cribler l'orge et à nettoyer la mangeoire, et par cette humilité gagna si bien les bonnes grâces du bonhomme, qu'il sortit en même temps de l'écurie, et, s'étant assis sur un puits, il commença de cette manière, ayant pour auditeurs don Quichotte, Sancho, leur guide, le page et l'hôte.

Vous saurez, monsieur, qu'à un village qui est à quatre ou cinq lieues d'ici, un juge du lieu perdit, il y a quelque temps, un âne, et on dit que c'est par la faute ou plutôt par la malice de sa servante; et, quelque chose qu'il fît pour le trouver, il n'en put jamais venir à bout. Environ quinze jours après, comme le juge se promenait dans le marché, un autre officier du même lieu s'en vint lui dire: Que me donnerez-vous, compère? et je vous dirai des nouvelles de votre âne. Tout ce que vous voudrez, compère, répondit le juge; mais apprenez-moi, je vous prie, ce que vous en savez. Je l'ai trouvé ce matin dans la montagne, répondit l'autre, sans bât, sans licou, et si maigre, que c'était pitié; je l'ai voulu chasser devant moi pour vous l'amener, mais il est devenu si farouche, que, d'abord que je m'en suis approché, il s'est mis à ruer, et s'est enfui dans le plus épais de la montagne. Si vous voulez, nous irons le chercher ensemble; je m'en vais seulement mettre ma bête à l'écurie; et dans un moment je suis à vous. Vous me ferez grand plaisir, répondit le juge. Ils s'en allèrent donc tous deux à pied à la montagne, vers l'endroit où l'âne avait paru; mais ils ne l'y trouvèrent point; enfin, après s'être bien lassés à chercher: Mon compère, dit celui qui l'avait vu au juge, je viens de m'aviser d'un bon moyen pour découvrir votre âne, fût-il caché vingt pieds sous terre: c'est que je sais braire à merveille, et, pour peu que vous le sachiez aussi, l'affaire est faite. Pour peu que je le sache, dites-vous? répondit le juge: sans vanité je n'en cède à personne, pas aux ânes même. Tant mieux, répartit l'autre: nous n'avons donc qu'à aller l'un d'un côté, l'autre de l'autre, tout autour de la montagne; vous brairez de temps en temps, et moi aussi, et il faudra que le diable soit bien fort si l'âne ne nous entend. Par ma foi, compère, dit le juge, l'invention est admirable. En même temps ils se séparèrent, et il arriva qu'en marchant ils se mirent à braire eux deux tout d'un coup, et de si bonne sorte, que chacun trompé par les braiements de l'autre, courut à la voix de son compagnon, croyant que l'âne était retrouvé, et ils furent bien étonnés quand ils se rencontrèrent. Est-il bien vrai compère, s'écria le juge, que ce n'est pas mon âne que j'ai entendu? Ma foi, c'est moi compère, répondit l'autre. C'est vous! répartit le juge; est-il possible? Ah! je vous l'avoue à présent, qu'il n'y a aucune différence entre vous et un âne, et de ma vie je n'ai rien vu de si semblable. Vous vous moquez compère, répondit l'autre: ces louanges vous appartiennent mieux qu'à moi, et sans vous flatter, vous en feriez leçon aux meilleurs maîtres; en un mot, je me rends, et je dirai partout que vous en savez plus que moi et que tous les ânes ensemble. Trêve de louanges, compère, dit le juge, en voilà trop: je n'ai pas si bonne opinion de moi que vous me la voulez donner, mais je ne laisserai pas de m'estimer davantage que je ne le faisais, après ce que vous venez de me dire. En bonne foi, compère, dit l'autre, il y a bien des genres d'habileté perdus dans le monde, faute de savoir s'en servir Je ne sais pas à quoi peut servir celle que nous avons fait voir vous et moi, répondit le juge, si ce n'est dans une occasion comme celle-ci, et Dieu veuille qu'elle y serve bien! Après tous leurs compliments ils se séparèrent encore, et se mirent à chercher en commençant à braire de plus belle; mais ils ne faisaient que se tromper à chaque pas, et couraient l un vers l'autre, croyant toujours que c'était l'âne, jusqu'à ce qu'enfin ils convinrent de braire deux fois l'un après l'autre, pour marquer que c'était eux. Ils firent de cette sorte tout le tour de la montagne, et toujours inutilement : jamais l'âne ne répondit rien. Mais comment eût-il répondu, le pauvre animal, puisqu'ils le trouvèrent mort dans le lieu le plus caché d'un bois qui est sur la montagne, et à demi mangé des loups? Je m'étonnais fort, dit son maître en le voyant, qu'il ne répondît point, la pauvre bête; et il n'eût pas manqué de le faire s'ils nous eût entendu braire, où il n'aurait pas été âne. Compère, je suis consolé, et le plaisir que j'ai eu à vous entendre braire me récompense de toute ma perte. A la bonne heure, compère, répondit l'autre; mais en bonne foi, si le curé chante bien, aussi fait bien son vicaire. Ils s'en retournèrent au village, bien fatigués et bien enroués, et ils contèrent à leurs amis et à tous ceux qui s'y trouvèrent ce qui leur était arrivé en cherchant l'âne, avec de grandes louanges qu'ils se donnaient l'un à l'autre. Il ne se passa pas longtemps que cela ne se sût dans les lieux voisins, et le diable a si bien ouvré, que sitôt que les gens des autres villages rencontraient quelqu'un du nôtre, ils lui allaient braire au nez, pour se moquer de nos juges.... Cela a passé jusqu'aux enfants, et c'est comme si tous les diables d'enfer s'en fussent mêlés, si bien que cela courut de village en village, et les habitants du nôtre sont à cette heure connus, entre les autres, comme les nègres entre les blancs. Mais ce n'est pas tout : la raillerie a été si avant, que les railleurs et les raillés en sont souvent venus aux mains; et je crois que demain, ou après demain pour le plus tard, ceux de notre village s'en iront combattre les habitants d'un autre qui est à deux lieues de là, qui sont ceux qui nous persécutent davantage; et c'est pour être en meilleur état que je viens d'acheter les lances et les hallebardes que vous avez vues. Voilà, messieurs, toutes les merveilles que j'avais à vous conter; je n'en sais point d'autres.

Le paysan finit ainsi son histoire, et en même temps entra dans l'hôtellerie un homme tout vêtu de chamois, pourpoint, chausses et bas, qui dit d'abord à l'hôte : Y a-t-il céans quelque chambre vide? voici le singe qui devine. Comment, dit l'hôte, c'est maître Pierre! Oh! pardi! nous nous divertirons bien ce soir! Maître Pierre, soyez le bienvenu. Et où est donc le singe? Pas loin répondit maître Pierre; mais j'ai pris le devant pour savoir s'il y a de quoi loger. Maître Pierre avait l'œil gauche couvert d'un grand emplâtre de taffetas vert qui lui cachait la moitié du visage ; ce qui faisait voir qu'il devait avoir ce côté-là incommodé. Don Quichotte demanda à l'hôte qui était ce maître Pierre, et ce que c'étaient que son singe et son tableau. C'est, répondit l'hôte, un excellent joueur de marionnettes qui se promène depuis quelque temps dans la province. Il a un singe admirable, et on n'a jamais ouï parler de rien de pareil : quand on lui demande quelque chose il l'écoute attentivement, puis il saute sur les épaules de son maître, et lui dit à l'oreille la réponse de ce qu'on a demandé, et maître Pierre la redit ensuite. On donne deux réales pour chaque demande, si le singe répond, s'entend ou pour mieux dire, si maître Pierre répond pour lui : de sorte que ce maître Pierre passe pour fort riche, et en vérité il est galant homme et bon compagnon; il parle plus que six et il boit comme douze, et fait la meilleure vie du monde. Maître Pierre arriva là-dessus avec la charette et e singe qui était fort grand, sans queue, et le derrière tout pelé. A peine don Quichotte l'aperçut, que poussé de l'impatience qu'il avait d'éprouver toute sorte d'aventure, il lui dit : Beau singe devin, qu'avez-vous à me dire sur ma bonne fortune? voilà mes deux réales. En disant cela il ordonna à Sancho de les donner à maître Pierre ; mais lui, répondant pour son singe : Monsieur, dit-il, cet animal ne dit rien de l'avenir : il ne parle que du passé et un peu du présent. Hé! pardibon, cria Sancho, il faudrait que je fusse bien fou de bailler de l'argent pour m'apprendre ce que je sais mieux qu'un autre! Mais puisqu'il sait ce qui se passe, voilà mes deux réales, et que le seigneur singe me dise, s'il plaît à sa seigneurie, ce que fait à présent Thérèse Pança, ma femme, et à quoi elle s'occupe. Maître Pierre dit qu'il ne prenait point d'argent par avance, et qu'il fallait attendre la réponse du singe; en même temps se donnant deux coups sur l'épaule gauche, le singe sauta dessus, et approchant la bouche sur l'oreille de son maître, il commença à remuer les mâchoires dru et menu, comme s'il eût marmotté quelque chose, et au bout d'un *credo* il se jeta d'un saut à terre. Aussitôt maître Pierre s'alla jeter à genoux devant don Quichotte, et lui embrassant la cuisse : J'embrassé cette cuisse, s'écria-t-il, avec plus de joie que je n'embrasserais les colonnes d'Hercule. O restaurateur admirable de l'ancienne chevalerie errante! ô chevalier illustre, fameux don Quichotte de la Manche, appui des faibles, soutien de ceux qui tombent, bras qui relève les abattus, secours et réconfort de tous les malheureux!

Don Quichotte demeura tout surpris, et Sancho plein de frayeur, le guide et le page en admiration; tous ceux qui étaient présents furent extrêmement étonnés de maître Pierre; et lui, s'adressant à Sancho : Et toi, dit-il, ô Sancho Pança, le meilleur écuyer du meilleur chevalier du monde, réjouis-toi d'avoir la meilleure femme qui vive : ta Thérèse file, à l'heure qu'il est, une livre d'étoupes, à telles enseignes qu'il y a à côté d'elle un pot cassé par le haut, où il y a deux pintes de bon vin, pour se délasser dans son travail. Je croirais mordi bien celui-là, dit Sancho ; car Thérèse est une femme d'ordre, et qui se gouverne pour le moins aussi bien qu'une autre; et si elle n'était point jalouse, je ne la changerais pas pour la géante Andadone, que mon maître dit qui fut si bonne ménagère. En bonne foi, celle-là ne se laissera point mourir de faim ni de soif. En vérité, interrompit don Quichotte, on a raison de dire qu'on apprend beaucoup à voyager. Qui est-ce qui se serait jamais persuadé qu'il y a des singes qui devinent? Pour moi, je ne le croirais point si je ne l'avais vu de mes propres yeux. Messieurs, je suis ce même don Quichotte de la Manche qu'a dit cet animal, au mérite près; mais quoi qu'il en soit, je rends grâce au ciel de m'avoir donné un bon cœur, de l'inclination à servir tout le monde. Si j'avais de l'argent, dit alors le page, je prierais le singe de me dire ce qui doit m'arriver dans le voyage que je vais faire. Monsieur, répondit maître Pierre, je vous ai déjà dit que mon singe ne sait rien de l'avenir. Monsieur, dit Sancho, je voudrais bien que vous demandassiez au singe si ce que vous avez dit de la caverne de Montesinos est véritable : car, pour moi, je crois que ce ne sont qu'imaginations, ou tout au moins des visions que vous avez eues en dormant. Cela peut être, répondit don Quichotte; mais je le demanderai, puisque tu le veux. Maître Pierre fit aussitôt la question au singe : Ce brave cavalier vous prie de lui dire la vérité de certaines choses qui lui sont arrivées dans la caverne de Montesinos. Il se frappa ensuite l'épaule gauche à l'ordinaire, et le singe sauta ensuite dessus; et ayant quelque temps remué les lèvres, comme s'il eût parlé à l'oreille, il ressauta à terre, après quoi maître Pierre dit à don Quichotte : Seigneur chevalier, le singe dit qu'une partie des choses que vous avez vues dans la caverne est vraisemblable, l'autre douteuse; que c'est tout ce qu'il sait à l'égard de cette demande, et que si vous voulez savoir quelque autre chose, il répondra vendredi prochain : mais à présent, la vertu de deviner est finie.

Ne disais-je pas bien, monsieur, dit Sancho, que ces aventures ne sont point toutes véritables! La suite nous l'apprendra, Sancho, répondit don Quichotte. Mais brisons-là pour l'heure, et allons voir le spectacle de maître Pierre : je suis persuadé qu'il y aura quelque chose de nouveau et de bon. Comment quelque chose! dit maître Pierre; dites cent mille. Don Quichotte et Sancho suivirent maître Pierre dans la chambre où était le théâtre, éclairé de tout côté de quantité de petites bougies, et maître Pierre alla se mettre derrière, parce que c'était lui qui faisait jouer les figures. Au devant se tenait un petit garçon qui expliquait les mystères du tableau avec une baguette à la main; toute la compagnie s'étant placée, la scène s'ouvrit par un grand bruit de timbales et de trompettes; et, après deux ou trois décharges d'artillerie, le petit garçon haussa la voix et dit : Messieurs, la véritable histoire que vous voyez là représentée est tirée mot pour mot des chroniques de France et des romances espagnoles que tout le monde sait et que les enfants chantent par les rues. Nous allons voir comment don Gayferos délivra Mélisandre sa femme, que les Maures tenaient captive dans la cité de Sansuègne, qu'on appelle aujourd'hui Saragosse.

Don Quichotte, voyant un grand nombre de Maures se précipiter sur Gayferos et Mélisandre, crut qu'il était effectivement temps de secourir ces amants fugitifs, et se levant brusquement, il s'écria en colère: Pour qui me prend-on donc ici? sera-t-il dit que j'aie souffert à ma vue qu'on fasse violence à un si fameux chevalier que don Gayferos? Arrêtez, canaille insolente, ou vous aurez affaire à don Quichotte de la Manche! En disant cela, il mit l'épée à la main, et se jetant d'un saut tout auprès du théâtre, il commença à donner sur la troupe des Maures, fendant et tronçonnant tous ceux qui se trouvaient sous sa main. Entre autres coups, il tira un revers si vigoureux que si le joueur de marionnettes n'eût esquivé, il lui aurait coupé la tête. Et que faites-vous, monsieur le chevalier? criait maître Pierre : ce ne sont pas de vrais Maures; ne voyez-vous pas bien que ce sont des figures de pâte, et que vous m'allez ruiner. Les cris de maître Pierre n'arrêtèrent point don Quichotte : il ne laissa pas de chamailler tant qu'il crut voir des ennemis, et il fit si bien qu'en moins d'un *miserere*, il envoya le théâtre en pièces par terre, avec le roi Marsile dangereusement blessé, et Charlemagne la tête fendue, confondant ainsi Maures et Chrétiens. Toute l'assistance fut troublée; le singe s'enfuit et gagna le toit de la maison; le guide et le page étaient dans un étonnement incroyable, et il n'y eut pas jusqu'à Sancho qui n'eût une frayeur mortelle, parce que, comme il l'a dit depuis, il n'avait jamais vu son maître dans une telle fureur. Les ennemis défaits, et le champ demeurant libre à don Quichotte, il ne voulut pas s'acharner sur les mourants ni piller les bagages; mais s'étant essuyé deux ou trois fois le visage, et paraissant un peu moins en colère : Je voudrais bien, dit-il, à l'heure qu'il est, tenir devant moi tous ceux qui ne peuvent croire combien il est utile au monde d'avoir des chevaliers errants: voyez un peu, si je ne m'étais pas trouvé là, ce qui serait arrivé de don Gayferos et de la belle Mélisandre? qui aurait empêché que ces chiens ne s'en fussent saisis et ne leur fissent quelque outrage? Vive la chevalerie errante en dépit de l'envie! Ah! qu'elle vive, dit maître Pierre d'un ton dolent, et que je meure, moi, misérable. Il n'y a pas un quart d'heure que j'avais la plus belle cour du monde ; je commandais à des rois et à des empereurs, j'avais une armée innombrable d'hommes et de chevaux, mes coffres étaient pleins de hardes magnifiques, me voilà seul et désolé, pauvre mendiant! me voilà sans mon singe, qui était mon unique ressource, et tout ce désordre me vient de l'indiscrète furie de cet ngrat chevalier, qu'on appelle le rempart des orphelins et des veuves, l'appui et le reconfort des affligés. Il est tout plein de charité pour les autres, et cette bonne intention n'a manqué que pour moi seul ; mais Dieu soit béni mille fois jusqu'au trône de sa gloire de ce qu'il a voulu que le chevalier de la Triste-Figure ait si tristement défiguré toutes les miennes qu'elles méritent mieux désormais de porter ce nom que lui!

Sancho fut tellement attendri des paroles de maître Pierre qu'il ne parut guère moins triste que lui. Ne pleurez point, maître Pierre, lui dit-il, ne vous lamentez point : vous me faites fendre le cœur; fiez-vous en moi que mon maître est aussi bon catholique qu'il est vaillant, et que s'il vient à reconnaître qu'il vous ait fait le moindre dommage, il vous le paiera au double. Pourvu, dit maître Pierre, que le seigneur don Quichotte me paie une partie de ce que m'ont coûté mes figures, je serai content, et lui déchargerai la conscience : car on ne saurait se sauver qu'on ne répare le tort qu'on a fait à son prochain, et qu'on ne lui restitue le bien qu'on lui a pris. Cela est vrai, dit don Quichotte, mais jusqu'à cette heure, maître Pierre, je ne pense pas avoir rien à vous. Rien à moi, monsieur! répartit maître Pierre; et ces misérables restes que voilà étendus par terre, qui les a anéantis, si ce n'est la force de ce bras invincible à qui rien ne résiste ? Et à qui étaient ces corps, si ce n'est à moi ? et qui est-ce qui me faisait subsister, si ce n'était eux ? Oh! véritablement, dit don Quichotie, pour l'heure je ne puis plus douter de ce que j'ai dit tant de fois, que les enchanteurs qui me persécutent changent et bouleversent toutes choses à leur fantaisie pour m'abuser : je vous l'avoue ingénuement à vous autres, messieurs, qui m'entendez, que tout ce que j'ai vu là m'a paru réel et constant, comme il était du temps de Charlemagne. J'ai pris Mélisandre pour Mélisandre, don Gayferos pour don Gayferos, et le roi Marsile pour le vrai Marsile ; en un mot, les Maures, comme s'ils avaient tous été présents en chair et en os. Cela étant, je n'ai pu retenir ma colère ; et pour accomplir les devoirs de ma profession, qui m'ordonnent de secourir les opprimés, j'ai fait ce que vous avez vu ; si les effets ne répondent pas à mon dessein, ce n'est pas ma faute, mais celle des maudits enchanteurs qui me poursuivent à outrance. Cependant, quoique je n'aie point de part à leur malice, je veux bien me condamner moi-même à réparer le dommage : que maître Pierre voie ce qu'il lui faut pour la perte de ses figures, et je le lui ferai payer sur-le-champ. Je n'en espérais pas moins, dit maître Pierre, se mettant presque le ventre en terre, de l'inimitable piété du valeureux don Quichotte de la Manche, le refuge assuré et le soutien véritable des pauvres vagabonds. Voilà monsieur l'hôte et le grand Sancho qui seront, s'il plaît à sa seigneurie, les médiateurs entre elle et moi, qui apprécieront les figures. J'y consens, dit don Quichotte, et de bon cœur.

Aussitôt maître Pierre ramassa Marsile, et, montrant qu'il était sans tête: Vous voyez bien, dit-il, messieurs, qu'il est impossible de remettre le roi de Saragosse en son premier état : ainsi je crois, qu'on ne peut moins me donner pour sa mort que quatre réales et demie. J'en suis content, dit don Quichotte, à un autre. Pour cette ouverture de haut en bas, continua maître Pierre en levant de terre l'empereur Charlemagne, serait-ce trop de cinq réales et demie? C'est bien raisonnable, dit Sancho. Ce n'est pas trop, répartit l'hôte : c'était un grand empereur, et mesurons la blessure avec des réales. Donne-lui ce qu'il demande, Sancho, dit don Quichotte : il n'est pas raisonnable de marchander pour si peu de chose, après un si grand désordre. Mais dépêchez-vous, maître Pierre, il est bientôt temps de souper, et je commence à sentir que j'en ai besoin. Pour cette figure-ci, dit maître Pierre, qui a un œil crevé et le nez coupé, et qui est celle de la belle Mélisandre, il me semble que c'est se mettre à la raison que de n'en demander que deux réales et demie. Ah ! pardi, s'écria don Quichotte, ce serait une chose admirable que Mélisandre et son mari ne fussent pas, à l'heure qu'il est, pour le moins aux confins de la France, de la force que courait le cheval ; à d'autres, maître Pierre, à d'autres ; ce n'est pas à moi qu'on vend un chat pour un lièvre. Allons droit en besogne, je vous prie, et ne prétendez pas me faire passer votre Mélisandre sans nez pour la véritable Mélisandre, qui est maintenant à la cour de Charlemagne, ou qui se repose à son aise entre deux draps.

Maître Pierre qui vit que don Quichotte recommençait à se brouiller, et que peut-être il lui échapperait, se mit à considérer la figure de plus près, et lui dit : Ce n'est point là Mélisandre ; il faut que ce soit quelqu'une de ses demoiselles, qui se servent de ses habits ; et qu'on me donne seulement cinq sous, je suis content. Il examina de cette sorte tous les morts et les blessés, mettant le prix à chacun, que les juges modérèrent, au contentement des parties, à la somme de dix livres cinq sous, et Sancho le paya sur-le-champ en bonne monnaie. Maître Pierre demanda encore deux réales pour la peine qu'il avait eue à reprendre son singe. Donnez-les-lui, Sancho, dit don Quichotte, et davantage s'il n'est pas satisfait ; mais j'en donnerais deux cents autres, ajouta-t-il, à qui m'assurerait que don Gayferos et Mélisandre sont en France avec leurs amis. Personne ne peut mieux le dire que mon singe, dit maître Pierre ; mais le diable ne le prendrait pas, effarouché comme il est, si ce n'est que la faim et l'amitié qu'il a pour moi le fassent revenir cette nuit ; mais il sera demain jour, et nous verrons. Le désordre ainsi préparé, toute la compagnie se retrouva en joie, et ils soupèrent tous aux dépens de don Quichotte.

Celui qui conduisait les lances et les hallebardes partit de grand matin ; et, dès qu'il fut jour, le guide et le page allèrent prendre congé de don Quichotte. Don Quichotte donna une couple d'écus au page ; et après quelques avis importants touchant le métier qu'il allait faire, il l'embrassa et le laissa partir. Pour maître Pierre, qui connaissait bien l'humeur de don Quichotte, il ne voulut rien avoir davantage à démêler avec lui ; et, ayant repris son singe et ramassé les restes de son tableau, il partit avant le lever du soleil, sans dire adieu. Don Quichotte fit payer largement son hôte, et le laissant aussi étonné de ses extravagances que de sa libéralité, il monta à cheval sur les huit heures du matin.

LIVRE CINQUIÈME.

CHAPITRE XXVI.

Où l'on apprend ce que c'était que maître Pierre et son singe; avec le peu de succès qu'eut don Quichotte dans l'aventure du braiment, qu'il ne termina pas comme il l'avait pensé.

On se rappelle ce Ginès de Pasamonte, que don Quichotte remit en liberté avec d'autres forçats que l'on menait au galère. Ce Ginès que don Quichotte appelait encore don Genesillo de Parapilla, fut celui qui déroba le grison de Sancho dans la montagne noire ; voici comment l'affaire se passa.

Pendant que Sancho dormait profondément sur son âne, Ginès le lui tira d'entre les jambes après avoir soulevé la selle avec quatre bâtons appuyés contre terre. Depuis Sancho recouvra son âne comme nous l'avons raconté dans le chapitre précédent.

Ginès, pour se dérober aux yeux de la justice qui le cherchait, résolut de se déguiser. Il se mit un grand emplâtre sur l'œil, prit sur ses épaules le singe dont nous avons parlé, qu'il avait acheté à des chrétiens qui revenaient de la Barbarie; et passa ainsi le royaume d'Aragon, en qualité de joueur de marionnettes. Chemin faisant, il s'informait soigneusement dans chaque village de ce qu'il y avait de plus remarquable, il écoutait les histoires des uns, les contes des autres, et gravait tout dans sa mémoire. Il étalait à son tour le tableau des reliefs et parlait des habiletés de son singe; de telle sorte qu'il s'était acquis un crédit incroyable parmi le peuple, et qu'il remplissait sa bourse aux dépens des dupes. Maître Pierre ainsi déguisé, n'eut donc pas de peine à se faire admirer de don Quichotte et de Sancho, qu'il vit en entrant dans l'hôtellerie, sans être connu.

Le chevalier de la Manche, étant sorti de l'hôtellerie, résolut de visiter les beaux rivages de l'Èbre et les lieux d'alentour, avant que d'aller à Saragosse, voyant qu'il avait assez de temps pour cela, jusqu'au jour des joûtes. Il marcha deux jours entiers sans qu'il lui arriva aucune aventure. Le troisième jour, en montant une petite colline, il entendit un grand bruit de tambours, de trompettes, et une grande escopetterie. Il crut d'abord que c'était quelque régiment d'infanterie qui passait, et pour le voir il piqua Rossinante jusqu'au haut de la colline, de laquelle il vit en bas plus de deux cents hommes armés de lances, de pertuisanes, d'arbalètes, de piques, avec quelques arquebuses, et tous presque avec des rondaches. Il descendit du coteau et approcha si près du bataillon, qu'il put remarquer distinctement les bannières, avec leurs couleurs et leurs devises. Il en vit une entre autres de satin blanc, sur laquelle il y avait un âne peint au naturel, le cou tendu, le mufle élevé, les naseaux ouverts et la langue tirée, comme s'il eût été prêt à braire, avec ces mots autour :

Ce n'est pas pour rien que nos alcades se sont mis à braire.

Don Quichotte apprit de ces gens qu'ils avaient pris les armes pour combattre contre les habitants d'un autre village, qui les insultaient. Il s'approcha d'eux, malgré les conseils de Sancho. Ces hommes le reçurent parmi eux avec joie, croyant qu'il était de leur parti. Don Quichotte haussa sa visière, et s'avança près des principaux chefs de la troupe, qui s'assemblèrent autour de lui pour le voir et demeurèrent bien étonnés de son étrange figure. Don Quichotte, les voyant tous attentifs à le considérer leur parla en ces termes :

Messieurs, leur dit-il, je vous prie de ne point m'interrompre dans le discours que je vais vous faire, si ce n'est que vous le trouviez ennuyeux : alors, sur le moindre signe, je me tairai. On lui fit dire qu'il pouvait parler librement, et qu'ils l'écouteraient de bon cœur ; il continua de la sorte : Messieurs, mes chers amis, je suis chevalier errant, les armes sont mon exercice, et ma profession est de donner du secours à tous ceux qui en ont besoin. Il y a déjà quelque jours que j'ai appris le sujet qui vous fait prendre les armes et courir à la vengeance pour des bagatelles, c'est aller directement contre la pureté de la morale chrétienne, qui nous ordonne d'aimer nos ennemis. Je crois, messieurs, qu'il n'est pas besoin de vous en dire davantage pour vous persuader de mettre bas les armes, car autrement ce sera offenser les lois divines et humaines.

Don Quichotte allait continuer, quand Sancho prit la parole. Monseigneur don Quichotte de la Manche, dit-il, qui s'est un temps appelé le chevalier de la Triste-Figure, et se nomme à présent le chevalier des Lions, est un gentilhomme bien avisé, qui sait le latin comme un bachelier. Il n'y a point de lois ni d'ordonnance pour la guerre qu'il ne sache sur bout du doigt : ainsi, messieurs, il le faut croire, et, s'il en mésarrive, je le prendrai sur moi. Mais il a grand'raison de dire qu'il est honteux de se mettre en colère pour entendre faire des braîments : car, pour moi, je me souviens fort bien que, quand j'étais petit, je prenais grand plaisir à braire, et le faisant à toute heure sans que qui que ce soit s'en fâchât, et sans vanité, c'était si naturellement, qu'il n'y avait point d'âne dans le village qui ne se mît à braire quand il m'entendait ; je n'en étais pas pour cela moins fils de mon père, qui était un grand homme de bien. Mais, messieurs, pour vous faire voir que je ne me moque pas de vous, écoutez, et vous verrez ce qui en est. En disant cela, le sincère écuyer se serra le nez avec les deux mains, et commença à braire de si bonne sorte, que tous les lieux d'alentour en retentirent ; mais comme il prenait haleine pour recommencer, un de ceux qui étaient autour de lui, s'imaginant qu'il ne le faisait que pour se moquer d'eux, lui déchargea un si grand coup de levier sur les reins, qu'il n'en fallût pas davantage pour l'étendre par terre. Don Quichotte, le voyant ainsi maltraité, courut, la lance basse, contre celui qui venait de donner le coup ; mais il se mit tant de gens entre eux deux qu'il n'en put prendre vengeance ; d'ailleurs, voyant fondre sur lui une nuée de pierres, il tourna bride, et ne se tira de la mêlée qu'au grand galop de Rossinante. Ceux du bataillon se contentèrent de le voir fuir, sans tirer un seul coup ni d'ar-

quèbuse, ni d'arbalète. Sancho en fut quitte pour le coup qu'il avait reçu ; ils le mirent sur son âne, quoique n'étant pas encore bien revenu de son étourdissement, et le laissèrent aller après son maître, ce que le grison fit de lui-même, étant depuis longtemps accoutumé à suivre Rossinante à la piste et ne pouvant demeurer un moment sans lui. Don Quichotte, après avoir bien couru, et se voyant enfin hors de portée, tourna la tête du côté des ennemis, et, appercevant que Sancho venait sans être poursuivi de personne, il l'attendit.

CHAPITRE XXVII.

Des grandes choses que Benengeli dit et que saura celui qui les lira s'il les lit avec attention.

Sancho, couché sur son âne, avait déjà repris le sentiment, quand, près de son maître, il se laissa tomber aux pieds de Rossinante. Don Quichotte descendit promptement pour regarder s'il était blessé et, ne lui trouvant aucune fracture, lui dit tout en colère : Comment diable apprîtes-vous à braire, mon ami ! Où avez-vous ouï dire qu'on puisse parler de corde dans la maison d'un pendu ? et comment pensiez-vous qu'on dût payer une musique comme la vôtre, si ce n'est qu'à coups de bâton ? Allez, allez, Sancho, vous devez bien remercier Dieu de ce qu'au lieu de coups de bâton ils ne vous ont pas servi à coups d'arbalète. Je n'ai rien à vous répondre, dit le pauvre Sancho, et mes reins parlent assez pour moi ; montons à cheval et ôtons-nous d'ici : je vous assure que je ne brairai de ma vie ; mais je ne saurais m'empêcher de dire que les chevaliers errants savent bien gagner au pied, et ne se soucient guère de laisser leurs pauvres écuyers brisés au pouvoir de leurs ennemis. Ce n'est pas fuir que de se retirer, répondit don Quichotte ; et il faut que vous sachiez, Sancho, que la valeur qui n'est pas soutenue de la prudence n'est proprement qu'une témérité ; je me suis retiré sans peur, et en cela j'ai imité plusieurs vaillants guerriers, qui, pour ne pas hasarder témérairement leur gloire, ont attendu des occasions plus favorables.

En discourant de la sorte, don Quichotte avait déjà placé Sancho sur son âne, et, après s'être remis à cheval, ils s'en allèrent tout doucement. De temps en temps Sancho faisait de grands soupirs ; don Quichotte lui en demandant le sujet, il répondit que, depuis le bout de l'épine du dos jusqu'à la nuque du cou, il sentait une douleur qui lui faisait perdre la parole. La cause de cette douleur, dit don Quichotte, vient sans doute de ce que le levier étant long et large, a porté sur toutes les parties qui te font mal, et s'il en eût touché davantage, tu sentirais bien d'autres douleurs. Pardi, monsieur, dit Sancho, vous m'avez là découvert une chose bien cachée ! Si je sentais de la douleur à la cheville du pied, ce serait deviner que de m'en dire la raison ; mais ce n'est pas être grand devin que de dire que je sens du mal où j'ai été blessé. En bonne foi, monsieur, notre maître, à ce que je vois, le mal d'autrui n'est que songe, et je connais de jour en jour ce qu'il faut attendre de votre compagnie : vous m'avez laissé bâtonner aujourd'hui ; une autre fois et cent autres au bout, vous me laisserez berner comme dernièrement : et enfin, s'il m'en coûte à présent une côte, un autre jour il m'en coûtera les yeux de la tête. Hé, mort-diable ! que je ferais mieux d'aller trouver ma femme et mes enfants, au lieu de m'amuser à courir après vous à travers les champs, et la plupart du temps sans boire ni manger. Ah ! si je n'étais pas si sot. Mais je ne ferai jamais rien de ma vie. Voilà un beau rafraîchissement, oui ! ne trouvez-vous pas que voilà un homme bien pansé ! et, après avoir bien couru, l'envie de dormir vous prend-elle, mon frère l'écuyer, voilà six pieds de terre. En voulez-vous davantage ? prenez-en six autres ; vous voilà à même. Que je puisse voir brûler tout à l'heure le premier qui s'est avisé de la chevalerie errante, ou au moins le premier fou qui a été assez sot pour servir d'écuyer à de pareils étourdis ? J'entends les chevaliers errants du temps passé : car pour ceux du présent je n'en veux rien dire ; je leur porte respect à cause que vous en êtes.

Je ferais bien une bonne gageure avec vous Sancho, dit don Quichotte, que dans ce moment vous ne sentez pas le moindre mal en tout votre corps; dites tout ce qui vous viendra dans la tête : pourvu que vous ne sentiez point de mal, je souffrirai de bon cœur la peine que me donnent toutes vos impertinences, et si vous avez tant d'envie d'aller revoir votre femme et vos enfants, à Dieu ne plaise que je vous en empêche. Vous avez mon argent ; comptez combien il y a que nous sommes partis de notre village depuis notre troisième sortie, regardez ce que vous devez gagner par mois, et payez-vous par vos mains. Quand je servais, répondit Sancho, Thomas Carrasco, le père du bachelier Samson, je gagnais deux ducats par mois, sans compter ma nourriture. Je ne sais pas ce que je dois gagner avec vous ; mais je sais bien que l'écuyer d'un chevalier errant fatigue beaucoup plus que le valet d'un laboureur ; car, après tout, quand nous servons les paysans, quelque peine que nous ayons tout le long du jour, au moins mangeons-nous de la soupe, et nous dormons le soir au lit ; et, depuis que je suis avec vous, je n'ai tâté ni de l'un ni de l'autre, si ce n'est les deux ou trois jours que nous avons demeuré chez le seigneur don Diego de la Miranda, le jour que j'écumai la marmite de Gamache, et puis ce que j'ai mangé, bu et dormi chez Basile. Pour tout le reste, Dieu merci, j'ai toujours dormi dans mon étui, sur belle terre et à ciel découvert, exposé à tout ce qu'on appelle bourrasques et tempêtes, vivant, comme il plaît à Dieu, de pelures de fromage et de croûtes de pain, et buvant de l'eau qu'on trouve dans ces déserts. Je demeure d'accord sur tout ce que vous dites là, dit don Quichotte, mais combien pensez-vous recevoir de plus que chez Thomas Carrasco. A mon avis, répondit Sancho, deux réales, et pour la promesse que vous me fîtes d'une île, il serait bon que vous ajoutassiez encore dix réales, ce qui fait trente en tout. Voilà qui est bien, répliqua don Quichotte ; voyons donc. Il y a vingt-cinq jours que nous sommes partis de notre village ; comptez tout ce qui vous est dû, sur le pied que vous avez dit, et payez-vous de l'argent que vous avez. En bonne foi, monsieur, repartit Sancho, nous sommes bien éloignés de comptes : car pour ce qui est de la promesse de l'île, il faut compter dès le jour que vous me l'avez promise jusqu'à cette heure. Hé bien, dit don Quichotte, combien y a-t-il que je vous l'ai promise ? Si je m'en souviens bien, répondit Sancho, il y a aujourd'hui quelque vingt ans, trois ou quatre jours de plus ou de moins. Ah! bon Dieu, s'écria don Quichotte en riant de toute sa force, à peine avons-nous mis deux mois dans nos courses, et tu dis, Sancho, qu'il y a vingt ans que je t'ai promis cette île? Je vois bien ce que c'est, mon ami : tu n'as pas envie de me rendre l'argent que tu as à moi. A la bonne heure, je te le laisse de bon cœur : qu'à cela tienne que je me vois défait d'un si méchant écuyer, me dussé-je trouver sans denier ni maille! Mais, dis-moi un peu, prévaricateur des lois des écuyers de la chevalerie errante, où as-tu vu, où lu, que jamais écuyer ait marchandé avec son seigneur et contesté sur le plus ou le moins? Pénètre, pénètre, brigand, avare et écervelé; promène-toi dans cette vaste mer de leurs histoires; et si tu y trouves rien d'égal à ce que tu viens de me dire, je consens de passer pour le plus indigne chevalier qui ait jamais ceint l'épée. Or ça, c'en est fait, tu n'as qu'à prendre à l'instant le chemin de ta maison, car désormais je suis résolu de ne pas souffrir que tu me suives un seul moment. O pain mal reconnu, amitié mal récompensée, ô promesses mal placées, ô misérable sans cœur, qui tiens plus de la bête que de l'homme! tu songes à me quitter quand j'étais sur le point de t'élever au comble de la grandeur; tu te retires quand j'ai la meilleure île de la mer toute prête à te donner, et sur le point de te voir honoré et respecté de tout le monde! Lâche, sans honneur et sans ambition, tu avais raison de dire que le miel n'est pas pour la bouche de l'âne; tu es un âne effectivement, tu vivras âne, et âne tu mourras, sans connaître même que tu n'es qu'un âne.

Pendant que don Quichotte accablait ainsi Sancho de reproches, le pauvre écuyer tout confus, et, se sentant pénétré d'une vive douleur, lui dit, les larmes aux yeux et d'une voix dolente : Monseigneur, mon bon maître, je confesse que je suis un âne, et que pour l'être tout à fait il ne me manque que la queue et les oreilles; si vous voulez me les mettre, je les tiendrai pour bien mises et je vous servirai comme un âne le reste de mes jours. Ne vous mettez point en colère, je vous prie, mon cher maître : il faut avoir pitié de ma jeunesse. Considérez que je ne sais pas grand'chose, et que, si je parle beaucoup, cela vient plutôt de faiblesse que de malice; mais qui pèche et s'amende à Dieu se recommande. Je me serais fort étonné, Sancho, dit don Quichotte, que tu eusses parlé quelque temps sans citer quelque proverbe. Eh bien! je te pardonne, à la charge que tu te corrigeras et que tu ne seras plus désormais si attaché à ton intérêt; prends courage seulement et repose-toi sur la foi de mes promesses : tu en verras bientôt l'accomplissement. Sancho, un peu remis, répondit qu'il tâcherait de vaincre ses faiblesses. En achevant ce discours, ils entrèrent dans un bois et se couchèrent chacun au pied d'un arbre. Au lever de l'aurore ils continuèrent leur chemin vers le rivage de l'Èbre.

CHAPITRE XXVIII.

De ce qui arriva à don Quichotte avec une belle chasseresse.

Don Quichotte cheminait enseveli dans ses pensées amoureuses, et Sancho, loin de la pensée de devenir riche, et grand seigneur ; car, il ne laissait pas de connaître que les desseins et les actions de son maître étaient, pour la plupart, autant de visions et chimères, si bien qu'il ne cherchait que l'occasion de s'échapper et de se retirer chez lui ; mais la fortune en ordonna autrement. Don Quichotte, au sortir d'une forêt, aperçut quantité de chasseurs dans une prairie. Parmi eux une dame bien faite, montée sur une haquenée blanche, dont la selle était en broderie d'argent et en garniture verte. Cette dame était aussi en équipage de chasse, mais si noble et si riche, qu'on ne pouvait rien voir de plus magnifique et de plus agréable ; elle avait un faucon sur le poing, ce qui fit croire à don Quichotte que c'était une dame d'importance et la maîtresse de tous ces chasseurs. Il dit aussitôt à Sancho : Mon fils, va saluer de ma part la dame de la haquenée, et dis-lui que le chevalier des Lions baise les mains à son extrême beauté, et que si sa grandeur le trouve bon, il ira les lui baiser lui-même et la servir en tout ce qu'il plaira de lui commander. Mais, Sancho, prends bien garde, ne va pas enfourner dans ton compliment cette foule ordinaire de proverbes dont tu regorges à toute heure. Vous l'avez bien trouvé, l'enfonceur ! répondit Sancho ; c'est bien à moi qu'il faut dire cela : c'est peut-être ici la première fois de ma vie que j'aie fait des ambassades à de grandes dames. Hors celle que tu fis à madame Dulcinée, répliqua don Quichotte. Maître, reprit Sancho, ce n'est pas à moi qu'il faut donner des avertissements, car, Dieu merci, je sais un peu de tout. Je le crois, Sancho, dit don Quichotte. Va donc, et que Dieu te conduise !

Sancho partit au grand trot du grison, et, étant arrivé auprès de la belle chasseresse, il alla se jeter à ses genoux et lui dit : Haute et extrême dame, le chevalier que vous voyez là s'appelle le chevalier des Lions ; il est mon maître et moi je suis son écuyer ; on me nomme dans sa maison Sancho Pança. Ce chevalier des Lions, qui s'appelait, il n'y a pas longtemps, le chevalier de la Triste-Figure, envoie dire à votre grandeur qu'il vous prie très humblement de lui donner la permission de venir vous offrir ses offres de service, et accomplir ses désirs, qui sont à ce qu'il dit, et comme je le crois, de servir votre haute fauconnerie et beauté. Si votre seigneurie lui accorde l'honneur de la permission qu'il demande, elle en recevra une grande faveur, et lui encore plus de contentement. En vérité, excellent écuyer, dit la dame, vous vous êtes acquitté de votre commission avec toute la discrétion que demandent de pareilles ambassades. Levez-vous, je vous prie : il n'est pas juste que l'écuyer d'un chevalier tel que celui de la Triste-Figure demeure ainsi à genoux ; levez-vous, mon cher ami, et allez dire à votre maître qu'il nous fera beaucoup de plaisir, à M. le duc et à moi, s'il veut prendre la peine de venir à une maison que nous avons ici près. Sancho se leva, charmé de la beauté et de la courtoisie de cette dame, et ne se sentant presque pas de joie de l'honneur qu'elle lui faisait. Monsieur l'écuyer, lui dit encore la duchesse, dites-moi un peu, je vous prie, n'est-ce pas votre maître de qui on a imprimé une histoire sous le nom de l'admirable chevalier don Quichotte de la Manche, et qui a pour maîtresse une certaine Dulcinée du Toboso? C'est lui-même, madame, répondit Sancho; et cet écuyer dont il est parlé dans l'histoire, et qui se nomme Sancho Pança, c'est moi, si l'on ne m'a changé en nourrice, je veux dire s'ils n m'ont point changé dans le livre. Je m'en réjouis extrêmement, dit la duchesse. Allez, Pança, mon ami, et dites à votre maître que sa venue su mes terres m'oblige extrêmement. Sancho retourna bien joyeux vers son maître, à qui il raconta tout ce que cette dame lui avait dit, élevant jusqu'au ciel sa beauté, sa bonne mine et sa courtoisie. Don Quichotte, ravi de cet heureux commencement, s'ajusta de bonne grâce dans la selle, s'affermit sur les étriers, releva de bon air la visière de son casque, et serrant et animant Rossinante, il partit pour aller baiser les mains à la duchesse, qui, sitôt que Sancho l'eut quittée, avait fait appeler le duc pour lui conter l'ambassade qu'on venait de lui faire. Comme la première partie de cette histoire leur avait appris à le connaître, ils se préparaient tous deux à le recevoir avec toutes les cérémonies essentielles de la chevalerie errante.

Don Quichotte arriva la visière levée; et comme il fit mine de vouloir mettre pied à terre, Sancho alla vite pour lui tenir l'étrier; mais il prit si mal son temps qu'il s'embarrassa le pied dans la corde qui lui servait d'étrier, de telle sorte qu'il ne lui fut pas possible de se dégager, et il demeura pendu, l'estomac et le visage en terre, tout auprès de don Quichotte. Notre chevalier, croyant que Sancho lui tenait l'étrier, et ne s'étant pas aperçu qu'il venait de tomber, leva la jambe pour descendre, et enleva avec lui la selle qui devait être mal sanglée; il tomba rudement entre les pieds de Rossinante, crevant de dépit et maudissant le pauvre écuyer, qui n'avait encore pu venir à bout de se dépêtrer. Les chasseurs, par l'ordre du duc, coururent au secours du maître et du valet, et les relevèrent. Don Quichotte, fort incommodé de sa chûte, s'en alla comme il put, en clochant, mettant un pied en terre devant leurs seigneuries. Mais le duc ne voulut point le souffrir en cet état, et s'étant jeté promptement à bas, il l'embrassa et lui dit : J'ai bien du déplaisir, seigneur chevalier de la Triste-Figure, que la première fois que votre seigneurie ait mis le pied dans mes états, elle ait lieu de s'en repentir ; mais le peu de soin des écuyers est souvent cause de pires accidents. Le bonheur que j'ai de vous voir, grand prince, m'est si glorieux, qu'il ne m'importe pas à quel prix j'en jouisse, et je me consolerais de ma disgrâce quand elle m'aurait précipité dans le fond des abîmes, car la gloire de vous avoir vu m'en retirerait avec éclat. Mon maudit écuyer sait mieux déployer la langue pour dire des impertinences qu'il ne sait mettre la selle sur un cheval; mais, de quelque manière que je me trouve, debout ou par terre, à pied ou à cheval, je suis absolument à votre service, et le très humble esclave de madame la duchesse, votre digne compagne, reine de la beauté et princesse universelle de la courtoisie! Ah! de grâce, trêve de flatterie, seigneur don Quichotte de la Manche, dit le duc : tant que madame Dulcinée du Toboso vivra, on ne peut, sans injustice louer d'autre beauté que la sienne.

Sancho Pança, en cet endroit, n'attendit pas que son maître répondît, et prenant la parole de son chef : On ne peut pas nier, dit-il, que madame

Dulcinée du Toboso ne soit fort belle; mais tout le monde ne sait pas où gît le lièvre. J'ai ouï dire à bon prédicateur que ce qu'on appelle nature est comme un potier qui fait des pots d'argile : celui qui en fait un beau en peut aussi faire deux, trois, voire cent ; aussi madame la duchesse n'en cède, en bonne foi, rien à madame Dulcinée. Don Quichotte se tourna en même temps vers la duchesse et lui dit : Il faut que votre grandeur s'imagine, madame, que jamais chevalier errant dans le monde n'a eu un écuyer plus grand parleur ni plus plaisant que j'en ai un ; et il vous le fera bien voir lui-même, si votre altesse a la bonté de se servir de moi pendant quelques jours. Que Sancho soit plaisant, répondit la duchesse, je l'en estime davantage ; c'est signe qu'il a de l'esprit, car les bonnes plaisanteries, comme vous savez, seigneur don Quichotte, ne se trouvent point dans les esprits lourds et grossiers ; et puisque le brave Sancho est plaisant, je le tiens désormais pour un homme d'esprit. Ajoutez, s'il vous plaît, pour grand parleur, repartit don Quichotte. Tant mieux, dit le duc : un homme qui parle agréablement ne saurait trop parler ; mais, pour ne point perdre nous-mêmes le temps en paroles, allons, et que le grand chevalier de la Triste-Figure nous fasse l'honneur de nous accompagner. Vos altesses diront, s'il vous plaît, chevalier des Lions, dit Sancho, car il n'y a plus de Triste-Figure. Des Lions soit, repartit le duc : eh bien ! que le seigneur chevalier des Lions vienne donc, s'il lui plaît, à un château que j'ai près d'ici, où madame la duchesse et moi lui ferons le meilleur accueil que nous pourrons, comme nous avons accoutumé de faire à tous les chevaliers errants qui nous viennent voir. Ils montèrent tous à cheval et commencèrent à marcher. Le duc et don Quichotte étaient près de la duchesse ; mais celle-ci voulut que Sancho fût à ses côtés, parce qu'elle prenait beaucoup de plaisir à l'entendre parler. Notre écuyer ne se fit pas prier ; il vint sans façon se mêler à la conversation, ce qui divertit extrêmement le duc et la duchesse, qui étaient ravis d'avoir trouvé deux hommes, les plus extraordinaires qu'on eût jamais vus.

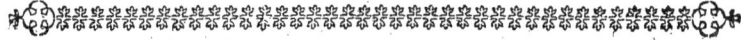

CHAPITRE XXIX.

Qui traite de plusieurs grandes choses.

On ne saurait pas bien dire la joie qu'avait Sancho de se voir en faveur auprès de la duchesse, car il ne doutait point qu'il ne trouvât chez elle l'abondance qu'il avait trouvée dans la maison de don Diego et chez Basile. Avant qu'ils arrivassent au château, le duc avait pris le devant, et avait déjà averti tous ses gens de la manière qu'il voulait qu'on traitât don Quichotte : si bien que, quand le chevalier parut, il sortit deux laquais ou valets de pied, vêtus de longues vestes de satin cramoisi, qui le prirent entre leurs bras de dessus son cheval, et lui dirent que sa grandeur pouvait aider à descendre à madame la duchesse. Don Quichotte y alla, et, après s'être fait de grands compliments, la duchesse s'opiniâtra à ne point descendre qu'entre les bras de son mari ; disant qu'elle ne pouvait charger un chevalier d'un fardeau si désagréable. Il fallut donc que le duc lui donnât la main. Comme ils entrèrent dans une grande basse-cour, deux belles demoiselles vinrent jeter sur les épaules de don Quichotte un riche et long manteau d'écarlate, et à l'instant toutes les galeries parurent pleines d'hommes et de femmes, qui crièrent de toute leur force, afin de fêter la bienvenue des chevaliers errants. La plupart jetèrent des eaux de senteur sur le duc et la duchesse, ainsi que sur don Quichotte, qui était dans un ravissement incroyable. Ce fut la première fois qu'il se crut avec certitude la crême et la fleur d'un véritable chevalier errant, se voyant traiter de la même façon qu'il avait lu qu'on les traitait dans les siècles passés.

Sancho, ayant mis pied à terre, suivit la duchesse et se tint tout auprès d'elle; il entra dans le château avec les autres; mais ressentant quelques remords d'avoir laissé le grison seul, il s'approcha d'une révérende matronne qui était venue avec d'autres femmes au devant de la duchesse, et lui dit tout bas : Madame Gonzalez, ou, comment vous appelez-vous ? Je m'appelle Rodriguez de Grijalba, répondit-elle; que désirez-vous, mon ami ? Allez-vous-en, je vous prie, à la porte du château, dit Sancho, vous y trouverez un âne qui est à moi ; faites-moi le plaisir de le faire mettre à l'écurie; ou mettez-le vous-même, car le pauvre animal est peureux et ne saurait demeurer seul. Si le maître n'est pas mieux appris que le valet, nous voilà bien tombées, répondit la dame Rodriguez. Allez, mon ami, allez chercher ailleurs des dames qui prennent soin de votre âne : car celles qui sont dans cette maison ne sont pas accoutumées à ce métier. Oh ! oh ! répliqua Sancho, vous voilà bien dégoûtée ! comme si je n'avais pas ouï dire à monseigneur don Quichotte, qui sait toutes les histoires, que, quand Lancelot revint d'Angleterre, les princesses prenaient soin de lui, et les demoiselles de son cheval ! et, par ma foi, ma chère dame, pour ce qui est de mon âne, je ne le troquerais pas pour le cheval de Lancelot. Mon ami, répliqua la dame Rodriguez, si vous êtes un bouffon, gardez vos bouffonneries pour ceux qui les trouvent bonnes, et qui vous paient mieux que moi : je ne vous en donnerais pas une figue. J'en prendrais bien de vous, répondit Sancho, car il y a à parier qu'elles seraient bien mûres, et si vous jouiez en soixante, je ne crois pas que vous perdissiez pour un point. Impertinent, lui dit la dame ; si je suis vieille, tu n'en as que faire ; ce n'est pas à toi que j'en rendrai compte.

La dame Rodriguez dit cela si haut, que la duchesse l'entendit, et lui voyant les yeux tout rouges de colère, lui demanda à qui elle en avait. A qui j'en ai ? répondit-elle : avec ce malotru, qui m'a priée de mettre son âne à l'écurie, en me disant que de plus grandes que moi pansaient bien le cheval d'un je ne sais qui de Lancelot, et sur le marché, il m'appelle vieille en bon français. Cela m'offence encore plus que vous, repartit la duchesse. Vous vous trompez, ami Sancho, dit-elle en le regardant : la dame Rodriguez est encore toute jeune, et elle porte ce voile et ce bandeau plutôt parce qu'elle est veuve, et à cause de son autorité, qu'à cause de son âge. Que je ne sorte jamais de devant vous, madame, répondit Sancho, si je l'ai dit pour la fâcher; mais j'ai tant d'amitié pour mon pauvre grison, pour avoir toujours été nourris ensemble, que j'ai cru que je ne le pouvais pas recommander à une personne plus charitable que cette bonne dame. Sancho, dit don Quichotte en le regardant de travers, est-ce comme cela qu'on doit parler ici ? Monsieur, répondit Sancho, chacun parle de ses affaires selon qu'il se trouve : je me suis souvenu ici du grison, et j'en parle ici ; si je m'en étais souvenu dans l'écurie, j'en aurais parlé dans l'écurie. Sancho a raison, interrompit le duc, et je ne vois pas qu'il y ait lieu de le blâmer ; mais qu'il ne se mette pas en peine de son âne : on en aura soin comme de lui-même.

Avec toutes ces plaisanteries qui divertissaient tout le monde, hors don Quichotte, ils montèrent au château, et on fit entrer notre chevalier dans un grand salon richement paré de brocart d'or et d'argent, où il fut désarmé par six jeunes filles, qui lui servirent de pages, toutes bien instruites par le duc et la duchesse de la manière qu'ils voulaient qu'on en usât avec lui. Don Quichotte désarmé, demeura avec ses chausses étroites, et en camisole de chamois, maigre, sec et alongé, les joues creuses et les mâchoires serrées, enfin d'une manière à faire éclater de rire les demoiselles, si le duc ne le leur eût expressément défendu encore plus que toute chose. Elles prièrent le chevalier de trouver bon qu'on le déshabillât pour lui donner une chemise ; mais il s'en défendit sérieusement, en disant que les chevaliers errants ne se piquaient pas moins d'honnêteté que de vaillance ; il les pria seulement de la laisser à son écuyer ; et, s'étant renfermé avec lui dans une chambre encore plus magnifique que le salon, il prit la chemise et dit à Sancho : Dis-moi un peu, bélître, où as-tu appris à traiter ainsi une dame vénérable et digne de respect, comme la dame Rodriguez ? Était-ce là le temps de te ressouvenir de ton âne ? et crois-tu que des gens de cette importance, et qui reçoivent si bien les maîtres, oublient de prendre soin de leur équipage ? Pour l'amour de Dieu, Sancho, défais-toi de ces libertés, et ne va point faire connaître, à force de sottises, que tu n'es qu'un rustaud. Ne vois-tu point misérable, qu'on a d'autant meilleure opinion d'un maître que ses gens sont civils et honnêtes. Quand on verra que tu n'es qu'un vilain paysan et un méchant bouffon, pour qui passerai-je ? N'aura-t-on pas sujet de croire que je ne suis moi-même qu'un sot campagnard et un chevalier d'emprunt ? Non, non, Sancho mon ami, ce n'est pas là le moyen de réussir dans le monde ; un parleur indiscret, qui veut plaisanter sur tout et à toute heure, devient à la fin un bouffon dégoûtant. Retiens donc ta langue et examine tes paroles et à qui tu parles, avant que d'ouvrir la bouche. Nous voilà Dieu, merci, arrivés dans un lieu où, avec la faveur du ciel et la force de mon bras, nous devons nous enrichir de réputation et d'honneur, et moissonner les faveurs de la fortune. Sancho qui s'en crut quitte à bon marché, promit sincèrement à son maître d'être plus considéré à l'avenir.

Don Quichotte s'habilla, prit son baudrier de veau marin et sa bonne épée, mit le manteau d'écarlate sur ses épaules, et sur sa tête une belle toque de satin vert que lui avaient laissée les demoiselles ; et, en cet équipage, il rentra dans le salon, où il les trouva toutes six rangées en haie pour le recevoir, ce qu'elles firent avec beaucoup de cérémonies et de révérences ; et en même temps arrivèrent douze pages avec l'écuyer, pour le mener près du duc et de la duchesse qui l'attendaient à dîner. Il marcha au milieu d'eux avec grande pompe jusqu'à une autre salle où étaient un buffet magnifique et une table avec quatre couverts seulement. Le duc et la duchesse allèrent le recevoir à la porte, accompagnés d'un ecclésiastique grave et modeste, de ceux qui gouvernent en Espagne les maisons des princes, mais qui, n'étant pas nés princes, ne peuvent apprendre à ceux qui le sont comment ils doivent l'être ; de ceux, dis-je, qui voudraient régler la grandeur des princes sur leur propre bassesse, et qui, leur voulant apprendre à se modérer, les rendent misérables. Après bien des cérémonies de part et d'autre, le duc et la duchesse, et don Quichotte au milieu d'eux, s'approchèrent de la table. Il y eut encore de grands compliments sur la première place; mais enfin l'opiniâtreté du duc l'emporta sur l'honnêteté de don Quichotte, qui fut contraint, de la prendre. L'ecclésiastique se mit vis à vis de lui, et le duc et la duchesse à ses côtés. Sancho était si étonné de voir l'honneur qu'on faisait à son maître, qu'on eût dit qu'il tombait des nues; mais après avoir fait quelque réflexion sur toutes les cérémonies qui venaient de se passer entre lui et le duc, touchant la place d'honneur : Si vos seigneuries, dit-il, veulent me donner la permission, je vais leur conter ce qui arriva dans notre village à propos des places. Sancho n'eut pas achevé de parler, que don Quichotte en prit l'alarme. Sancho s'étant aperçu de l'humeur de son maître : Ne craignez point monsieur, lui dit-il, je ne dirai rien qui ne soit à propos : je n'ai pas encore oublié la leçon que vous m'avez faite tantôt pour ce qui est de parler bien ou mal. Je ne me souviens de rien, Sancho, répondit don Quichotte; tu peux dire ce que tu voudras, mais dis-le promptement. Or ce que j'ai à dire, messeigneurs, est vrai comme il est juste, dit Sancho, et qu'ainsi ne soit, voilà monseigneur don Quichotte pour me démentir. Tu n'as qu'à mentir tant que tu le voudras, répliqua don Quichotte, sans craindre que je t'en empêche; mais pourtant, prends bien garde à ce que tu vas dire. Oh! je l'ai considéré et reconsidéré, dit Sancho, et je n'appréhende pas qu'on s'en plaigne. En vérité, dit don Quichotte, vos altesses feraient bien de mettre ce fou dehors, car il va dire mille impertinences. Ah! pour cela, dit la duchesse, Sancho ne partira point d'auprès de moi : je l'aime trop. Je prie Dieu que votre sainteté vive mille ans, madame la duchesse, dit Sancho, en récompense de la bonne opinion que vous avez de moi. Or voici mon conte : Un gentilhomme de notre village, bien riche et de bonne famille, car il venait de ceux de Medina del Campo, convia un jour.... Ah! j'oubliais de vous dire que ce gentilhomme avait épousé madame Mencia de Quinones, la fille de don Alonzo de Maranon, chevalier de l'ordre de Saint-Jacques, qui se noya dans la forge pour qui il y eut autrefois cette grande querelle, dans laquelle j'ai ouï dire que M. don Quichotte s'était trouvé, et là où fut blessé Thomassillo le garnement, fils de Balvastro le maréchal. Tout cela n'est-il pas véritable, monsieur notre maître? dites hardiment, et que M. le duc et madame la duchesse voient que je ne suis pas un babillard et un menteur. Jusqu'à cette heure, mon ami, dit l'ecclésiastique, vous me paraissez moins menteur que grand babillard; mais je ne sais si, dans la suite, je ne vous prendrai point pour autre chose. Tu prends tant de gens à témoin, Sancho, et tu donnes tant de renseignements, ajouta don Quichotte, qu'il faut assurément que tu dises vrai; mais abrège ton conte : de la manière que tu t'y prends, tu ne finiras d'aujourd'hui. Mon ami Sancho n'accourcira point celui-là, s'il veut me faire plaisir, dit la duchesse; qu'il le conte comme il l'entend : quand il ne devrait finir de deux jours, il me trouvera toujours prête à l'écouter.

Je vous dis donc, messeigneurs, continua Sancho, que je connais ce gentilhomme comme je connais mes deux mains, car de sa maison à la mienne il n'y a pas un trait d'arbalète, qu'un jour il convia un laboureur qui n'était pas riche à ce que l'on disait, mais qui était fort honnête homme, ce qui est toujours beaucoup. Et vite, vite, mon ami, interrompit l'ecclésiastique : ne voulez-vous jamais finir? Il faudra bien finir un jour, s'il plaît à Dieu, dit Sancho, mais les choses vont leur train. Le laboureur que j'ai dit étant arrivé à la maison de ce gentilhomme qui l'avait convié, et qui avait épousé la fille de don Alonzo de Maranon... Hélas! le pauvre gentilhomme, que le bon Dieu ait son ame, car il est mort depuis ce temps-là, à telles enseignes qu'on dit qu'il fit une mort d'ange; pour moi, je n'y étais pas à l'heure : j'étais allé à Tremblèque couper les blés. Bon, mon ami, bon, dit l'ecclésiastique; mais sortez promptement de Tremblèque; poursuivez donc votre conte, sans vous amuser à faire les funérailles du gentilhomme, si vous ne voulez aussi faire les nôtres. Il arriva donc, continua Sancho, que, comme ils étaient prêts à se mettre à table, je veux dire le gentilhomme et le paysan...; tenez, il me semble que je les vois, comme si c'était tout à l'heure. Le duc et la duchesse prenaient le plus grand plaisir du monde de voir l'ennui qu'avait l'ecclésiastique des pauses que faisait Sancho, et de la longueur de son conte; et, pour don Quichotte, il enrageait dans l'ame, quoiqu'il n'en dît rien. Comme il fallut donc se mettre à table, dit Sancho, le laboureur attendait que le gentilhomme s'assît pour prendre sa place, et le gentilhomme faisait en même temps signe au laboureur de prendre le haut bout. Le laboureur ne voulait point; mais le gentilhomme s'y opiniâtrait, et disait qu'il voulait être le maître chez lui. Mais le laboureur qui se piquait de savoir vivre, n'en voulut jamais rien faire, jusqu'à ce que le gentilhomme le prit par les épaules, et le fit asseoir par force, et lui dit en colère : Asseyez-vous, monsieur le rustre, puisque je vous le dis : en quelque endroit que je me mette, je serai toujours à la place d'honneur. Voilà mon conte, messeigneurs; et, en bonne foi, je ne crois avoir rien dit qui ne soit à propos.

Il monta tant de différentes couleurs au visage de don Quichotte, qui vit la malice de ce conte, qu'il semblait bien moins de chair que de jaspe, si bien que le duc et la duchesse, qui s'aperçurent du trouble où il était, s'empêchèrent de rire, quoiqu'ils en mourussent d'envie, de crainte de l'irriter davantage. Et, pour changer de discours, afin que Sancho n'eût pas lieu de continuer ses extravagances, la duchesse demanda à don Quichotte quelle nouvelle il avait de madame Dulcinée, et s'il lui avait envoyé depuis peu quelques brigands et géants de ceux qu'il vainquait tous les jours. Madame, répondit don Quichotte, mes disgraces ont eu un commencement, mais je ne crois pas qu'elles aient jamais de fin. J'ai vaincu des géants et défait des brigands, et les lui ai envoyés; mais où l'auraient-ils trouvée, et à quelles marques la reconnaître, si elle est aujourd'hui enchantée et changée en la plus laide et la plus difforme paysanne que l'on puisse imaginer? Pour moi, je n'y comprends rien, dit Sancho, car elle m'a paru la plus belle créature du monde; au moins sais-je bien qu'elle n'en céderait pas au meilleur danseur de corde en agilité : par ma foi, madame la duchesse, si elle ne saute comme une bourique comme ferait un chat! Et l'avez-vous vue enchantée, Sancho? demanda le duc. Comment, si je l'ai vue! répondit Sancho; et qui diable a découvert tout cela, si ce n'est moi? En bonne foi, oui, je l'ai vue, et si celle là n'est pas enchantée, croyez qu'il n'y en a jamais eu. L'ecclésiastique, qui entendit parler de géants et d'enchanteurs, commença à soupçonner que ce devait être là ce don Quichotte de la Manche dont le duc lisait incessamment l'histoire, quoiqu'il eût souvent dit qu'il y avait de la simplicité à lire de semblables folies; et, croyant enfin ce qu'il soupçonnait, il s'adressa au duc et lui dit avec un grand sérieux : Monseigneur, votre excellence aura plus de compte à rendre qu'elle ne croit sur le sujet de ce pauvre homme : ce don Quichotte, ce don extravagant ou comme vous voudrez l'appeler n'est peut-être pas si fou que votre grandeur le croit et lui donne sujet de le paraître en appuyant ainsi ses impertinences. Et vous, dit-il, maître fou, se tournant vers don Quichotte, qui vous a fourré dans l'imagination que vous êtes chevalier errant, et que vous défaites des géants et des voleurs? Que n'allez-vous plutôt dans votre maison prendre soin de vos enfants et de vos affaires, au lieu de vous amuser à courir par le monde et à faire rire tous ceux qui vous voient? Je voudrais bien savoir où vous avez trouvé qu'il y ait jamais eu des chevaliers errants. En quel endroit de l'Espagne avez-vous rencontré des géants, des lutins, et des Dulcinées enchantées, et toute cette foule d'extravagances dont vous avez la cervelle remplie? Don Quichotte écouta paisiblement tout le discours du vénérable ecclésiastique, et, ne pouvant plus résister à l'extrême colère qui l'agitait, il se leva de table, et, le visage enflammé, sans songer au respect qu'il devait au duc, il fit cette réponse : Je voudrais bien que votre révérence me dît de quelle extravagance elle m'accuse, et pourquoi elle m'ordonne d'aller chez moi gouverner ma femme et mes enfants, sans savoir si je suis marié ou non. Croyez-vous qu'il ne serait pas bien aussi juste de reprendre ceux qui se fourrent indiscrètement dans la maison d'autrui pour en gouverner le maître à leur fantaisie? Et vous imaginez-vous que, pour avoir trouvé l'entrée libre chez les grands seigneurs après avoir rôdé tout au plus l'espace de dix lieues en portant la besace, on ait droit de donner des lois de chevalerie et de juger des chevaliers errants? C'est, à votre compte, un temps absolument perdu que de courir le monde, en méprisant toute sorte de délices, et pratiquant toutes les austérités par où les gens de bien s'élèvent jusqu'à l'immortalité! Mais en voilà assez, mon révérend : si les chevaliers, les grands seigneurs et les princes m'avaient traité de fou, je le regarderais comme un affront irréparable ; mais, puisque je ne passe pour tel que dans l'esprit des écoliers et des pédants, qui n'ont jamais foulé les sentiers de la chevalerie, je m'en console et m'en estime encore davantage. Je suis chevalier, et tel je vivrai et mourrai s'il plaît au Tout-Puissant. J'ai apaisé des querelles, vengé des outrages, châtié des insolences, terrassé des géants, et combattu des lutins et des fantômes ; je suis amoureux même, mais seulement en tant que la profession de chevalier errant m'oblige de l'être ; et, l'étant de cette sorte, je ne suis pas de ces amants vicieux qui n'ont que la volupté pour objet, mais des amants platoniciens, sans avoir de sentiments qui choquent la vertu. Je n'ai point, Dieu merci, d'intentions qui ne soient droites ; je ne songe qu'à faire du bien à tout le monde ; et si un homme qui a ces sentiments, et qui le fait voir par ses œuvres, mérite d'être traité de fou, je m'en rapporte à leurs excellences.

Ma foi, dit Sancho, il n'y a rien à ajouter à cela ; demeurez-en là, mon maître, voilà tout ce qu'on peut dire ; et, puisque le bon père n'est pas d'accord qu'il y ait jamais eu des chevaliers errants, il ne faut pas s'étonner qu'il n'ait su ce qu'il disait. Ne seriez-vous point, vous qui parlez, mon ami, dit le moine, ce Sancho Pança à qui on dit que votre maître a promis une île? Oui, c'est moi, répondit Sancho, et qui la mérite aussi bien qu'un autre, si haut huppé qu'il puisse être ; et je suis de ceux à qui on peut dire : Metstoi avec les bons, et tu seras bon ; et encore de ceux de qui on dit : Il s'appuie contre un bon arbre, il aura bonne ombre. Je me suis attaché à un bon maître et il y a quelque temps que je suis en sa compagnie, et je dois être un autre lui-même. Si Dieu plaît que nous vivions l'un et l'autre, il ne manquera pas de royaumes à donner, ni moi d'îles à gouverner. Non, non, assurément, ami Sancho, dit le duc, et, en faveur du seigneur don

Quichotte, je vous en donne une de neuf que j'ai, et qui n'est certainement pas à mépriser. Mets-toi à genoux, Sancho, dit don Quichotte, et baise les pieds de son excellence pour la remercier de la grâce qu'elle te fait.

Sancho le fit; et le moine, impatient de voir que ses remontrances réussissaient si peu, se leva brusquement de table, et, avec un chagrin brutal, il dit au duc : Par l'habit que je porte, monseigneur, je ne sais si vous n'êtes point aussi faible que ces misérables : hé! comment est-ce qu'ils ne seraient pas fous, quand les sages autorisent leurs folies ? Que votre excellence demeure avec eux, puisqu'elle s'en accommode si bien, car pour moi je ne mettrai assurément pas le pied dans la maison tant que ces honnêtes gens y seront. Il sortit sans en dire davantage, enfin le duc reprit un visage sérieux, et dit à don Quichotte. En vérité, seigneur chevalier des Lions, vous avez si bien répondu pour vous-même, qu'il ne vous faut point d'autre satisfaction de l'indigne emportement de cet homme : car, après tout, on ne doit jamais prendre pour affront ce qui vient de la part des religieux et des femmes. Cela est vrai, monsieur, dit don Quichotte, et la raison de cela est que celui qui ne peut être offensé ne peut aussi faire d'offense : les femmes, les enfants et les gens d'église sont considérés comme des personnes qui ne peuvent se défendre, et qui, par conséquent, ne peuvent ni faire d'affront ni en recevoir. Aussi ne me crois je obligé à aucun ressentiment contre ce bon-homme pour les paroles qu'il m'a dites ; je voudrais seulement qu'il eût attendu plus longtemps pour le désabuser de l'erreur où il est qu'il n'y a jamais eu de chevaliers errants. Il faudrait qu'Amadis ou quelqu'un de sa race l'eût entendu parler de la sorte : en vérité, le bonhomme s'en serait repenti plus de dix fois.

En bonne foi, ajouta Sancho, ils lui auraient sanglé un horion qui l'aurait fendu comme une huître à l'écaille. Ah! c'est bien à eux qu'il fallait se jouer! Croyez que c'étaient bien des gens à avaler ces pilules! Mort de ma vie! si Renaud de Montauban avait ouï les paroles du pauvre petit homme, il lui aurait si bien masqué le groin avec les quatre doigts et le pouce, que je ne pense pas qu'il eût eu envie de parler de trois ans. Eh! pour plaisir, qu'il se trouve en leur chemin, et qu'il s'y joue, vous m'en direz des nouvelles ; oh! oui, oui, il n'y a qu'à s'y frotter! La duchesse se tenait les côtés et n'en pouvait plus de rire du discours de Sancho, qu'elle trouvait encore plus fou que son maître. Enfin don Quichotte se remit à table, et on acheva de dîner ; et comme on commençait à desservir, il entra quatre demoiselles, dont l'une portait un bassin de vermeil doré, l'autre une aiguière, la troisième du linge extrêmement propre et qui sentait fort bon, et la dernière avait les bras retroussés jusqu'aux coudes, et portait une boîte d'argent avec des savonnettes de senteur. La demoiselle qui portait du linge s'approcha de don Quichotte et mit sur lui une serviette qu'elle lui attacha par derrière le cou; ensuite celle qui portait le bassin, après avoir fait une profonde révérence, le lui mit sous le menton, et demeura là, le tenant avec ses mains. Don Quichotte était tout surpris d'une cérémonie si extraordinaire ; mais, sans doute croyant que c'était l'usage du pays de laver la barbe au lieu des mains, il tendit le cou sans rien dire. En même temps on versa de l'eau dans le bassin, et celle qui portait la savonnette se mit aussitôt à laver et à savonner de toute sa force non seulement la barbe du patient chevalier, mais tout le visage et les yeux même, qu'il fut obligé de fermer. Le duc et la duchesse, qui n'étaient avertis de rien, se regardaient l'un l'autre, et attendaient à quoi aboutirait cet étrange lavage. Cependant la demoiselle barbière, après avoir bien lavé son homme, et lui ayant mis un doigt de savou sur le visage, feignit que l'eau manquait, et dit à sa compagne d'en aller chercher d'autre, et que le seigneur don Quichotte aurait bien la bonté d'attendre. La demoiselle s'en alla, et don Quichotte demeura dans un état à faire mourir de rire, le cou long et chargé de poil avec de gros flocons d'écume, tout le visage de même, et les yeux fermés. Les demoiselles qui faisaient la malice tenaient les yeux baissés sans oser regarder le duc et la duchesse, qui, de leur côté, quoiqu'ils ne fussent pas trop contents d'une plaisanterie qu'ils n'avaient pas ordonnée, ne savaient pourtant s'ils devaient s'en fâcher, et avaient toutes les peines du monde à s'empêcher de rire de voir la ridicule figure du chevalier. Enfin la demoiselle ayant apporté de l'eau, on acheva de le laver, et celle qui tenait le linge l'essuya et le sécha tout doucement et à loisir, comme si elle eût craint de blesser cette carcasse. Cela fait, elles firent chacune une grande révérence, et voulurent se retirer; mais le duc, qui ne voulut pas que don Quichotte crût qu'on se moquait de lui, appelant la demoiselle qui portait le bassin : Venez-moi donc laver, dit-il, et surtout prenez garde que l'eau ne manque pas. La jeune fille, qui n'était pas bête, comprit l'intention du duc, et aussitôt elle l'alla laver et savonner; et après l'avoir essuyé, elles firent toutes la révérence, et se retirèrent.

Sancho étant demeuré là pour considérer cette cérémonie, et comme elle lui revenait assez : Hé, morbleu! dit-il, à demi bas, si c'était aussi l'usage de ce pays de laver la barbe aux écuyers, par ma foi ce ne serait pas sans besoin, et je donnerais bien de bon cœur demi-réale à qui m'y passerait le rasoir. Que dites-vous là, entre les dents, Sancho? demanda la duchesse. Je dis, madame, répondit-il, que j'avais bien ouï dire que chez les princes on donnait à laver les mains après qu'on a ôté la nappe, mais non pas qu'on savonnât la barbe, et je vois bien qu'il fait bon vivre : on apprend toujours quelque chose. Ce n'est pas qu'on ne dise bien aussi que celui qui vit longtemps a plus de mal à souffrir; mais une lessive comme celle-là fait plutôt du plaisir que du mal. Ne vous mettez pas en peine, Sancho, mon ami, dit la duchesse : je vous ferai laver par mes filles et on vous donnera même une lessive, s'il est besoin. Je serais plus content qu'on me lave, répondit Sancho, au moins pour l'heure; une autre fois nous verrons pour le reste. Monsieur le maître, dit la duchesse, qu'on donne satisfaction à Sancho, et qu'on ne lui refuse rien de tout ce qu'il demandera. Le maître d'hôtel répondit que le seigneur Sancho serait servi en tout comme il souhaiterait, et en même temps il l'emmena dîner. Le duc, la duchesse et don Quichotte demeurèrent seuls, et, après s'être quelque temps entretenus, et toujours de matière de chevalerie, la duchesse pria le chevalier de vouloir faire le portrait et la description de madame Dulcinée, lui disant que, de la manière dont on parlait de sa beauté, il fallait que ce fût la plus belle créature du monde, et même de toute la Manche. Don Quichotte fit un grand soupir, et dit à la duchesse : Pour vous satisfaire, madame, il faudrait que je pusse exposer à vos yeux le cœur de cet esclave de Dulcinée, où sa beauté est si vivement dépeinte; car ma langue ne pourra jamais suffire à dire ce que l'on a même bien de la peine à s'imaginer; et comment pourrais-je venir à bout de vous faire une exacte peinture de la beauté de l'incomparable Dulcinée, qui a de quoi occuper tout l'art et toute l'adresse de tous les fameux peintres, sculpteurs et graveurs qui ont fleuri dans le monde? Et ne serait-ce pas être téméraire que d'entreprendre de louer un mérite et des avantages qui sont infiniment au-dessus de toute l'éloquence des plus célèbres orateurs? Avec tout cela, seigneur don Quichotte, dit le duc, vous nous obligerez beaucoup de nous en donner pour le moins un premier trait : je suis assuré que la moindre ébauche, tout imparfaite qu'elle puisse être, ne laissera pas d'avoir de quoi donner de l'envie aux plus belles. Je le ferais de bon cœur, repartit don Quichotte, si la disgrace qui lui est malheureusement arrivée depuis quelques temps n'en avait effacé ou confondu toutes les idées dans mon imagination, disgrace si grande, qu'il y a désormais plus de sujet de la plaindre qu'il ne lui reste de quoi faire une agréable peinture. Il y a quelque jour que je voulus lui aller baiser les mains, et recevoir ses ordres avant ma troisième sortie ; mais je la trouvai de princesse convertie en paysanne, sa beauté changée en une laideur difforme, sa bonne odeur en une puanteur excessive. Je cherchais un ange, je trouvai un démon ; je croyais trouver une princesse spirituelle, ce n'était plus qu'une paysanne rustique et grossière : au lieu d'une personne sage et modeste, je ne trouvai qu'une baladine effrontée ; des ténèbres au lieu de la lumière, et enfin, au lieu de Dulcinée du Toboso, une paysanne maussade et effroyable.

Ah Dieu ! s'écria le duc, et quel est l'inhumain qui a été assez cruel pour pouvoir donner cette affliction à toute la terre, qui lui a ôté la beauté qui en faisait toute la joie et l'agrément, et qui l'a privée de l'honnêteté et de la bonne grâce qui en étaient l'ornement ? Et qui serait-ce, repartit don Quichotte, si ce n'est quelques uns des maudits enchanteurs qui me persécutent ! Les enchanteurs m'ont persécuté et me persécuteront sans relâche, jusqu'à ce qu'ils m'aient enseveli avec mes hauts faits dans l'abîme profond de l'oubli, et les traîtres ont bien su me percer par où j'étais plus sensible, n'ignorant pas que priver un chevalier errant de sa dame, c'est le priver de la lumière du soleil qui l'éclaire, de l'aliment qui entretient son esprit et sa vie, de l'appui qui le soutient, et de la source féconde d'où il emprunte et tire toute sa vigueur et ses forces : car enfin c'est désormais un arbre sans sève, un édifice bâti sur le sable, et un corps privé de la chaleur et du mouvement qui l'animent. Vous dites vrai, dit la duchesse ; mais cependant, s'il en faut croire l'histoire qui court du seigneur don Quichotte, votre seigneurie n'a jamais vu madame Dulcinée ; ce n'est qu'une dame imaginaire et chimérique, qui ne subsiste que dans votre imagination, et à qui vous attribuez les perfections et les avantages qu'il vous plaît. Il y a bien des choses à dire là-dessus, répondit don Quichotte. Dieu sait s'il y a ou non une Dulcinée au monde, et si elle est réelle ou chimérique : ce ne sont pas des choses dont il soit besoin d'approfondir entièrement le mystère. Quoi qu'il en soit, je la considère comme une dame qui a tous les avantages nécessaires pour se faire estimer de tout l'univers, belle sans défaut, fière sans orgueil, tendre et empressée avec honnêteté, enjouée avec modestie, agréable, spirituelle et civile, parce qu'elle a été très bien élevée ; illustre enfin par sa naissance, puisqu'elle est parfaitement belle, et que la beauté parfaite ne se rencontre point dans une personne de naissance médiocre. Cela est incontestable, dit le duc ; mais que votre seigneurie me permette de vous proposer un doute que m'a donné l'histoire imprimée de vos hauts faits : c'est qu'il me semble que, quand on demeurerait d'accord qu'il y a une Dulcinée au Toboso ou ailleurs, et qu'elle est belle au suprême degré de beauté que vous nous la dépeignez, il paraît pourtant qu'elle ne peut pas entrer en comparaison pour la naissance avec les Ariane, les Madasime, les Genièvre, et un million d'autres de cette sorte, dont il est parlé dans les histoires que vous savez. A cela, monseigneur, dit don Quichotte, j'ai à vous répondre que Dulcinée est fille de ses actions, que l'éclat des vertus relève la race, et qu'il vaut beaucoup mieux se distinguer par un mérite achevé que par une grande naissance, quand elle n'est accompagnée d'aucune vertu ; et cela d'autant plus que Dulcinée a des qualités qui la peuvent élever sur le trône et la rendre mère d'une longue suite de rois, puisqu'une femme belle et vertueuse peut prétendre à tout, et qu'on ne doit point limiter l'espérance où le mérite est sans bornes ; et, si ce n'est pas formellement, au moins elle enferme virtuellement en elle des fortunes encore plus considérables et plus surprenantes. Il faut avouer, seigneur don Quichotte, dit la duchesse, que vous avez un grand art à persuader : pour moi, je me rends, après ce que vous venez de dire, et je soutiendrai désormais partout qu'il y a une Dulcinée du Toboso, qu'elle est vivante, parfaitement belle et d'une race illustre, et digne, en un mot, des vœux et des services du chevalier des Lions, du grand don Quichotte de la Manche. Avec tout cela, il me reste toujours, malgré moi, une espèce de scrupule, et je ne saurais m'empêcher d'avoir un peu de mal au cœur contre Sancho : c'est qu'il est dit dans l'histoire que, quand Sancho porta de votre part une lettre à madame Dulcinée, il la trouva qui criblait une mesure d'avoine, ce qui, à dire vrai, peut bien faire douter de la grandeur de sa naissance.

Madame, répondit don Quichotte, il faut que vous sachiez que les choses qui m'arrivent sont toutes extraordinaires et contre l'usage de celles qui arrivent aux autres chevaliers errants, soit que cela se fasse par le décret immuable de la destinée, soit qu'il vienne de la malice et de l'envie de quelque enchanteur ; et comme c'est une chose commune et incontestable que la plupart des fameux chevaliers errants sont doués de quelque vertu secrète, l'un de ne pouvoir être enchanté, et l'autre d'avoir la chair impénétrable, comme Roland, qu'on dit qu'il ne pouvait être blessé que sous la plante du pied gauche, et seulement par une épingle ; et aussi quand Bernard de Carpio le vainquit à Roncevaux, il ne put jamais venir à bout de lui ôter la vie avec son épée, il fut obligé de l'étouffer entre ses bras, comme Hercule avait fait d'Anthée : je veux dire que je pourrais bien aussi être invulnérable, l'expérience m'ayant souvent fait voir que les coups n'entrent point dans ma chair ; mais non capable de ne pouvoir être enchanté, car je me suis vu pieds et poings liés, enfermé dans une cage, où tout le monde ensemble n'aurait pas été capable de m'enfermer, si ce n'est à force d'enchantements. Cependant, comme je m'en tirai moi-même peu de temps après, je crois qu'il n'y en a plus qui puissent me nuire ; et ainsi ces maudits enchanteurs, voyant qu'ils ne pouvaient exercer leur malice directement contre moi, s'en prennent à ce que j'aime le mieux, et songent à me faire perdre la vie en attaquant celle de Dulcinée, par qui je vis et respire. Je ne doute point non plus que, quand mon écuyer lui fit son ambassade, ils la lui firent malicieusement voir sous la figure d'une laide paysanne, occupée d'un exercice si indigne d'elle que celui de cribler du blé ; mais j'ai déjà dit une autre fois que ce n'était ni froment ni orge, mais des perles orientales. Et pour preuve de ce que je viens de dire à vos grandeurs, étant allé dernièrement au Toboso, je ne pus seulement pas trouver le palais de Dulcinée. Le jour suivant, mon écuyer venait de la voir plus belle que l'aurore et le soleil même ; et à moi elle me parut comme une maussade villageoise, sotte en ses discours et sans modestie ni discrétion, quoiqu'elle soit extrêmement spirituelle, la modestie et la discrétion mêmes. Et puis donc que je ne suis point enchanté, ni ne puis plus l'être, comme je viens de le prouver, c'est elle qui est enchantée et métamorphosée ; c'est sur elle que mes ennemis se sont vengés de moi, et quand il n'y aurait que cela seul que c'est à cause de moi qu'elle souffre, je veux renoncer à tout plaisir et me consumer en regrets et en larmes, jusqu'à ce que je l'aie remise en son premier état. Cependant je suis bien aise que tout le monde sache le discours que je viens de faire, afin qu'on ne s'arrête plus à ce qu'a dit Sancho, qu'il avait vu madame Dulcinée criblant de l'avoine : cela ne doit point faire de conséquence contre elle, car, puisque les enchanteurs l'ont changée pour moi, ils ont bien pu la changer pour un autre. Dulcinée est illustre et vertueuse, et des plus nobles races de tout le Toboso, où il y en a beaucoup et de très anciennes ; et il ne faut pas douter qu'elle n'ait eu bonne part aux avantages du lieu de sa naissance, puisqu'elle-même le doit rendre fameux à jamais, comme Troie est aujourd'hui fameuse à cause d'Hélène, et Alexandrie à cause de Cléopâtre. Je dois encore avertir vos excellences que Sancho Pança est le plus plaisant écuyer qui ait jamais servi des chevaliers errants : il a quelquefois des naïvetés si subtiles, qu'on ne saurait bien juger si c'est ingénuité ou finesse ; quelquefois aussi il a des malices qui font croire qu'il est méchant, et tout à coup des simplicités qui le feraient passer pour un lourdeau. Il doute de tout et il croit tout ; et souvent que je crois qu'il va s'embarrasser et se perdre dans ses raisonnements, il s'en tire avec une adresse qu'on n'attendrait pas de lui. Enfin je ne le changerais pas pour tout autre écuyer, quand on me donnerait la meilleure citadelle de retour. Mais, quand j'y songe, je ne sais s'il est bon de l'envoyer au gouvernement que votre grandeur lui a donné, car les emplois d'importance ne sont pas pour toute sorte de gens ; néanmoins il me semble qu'il est assez propre pour gouverner ; et, en lui aiguisant un peu l'esprit, je m'imagine qu'il fera comme un autre, et d'autant plus que nous voyons par expérience qu'il ne faut pas tant d'habileté ni de science pour être gouverneur, et que nous en avons quantité qui savent à peine lire, et ne laissent pourtant pas de s'en démêler. L'importance, en cette rencontre, est d'avoir l'intention droite.

Dans cet endroit de la conversation du duc et de don Quichotte, il se fit un grand bruit dans le château, et ils virent Sancho, tout en colère, qui vint se jeter brusquement dans la salle où ils étaient, avec une serviette grasse au cou et suivi des marmitons de la cuisine, et d'autres canailles semblables. L'un d'eux portait un chaudron plein d'une eau si sale, qu'il était aisé de croire que ce n'était que des lavures d'écuelles ; il poursuivait opiniâtrément Sancho pour le lui mettre sous le menton, pendant qu'un autre, un peu plus maussade que le premier, s'empressait pour lui laver le visage. Qu'est-ce donc que ceci, enfants ? dit la duchesse ; que voulez-vous à Sancho ? Ne considérez-vous point qu'il est élu gouverneur ? C'est que monsieur ne veut pas être lavé, madame, comme c'est la coutume, et comme monseigneur le duc et monseigneur son maître l'ont déjà été, répondit le sale barbier. Si fait, si fait, je le veux, repartit Sancho en colère ; mais je voudrais que ce fût du linge plus blanc et de l'eau plus claire, et avec des mains qui fussent moins crasseuses. Il n'y a pas tant à dire entre mon maître et moi pour qu'il faille me donner une lessive de diable, après qu'on la lavé avec de l'eau de rose. Les coutumes des pays et des palais des princes ne sont bonnes qu'autant qu'elles ne fâchent personne ; mais le lavage dont on use ici ne serait pas bon pour donner aux pourceaux. Je n'ai point la barbe sale. Mort de ma vie ! le premier qui me touchera un poil de la barbe, je lui donnerai un si grand coup par les dents, que le poing lui demeurera dans la gueule. Ces cérémonies et ces savonages me lanternent, au bout du compte, et c'est se moquer de la barbouillée. Tout cela faisait mourir la duchesse de rire ; mais don Quichotte ne prenant pas plaisir à voir son écuyer joué de la sorte, fit une grande révérence à leurs excellences, comme pour leur demander la liberté de parler, et dit aux marmitons, d'une voix grave : Holà ! seigneurs chevaliers, en voilà assez ; retirez-vous, et nous laissez en paix : mon écuyer est aussi propre qu'un autre, et n'est pas ici pour vous donner du plaisir. Croyez-moi et retirez-vous, encore une fois, car ni lui ni moi nous n'entendons pas raillerie. Eh ! non, non, ajouta Sancho : qu'ils s'approchent seulement, et vous verrez beau jeu ! Mais qu'on apporte un peigne et qu'on me racle la barbe, et, s'il s'y trouve quelque ordure, qu'on me l'arrache poil à poil. Sancho a raison, dit la duchesse, et il l'aura toujours : il est propre et net, comme il a dit, et n'a pas besoin de se laver ; et, puisqu'enfin vos coutumes ne l'accommodent pas, il est le maître. Pour vous autres, vour êtes des insolents de traiter ainsi des gens de conséquence. Ces brutaux-là ne sauraient s'empêcher de faire voir l'aversion qu'ils ont pour les écuyers des chevaliers errants.

Les marmitons et le maître d'hôtel même, qui était avec eux, crurent que la duchesse parlait tout de bon, et se retirèrent ; et Sancho, se voyant délivré de ces bélîtres, s'alla mettre à genoux devant la duchesse, et lui dit : Ce sont les grands seigneurs qui accordent les grandes faveurs, madame la duchesse ; et je ne saurais jamais payer celle que votre hauteur vient de me faire qu'en me faisant armer chevalier errant, pour demeurer toute ma vie à son très humble service. Je suis laboureur, je m'appelle Sancho Pança, j'ai une femme et des enfants, et je sers d'écuyer ; s'il y a quelque chose là qui vous accommode, vous n'avez qu'à dire : vous n'aurez pas plutôt commandé que vous serez servie. Il paraît bien, Sancho, répondit la duchesse, que vous avez puisé dans la source de la courtoisie même, et que vous avez été élevé dans le giron du seigneur don Quichotte, qui est la crème et la fleur des compliments et des cérémonies. Heureux le siècle qui possède un tel chevalier et un tel écuyer, dont l'un est l'honneur de la chevalerie errante, et l'autre l'exemple de la fidélité des véritables écuyers ! Levez-vous, mon ami Sancho, et vous reposez sur moi que je récompenserai bientôt toutes vos honnêtetés en obligeant monsieur le duc de vous donner promptement le gouvernement qu'il vous a promis. La conversation finie, don Quichotte s'alla reposer, et la duchesse dit à Sancho que, s'il n'avait pas grande envie de dormir, il pouvait venir passer l'après-dînée avec elle et ses demoiselles dans une salle bien fraîche. Sancho répondit que, quoiqu'il eût coutume de dormir, en été, ses quatre ou cinq heures après dîner, il s'en empêcherait pourtant, autant qu'il pourrait pour obéir à ses commandements. Le duc sortit en même temps pour donner de nouveaux ordres aux gens de sa maison sur la manière de traiter don Quichotte, sans s'éloigner, en la moindre chose, du style de la chevalerie errante.

LIVRE SEPTIÈME.

CHAPITRE XXX.

De la conversation de la duchesse et de ses demoiselles avec Sancho Pança, digne d'être lue avec attention.

Sancho ne pensa pas à dormir cette après-dînée, pour tenir parole à la duchesse, et il alla la trouver dans la salle où elle l'attendait. Sitôt qu'il fut entré, la duchesse lui dit de s'asseoir auprès d'elle, ce que Sancho refusa en homme qui savait vivre; mais la duchesse lui dit qu'il fallait s'asseoir comme gouverneur et qu'il parlât en écuyer, et qu'en qualité de l'un et de l'autre il méritait d'être sur le siége même du cid Rui Diaz, ce fameux Guerrier. Sancho baissa la tête et obéit, et aussitôt toutes les dames et les filles de la duchesse l'environnèrent et demeurèrent dans un grand silence. Ce fut la duchesse qui commença à parler. A présent que nous sommes seuls, dit-elle, je voudrais bien que monsieur le gouverneur m'éclaircît des choses que j'ai trouvées difficiles à entendre dans l'histoire du grand don Quichotte de la Manche. Premièrement, il paraît que Sancho n'a jamais vu madame Dulcinée du Toboso, et qu'il ne lui porta point la lettre que le seigneur don Quichotte lui écrivait de la montagne Noire, ayant oublié de prendre les tablettes. Cela étant, comment Sancho fut-il assez hardi pour feindre une réponse et dire qu'il avait trouvé cette dame criblant de l'avoine? ce qui est une atteinte à la gloire de l'incomparable Dulcinée, et une imposture indigne de la sincérité d'un véritable écuyer. A ce discours, Sancho se leva sans répondre une seule parole, et, mettant le doigt sur la bouche, il s'en alla pas à pas regarder derrière les tapisseries et puis vint se rasseoir. Oh! à cette heure, dit-il, madame, que j'ai vu que personne ne nous écoute, je suis prêt à répondre à ce que vous me demandez et à tout ce qu'il vous plaira ; mais *motus*, je vous en prie. Premièrement, je tiens monseigneur don Quichotte pour un fou achevé, quoiqu'il ne laisse pas de dire quelquefois des choses si bonnes, à mon avis, et à ce que disent ceux qui l'entendent, que le diable lui-même, avec toute sa science, n'en pourrait pas dire de meilleures ; mais tout cela n'empêche pas qu'il n'ait, je crois, l'esprit gâté, et comme je me suis mis cela dans la tête, je lui en donne à garder de toute façon, comme la réponse de la lettre, et puis cela de l'autre jour, qui n'est pas encore dans l'histoire, j'entends l'enchantement de madame Dulcinée, que je lui fais croire enchantée, quoiqu'elle ne le soit pas plus que mon grison. La duchesse pria Sancho de lui faire le conte de cet enchantement, et il raconta comme la chose s'était passée, sans oublier la moindre circonstance, ce qui divertit fort la duchesse et ses femmes.

De ce que m'a conté là le seigneur Sancho, dit la duchesse, il se forme un terrible scrupule dans mon esprit : il me semble que j'entends crier à mes oreilles une voix qui me dit : Mais, s'il est vrai que don Quichotte de la Manche soit un fou, pourquoi Sancho Pança, son écuyer qui le connaît pour tel, ne laisse-t-il pas de le servir sur l'espérance de ses vaines promesses ? Il faut sans doute que l'écuyer soit encore plus fou que le maître ; et, cela étant, feriez-vous bien, madame la duchesse, de donner une île à ce Sancho Pança ? car celui qui ne sait pas se gouverner saura encore bien moins gouverner les autres. Pardi, madame la duchesse, cette voix n'a point tout le tort, repartit Sancho, et vous pouvez lui dire de ma part que je sais bien qu'elle dit vrai. Si j'avais été sage, il y a déjà longtemps que j'aurais quitté mon maître ; mais il n'y a plus moyen de s'en dédire : là où la chèvre est attachée il faut qu'elle broute. Et puis, voulez-vous que je vous dise, nous sommes tous deux du même village, j'ai mangé de son pain, il est bon maître, et je l'aime ; il m'a donné ses poulains, et je suis fidèle : ainsi il ne faut point espérer que jamais nous nous séparions que quand la camarde viendra happer l'un ou l'autre. Alors véritablement bonsoir et bonne nuit : il n'y a si bonne compagnie qui ne se sépare, comme disait le roi Dagobert à ses chiens. Mais si votre grandeur ne trouve pas bon qu'on me donne le gouvernement que monseigneur le duc m'a promis, ce sera un gouvernement de moins. Je ne l'avais point apporté du ventre de ma mère, et peut-être que ma conscience n'en sera que mieux quand je n'en aurai point. Je ne suis qu'une bête, mais j'ai appris que ce ne fut que pour son malheur qu'il vint des ailes à la fourmi, et je m'imagine que Sancho écuyer ira bien aussi vite en paradis que Sancho gouverneur. On mange d'aussi bon pain ici qu'en France ; et la nuit tous chats sont gris ; et il faut qu'un homme soit bien malheureux pour n'avoir pas déjeûné à deux heures après midi ; et il n'y a personne qui ait l'estomac deux fois plus grand qu'un autre, et, tant grand soit-il, il y aura toujours du blé de reste ; c'est Dieu qui nourrit les petits oiseaux dans les champs ; six aunes de serge sont aussi longues que si aunes de velours ; et quand il faut déguerpir de ce monde, le chemin n'est pas plus beau pour un prince que pour un homme de journée ; il ne faut pas plus de terre pour le corps du pape que pour celui de son sacristain, encore qu'il y ait bien à dire de l'un à l'autre ; quand on entre dans la fosse, on se serre, on se ramasse, ou l'on vous fait serrer et ramasser malgré vous et malgré vos dents, et quand cela est une fois fait, il n'y a qu'à tirer le rideau, la farce est jouée. Je vous dis donc, madame la duchesse, que, si votre seigneurie ne veut pas me donner cette île, parce qu'elle croit que je suis un fou, je serai assez sage pour ne pas m'en soucier. Il y a longtemps que j'ai ouï dire que le diable est derrière la croix, et que tout ce qui reluit n'est pas or ; et qu'on avait autrefois tiré le laboureur Wamba de sa chaumine pour le faire roi d'Espagne, et qu'au milieu des richesses, de la bonne chère et des passe-temps, on avait arraché le roi Rodriguez pour le donner à manger aux couleuvres, si la chanson ne ment point. Et pourquoi mentirait-elle, dit la dame Rodriguez, puisqu'il y a une romance qui dit qu'on mit le roi Rodriguez dans une fosse pleine de crapauds, de serpents et de lézards, à telle enseigne que, deux jours après, on l'entendait dire d'une voix dolente : *Ils me déchirent, ils me dévorent par où j'ai le plus péché ?* et, puisque cela est, ce bon monsieur a raison d'aimer mieux être laboureur que roi, s'il faut que ceux-ci soient mangés de la vermine.

La duchesse éclata de rire de la simplicité de la bonne Rodriguez, et elle dit à Sancho : Mon ami, vous savez bien que, quand un chevalier a une fois promis, il tient sa parole, lui en dût-il coûter la vie; et, quoique monsieur le duc n'aille pas chercher les aventures, il ne laisse pas d'être chevalier, et il accomplira assurément la promesse qu'il vous a faite, malgré l'envie et la malice du monde. Prenez donc courage, Sancho : vous vous verrez bientôt en possession de votre gouvernement, logé comme un prince, et couvert de velours et de brocart. Tout ce que je vous recommande, c'est de bien prendre garde comment vous gouvernerez vos vassaux, qui sont tous gens de bien. Oh! pour ce qui est de les bien gouverner, répondit Sancho, je n'ai pas besoin qu'on me le recommande : car je suis naturellement charitable, et j'ai toujours eu pitié des pauvres, et je ne sais point prendre un tourteau à celui qui pétrit. Mais aussi, par ma foi, il ne faut pas se jouer à m'en faire accroire : je suis un vieux drille qui entend le jargon, et je sais un petit plus que mon pain manger. Quoi qu'on en dise, il ne faut point me chasser les mouches devant les yeux, je les chasse bien moi-même; ce n'est pas à moi qu'il faut apprendre où le soulier me blesse : je veux dire que les bons trouveront leur compte avec moi; mais, pour les méchants, qu'ils ne s'y frottent pas, car je veux qu'on aille droit en besogne. Mais enfin, il suffit; je m'imagine, pour moi, qu'en matière de gouvernement, le tout est de bien enfourner, et il pourrait arriver qu'au bout de quinze jours j'entendrais mieux le gouvernement que je ne sais le labourage, où j'ai été nourri. Vous dites fort bien, Sancho, repartit la duchesse : les hommes ne naissent pas tout instruits; mais c'est des hommes qu'on fait des évêques et des papes. Pour retourner à l'enchantement de madame Dulcinée, je me persuade et tiens pour tout assurée que l'intention qu'eut Sancho de tromper son maître en lui faisant croire que Dulcinée était enchantée, ne fut autre chose qu'une malice des enchanteurs qui le persécutent : car je sais de très bonne part que la paysanne qui sauta sur l'âne était la véritable Dulcinée du Toboso, et ainsi le bon Sancho, qui pensait être le trompeur, fut lui-même le trompé; et cela est si vrai, qu'il n'est pas plus vrai qu'il est jour : car il faut que vous sachiez, mon ami Sancho, que nous avons aussi des enchanteurs en ce pays-ci, qui ont soin de nous avertir de tout ce qui se passe dans le monde avec une fidélité exacte; et c'est d'eux que nous savons que la paysanne est Dulcinée, qu'elle est enchantée, et qu'au moment où nous y penserons le moins, nous la reverrons dans l'état où elle était auparavant, et vous reconnaîtrez pour lors que c'est vous qui vous abusiez. Par ma foi, madame, tout cela peut bien être, dit Sancho, et je commence à croire ce que mon maître raconte de la caverne de Montesinos, où il dit qu'il vit madame Dulcinée dans le même habit et au même état que je lui dis l'avoir vue quand il me prit fantaisie de l'enchanter; je vois bien à cette heure que c'était tout le contraire, et que je fus le premier trompé, comme dit votre grandeur; et; quand j'y songe, il m'est bien avis que je n'ai point assez d'esprit pour forger sur-le-champ tant de subtilités; et puis je ne crois point mon maître si fou pour se laisser tromper de la sorte par un ignorant. Mais, madame, pour tout ce que je vous ai dit, il ne faut pas que vous croyiez que je suis malin, car un idiot comme moi n'est pas capable de se défendre de la malice des enchanteurs : je n'inventais cette bourde-là que pour me délivrer des importunités de mon maître, et non pas pour l'offenser. Si l'affaire a tourné autrement, Dieu sait qui en est la cause, et il en châtiera les coupables. C'est bien dit, repartit la duchesse; mais, dites-moi, Sancho, qu'est-ce que cette aventure de la caverne de Montesinos? je voudrais bien le savoir.

Sancho raconta tout ce qui s'était passé touchant cette aventure, et la duchesse lui dit en même temps : Voilà qui sert à confirmer ce que je vous ai dit, mon ami Sancho : car, puisque le grand don Quichotte dit qu'il vit la même paysanne que Sancho avait trouvée à la sortie du Toboso, il est clair que c'est Dulcinée ; et nos enchanteurs sont comme vous voyez, fort soigneux de nous mander de bonnes nouvelles. Après tout, dit Sancho, si madame Dulcinée est enchantée, tant pis pour elle : qu'est-ce que j'y ferais, moi ? Je n'irais pas prendre querelle avec tous les ennemis de mon maître : il en a un peu trop, et je vois bien qu'ils ne sont pas aisés à gouverner. Tant y a que celle que je vis était une paysanne, pour paysanne je la pris, et pour paysanne je la laissai ; et, si cette paysanne est madame Dulcinée ou non, ce n'est pas là mon affaire, cela ne doit point tomber sur moi ; et, en bonne foi, je ne prendrais pas plaisir à toutes ces dites et redites : Sancho l'a dit, Sancho ne l'a pas dit, Sancho tourne, Sancho vire, et boute et tu en auras, comme si Sancho était un je ne sais qui, et que ce ne fût pas le même Sancho qui est couché tout de son long dans une histoire, à ce que m'a dit Samson Carrasco, bachelier de Salamanque, qui ne voudrait pas mentir pour tout l'or du monde. Qu'on ne vienne donc pas se prendre à moi de cela : je m'en lave les mains. Si je suis pauvre, ce n'est pas du bien d'autrui ; bonne renommée vaut mieux que ceinture dorée. Que le gouvernement vienne seulement, et vous verrez merveilles : celui qui a été bon écuyer sera encore meilleur gouverneur. En conscience, Sancho, s'écria la duchesse, vous êtes un homme incomparable : tout ce que vous venez de dire là est autant de sentence ; et, comme nous disons d'ordinaire en Espagne, sous un méchant manteau il y a souvent un bon buveur. Par ma foi, madame la duchesse, répondit Sancho, en ma vie je n'ai bu par malice ; avec soif ce pourrait bien être, car je ne suis point hypocrite, je les avale quelquefois sans chanter ; je bois quand j'en ai besoin, et bois bien quelquefois sans cela, pour peu qu'on m'en présente, parce que je ne sais point refuser, et je n'irai pas faire un affront à un honnête homme ; en bonne foi, madame, il faut avoir le cœur bien dur pour ne pas faire raison à un ami quand il ne coûte que d'ouvrir la bouche. Et, sur mon Dieu ! il ne le faut point reprocher aux écuyers des chevaliers errants : ce ne sont point eux qui le font enrichir ; les pauvres diables, qui sont toujours dans les bois, par les déserts, dans les forêts et sur les montagnes, boivent de l'eau plus qu'ils n'en veulent, et ils donneraient quelquefois bien de l'argent sans trouver une goutte de vin. Je le crois bien ainsi, répondit la duchesse ; mais il est tard, allez vous reposer, Sancho. Une autre fois nous en dirons davantage.

Sancho baisa les mains de la duchesse, et après l'avoir remerciée, la supplia de commander qu'on eût soin de son grison, parce que c'était ce qu'il avait de plus cher au monde. Qu'est-ce que ce grison ? demanda la duchesse. C'est mon âne, madame, parlant par révérence, répondit Sancho ; je l'appelle toujours ainsi, pour ne pas dire son autre nom. Je l'avais voulu recommander à cette bonne dame que voilà, en entrant dans le château ; mais elle s'offensa comme si je l'eusse appelée vieille ou laide, comme si on ne savait pas bien que c'est le fait de ces dames de panser les montures des chevaliers errants, plutôt que de rester dans une chambre à ne rien faire. Eh ! bon Dieu ! il faudrait que ces dames-là se frotassent à un gentilhomme qui était dans notre village ; comme il vous les eût menées ! C'était quelque vilain paysan comme toi, interrompit la dame Rodriguez : s'il avait été gentilhomme et bien élevé, il les aurait honorées.

En voilà assez, madame Rodriguez, dit la duchesse ; n'en parlons pas davantage. Pour le seigneur Sancho, il n'a que faire de se mettre en peine de son grison : je m'en charge, puisque c'est un des meubles de mon bon ami ; je le porterai dans mon giron pour en être plus assurée. Non pas, s'il vous plaît, madame la duchesse, repartit Sancho : il suffit qu'il soit dans l'écurie. Pour le giron de votre grandeur, ni lui ni moi ne sommes dignes d'y être un seul moment, et je n'y consentirais pas pour tous les ânes du monde, quand on me les amènerait là tout sellés et bridés. Mais Sancho, dit la duchesse, emmenez-le à votre gouvernement, le grison : vous le traiterez là à votre fantaisie ; il n'aura plus rien à faire qu'à s'engraisser. Ne pensez pas railler, madame, répondit Sancho : ce n'est pas le premier âne que j'ai vu mener à un gouvernement, et il y en a plus de trois qui couchent entre deux draps ; le mien n'a pas tant d'ambition, il se contente de l'écurie et de la paille. La duchesse sourit de ce que dit Sancho, et, après lui avoir dit d'aller se reposer, elle raconta au duc la conversation qu'elle venait d'avoir.

CHAPITRE XXXI.

Des moyens qu'on trouva pour désenchanter Dulcinée.

Le duc et la duchesse, qui prenaient un extrême plaisir avec leurs hôtes, ne pensaient qu'à trouver de nouveaux moyens de s'en divertir. Ce que leur avait conté don Quichotte de la caverne de Montesinos leur en fournit un ample sujet ; et la simplicité de Sancho, qui en était venu à croire que l'enchantement de Dulcinée était une chose réelle, quoiqu'il en eût été lui-même l'inventeur, leur fit croire qu'ils réussiraient dans leur dessein. Au bout de six jours, qu'ils employèrent à se préparer et à instruire leurs gens, ils menèrent don Quichotte et Sancho à la chasse du sanglier, avec un aussi grand nombre de chasseurs et autant d'équipages que l'aurait pu faire un grand prince. On porta dans la chambre de don Quichotte un habit de chasse pour lui, et Sancho eut aussi le sien d'un drap vert. Notre chevalier ne voulut point prendre celui qu'on lui offrait, disant que ceux qui étaient incessamment sous les armes ne devaient point se charger d'un porte-manteau ; pour Sancho, il se chargea de bon cœur du sien, dans l'intention d'en faire de l'argent à la première occasion. Tout étant donc prêt, don Quichotte s'arma, et Sancho avec son habit vert, et monté sur le grison, qu'il préféra à un bon cheval qu'on voulait lui donner, se mit parmi les chasseurs. La duchesse étant sortie en même temps richement et galamment vêtue, don Quichotte prit de bonne grâce les rênes de sa haquenée, et ils allèrent de cette sorte jusqu'au bois. Sitôt que le duc et la duchesse furent arrivés, on tendit les toiles, on découpla les chiens, on sépara les chasseurs par diverses troupes, et on commença la chasse avec de grandes huées et un terrible bruit de corps et de chiens. La duchesse descendit de cheval, et, l'épieu à la main, se plaça dans l'endroit où les sangliers avaient coutume de passer; le duc et don Quichotte mirent aussi pied à terre et se tinrent aux côtés de la duchesse, et Sancho se tint derrière eux sans descendre de dessus le grison, de crainte qu'il lui arrivât quelque accident.

A peine étaient-ils tous postés et rangés qu'ils virent venir vers eux un sanglier effroyable. Aussitôt don Quichotte, embrassant fortement son écu, s'avança l'épée à la main pour le recevoir; le duc y courut aussi avec son épieu, et la duchesse les aurait devancés tous deux si le duc ne l'en eût empêchée. Pour le pauvre Sancho, il n'eut pas plutôt vu le terrible animal, avec ses longues défenses, la gueule fumante d'écume et les yeux étincelants, qu'il se jeta à bas et courut de toute sa force vers un chêne pour tâcher d'y monter; mais il fut si malheureux, qu'ayant grimpé jusqu'à la moitié, et faisant ses efforts pour arriver au haut de l'arbre, une branche se rompit sous lui, et en tombant il demeura accroché environ à un pied de terre. Quand il se vit en cet état, et que son habit vert se déchirait, et qu'il se figura que le sanglier pourrait bien le déchirer lui-même en passant, il se mit à crier de telle sorte, que tous ceux qui l'entendaient crurent assurément qu'il était dévoré par quelque bête sauvage. Enfin le sanglier demeura sur la place, percé de plusieurs coups d'épieu, et don Quichotte, accourant aux cris de Sancho, le vit pendu la tête en bas, et auprès de lui le fidèle grison, qui ne l'avait pas abandonné; il s'approcha et dégagea son pauvre écuyer, qui ne laissa pas de ressentir un déplaisir mortel en voyant un grand trou à son habit de chasse, qu'il n'estimait pas moins qu'une métairie. Cependant on mit le sanglier sur un mulet, et l'ayant couvert de branches de romarin et de myrte, les chasseurs, triomphants, le firent porter devant eux dans une tente au milieu du bois, où on trouva une grande table somptueusement servie. Sancho, tout chagrin, s'approcha aussitôt de la duchesse, et lui montrant son habit déchiré : Si ç'avait été ici, dit-il, une chasse aux lièvres ou aux ramiers, je ne serais pas dans le piteux état où me voilà. Je ne conçois pas quel plaisir on prend à attendre un animal qui d'un coup de dent envoie son homme en l'autre monde. Je me souviendrai, toute ma vie, d'une vieille chanson qui dit : Sois mangé des ours comme le fut Fabila !

C'était un roi des Goths, dit don Quichotte, qui fut dévoré par un ours en chassant aux bêtes sauvages. C'est ce que je veux dire aussi, répondit Sancho. Pourquoi les princes et les rois vont-ils se mettre à toute heure en danger d'être dévorés, pour le plaisir de tuer un pauvre animal qui ne leur a jamais fait de tort? Vous vous trompez, ami Sancho, dit le duc : l'exercice de la chasse des bêtes sauvages est bien plus convenable et bien plus nécessaire aux rois et aux princes que ne le sont tous les autres, parce que cette chasse-là est une image de la guerre; il y faut employer des ruses et des stratagèmes pour vaincre l'ennemi; on s'y expose au chaud et au froid, et on s'accoutume à le souffrir, on y dort sur la dure, on s'endurcit au travail; en un mot, c'est un exercice qu'on peut faire sans nuire à personne, et un plaisir qu'on partage avec beaucoup de gens. Et, ce qu'il y a de meilleur, c'est que cette chasse n'est pas pour tout le monde, non plus que la chasse de haut vol, qui doit être l'exercice favori et le partage exclusif des princes et des grands seigneurs : aussi, ami Sancho, quand vous serez gouverneur, je vous conseille de vous occuper à la chasse. Oh! pour cela, non pas, s'il vous plaît, monsieur le duc, répondit Sancho : un bon gouverneur doit avoir la jambe rompue. Il ferait beau voir que des gens pressés et bien fatigués de chemin vinssent chercher monsieur le gouverneur, et qu'il fût à la campagne à se donner du bon temps ! les affaires iraient beau train pardi, on en dirait de belles ! Ma foi, monseigneur, la chasse est, à mon avis, plutôt pour des fainéants que pour des gouverneurs ; et pour moi je ne pense qu'à jouer à la triomphe ou à la boule, les dimanches et les fêtes ; car toutes ces choses-là ne s'accommodent ni avec mon humeur ni avec ma conscience. A la bonne heure, Sancho, dit le duc ; mais entre le dire et le faire il y a bien de la différence. Qu'il y ait tout ce qui pourra, repartit Sancho, un bon payeur ne craint point de donner des gages ; celui que Dieu aide fait encore mieux que celui qui se lève de bon matin ; c'est le ventre qui fait aller les pieds ; et non pas les pieds le ventre : je veux dire que, si le bon Dieu m'assiste, et que si je vais le droit chemin, avec bonne intention, je gouvernerai comme il faut et sans reproche. Et si l'on ne m'en croit pas, qu'on me mette les doigts dans la bouche, et on verra si je serre bien ; et quand je serai une fois à même, qu'on me vienne faire des leçons, j'en défie les plus habiles. Ma foi, l'habit ne fait pas le moine, et, quand.... Maudit sois-tu de Dieu et des saints, impertinent Sancho ! interrompit don Quichotte. Est-il possible que je ne t'entende point raisonner un demi-quart d'heure sans dire une foule de proverbes ? Je supplie vos grandeurs d'imposer silence à ce bavard. Les proverbes de Sancho, dit la duchesse, pour être nombreux n'en sont pas moins agréables ; pour moi, ils me divertissent extrêmement, qu'ils soient à propos ou non, outre qu'entre amis on doit pas y regarder de si près.

Ce fut en s'entretenant de la sorte qu'ils rentrèrent dans le bois pour voir s'il y avait quelque chose de pris aux filets. Dans cet exercice, la nuit les vint surprendre, et un peu plus obscure qu'elle n'a coutume de l'être en été, parce que le temps était couvert, néanmoins elle en fut d'autant plus favorable aux intentions du duc et de la duchesse. Comme ils étaient là, tout d'un coup la forêt parut toute en feu, et l'on entendit aussitôt de tous côtés un bruit de trompettes et d'autres instruments de guerre, comme si plusieurs troupes de gens à cheval eussent passé par le bois. Cette grande lumière et ce son les surprirent tous, et leur étonnement fut encore augmenté par une infinité de ces instruments dont les Maures se servent dans les batailles : le son des cymbales et des clairons retentit de toutes parts, et les fifres, les hautbois et les tambours, mêlés confusément avec le reste, firent un si grand bruit, qu'il eût fallu être insensible pour n'en être pas ému. Le duc et la duchesse feignirent le plus grand étonnement ; don Quichotte ne fut pas sans surprise ; le bon Sancho ne put s'empêcher de témoigner sa frayeur, et il n'y eut pas jusqu'à ceux qui savaient la chose qui ne fissent voir quelque émotion. Le bruit cessa tout d'un coup, et un courrier qui avait l'air d'un diable passa brusquement devant la compagnie, sonnant d'un cornet à bouquin qui faisait un bruit épouvantable. Holà ! courrier, dit le duc, qui êtes-vous ? à qui en voulez-vous ? et qu'est-ce que ces troupes qui passent par le bois ? Je suis le diable ! répondit le courrier d'une voix horrible ; je cherche don Quichotte de la Manche, et les gens que vous entendez sont six troupes d'enchanteurs qui emmènent Dulcinée du Toboso enchantée sur un char de triomphe, et elle est accompagnée du brave cavalier Montesinos, qui vient apprendre à don Quichotte les moyens de la désenchanter. Si vous étiez le diable, comme vous dites, repartit le duc, vous auriez déjà reconnu le chevalier, puisque le voilà devant vous. Sur mon Dieu et sur mon ame, je n'y prenais pas garde, répondit le diable : j'ai tant de choses dans la fantaisie, que j'oubliais la plus importante ! Hé ! par ma foi, s'écria Sancho, il faut que ce diable soit homme de bien et bon catholique : s'il ne croyait rien, il ne jurerait pas de la sorte. A ce que je vois, il y a de bonnes gens partout, en enfer comme ailleurs. En même temps le diable tout à cheval, et fixant les yeux sur don Quichotte : A toi, dit-il, chevalier des Lions, que je te puisse voir bientôt entre leurs griffes! c'est à toi que je suis envoyé de la part du vaillant et malheureux Montesinos, pour te dire de l'attendre au même lieu que je t'aurai trouvé, parce qu'il amène avec lui une Dulcinée du Toboso, dont il sait les moyens de détruire l'enchantement : voilà le sujet de mon ambassade ; les diables comme moi demeurent en ta compagnie, et les bons anges avec ces messieurs.

A ces mots, il sonna de son épouvantable cor et disparut sans attendre de réponse. Les chasseurs parurent plus étonnés qu'auparavant, et, plus que tous, don Quichotte et Sancho, ce dernier de voir qu'en dépit de ce qu'il en savait on prétendait que Dulcinée fût enchantée, et don Quichotte, de ce que les visions qu'il avait eues dans la caverne de Montesinos se trouvaient véritables. Pendant que le chevalier roulait toutes ces pensées dans son imagination, le duc lui dit : Etes-vous résolu de les attendre, seigneur don Quichotte? Pourquoi non? répondit-il, je les attends de pied ferme, dût l'enfer tout entier devoir venir m'attaquer. Pour moi, dit Sancho, s'il vient encore un autre diable me corner aux oreilles, je demeurerai aussi bien là que je suis Turc.

Cependant, la nuit étant déjà fort obscure, on vit un nombre infini de lumières qui couraient par le bois, et l'on entendit un bruit épouvantable, semblable à celui d'un chariot chargé de chaînes, dont les roues rendaient un son enroué comme dans la chasse aux ours et à d'autres bêtes farouches. A ce tintamarre s'en joignit un autre qui le rendit encore plus horrible : il sembla à tout le monde qu'en différents endroits du bois on livrait en même temps autant de batailles : d'un côté, on entendait le son épouvantable de l'artillerie, d'un autre, un nombre infini de mousquetades. Il semblait, à la voix des combattants, qu'ils fussent tout proche ; et plus loin, ce n'étaient qu'instruments à l'usage des Maures, qui ne cessaient de jouer pour les animer au combat. En un mot, le bruit confus de tous ces instruments de guerre, les cris des combattants, et le son criard des chariots, donnaient de la frayeur aux plus assurés, et don Quichotte lui-même eut besoin de toute son intrépidité pour ne pas être épouvanté. Sancho n'eut pas le loisir d'avoir de la résolution : car la peur le fit tomber évanoui aux pieds de la duchesse, et quelque secours qu'on lui donnât, il fut assez longtemps à en revenir. Il commençait à ouvrir les yeux quand il arriva un de ces charriots qui faisaient tant de bruit, tiré par quatre grands bœufs tout couverts de drap noir, et portant à chaque corne une torche allumée. Au haut du char on voyait une espèce de trône, sur lequel était assis un vieillard vénérable, avec une barbe blanche comme neige, et si longue qu'elle lui passait au-delà de la ceinture : son habillement était une longue robe de bure noire, qui le couvrait entièrement. Le char était conduit par deux démons d'une figure si effroyable, que Sancho fut sur le point de retomber en défaillance et ferma les yeux pour ne pas les voir davantage. Ce noir équipage étant arrivé devant le duc, le vieillard se leva de dessus son siège, et dit tout haut : *Je suis le sage Lirgande;* et aussitôt le char passa outre. Il fut suivi d'un autre char tout semblable, avec un vieillard vêtu comme le premier, qui, ayant fait arrêter le conducteur, dit d'une voix grave : *Je suis le sage Alquif, le grand ami d'Urgande la déconnue;* et passa comme l'autre. On vit ensuite arriver un troisième char de même parure ; mais celui qu'on voyait sur le trône était un homme, robuste, et d'un air farouche qui, se levant debout comme les tres, cria d'une voix enrouée : *Je suis l'enchanteur Arshalaus, ennemi mortel d'Amadis de Gaule et de toute sa race;* et cela dit, il suivit les autres. A quelques pas de là, les trois chars s'arrêtèrent, et le bruit importun des roues ayant cessé, on entendit une agréable musique, dont Sancho, tout réjoui, tira un bon présage. Bon, madame, dit-il à la duchesse, dont il ne s'éloignait jamais d'un pas : là où est la musique il ne peut y avoir rien que de bon. Non plus que là où est la lumière, ajouta la duchesse. Madame, répliqua Sancho, la lumière vient quelquefois de la flamme, et la flamme peut causer un embrasement ; toutes ces lumières que nous voyons là sont capables de mettre le feu à la forêt, voire dans le monde; mais la musique est toujours signe de réjouissance et ne saurait nuire. Nous le verrons bientôt, dit don Quichotte : et nous saurons aussi ce qu'il en sera dans le chapitre suivant.

CHAPITRE XXXII.

Suite des moyens qu'on prit pour désenchanter Dulcinée.

A mesure que la musique approchait, ils virent venir un char de triomphe attelé de six mules couvertes de blanc; sur chacune une manière de pénitent vêtu de la même couleur, et tenant à la main un grand flambeau de cire allumé. Ce char était deux ou trois fois plus grand que les autres, et portait douze autres pénitents blancs avec leurs torches allumées; sur le derrière était un trône fort élevé, où l'on voyait une nymphe habillée de gaze d'argent, si brillante de papillottes d'or, que les yeux en étaient éblouis ; un voile de soie lui couvrait le visage, mais de telle sorte qu'on ne laissait pas d'apercevoir au travers qu'elle était extrêmement belle, et tout au plus de l'âge de quinze à seize ans. Tout auprès d'elle, il y avait une figure vêtue d'une longue robe de frise noire, la tête couverte d'un voile de deuil, et qui semblait immobile. Sitôt que le char fut arrivé devant le duc, la musique cessa, et cette figure s'étant levée debout, elle ouvrit sa robe, rejeta son voile, et fit voir un squelette décharné qui représentait la Mort avec tout ce qu'elle a de plus affreux. Sancho pensa en mourir de peur, et le duc et la compagnie en parurent effrayés ; la Mort, d'un ton languissant, parla en ces termes à don Quichotte, à qui elle annonça qu'il était Merlin :

O toi ! de la chevalerie

L'honneur, la gloire et l'ornement,

Qui, loin de dormir mollement,

Passes toutes les nuits au bois, à la prairie !

Chevalier sans pareil, indomptable héros,

Don Quichotte, en un mot, qui pleures cette dame,

> Je viens exprès ici pour soulager ton âme,
> T'apprendre les moyens de finir tous ses maux.
> Trois mille et six cents coups donnés sur la chair nue
> De ton non pareil écuyer
> Lui rendront son état premier :
> C'est l'unique sujet de ma prompte venue.

Et oui-dà, je t'en souhaite, répliqua Sancho ; que le diable t'emporte avec ta manière de désenchanter ! Et qu'est-ce que ma peau a à démêler avec les enchanteurs? Oh ! pardi, si le seigneur Merlin n'a point de meilleur moyen de délivrer madame Dulcinée, elle pourra bien s'en aller enchantée en l'autre monde. Si je vous prends, malotru, dit don Quichotte, vieillaque de paysan, je vous pendrai à un arbre, nu comme la main, et je vous donnerai non seulement trois mille six cents coups de fouet, mais cinquante mille, et si bien appliqués qu'il vous en cuira toute votre vie ; et ne répliquez pas davantage, si vous ne voulez que je vous étrangle tout à l'heure.

Tout beau, tout beau, dit Merlin ; ce n'est pas ainsi qu'il faut s'y prendre : les coups de l'écuyer doivent être volontaires, et dans le temps qu'il voudra, car il n'y en a point de limité ; il dépend même de lui d'en être quitte pour la moitié, pourvu qu'il trouve bon que les coups soient donnés par une autre main, tant rude puisse-t-elle être ! Ni la mienne, ni une autre, ni pesante, ni dure, ni molle, repartit Sancho. Est-ce que j'ai engendré madame Dulcinée du Toboso, pour être obligé de faire pénitence pour elle? Que le seigneur don Quichotte ne se fouette-t-il? c'est son affaire, lui qui l'appelle, à toute heure, sa vie, son âme et son plaisir ; c'est à lui à chercher tous les moyens nécessaires pour la désenchanter. Mais pourquoi me fouetter, moi qui n'y ai point du tout d'intérêt? Sancho n'eut pas achevé de parler, que la nymphe qui était sur le trône se leva, ôtant le voile qui lui couvrait le visage, et faisant voir une beauté admirable ; puis s'adressant à Sancho, lui dit d'un air plein de colère et de dépit : O écuyer malencontreux, poltron, vrai cœur de poule, et entrailles de roche ! si l'on souhaitait de toi, scélérat, que tu te jetasses du haut d'une tour en bas ; s'il était question, tigre sans pitié, de manger des crapauds et des couleuvres, et si l'on voulait serpent venimeux, te persuader d'étrangler ta femme et tes enfants, il ne faudrait pas s'étonner de te voir si opiniâtre ; mais que trois mille et six cents coups de fouet te fasse peur, quand il n'y a point de si chétif enfant de la doctrine chrétienne qui ne s'en donne autant par mois, c'est une chose qui te devrait faire mourir de honte, et qui doit animer contre toi non seulement tous ceux qui t'écoutent, mais encore tous ceux qui l'apprendront. Contemple, misérable, contemple, bête farouche, regarde avec tes yeux de poltron la beauté des miens, plus brillants que les plus brillantes étoiles, et qui par des chaudes larmes minent insensiblement les campagnes fleuries de mes belles joues, qui étaient auparavant un paradis terrestre ! Meurs de honte et de confusion, monstre malin et abominable, de voir une princesse de mon âge qui perd ses plus beaux jours et se consume sous la figure d'une désagréable paysanne, quoique je ne paraisse pas telle à présent, grace à l'obligeant Merlin, qui a cru que les larmes d'une belle affligée seraient plus capables de t'attendrir. Rends-toi, rends-toi, monstre inflexible, et ne songe pas à épargner cette écorce ridée qui renferme ton cœur de marbre ; triomphe une fois en ta vie de cette inclination gloutonne qui ne te fait songer qu'à te farcir la panse, et remets dans le premier état la délicatesse de ma peau, la douceur de mon esprit et l'incomparable beauté de mon visage; et si je ne suis pas capable d'adoucir ton humeur farouche, si tu ne me trouves pas assez misérable pour te faire pitié, ait pour le moins compassion de ce pauvre chevalier que le déplaisir consume, de ce bon maître qui t'aime si chèrement, et qui sèche sur pied dans l'incertitude de ta réponse. En cet endroit, les soupirs et les larmes empêchèrent la nymphe de continuer.

Don Quichotte, se tournant vers le duc : Sur mon ame, monseigneur, madame Dulcinée voit ce qui se passe dans mon cœur comme moi-même, et, si je ne me réservais pour la venger de l'outrage qu'on lui a fait, je ne crois pas que je ne mourusse tout à l'heure de douleur. Hé bien, Sancho, que dites-vous à tout cela? demanda la duchesse. Je dis, madame, ce que j'ai déjà dit, répondit Sancho, que, pour les coups de fouet, *apernoncio*. *Abrenuntio* faut-il dire, Sancho, dit le duc. En voici d'un autre ! répondit Sancho. Pour l'amour de Dieu, monseigneur, que votre grandeur me laisse en patience : je suis bien en état de m'amuser à ces subtilités ! Vraiment il m'importe bien d'une lettre plus ou moins quand il est question de quatre ou cinq mille coups de fouet! Vous vous trompez, Sancho, repartit le duc : il n'y en a que trois mille six cents. Grand merci, monsieur ! dit Sancho, voilà le compte bien diminué! Qui trouve le marché bon n'a qu'à le prendre. Mais je voudrais bien savoir de notre maîtresse Dulcinée du Toboso où elle a appris à prier ainsi les gens. Elle vient pour me conjurer de me mettre le corps en lambeaux pour l'amour d'elle, et en même temps elle m'appelle bête farouche, tigre abominable, avec une enfilade d'injures que le diable ne souffrirait pas. J'ai la chair de bronze peut-être, ou je gagne quelque chose à la désenchanter ! Encore si elle y venait avec une douzaine de chemises à la main, quelques coiffes de nuit ou seulement des escarpins, quoique je n'en mette pas, pardi, je ne saurais que dire ; mais pour m'adoucir elle me dit un boisseau d'injures, et on dirait qu'elle me va dévisager. Ne sait-elle point encore qu'un âne chargé d'or n'en monte que plus légèrement sur la montagne, que les présents ramollissent les pierres, qu'un tiens vaut mieux que deux tu auras, et qu'il ne faut pas craindre de donner un œuf pour avoir un bœuf? D'un autre côté, voilà monsieur mon maître qui, au lieu de me flatter, menace de me pendre à un arbre, et de doubler la dose de l'ordonnance du seigneur Merlin. Pardi, celui-là est bon ! Ces messieurs devraient bien considérer que ce n'est seulement pas un écuyer qu'on prie de se fouetter, mais un gouverneur : et encore faut-il regarder à qui on parle, et comment on prie. Qu'ils apprennent la civilité, et à prendre mieux leur temps : tous les jours ne se ressemblent pas, et les hommes ne sont pas toujours de bonne humeur. Ils me voient affligé de mon habit vert, qui est tout déchiré, et ils me viennent prier de me déchirer moi-même, quoique je n'en aie pas plus d'envie que de me faire Turc ! En vérité, ami Sancho, dit le duc, vous y faites un peu trop de façon ; mais, en un mot, comme en cent, ou il faut vous rendre ou renoncer au gouvernement : vraiment, ce serait une chose admirable que je donnasse à mes insulaires un gouverneur cruel et farouche, qui n'est touché ni des larmes des dames affligées, ni des prières et des conseils des plus sages enchanteurs ! Encore une fois, Sancho, ou il faut qu'on vous fouette ou que vous vous fouettiez vous-même, ou vous ne serez point gouverneur. Monseigneur, répondit Sancho, ne me donnerait-on pas deux jours pour y penser ? Nullement, repartit Merlin, il faut conclure cette affaire sur-le-champ, ou Dulcinée retournera sur l'heure à la caverne de Montesinos, changée en paysanne, ou elle sera enlevée en l'état où elle est dans les Champs-Elysées, en attendant que le nombre de coups de fouet soit accompli.

Hé! allons, courage, Sancho! dit la duchesse. Où est le cœur, mon cher ami, vous qui êtes si raisonnable? Il faut avoir un peu plus de reconnaissance des bienfaits du seigneur don Quichotte, que tout le monde considère. Il faut mépriser ces coups de fouet, mon enfant, comme des choses indignes de la fidélité d'un bon écuyer : ce sont des tentations du démon qu'il faut rejeter. La peur n'est que pour les misérables, et un bon cœur ne trouve rien de difficile. Par ma foi, ma bonne madame, répondit Sancho, vous avez peut-être raison; mais je suis si troublé, que je ne sais ce que je fais, et un autre y serait bien embarrassé. Mais, seigneur Merlin, continuat-il, le diable qui est ici venu en poste a dit à mon maître d'attendre le seigneur Montesinos, qui arrivait pour lui parler du désenchantement de madame Dulcinée; et jusqu'à cette heure, nous n'avons point encore vu Montesinos ni rien qui lui ressemble. Ami Sancho, répondit Merlin, ce diable est un étourdi, c'est moi qui l'envoyais vers votre maître, et non pas Montesinos, qui n'est pas sorti de sa caverne, où il attend la fin de son enchantement, qui n'est pas prête à venir. Mais, s'il vous doit de l'argent, ou si vous avez quelque chose à lui demander, je vous l'amènerai où vous voudrez. Pour l'heure, je vous conseille de vous résoudre à cette petite discipline que nous vous avons ordonnée; consentez : il ne faut que dire un mot pour obliger tout le monde; et, croyez-moi, cette discipline vous sera utile pour l'ame et pour le corps : pour l'ame, parce que vous ferez une action charitable; et pour le corps, parce que vous êtes d'une complexion sanguine et chaude, et qu'il n'y a pas de danger de vous tirer un peu de sang. Ah! ah! ma foi, celui-là est bon, répliqua Sancho : il n'y a pas assez de médecins au monde, il faut que les enchanteurs s'en mêlent : Or çà donc, puisque tout le monde le juge à propos, bien que je ne le trouve pas tout à fait de même, je suis content de me donner les trois mille six cents coups de fouet, mais à condition que je me les donnerai quand je voudrai, sans qu'on me vienne dire il faut que ce soit aujourd'hui ou demain, et je tâcherai de sortir promptement de cette affaire, afin que le monde jouisse bientôt de la beauté de madame Dulcinée, qui est effectivement beaucoup plus belle que je n'avais pensé. Je veux encore mettre une autre condition dans mon marché, c'est que je ne serai point obligé de me fouetter jusqu'au sang, et que s'il y a des coups qui ne portent pas, on ne laissera pas de les compter; et de plus, s'il m'arrivait, par hasard, de me tromper au nombre, le seigneur Merlin y prendra garde, lui qui sait tout, et me dira si je m'en suis trop donné ou non. Il n'y aura rien à dire pour le surplus, répondit Merlin, parce que, dès que le nombre sera complet, madame Dulcinée sera désenchantée, et ira trouver le seigneur Sancho pour l'en remercier, et pour lui témoigner sa reconnaissance par des présents considérables. N'ayez donc point de scrupule pour le trop ou le moins. je le prends sur ma conscience, et Dieu ne permet pas que je trompe jamais qui que ce soit, ne fût-ce que d'une épingle. Alors donc, dit Sancho, il faut que je consente moi-même à ma mauvaise aventure : je serais homme à me pendre pour faire plaisir aux autres. Hé bien! messieurs, j'accepte la pénitence, mais aux conditions que j'ai dites, s'entend.

Sancho n'eut pas plutôt prononcé ces dernières paroles, que la musique recommença avec deux ou trois décharges d'artillerie, et don Quichotte alla se jeter au cou du pieux écuyer, qu'il baisa cent fois au front et à la joue. Le duc, la duchesse, et le reste des chasseurs, lui témoignèrent la joie qu'ils avaient de ce qu'il s'était mis à la raison; et le char commençant à marcher, la belle Dulcinée baissa la tête devant le duc et la duchesse, et fit une profonde révérence à son libérateur. Cependant, l'aurore commençait à redorer le sommet des montagnes, le duc et la duchesse, fort satisfaits de leur chasse et d'avoir si heureusement réussi dans leur dessein, retournèrent au château, avec intention de continuer une plaisanterie qui les divertissait si bien.

CHAPITRE XXXIII.

De l'étrange et inouïe aventure de la dame Doloride, autrement la comtesse Trifaldi, avec une lettre que Sancho écrivit à sa femme.

L'intendant de la maison du duc était un homme fort plaisant, c'était lui qui avait inventé l'aventure; il en avait dressé tout l'appareil, et s'était lui-même chargé du rôle de Merlin. Pour Dulcinée, c'était un jeune page qui avait aussi de l'esprit, et qui était très beau garçon. Par l'ordre du duc, cet intendant prépare une autre aventure d'un aussi étrange artifice que la première. Le jour suivant la duchesse demanda à Sancho s'il avait commencé la pénitence qu'il devait faire pour le désenchantement de Dulcinée; il répondit que oui, et qu'il s'était donné la nuit dernière, cinq coups de fouet sur le corps. La duchesse demanda avec quoi il s'était fouetté, il répondit que c'était avec la main. Mais, dit la duchesse, c'est plutôt se chatouiller, que se fouetter, et je ne sais trop si le sage Merlin en sera content; je pense qu'il n'y aurait pas de mal que Sancho se fît une discipline avec de bons chardons ou quelques cordelettes qui se fissent un peu mieux sentir : car, après tout, la liberté d'une personne de si haut mérite que la princesse Dulcinée ne peut s'acheter à vil prix; enfin je vous avertis, ami Sancho, que les œuvres de charité qu'on fait lâchement et par manière d'acquit n'ont aucun mérite. Madame, répondit Sancho, que votre excellence me donne elle-même une discipline à sa fantaisie, et je m'en servirai, pourvu qu'elle ne me fasse pas trop de mal, car je suis bien aise que votre grandeur sache que, tout paysan que je suis, j'ai la peau fort délicate; et pour vous montrer que ce n'est point une menterie.... Hé non, non, je le crois bien, ami Sancho, interrompit la duchesse. Enfin, reprit Sancho, il n'est pas juste que je me mette en pièces pour le profit d'autrui. Eh bien! dit la duchesse, je vous donnerai demain une discipline qui s'accommodera avec la délicatesse de votre peau et dont vous n'aurez point sujet de vous plaindre; mais, je vous prie, qu'il n'y ait point de supercherie. Oh! madame, je vous en réponds, dit Sancho, ne fût-ce que pour la bonté que vous avez de me le commander; et même si vous ne vous en fiez pas à moi, je ferai la pénitence devant vous. Il faut aussi que votre altesse sache, ajouta-t-il, que j'ai écrit une lettre à Thérèse Panca, ma femme, où je lui donne avis de tout ce qui m'est arrivé depuis que je l'ai quittée. Je l'ai ici sur moi, et il n'y a qu'à mettre l'adresse. Mais je voudrais bien que votre discrétion eût l'honneur de la lire, parce qu'il me semble qu'elle est bien comme les gouverneurs doivent écrire. Et qui l'a signée? demanda la duchesse. Notre-Dame! répondit Sancho, qui donc l'aurait signée, si ce n'est moi? Vous l'avez donc écrite! dit la duchesse. Oh! madame, je n'y pense seulement pas, répondit Sancho, car je ne sais ni lire ni écrire, encore que je sache faire mon seing. Voyons-la, dit la duchesse, je suis bien aise de m'assurer qu'elle est digne de votre entendement. Sancho mit la main dans son sein et en tira la lettre, où la duchesse lut ces paroles.

Lettre de Sancho Pança à Thérèse Pança, sa femme.

« Bien m'a pris d'avoir bon dos, femme, car j'ai été bien étrillé, et si j'ai un bon gouvernement, il m'en coûte de bons coups; tu n'apprendras pas cela pour l'heure, ma Thérèse, mais une autre fois tu le sauras. Il faut que je t'annonce une grande nouvelle, ma chère amie; j'ai résolu de te faire aller en carrosse. Voilà de quoi il s'agit à présent; car, aller autrement, ce serait se moquer du monde. En un mot comme en cent, tu es femme de gouverneur; regarde à cette heure si quelqu'un te taillera des croupières. Je t'envoie un habit vert de chasse, que m'a donné madame la duchesse; accommode-le, de sorte qu'il y ait un corps et une jupe pour notre grande fille. Don Quichotte, mon maître, à ce que j'ai ouï dire en ce pays-ci, est un homme sage et de bonne compagnie, mais fou; et, sans vanité, on tient que je ne lui en cède guère. Nous avons été à la caverne de Montesinos, et le sage Merlin a jeté les yeux sur moi pour désenchanter Dulcinée du Toboso, qu'on appelle chez nous Aldonza Lorenzo. Avec trois mille six cents coups de fouet que je dois me donner, moins cinq que j'ai déjà par devers moi, elle sera désenchantée comme la mère qui la mit au monde. Bouche close sur ce point, femme, car les uns diraient que c'est du blanc, et les autres que c'est du noir. J'irai dans quelques jours à mon gouvernement, où j'ai grande envie de me voir pour amasser de l'argent, car on m'a dit que tous les nouveaux gouverneurs n'avaient point d'autre envie. Là je ferai la guerre à l'œil; et je te manderai s'il faut que tu viennes avec moi ou non. Le grison se porte à merveille et il se recommande à toi et à nos enfants. Je veux l'emmener avec moi; je ne le laisserais pas quand on m'emmènerait pour être le Grand-Turc. Madame la duchesse te baise mille fois les mains; réponds-lui avec deux mille autres, puisqu'il n'y a point de marchandises à meilleur marché que les compliments, à ce que dit mon maître. Dieu n'a pas voulu que je trouvasse encore une bourse de cent écus, comme celle qui m'est tombée dernièrement entre les mains; ce n'a pas été faute de la chercher. Mais que cela ne te mette pas en peine, Thérèse : celui qui met le feu aux poudres est en sûreté, et le gouvernement pourvoira à tout. Il y a pourtant une chose qui m'embarrasse, c'est qu'on me dit que, si j'en tâte une fois, je me mangerai les doigts, tant la sauce est friande! mais je ne saurais qu'y faire, et les estropiés trouvent bien moyen de serrer les aumônes. Tu vois bien femme; que de façon ou d'autre, tu ne peux manquer de te voir bientôt sur le chemin de la fortune. Dieu te la donne bonne, comme il le peut, et qu'il me conserve moi pour te servir. Adieu. De ce château, le 20 juillet 1614.

« Ton mari, le gouverneur SANCHO PANÇA. »

Il me semble, dit la duchesse en achevant de lire, que monsieur le gouverneur se trompe ici en deux choses : premièrement en ce qu'il dit, ou donne pour le moins à penser, que son gouvernement est le prix des coups de fouet qu'il doit se donner, et cependant il sait bien que, quand monsieur le duc mon mari le lui donna, on ne songeait aux coups de fouet non plus que s'il n'y en avait jamais eu au monde, et, d'un autre côté, il me paraît trop attaché à son intérêt, ce qui donne fort mauvaise opinion d'un homme, car on dit que la convoitise rompt le sac, et qu'un gouverneur avare rend fort mal la justice. J'ai mis cela sans y penser, madame, répondit Sancho ; et si cette lettre ne vous plaît pas, il n'y a qu'à la déchirer et en faire une autre ; mais il se pourrait bien qu'elle fût encore pire, si un autre que moi ne s'en mêle. Oh non, non, repartit la duchesse : celle-ci est bonne, et je veux la faire voir à monsieur le duc. La duchesse se rendit en même temps à un jardin où ils devaient manger ce jour-là, et elle montra la lettre au duc qui prit plaisir à se la faire lire deux ou trois fois. Après avoir dîné, ils s'entretinrent quelque temps avec Sancho, dont la conversation les divertissait merveilleusement ; et, lorsqu'on y pensait le moins, on entendit le son languissant d'une flûte, mêlé avec celui d'un tambour mal tendu, qui faisait une triste harmonie. Tous ceux qui étaient là furent fort étonnés ou feignirent de l'être. Don Quichotte en parut tout pensif, et son écuyer courut promptement auprès de la duchesse, son refuge ordinaire. Ils étaient tous épouvantés de ce son mélancolique et lugubre, quand ils virent entrer dans le jardin deux hommes couverts de longs manteaux de deuil, avec des queues qui traînaient à terre ; ils battaient chacun un grand tambour couvert de noir, et à côté d'eux était un nègre qui jouait de la flûte ou du fifre. Ils étaient suivis d'un homme de taille de géant, aussi en habit de deuil, avec une soutane démesurément grande, sur laquelle il portait une écharpe ou baudrier où pendait un large cimeterre, dont le fourreau et la garniture étaient noircis comme le reste, et il avait sur le visage un voile de crêpe au travers duquel on voyait une barbe blanche comme la neige, qui lui passait la ceinture ; sa démarche était grave et lente, et il semblait qu'il ajustât ses pas au son des tambours, tant il marchait posément. En un mot, on ne voyait rien en lui qui n'eût quelque chose de surprenant. Ce grave personnage fit tant par son allure modeste qu'il arriva enfin auprès du duc, devant qui, fléchissant les genoux, il commençait sa harangue ; mais le duc ne voulut jamais permettre qu'il lui parlât de la sorte. Il se leva donc, et ayant manié deux ou trois fois sa longue barbe, il tira de sa large poitrine une voix forte et éclatante, il dit au duc, en le regardant fixement : Très haut et très puissant seigneur, je m'appelle Trifaldin de la Barbe-Blanche, et je suis écuyer de la comtesse Trifaldi, autrement la dame Doloride, qui m'envoie vers votre hautesse pour supplier votre magnificence de lui permettre de venir vous faire le récit de son infortune, qui est assurément la chose du monde la plus admirable, la plus inouïe ; mais j'ai charge de savoir auparavant si le grand, le valeureux et non jamais vaincu chevalier don Quichotte de la Manche n'est point dans votre château : c'est lui que ma maîtresse cherche, et c'est pour lui qu'elle est venue à pied et sans prendre aucune nourriture, depuis le royaume de Candaya jusque dans vos états, ce qu'on ne peut attribuer qu'au miracle ou à la force des enchantements, et elle attend, à la porte du château, que je lui porte de votre part la permission d'y entrer. Il finit en toussant, et maniant sa longue barbe du haut jusqu'au bas, et attendant gravement la réponse du duc, qui fut telle :

Il y a déjà longtemps, noble écuyer Trifaldin de la Barbe-Blanche, que nous savons la disgrâce de madame la comtesse Trifaldi, à qui les enchanteurs font prendre le nom de la dame Doloride. Vous pouvez lui aller dire, admirable écuyer, qu'elle sera la bienvenue, et que nous possédons ici l'incomparable don Quichotte de la Manche, dont la générosité lui promet toute sorte de protection et de faveur. Dites-lui aussi, je vous prie, de ma part, que, si elle me juge capable de lui rendre service, elle trouvera mon cœur aussi bien disposé que m'y oblige ma qualité de chevalier, qui nous ordonne particulièrement de secourir et protéger les veuves affligées à qui on fait injure, et surtout les personnes d'un aussi haut mérite que madame la comtesse.

Trifaldin, sa réponse reçue, mit un genou en terre, et, au triste son des tambours et de la flûte, il sortit du jardin avec sa démarche ordinaire.

Enfin, vaillant chevalier, dit le duc se tournant vers don Quichotte, les ténèbres de la malice et de l'envie ne sauraient obscurcir la lumière de la valeur et de la vertu : à peine y a-t-il six jours que vous êtes dans le château, qu'on vous y vient chercher des pays les plus éloignés ; non pas en carrosse, ni sur des chevaux, mais à pied et sans manger, tant ces pauvres affligés ont d'empressement de vous voir, et de confiance en la force de votre bras et en la générosité de votre courage ! Je voudrais bien, monsieur, répondit don Quichotte, que ce bon religieux qui nous fit voir, il y a quelques jours, tant d'aversion pour les chevaliers errants, fût témoin de tout ce qui se passe, afin qu'il vît de ses propres yeux si ces chevaliers sont nécessaires au monde et le cas qu'on en fait : au moins serait-il convaincu que des personnes extraordinairement affligées, que des gens accablés de malheurs et de disgrâces ne vont chercher de remèdes à leurs maux ni dans les monastères, ni parmi les gens de lettres ; qu'ils ne s'adressent point à des chevaliers lâches et paresseux, qui, contents du nom de chevaliers, n'en ont jamais fait la profession, ni donné aucune marque de courage, et encore moins à des courtisans mous et efféminés, qui s'amusent plutôt à conter les actions d'autrui qu'ils ne pensent à faire des actions qui méritent d'être racontées. Le vrai remède des affligés, le secours des malheureux, la protection des jeunes filles et la consolation des veuves ne se trouvent jamais si sûrement que parmi les chevaliers errants : aussi je rends au ciel des grâces infinies d'avoir eu la bonté de m'appeler à ce noble exercice, et je regarde comme d'heureuses aventures tout ce que j'ai souffert de travaux et de fatigues, et tout ce qui me reste à souffrir. Que cette dame affligée vienne, et demande ce qui lui plaira ; je tiens son remède tout prêt dans la force de mon bras, et dans la résolution inébranlable du courage qui le guide.

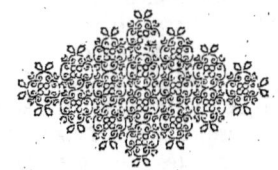

CHAPITRE XXXIV.

Suite de la fameuse aventure de la dame Doloride.

Le duc et la duchesse jouaient admirablement leur rôle. Cependant Sancho, qui observait tout ce qui se passait, et qui ne s'était pas trop bien trouvé de l'aventure précédente, ne savait ce qu'il devait penser de celle-ci. Cette bonne duègne, dit-il, m'a bien la mine de venir encore brouiller mon gouvernement! Par ma foi, je me souviendrai toujours d'un apothicaire de Tolède qui parlait comme un sansonnet; il disait que partout où se fourrent les duègnes il n'y a rien de bon à gagner. Eh! jarni, qu'il les connaissait bien! aussi les haïssait-il, Dieu sait! Et puisque les duègnes sont déjà ennuyeuses et impertinentes, que faut-il attendre de ces affligées et de ces dolentes, comme on dit qu'est cette comtesse de Trifaldi? Tout beau, Sancho, dit don Quichotte : puisque cette dame vient de si loin pour me chercher, il faut qu'elle ne soit pas de celles que disait ton apothicaire. Quand les comtesses servent de suivantes, ce n'est qu'à des reines et à des impératrices, car elles sont elles-mêmes servies dans leurs maisons par d'autres suivantes. Madame la duchesse, dit la dame Rodriguez qui était là présente, a des suivantes qui pourraient être comtesses si la fortune avait voulu, mais les choses vont comme il plaît à Dieu. Et que personne ne dise de mal des suivantes, surtout de celles qui sont filles; car, bien que j'aie été mariée, je connais l'avantage qu'ont celles qui sont filles sur les suivantes qui sont veuves. Après tout, si quelqu'un s'ingère de fondre sur les suivantes, je ne sais s'il y trouvera son compte. Ce ne sera toujours pas faute de trouver à tondre, à ce que disait mon apothicaire, répondit Sancho; mais ne remuons point le riz encore qu'il ne s'attache au pot. Les écuyers, repartit dame Rodriguez, sont toujours nos ennemis : comme ils ne savent que faire dans les antichambres, ils emploient le temps à médire de nous, d'envie de voir que nous entrons partout, et qu'on ne les regarde pas. Ils nous déchirent et nous mettent en pièces; mais il faut renvoyer ces beaux messieurs à l'hôpital des fous, et, en dépit d'eux, nous serons honorées dans le monde, et dans les maisons des princes, quoique nous ayons un peu de malaise, et qu'on ne nous donne pour tout potage qu'une pauvre jupe noire par an. Allez, allez, messieurs les écuyers, messieurs les fainéants, si c'en était l'heure, je vous ferais bien voir, à vous et à tout le monde, que les suivantes n'en cèdent à personne. Je suis de l'avis de ma chère Rodriguez, dit la duchesse; mais il sera bon qu'elle remette à une autre fois la défense de sa cause et celle des suivantes, pour confondre les discours du malin apothicaire; et je ne doute point qu'elle ne fasse revenir le grand Sancho de la mauvaise opinion qu'il en a donnée. Ma foi, madame, repartit Sancho, depuis que le gouvernement m'est monté à la tête, je ne me souviens plus d'avoir été écuyer; que les duègnes deviennent ce qu'elles pourront, je m'en soucie comme des neiges, et je les donnerais toutes pour une épingle. Ils n'en dirent pas davantage, parce que le son des tambours et du fifre fit connaître que la dame Doloride approchait. La duchesse demanda au duc s'il ne fallait pas qu'elle allât au devant d'elle, puisque c'était une comtesse et une personne de mérite. Comme comtesse, répondit Sancho, ce serait bien fait d'aller au devant; mais, comme suivante, je ne conseille pas à vos deux excellences de se remuer d'un pas. Eh ! de quoi te mêles-tu, Sancho? dit don Quichotte. Qui te demande ton avis? De quoi je me mêle, monsieur? répondit Sancho : je me mêle de ce que je puis me mêler, étant un écuyer élevé à l'école de votre seigneurie, vous qui êtes le chevalier le mieux élevé et le plus courtois qui soit dans toute la courtisanerie; et dans ces choses-ci je vous ai entendu dire qu'on perd aussitôt pour une carte de plus que pour une carte de moins; à qui entend bien il ne faut que demi-mot. Sancho parle fort bien, dit le duc ; il faut un peu voir quelle mine a tout ceci, et nous verrons par là comment il la faut traiter. Il achevait ces mots lorsqu'entrèrent dans le jardin les tambours et le fifre, avec leur démarche ordinaire, et toujours sur le ton lugubre.

CHAPITRE XXXV.

Où la Dame Doloride raconte son aventure.

Les noirs et tristes joueurs d'instruments furent suivis de douze dames séparées en deux rangs, et marchant deux à deux, toutes vêtues d'habits extrêmement larges, avec des voiles blancs de toile fine, si longs qu'on ne voyait que le bas de leurs robes. Après elles venait la comtesse Trifaldi, menée par Trifaldin de la Barbe-Blanche, son écuyer, et vêtue d'une frise noire, toute cotonnée, avec une queue séparée en trois pointes à angles aigus, que portaient trois pages habillés de deuil. Cette queue tripartie fit croire à tout le monde que la comtesse Trifaldi avait pris son nom de cette mode nouvelle, parce que Trifaldi signifie à peu près trois pointes; Benengeli en demeure d'accord, et ajoute qu'elle s'appelait ordinairement la comtesse Lobuna, à cause de la quantité de loups qui naissent dans ses terres. La comtesse et ses demoiselles marchaient comme en procession, et ayant toutes le visage couvert des voiles noirs si épais, qu'on n'en pouvait rien voir. Sitôt que cette noire troupe fut entrée, le duc, la duchesse et don Quichotte se levèrent, et, les suivantes se mettant en haie, la dame Doloride passa entre deux, et s'avança vers le duc, qui alla au-devant d'elle pour la recevoir. J'ai honte de l'honneur que me font vos grandeurs, dit la comtesse, se jetant à genoux, et je vous supplie de ne pas passer plus avant : car, dans l'excès du malheur qui m'afflige, je n'ai pas l'esprit assez libre pour répondre à tant de courtoisie, et j'ai entièrement perdu le jugement dans mes disgraces. Il faudrait que nous l'eussions absolument perdu, madame la comtesse, répondit le duc, pour ne pas connaître votre mérite, et on ne vous saurait rendre trop d'honneur. En même temps il lui aida à se lever, et la fit asseoir auprès de la duchesse. Don Quichotte regardait tout sans rien dire ; pour Sancho, il mourait d'envie de voir le visage de la comtesse Trifaldi, ou de quelqu'une de ses dames ; et il faisait tout ce qu'il pouvait pour cela ; mais il fallut qu'il prît patience jusqu'à ce qu'il leur prît à elles-mêmes fantaisie de se montrer. Les compliments finis de part et d'autre, la dame Doloride fit une profonde révérence, et parla ainsi à la compagnie : Je ne doute point, altissime et puissantissime seigneur, bellissime et excellentissime dame, sapientissimes et illustrissimes auditeurs, que je ne trouve un accueil favorable dans la générosité de vos cœurs, puisque mon infortune est capable de dulcifier les marbres, de liquéfier les diamants, et de tendrifier l'acier et le bronze des cœurs les plus endurcis ; mais, avant que le récit de mes inconcevables aventures parvienne jusqu'à vos courtoises oreilles, je voudrais bien être certifiée si le magnanissime chevalier don Quichotte de la Manche et son bravissime écuyer Pança ne sont point dans cette noblissime compagnie.

Pança, dit Sancho, prenant la parole, est ici en personnissime, et monseigneur don Quichotte aussi : ainsi vous pouvez, très honnêtissime dame, dire tout ce qu'il plaira à votre agréabilissime fantaisie, et vous nous trouverez diligentissimes à servir votre dolentissime beauté. Madame, dit don Quichotte s'approchant de la dolente dame, si vous croyez trouver du remède à vos malheurs dans la valeur et la force de quelque chevalier errant, je vous offre ma force et ma valeur ; et, telles qu'elles puissent être, je les consacre à votre service. Je suis don Quichotte de la Manche, dont la profession est de protéger et de défendre les malheureux ; et il n'est pas besoin avec moi de prendre des détours, ni de chercher aucun artifice pour s'assurer de ma bienveillance : vous n'avez donc qu'à raconter librement vos disgraces, et ceux qui vous écoutent ne vous refuseront pas les remèdes qu'ils peuvent vous donner. A ces paroles, la dame Doloride voulut se jeter aux pieds de don Quichotte, et s'y jeta en effet, s'opiniâtrant à les lui embrasser, malgré la résistance du chevalier. Je me jette à vos suavissimes pieds, s'écria-t-elle, invictissime chevalier, à ces pieds qui sont les bases et les fermissimes colonnes de la chevalerie errante ; ces pieds que je ne saurais trop dignissimement révérer, puisque leurs pas doivent effectuer le remède de mes maux, irrémédiables par tout autre que votre sérénissime chevalerie. O vaillantissime chevalier errant ! dont les exploits merveilleux obscurcissent les fables des Amadis, réduisent en fumée les hauts faits des Bélianis, et anéantissent les actions imaginaires des Esplandians ! De là se tournant vers Sancho, et le prenant par la main : Et toi, ajouta-t-elle, le plus loyal écuyer qui ait jamais suivi la magnanimité des chevaliers errants dans les siècles présents et à venir ; écuyer dont la bonté a plus d'étendue que l'amplitude de la barbe de Trifaldin, mon écuyer, tu peux bien te dire heureusissime, puisqu'en servant le grand don Quichotte tu rends hommage à toute la valeur errante renfermée dans un seul chevalier. Je te conjure, noblissime écuyer, par la fidélité exorbitante de tes services, que tu sois un intercesseur bénévole auprès de ton maître, afin qu'il favorise une infortunissime comtesse, ta très humblissime servante. Madame la comtesse, répondit Sancho, que ma bonté soit aussi grande que la barbe de votre écuyer, cela ne fait rien à l'affaire, et ce n'est pas de quoi je me soucie ; mais, sans que vous vous amusiez à me dorer la pilule avec toutes vos prières, je ne laisserai pas de prier mon maître, qui m'aime bien, et surtout à cette heure qu'il a besoin de moi pour certaine chose, qu'il vous favorise et vous aide en tout ce qu'il pourra. Allez, ma chère madame, apprenez-nous ce qui vous embarrasse, et vous verrez ce que nous savons faire.

Le duc et la duchesse étaient ravis de voir que don Quichotte et Sancho prenaient la chose le plus sérieusement du monde. La comtesse s'assit à la prière du duc, et après que tout le monde eut fait silence, elle commença ainsi son histoire : La reine dona Maguncia, veuve du feu noble roi Archipiela, demeura, après sa mort, maîtresse du fameux royaume de Candaya, qui est situé entre la grande Trapobane et la mer du Sud, six milles au-dessus du cap de Camorin; de ce mariage était issue l'infante Antonomasia, seul fruit de leur union, et qui demeura sous ma charge, comme étant la plus ancienne et la première dame d'honneur de la reine Maguncia, sa mère. Après bien des soleils, c'est ainsi qu'on compte en notre pays, la petite Antonomasia se trouva avoir quotorze ans, et plus de beauté que la nature n'en a jamais départi à celles qu'elle a le plus gratifiées. Toute jeune qu'elle était, à cet âge-là elle ne laissait pas d'avoir le jugement fort mûr. Elle était aussi discrète que belle, et la plus belle du monde, et l'est assurément encore, si le Destin jaloux et les Parques au cœur de bronze n'ont point coupé le fil délié de sa délicate vie : mais ils ne l'auront pas fait sans doute. De cette beauté non pareille, devinrent amoureux un nombre infini de princes, tant du pays qu'étrangers ; et, parmi tous ces grands seigneurs, un simple chevalier de la cour osa lever les yeux jusqu'au neuvième ciel de cette beauté, porté sur les ailes rapides de son ambition démesurée, fondé sur les agréments de sa jeunesse et de sa galanterie, et se confiant en sa gentillesse, sa bonne mine, et la vivacité admirable de son esprit ; et, tout enflé de ses désirs extravagants, il conçut des espérances téméraires ; et, sans mentir, je puis bien dire à vos excellences magnanimes que ce jeune chevalier avait des qualités merveilleuses, et non seulement capables d'émouvoir le cœur d'une jeune fille, mais encore d'ébranler des montagnes. Il ne jouait pas de la guitare comme les autres hommes, il la faisait parler en toute langue; il faisait des vers comme Démosthènes et dansait comme Pythagore; et, en toute chose, on eût dit qu'il enchantait les yeux et les oreilles. Cependant tous ces talents n'auraient pas été bastantes pour subjuguer la forteresse dont j'étais gouvernante, si ce cauteleux Ulysse ne s'était avisé de me dresser à moi-même des embûches, et, à force de stratagèmes, de me vaincre la première. Il commença, le rusé vagabond, par captiver ma bienveillance ; et, par ses discours emmiellés, il voulut me persuader de lui mettre entre les mains les clés du trésor dont on m'avait rendue dépositaire. En un mot, il fit tant à force de cajoleries et de présents, que je ne pus résister davantage. Mais ce qui me fit le plus tôt rendre, ce qui triompha presque aussitôt de ma résistance, ce furent des quatrains qu'il vint chanter une nuit sous ma fenêtre; en voici un, si je m'en souviens bien.

> De l'éclat des beaux yeux de la cruelle Amynte
> Il sort des traits ardents qui consument mon cœur
> Et parmi tant de maux elle a tant de rigueur,
> Qu'il ne faut même pas qu'il m'échappe une plainte.

Ses vers me charmèrent, et sa voix m'enchanta si fort que j'en perdis presque la raison ; et, depuis ce temps-là, toutes les fois que j'ai fait réflexion sur la faute que j'ai commise, j'ai conclu en moi-même que Platon avait raison de vouloir qu'on expulsât et bannît les poètes des républiques, tout au moins les poètes qui ne parlent que d'amour; et, en effet, ils font des vers qui sont autant d'épines qui percent le cœur, et qui, tout de même que le tonnerre, fondent une épée sans gâter le fourreau, consument et déchirent l'ame sans toucher le corps. Une autre fois, il me chanta encore ceux-ci :

> O Mort! viens promptement contenter mon envie,
> Mais viens sans te faire sentir,
> De peur que le plaisir que j'aurais à mourir
> Ne me rendît encore la vie!

Il m'en dit quantité d'autres de cette sorte, qui enchantent quand on les chante, et ravissent quand on les lit ; surtout une certaine manière de vers par couplets qui étaient à la mode en Candaya, et qui faisait presque tomber en convulsion à force de rire. C'est ce qui me fait dire, messeigneurs, qu'on devrait reléguer tous ces poètes dans quelques îles vers le antipodes : car c'est une engeance, une peste, qui infecte et qui corrompt tout. Après tout, il ne faut point s'en prendre à eux, mais aux ignorants qui les louent et aux sots qui les croient ; si j'avais été sur mes gardes, comme le devait une bonne gouvernante, je n'aurais pas été touchée de leurs rêveries, ni ne me serais amusée à ses propos dangereux : *Je vis en mourant, je brûle dans la glace, je tremble au milieu du feu; pendant qu'il me réduit en cendre, j'espère sans espoir ; mon cœur demeure et mon ame s'en va;* et tant d'autres de cette nature, dont ils farcissent leurs écrits, et qu'on ne trouve beaux que parce qu'on ne les entend point. Ces bons messieurs-là ne vous promettent pas moins que le Phénix, la toison d'or, la couronne d'Ariadne, l'anneau de Gigès, les pommes du jardin d'Hespérie, des montagnes d'or et des monceaux de diamants ; et les simples s'y fient comme si on leur montrait des échantillons. Mais où m'égaré-je, misérable que je suis ! Quelle folie de raconter les impertinences d'autrui, quand je puis faire des livres entiers des miennes ! Hélas ! que veux-je dire ? ô trois ou quatre fois malheureuse ! ce ne sont point ces vers qui t'ont abusée, ni ces beaux discours qui t'ont perdue : c'est ta simplicité imprudente, c'est ta faiblesse, ton ignorance, ton peu de précaution, qui ont ouvert les sentiers et aplani le chemin aux intentions de don Clavijo, qui est le nom du chevalier. C'est moi-même qui l'ai introduit, non une fois, mais plusieurs autres, dans la chambre d'Antonomasia, plutôt par moi abusée que par l'adresse de don Clavijo, quoique véritablement à titre d'époux légitime : car sans cela, toute misérable que je suis, je n'aurais jamais consenti qu'il eût seulement baisé le bord de sa robe. Oh ! non, non, le mariage ira toujours devant quand je me mêlerai de semblables affaires; et il ne faut pas s'attendre à autre chose, quand on en devrait mille fois périr. J'eus un véritable tort en ce que je passai trop légèrement sur l'inégalité des conditions, don Clavijo n'étant qu'un simple chevalier, et l'infante Antonomasia une princesse comme je vous ai dit, héritière d'un grand royaume. Cette affaire fut cachée quelque temps par mon adresse ; mais enfin je m'aperçus de certaine tumeur ou enflure au-dessous de l'estomac d'Antonomasia, qui était capable de découvrir tout et de nous perdre. La crainte que nous en eûmes nous fit tous trois consulter ensemble ; il fut résolu qu'avant que l'apostume crevât, don Clavijo demanderait Antonomasia en mariage par devant le juge, en vertu d'une promesse qu'il avait d'elle, et que j'avais moi-même dictée en bonne forme et avec tant de force, que toutes celles de Samson n'auraient pu la rompre. On mit aussitôt la main à l'œuvre; la promesse fut produite par devant le juge; il écouta l'infante, qui avoua tout d'elle-même, et, sur sa confession, il ordonna qu'elle serait mise en main tierce et sous la garde d'un prévôt, homme de bien et d'honneur. Ah! ah! s'écria Sancho, il y a aussi en Candaya des prévôts et des faiseurs de chansons! Eh, par ma foi, tout le monde n'est qu'un, à ce que je vois, si ce n'est que les prévôts ne sont pas si gens de bien en Espagne; mais poussez, madame de Trifaldi, et pressez vous d'achever : il est déjà tard, et je meurs d'envie de savoir la fin de cette histoire, qui est un peu longue, sans reproche.

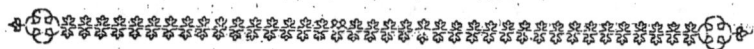

CHAPITRE XXXVI.

Suite de l'étonnante et mémorable histoire de la comtesse.

Sancho ne disait pas une parole qui ne réjouît la duchesse, et don Quichotte se désespérait toutes les fois qu'il lui voyait ouvrir la bouche. Il lui ordonna brusquement de se taire, et la comtesse poursuivit ainsi : Enfin le juge ayant pris l'interrogatoire des parties, après plusieurs demandes, répliques et dupliques, comme il vit que l'infante ne variait point en ses réponses et persistait en ses dires, il sentencia en faveur de don Clavijo, et, par provision, lui adjugea Antonomasia en qualité de légitime épouse, décision dont la reine Maguncia eut tant de déplaisir, qu'en trois jours l'affaire en fut faite, et il fallut l'enterrer. Elle en mourut donc à ce compte? dit Sancho. Assurément, répondit Trifaldin : car en Candaya nous n'enterrons personne qui ne soit atteint et convaincu d'être mort. Monsieur l'écuyer, repartit Sancho, ce ne serait pas la première fois qu'on aurait enterré une personne évanouie, croyant qu'elle fût morte; et, par ma foi, entre vous et moi, je n'ai jamais vu mourir si vite que votre reine Maguncia : il me semble que c'eût été bien assez de s'évanouir, car encore remédie-t-on à bien des choses quand on est en vie; et la folie de cette infante n'était point si grande, à mon avis, qu'il fallût se laisser mourir pour cette peccadille. Si elle s'était mariée avec un de ses pages, ou quelque autre domestique de la maison, comme j'ai ouï dire que beaucoup d'autres ont fait, cela eût été sans remède; mais, pour avoir épousé un chevalier si gentil et si habile que vous nous le faites, en bonne foi ce n'est pas une si grande folie, et, à ce que dit monseigneur don Quichotte, qui est là pour me démentir, les chevaliers errants sont du bois dont on fait des rois et des empereurs, aussi bien que des gens savants on fait des évêques. Tu as raison, Sancho, dit don Quichotte : pour peu qu'un chevalier errant ait de fortune, il est toujours en état de se voir le plus grand seigneur du monde. Mais que madame la comtesse continue, s'il lui plaît. Il me semble que le plus désagréable de son histoire reste à raconter : car ce que nous avons vu jusqu'ici ne mérite pas qu'on s'en afflige si fort. Certainement, répondit la comtesse, c'est le plus désagréable qui reste à vous dire, et si désagréable, que l'absinthe et les fruits sauvages n'ont ni tant d'aigreur ni tant d'amertume. La reine étant donc sans ressource, nous la mîmes dans la bière, et, à peine fut-elle enterrée (hélas! pourrais-je m'en souvenir sans mourir de douleur?), à peine lui eûmes-nous dit le dernier adieu, que nous vîmes subitement paraître au-dessus de son tombeau le géant Malambrun, cousin-germain de la défunte, monté sur un cheval de bois, qui lança sur tous les assistants des regards farouches et plus perçants que des flèches acérées ; ce géant qui n'est pas moins versé dans l'art de nécromance qu'il est cruel et vindicatif, n'était là que pour venger la mort de feu sa cousine, châtier la témérité de don Clavijo, et faire dépit à Antonomasia. Il les enchanta tous deux sur la sépulture de la reine : Antonomasia fut changée en un singe de bronze et don Clavijo converti en un effroyable crocodile d'un métal inconnu, avec un péron de métal entre eux deux, au haut duquel il est écrit en lettres syriaques : *Ces téméraires amants ne reprendront point leur forme première que le malheureux Manchègue ne se soit trouvé avec moi en combat singulier : car c'est pour lui, et à sa valeur incomparable, que les immuables destins réservent une aventure si extraordinaire.*

Cela fait, il tira d'un large fourreau un démesuré cimeterre, et, m'ayant prise aux cheveux, il fit mine de me vouloir couper la tête. Je demeurai toute atterrée, je n'osai pas crier, la frayeur me rendit presque immobile; néanmoins, faisant quelque effort pour l'attendrir, je lui dis, d'une voix tremblante, tant et de si pitoyables choses, qu'il suspendit la terrible exécution. En un mot, il fit traîner devant lui toutes les dames du palais, qui sont les mêmes que voilà présentes; et, après avoir altifié notre mauvais garde, humilifié la condition des suivantes, indignifié leurs mœurs et leurs artifices, en attribuant à toutes le malheur dont j'étais seule coupable, il dit qu'il ne voulait pas nous châtier d'une peine capitale, mais d'un long supplice, qui nous fût comme une mort civile et continuelle, et, dans le même instant qu'il eut proféré la dernière parole, nous sentîmes toutes que les pores de notre visage se dilataient, avec une démangeaison piquante et vive, et, comme si c'eussent été des pointes d'aiguille. Il n'y en eut pas une à qui l'impatience ne fît aussitôt porter la main, et nous y trouvâmes ce que vous allez voir tout à l'heure. En disant cela, la Doloride et ses compagnes ôtèrent leurs voiles, et découvrirent des visages chargés d'une épaisse barbe, les unes noires, les autres blanches, d'autres rousses, et d'autres mêlées. A cette vue, le duc et la duchesse parurent fort étonnés, et don Quichotte et Sancho le furent extrêmement, aussi bienque les autres : et la Trifaldi continuant : Voilà, dit-elle, de quelle manière nous supplicia ce barbare, ce veilliaque de Malambrun, défigurant, avec ces crins rudes et inaccoutumés à notre sexe, la douceur et la beauté de nos visages; trop heureuses si, parmi tant de disgraces, il nous eût fait voler la tête de dessus les épaules par le fil tranchant et acéré de son épouvantable cimeterre, plutôt que de nous rendre ainsi difformes et velues comme d'immondes satyres! car enfin, si vos excellences y font réflexion, où une dame osera-t-elle se présenter avec de la barbe? qu'elle opinion aura-t-on d'elle? que ne diront point les mauvaises langues? qui sera assez charitable pour en avoir compassion? Et puisqu'une dame qui a la peau délicate, qui se martyrise le visage à force de drogues, de fard et de pommades, pour s'embellir le teint, a tant de peine à trouver quelqu'un qui l'aime, que sera-ce de celles qui sont velues comme des ours? Mes yeux! mes yeux! c'est à vous que je parle, comment est-il possible que vous n'ayez point de ressentiments de mes disgraces, et que vous m'en laissiez faire le récit sans verser des pleurs? Mais j'ai tort de vous faire ce reproche : vous avez versé mille torrents de larmes, et il faut croire que vous manquez d'humeur, et non pas que vous êtes insensibles. O mes chères compagnes, que les astres qui ont présidé aux moments que nous fûmes formées versèrent sur nous de malignes influences! Que les pères qui nous ont engendrées connaissaient mal les heureux instants! et que les malheureuses mères qui nous mirent au monde en furent pressées à une heure fatale et dangereuse! En achevant ces paroles, la comtesse tomba comme évanouie.

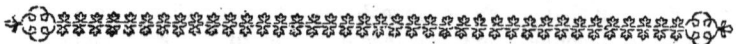

CHAPITRE XXXVII.

Suite de cette aventure, avec d'autres choses de même importance.

Comme Sancho vit ainsi tomber la dame Doloride : Foi d'homme de bien, dit-il, et par la vie de tous les Pança, mes ancêtres, je n'ai de la vie ni vu ni ouï dire une aventure pareille, jamais mon maître ne m'en a conté de telles. Eh! que mille satans t'entraînent dans le fond des abîmes, si cela n'est déjà fait, maudit enchanteur de Malambrun! Eh! n'as-tu point trouvé d'autre manière de punir ces créatures que de les rendre velues comme des barbets? Pardi, j'aurais mieux aimé leur fendre les naseaux, quand elles eussent dû parler du nez : au moins en seraient-elles quittes à cette heure, et je gagerais mon âne qu'elles n'ont pas de quoi payer un barbier. C'est la pure vérité, monsieur, répondit une des dames; que nous n'avons pas un sou pour nous faire raser, et nous sommes contraintes la plupart d'user, par épargne, de certains emplâtres de poix que nous nous mettons sur le visage, et en les tirant tout d'un coup, nous demeurons rasées comme la paume de la main. Ce n'est pas qu'il y ait au royaume de Candaya des femmes qui vont de maison en maison faire la barbe et les sourcils, et d'autres choses comme cela, dont les dames sont curieuses; mais nous autres, qui sommes dames d'honneur, n'avons jamais voulu nous servir de ces créatures, parce que la plupart n'ont point bonne renommée; et si le seigneur don Quichotte ne nous prête secours, nous emporterons nos barbes au tombeau. Je me laisserais plutôt arracher la mienne poil à poil par les Maures, repartit don Quichotte, que de manquer à vous soulager. En cet endroit, la comtesse Trifaldi reprit ses esprits et dit à don Quichotte : L'agréable son de vos promesses, valeureux chevalier, a retenti jusqu'à mes oreilles au milieu de mon évanouissement et a rappelé mes sens et mes forces : je vous supplie donc de nouveau, glorieux et indomptable seigneur, que vos paroles se convertissent promptement en œuvres efficaces. Il ne tiendra pas à moi, répondit don Quichotte, voyez à quoi je puis vous être utile, et vous me trouverez toujours bien disposé à vous rendre service. Votre magnanimité saura donc, invictissime chevalier, repartit la dame Doloride, que d'ici au royaume de Candaya il y a cinq mille lieues, peut-être une ou deux plus ou moins, à faire le chemin par terre ; mais si on va par l'air et en ligne droite, il n'y en a que trois mille deux cent vingt-sept ; et le géant Malambrun me dit que, sitôt que ma bonne fortune m'aurait accordé la faveur de me faire rencontrer le chevalier notre libérateur, il lui enverrait une agréable monture, beaucoup meilleure et pas si mutine que des mules de louage, puisque c'est le même cheval de bois sur lequel Pierre de Provence enleva la belle Maguelonne, animal paisible et que l'on gouverne avec une cheville qu'il a dans le front, mais qui vole par l'air avec tant de légèreté et de vitesse, qu'on le prendrait pour un démon d'enfer. Ce cheval, à ce que nous apprenons par des traditions anciennes, est un ouvrage du sage Merlin, qui le prêta à Pierre de Provence, son grand ami, et sur lequel il fit de grands voyages par l'air, laissant ceux qui le regardaient de terre tout émerveillés, et le bon Merlin ne le prêtait qu'à ceux qu'il aimait ou à qui le payait mieux : aussi, depuis le fameux Pierre jusqu'à présent, nous n'avons pas ouï dire que personne ait monté dessus. Malambrun par la force de ses charmes, a trouvé moyen de l'avoir dans sa possession ; il s'en sert dans tous les voyages qu'il fait, pour l'ordinaire, dans toutes les parties du monde : aujourd'hui il est ici, demain en France, et le lendemain il sera dans l'Amérique ou dans la Chine. Ce qu'il y a de meilleur, c'est que le cheval ne boit, ni ne mange, ni ne dort, ni ne gâte jamais de fers ; il va un amble si doux dans l'air, que celui qui est dessus peut porter une tasse pleine d'eau à la main sans en répandre une seule goutte ; et c'est ce qui faisait que la belle Maguelonne aimait tant à s'y trouver en croupe.

Pour ce qui est d'aller doucement, dit Sancho, vive mon grison ! hors qu'il ne va point dans l'air, mais sur terre, par ma foi, j'en défierais tous les ambles du monde. Quant au cheval, continua la Doloride, si tant est que Malambrun consente à voir finir nos malheurs, nous l'aurons ici avant qu'il soit une demi-heure de nuit, car aussitôt que j'aurai trouvé le chevalier que je suis venu chercher, il m'a promis de m'envoyer promptement le cheval partout où il en serait besoin. Combien peuvent tenir de gens sur le cheval ? demanda Sancho. Deux personnes répondit Doloride : l'une dans la selle et l'autre en croupe ; et d'ordinaire ces deux personnes sont le chevalier et l'écuyer, quand on n'a pas de dame enlevée. Comment l'appelez-vous, ce cheval, madame Doloride ? demanda Sancho. Son nom, répondit-elle, n'est pas comme celui du cheval de Bellérophon, qui s'appelait Pégase ; ni comme celui d'Alexandre-le-Grand, qu'il nommait Bucéphale ; ni Bride-d'Or, comme celui de Roland ; ni Bayard, comme celui de Renaud de Montauban ; ni Frontin non plus, comme le cheval de Roger ; encore moins Bootès, ni Pirithoüs, ainsi que s'appellent, dit-on, les chevaux du Soleil ; il ne s'appelle pas aussi Orélia, comme le cheval que montait le malheureux Rodrigue, le dernier roi des Goths, dans la bataille où il perdit son royaume et sa vie. Je ne vous demande pas comme il ne s'appelle point, dit Sancho, car j'en sais là dessus autant qu'un autre ; mais enfin je gagerais bien, puisqu'on ne lui a donné aucun des noms de ces beaux chevaux si connus dans le monde, qu'on ne lui aura pas donné non plus le nom de Rossinante, le cheval de mon maître, qui lui convient fort bien, et qui, sans vanité, n'en cède rien à tous ceux qu'on vient de nommer. Je le crois bien ainsi, repartit la comtesse ; néanmoins le nom de celui-ci est tout à fait convenable et significatif, car il s'appelle Chevillard le Léger, parce qu'il est de bois, et qu'il a une cheville au front, et à cause de la légèreté avec laquelle il marche. Le nom me revient assez, dit Sancho, mais avec quoi le gouverne-t-on? est-ce avec une bride ou licou? Je vous ai déjà dit, répondit la Trifaldi, que c'est avec la cheville : le cavalier qui est dessus n'a qu'à la tourner de côté ou d'autre, et il le fait aller comme il veut, tantôt par l'air, et tantôt rasant la terre, ou prenant un milieu entre deux, ce que l'on doit chercher dans toutes les actions bien réglées. Je voudrais bien le voir, dit Sancho, mais non, pas pour monter dessus, non, car de penser que je m'y mette ni en selle ni en croupe, ni debout, ni de travers, je suis votre serviteur. Il serait bon, oui, qu'un homme qui a déjà assez de peine à se tenir à cheval sur son âne, dans un bât douillet comme de la soie, allât monter en croupe sur un chevron sans coussin ni tapis! Oh que nenni! je vous remercie; je ne vais point m'écorcher pour le plaisir des autres. Qui a de la barbe de trop se rase comme il entendra; pour moi je ne pense pas accompagner mon maître dans ce voyage-là. Aussi bien ne lui suis-je pas nécessaire dans ce rasement de barbe, comme je suis dans le désenchantement de madame Dulcinée. Vraiment si fait, vous lui êtes nécessaire, repartit la Trifaldi, et si fort qu'on ne peut rien faire sans vous. A d'autres, à d'autres dit Sancho : qu'est-ce que les écuyers ont à voir dans les aventures de leurs maîtres? Ces messieurs en auront tout l'avantage, et nous toute la peine; et oui ma foi, cela n'est pas mauvais. Encore si les faiseurs d'histoires disaient : Un tel chevalier a achevé une telle aventure, mais avec l'aide d'un tel, son écuyer, sans lequel il lui aurait été impossible d'en venir à bout; mais oui, on n'a qu'à s'y attendre! ils vous écrivent tout sec : *Don Paralipomenon des Trois-Étoiles acheva l'aventure des six lutins,* sans faire mention de l'écuyer, pas plus que s'il n'eût point été au monde, quoiqu'il fût présent, et qu'il suât à grosses gouttes, et qu'il y eût attrapé de bons horions. Encore une fois, mon maître peut s'en aller tout seul, s'il veut, et grand bien lui fasse! Pour moi je ne lui porte point envie, et je demeurerai ici en compagnie de madame la duchesse. Et il pourrait bien arriver, quand il sera de retour, qu'il trouverait l'affaire de madame Dulcinée en meilleur chemin : car, toutes les fois que je n'aurai rien à faire, je prétends m'étriller d'importance. Écoutez, mon ami Sancho, dit la duchesse, il faudra bien pourtant que vous accompagniez votre maître, s'il en est besoin, et nous vous en prions tous : car après tout, ce serait fort mal fait que, pour de vaines frayeurs, on laissât le visage de ces dames en l'état qu'il est. Voire ma foi, répliqua Sancho, c'est grand dommage! Si c'était une charité qu'on fît pour de pauvres filles repenties ou pour des enfants trouvés, encore passe : pardi on pourrait hasarder quelque chose; mais qu'on aille risquer de se casser bras et jambes pour tondre des duègnes, au diable qui en fera rien! Qu'elles cherchent d'autres barbiers; mais ce ne sera pas Sancho Pança, toujours : par la mort, j'aimerais mieux les voir toutes barbues comme un bouc, depuis la plus grande jusqu'à la plus petite, et depuis la plus mal chaussée jusqu'à la plus pimpante. Vous en voulez bien au suivantes, ami Sancho, dit la duchesse, et vous les épargnez encore moins que votre apothicaire de Tolède? En vérité, vous avez tort : il y a telle suivante avec moi qui peut servir d'exemple à toutes les femmes du monde, ne fût-ce que la dame Rodriguez ici présente, et je n'en veux pas dire davantage. Votre excellence peut dire ce qu'il lui plaira, dit la dame Rodriguez; mais Dieu sait la vérité de tout; bonnes ou mauvaises, barbues ou non, nous sommes aussi bien filles de nos mères que les autres; et puisque Dieu nous a mises au monde, il sait bien pourquoi; je m'attends à sa miséricorde, et non à la charité de qui que ce soit. Madame Rodriguez a raison, dit don Quichotte. Pour vous madame la comtesse, et votre illustre compagnie, vous devez espérer que le ciel aura pitié de vos malheurs ; ne doutez pas que Sancho ne fasse ce qui sera nécessaire quand je le lui ordonnerai. Je voudrais que Chevillard fût déjà venu, et me voir aux mains avec Malambrun : je lui apprendrais, au prix de sa tête, à persécuter des dames et à défier des chevaliers errants ! Que le ciel, s'écria la Doloride, regarde avec des yeux bénins votre grandeur, valeureux chevalier, et que toutes les étoiles des régions célestes puissent influer sur votre valeur toute la force et toute la prospérité qu'elles renferment ! Soyez le bouclier et le rempart des malheureuses dames d'honneur aujourd'hui déshonorées, de ces infortunées victimes du mépris des apothicaires, que les écuyers anathématisent, que les pages accablent d'injures et d'opprobres, et que l'injustice a mises en abomination devant tout le genre humain. Il leur est bien dû, aux misérables, il leur est bien dû ! Que ne se jettent-elles dans les repenties à la fleur de leur âge plutôt que de traîner une vie rampante et abjecte dans la condition des suivantes, où on ne songe non plus à elles que si elles avaient fait tous les vœux du couvent ! Disgraciées suivantes que nous sommes, fussions-nous venues en ligne directe de mâle en mâle du sang d'Hector de Troie ! trouverons-nous une maîtresse qui ne nous traite avec mépris, quand toute leur fortune dépendrait de notre conduite ! O géant Malambrun, tout enchanteur que tu sois, tu ne laisses pas d'être fidèle en tes promesses ; envoie-nous promptement ou nonpareil Chevillard, afin que nous voyions dans peu la fin de nos disgrâces ! car à présent, si les chaleurs nous surprennent avec tant de barbe, malheur sur nous et sur notre race ! Qui, mille diables, Dieu me pardonne, y pourrait résister ? La Trifaldi, en proférant ces tristes paroles, parut touchée d'une douleur si vive, qu'il n'y eut personne qui n'en fût attendri. Sancho en pleura tout de bon et résolut en son cœur d'accompagner son maître, dût-il le mener jusqu'aux antipodes, au cas que cela fût de quelque utilité pour éclaircir, dit-il, ces broussailles que les bonnes dames avaient sur le visage.

CHAPITRE XXXVIII.

De l'arrivée de Chevillard, et de la fin de cette terrible aventure.

La nuit arriva, et avec elle l'heure que le fameux Chevillard devait paraître. Don Quichotte attendait sa venue avec une extrême impatience. Enfin, lorsqu'on y pensait le moins, on vit s'avancer quatre sauvages tout couverts de lierre, et qui portaient sur leurs épaules un grand cheval de bois. Ils le posèrent à terre sur ses pieds, et un des sauvages dit aussitôt : Que celui qui en aura le courage monte sur cette machine. Pour moi je n'y monte pas, dit Sancho. Et que l'écuyer, s'il en a un, continua le sauvage, prenne la croupe, et que le chevalier s'assure, de la part de Malambrun, qu'il est à couvert de toute sorte d'embûches, et qu'il n'a que son cimeterre à craindre. Au reste, il n'y a qu'à tourner la cheville que ce cheval a au front, il les portera de lui-même au lieu où les attend Malambrun ; et afin que le vague de l'air et la longueur du chemin ne leur donnent point des étourdissements, il faut qu'ils tiennent leurs yeux bandés jusqu'à ce que le cheval hennisse : ce sera signe que le voyage est achevé. Cela dit, les sauvages se retirèrent en gambadant. La Doloride, dit à don Quichotte : Vaillant chevalier, la promesse de Malambrun est accomplie, le cheval est arrivé, nos barbes croissent, et nous supplions toute ta valeur extrême, parce que tu chéris le plus et par autant de poils que nous en avons au visage, que tu nous décharges de cette bourre importune qui nous défigure. Il n'y a qu'à monter toi et ton écuyer sur Chevillard. Montez donc, hardi et franc chevalier, écuyer obligeant et bénévole, et donnez un heureux commencement à un voyage dont la fin vous doit être aussi glorieuse qu'avantageuse pour nous. Je le ferai de bon cœur, affligée comtesse, repartit don Quichotte, et sans m'amuser à prendre ni éperons, ni coussin, tant j'ai d'impatience de vous donner du soulagement ! Pour moi je n'en ferai rien, avec votre permission, madame la comtesse, dit Sancho : et si la tonsure ne se peut faire sans qu'il y ait un écuyer en croupe, mon maître n'a qu'à en prendre un autre, et ces bonnes dames à chercher un autre barbier. Je ne suis point sorcier, pour m'en aller courir par l'air. Hé ! que diraient les habitants de mon île, s'ils savaient que leur gouverneur donne ainsi à tout vent ? On dit qu'il y a trois ou quatre mille lieues d'ici à Candaya, et si le cheval se lasse en chemin, ou qu'il prenne quelque fantaisie au géant, nous serons des six ou sept ans à revenir ; et puis il n'y aura ni île ni vassaux qui me reconnaissent. Depuis longtemps j'ai entendu dire que le danger gît dans le retardement ; et, quand on te donne la vache, cours-y vite avec la corde, de peur que les pieds ne l'emmènent. Je baise les mains aux barbes de ces bonnes dames ; saint Pierre est bien à Rome, et moi je suis bien ici, où l'on me fait un si bon traitement, et dont le seigneur a la bonté de me faire gouverneur d'une île. Il faudrait que je fusse bien fou de quitter cela pour des barbes. Et que diable, est-ce un si grand malheur que d'en avoir ? les bons ermites les portent jusqu'à la ceinture.

Ami Sancho, dit le duc, l'île que je vous ai promise se retrouvera toujours : elle n'est pas mouvante, et elle tient en terre par des profondes racines qui vont jusqu'aux abîmes, si bien qu'il ne faut pas craindre de la perdre ; et puis, vous savez aussi bien que moi que les dignités de ce monde ne s'acquièrent point sans quelque fatigue. Je vous prie donc, pour l'amour de moi, et en faveur du gouvernement que je vous donne, d'accompagner le seigneur don Quichotte dans cette mémorable aventure ; et, soit que vous reveniez aussi promptement que vous le promet la vitesse de Chevillard, ou que la fortune contraire vous fasse retourner comme un pélerin à pied, et mendiant de porte en porte, en quelque temps et à quelque heure que vous reveniez, vous retrouverez toujours votre île où vous l'aurez laissée, et vos insulaires aussi prêts à vous recevoir pour gouverneur qu'ils l'ont toujours été. Pour moi, je puis bien vous jurer que je ne changerai point de sentiment non plus, n'en doutez nullement, seigneur Sancho. En voilà trop, monseigneur le duc, dit Sancho : je suis un pauvre écuyer qui n'ai pas la force de supporter le fardeau de tant de courtoisies. Que mon maître monte, qu'on me bande les yeux, et qu'on me recommande à Dieu et à ses saints. Mais, monseigneur, je voudrais bien qu'on me dît si, quand nous serons là haut, je ne puis pas bien me recommander moi-même à Notre Seigneur, et invoquer le secours des anges. Vous le pouvez en toute sûreté, dit la Trifaldi ; quoique Malambrun soit enchanteur, il ne laisse pas d'être chrétien, et il fait tous ses enchantements en homme prudent, et qui ne veut pas s'attirer de reproches. Allons donc, dit Sancho, et le bon Dieu nous assiste et la bonne Notre-Dame-de-Lorette! Depuis la mémorable aventure des foulons, dit don Quichotte, je n'ai jamais vu Sancho aussi effrayé qu'il l'est à cette heure, et si j'avais foi aux présages, je ne sais si je n'aurais point moi-même quelque peur de le voir si alarmé. Mais, approche-toi, Sancho, que je te dise deux mots avec la permission de leurs excellences. En disant cela, il le mena d'un autre côté du jardin entre de grands arbres, et, lui prenant les mains : Tu vois bien, ami Sancho, lui dit-il, le long voyage que nous avons à faire, il n'y a que Dieu qui sache quand nous en pourrons revenir, et les affaires que nous y trouverons. Je voudrais donc, mon enfant, que, sous le prétexte d'aller prendre quelque chose dont tu as besoin, tu te retirasses dans ta chambre, et que tu te donnasses vite quatre ou cinq cents coups de fouet sur le corps, à compte sur les mille trois cents à quoi tu es obligé : ce sera toujours autant de fait, et une chose bien commencée est demi achevée. En voilà d'un autre! répondit Sancho ; pardi, monsieur, il faut que vous soyez fou! vous savez que je suis sur le point de monter un cheval de bois, assis sur sa croupe dure, et vous voulez que je m'aille écorcher le derrière par avance! Vous rêvez, monsieur! Par ma foi, allons donner ordre à la tonsure de ces bonnes dames, puisque le diable nous y appelle, et au retour je vous promets, foi d'homme de bien, que nous aviserons au reste. Je m'en fie à ta parole, ami Sancho, repartit don Quichotte, je m'assure que tu la tiendras. Oui, oui, dit Sancho, reposez-vous-en sur moi. Ils retournèrent aussitôt vers la compagnie ; et don Quichotte, sur le point de monter sur Chevillard, bande-toi les yeux, dit-il à Sancho, et monte hardiment. Allons, monsieur, allons, répondit Sancho, il me semble que j'ai le cœur chargé de toute la bourre de ces pauvres dames, et je ne mangerai morceau qui me fasse de bien que je ne les revoie en meilleur état. Montez donc vous-même, monsieur, continua-t-il, car, puisque je dois aller en croupe, il faut auparavant que vous vous mettiez en selle. Tu n'as pas tout le tort, repartit don Quichotte. Et, ayant tiré un mouchoir de sa poche, il pria la dame Doloride de le lui mettre sur les yeux ; mais il l'ôta brusquement lui-même, en disant : Si je ne me trompe, j'ai lu dans Virgile, quand il parle du palladium de Troie, que c'était un cheval de bois que les Grecs offrirent à la déesse Pallas, et qu'il renfermait des chevaliers armés, qui furent depuis la ruine de cette ville ; cela me fait ressouvenir qu'il n'y a pas grand mal d'examiner ce que porte Chevillard dans ses entrailles. Que cela ne vous arrête point, dit la Doloride ; je vous en réponds. Je connais assez Malambrun pour savoir qu'il n'est ni félon ni traître ; montez sur ma parole, et s'il nous en arrive du mal, je le prends sur moi. Don Quichotte crut effectivement que ce serait faire tort à sa valeur que de prendre plus de précaution, si bien qu'il monta sans s'amuser à contester ; et comme faute d'étriers, il tenait les jambes alongées et pendantes, il semblait proprement une figure de ces tapisseries de Flandres où l'on représente un triomphe romain. Sancho se prépara aussi à monter, mais ce fut si lentement, qu'il était bien aisé de juger qu'il ne le faisait qu'à contre-cœur. Sitôt qu'il fut monté sur le cheval, dont il ne trouvait pas la croupe mollette, il commença à se remuer pour prendre ses aises, mais il ne put jamais se mettre à son gré, et il pria le duc de lui faire donner un coussin, parce que, dit-il, ce cheval a la mine de marcher fort dur. Mais Trifaldi répondit que Chevillard ne souffrirait rien de cette sorte sur lui, mais que, s'il voulait, il pouvait se mettre à la manière des femmes pour être mieux à l'aise, ce qu'il fit. Ensuite on lui banda les yeux, et il dit adieu à la compagnie. Il ne fut pas un moment en cet état qu'il se découvrit, et regardant tristement tous ceux qui étaient dans le jardin, il les conjura, les larmes aux yeux, de dire un *Pater* et un *Ave* pour lui, afin de mériter que Dieu lui fît trouver de bonnes âmes qui les assistassent de leurs prières, si jamais ils se voyaient en pareil état. Larron! s'écria don Quichotte, es-tu, par aventure, au gibet pour faire de semblables demandes? Poltron! n'es-tu pas dans le lieu même où se vit autrefois la belle Maguelonne, et d'où elle descendit pour être reine de France, et non pas pour entrer dans le tombeau? Et moi, qui te parle, ne suis-je point capable de te rassurer, puisqu'on m'a choisi pour remplir la même place qu'occupa le fameux Pierre de Provence? Couvre toi, couvre-toi les yeux, animal sans raison et sans courage, et qu'il ne t'arrive jamais de faire voir de semblables frayeurs. Qu'on me bande donc les yeux, répondit Sancho; et, puisqu'on ne veut pas que je me recommande à Dieu, ni qu'on prie pour moi, allons, à la mal-heure, et ne nous étonnons pas si quelque légion de diables ne nous jette entre les mains des mahométants.

Nos aventuriers se couvrirent les yeux, et don Quichotte, voyant toutes choses en état, commença à tourner la cheville. A peine y eut-il mis la main que toutes les suivantes et ceux qui étaient présents se mirent à crier: Dieu te conduise, valeureux chevalier! Dieu soit à ton aide, écuyer sans peur! Puissions-nous bientôt jouir du plaisir de vous revoir! ce qui ne saurait manquer, de la vitesse dont vous fendez l'air, et puisque nous vous perdons presque de vue. Tiens-toi ferme, courageux Sancho; tu ne fais que brandiller; prends garde de tomber. Sancho se serra contre son maître, et, l'embrassant par la ceinture: Monsieur, dit-il, pourquoi disent-ils là-bas que nous sommes si haut, puisque nous les entendons si aisément, et qu'on dirait qu'ils nous parlent aux oreilles? Ne t'arrête pas à cela, Sancho, répondit don Quichotte: comme ces manières d'aller sont toutes extraordinaires, tout ce qui s'y passe est de même, sans compter que la voix ne trouvant aucun empêchement, peut facilement venir jusqu'à nous, l'air lui servant de véhicule; mais ne me serre pas tant, je t'en prie, car tu me feras choir. En vérité, je ne comprends pas de quoi tu t'épouvantes: je jure Dieu que je n'ai monté de ma vie une monture plus douce! je la sens si peu remuer, qu'il me semble qu'elle ne part pas d'un lieu. Défais-toi de ces vaines frayeurs, mon ami; les choses vont comme elles doivent aller, et nous pouvons dire que nous avons le vent en poupe. Aussi l'avons-nous, ma foi, repartit Sancho, car je sens de ce côté-là une brise gaillarde qui souffle à merveille. Il avait raison de le dire: quatre ou cinq hommes l'éventaient par derrière avec de grands soufflets. Don Quichotte ayant aussi senti le vent: Sans doute, dit-il, Sancho, nous sommes déjà au-dessus de la moyenne région de l'air, où se forment la grêle, la pluie, les vents et le tonnerre; et si nous montons toujours de la même vitesse, nous serons bientôt dans la région du feu, et je ne sais pas trop comment modérer cette cheville, pour ne pas aller dans un lieu où nous serions bientôt embrâsés. En cet endroit, on commença à leur chauffer le visage avec des étoupes allumées, et des matières aisées à s'enflammer et à s'éteindre, qu'on avait attachées à de longs roseaux, pour les tenir de loin, afin qu'ils n'entendissent pas le moindre bruit. Je sois pendu, s'écria Sancho, qui sentit la chaleur, si nous ne sommes là où vous dites, ou pour le moins bien près! j'ai déjà la barbe demi-grillée. Monsieur, je m'en vais me découvrir pour voir où nous sommes. Donne-t'en bien de garde, dit don Quichotte : ne te souviens-tu pas de l'histoire du licencié Torralva, que les diables enlevèrent par l'air, à cheval sur un roseau et les yeux bandés? Il fut en douze heures à Rome, et descendit sur la terre de Nonne, d'où il vit tout ce qui se passa à la mort du connétable de Bourbon; et le lendemain, à la pointe du jour, il fut de retour à Madrid et raconta tout ce qu'il avait vu. Il dit aussi que, comme il était dans l'air, le diable lui dit d'ouvrir les yeux : et il se vit si proche du corps de la lune, qu'il y pouvait toucher avec la main; mais qu'il n'osa regarder en bas, de crainte que la tête ne lui tournât. Ainsi, mon ami, tu vois bien que la curiosité serait dangereuse. Contente-toi de savoir que celui qui s'est chargé de nous faire faire le voyage répondra de nous, et peut-être, à l'heure qu'il est, sommes-nous au-dessus du royaume de Candaya, où nous allons fondre comme le lanier sur le héron; et, bien qu'il ne nous semble pas qu'il y ait demi-heure que nous sommes à cheval, crois-moi, mon ami, nous avons bien fait du chemin. Je n'ai rien à vous dire, repartit Sancho; mais je sens bien que si la dame Maguelonne ne s'ennuyait pas sur cette chienne de croupe, il fallait qu'elle eût la chair bien dure.

Le duc, la duchesse et leur compagnie riaient comme des fous, s'empêchant pourtant d'éclater, de peur de gâter la comédie. Pour donner enfin la dernière main à cette aventure, ils firent mettre le feu sous la queue du cheval, et le bon Chevillard, qui avait l'estomac plein de fusées et de pétards, s'enleva dans l'air avec grand bruit et retomba avec don Quichotte et Sancho, l'un et l'autre flambés comme des dindons. En ce moment, la Doloride et sa troupe barbue étaient déjà sorties du jardin, et tous ceux qui y restèrent demeurèrent comme étendus par terre. Don Quichotte et Sancho se levèrent tout étourdis de leur chute, et ayant regardé de tous côtés, furent bien étonnés de se revoir encore dans le même jardin, et de voir par terre tant de gens qui paraissaient sans mouvement; mais ils furent bien plus surpris encore, quand ils aperçurent, dans un coin du jardin, une lance fichée en terre, où pendait, à deux cordes de soie verte, un parchemin, avec ces paroles en grosses lettres d'or :

« L'illustre et valeureux chevalier don Quichotte de la Manche mit fin à l'aventure de la comtesse Trifaldi, autrement la dame Doloride, et de ses compagnes, seulement en l'entreprenant. Malambrun est content et satisfait : ces dames ont perdu leurs barbes; le roi don Clavijo et la reine Antonomasia ont repris leur première forme; et sitôt que l'écuyer aura accompli la pénitence des trois mille six cents coups, la blanche colombe se verra délivrée des gerfauts importuns qui la persécutent, et entre les bras de son bien-aimé libérateur. Ainsi l'a ordonné le savant Merlin, premier magicien de tous les magiciens. »

Don Quichotte n'eut pas plus tôt lu ces paroles, qu'il comprit aisément ce qu'elles disaient du désenchantement de Dulcinée; après avoir rendu au ciel mille actions de grâces de l'aventure qu'il venait de finir avec si peu de péril, et de l'obligation que lui avaient ces pauvres dames barbues, qu'il ne voyait plus, il alla du côté où étaient étendus le duc et la duchesse, qui paraissaient encore évanouis : Allons, monsieur, allons, dit-il, prenant le duc par la main, bon courage, bon courage : tout ceci n'est rien ; l'aventure est entièrement finie et il n'y a plus de danger. Le duc, comme enseveli dans un profond sommeil, commença peu à peu à revenir, et la duchesse et tous ceux qui étaient par terre, faisant les mêmes grimaces, ouvrirent aussi les yeux. Le duc lut l'écriteau, les yeux encore à demi fermés, et se les frottant à chaque mot; sitôt qu'il eut achevé de lire, il se jeta, les bras ouverts, au cou de don Quichotte, lui disant qu'il était le plus glorieux chevalier qu'il y eût eu jamais dans les siècles passés. Sancho cherchait des yeux la Doloride, pour voir quelle mine elle avait depuis qu'elle était sans barbe, et si elle était aussi belle qu'on le jugeait auparavant par les traits de son visage ; mais on lui dit que, sitôt que Chevillard avait fondu du haut de l'air sur la terre, tout en feu comme il était, la comtesse avait disparu avec toute sa troupe, et qu'elles n'avaient plus le moindre poil de barbe ni la moindre apparence d'en avoir jamais eu.

La duchesse demanda à Sancho comment il se trouvait de ce long voyage : à quoi Sancho répondit : Je me trouve assez bien, madame, Dieu merci, si ce n'est que je me suis un peu débanché une épaule en tombant ; mais, pour nous autres, cela n'est rien. Pour le reste, il faut que je vous dise que je me sentis emporté avec mon maître, comme si nous eussions volé vers un endroit qui s'appelle, à ce qu'il dit, la région du feu. Je voulus me découvrir, et mon maître, à qui je le dis, ne le voulait pas ; mais moi, qui suis un peu curieux de mon naturel, et qui veux toujours voir ce qu'il y a dans mon chemin, je haussai au-dessus du nez, mais tout doucement et sans que personne en vît rien, le mouchoir qui me fermait les yeux, et puis je me mis à regarder la terre. Regardant si nous étions bien haut, elle ne me parut pas plus grosse qu'un grain de moutarde, et les hommes qui allaient dessus guère plus grands que des noisettes. Ami Sancho, dit la duchesse, prenez-vous bien garde à ce que vous dites ! De la manière que vous parlez, vous ne vîtes pas la terre, mais seulement les hommes qui étaient dessus ; et cela est bien clair, car si la terre ne paraissait pas plus grosse qu'un grain de moutarde, et que chaque homme fût aussi gros qu'une noisette, un seul homme devait couvrir la terre tout entière. Cela devait être ainsi, répondit Sancho ; mais avec tout cela, je la découvris par un petit endroit, et je la vis toute. Mais Sancho, repartit la duchesse, on ne saurait voir tout entier ce qu'on ne regarde que par un petit côté. Je ne comprends rien à toutes ces visions ni à toutes ces philosophies, répliqua Sancho ; mais il suffit que votre seigneurie sache que nous volions alors par enchantement, et par enchantement nous pouvions voir la terre et les hommes, de quelque côté que nous regardassions ; et, si vous ne croyez pas cela, vous croirez encore moins que, quand je baissai mon mouchoir pour regarder en haut, je me vis si proche du ciel qu'il ne s'en fallait pas d'un pied que je n'y touchasse, et je puis bien jurer, madame, qu'il est extrêmement grand. Nous allions à cette heure-là vers l'endroit où sont les sept chèvres ; qu'on dit autrement la Poussinière ; sur mon Dieu et sur mon ame, je crois que nous n'étions pas à deux lieues du Paradis, et je pensai mourir de joie, quand je les vis, parce que j'ai été autrefois chevrier dans ma jeunesse ; et il me prit si grande envie de m'entretenir un peu avec elles, que si je ne l'eusse fait, j'en aurais crevé. Ma foi donc, sans dire mot à personne, pas même à mon maître, je descendis tout bellement de dessus le Chevillard, et je me mis à causer environ trois ou quatre heures avec les chèvres, qui sont justement faites comme des giroflées et de belles fleurs ; mais elles n'entendent guère bien notre langage, quoique pourtant elles soient fort civiles ; et cependant Chevillard ne bougea de là. Et pendant que Sancho s'entretenait ainsi avec les chèvres, que faisait le seigneur don Quichotte ? demanda le duc ? Comme toutes les choses qui m'arrivent se font par des voies extraordinaires, répondit don Quichotte, il ne faut pas s'étonner de ce que rapporte Sancho. Pour moi, tout ce que je vous puis dire, c'est que je ne me découvris nullement, et je ne vis ni ciel, ni terre, ni mer, ni mer, ni montagnes ; je m'aperçus seulement, lorsque nous eûmes passé par la moyenne région de l'air, que nous approchions fort de la région du feu ; mais que nous ayons été plus avant, j'ai de la peine à le croire ; car la région du feu étant placée entre le ciel de la lune et la dernière région de l'air, nous ne pouvions arriver jusqu'au ciel des Pléiades, ou des sept chèvres, comme dit Sancho, sans être aussitôt embrâsés ; et aussi vrai que nous sommes ici, ou il faut que Sancho mente, ou il faut qu'il rêve.

Je ne mens ni ne rêve, repartit Sancho : qu'on me demande ce qu'on voudra de ces chèvres, et on verra si je me trompe. Dites-le vous-même, Sancho, dit la duchesse, sans qu'on vous interroge. Il y en a deux vertes, répondit Sancho, deux incarnates, deux bleues ; et l'autre est mêlée. Voilà une manière de chèvres bien nouvelle, dit le duc ; nous n'en avons point de semblable sur terre. Y a-t-il de quoi s'étonner, repartit Sancho, qu'il y ait de la différence entre les chèvres de la terre et celles du ciel ? Dites-moi un peu, ami Sancho, demanda le duc, ne vîtes-vous aucun bouc parmi ces chèvres ? Non, monseigneur, répondit Sancho ; et j'ai ouï dire que ni bouc ni bélier ne passent les cornes de la lune. On n'en voulut pas demander davantage à Sancho ; et on vit bien, de la manière qu'il s'y prenait, qu'il était d'humeur à passer par tous les cieux, et à raconter tout ce qui s'y fait. Ainsi fut achevée l'aventure mémorable de la dame Doloride, qui divertit fort le duc et le reste des spectateurs, et leur donna à rire tout le temps de leur vie, et à Sancho de quoi raconter tant qu'il a vécu. Ils sortirent tous du jardin pour rentrer au château ; pendant le chemin, don Quichotte dit à Sancho, à l'oreille : Sancho, puisque vous voulez qu'on croie ce que vous dites avoir vu au ciel, je prétends aussi que vous croyiez ce que je vis dans la caverne de Montesinos, et je ne vous en dis pas davantage.

CHAPITRE XXXIX.

Des conseils que don Quichotte donna à Sancho Pança touchant le gouvernement de l'île.

Le duc et la duchesse ne pensèrent plus qu'à imaginer de nouveaux sujets de se divertir. Le jour suivant, le duc dit à Sancho : Je vous avertis que c'est demain que l'on vous mène prendre possession de votre île : et ce soir on prépare votre équipage et toutes les choses nécessaires. Qu'on m'habille et qu'on m'équipe comme on voudra, répondit Sancho, je n'en serai pas moins Sancho Pança. Cela est vrai, dit le duc ; cependant il faut que les habits soient conformes aux conditions et à la dignité : il serait ridicule qu'un homme de justice fût vêtu comme un homme d'épée, et un soldat comme un prêtre. Pour vous, Sancho, il est à propos que votre habit tienne de l'homme de lettres et de l'officier de guerre, parce que, dans l'île que je vous donne, la science et la valeur sont également nécessaires. Pour la science, repartit Sancho, je n'en ai pas à revendre, et, sans faire le fin, je ne sais ni A ni B, mais je sais mon *Pater Noster*, et c'est bien assez pour être bon gouverneur. Pour ce qui est des armes, je me servirai de celles qu'on me donnera, jusqu'à tant qu'elles me tombent des mains, et Dieu nous aide, s'il lui plaît. Avec ces sentiments-là, dit le duc, il faut tout espérer de la conduite du bon Sancho. Don Quichotte arriva là-dessus ; ayant appris que Sancho devait partir le lendemain, il le prit par la main, et, avec la permission du duc, l'emmena avant son départ dans sa chambre, pour lui donner quelques leçons sur la bonne manière de gouverner.

Sancho écoutait attentivement son maître.

Pour ce qui est de la manière dont tu dois gouverner dans ta maison et pour ta personne, lui dit don Quichotte, la première chose dont je te charge, Sancho, c'est d'être propre, et que tu te fasses les ongles, sans les laisser croître, comme font beaucoup de gens qui sont assez sots pour croire que c'est un ornement qui embellit leurs mains ; sale et désagréable usage, qui tient de la bête plutôt que de l'homme. Ne parais point devant le monde débraillé et en désordre : cette manière d'aller sent le négligent et l'ivrogne.

Examine avec prudence ce que tu peux tirer de ton gouvernement ; et s'il te met en état d'avoir des gens de livrée, habilles-les proprement et à profit, sans rechercher la magnificence, et emploie l'épargne que tu feras là-dessus à revêtir autant de pauvres. Ne mange plus ni d'ail ni d'oignon, de crainte que par l'odeur on ne juge de ton habitude, et, par l'habitude, de ta première condition. Marche gravement, et parle posément.

Mange peu à dîner, et encore moins le soir, car la santé du corps consiste à ne pas trop se charger l'estomac. Trempe ton vin, et bois-en modérément : quiconque s'enivre est incapable de garder un secret ni de tenir sa parole. Ne témoigne jamais d'avidité en mangeant, surtout devant le monde, et tâche d'étouffer les rapports qui te viennent. Je n'entends pas cela, dit Sancho, étouffer des rapports. Je veux dire, repartit don Quichotte, que tu t'empêches de roter devant qui que ce soit, car c'est une grande incivilité, et qui sent l'ivrogne. Ma foi, monsieur, vous me faites plaisir, dit Sancho, et un des conseils dont je me souviendrai le mieux, c'est de ne point roter, car j'ai coutume de le faire souvent.

Donne-toi de garde aussi, Sancho, de mêler dans tes discours cette foule ordinaire de proverbes : car, quoique ces manières de parler soient bonnes dans certaines occasions, tu les tires si fort souvent par les cheveux, qu'ils ont bien plus l'air d'extravagances que de maximes. Pour cela, répondit Sancho, que Dieu y remédie ! car j'en ai un million dans le ventre qui m'étouffent ; encore faut-il bien que je prenne haleine. Mais, sitôt que je desserre les dents pour en dire un, il en sort une si grande foule, qu'il n'y a pas moyen de les retenir. Je prendrai pourtant garde à l'avenir de n'en dire plus qui ne conviennent à la grandeur de ma charge, car dans une maison opulente le dîner est bientôt prêt, et celui qui étale ne brouille point. En sûreté est celui qui sonne le tocsin, et, à donner et à prendre on peut aisément se méprendre, et qui achète ou vend en sa bourse le sent. Eh ! allons, Sancho, dit don Quichotte ; courage, mon ami ; enfile, enfile ; personne ne t'en empêche ; ma mère me châtie, et moi je fouette la toupie. Je suis après à te corriger de la multitude de tes proverbes, et tu en récites une légende qui viennent au sujet comme je suis Maure. Un proverbe bien placé n'est pas désagréable ; mais les dire ainsi à toute heure, sans rime ni raison, cela rend la conversation fade, et ne fait qu'importuner.

Quand tu iras à cheval, tiens-toi ferme, la jambe tendue et le corps droit : c'est la manière des bons écuyers, et c'est ressembler aux femmes que de s'y tenir nonchalamment.

Ne te laisse pas appesantir par le sommeil et n'en prends que modérément : celui qui n'est pas levé avec le soleil ne jouit point du jour ; et je t'avertis Sancho, que la diligence est la mère de la bonne fortune, et jamais la paresse ne vient à bout de rien.

Pour le dernier conseil que j'ai à te donner, je veux que tu l'imprimes fortement dans ta mémoire, et je crois qu'il ne te sera pas moins utile que les autres : c'est de ne point t'amuser à disputer sur les races, au moins pour faire comparaison des unes aux autres : car, comme elles ne sont jamais égales, tu te feras haïr de celui que tu auras ravalé, et l'autre ne te saura point gré de lui avoir rendue la justice qui lui est due.

Pour ton habillement, tu dois toujours être bien propre, avec un manteau un peu long. Il faut que tu prennes un air modeste et sérieux ; particulièrement quand tu rendras justice, et dans toutes les occasions où il s'agira des devoirs de ta charge ; dans toutes les autres, sois affable, doux et civil, et fais-toi rendre le respect que l'on te doit, en inspirant pourtant plus d'amour que de crainte.

Voilà, Sancho, les avis que j'ai à te donner ; je t'en donnerai d'autres, suivant que le temps et les occasions le demanderont, pourvu que tu aies soin de m'informer de l'état où tu te trouveras.

Tout ce que vous venez de me dire, monsieur, est fort bon, répondit Sancho : mais à quoi cela me servira-t-il, si je ne m'en ressouviens point ? Il est vrai que pour ce qui est de me rogner les ongles, et de me remarier si le cas y échet, cela ne me sortira point de l'esprit ; mais, tout cet étalage que vous m'avez fait, toutes ces autres subtilités, ma foi, je m'en souviens, et m'en souviendrai aussi bien que des neiges d'Antan, si vous ne me les donnez par écrit, et je me les ferai lire par mon confesseur, afin qu'il me les enchâsse dans la mémoire toutes les fois qu'il en sera besoin. Aïe ! s'écria don Quichotte : hé ! que c'est une chose terrible et malséante à un gouverneur de ne savoir ni lire ni écrire. C'est un grand défaut que tu as là, mon pauvre ami, et je voudrais que tu apprisses pour le moins à signer. Je sais bien mettre mon nom, repartit Sancho : quand je fus fait bedeau de la confrérie dans notre paroisse, j'ai appris à faire des marques comme celles qu'on met sur les ballots de marchandise ; on me dit qu'elles signifiaient mon nom ; et puis ne ferais-je pas bien semblant d'avoir la main droite estropiée, et un autre signera pour moi ? car il y a remède à tout, fors à la mort ; et moi étant le maître, et ayant la force en main, ne ferai-je pas ce que je voudrai, aussi bien que font les juges, puisque je suis gouverneur, ce qui est plus que d'être juge? Vraiment, vraiment, approchez-vous, qu'on la voie et qu'on la manie. Voulez-vous qu'on achète chat en poche? Laissez-les faire seulement, ils viendront chercher de la laine et s'en iront sans poil. Quand Dieu veut du bien à un homme, il y paraît à sa maison. Les sottises que dit le riche passent dans le monde pour des sentences, et moi étant riche, puisque je serai gouverneur et aussi libéral que j'ai envie de l'être, qui diable voudra ni osera me reprocher quelque chose? Sinon, faites-vous mouton, et vous verrez que le loup vous mangera. Tu vaux autant que tu possèdes, disait ma grand'mère, et tu n'auras jamais raison d'un homme plus riche que toi. Il n'y en a pas de plus empêché que celui qui tient la queue de la poêle ; mais il tâte de la sauce quand il veut ; encore n'y a-t-il rien de tel que d'être à même. Sauce d'appétit est, ma foi, la meilleure, et chat échaudé..... Maudit sois-tu de Dieu et des saints, maroufle! interrompit don Quichotte, et que mille démons puissent emporter toi et tes proverbes, et celui qui te les a appris! Il y a une heure que tu me tiens à la torture. Si tes proverbes ne te mènent un jour au gibet, dis que je suis méchant prophète : ils feront mille séditions parmi tes vassaux, et te coûteront à la fin ton gouvernement. Et où diable les prends-tu, enragé? Pour attendre que tu en dises un à propos je sue à grosses gouttes.

Par ma foi, monsieur mon maître, repartit Sancho, il ne faut pas grand'chose pour vous fâcher. Et à qui diable fais-je tort en me servant de mon bien? Je n'ai que des proverbes et encore des proverbes; mais je ne les vole à personne, et en bonne foi j'en avais quatre tout prêts qui venaient là à propos, comme la moutarde avec une andouille; mais je me donnerai bien garde de les dire, car c'est Sancho qu'on appelle *bouche close*. Oh! parbleu tu n'es pas ce Sancho-là, dit don Quichotte, mais Sancho le bavard et l'opiniâtre. Avec tout cela je voudrais bien savoir les quatre proverbes que tu avais à dire, et que tu dis venir si à propos : car j'ai beau songer, moi qui n'ai pas la mémoire mauvaise je n'en trouve pas un seul. Eh! quels meilleurs proverbes voulez-vous, répondit Sancho, sinon, ne mets point ton pouce entre deux dents mâchelières; et hors de ma maison, que demandez-vous à ma femme? A cela il n'y a que répondre; et que, si la cruche donne contre la pierre ou la pierre contre la cruche, tant pis pour la cruche. Pardi, je crois que ceux-là sont à propos : que personne ne se joue à son maître, ni à celui qu'il envoie, parce qu'il sera châtié comme celui qui met son pouce entre deux dents mâchelières; et quand ce ne seraient point des mâchelières, n'importe toutes dents son bonnes. Quand le gouverneur commande, il n'y a pas à répliquer, non plus qu'à : Hors de chez moi, que voulez-vous à ma femme? Pour celui de la cruche et de la pierre, un aveugle y mordrait. Aussi faut-il que celui qui voit le fétu dans l'œil d'autrui voie la poutre qui est dans le sien, afin qu'on ne dise pas de lui, la pelle se moque du fourgon; et votre seigneurie sait de reste qu'un fou est plus habile dans sa maison qu'un sage dans celle d'autrui. Oh! non pas cela, Sancho, repartit don Quichotte : un fou n'est habile en quoi que ce soit, ni chez lui ni ailleurs, parce qu'où il n'y a plus de raison il ne se trouve plus de prudence. Mais laissons cela mon ami. En un mot si tu gouvernes mal, ce sera ta faute, et moi j'en aurai la honte; cependant j'ai la consolation de n'avoir rien négligé, et les conseils que je t'ai donnés en homme d'honneur et de conscience m'acquittent de mon devoir et de ma promesse. Bon Dieu te conduise, Sancho, et que sa providence te gouverne, me délivre, moi, s'il lui plaît, de la crainte qui me reste, que tu ne mettes tout sens dessus dessous dans ton île, et que tu ne t'abîmes avec elle. Il ne tiendrait qu'à moi de me guérir de cette frayeur : je n'aurais qu'à découvrir à l'instant même au duc que tu es, et que cette grosse panse dont tu es chargé n'est qu'un magasin de proverbes et de malice. Monsieur répondit Sancho, si vous ne me croyez pas capable de faire le devoir d'un bon gouverneur, je renonce à toutes mes prétentions, sans aller plus loin : la plus petite partie de mon ame, ne fût-elle pas plus grosse que la pointe d'une épingle, m'est plus chère que la panse que vous me reprochez, et je vivrai aussi bien Sancho tout simple, avec un morceau de pain et un oignon, que Sancho gouverneur avec des chapons et des coqs d'Inde : car à la mort et quand on dort, tout est pareil, grands et petits, pauvres et riches; et si votre seigneurie s'en veut souvenir, c'est vous qui m'avez mis le gouvernement en tête, car moi je ne sais ce que c'est qu'île et gouvernement. Et après tout, si vous croyez que le diable doive emporter le gouverneur, j'aime mieux aller Sancho en paradis que gouverneur en enfer. En vérité Sancho, dit don Quichotte, les dernières paroles que tu viens de dire méritent toutes seules le gouvernement de cent îles : tu as un bon naturel, sans cela il n'y a science qui profite. Va, recommande-toi à Dieu; et surtout aie l'intention droite en toutes les affaires qui se présenteront : car le ciel ne manque jamais de favoriser les bons desseins. Et allons trouver leurs excellences, car je crois qu'on nous attend pour dîner.

CHAPITRE XL.

Comment Sancho alla prendre possession du gouvernement de l'île, et de l'étrange aventure qui arriva à don Quichotte dans le château.

L'heure du départ étant venue, Sancho sortit accompagné de quantité de gens, et vêtu en homme de justice, avec un long manteau de camelot tanné à ondes, une toque ou barrette de la même couleur, et monté sur un mulet à la genette; il était suivi de son âne, magnifiquement caparaçonné, et paré d'un harnais de cheval d'une étoffe incarnate, et il tournait de temps en temps la tête pour considérer le grison, si content de l'état où il le voyait, aussi bien que de celui où il était lui-même, qu'il n'aurait pas changé sa fortune pour l'empire d'Allemagne. En prenant congé du duc et de la duchesse, il leur baisa la main, et s'en alla tout triste embrasser la cuisse de son maître, qui lui donna sa bénédiction les larmes aux yeux. Laissons aller en paix notre nouveau gouverneur; il ne manquera pas de nous donner matière de divertissement, de la manière dont il va exercer sa charge. Il est bon de savoir cependant comment don Quichotte passa la nuit après un si triste départ.

A peine Sancho fut parti, que notre chevalier commença à le regretter, et de telle sorte que, si cela eût dépendu de lui, il l'eût rappelé à l'instant. La duchesse lui demanda ce qui le rendait si mélancolique; que si c'était l'absence de son écuyer, il y avait dans sa maison des écuyers, et des demoiselles qui le serviraient en tout ce qui lui plairait, et avec tous les soins possibles. J'avoue, madame, répondit don Quichotte, que je regrette Sancho, mais ce n'est pas là seulement ce qui me rend triste. Pour ce qui est des offres que votre excellence a la bonté de me faire, j'accepte seulement l'honnêteté qui vous y oblige, et du reste je supplie très humblement votre grandeur de me permettre d'être seul à me servir. En vérité, seigneur don Quichotte, repartit la duchesse, je n'y saurais consentir, et vous serez servi par quatre de mes filles, qui sont fleuries comme le printemps. Ce seraient pour moi des épines plutôt que des fleurs, dit don Quichotte; ainsi suis-je bien résolu, madame, avec le respect que je vous dois, à ne les laisser nullement entrer dans ma chambre; c'est toute la grâce que je vous demande. Laissez-moi, s'il vous plaît, fermer ma porte, et qu'elle serve comme de barrière et de rempart entre mes désirs et mon honnêteté. Votre excellence ne voudrait pas que j'en violasse la coutume, pour répondre seulement à la générosité de vos offres ; il y aura de meilleures occasions de vous en témoigner ma reconnaissance. En un mot, je dormirai plutôt tout vêtu que de consentir que qui que ce soit m'aide à me déshabiller. C'est assez, seigneur don Quichotte, répliqua la duchesse ; puisque vous ne le voulez pas, non seulement pas une de mes femmes n'entrera dans votre appartement, mais pas même une mouche, si j'en suis la maîtresse. Je ne suis pas femme à vous obliger de choquer la bienséance. Que votre seigneurie s'habille et se déshabille comme il lui plaira; on aura seulement soin de mettre dans votre chambre les choses nécessaires, afin que vous n'ayez pas la peine de vous lever pour les demander. Vive, vive mille siècles la grande Dulcinée du Toboso, et que son nom et sa gloire soient répandus par toute la terre, puisqu'elle a mérité d'être aimée et servie par un chevalier si honnête et si fidèle ! puisse le ciel faire bientôt naître dans le cœur de notre gouverneur Sancho Pança le désir d'accomplir l'heureuse pénitence qui doit faire jouir l'univers d'une si excellente beauté ! C'est votre grandeur, madame, dit don Quichotte, qui donne le dernier trait au mérite de l'incomparable Dulcinée ; c'est votre bouche qui en relève l'éclat et met sa beauté dans le dernier lustre. Je n'en ai pas dit assez, seigneur don Quichotte, repartit la duchesse ; mais qui peut assez louer celle que rien ne peut imiter ! Cependant allons trouver monsieur le duc ; il est déjà tard, et je suis sûre qu'il vous attend pour souper ; allons, seigneur chevalier, après souper, nous vous laisserons jouir du repos dont vous avez sans doute besoin après la fatigue que vous donna hier le voyage de Candaya.

Je vous proteste, madame, que je ne m'en ressens nullement, dit don Quichotte, et je puis bien jurer à votre excellence que de ma vie je n'ai trouvé de cheval ni plus doux ni de meilleure allure que Chevillard. Après avoir soupé, il se retira dans sa chambre, dont il ferma la porte sur lui, et se déshabilla à la clarté de deux bougies qu'on lui avait laissées; mais il éprouva, en tirant ses bas, une disgrâce indigne d'un chevalier de cette importance, et qui peut-être n'était jamais arrivée à un autre ; un de ses bas se déchira et demeura avec une ouverture de quatre bons doigts. Ce fut là qu'il sentit encore plus vivement l'absence de son écuyer, et il eût donné de bon cœur deux écus d'une aiguillée de soie verte, car ses bas étaient de la même couleur.

Il se serait couché désespéré, si Sancho ne lui avait laissé une paire de bottines qu'il résolut de prendre le lendemain pour cacher sa disgrâce. Il se coucha tout rêveur et mélancolique, et, ayant éteint la lumière, il tâcha de s'endormir, mais il ne put y parvenir : l'absence de Sancho jointe à la chaleur l'en empêcha. Il se leva et se promena quelque temps; et, ne trouvant pas encore assez de fraîcheur, il ouvrit une fenêtre qui regardait sur un jardin ; au même instant, il entendit des femmes qui parlaient : l'une disait à l'autre, en faisant un grand soupir :

Ne t'opiniâtre pas à vouloir que je chante, Émerencie; depuis que cet étranger est entré dans le château, et que mes yeux l'ont vu, je suis bien moins disposée à chanter qu'à verser des larmes. D'ailleurs, tu sais bien que madame est fort aisée à éveiller, et je ne voudrais pas, pour tout l'or du monde, qu'elle nous trouvât ici. Mais quand cela ne serait pas, à quoi me servirait de chanter, si ce dangereux Énée, qui n'est venu ici que pour troubler mon repos, dort tranquillement et n'est pas en état d'entendre mes plaintes et l'objet de mon inquiétude? Que rien de tout cela ne t'arrête, ma chère Altisidore, répondit une autre femme ; je te réponds que tout dort dans le château, et il y a apparence que l'objet de tes désirs ne le fait pas ; car, si je ne me trompe, je viens d'entendre ouvrir sa fenêtre. Ne crains donc point de chanter, ma chère sœur ; peut-être que la douceur de ta voix et l'harmonie de ton luth adouciront tes déplaisirs et produiront quelque effet sur celui qui les cause ; si madame la duchesse en entend quelque chose, la chaleur et le dessein de nous désennuyer pourront nous servir d'excuse. Ce n'est pas là seulement ce qui m'embarrasse, Émerencie, répondit Altisidore ; je crains plus que tout le reste que mes plaintes ne découvrent le sentiment de mon cœur, et que ceux qui ne connaissent pas la force de l'amour ne me prennent pour une créature légère et indiscrète. Mais il faut te contenter ; il vaut mieux qu'il m'en coûte un peu de honte, et que je cherche du remède à mes peines. A ces mots, elle prit un luth et le toucha admirablement. Don Quichotte fut ravi de ce qu'il venait d'entendre, et il ne manqua pas de s'imaginer qu'une demoiselle de la duchesse était devenu amoureuse de lui. Et comme il craignait qu'il y eût du péril pour sa fidélité, il se prépara à résister de toute sa force, en se recommandant à sa dame Dulcinée ; il ne craignit plus ensuite d'entendre tout ce qu'on pouvait chanter, et il fit semblant d'éternuer, pour faire connaître qu'il était à la fenêtre. Les dames qui ne demandaient pas mieux, en eurent bien de la joie ; et Altisidore, ayant accordé son luth, chanta une romance d'une expression si grotesque, que tout autre que don Quichotte l'eût prise pour une moquerie.

L'amoureuse Altisidore ayant finit sa chanson, l'indifférent don Quichotte, après avoir fait un profond soupir, dit en lui-même : Suis-je donc si malheureux que je n'ose regarder une femme sans lui donner de l'amour? Et toi incomparable et infortunée Dulcinée du Toboso, qu'as-tu fait au ciel, pour qu'il ne veuille te laisser jouir en paix de ma constance et de ma fidélité? Pourquoi la persécutez-vous, reines, princesses? que ne la laissez-vous en repos? Laissez-la triompher seule des présents que lui a fait l'amour, en lui assujettissant mon cœur et mon ame. Loin de moi, troupe séduisante! Je vous le déclare, je ne vis que pour elle ; pour elle seule, j'ai un cœur tendre et embrâsé, et pour tout le reste un cœur de bronze et de glace ; je trouve mille douceurs à penser seulement à elle, et vos soins et vos faveurs n'ont pour moi que de l'amertume. Dulcinée est la seule belle, la seule sage et honnête, la seule discrète, la seule illustre, la seule digne d'être aimée, et tout le reste n'est que laideur, indiscrétion et bassesse. C'est pour elle seule que le ciel m'a fait naître : Qu'Altisidore chante ou pleure, qu'elle nourrisse de vains désirs, qu'elle s'entretienne d'espérance ou meure de désespoir, que les dames qui m'ont fait jadis souffrir de si cruels tourments arment encore une fois dans leurs châteaux enchantés toutes les puissances de l'enfer pour leur vengeance, je vivrai pour Dulcinée, et pour elle je mourrai en dépit de tous les charmes et de tous les enchantements du monde. Après avoir fait ce sacrifice intérieur à sa maîtresse, don Quichotte ferma brusquement sa fenêtre, et se jeta sur le lit avec autant de dépit que s'il eût reçu un affront terrible.

CHAPITRE XLI.

Comment le grand Sancho prit possession de l'île, et la manière dont il gouverna.

Notre excellent gouverneur, après avoir quelque temps marché avec la suite et l'équipage que nous avons vus, arriva enfin en une petite ville d'environ mille habitants, qui était une des meilleures de la dépendance du duc. On lui dit que l'île se nommait Barataria, parce que le lieu s'appelle Baratorio, ou à cause du peu que lui en coûtait le gouvernement, *Barato* signifiant bon marché. Dès qu'il fut arrivé aux portes de la ville, les habitants vinrent le recevoir sous les armes, au son des cloches de la paroisse. On l'enleva en pompe comme un corps saint et on le porta à l'église cathédrale du village, où après avoir chanté le *Te Deum*, on lui présenta les clefs de la ville avec des cérémonies dignes du sujet et de Sancho Pança; enfin on le reçut pour gouverneur perpétuel de l'île Barataria, et tous lui prêtèrent le serment de fidélité. L'air, la mine, la barbe épaisse, la taille grosse et raccourcie, et l'équipage du nouveau gouverneur, surprirent tous ceux qui ne savaient rien de l'affaire; et ceux même qui en avaient entendu parler ne furent guère moins surpris que les autres. Au sortir de l'église, on le mena au lieu où se rend la justice, et après qu'il se fut installé comme juge souverain, l'intendant du duc lui dit: Monseigneur, une coutume ancienne exige que le gouverneur qui vient prendre possession de l'île réponde à une question difficile qui lui est soumises pour éprouver la perspicacité de son jugement; par sa réponse le peuple juge s'il y a lieu de se réjouir ou de s'affliger de sa venue.

Pendant que l'intendant parlait, Sancho s'amusait à considérer quelque chose qu'on avait écrit en grosses lettres sur la muraille vis à vis de son tribunal; et comme il ne savait pas lire, il demanda ce que voulaient dire ces caractères tracés sur la muraille. Monseigneur, lui répondit-on, on a marqué là le jour que vous êtes venu prendre possession de cette île. Voici ce que contient l'inscription: *Aujourd'hui, tel jour, à un tel mois de telle année, le seigneur don Sancho Pança a pris possession de cette île: puisse-t-il en jouir pendant de longues années en toute prospérité!* Et qui est celui qu'on appelle don Sancho Pança? demanda Sancho? C'est votre seigneurie, monseigneur, répondit l'intendant, et jamais d'autre Pança n'a occupé la place où vous êtes. Eh bien! je vous avertis mon ami, dit Sancho, que je ne prends point le *don*, et qui que ce soit de ma race ne l'a jamais pris: je m'appelle Sancho Pança tout court.

Pança s'appelait mon père, et tous mes aïeux se sont appelés Pança, sans *don* ni seigneurie. Je suis convaincu qu'il y a dans cette île autant de *dons* que de pierres; mais patience, Dieu m'entend, et si ce gouvernement me dure seulement quatre jours, je prétends dissiper tous ces *dons* comme autant de mouches importunes. Pour l'heure, qu'on m'adresse telle question qu'on voudra, monsieur l'intendant, et je répondrai le mieux qu'il me sera possible, sans me soucier que le peuple s'en réjouisse ou s'en attriste. Au même instant entrèrent deux hommes dans l'audience, l'un vêtu en paysan, et l'autre qu'on reconnut pour tailleur d'habits, aux ciseaux qu'il tenait à la main. Monseigneur le gouverneur, dit le tailleur, nous nous présentons, le laboureur et moi, devant votre seigneurie pour le fait que voici : ce bonhomme vint hier à ma boutique, car, sauf correction de vous et de la compagnie, je suis maître tailleur juré, puisqu'il plaît à Dieu ; et, me mettant un morceau de drap entre les mains, il me dit : Monsieur, y aurait-il là assez d'étoffe pour me faire un capuchon ? Je considérai le drap, et lui répondis que oui.

Il s'imaginait, à ce que je puis croire, et probablement je ne me trompe point, que j'avais peut-être quelque envie de lui dérober une partie de son drap, fondé sur sa malice et sur la mauvaise opinion qu'on a des tailleurs, et il me dit que je regardasse s'il n'y avait point de quoi en faire deux. Je vis bien la pensée du vieillard, et je lui répondis que oui ; et lui, suivant toujours sa pensée, me demanda si on n'en pourrait point faire davantage ; je dis toujours que oui ; et enfin, nous convînmes que je lui en ferais cinq ; et à cette heure que la besogne est faite et que j'en demande la façon, lui-même me demande que je lui paie son drap ou que je le lui rende. Tout cela est-il ainsi, bonhomme ? demanda Sancho. Oui, monseigneur, répondit le paysan ; mais ordonnez, je vous prie, qu'il vous montre les capuchons qu'il m'a faits. Oh ! de bon cœur, repartit le tailleur. Il tira aussitôt la main qu'il avait cachée sous son manteau, et fit voir cinq petits capuchons au bout de ses cinq doigts, en disant : Voici les capuchons que le bonhomme m'a demandés, et, sur mon Dieu et sur ma conscience si je n'y ai employé toute l'étoffe, et qu'on le fasse voir aux experts. Tout le monde se prit à rire en voyant ce nombre de capuchons, aussi bien que de la nouveauté du procès. Pour Sancho, il fut quelque temps à rêver, il dit ensuite : il me semble que ce procès-là ne mérite pas qu'on l'examine longtemps, il ne faut pas tant de façon : j'ordonne donc que le paysan perdra son drap, et le tailleur sa façons, et que les capuchons seront livrés aux prisonniers ; et qu'on ne me réplique pas davantage ! Tous les assistants rirent de la sentence, et elle fut exécutée.

Parurent ensuite deux vieillards, dont l'un avait une grosse canne à la main, sur laquelle il s'appuyait, et l'autre dit à Sancho : Monseigneur, il y a quelque temps que je prêtai dix écus d'or, à cet homme, en son besoin, à condition qu'il me les rendrait aussitôt que je les lui réclamerai. Il s'est passé plusieurs jours sans que je les aie demandés, pour ne pas le mettre dans l'embarras ; comme j'ai vu qu'il ne songeait point à me payer, je lui ai demandé mon argent plusieurs fois ; et non seulement il ne me paie pas, mais il nie la dette et dit que je ne lui ai rien prêté, ou que, si je l'ai fait, il me l'a rendu ; je n'ai point de témoins du prêt et il n'en a point du paiement, et je vous prie, monseigneur, d'exiger de lui le serment : je l'en croirai sur parole ; et s'il jure, je les lui donne de bon cœur dès à présent et devant Dieu. Que répondez-vous à cela, bonhomme ? dit Sancho. Monseigneur, répondit le vieillard, je confesse qu'il m'a prêté les dix écus d'or, et puisqu'il s'en rapporte à mon serment, je suis prêt à jurer que je les lui ai bien et loyalement rendus. Le gouverneur lui ordonna de lever la main, et le vieillard, donnant sa canne à l'autre, comme s'il en eût été embarrassé, mit la main sur la croix, comme c'est la coutume d'Espagne, et dit : J'avoue que j'ai reçu les dix écus d'or, mais je jure que je les ai remis entre les mains de ce bonhomme, et c'est parce qu'il ne s'en souvient pas, qu'il me les redemande de temps en temps. Le grand gouverneur demanda au créancier s'il avait quelque chose à répondre à son adversaire, et il répondit que, puisqu'il jurait il fallait qu'il dît la vérité, qu'il le reconnaissait d'ailleurs pour un homme de bien et bon chrétien, quoique assurément il il ne se souvînt point d'avoir été payé, mais que dorénavant il ne lui demanderait plus rien. Le débiteur reprit son bâton et sortit promptement de l'audience.

Sancho remarquant que cet homme s'en allait sans rien dire et admirant la patience du demandeur, fit quelques réflexions en lui-même, et, tout d'un coup, se mordant le bout du doigt, il ordonna qu'on appelât vite le vieillard qui partait. On le ramena aussitôt; dès qu'il part : Donnez-moi un peu votre canne, lui dit Sancho, j'en ai besoin. La voilà, monseigneur, répondit le vieillard. Sancho la prit, et, la donnant à l'autre vieillard : Allez, bon homme, lui dit-il, vous êtes payé maintenant. Qui? moi! monseigneur, répondit le pauvre homme ; cette canne vaut-elle donc dix écus d'or? Oui, oui, répliqua le gouverneur, elle les vaut, ou je suis le plus grand sot qui vive, et on verra tout-à-l'heure si je m'entends en fait de gouvernement. Qu'on rompe la canne, ajouta-t-il. La canne fut rompue, et il en sortit en même temps dix écus d'or. Il n'y eut pas un des assistants qui ne regardât M. le gouverneur comme un nouveau Salomon; et on lui demanda comment il avait connu que les écus d'or étaient dans la canne. C'est, dit-il pour avoir remarqué que celui qui la portait l'avait mise, sans nécessité, entre les mains de son créancier pendant qu'il jurait, et qu'il l'avait reprise aussitôt ; cette circonstance lui avait fait croire qu'il n'aurait pas juré si affirmativement une chose que l'autre déniait, s'il n'avait été ainsi assuré de son affaire; qu'il fallait aussi croire que les juges, tout ignorants qu'ils puissent être, sont guidés par la main de Dieu, outre qu'il avait entendu raconter autrefois à son curé un trait semblable, et, qu'il avait la mémoire si bonne, que, s'il n'oubliait point quelquefois les choses, il n'en perdrait jamais une. Les vieillards s'en allèrent, l'un satisfait et l'autre confus; et celui qui était chargé d'écrire les paroles et les faits de Sancho ne savait plus, après l'avoir bien examiné, s'il en devait parler comme d'un fou ou comme d'un sage.

Ce procès vidé, on vit entrer une femme qui tirait de toute sa force un homme vêtu en laboureur, et qui avait l'air d'être fort à son aise. Justice! s'écria-t-elle, monseigneur le gouverneur, justice! et, si on ne me la fait en terre, je l'irai demander au ciel. Ce méchant homme m'a trouvée au milieu des champs, et a fait de moi tout ce qu'il a voulu, comme si j'eusse été un torchon de cuisine. Malheureuse que je suis! il m'a volé ce que j'avais défendu depuis vingt-trois ans contre les Maures et les Chrétiens, contre les gens du pays et les étrangers. J'avais toujours demeuré ferme comme un roc, et aussi entière que la salamandre dans le feu; et maintenant fallait-il que ce malotru, avec ses mains sales et vilaines, vînt flétrir un bouquet que j'avais si chèrement gardé? C'est à savoir, dit Sancho, si ce galant à les mains nettes ou sales ; et se tournant vers le laboureur, il lui demanda ce qu'il avait à répondre à la plainte de cette femme. Monseigneur, répondit le pauvre hère tout troublé, je suis un pauvre berger, qui garde ici près du bétail; ce matin, je sortais de ce bourg, où j'étais venu vendre, sauf correction, quatre pourceaux, que j'ai donné à bon marché, afin de payer la taille. Comme je m'en retournais au village, j'ai trouvé cette bonne dame sur mon chemin, et le diable qui se mêle de tout,

n'a point eu de patience. Enfin, je n'ai point fait le difficile, ni elle la ren-
chérie ; mais, monseigneur, je lui ai bien payé ce qu'il fallait. Cependant
elle ne s'en est point contentée, et cette enragée m'a pris par le bras et m'a
traîné jusqu'ici, et puis elle dit à cette heure que je l'ai forcée ; mais,
murni ! elle a menti faux comme le diable, et voilà toute la vérité, sans
qu'il en manque une miette. Avez-vous quelque argent sur vous, mon ami ?
demanda le gouverneur. Monseigneur, répondit-il, j'ai environ une
vingtaine d'écus dans une bourse. Donnez votre bourse telle qu'elle est à
la plaignante, répliqua le gouverneur. Le misérable, tout tremblant, la tira
de son sein et la donna. La femme la prit, et, priant Dieu pour le salut du
corps et de l'âme de monseigneur le gouverneur, qui avait ainsi pitié des
pauvres orphelins, sortit bien joyeuse de l'audience. A peine était-elle dehors, que Sancho dit au berger déjà tout triste de voir avec elle partir sa
bourse : Mon ami, courez après cette femme, ôtez-lui la bourse de gré ou
de force, et amenez-la ici. Le berger ne se le fit pas dire deux fois ; il partit
comme un éclair pour exécuter les ordres du gouverneur, et, pendant que
tous les spectateurs étaient en suspens, attendant le jugement de cette
affaire, le berger et la femme revinrent, se tenant saisis l'un de l'autre pour
ne pas se laisser échapper, elle sa jupe retroussée et tenant sa bourse entre
ses jambes, et lui, faisant tous ses efforts pour l'arracher ; mais il n'y avait
pas moyen, tant cette femme la défendait bien. Cependant elle criait de
toute sa force : Justice ! justice ! Voyez, monsieur le gouverneur, voyez
l'effronterie de ce manant qui, au milieu de la rue et devant tout le monde,
veut me prendre la bourse que vous m'avez fait donner. Et vous l'a-t-il
ôtée ? demanda Sancho. Otée ! reprit la femme, il m'arracherait plutôt la
vie. Ah ! il l'a bien trouvée, la sotte ; non pas dix autres comme lui. Le
pauvre bélître qu'il est, c'est pour son nez ! Tenez, monseigneur, ni mar-
teaux ni tenailles, ni feu ni flamme ne me feraient lâcher prise, non pas les
griffes des lions, ni quand on me hacherait en morceaux. Monseigneur, elle
a raison, dit le paysan ; je confesse que je n'en peux plus, et qu'elle est plus
forte que moi ; et en même temps il la laissa aller. Oh ! montrez-moi cette
bourse, ma mie, dit alors le gouverneur. La femme la donna aussitôt, et
Sancho l'ayant prise, la rendit au laboureur, en disant à la femme : Ma
chère amie, si vous vous étiez défendue ce matin de cet homme avec autant
de courage et de force que vous venez de défendre la bourse, dix hommes
ensemble n'auraient pas été capables de vous forcer. Adieu, tirez pays, et
de votre vie n'approchez de cette île de plus de six lieues à la ronde, sous
peine de deux cents coups de fouet. Quoi ! vous êtes encore là ? Allons, tout
à l'heure, madame la coureuse, et que je ne vous le dise pas davantage. La
bonne dame, fort étonnée, se retira la tête baissée et assez malcontente ; et
le gouverneur dit au paysan : Mon ami, rentrez à votre village avec votre
argent, et donnez-vous garde une autre fois de vous réjouir avec personne,
si vous ne voulez le perdre, et quelque chose de plus. Le bonhomme le remercia le mieux qu'il put et s'en alla ; et tout le monde demeura en admiration des jugements du nouveau gouverneur. Mais revenons à don Quichotte,
que nous avons laissé tout troublé des plaintes d'Altisidore.

CHAPITRE XLII.

De l'étrange aventure qui arriva à don Quichotte pendant qu'il rêvait à l'amour d'Altisidore.

Le soleil ayant, avec sa vitesse ordinaire, parcouru le tour de la terre, ramena le jour et reparut sur l'horizon ; notre vigilant chevalier, se jetant aussitôt hors du lit, s'habilla et prit ses bottes de campagne, pour cacher la déchirure de son bas. Il mit son manteau d'écarlate sur ses épaules, et sur sa tête une toque de velours vert, garnie de passements d'argent, sans oublier sa bonne épée, avec son large baudrier de buffle ; et, tenant à la main son rosaire, qu'il portait toujours sur lui, il se dirigea gravement vers la salle, où le duc et la duchesse étaient déjà en état de le recevoir. En passant par une galerie, il rencontra Altisidore et sa compagne. Aussitôt qu'Altisidore aperçut le chevalier, elle feignit de tomber en faiblesse et se laissa aller entre les bras de son amie, qui la délaça promptement pour lui donner de l'air. Alors don Quichotte s'approcha des dames, et sans s'émouvoir : Ce ne sera rien, dit-il, nous savons d'où procèdent de semblables accidents. Vous en savez donc plus que moi, repartit la compagne, car je n'en sais rien du tout ; Altisidore est la fille du monde qui se portait le mieux ; et, depuis que je la connais, je ne l'ai encore jamais entendue se plaindre de quoi que ce soit. Dieu maudisse tout ce qu'il y a de chevaliers errants sur terre, s'ils sont aussi ingrats et aussi discourtois que je me l'imagine ! Pour l'amour de Dieu, ôtez-vous d'ici, seigneur don Quichotte ; la pauvre fille ne reprendra point ses esprits tant que vous y serez. Je vous prie, mademoiselle, répondit don Quichotte, faites mettre cette nuit un luth en ma chambre, pour que je tâche de consoler un peu cette demoiselle, car, dans les commencements de l'amour, c'est un remède souverain de faire voir que ce n'est qu'abus et erreur. Là-dessus il s'éloigna, de peur que quelqu'un ne l'aperçût en ce lieu, et avec des filles. A peine fut-il parti, qu'Altisidore revint à elle, et dit à sa compagne : Il ne faudra pas manquer, ma sœur, de donner à don Quichotte le luth qu'il demande ; il voudra sans doute nous donner la musique, et Dieu sait si elle sera bonne ! En même temps, elles s'empressèrent de raconter à la duchesse ce qui venait d'arriver, et celle-ci concerta sur-le-champ avec le duc une pièce pour rire aux dépens de leur hôte. En attendant la nuit, ils s'entretinrent avec lui, et trouvèrent admirablement bien de sa conversion. Le même jour, ils envoyèrent un page à Thérèse Pança, pour lui porter la lettre de son mari, en lui ordonnant d'observer avec soin tout ce qui se passerait, pour leur en faire un fidèle rapport. Sur les onze heures du soir, don Quichotte, étant rentré dans sa chambre, trouva une viole sur sa table ; il l'accorda et ouvrit la fenêtre ; puis s'apercevant qu'il y avait quelqu'un dans le jardin, il chanta d'une voix un peu enrouée mais assez juste et méthodique, une chanson sur les dangers de l'amour et le mérite de la fidélité, qu'il avait composée le jour même.

Don Quichotte n'eut pas plutôt achevé sa chanson qu'on entendit dans un balcon, au-dessus de sa tête, le bruit de plus de cent clochettes, et tout d'un coup on secoua sur sa fenêtre un grand sac plein de chats qui avaient aussi de petites sonnettes attachées à la queue. Le miaulement de ces animaux et le bruit des sonnettes firent un si terrible tintamarre, que ceux qui avaient imaginé le tour ne laissèrent pas d'en être surpris. Don Quichotte en fut effrayé; le malheur voulut que trois ou quatre de ces animaux épouvantés entrèrent dans sa chambre, où, sautant de côté et d'autre et toujours criant, on eût dit que c'était une légion de diables. Ils éteignirent les chandelles et renversèrent tout ce qu'ils trouvèrent, en cherchant de tout côté à s'échapper et à éviter le bruit qu'ils faisaient eux-mêmes en courant avec leurs sonnettes. Enfin don Quichotte mit l'épée à la main, et, lançant à droite et à gauche des estramaçons et des estocades, il se mit à crier à pleine tête : Sortez, malins enchanteurs! sortez, canaille maudite! vous avez affaire à don Quichotte de la Manche, contre qui tous vos charmes sont inutiles. De là, courant après les chats, qui sautaient par la chambre, et qu'il distinguait à leurs yeux étincelants, il les attaqua et les poursuivit si vivement qu'il les obligea de se jeter par la fenêtre; il n'en resta qu'un seul, qui, trop pressé des coups et des cris de don Quichotte, et peut-être blessé, lui sauta au visage, et s'y attacha avec les griffes et les dents, de telle sorte qu'il le fit crier de toute sa force.

Le duc, qui devina ce que pouvait être, y courut aussitôt avec quantité de gens et de la lumière; et ayant ouvert la porte de la chambre avec une maîtresse-clef, ils virent le pauvre chevalier qui faisait tous ses efforts pour faire lâcher prise au chat, sans pouvoir en venir à bout. Le duc s'avança pour le secourir; mais don Quichotte lui cria : Que personne ne s'en mêle, je vous prie, qu'on me laisse faire. Je suis ravi de le tenir entre mes mains, ce démon, ce sorcier, cet enchanteur; et je veux lui apprendre quel homme est don Quichotte de la Manche. Cependant le chat, qui ne s'étonnait point du bruit, ne serrait que plus fort et ne cessait de gronder, comme pour défendre sa proie; mais enfin le duc l'arracha et le jeta par la fenêtre. Don Quichotte demeura sanglant, déchiré, et encore plus irrité de ce qu'en lui ôtant des mains ce vieillaque d'enchanteur on lui avait ôté le plaisir d'en triompher. On fit vite apporter une espèce d'onguent; et la belle Altisidore elle-même, avec ses blanches mains, appliqua des emplâtres sur les blessures du chevalier, lui disant tout bas : Toute cette fâcheuse aventure, cruel et ingrat chevalier, est le châtiment de la cruauté que tu as pour les dames; et je prie Dieu que ton écuyer oublie de se donner les coups de fouet qu'il a promis, afin que tu ne puisses jamais jouir des embrassements de ta chère Dulcinée, au moins pendant que je serai au monde, moi qui t'adore. A ces reproches, don Quichotte ne répondit que par un profond soupir, et s'alla mettre au lit, après avoir remercié le duc et la duchesse, non pour la peur qu'il eut de cette canaille d'enchanteurs déguisés, mais pour l'affection qu'ils avaient témoignée en le voulant secourir. Le duc et la duchesse se retirèrent bien fâchés du mauvais succès de leur plaisanterie, qui obligea don Quichotte de garder cinq ou six jours le lit et la chambre. Il lui arriva, peu de temps après, une aventure plus plaisante; mais il est temps de retourner à Sancho, que nous trouverons assez embarrassé dans son gouvernement.

CHAPITRE XLIII.

Suite du gouvernement du grand Sancho Pança.

L'audience finie, on porta Sancho dans un magnifique palais, où il trouva le couvert dressé. Sitôt qu'il fut entré, quantité de hautbois et d'autres instruments firent entendre des fanfares de réjouissance, pendant qu'on servit le dîner; et quatre pages vinrent lui donner à laver, ce qu'il reçut avec une gravité digne d'un gouverneur. La musique cessa, et Sancho se mit à table seul, car il n'y avait qu'un couvert. Un homme qu'on reconnut bientôt après pour médecin se plaça debout à côté de lui, tenant à la main une petite baguette de baleine; en même temps on leva une grande nappe qui couvrait quantité de plats chargés de fruits et de diverses sortes de viandes. Celui qui servait d'aumônier ayant fait la bénédiction, un page remit à Sancho une serviette toute bordée de point, et le maître d'hôtel lui servit un plat de fruits. Le gouverneur y porta aussitôt la main; mais il n'en eut pas plutôt goûté que le médecin baissa sa baguette, et on l'ôta promptement. Le maître d'hôtel le remplaça par un autre; comme le gouverneur en voulait goûter, la baguette porta dessus, et un page le desservit avec la même promptitude que l'autre. Sancho, regardant tout le monde, demanda ce que cela signifiait, et si on ne dînait dans l'île qu'avec les yeux. Monseigneur, répondit le médecin, on ne mange ici que selon la coutume des autres îles où il y a des gouverneurs. Je suis médecin, monseigneur, gagé dans cette île pour être celui du gouverneur; c'est moi qui suis chargé de veiller sur sa santé, étudiant pour cela jour et nuit, et tâchant de connaître à fond son tempérament pour savoir comment je le dois traiter quand il tombe malade; et c'est principalement pour ce sujet que j'assiste toujours à ses repas, pour l'empêcher de manger les choses que je reconnais être nuisibles à sa santé. C'est pourquoi j'ai fait ôter le plat de fruits, par la raison qu'il est trop humide, et l'autre de viande, parce qu'elle est extrêmement chaude et trop abondante en épiceries qui sont corrosives et excitent la soif: car celui qui boit beaucoup consume et étouffe l'humidité radicale, qui est le principe de la vie. De cette façon, répliqua Sancho, il n'y a pas de danger que je mange de ces perdrix, qui ne sont que rôties. Non pas, s'il vous plaît, monseigneur, repartit le médecin, Dieu vous en préserve, et moi de le souffrir. Pourquoi? dit Sancho. Parce que notre grand maître Hippocrate, la lumière de la médecine, dit dans ses aphorismes: *Omnis saturario, mala, perdicum autem pessima* ; c'est-à-dire « que toute réplétion est mauvaise, et celle qui vient des perdrix est la pire de toutes. »

Puisqu'il en est ainsi, dit Sancho, que monsieur le médecin examine dans tous ces mets ce qui m'est bon ou mauvais, et qu'ensuite il me laisse faire, sans jouer ainsi de la baguette sur les plats, car je meurs de faim, après tout; et n'en déplaise à la médecine, c'est me vouloir faire mourir que de m'empêcher de manger. Votre excellence a raison, répondit le médecin;

aussi suis-je d'avis qu'on ôte ces lapereaux, parce que c'est une viande terrestre et mélancolique. Pour le veau de lait, s'il n'était point rôti et mariné, on en pourrait goûter, mais de cette sorte je ne le vous conseille pas. Pour ce grand plat-là, qui fume, et qui, si je ne me trompe, est un pot-pourri, il ne doit pas y avoir de danger : car, ces pot-pourris étant faits de toute sorte de viandes, je ne saurais manquer d'en trouver quelqu'une qui soit bonne pour mon estomac? *Absit*, dit le médecin ; c'est une grande erreur que ces pots-pourris ; il n'y a pas de plus dangereuse ni plus grossière viande au monde. Il faut la laisser aux chanoines, aux cordeliers et pour les noces des paysans, qui digéreraient les pierres ; pour messieurs les gouverneurs, on ne leur doit servir que des viandes délicates et sans assaisonnement ; la raison en est que les médecines simples sont toujours meilleures que les composées : dans les simples on ne peut errer ; dans les composées beaucoup, à cause de la quantité de choses qui les composent et qui en altèrent la qualité. Mais, pour l'heure, ce que doit manger son excellence pour entretenir et corroborer sa santé, c'est une douzaine de cornets avec quelques légères lèches de coins, qui sont admirables pour sa poitrine, et lui feront faire une digestion congruente. Sancho, voyant que le médecin ne parlait plus, se renversa dans sa chaise, et, considérant attentivement monsieur le docteur, il lui demanda comment il s'appelait, et où il avait fait ses études. Monsieur, répondit-il, on m'appelle le docteur Pedro Recio de Aquero, et je suis natif d'un village qu'on nomme Tirteafuera, situé entre Caraquel et Almodobar-del-Campo, en tirant sur la droite, et j'ai pris le bonnet de docteur dans l'université d'Osuna. J'en suis bien aise, dit Sancho ; et regardant le médecin avec des yeux pleins de colère : Eh bien ! monsieur le docteur de Pedro Recio de Aguero, natif de Tirteafuera, entre Caraquel et Almodobar, videz-moi tout-à-l'heure de la chambre, sinon je jure que, si je prends une corde, je vous étranglerai sur-le-champ, avec tout autant de médecins qu'il y en a dans l'île, au moins de ceux que je reconnaîtrai pour ignorants : car, pour ceux qui sont savants et discrets, je les honore et les estime. Encore une fois ! messire Pedro Recio, qu'on me décharge le plancher, ou je vous coiffe de ma chaise, et vous envoie exercer le métier dans l'autre monde. Et s'en plaigne qui voudra ; j'aurai fait un grand service à Dieu en assommant un assassin de médecin, et qu'on me donne à manger, ou qu'on reprenne le gouvernement : de tout métier qui ne nourrit pas son maître je n'en passerai pas la porte.

Le médecin, épouvanté de la colère et de la menace du gouverneur, voulut effectivement gagner la porte ; mais on entendit au même moment dans la rue le bruit d'un cornet de postillon, et le maître d'hôtel ayant regardé par la fenêtre : C'est, dit-il, un courrier de monseigneur le duc; il faut qu'il s'agisse de quelque affaire importante. Le courrier entra tout suant et hors d'haleine, et, tirant un paquet de son sein, il le présenta au gouverneur, qui le mit entre les mains de l'intendant, et lui dit de voir à qui il s'adressait. L'intendant lut l'adresse ainsi conçue : *A don Sancho Pança, gouverneur de l'île de Barataria, en main propre, ou en celle de son secrétaire.* Et qui est mon secrétaire? demanda Sancho. C'est moi, monseigneur, répondit un jeune homme, je sais lire et écrire, et suis Biscayen, pour vous servir. Avec cette queue, dit Sancho, vous pourriez être le secrétaire de l'empereur même ; ouvrez ce paquet, et voyez ce que c'est. Le nouveau secrétaire lut la lettre, et dit au gouverneur que c'était une affaire dont il ne pouvait l'entretenir qu'en secret. Sancho fit signe que tout le monde se retirât, hors l'intendant et le maître d'hôtel; ce qui fut fait aussitôt, et le secrétaire lut tout haut ce qui suit :

« J'ai eu avis, seigneur don Sancho Pança, que quelques ennemis de votre île et des miens ont résolu de vous surprendre une de ces nuits ; il faut veiller et vous tenir sur vos gardes, pour n'être pas pris au dépourvu. J'ai encore appris, par des espions sûrs, que quatre hommes déguisés sont entrés dans votre ville pour vous poignarder, parce qu'ils craignent votre esprit et votre conduite. Faites donc faire bonne garde ; observez soigneusement tous ceux qui vous parlent, et ne mangez de rien de ce que l'on vous servira, crainte de supercherie. J'aurai soin de vous envoyer du secours, s'il est nécessaire. Adieu : je me remets à votre prudence des suites de toute cette affaire. Ce 16 d'août, vers les quatre heures du matin.

Votre ami LE DUC. »

Sancho, fort étonné de la nouvelle (et les autres ne le paraissant pas moins), dit à l'intendant : Ce qu'il faut faire, monsieur l'intendant, tout à l'heure et sans perdre de temps, c'est de mettre le docteur Recio dans un cul de basse-fosse, les fers aux pieds et aux mains : car, si quelqu'un veut entreprendre sur ma vie, ce ne peut être que lui ; il a déjà assez montré qu'il me voulait faire mourir de faim. Il me semble aussi, monseigneur, dit le maître d'hôtel, que vous ne devez rien manger de tout ce que voilà, car ce sont des présents fait par des religieuses, et d'ordinaire le diable est derrière la croix. Vous n'avez pas tout le tort, répondit Sancho ; pour l'heure, qu'on me donne seulement un quartier de pain et un plat de raisin : on ne se sera pas avisé de les empoisonner. Car, après tout, je ne puis me passer de manger ; et puisqu'il faut se préparer à la bataille, il est bon de se nourrir : car c'est la panse qui soutient le cœur, et non pas le cœur la panse. Vous, secrétaire, faites réponse à monseigneur le duc, et mandez-lui qu'on fera tout ce qu'il ordonne, sans manquer à rien. N'oubliez pas de faire mes baise-mains à madame la duchesse. Fourrez encore dans votre lettre des baise-mains de ma part à monseigneur don Quichotte de la Manche, afin de lui prouver que je ne suis pas un ingrat. Vous ajouterez tout ce que vous jugerez à propos, en habile secrétaire. Cependant, ajouta-t-il, qu'on desserve ces viandes, et qu'on me donne à manger, on verra ensuite si je me soucie ni d'espions, ni d'enchanteurs, ni d'assassins.

Le docteur Pedro Recio de Tirteafuera, que voilà présent, veut me faire mourir de faim et jure que c'est ma santé. Dieu la lui donne pareille, à lui et à tous les médecins de sa sorte ! Tous ceux qui connaissaient Sancho Pança étaient émerveillés de l'entendre parler si raisonnablement et ne savaient plus que penser, si ce n'est que les grands emplois et les charges importantes donnent quelquefois des lumières, comme elles accablent souvent l'esprit. Le docteur Pedro Recio promit au gouverneur de lui faire donner un grand souper le soir, dût-il aller contre tous les aphorismes mes d'Hippocrate, et cette assurance lui fit oublier tout le mécontentement qu'il avait contre lui. Le soir venu (il lui semblait qu'il ne devait jamais venir), on lui servit un morceau de vache à l'oignon ; avec deux pieds de veau, un peu plus gros qu'ils ne devaient être ; le bon gouverneur les regarda avec joie et les attaqua avec autant d'appétit que si c'eussent été des perdrix ou des faisans, et, au milieu du repas, se tournant vers Pedro Recio : Comme vous voyez, monsieur le docteur, lui dit-il, il ne faut point se mettre en peine dorénavant de me faire servir des choses si délicates, parce que ce serait forcer mon estomac, qui n'y est pas accoutumé, et qui se trouve fort bien du bœuf, du lard, des navets et des oignons; et si, par aventure, on lui donne d'autres viandes de cour, il les reçoit avec dégoût, et bien souvent il les rejette. Ce n'est pas que, s'il prend fantaisie au maître d'hôtel de changer quelquefois, il peut bien me donner de ces pots pourris, qui plus ils sont pourris meilleurs ils sont; et là dedans il n'a qu'à fourrer tout ce qu'il voudra. Mais, après tout, que personne ne s'avise de venir faire ici le moqueur, car enfin, ou nous sommes, ou nous ne sommes pas. Vivons et mangeons tous en paix, puisque, quand Dieu nous envoie le jour, c'est pour tout le monde. Pour moi je ferai en sorte de gouverner cette île sans faire tort à personne; mais aussi je ne veux pas perdre mes droits, car il faut que tout le monde vive. Que chacun ait l'œil alerte et qu'on aille droit en besogne, autrement le diable est aux vaches, et si on me fâche, on trouvera à qui parler; si on ne m'en veut pas croire, qu'on l'essaie, on verra de quel bois je me chauffe.

Monseigneur, dit le maître d'hôtel, votre seigneurie a raison en tout, et je vous réponds aussi, au nom de tous les habitants de cette île, que vous serez servi et obéi ponctuellement, avec amour et respect : la douceur que vous leur faites voir dans ces commencements ne leur inspire point de pensées qui soient contre votre service. Je le crois, repartit Sancho, et ils seraient des extravagants s'ils en usaient autrement. Je vous le dis donc encore une fois, sans que j'aie la peine de le redire davantage, je prétends qu'on ait soin de moi et de mon grison; en un mot, voilà de quoi il s'agit, et de cette façon nous serons tous contents. Cependant, quand il sera temps de faire la ronde, qu'on m'en avertisse, parce que mon intention est de purger cette île de toute sorte de vagabonds et de fainéants; car vous savez, mes amis, que les gens oisifs et les batteurs de pavé sont aux États ce que sont aux abeilles les frelons, qui mangent et dissipent ce qu'elles amassent avec beaucoup de travail. Je prétends soulager les laboureurs et les gens de journée, conserver les priviléges des nobles, récompenser ceux qui font de bonnes actions, que tout le monde ait du respect pour la religion et honore les gens d'église. Que dites-vous à cela, mes amis? Parlé-je bien ou mal? Vous parlez bien, monseigneur le gouverneur, dit l'intendant; je suis tout étonné de voir qu'un homme sans lettres et sans aucune science, car je crois que vous ne vous en piquez point, puisse dire de si excellentes choses et autant de sentences que de paroles; assurément ceux qui vous envoient ici et ceux que vous y trouvez ne s'y attendaient pas : aussi voit-on tous les jours des choses nouvelles. Le gouverneur ayant, avec la permission du docteur Pedro Recio, soupé assez largement, sortit pour faire la ronde, accompagné de l'intendant, du secrétaire, du maître d'hôtel et de l'historien chargé d'écrire ses hauts faits, quelques huissiers, archers et d'autres, en assez grand nombre pour faire une compagnie raisonnable, lui marchant au milieu de tous avec le bâton de commandant à la main. Ils n'avaient pas encore visité deux rues qu'ils entendirent un cliquetis d'épées; ils y coururent aussitôt et virent deux hommes qui se battaient, et qui reconnaissant que c'était la justice, s'arrêtèrent et l'un des deux s'écria : Est-ce qu'il faut souffrir qu'on vole ici publiquement et que l'on assassine au milieu des rues! Arrêtez-vous, homme de bien, dit Sancho, et contez-moi le sujet de la querelle, c'est moi qui suis votre gouverneur.

Monsieur le gouverneur, dit l'autre, je m'en vais vous le dire en deux mots : Votre excellence saura que ce gentilhomme vient de gagner dans une académie ici près plus de mille réales; j'en ai été témoin, et Dieu sait combien j'ai jugé de coups en sa faveur et contre ma conscience! Il s'est levé pour partir avec son gain; j'espérais que du moins, il me donnerait quelques écus, puisque c'est la coutume de faire un présent aux gens de condition qui se trouvent là pour juger les coups et empêcher les querelles, il a serré son argent et est sorti sans me regarder; j'ai couru après lui, un peu en colère de son procédé, et avec des paroles civiles je l'ai prié de me donner cinq ou six écus, parce qu'il sait bien que je suis homme de qualité, n'ayant jamais rien eu de père ni de mère; et ce ladre-là ne m'a jamais offert plus de quatre réales. Je vous en fais juge, monsieur le gouverneur, quelle vilenie! Mais, en bonne foi, si vous n'étiez pas venu si tôt, je lui aurais bien fait rendre gorge. Que répondez-vous à cela! demanda Sancho à l'autre. Il répondit que tout ce que son adversaire venait de dire était véritable, qu'il n'avait pas voulu lui donner plus de quatre réales, parce qu'il lui en donnait souvent; et de plus, ajouta-t-il, il me semble que ceux qui demandent doivent recevoir agréablement ce qu'on leur présente, sans marchander, à moins qu'ils ne sachent d'une manière précise qu'ils aient pipé. Et, pour faire voir que je ne suis rien de tout ce que dit cet honnête homme, je n'en veux d'autres preuves, sinon que je ne lui ai rien voulu donner, car les pipeurs sont toujours tributaires de ceux qui les voient tromper. Cela est vrai, dit l'intendant. Monseigneur, que plaît-il à votre excellence qu'on fasse de ces deux hommes? Ce qu'il y a faire, le voici, dit Sancho : Vous, gagneur de bon ou de mauvais jeu, donnez tout de suite à votre ennemi cent réales, et trente autres pour les prisonniers; et vous, qui n'avez ni office, ni bénéfice et qui rôdez la nuit par cette île, et Dieu sait pourquoi, prenez ces cent réales, et demain du matin partez de cette ville et n'y rentrez de dix ans, si vous ne voulez qu'il vous en coûte la vie, car je vous jure que si je vous y trouve, je vous pendrai tout net à une belle potence, ou, pour le moins, le bourreau par mon ordre; et que personne ne me réplique, ou je lui donnerai sur les oreilles. La sentence fut exécutée sur-le-champ, autant qu'elle put l'être, et le gouverneur continua de la sorte : Ou je n'y aurai pas de pouvoir, ou j'abolirai tous ces brelans, et il ne sera pas dit qu'il y ait des maisons de désordre tant que je serai gouverneur.

Pour cette académie-là, monsieur, dit le greffier, il serait malaisé de l'empêcher; c'est un homme de grande qualité qui donne à jouer, et qui perd assurément beaucoup plus d'argent dans l'année qu'il n'en tire de profit; mais monseigneur, vous aurez de quoi exercer votre pouvoir contre un tas de gens de moindre étoffe, qui donnent à jouer à tout venant, et chez qui il se fait mille friponneries, car les filous ne sont pas assez hardis pour exercer leur métier chez les gens de qualité; et puisque enfin c'est une nécessité de souffrir le jeu, il vaut mieux que l'on joue chez les gens de condition que chez des affamés, qui ne font ce commerce que pour vivre, et où il n'y a nulle sûreté. Il y a bien à dire à tout cela, greffier, répliqua Sancho; mais nous y penserons à loisir. Il achevait ces mots lorsqu'arriva un archer qui traînait un jeune homme. Monseigneur, dit-il, ce jeune compagnon venait vers vous; mais à peine s'est-il aperçu que c'était la ronde, que le drôle a enfilé la venelle et s'est mis à fuir de toute sa force, preuve que c'est quelque délinquant qui craint la justice. J'ai couru après lui, et, s'il n'était pas tombé, je ne l'aurais jamais attrapé. Pourquoi fuyiez-vous? mon ami, demanda Sancho. Monseigneur, répondit le jeune homme, pour éviter toutes les interrogations de la justice. De quel métier êtes-vous, je vous prie? Tisserand. Et qu'est-ce que vous tissez? Des fers de lance, par aventure. Ah! ah! repartit Sancho, vous êtes donc un plaisant, et vous vous mêlez de bouffonner, j'en suis bien aise. Et où prend-on l'air de cette île? dit Sancho. Là où il souffle, monseigneur. C'est fort bien répondre pour un jeune homme, dit Sancho; je vois bien que vous en savez long. Imaginez-vous, monsieur le plaisant, que c'est moi qui suis l'air, que je vous souffle en poupe, et que je vous chasse vers la prison. Holà! qu'on me l'y mène à l'instant; j'empêcherai bien qu'il ne dorme cette nuit à l'air, aussi bien n'est-il déjà que trop éventé. Pardi! monseigneur, dit le jeune homme, vous me ferez dormir dans la prison aussi vrai que je suis Turc. Et pourquoi donc ne te ferai-je pas dormir en prison, insolent? repartit Sancho; n'ai-je pas le pouvoir de t'y faire mener et de t'en tirer quand il me plaira? Ma foi, vous auriez cent fois plus de pouvoir que vous ne m'y feriez point dormir, répondit le jeune homme. Comment, répliqua Sancho, on se moque ici de moi! Qu'on me l'entraîne en prison sur-le-champ, et qu'il voie de ses propres yeux si je suis le maître ou non; et si le geôlier est assez sot pour le laisser sortir, je le condamne dès à présent à deux mille ducats d'amende. Vous dites cela pour rire monsieur, repartit le bouffon, et je défie tous les hommes du monde de me faire dormir cette nuit en prison, dût-on m'écorcher vif. Es-tu le diable? dit Sancho en colère, et as-tu quelque esprit familier qui te vienne ôter les fers que je vais te faire mettre? Or çà, monsieur le gouverneur, dit le jeune homme, parlons raison et venons au fait. Je suppose que votre seigneurie m'envoie en prison, qu'on me mette dans un cachot, les fers aux pieds et aux mains et qu'on me garde à vue : avec tout cela, si je ne veux pas dormir, et que je veuille passer toute la nuit les yeux ouverts, votre pouvoir sera-t-il capable de me faire dormir? Non assurément, dit le secrétaire, et le jeune homme a raison. Ainsi donc, ajouta Sancho, vous ne vous empêcherez de dormir que pour suivre votre fantaisie, et non pas pour contrevenir à ma volonté? Très assurément monsieur, répondit-il, et je ne le pense pas autrement. Allez-vous-en donc, à la bonne heure, dit Sancho. Allez-vous-en chez vous dormir à votre aise, et je ne prétend pas l'empêcher; mais je vous conseille à l'avenir de ne point badiner avec la justice. Le jeune homme se retira.

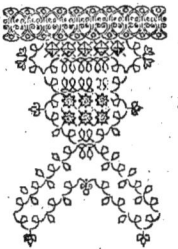

CHAPITRE XLIV.

Le duc et la duchesse jouent de nouveaux tours à don Quichotte.

La duchesse et le duc pensèrent encore à de nouveaux moyens de se divertir de leur hôte. On envoya dans ce but, un exprès à Thérèse Pança, femme de Sancho, avec une lettre de lui, une autre de la duchesse, et une chaîne de corail dont elle lui faisait présent. On choisit un laquais qui avait de l'esprit. Il partit après avoir été bien instruit par le duc de ce qu'il avait à faire; dès qu'il fut à l'entrée du village, il demanda à des femmes qui lavaient du linge, s'il y avait dans le village une femme appelée Thérèse Pança, femme d'un certain Sancho Pança, qui servait d'écuyer à un chevalier appelé don Quichotte de la Manche. A cette demande se leva une jeune fille qui lavait avec les autres, et elle dit au page : Cette Thérèse Pança est ma mère, monsieur : ce Sancho, c'est mon père, et ce chevalier est notre maître. Bon, dit le page; venez avec moi, la belle enfant, et me faites parler à votre mère, car j'ai une lettre et un présent à lui donner de la part de votre père. Je le veux de bon cœur, monsieur, répondit la jeune fille ; et, laissant le linge qu'elle lavait à sa voisine, sans se chausser, tant elle avait hâte, elle marcha gaillardement devant le page, en lui disant : Venez monsieur, venez, notre maison est à l'entrée du village, et ma mère y est. Elle est bien en peine, car il y a longtemps qu'elle n'a reçu des nouvelles de mon père. Eh bien! repartit le page, je lui en apporte de si bonnes, qu'elles la consoleront bientôt.

Enfin la petite Sancho fit tant par ses sauts, tantôt dansant, tantôt courant, qu'elle arriva à la maison ; et, de si loin qu'elle crut pouvoir être entendue : Sortez! ma mère, sortez! s'écria-t-elle : voici un monsieur qui apporte une lettre de mon père et d'autres choses qui vous réjouiront. Au cri de sa fille, Thérèse sortit avec sa quenouille, vêtue d'une cotte si courte qu'elle n'atteignait pas la moitié de ses jambes. C'était une femme qui avait quelque quarante ans, mais robuste, agissante, et d'une humeur gaillarde. Qu'est-ce donc cela, Sancha? dit-elle à sa fille ; qui est ce monsieur? C'est le très humble serviteur de madame Thérèse Pança, répondit le page. A ces mots, il sauta lestement à bas de sa monture, et mettant un genou en terre devant madame Thérèse, il lui dit : Que j'aie l'honneur de vous baiser la main, ma très honorée dame, comme à l'unique et légitime épouse du seigneur don Pança, gouverneur souverain de l'île de Barataria. Eh! fi! fi! monsieur, levez-vous, je vous en prie, dit Thérèse : je ne suis point une dame, mais une pauvre paysanne, fille d'un bûcheron, femme d'un écuyer errant, et non point d'un gouverneur. Votre seigneurie, repartit le page, est la très digne femme d'un très digne gouverneur; et pour preuve madame, lisez, s'il vous plaît, cette lettre et recevez ce présent. Il lui présenta en même temps une lettre et lui passa au cou la chaîne de corail dont les grains étaient garnis d'or. Cette lettre, ajouta-t-il, est de monsieur le gouverneur, et cette autre que voici, avec la chaîne, c'est madame la duchesse qui vous l'envoie.

Jamais Thérèse ne fut plus surprise ni sa fille plus joyeuse. Par ma foi, dit la petite, vous verrez que monsieur don Quichotte, notre maître, a donné à mon père le gouvernement qu'il lui avait si souvent promis. Vous avez raison, mademoiselle, répondit le page : c'est à la considération du seigneur don Quichotte que le seigneur Sancho est gouverneur de l'île de Barataria, comme vous verrez par cette lettre. Lisez-la-moi donc, mon gentilhomme, dit Thérèse : je sais bien filer, mais je ne sais pas lire. Vraiment, ni moi non plus, ajouta Sancha ; mais attendez, je trouverai bien qui la lira, ou monsieur le curé, ou le bachelier Samson Carrasco. Il n'est pas besoin de faire venir personne, dit le page : je ne sais point filer, mais je ne laisse pas de savoir lire et écrire. Il la lut donc telle que Sancho l'avait fait voir à la duchesse, et, prenant celle qu'elle écrivait à Thérèse, il lut ce que voici :

« Amie Thérèse, les bonnes qualités de Sancho, votre mari, et son grand esprit m'ont obligée de demander pour lui, à monsieur le duc, le gouvernement d'une île de plusieurs que nous avons. J'apprends qu'il gouverne comme s'il n'avait jamais fait autre chose, ce dont je suis fort contente, et et monsieur le duc ne se lasse point de louer Dieu du bon choix qu'il a fait : car, comme vous savez, madame Thérèse, il n'y a rien si difficile au monde que de trouver un bon gouverneur, et Dieu veuille me rendre aussi bonne que Sancho est bon ! Ce page vous remettra de ma part une chaîne de corail dont les grains sont garnis d'or. Je voudrais, ma chère amie, que ce fussent autant de perles orientales. J'espère qu'il viendra un temps où nous nous connaîtrons davantage, et que nous nous verrons. Je me recommande à la petite Sancha : dites-lui de ma part qu'elle se tienne en joie, et que je la marierai à un grand seigneur, lorsqu'elle y pensera le moins. On m'a dit ici que vous aviez dans vos cantons une belle espèce de glands ; envoyez-m'en deux douzaines : le présent me sera considérable, venant de vous ; et écrivez-moi bien au long de votre santé, de l'état où vous êtes, et de tout ce qui vous regarde ; et si vous avez besoin de quelque chose, vous n'avez qu'à le dire, vous serez servie à point nommé, Dieu vous tienne en sa garde !

« Votre bonne amie qui vous aime bien :
» LA DUCHESSE.

« De notre maison, un tel jour. »

Eh ! bon Dieu ! s'écria Thérèse, la bonne dame que voilà, et qu'elle est humble ! Je prie Dieu qu'on m'enterre avec de telles dames, et non pas avec celles de notre village, qui, parce qu'elles sont dames, ne veulent seulement pas que le vent les touche, et vont à l'église pimpantes comme si c'étaient des reines. Elles croiraient se faire grand tort si elles jetaient les yeux sur une paysane, et voilà madame la duchesse qui m'appelle son amie, et me traite comme si j'étais sa pareille ! Que je puisse la voir aussi haut élevée que le plus haut clocher de la Manche ! Pour ce qui est du gland qu'elle me demande, vous lui direz, monsieur, que je lui en enverrai un demi-boisseau, et elle verra elle-même s'il est beau et gros. Pour l'heure, Sancha, aie soin de monsieur, et qu'on traite son cheval comme lui-même. Cherche des œufs dans l'étable, coupe du lard, et traite-le comme un prince : sa bonne mine, et les nouvelles qu'il nous apporte méritent bien qu'on lui fasse bonne chère. En attendant, je m'en vais dire la joie que nous avons à nos voisines, à monsieur le curé et à monsieur le barbier, qui sont les bons amis de ton père. Allez, ma mère, répondit la petite, je ferai tout ce qu'il faut. Mais dites donc, vous me donnerez la moitié de votre collier au moins, car je ne pense pas que madame la duchesse soit assez mal apprise pour l'envoyer à vous seule. Il sera bien tout entier pour toi, ma fille, dit Thérèse; mais laisse-le-moi porter quelques jours, car cela me réjouit. Vous vous réjouirez bien davantage, dit le page, quand je vous ferai voir le paquet que j'ai dans cette valise; c'est un habit d'étoffe verte que monsieur le gouverneur a porté seulement une fois à la chasse, et il l'envoie tout entier à mademoiselle Sancha. Le bon Dieu bénisse mon père, dit la petite Sancha, et celui qui m'a apporté le présent! Thérèse sortit incontinent de chez elle, le collier de corail au cou et les lettres à la main; et, rencontrant par hasard le curé et Samson Carrasco, elle se mit à danser et sauter, en disant : En bonne foi, c'est à présent que nous n'avons plus de pauvres parents : nous avons notre part des gouvernements aussi bien que les autres; et qu'elles y viennent à cette heure nous mépriser, les demoiselles de village; elles trouveront à qui parler. Quelle folie est-ce donc que ceci, Thérèse, dit le curé; d'où vient cette grande joie, et quel papier tenez-vous là? Il n'y a autre folie, répondit Thérèse, sinon que voilà des lettres de duchesse et de gouverneur, et le chapelet que j'ai au cou est de fin corail, les grains sont de bon or, et je suis gouverneuse. Nous vous entendrons quand il plaira à Dieu, dit Carrasco; mais, pour le moment, il n'y a pas moyen de deviner. Vous l'allez voir tout à l'heure, repartit Thérèse : lisez seulement ces lettres.

Le curé les lut tout haut, et lui et Samson étaient encore plus étonnés qu'auparavant. Carrasco demanda qui avait apporté ces lettres. Venez-vous-en à la maison, dit Thérèse, et vous verrez le messager; c'est un jeune homme plus beau que le jour, et qui m'apporte d'autres présents. Le curé prit le chapelet, le considéra trois ou quatre fois; et, reconnaissant qu'il était de bon prix, il ne pouvait revenir de son étonnement. Par l'habit que je porte, s'écria-t-il, je n'y comprends rien : le présent est bon et de valeur; et voici une duchesse qui demande du gland par sa lettre, comme si c'était une chose rare, et qu'elle n'en eût jamais vu! Effectivement, cela est bizarre, dit Carrasco; mais allons voir le messager, nous apprendrons ce que cela veut dire. Ils partirent avec Thérèse, que la joie semblait avoir rendue folle, aux plaisantes choses qu'elle leur débitait. Ils virent en entrant le page qui criblait de l'avoine pour son cheval, et la petite Sancha qui coupait du jambon pour faire une omelette. Le page leur parut de bonne mine et en bon équipage; quand ils se furent salués les uns et les autres, Carrasco lui demanda des nouvelles de don Quichotte et de Sancho, disant que les lettres qu'ils venaient de lire ne faisaient que les embarrasser, qu'ils n'entendaient rien au gouvernement de Sancho, et surtout à cette île qu'on lui avait donnée, puisque toutes celles de la Méditerranée appartiennent au roi d'Espagne. Messieurs, repartit le page, il n'y a rien de plus vrai que le seigneur Sancho est gouverneur; mais que ce soit d'une île ou d'autre chose, je n'en dirai rien : en un mot, c'est une ville de plus de mille habitants. Pour ce qui est du gland que madame la duchesse demande à une paysanne, il ne faut point s'en étonner : elle n'est pas orgueilleuse, et je l'ai vue une fois emprunter un peigne d'une de ses voisines. Les dames d'Aragon, de quelque qualité qu'elles soient, ne font pas tant de façons que les dames de Castille, et elles vivent bien plus familièrement avec tout le monde.

Comme ils discouraient ainsi, la petite Sancha arriva avec des œufs dans le devant de sa robe, et dit au page : Dites-moi monsieur, monsieur, mon père a-t-il ses chausses attachées avec des aiguillettes, depuis qu'il est gouverneur ? Je n'y ai pas pris garde, répondit le page, mais il n'en faut pas douter. Eh bon Dieu ! continua Sancha, que je serai aise de voir mon père avec des chausses retroussées ! je l'ai toujours demandé à Dieu depuis que je suis au monde. Allez, allez, vous l'y verrez bientôt, répondit le page; et si le gouvernement dure seulement deux mois, vous le verrez aussi marcher avec un parasol et des lunettes. Le curé et le bachelier voyaient bien que le page se moquait de la mère et de la fille; mais ils ne savaient que juger, en voyant la riche chaîne et l'habit de chasse que Thérèse leur avait déjà montrés. Cependant ils riaient de bon cœur de la simplicité de Sancha ; mais ce fut bien pis quand Thérèse vint dire : Or çà, monsieur le curé, ne savez-vous point ici quelqu'un qui aille à Madrid ou à Tolède, parce que je voudrais acheter un vertugadin à la mode pour moi ! car, en bonne foi, je veux honorer le gouvernement de mon mari en tout ce que je pourrai, et, si je me fâche, je m'en irai à la cour, et j'aurai un carrosse comme les autres : une femme qui a son mari gouverneur est bien en état d'en avoir un. Hé ! plût à Dieu, ma mère, ajouta Sancha, que ce fût tout-à-l'heure ! quand ceux qui me verraient dedans devraient dire : Regardez-la donc, la fille de ce paysan, comme elle s'étend dans le carrosse ! ne dirait-on pas que c'est la papesse Jeanne ? Mais qu'ils enragent s'ils veulent, et qu'ils en disent ce qu'ils voudront, pourvu que j'aille à mon aise. N'ai-je pas raison, ma mère ? Vraiment oui, ma fille, répondit Thérèse, et mon mari me l'a toujours bien dit, que nous verrions venir le bon temps, jusqu'à me voir un jour comtesse. Cela ne fait encore que commencer à venir, mais le tout est de commencer ; et comme j'ai ouï dire à ton père : Si on te donne la vache, cours-y vite avec la corde; si on te donne un gouvernement prends-le à l'instant; et si on te donne un comté, ne le laisse pas échapper ; ce qui est bon à prendre est bon à rendre; et quand la fortune est à la porte, il faut lui ouvrir sans la faire attendre. Et qu'ils disent, s'ils veulent, quand ils me verront passer : Le lévrier s'est bien refait je l'ai vu qu'il avait le ventre bien plat. Qu'on dise tout ce qu'on voudra, dit Sancha, que m'importe, pourvu que je dîne.

En vérité, dit le curé, en écoutant ainsi parler la mère et la fille, je crois que toute cette race de Pança est venue au monde le ventre farci de proverbes : je n'en ai encore pas vu un seul qui n'en dise une douzaine. Il est vrai, dit le page, qu'ils ne coûtent guère à monsieur le gouverneur : il en entasse de toute sorte, tant de bond que de volée. Monsieur, dit Carrasco au page, dites-moi, je vous prie, sérieusement, ce que c'est que ce gouvernement de Sancho, et quelle duchesse il peut y avoir au monde qui écrive à sa femme et lui envoie des présents? car, quoique nous voyions les présents et les lettres, nous ne savons qu'en croire. Messieurs, répondit le page, tout ce que je puis dire, c'est qu'on m'a sérieusement envoyé ici avec ces lettres et ces présents ; que le seigneur Sancho Pança est effectivement gouverneur, et que monsieur le duc, mon maître, lui a confié ce gouvernement où il fait assurément des merveilles. Cela peut être ainsi, repartit Carrasco ; mais vous permettrez bien d'en douter. Tant qu'il vous plaira, dit le page : vous êtes le maître ; mais je vous ai dit la vérité ; et si vous voulez venir avec moi, vous le verrez de vos propres yeux. Moi, j'irai, cria

Sancha; prenez-moi en croupe sur votre monture, monsieur : je serai bien aise d'aller voir monsieur mon père. Les filles des gouverneurs, repartit le page, ne doivent point aller ainsi seules, mais en carrosse ou en litière, avec quantité de gens qui les accompagnent. Holà! vraiment oui, dit Sancha, j'irai aussi bien sur une jument que dans un carrosse : vraiment vous l'avez bien trouvée votre délicate! Tais-toi, petite, dit Thérèse à sa fille, tu ne sais ce que tu dis, et monsieur a raison. Il y a temps en temps, et qu'il t'en souvienne. Madame Thérèse parle fort bien, ajouta le page; mais qu'on me donne, je vous prie, un morceau à manger, et que je m'en aille : car je prétends être de retour ce soir. Monsieur, dit le curé, vous viendrez, s'il vous plaît, faire pénitence chez moi : madame Thérèse a plus de bonne volonté que de moyen de bien traiter un homme de votre sorte. Le page le remercia d'abord; mais il se rendit à la fin, et le curé fut bien aise de le pouvoir tenir en particulier pour apprendre des nouvelles sérieuses de don Quichotte et de Sancho. Le bachelier Carrasco offrit à Thérèse d'écrire ses réponses; mais elle ne voulut point qu'il se mêlât de ses affaires, le connaissant pour un moqueur; et elle s'adressa à un enfant de chœur, qui écrivit les deux lettres, l'une pour la duchesse, et l'autre pour Sancho, qu'elle dicta elle-même.

CHAPITRE XLV.

Suite du gouvernement de Sancho Pança.

L'intendant employa la soirée à écrire au duc tout ce que faisait et disait Sancho. Le jour venu, monsieur le gouverneur se leva, et, sur l'ordonnance de Pedro Recio, on le fit déjeûner d'un peu de conserve et d'un verre d'eau fraîche, ce que Sancho eût donné de bon cœur pour un morceau de pain bis. Mais enfin, il fit semblant d'être content de ce qu'on lui offrait, le médecin lui disant que manger peu et des choses délicates réveille l'esprit, ce qui est nécessaire à ceux qui remplissent des charges importantes, où l'on a besoin de présence d'esprit bien plus que des forces du corps. Avec ces beaux raisonnements, Sancho mourait de faim, et maudissait en son ame et le gouvernement et celui qui le lui avait donné. Il ne laissa pas cependant de donner audience ce jour-là, et le premier qui se présenta, ce fut un étranger qui proposa cette question : Monseigneur, une grande rivière sépare en deux les terres d'un même seigneur. Je supplie votre excellence de m'écouter avec attention, car le cas est important et un peu difficile. Sur cette rivière, il y a un pont, à un des bouts duquel est une potence, et tout auprès une petite maison où il y a d'ordinaire quatre juges établis pour faire observer la loi du seigneur de la terre, dont voici la teneur : « Tout homme qui voudra passer d'un bout à l'autre de ce pont doit, premièrement, affirmer par serment d'où il vient, et où il va S'il dit la vérité, qu'on le laisse passer ; et s'il fait un faux serment, qu'il soit pendu sans rémission à ce gibet. »

Cette loi étant connue de tout le monde, ceux qui se présentaient pour passer étaient interrogés ; on les faisait jurer, et s'ils disaient vrai on les laissait passer librement. Un jour il arriva qu'après avoir pris le serment d'un homme, il dit qu'il venait d'un certain endroit, et qu'il allait mourir à cette potence ; les juges examinèrent ce dire, et ils disaient : Si nous le laissons passer, il fait un faux serment, et suivant la loi il doit mourir ; mais si nous le faisons pendre, il aurait dit vrai, et suivant la même loi on doit le laisser passer. On vous demande monseigneur, ce que les juges doivent faire de cet homme, car ils en doutent encore à présent sans pouvoir se déterminer ; ayant appris par le bruit public combien vous êtes clairvoyant dans les matières les plus difficiles, ils m'ont envoyé vers vous, monseigneur, pour vous supplier de dire votre sentiment sur une chose si embarrassante. A vous dire vrai, répondit Sancho, ceux qui vous envoient ici auraient bien pu s'en passer ; je ne suis pas aussi subtil qu'il pensent, et ce qui paraît un homme au dehors n'est bien souvent qu'une bête au dedans. Néanmoins dites-moi encore une fois votre question, que je tâche de la bien comprendre ; peut-être qu'à force de bien viser nous toucherons le but. L'autre recommença la question, et la posa le plus clairement qu'il put, et Sancho ayant un peu rêvé : Cet homme-là est un peu embarrassant, dit-il, que ne passait-il d'un autre côté ! Il me semble pourtant, continua-t-il, qu'on peut éclaircir le cas en deux mots ; et voici comment : Cet homme jure qu'il va mourir à cette potence, et s'il meurt il a dit vrai ; or, en disant vrai, par la loi on doit le laisser passer le pont ; et, si on ne le pend point, il a menti, et il doit être pendu. N'est-ce pas cela ? Vous l'entendez admirablement, monseigneur, répondit l'étranger, et voilà précisément le fait. Voici donc ce qu'il faut faire, dit Sancho : Il faut laisser passer la partie de l'homme qui a dit vrai, et pendre celle qui a menti ; de cette sorte la loi sera pleinement accomplie dans toute sa teneur. Mais, monseigneur, repartit l'étranger, il faudrait donc séparer cet homme en deux parties, et cela ne se pouvant faire sans qu'il meure, la question ne sera pas vidée. Écoutez, monsieur, répliqua Sancho : ou je suis un sot, ou il y a autant de raison de laisser vivre ce passant que de le faire mourir, parce que si le mensonge le condamne, la vérité le sauve : ainsi donc je suis d'avis que vous disiez à ces messieurs qui vous ont envoyé que, puisqu'il est aussi raisonnable de l'absoudre que de le condamner, ils le laissent aller en paix ; car on loue toujours plus les juges d'être doux que d'être rigoureux, et cela je le signerais de ma main, si je savais signer, et je veux bien vous apprendre que je ne le dis pas de ma tête ; mais je me suis souvenu d'une chose que monseigneur don Quichotte me dit, entre plusieurs autres, la nuit avant que je partisse pour venir gouverner cette île, c'est que, quand je trouverais un cas douteux, je fisse miséricorde, et Dieu a voulu que je m'en sois ressouvenu ici tout à propos. Monseigneur, dit l'intendant, ce jugement est si équitable, que ceux qui ont fait les lois n'en sauraient donner un meilleur. En voilà assez, s'il vous plaît, pour l'audience de ce matin : je m'en vais donner ordre de vous faire bien dîner. Cela est bon, dit Sancho, qu'on me nourrisse bien, et qu'on me fasse question sur question ; si je ne vous les éclaircis comme un crible, dites que je suis un sot. L'intendant accomplit sa parole : car il se faisait conscience de laisser mourir de faim un gouverneur de si bon sens, et un juge si éclairé.

Sancho passa l'après-dîner à faire des réglements pour la police. Il défendit de tenir cabaret; mais il permit de faire venir du vin de quel côté on voudrait, pourvu qu'on déclarât d'où il était, afin qu'on y pût mettre le prix suivant la bonté et l'estime qu'on faisait du cru; ordonnant que celui qui y mêlerait de l'eau ou le dirait d'un autre endroit serait condamné à mort. Il modéra le prix de toute sorte de chaussures, et principalement celui des souliers, qui lui semblait excessif. Il fixa les gages des valets, à qui il trouvait qu'on donnait de trop. Il y eut de grandes peines contre ceux qui chanteraient des chansons trop libres. Il défendit qu'aucun aveugle se mêlât de chanter des miracles dans ses chansons, à moins de produire des témoins authentiques de la vérité du miracle; car il lui semblait que la plupart étaient inventés et faisaient tort aux véritables. Il créa un archer des pauvres, non pas pour les chasser, mais pour examiner s'ils l'étaient véritablement, parce qu'en feignant d'être estropiés ou de tomber du haut mal, on ne voit que des coupeurs de bourse et des ivrognes. En un mot, il fit des ordonnances si équitables et si utiles, qu'on les observe encore aujourd'hui dans ce lieu-là, et on les appelle les *Constitutions du grand gouverneur Sancho Pança.*

CHAPITRE XLVI.

Aventure de la seconde Doloride, autrement la dame Rodriguez.

Don Quichotte, ennuyé de la vie trop oisive qu'il menait dans ce château, résolut de prendre congé du duc et de la duchesse, et d'aller à Saragosse pour se trouver au tournoi qui s'y devait faire, et dont il prétendait remporter tout l'honneur. Il était à table avec le duc, dans la résolution de lui faire part de son dessein, et il avait même déjà commencé à faire un compliment sur ce sujet, lorsqu'on vit entrer deux femmes toutes vêtues de deuil; l'une d'elles se jeta aux pieds de notre chevalier, et, en les lui baisant, poussait de si profonds soupirs, qu'elle semblait être sur le point d'expirer de douleur. Il n'y avait personne qui ne fût étonné de ce spectacle; et quoique le duc et la duchesse s'imaginassent que leurs gens voulaient jouer quelques nouveaux tours à don Quichotte, néanmoins il paraissait une affliction si naturelle dans l'action de cette femme, qu'ils ne savaient que penser, et n'étaient pas moins surpris que les autres.

Don Quichotte, touché de compassion, fit relever cette affligée, et l'ayant priée d'ôter son voile, elle fit voir un visage tout mouillé de larmes, dans lequel on reconnut tous les traits de la vénérable Rodriguez, dame d'honneur de la duchesse, comme elle l'était effectivement; on vit aussi que celle qui l'accompagnait était sa fille, que le fils d'un riche laboureur avait abusée. Cette vue redoubla l'étonnement de tout le monde, et particulièrement du duc et de la duchesse; car, quoiqu'ils connussent Rodriguez pour une créature simple jusqu'à la sottise, ils ne pouvaient pourtant s'imaginer qu'elle portât la simplicité jusqu'à faire des extravagances.

Enfin la dame Rodriguez se tourna du côté du duc et de la duchesse, et après leur avoir fait une profonde révérence : Je supplie très humblement vos excellences, dit-elle, de me donner permission de m'entretenir un peu avec ce chevalier, parce que j'ai besoin de lui pour sortir à honneur d'un embarras où m'a mise l'insolence d'un méchant paysan. Vous le pouvez, lui dit le duc; et vous n'avez qu'à dire au seigneur don Quichotte tout ce que vous voudrez. Alors la dame Rodriguez s'adressant à don Quichotte, lui dit : J'ai appris aujourd'hui que vous voulez sortir de ce château pour chercher des aventures, et je prie Dieu de vous les donner bonnes; mais je désirerais bien, avant que vous vous mîssiez en chemin, que vous voulussiez défier le garçon qui a trompé ma fille et le contraindre de l'épouser, pour accomplir la promesse qu'il lui a faite. Voilà, monsieur le chevalier, ce que j'avais à vous dire. Don Quichotte répondit de la sorte : Ma chère dame, essuyez vos larmes; je me charge de faire rendre justice à votre fille, qui aurait sans doute mieux fait de ne pas croire si légèrement aux serments des amants, qui sont d'ordinaire légers à promettre, et tiennent rarement leur parole; mais enfin le mal étant fait, il faut penser aux remèdes, et je vous promets, avec la permission de monseigneur le duc, d'aller incessamment chercher ce téméraire jeune homme. Je le trouverai, je le défierai et vous en rendrai bon compte; s'il est assez lâche pour refuser l'accomplissement de sa parole, je vous le mets entre les mains pour en faire ce qu'il vous plaira.

Il ne sera pas besoin, seigneur chevalier, répondit le duc, que vous vous mettiez en peine de chercher le paysan dont se plaint cette dame; et vous n'avez que faire de me demander permission de le défier; je vous le donne pour défié, je me charge de l'informer de votre cartel, et de le lui faire accepter. Il viendra ici répondre pour lui-même; je vous donnerai à tous deux le champ libre, et toute sorte de sûreté en observant toutes les conditions usitées en de semblables occasions, et faisant à chacun une égale justice. Avec l'assurance que me donne votre grandeur, répondit don Quichotte, je renonce aujourd'hui aux droits de la noblesse et de la chevalerie, pour me rabaisser jusqu'à la condition de l'offenseur; je me rends son égal, et le rends égal à moi, afin qu'il soit en état de mesurer sa lance avec la mienne. Ainsi donc, tout absent qu'il est, je le défie comme traître pour avoir abusé de cette pauvre demoiselle et lui avoir ravi l'honneur; il accomplira la parole qu'il lui a donnée d'être son mari, ou il le paiera de sa vie. En même temps, tirant un de ses gants, il le jeta au milieu de la salle, et le duc le releva, disant qu'il acceptait le défi au nom de son vassal; que le combat aurait lieu le sixième jour suivant, dans la cour du château, avec les armes ordinaires des chevaliers, la lance et l'écu, le harnais à l'épreuve, et tout ce qui s'en suit, sans fraude ni supercherie, et après la visite faite par les juges du camp. Mais, continua le duc, avant toute chose, il faut savoir si la mère et la fille remettent leurs intérêts entre les mains du seigneur don Quichotte de la Manche, car autrement il n'y a défi qui tienne. Oui, je les y mets, dit la vieille Rodriguez. Et moi aussi, ajouta la fille toute éplorée et pleine de confusion. On arrêta le jour, et les dames complaignantes se retirèrent.

Sur la fin du dîner entra le page qui avait porté le présent à Thérèse Pança; le duc lui demanda avec empressement le succès de son voyage; il répondit qu'il avait beaucoup de choses à dire, mais qu'il suppliait leurs excellences qu'il les en pût entretenir en particulier. En conséquence, le duc ayant fait sortir la plupart de ses gens, le page mit deux lettres entre les mains de la duchesse, une pour elle, et l'autre pour Sancho, avec cette suscription : *A mon mari Sancho Pança, gouverneur de l'île Barataria, à qui Dieu doint bonne vie et longue.* La duchesse ne se donna pas un moment de patience : elle ouvrit aussitôt sa lettre et lut tout haut ce qui suit :

Lettre de Thérèse Pança à la duchesse.

« Ma bonne dame, j'ai reçu un grand contentement de la lettre que votre grandeur m'a écrite, et en bonne foi, je la souhaitais tant que rien plus. Le chapelet de corail est beau et bon, et l'habillement de chasse de mon mari ne l'empire point. Tout notre village est en joie de ce que vous avez fait mon mari gouverneur, bien qu'ils en doutent pourtant, principalement monsieur le curé, maître Nicolas, notre barbier, et le bachelier Samson Carrasco ; mais, pour moi, je ne me soucie guère qu'ils le croient ou qu'ils ne le croient pas, pourvu que cela soit comme je sais qu'il est. Je ne l'aurais pas cru non plus que les autres, s'il en faut dire la vérité, à moins de voir le collier de corail et l'habillement de chasse : car tous les habitants ce ce village tiennent mon mari pour un benêt, et disent qu'un homme qui n'a jamais gouverné que des chèvres ne saurait bien gouverner autre chose, mais qui Dieu aide est bien aidé. Il faut que je vous dise, ma chère dame, que j'ai résolu de m'en aller un de ces jours à la cour, en carrosse, pour faire enrager les envieux et leur fermer la bouche. Et je vous prie, pour cela, de mander à mon mari qu'il m'envoie promptement de l'argent, et en bonne quantité, parce que la dépense est grande à la cour : car un pain coûte une réale, et la viande plus de quatre sous la livre, suivant le taux ; et s'il ne faut pas que j'y aille, qu'il me le mande bientôt, car les pieds me démangent de me mettre en chemin, et mes voisines me disent que, si je m'en vais à la cour avec mes enfants et en bonne couche, on connaîtra mon mari par moi plutôt que moi par lui, parce que tout le monde demandera qui sont les dames du carrosse, et mon cocher répondra : La femme et la fille de Sancho Pança, gouverneur de Barataria. De cette façon, mon mari sera connu, et moi estimée partout jusqu'à Rome. Je suis fâchée à mourir de ce que le gland n'a pas bien donné cette année dans notre village ; je vous en envoie pourtant environ un demi-boisseau, que j'ai ramassé moi-même un à un dans la montagne. Ce n'est pas ma faute s'il n'est gros comme des œufs d'Autruche. Je vous prie que votre grandeur n'oublie pas de m'écrire : je ne manquerai point de vous faire aussitôt réponse, et de vous donner avis de ma santé et de tout ce qui se passe dans le village. Sancho, mon fils, et la petite Sancha vous baisent les mains. Dieu vous conserve, ma bonne dame.

» Celle qui a plus d'envie de vous voir que de vous écrire, votre affectionnée servante,

» Thérèse Pança, femme de Sancho, gouverneur. »

La lettre donna beaucoup de plaisir à la compagnie, et la duchesse ayant demandé à don Quichotte s'il croyait qu'il n'y eût point de mal d'ouvrir celle que Thérèse écrivait à son mari, il l'ouvrit aussitôt lui-même, et lut ce qui suit :

« J'ai reçu ta lettre, mon cher ami Sancho de mon ame, et je te promets qu'il ne s'en est pas fallu deux doigts que je n'en sois devenue folle de joie : vois-tu, mon enfant, quand j'entendis que tu étais gouverneur, je faillis à tomber raide morte, tant j'étais transportée. Notre petite Sancha était si hors d'elle-même qu'elle ne pouvait se tenir en place. J'avais devant moi l'habillement que tu m'as envoyé et le collier de corail de madame la duchesse à mon cou, je tenais les lettres à la main, et le messager était présent, et si, ce nonobstant, je m'imaginais que ce fût un songe que tout ce que je voyais et ce que je touchais : car qui aurait jamais cru qu'un gardeur de chèvres pût devenir gouverneur d'île? Tu sais bien ce que disait ma défunte mère, et elle avait raison : Qui vit beaucoup voit beaucoup ; je le dis, mon ami, parce que j'espère voir davantage si je vis plus longtemps, et je ne serai point contente que je ne te voie fermier ou receveur ; et bien qu'on dise que ce sont des offices qui appartiennent au diable, toujours font-ils venir l'eau au moulin. Madame la duchesse te dira que j'ai envie d'aller à la cour ; regarde si cela est à propos, et mande-moi ta volonté, car j'irai en carrosse pour ne point te faire de déshonneur. Le curé, le barbier, le bachelier, et jusqu'au sacristain même ne peuvent croire que tu sois gouverneur, et disent que tout cela est folie, et Samson prétend qu'il veut t'aller chercher, t'ôter le gouvernement de la tête, et à monsieur don Quichotte la folie qu'il a dans la cervelle. Pour moi, je ne fais que m'en rire en considérant mon collier de corail, et je ne songe qu'à l'habit que je veux faire à notre fille de celui que tu m'as envoyé. J'envoie du gland à madame la duchesse, et je voudrais qu'il fût d'or. Toi, envoie-moi quelques colliers de perles, si on en porte dans ton île. Les nouvelles de ce village sont que la Berrueca a marié sa fille avec un peintre de balle qui était venu ici pour peindre tout ce qu'il rencontrerait. Messieurs les marguilliers lui ont demandé de peindre les armoiries du roi sur les portes de notre bourg ; il a demandé deux ducats pour la besogne ; ils les lui ont baillé par avance ; il a travaillé huit jours, et au bout de cela il n'en a pu venir à bout, et a dit pour excuses qu'il ne s'amusait point à peindre des babioles. Le fils de Pedro de Lobo veut se faire prêtre ; il porte déjà une soutane et la couronne. Minguilla l'a su, la petite fille de Mingo Silvato, et elle va le mettre en procès, parce qu'il lui a donné parole de l'épouser. Les mauvaises langues disent qu'elle est enceinte de son fait, mais lui le nie fort et ferme. Il n'y a point d'olives cette année ; et l'on ne saurait trouver une goutte de vinaigre dans tout le village, quand on en donnerait dix sous. Il a passé ici une compagnie de gens de guerre ; et ils ont emmené avec eux trois filles du village ; je ne veux pas te les nommer, parce qu'elles reviendront peut-être, et il ne manquera pas de gens qui les épousent ; car tout le monde n'est pas dégoûté. Notre petite travaille à faire du réseau, et elle a tous les jours deux carolus de reste, qu'elle met dans une bourse pour aider à s'habiller le jour de ses noces ; mais à cette heure que tu es gouverneur, elle n'a qu'à se reposer ; tu ne la laisseras manquer de rien. La fontaine de la place ne tient plus, et le tonnerre a tombé sur la potence. Je voudrais qu'il en eût fait autant partout. J'attendrai sur ta réponse mon voyage à la cour. Dieu te donne bonne vie et longue, je veux dire autant qu'à moi, car je ne voudrais pas te laisser sans moi dans le monde.

« Ta femme THÉRÈSE PANÇA. »

Les lettres divertirent fort le duc et sa compagnie. La duchesse alla se renfermer avec le page qui avait été voir Thérèse Pança, lui fit tout conter jusqu'à la moindre circonstance, et elle en rit comme une folle. Le page lui présenta le gland, et un fromage que Thérèse lui envoyait en présent comme une chose exquise. Il est temps de retourner à Sancho, la fleur et le miroir de tous les gouverneurs d'îles.

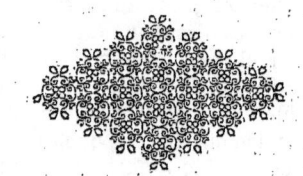

LIVRE HUITIÈME.

CHAPITRE XLVII.

De la fin du gouvernement de Sancho.

Notre gouverneur était dans son lit la septième nuit de son gouvernement, et, contre l'ordinaire des gouverneurs, plus rassasié de procès que de bonne chère, et plus fatigué de faire des statuts et ordonnances et de visiter la ville que de tout autre divertissement, il pensait à se refaire de tant de fatigues dans le sommeil, et commençait à fermer les yeux, quand il entendit un bruit épouvantable de cris et de cloches qui lui firent croire que l'île s'abîmait. Il se mit sur son séant, et prêta l'oreille pour voir si, dans cette confusion, il ne démêlerait point ce que ce pouvait être : et non seulement il ne le devina point, mais un nouveau bruit de trompettes et de tambours, se joignant à celui des cris et des cloches, augmenta de beaucoup sa frayeur. Il se leva comme en sursaut, et courant tout en chemise à la porte de sa chambre, il vit venir, par une galerie, plus de vingt personnes avec des flambeaux allumés, et l'épée à la main, qui crièrent : Aux armes! aux armes! monsieur le gouverneur! les ennemis sont dans l'île, et nous sommes tous perdus si vous ne nous secourez de votre valeur et de votre prudence. Avec ces cris, ils abordèrent le gouverneur, et l'un d'eux le reconnaissant : Armez-vous promptement, monseigneur, lui dit-il, ou vous êtes perdu, et tout ce qu'il y a de gens dans votre île. A quoi bon m'armer? répondit-il : sais-je ce que c'est que des armes? Il faut garder cela pour monseigneur don Quichotte de la Manche, qui vous dépêchera les ennemis en un tour de main; mais moi, qu'est-ce que je ferai là? de l'eau toute claire : car, ma foi, je n'y entends rien. Ah! monsieur le gouverneur, repartit l'autre, eh? qu'est-ce ceci? nous abandonnez-vous? Nous vous apportons des armes; armez-vous, et mettez-vous à notre tête, comme notre chef et notre gouverneur. Que l'on m'arme, à la bonne heure, dit Sancho.

Aussitôt on lui mit deux boucliers sur la chemise, l'un devant, l'autre derrière, lui passant les bras entre deux, et les liant étroitement avec des courroies, de telle sorte que le pauvre homme demeura enchâssé, sans pouvoir se remuer, ni seulement plier les genoux pour marcher; on lui mit une lance à la main, sur laquelle il fut obligé de s'appuyer pour se tenir debout, tant il était contraint. L'ayant équipé de cette manière, ils le prièrent de se mettre à leur tête, et de les mener contre les ennemis, en disant qu'ils étaient assurés de vaincre tant qu'ils l'auraient pour guide. Et comment diable voulez-vous que je marche? répondit Sancho : je ne saurais seulement plier le jarret avec ces tables où vous m'avez emboîté. Tout ce qu'il y a à faire, c'est de me porter à force de bras dans quelque endroit que je garderai avec cette lance ou avec mon corps. Vous n'avez qu'à marcher, monsieur le gouverneur, dit un de la troupe ; et c'est plutôt la peur que vos armes qui vous en empêchent. Mais dépêchez-vous : le bruit augmente, et le danger redouble. Ces reproches obligèrent le pauvre Sancho à tâcher de se remuer ; mais au premier pas il tomba tout de son long, et il crut s'être mis en pièces. Il demeura par terre étendu, ressemblant proprement à une tortue avec ses écailles. Quoiqu'ils le vissent tomber, ces impitoyables moqueurs ne lui en firent pas plus de quartier ; au contraire, ils éteignirent tous les flambeaux, et faisant un tintamarre de gens qui combattent, ils passèrent et repassèrent cent fois sur le corps du pauvre gouverneur, donnant de grands coups d'épée sur le bouclier, pendant que le misérable, se ramassant le mieux qu'il pouvait, pour éviter cet orage de coups, suait d'angoisse, et priait Dieu de tout son cœur de le délivrer de ce péril et du métier de gouverneur. Les uns heurtaient contre lui, les autres tombaient dessus. Un mauvais bouffon, se plaçant tout debout sur lui, y demeura quelque temps ; et de là, comme du haut d'une tour, il faisait l'office de général, commandant à ses camarades, criant tantôt : qu'on coure là, les ennemis y donnent ; tantôt : Qu'on garde le guichet, qu'on ferme la porte, rompez les échelles ; vite, vite, de la poix et de la résine ; qu'on apporte les boîtes, et des chaudrons pleins d'huile bouillante, qu'on tende les chaînes. Enfin, tandis qu'il se pressait de nommer tous les instruments de guerre et toutes les choses dont on se sert dans une ville assiégée, tous les autres s'agitaient et criaient comme s'ils eussent été bien embarrassés.

Cependant le pauvre gouverneur, étendu par terre, foulé aux pieds et demi-mort de peur, disait dévotement en lui-même : Eh ! plût à Dieu que l'île fût déjà prise, et que je fusse ou raide mort, ou tiré de cette horrible angoisse ! Le ciel eut pitié de lui, et lorsqu'il s'y attendait le moins, il entendit crier : Victoire ! victoire ! courage, monsieur le gouverneur : les ennemis sont en fuite. Et que faites-vous là, monseigneur ? ajouta un autre : ne voulez-vous pas vous lever et venir jouir avec nous des fruits de la victoire ? Encore est-il juste que vous preniez part au butin que votre bras invincible a fait sur les ennemis. Levez-moi, dit dolemment le triste Sancho ; et quand on l'eut mis debout : L'ennemi que j'ai tué, dit-il, qu'on me le cloue au front. Partagez entre vous les dépouilles, je n'y prétends rien : mais si j'ai ici un ami, qu'on me donne un doigt de vin, car le cœur me manque, et pour l'amour de Dieu, essuyez-moi la sueur ; je suis tout en eau. On l'essuya, on lui donna du vin, il fut désarmé, et se voyant libre, il voulut s'asseoir sur son lit ; mais il y tomba comme évanoui, de la frayeur et de la fatigue qu'il avait eues. Les moqueurs, étonnés de cet accident, commençaient déjà à se repentir d'avoir poussé le jeu si avant ; mais ils eurent bientôt lieu de se consoler, en voyant le gouverneur reprendre ses esprits. Il demanda quelle heure il était, et, comme on lui répondit qu'il était jour, il commença, sans rien dire davantage, à prendre ses habits, laissant tous les assistants étonnés de la hâte qu'il avait, et ne sachant que présumer de son silence ; il s'habilla enfin, mais avec assez de peine, tant il était fatigué ; et tout d'un temps, sans dire mot, il se dirigea vers l'écurie, suivi de tous ceux qui étaient présents, et s'approchant du grison, il l'embrassa, et lui dit, les larmes aux yeux : Venez, vous, mon cher ami, mon fidèle compagnon, et le soulagement de mes travaux et de mes misères ! Quand nous marchions tous deux ensemble en bonne intelligence, je ne pensais à autre chose qu'à avoir soin de vous et de votre harnais, j'étais en joie et en paix; mais depuis que je vous ai laissé, et que j'ai mis les pieds sur l'échelle de l'ambition et de l'orgueil, il ne m'est entré dans l'esprit que des soucis et de l'ennui; je n'ai souffert que travail et que misères.

Pendant que Sancho entretenait ainsi son âne, il lui mettait le bât; et, étant enfin monté dessus, il s'adressa à l'intendant, au maître d'hôtel, à Pedro Recio, à tous ceux de la maison, et leur dit : Adieu, messieurs, faites-moi ouvrir la porte, et laissez-moi retourner à mon ancienne liberté; laissez-moi aller chercher ma vie passée, pour me ressusciter de la mort que je souffre ici. Je ne suis point né pour être gouverneur, ni pour protéger les îles contre ceux qui veulent les attaquer; mon fait est de labourer, de tailler et de bêcher la vigne, et non pas de donner des lois, ni de défendre des royaumes et des provinces. Saint Pierre se trouve bien à Rome, cela veut dire que chacun doit demeurer chez soi et faire son métier : la faucille me sied mieux à la main que le bâton de gouverneur, et j'aime mieux une soupe à l'oignon que de me voir à la merci d'un impertinent médecin qui me fait mourir de faim dans l'attente de me trouver quelque viande qui me soit propre. Je dors aussi bien à l'ombre d'un chêne en été, et l'hiver enveloppé dans une grosse couverture, qu'entre deux draps de Hollande, couverts de vos martes sublimes dans un château de gouverneur. Adieu, messieurs, encore une fois; dites de ma part à monseigneur le duc que nu je naquis et nu je me trouve, et je n'en prends ni n'en mets; je veux dire que je suis entré dans le gouvernement sans denier ni maille, et sans denier ni maille j'en sors, tout au rebours de ceux qui entrent dans les gouvernements. Bon jour et bonne nuit, messieurs; laissez-moi passer, que j'aille me faire panser, car je crois que j'ai toutes les côtes rompues, grâce aux ennemis qui m'ont passé plus de cent fois sur le corps. Vous ne nous ferez pas ce tort, s'il vous plaît, monseigneur le gouverneur, dit Pedro Recio. Je vous donnerai un breuvage contre ces douleurs, qui vous remettra aussitôt; et, pour ce qui est de vos repas, je vous laisserai manger tout ce qui vous plaira. Vous y venez trop tard, monsieur le docteur, dit Sancho; je vous remercie de vos breuvages, et vous m'empêcherez de m'en aller comme je suis Turc. Ce n'est pas moi qu'on attrape deux fois, et s'il me prend jamais envie d'être encore gouverneur, puissé-je mourir de faim dès le premier jour que je mettrai le pied dans le gouvernement! Vous ne connaissez pas les Pança, mon pauvre monsieur : ils sont tous têtus, et quand une fois ils disent nonpair, il sera nonpair, quant tout le monde en devrait crever. Allons, laissons dans cette écurie les ailes de fourmi qui m'ont porté en l'air pour me faire manger aux hirondelles; allons et marchons tout doucement : quand les souliers de maroquin nous manqueront, au moins en aurons-nous de vache. Que chaque brebis cherche sa pareille et ne nous faisons plus mouton, de peur que le loup ne nous mange. Laissez-moi passer une fois pour toutes, messieurs : il est déjà fort tard.

Monsieur le gouverneur, dit l'intendant, nous vous laissons aller, puisque vous le voulez, quoique ce ne soit pas sans regret que nous consentons à perdre un homme de votre mérite, et dont le procédé est si bon; mais vous savez bien que tout gouverneur qui se démet de sa charge est obligé de rendre compte de son administration : rendez, s'il vous plaît, le vôtre, et nous ne vous retenons plus. Personne n'a droit de me faire rendre compte, repartit Sancho, s'il n'en a le pouvoir de monsieur le duc; je m'en vais le trouver, et c'est à lui que je le rendrai, sans compter qu'un homme qui sort nu fait assez voir qu'il n'a pas pillé. En vérité, dit Pedro Recio, le seigneur Sancho a raison ; il faut le laisser aller, aussi bien monsieur le duc aura-t-il beaucoup de joie de le revoir. Tous furent du même sentiment, et le laissèrent partir, lui offrant de l'accompagner et de lui fournir tout ce qui serait nécessaire pour faire commodément et agréablement son voyage. A toutes leurs offres, Sancho répondit : qu'il ne voulait qu'un peu d'orge pour son âne, et pour lui du pain et du fromage, et que, le voyage étant si court, il n'avait pas besoin d'autre chose. Tous l'embrassèrent, et lui les embrassa tous en pleurant, les laissant aussi étonnés des marques de bon sens qu'il venait de donner que de la prompte résolution qu'il avait prise.

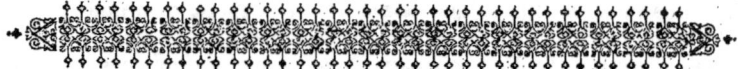

CHAPITRE XLVIII.

Contenant des choses qui conviennent à cette histoire et non à d'autres.

Le duc et la duchesse ne voulurent pas que le défi de don Quichotte en demeurât là ; et quoique le paysan accusé fût en Flandre, où il s'était enfui pour ne pas être gendre de la dame Rodriguez, ils mirent en sa place un laquais gascon, appelé Tosilos, à qui ils donnèrent auparavant les instructions nécessaires pour bien jouer son personnage. Après deux jours, le duc dit à don Quichotte que son adversaire était sur le point d'arriver, et que dans quatre jours il se trouverait tout armé dans le camp, pour soutenir que la demoiselle mentait en assurant qu'il lui avait donné parole de l'épouser. Ce fut une grande joie pour don Quichotte d'apprendre cette nouvelle, et d'avoir occasion de faire voir jusqu'où s'étendaient sa valeur et la force de son bras, et il attendit ces quatre jours avec tant d'impatience, qu'ils lui semblaient durer un siècle. Pendant qu'il se repose, profitons de ce temps pour accompagner Sancho.

Sancho ne put arriver de jour au château du duc, et il en était encore à demi-lieue quand la nuit le surprit. Comme c'était en été, il ne s'en mit pas en peine, et se retira seulement à l'écart pour attendre le retour du jour ; mais comme il marchait à petits pas pour chercher un lieu commode, il tomba avec le grison dans une fosse assez profonde qui était au pied de quelque vieille masure. Le pauvre homme ne sentit pas plutôt tomber son âne qu'il commença à se recommander à Dieu, croyant qu'il allait jusqu'au fond des abîmes ; néanmoins il en fut quitte à meilleur marché, et à trois toises de profondeur il se trouva sur la terre ferme et debout sur sa monturé, sans s'être fait le moindre mal. Il se rassura un peu ; et, après s'être tâté tout le corps, il retint son haleine pour voir s'il n'avait aucune blessure; se trouvant enfin bien sain de tous ses membres, il ne pouvait se lasser de rendre grâces à Dieu de l'avoir préservé en si grand danger. Il porta ses mains de tous les côtés de la fosse pour voir s'il n'y avait pas moyen d'en sortir, mais il la trouva escarpée de toutes parts ; il était impossible d'y grimper. Cependant le grison se plaignait douloureusement, car il était en piteux état. Hé! mon Dieu! s'écria alors Sancho, qu'il arrive d'accidents fâcheux à quoi on ne s'attend pas dans ce misérable monde! Aurait-on cru que celui qui était hier assis sur le trône d'un gouverneur d'île, se trouverait aujourd'hui enseveli dans une fosse? Faudra-t-il, mon pauvre grison que nous mourions ici de faim, ou peut-être toi de tes blessures, et moi d'ennui! Il n y a qu'heur et malheur en ce monde, mon cher ami, et nous ne serons pas aussi heureux que monseigneur don Quichotte quand il descendit dans la caverne de Montesinos. Mais moi, que trouverai-je ici, sinon des couleuvres et des crapauds? Misérable que je suis! où ma folie et mes sottes imaginations m'ont-elle conduit? Encore, si nous mourions dans notre pays et parmi nos amis, nous aurions trouvé qui nous eût fermé les yeux à l'article de la mort, et on nous eût mis dans la sépulture. O mon enfant, mon cher compagnon, que tu es mal payé des bons services que tu m'as rendu! mais pardonne-moi, car ce n'est point ma faute. Prie la fortune, le mieux que tu pourras, qu'elle nous tire tous deux d'ici, et tu verras si je suis ingrat. Sancho se plaignait de la sorte, et son âne l'écoutait sans répondre une seule parole, tant la pauvre bête se trouvait mal du rude saut qu'elle avait fait!

 Le jour revint enfin, et Sancho reconnaissant visiblement qu'il ne pouvait sortir de la fosse sans que quelqu'un l'aidât, il commença à crier de toute sa force pour appeler au secours. Voyant donc qu'on ne l'entendait point, il acheva de croire qu'il était perdu, et il pensa mourir de déplaisir de voir son âne couché, les oreilles abattues et faisant une fort triste mine. Il lui aida à se lever, mais ce fut avec bien de la peine, car il ne pouvait se soutenir, et, ayant tiré un morceau de pain de son bissac il le lui donna, en disant : *Tiens, mon enfant, avec le pain tous maux sont bons.* Pendant que le pauvre homme était dans cette inquiétude, il aperçut au bas de la fosse, un trou assez grand pour passer un homme. Il s'y fourra vite à quatre pieds, et vit que l'espace était beaucoup plus grand par dedans, et qu'il allait toujours en s'élargissant. Ayant fait cette découverte, il retourna dans la fosse, et avec une pierre, il creusa si bien et remua tant de terre, qu'il fit une ouverture à passer son grison, et le prit en même temps par le licou, et le tirant après lui dans la caverne, pour voir s'il ne trouverait pas moyen d'en sortir. Tantôt il marchait dans l'obscurité, tantôt il revoyait la lumière, mais ce n'était jamais sans frayeur. Hé! mon Dieu, disait-il, que n'ai-je un peu de cœur! Si c'était mon maître, il prendrait ceci pour la meilleure aventure du monde; et moi, misérable, il m'est avis que la terre me va fondre à tout moment sous les pieds. Avec ces lamentations, et après avoir fait, à ce qu'il crut, près de demi-lieue, il commença à découvrir tout à fait le jour, qui entrait par quelque endroit, et il espéra enfin de revoir encore une fois le monde. Retournons à don Quichotte.

 Notre valeureux chevalier attendait avec autant d'impatience que de joie le jour qu'il devait combattre le perfide qui avait déshonoré la fille de dame Rodriguez; et, comme il n'avait pas cependant beaucoup d'occupation, il exerçait Rossinante pour le tenir en haleine, il fourbissait ses armes et préparait tout ce qui lui était nécessaire pour paraître avec avantage dans une journée de cette importance. Un jour qu'il était sorti du matin, et qu'il maniait son cheval pour le disposer au combat qu'il croyait livrer le lendemain, il arriva qu'en faisant une passade, Rossinante mit les deux pieds de devant sur le bord d'une caverne, et, sans la vigueur du cavalier, qui lui tint fortement la bride et l'abattit sur le derrière, il y serait inévitablement tombé. Don Quichotte, sauvé de ce péril, eut la curiosité de voir de plus près ce que c'était; il s'approcha, sans descendre de cheval; et, comme il considérait la caverne, il entendit sortir du dedans une voix qui disait : Hélas! n'y a-t-il point là haut quelque chrétien qui m'entende ou quelque chevalier charitable qui ait pitié d'un misérable pêcheur enterré tout vif, d'un malheureux gouverneur qui n'a pas su se gouverner, et qui est tout disloqué? Il sembla à don Quichotte que c'était la voix de Sancho Pança; et, pour s'en assurer mieux, il cria de toute sa force : Qui donc se plaint de la sorte? Et quel autre ce peut-il être, répondit-on, sinon le malheureux Sancho Pança, que Dieu pour ses péchés, fit gouverneur de l'île de Barataria, ce pauvre Sancho, autrefois écuyer du fameux chevalier don Quichotte de la Manche? Ces paroles redoublèrent l'étonnement de don Quichotte, et il lui vint en pensée que Sancho devait être mort et que son ame faisait là son purgatoire. Je te conjure, cria-t-il dans cette imagination; par toutes les puissances du ciel, de me dire qui tu es; et si tu es une ame en peine, apprends-moi ce que tu souhaites que je fasse pour te soulager : car ma profession étant de secourir en ce monde tous les affligés, je puis aussi secourir ceux de l'autre monde. Vous êtes donc sans doute, répondit-on, monseigneur don Quichotte de la Manche? au ton et à la voix ce ne peut pas être un autre. Oui, je suis don Quichotte, répliqua le chevalier, celui qui fait profession de soulager les vivants et les morts. Dis-moi donc qui tu es toi-même, j'en suis en peine; car si tu es Sancho, mon écuyer, et que tu sois mort, pourvu que tu ne sois pas au pouvoir des démons, mais que la miséricorde de Dieu te retienne en purgatoire, notre mère sainte Église a des suffrages et des remèdes suffisants pour faire finir tes peines et de ma part j'y emploierai tout ce qui dépend de moi. Achève donc de me dire qui tu es et déclare-le sincèrement. Je jure par tout ce que vous voudrez, seigneur don Quichotte, répondit la voix, et je fais serment que je suis Sancho Pança, votre écuyer, et que je ne suis point encore mort depuis que je suis au monde; mais qu'après avoir quitté mon gouvernement pour des raisons qui seraient trop longues à vous dire, je tombai, l'autre nuit, dans cette caverne, où je suis encore avec le grison, que voilà pour me démentir.

On eût dit en même temps que l'âne entendait Sancho et voulait lui rendre témoignage : il se mit à braire de toute sa force. Je n'en veux pas d'autre preuve, repartit don Quichotte : tu es Sancho. Attends, mon pauvre ami, je m'en vais au château, qui n'est pas loin d'ici, et j'amènerai des gens pour te retirer. Allez vite, je vous prie monsieur, dit Sancho, et revenez promptement, je me meurs de peur et d'ennui. Don Quichotte alla conter l'accident du pauvre Sancho au duc et à la duchesse, qui connaissaient bien cette caverne; mais ils furent surpris d'apprendre qu'il avait quitté le gouvernement sans qu'on leur en eût donné avis. Enfin on alla avec des cordes et des échelles, et à force de gens et de travail, on tira Sancho et le grison, qui furent ravis de revoir la lumière. Un jeune écolier, qui se trouva présent, voyant Sancho dont il n'avait jamais entendu parler : Il serait bon, dit-il, que tous les mauvais gouverneurs sortissent de leurs gouvernements comme ce malheureux sort de cet abîme, pâle et mourant de faim, et si je ne me trompe, fort mal dans ses affaires. Monsieur le médisant, repartit Sancho, il y a environ huit jours que j'entrai dans l'île qu'on m'avait donnée à gouverner, et durant tout ce temps-là, je n'ai pas mangé une seule fois de pain autant que je l'aurais souhaité ; j'ai été persécuté par des médecins, les ennemis m'ont foulé aux pieds, et je n'ai pas eu le loisir de piller ni de voler ; et, puisque cela est, je ne méritais point d'en sortir de la sorte, et par une porte qui ressemble à celle de l'enfer. Mais l'homme propose et Dieu dispose, et quand Dieu fait quelque chose, il sait bien pourquoi. Il faut prendre le temps comme il vient, et personne ne peut dire : Je ferai ou ne ferai pas, car où l'on pense qu'il y ait des lardons, ce ne sont que des chevilles ; mais c'est assez, et Dieu m'entend. Ne te fâche point, mon ami, dit don Quichotte ; laisse parler le monde sans t'en mettre en peine ; repose-toi seulement sur ta bonne conscience, et qu'on dise ce qu'on voudra. Qui essaierait d'arrêter la langue des médisants n'aurait jamais fait. Si un gouverneur est riche, on dit qu'il a volé ; s'il est pauvre, que c'est un fou ou un mauvais ménager. Ah ! pour l'heure, répondit Sancho, il peuvent bien dire que je suis un fou, mais non pas un larron.

Avec ces discours ils arrivèrent au château, environnés de la populace qui s'était ramassée, et trouvèrent le duc et la duchesse qui les attendaient. Sancho ne voulut point monter qu'il n'eût mis son grison à l'écurie ; il alla ensuite saluer leurs excellences, à qui il dit, le genou en terre : Messeigneurs, je suis allé gouverner votre île Barataria, parce que vos grandeurs l'ont voulu, et non pas que je l'eusse mérité. J'y suis entré nu, et nu j'en sors : je n'y ai perdu ni gagné, et, si j'ai gouverné bien ou mal, voilà des témoins qui en peuvent dire la vérité. J'ai éclairci des difficultés, jugé des procès, et toujours mourant de faim, graces au docteur Pedro Recio, naturel de Tirteafuera, assassin de l'île et des gouverneurs. Les ennemis nous attaquèrent de nuit ; et, après qu'ils nous eurent longtemps tenus en presse, ceux de l'île crièrent que nous étions victorieux par la force de mon bras ; et Dieu le leur rende comme ils disent la vérité. Pendant ce temps-là j'ai songé aux peines et aux fatigues qu'on rencontre dans les gouvernements, et j'ai trouvé au bout du compte que mes épaules ne sont pas assez fortes pour la charge, que le fardeau est trop pesant pour mes reins, et que je ne suis pas du bois dont on fait les gouverneurs : aussi, avant que le gouvernement me perdît, j'ai mieux aimé perdre le gouvernement ; et hier de bon matin, je laissai l'île où je l'avais trouvée, avec les mêmes maisons et les mêmes rues, sans y avoir changé une obole. Je n'ai rien emprunté de personne, n'ai fait de profit sur quoi que ce soit, et, quoique j'eusse songé à rendre des ordonnances profitables, je n'en ai pourtant rendu aucune, de peur qu'on ne les observât pas : car en ce cas c'était tout un que de les faire ou de ne pas les faire. Je sortis donc bravement, sans autre compagnie que celle de mon grison ; nous tombâmes tous deux dans une fosse, lui dessous et moi dessus, et après avoir marché là dedans toute la nuit, j'ai tant fait que ce matin, à la clarté du jour, j'ai découvert une sortie, mais non pas si aisée que je n'y fusse bien demeuré jusqu'à la fin du monde, sans le secours de monseigneur don Quichotte. Voici donc, monseigneur le duc et madame la duchesse, votre gouverneur Sancho Pança, qui, en dix jours qu'il a gouverné, a appris à mépriser le gouvernement, et non seulement d'une île, mais encore du monde entier. Et cela étant, je baise humblement les pieds de vos excellences, et, avec votre permission, je repasse au service de monseigneur don Quichotte, avec qui je mange au moins autant de pain que j'en veux.

Le duc embrassa Sancho, en lui disant qu'il avait un extrême déplaisir de ce qu'il quittait sitôt son gouvernement, mais qu'il ferait en sorte de lui donner quelque autre emploi dans ses États, dont il tirerait plus de profit et avec moins de peine. La duchesse l'embrassa aussi, et ordonna qu'on eût soin de lui faire faire bonne chère ; et Sancho, ravi de ce bon accueil, lui dit fort galamment qu'il aimait mieux les bonnes grâces de sa grandeur que toutes les îles de la terre et que tous les gouvernements du monde.

CHAPITRE XLIX.

De l'étrange combat de don Quichotte et du laquais Tosilos, au sujet de la fille de la dame Rodriguez.

Le jour marqué pour le combat était sur le point d'arriver, et le duc, ayant instruit Tosilos, qui devait jouer le personnage du paysan, des moyens dont il devait se servir pour vaincre don Quichotte sans le tuer ni le blesser, ordonna qu'ils n'auraient point de fer à leurs lances, disant au chevalier que la religion, dont on savait qu'il se piquait plus qu'un autre, ne permettait pas les combats à outrance, et qu'il devait se contenter de ce qu'il lui donnait le champ libre sur ses terres, malgré les décrets des conciles, qui défendent ces sortes de défis. Don Quichotte lui répondit que son excellence en pouvait disposer comme il lui plairait.

Ce terrible jour étant venu, le duc fit dresser un échafaud dans une place devant le château pour les juges du combat et pour les dames qui demandaient justice. On ne saurait croire combien le bruit d'un combat si nouveau avait attiré de gens.

Le premier qui parut dans la barrière, ce fut le maréchal du camp, qui le visita d'un bout à l'autre, pour s'assurer qu'il n'y avait point de piége caché pour faire tomber ; après cela entrèrent les dames complaignantes, qui s'assirent à leurs places, couvertes de leurs voiles jusqu'à la ceinture.

Quelque temps après entra, par un côté de la place, le grand Tosilos, accompagné de plusieurs trompettes, armé de pied en cap de luisantes armes, la visière baissée, et montant un puissant cheval de Frise, qui semblait, en foulant orgueilleusement la terre, vouloir faire abîmer la place. Tosilos fit le tour de la place, et, en passant devant les dames, considéra quelque temps celle qui le demandait pour mari. Le juge du camp appela aussitôt Don Quichotte, qui était déjà dans la barrière, et, en présence de Tosilos, il alla demander aux dames si elles consentaient que le seigneur don Quichotte de la Manche défendît leurs intérêts. Elles répondirent que oui. Le duc et la duchesse étaient présents à tout, assis dans une galerie au dessus des barrières, qui étaient bordées d'un nombre infini de gens qui attendaient l'issue d'un combat si extraordinaire.

La condition des combattants fut que, si don Quichotte était vainqueur, son adversaire épouserait la fille de la dame Rodriguez ; et que, s'il était vaincu, son ennemi demeurerait quitte de la parole qu'il en avait donnée. Le maréchal du camp assigna à chacun le lieu où ils devaient se tenir ; et lorsqu'il se fut mis à sa place, les tambours et les trompettes donnèrent le signal. Don Quichotte, se recommandant de tout son cœur à Dieu et à sa dame Dulcinée, attendait le dernier signal en bonne résolution ; mais le laquais Tosilos avait des pensées bien différentes : quand le drôle s'était mis à considérer son ennemie, elle lui avait paru la plus belle personne qu'il eût jamais vue, si bien que, quand on donna le signal du combat, le pauvre laquais était déjà tout transporté et ne pensait plus à autre chose qu'à la beauté dont il était subitement devenu l'esclave. Pour don Quichotte, il n'eut pas plutôt entendu les derniers sons de la trompette, qu'il donna des deux à Rossinante, et d'une vitesse qui approchait de l'amble, il fondit sur son ennemi, pendant que Sancho, qui le vit partir, criait de toute sa force : Dieu te conduise, la fleur et la crème de la chevalerie errante ! Dieu te donne la victoire comme tu la mérites ! Tosilos vit venir don Quichotte, et ne se mit seulement pas en défense ; au contraire, il appela deux ou trois fois à pleine tête le maréchal de camp, et lorsqu'il fut venu : Monsieur, lui dit-il, ce combat n'a-t-il pas lieu pour m'obliger de me marier avec cette demoiselle ? Oui, lui répondit le maréchal. Puisqu'il en est ainsi, repartit-il, il n'est pas besoin de passer outre, car il irait de ma conscience : je me tiens pour vaincu, et je suis tout prêt à l'épouser. Le maréchal du camp demeura fort étonné des paroles de Tosilos et ne sut que lui répondre.

Cependant don Quichotte s'arrêta au milieu de sa course, voyant que son ennemi ne se mettait pas en défense. Le duc était en peine et ne pouvait deviner ce qui empêchait le combat ; mais le maréchal du camp lui ayant été dire ce que c'était, il en fut bien surpris, et entra dans une extrême colère contre Tosilos. Pendant que cela se passait ainsi, Tosilos s'approcha de l'échafaud, et dit tout haut à la dame Rodriguez : Madame, je consens de me marier avec votre fille, et je ne prétends point avoir par procès ni combat ce que je puis avoir sans péril. Don Quichotte, qui l'entendit, s'approcha en même temps des juges du camp et leur dit : Puisqu'il en est ainsi, je suis quitte de ma parole. Ce cavalier a pris le meilleur parti : qu'il se marie, à la bonne heure, et qu'il jouisse en paix des fruits de son repentir. Le duc, au même instant, descendit dans la place, et s'adressa à Tosilos : Est-il vrai, lui dit-il, que vous vous tenez pour vaincu, et que pressé des remords de votre conscience, vous voulez épouser cette demoiselle ? Oui, monseigneur, répondit Tosilos, il en est ainsi. Ma foi, il fait fort bien, dit Sancho, car on dit : Donne au chat ce que tu avais à donner au rat, et te tire de peine. Tosilos se pressait de délacer son casque, et priait tristement qu'on lui aidât, parce qu'il ne pouvait plus respirer, tant il était serré dans ses armes. On le désarma promptement, et Rodriguez et sa fille, le reconnaissant, se mirent à crier : Tromperie ! tromperie ! c'est là Tosilos, laquais de monseigneur le duc, qu'on a mis à la place du laboureur. Nous demandons justice de cette malice, et on ne doit point souffrir cette trahison. Ne vous fâchez point, mesdames, dit don Quichotte : ce n'est ni malice, ni tromperie ; et s'il y en a, ce n'est point de la part de monseigneur le duc, mais de la part des enchanteurs, mes ennemis, qui, jaloux de la gloire que j'allais acquérir dans le combat, ont changé le visage de votre partie en celui de ce laquais. Prenez mon conseil, mademoiselle, ajouta-t-il, parlant à la fille, et mariez-vous avec ce cavalier : car je vous réponds que c'est le même que vous demandez, et vous pouvez vous en fier à moi.

Le duc, malgré tout son dépit, ne put s'empêcher de rire des paroles de don Quichotte. En vérité, dit-il, tout ce qui arrive au grand chevalier de la Manche est si extraordinaire, que je n'aurai pas de peine à croire que ce n'est point ici mon laquais; mais pour ne vous y point tromper, différons le mariage de quinze jours, et mettons en lieu de sûreté ce personnage qui vous embarrasse. Peut-être qu'il reprendra, dans cet intervalle, sa première forme : car l'animosité que les enchanteurs ont contre le seigneur don Quichotte ne peut pas toujours durer. Oh! vraiment, monseigneur, dit Sancho, ces diables d'enchanteurs sont plus opiniâtres qu'on ne pense, et ils n'en tiennent pas mon maître quitte à si bon marché : dans toutes les choses qui le regardent, ils font changement sur changement, celui-ci en celui-là, et celui-là dans un autre. Par la mordi! la mouche n'y a que voir. Il n'y a pas encore longtemps qu'ils changèrent un chevalier des Miroirs qu'il avait vaincu, en la figure du chevalier Samson Carrasco, qui est de notre village, et le meilleur de ses amis; mais de madame Dulcinée, notre maîtresse, que croyez-vous qu'ils en aient fait? une belle paysanne de Dieu, sauf correction, plus laide et plus puante que le diable; et, par ma foi, je suis bien trompé si ce laquais n'est laquais jusqu'à la fin de ses jours. Il en sera tout ce qui pourra, ajouta la fille de Rodriguez; mais quoi qu'il en soit, celui-ci me veut épouser, je le reçois de bon cœur : j'aime mieux être la femme d'un laquais que la maîtresse de qui que ce puisse être. Enfin tous ces discours n'empêchèrent point qu'on ne renfermât Tosilos, sous prétexte de voir ce que deviendrait la transformation prétendue. De l'aveu de tout le monde, don Quichotte fut proclamé vainqueur.

CHAPITRE L.

Comment don Quichotte prit congé du duc, et de ce qui lui arriva avec la belle Altisidore, demoiselle de la duchesse.

Don Quichotte résolut de partir et demanda congé à leurs excellences. Ce ne fut pas sans témoigner du déplaisir que le duc y consentit. La duchesse donna à Sancho la lettre de sa femme, et quand elle la lui eut fait lire : Qui aurait jamais cru, dit-il, la larme à l'œil, que les espérances que mon gouvernement donnaient à ma femme s'en iraient en fumée ? Mais il faut se consoler de tout, et encore suis-je bien aise de voir que Thérèse a fait son devoir en envoyant du gland à madame la duchesse. Si elle ne l'eût pas fait, je ne l'aurais jamais regardée de bon œil ; et au moins ne dira-t-on pas que le présent vienne des monopoles que j'ai faits, puisqu'il vient de chez nous sans que j'en susse rien ; et, encore qu'il soit petit, il fait toujours voir que nous ne sommes point ingrats : car enfin, à petit mercier petit panier. Si je n'ai rien perdu, je n'ai rien gagné ; et hors la barbe et les dents, me voilà comme ma mère m'a mis au monde. Voilà le discours que faisait Sancho le jour de son départ.

Don Quichotte voulut partir de grand matin ; et au lever du soleil, il parut tout armé dans la cour du château, dont les galeries étaient pleines de gens. Sancho était sur le grison avec sa mallette et son bissac, l'esprit plus content qu'on ne croyait, parce que l'intendant du duc lui avait donné deux cents écus d'or pour fournir aux frais de leur voyage, ce que don Quichotte ne savait point encore. Tout le monde était là à regarder don Quichotte, lorsque la gaillarde Altisidore, jetant les yeux sur lui, d'un ton amoureux et plaintif, le supplia de ne pas s'éloigner, en lui réclamant ses jarretières et trois coiffes de nuit.

Pendant qu'elle faisait ses lamentables plaintes, don Quichotte eut toujours les yeux attachés sur elle, l'écoutant attentivement, mais au lieu de lui répondre, il se tourna vers Sancho, et lui dit : Ami Sancho, dis-moi la vérité, je t'en prie : emportes-tu les trois coiffes de nuit et les jarretières dont cette amoureuse demoiselle se plaint ? Pour les coiffes de nuit, oui, répondit Sancho ; mais pour les jarretières, autant que j'en ai dans l'œil. La duchesse, qui n'avait point été avertie de ceci, fut tout étonnée de la liberté d'Altisidore ; car, quoiqu'elle la connût pour une fille plaisante et assez vive, elle ne croyait pourtant pas qu'elle le fût jusqu'à ce point, et elle en fut d'autant plus surprise, qu'elle n'avait pas été prévenue du tour qu'elle faisait à don Quichotte. Pour le duc, à qui le jeu plaisait, il fut bien aise de l'augmenter. En vérité, seigneur chevalier, dit-il à don Quichotte, cette action n'est nullement de bonne grâce, et surtout après le bon accueil que je vous ai fait dans mon château ; cela marque une bassesse de courage qui est bien contraire à ce que la renommée publie de vous. Rendez tout à l'heure les jarretières de cette demoiselle, sinon nous en viendrons vous et moi aux mains ; et dès à présent, je vous défie, sans craindre que les enchanteurs fassent ici de leurs métamorphoses.

A Dieu ne plaise, monsieur, répondit don Quichotte, que je tire l'épée contre votre illustrissime personne, de qui j'ai reçu tant de faveurs et de grâces ! Pour les coiffes de nuit, je les ferai rendre, puisque Sancho dit qu'il les a ; mais pour les jarretières, ni lui ni moi ne les avons vues, et que cette belle demoiselle les cherche, elle les trouvera sans doute. Monsieur le duc, je ne suis point un fripon, ni n'ai, Dieu merci ! l'ame assez basse pour le devenir ; et cette demoiselle parle, comme on le voit assez, avec le dépit d'un cœur amoureux que je n'ai jamais pensé à enflammer : ainsi je n'ai point d'excuse à lui faire, ni à votre excellence non plus, et je vous supplie très humblement d'avoir meilleure opinion de moi, et de me permettre de continuer mon chemin. Continuez-le, seigneur don Quichotte, dit la duchesse, et la fortune vous puisse accompagner si bien, que nous recevions tous les jours des nouvelles de vos grands exploits ! Allez à la bonne heure : aussi bien votre présence n'est pas un remède aux blessures que l'amour a faites à ces demoiselles. Pour celle-ci, je la châtierai si bien que je ne crois pas qu'elle soit aussi impertinente à l'avenir. O valeureux chevalier ! cria alors Altisidore, pour toute grâce, fais-moi celle d'écouter encore deux mots : Je te demande pardon de t'avoir accusé du larcin des jarretières ; je te fais réparation d'honneur, car je les porte à l'heure qu'il est : mais je suis si étourdie que je fais comme celui qui cherchait son âne pendant qu'il était dessus. Ne vous l'avais-je pas dit, monsieur ? dit Sancho. C'est bien à moi, oui, qu'il faut s'adresser pour recéler un larcin ; ils l'ont bien trouvé le recéleur. Eh ! par ma foi ! si j'avais voulu voler, n'étais-je pas à même dans mon gouvernement ? Don Quichotte se baissa de bonne grâce sur les arçons, faisant une grande révérence au duc et à tous les assistants, et, tournant bride, il sortit du château pour prendre le chemin de Saragosse.

CHAPITRE LI.

Comment don Quichotte rencontra aventures sur aventures, et en si grand nombre, qu'il ne savait de quel côté se tourner.

Don Quichotte se voyant en campagne, tâchait de renouveler en son cœur une vive ardeur de chercher les aventures. La liberté, dit-il à Sancho, est le plus grand présent que le ciel ait fait aux hommes ; tous les trésors qui sont dans les entrailles de la terre, n'ont rien qui lui soit comparable. On hasarde la vie pour la liberté, et la servitude est le plus grand de tous les maux. Tu es témoin, ami Sancho, des délices et de l'abondance qui se trouvent dans ce château d'où nous venons de sortir, je t'avoue qu'au milieu de ces banquets somptueux, avec l'excellence de tous ces breuvages exquis, je m'imaginais être resserré dans les bornes étroites de la faim. Cette abondance de toutes les choses était pour moi comme une indigence de tout ; je ne trouvais que l'amertume dans l'assaisonnement de tant de viandes ; j'étais dans une inquiétude perpétuelle sur des lits si mous, et la volupté, qui se mêlait partout, m'était insupportable : car, après tout, je ne jouissais point de ces choses avec la même liberté que si elles eussent été à moi ; et l'obligation qu'on a de se ressentir d'un bienfait est un lien serré de mille nœuds qui ne laissent jamais l'ame libre. Heureux celui a qui le ciel a donné du pain, et qui n'est point obligé d'en témoigner de la reconnaissance à d'autres qu'au ciel même ! Avec tout cela, monsieur, interrompit Sancho, nous ne saurions pas nous empêcher d'avoir obligation des deux cents écus d'or que m'a donné l'intendant de monseigneur le duc, et que je porte ici dans une bourse au devant de l'estomac, comme une relique contre la nécessité, et un cataplasme qui préserve des accidents qu'on rencontre à toute heure : car pour un château où l'on fasse bonne chère, on trouvera cent hôtelleries où l'on sera roué de coups.

Pendant qu'ils discouraient, ils se trouvèrent insensiblement dans une forêt qui s'écartait du chemin, et don Quichotte, sans y prendre garde, se sentit enveloppé dans des filets de fil vert, qui étaient tendus entre des arbres : Sancho, dit-il, si je ne me trompe, voici une des plus nouvelles aventures qu'on puisse imaginer : je jurerais que les enchanteurs qui me poursuivent ont résolu de m'empêtrer dans ces filets ; mais quand ces filets seraient, aussi bien qu'ils ne le sont pas, tissus avec de durs diamants, je les romprais avec la même facilité que s'ils n'étaient que de faibles joncs ou d'étoupes. En disant cela, il allait tout rompre et passer outre, quand il vit sortir de l'épaisseur du bois deux fort belles bergères, au moins vêtues de même, avec cette différence que leurs habits étaient de brocart d'or et très riche ; elles avaient les cheveux pendants en mille boucles avec des guirlandes entrelacées de laurier, de myrte et de quantité de fleurs, et ne paraissaient pas avoir plus de quinze à seize ans. Cette rencontre de don Quichotte et de bergères, si peu attendue des deux côtés, surprit également les uns et les autres et les retint quelque temps dans le silence. Enfin une des bergères le rompit en disant à don Quichotte : Arrêtez-vous, seigneur chevalier, et ne rompez point ces filets que nous n'avons fait tendre que pour nous divertir, et non pas pour vous dresser quelque piège : et comme je m'imagine bien que vous voudriez savoir quel est notre dessein et qui nous sommes, je vais vous le dire en peu de paroles :

Dans notre village, à quelque lieues d'ici, où il y a beaucoup de gentilshommes riches, on a fait une partie entre plusieurs personnes de même famille pour venir se divertir en cet endroit, un des plus agréables de tous ces environs, représentant entre nous une nouvelle Arcadie pastorale, les jeunes gens vêtus en bergers, et les demoiselles en bergères. Nous avons pour cela appris par cœur des vers de pastorales, les uns de Garcilasso, et les autres de ce grand Camoëns, poète portugais, qui les a composés en sa langue. Nous ne sommes ici que d'hier ; nous avons fait dresser des tentes sous les arbres, au bord d'un ruisseau qui arrose tous les prés d'alentour ; et la nuit passée, on a tendu ces filets pour prendre de petits oiseaux qu'on fait donner dedans à force de crier. Si vous voulez, monsieur, être des nôtres, vous serez le bienvenu, et vous êtes assuré que toute la compagnie en aura de la joie aussi bien que nous, car la mélancolie n'entre point ici. En vérité, ma belle demoiselle, répondit don Quichotte, je ne crois pas qu'Actéon fut plus surpris lorsqu'il vit inopinément au bain la déesse

Diane, que je l'ai été en rencontrant votre beauté. Je loue extrêmement le dessein que vous avez de passer le temps si innocemment, et je vous rends mille actions de grâces de vos obligeantes offres. Si vous me jugez capable de vous rendre quelques services, vous n'avez qu'à commander avec assurance d'être promptement et exactement servie, car ma profession est de fuir l'ingratitude et de faire du bien à tout le monde, et particulièrement aux personnes de votre sexe, de votre qualité et de votre grand mérite; et je ne crains pas de vous dire que, si ces filets, qui n'occupent qu'un petit espace, étaient répandus sur toute la surface de la terre, j'irais me faire un passage en de nouveaux mondes, plutôt que de rompre l'instrument de vos plaisirs. Vous en douterez peut-être pas quand vous saurez que celui qui vous parle est don Quichotte de la Manche, si jamais ce nom est parvenu à vos oreilles! Eh! mon Dieu! ma chère sœur, s'écria l'autre bergère, eh! quelle bonne fortune! Vois-tu bien ce monsieur-là? c'est le plus vaillant, le plus amoureux et le plus honnête cavalier qui soit au monde, si l'histoire qui court de sa vie ne ment point. Je l'ai lue, et je gage que ce bon homme qui est là avec lui est Sancho Pança, son écuyer, le plus plaisant homme qu'on puisse voir. Vous ne vous trompez pas, mademoiselle, répondit Sancho : c'est moi-même qui suis ce plaisant et cet écuyer que vous dites, et ce monsieur est mon maître, le même don Quichotte de la Manche qui est historié dans un livre. Est-il vrai, ma chère amie? dit l'autre bergère. Ah! vraiment, il faut les prier de demeurer avec nous; toute la compagnie sera ravie de les voir. J'en avais déjà entendu raconter tout ce que tu m'as dit, et on ajoute encore que monsieur le chevalier est le plus fidèle et le plus amoureux du monde, et que sa maîtresse est une madame Dulcinée du Toboso, qu'ils assurent être la plus belle de toute l'Espagne. On a raison de le dire, ajouta don Quichotte, si toutefois votre beauté ne lui en dispute point l'avantage; mais, mes belles demoiselles, ne perdez point de temps à me vouloir retenir, parce que les devoirs précis auxquels ma profession m'engage, ne me permettent pas de reposer en aucun endroit.

Il achevait ces mots, lorsque arriva le frère d'une de ces demoiselles, vêtu aussi en berger, et sa sœur lui ayant appris qu'il voyait là le valeureux don Quichotte de la Manche, dont il avait déjà lu l'histoire, le jeune berger fit un grand compliment à don Quichotte, et le pria avec tant d'instances de les vouloir accompagner à leur tente, que le chevalier ne put le refuser. En même temps tous les chasseurs s'assemblèrent en cet endroit, et il y accourut plus de cinquante personnes diversement habillées en bergers et en bergères, qui, ravies de savoir que c'était là don Quichotte et Sancho, les emmenèrent aussitôt vers les tentes, où le dîner était prêt et servi. On força monsieur le chevalier de prendre la place d'honneur; et, tant que dura le dîner, il n'y avait personne qui n'eût les yeux sur lui. Après qu'on eut desservi, don Quichotte, regardant honnêtement toute l'assemblée, dit à haute voix et d'un ton grave : Le plus grand péché de tous, à mon sens, est l'ingratitude; j'ai toujours évité de me noircir de ce crime, et, lorsque je ne puis reconnaître les biens qu'on m'a faits par d'autres biens, je paie autant que je puis de bonne volonté. Messieurs, vous m'avez fait le meilleur accueil du monde; et, ne pouvant vous témoigner une reconnaissance égale à tant de biens, je vous offre ce que je possède, c'est à dire que je veux soutenir deux jours entiers, au milieu du chemin qui conduit à Saragosse, que ces bergères déguisées sont les plus belles et les plus courtoises demoiselles de l'univers, excepté pourtant l'incomparable Dulcinée du Toboso, l'unique dame de mes pensées, ce qui soit dit sans offenser personne.

Don Quichotte se tut après ce beau discours ; et Sancho, prenant la parole avant que qui se soit eût le loisir de répondre : Est-il possible ? s'écria-t-il, qu'il se trouve au monde des gens assez hardis pour dire que mon maître est fou. Dites-moi, messieurs et mesdames, y a-t-il curé de village, si savant et si habile qu'il soit, qui puisse mieux parler que vient de le faire monseigneur don Quichotte. Don Quichotte se retourna brusquement vers Sancho, et le regardant avec des yeux pleins d'indignation et de colère : Qui vous fait assez hardi ? monsieur l'impertinent, pour rechercher si je suis fou ou sage. En voilà assez, et vous m'entendez bien ; allez-vous-en seller Rossinante, et j'irai effectuer ce que j'ai promis. A ces mots, il se leva de table en furie, laissant les assistants tout émerveillés, et sans trop savoir que juger de sa folie ou de sa sagesse. Ils le prièrent de ne vouloir point pousser le défi plus avant, mais leurs instances n'ébranlèrent point la résolution de don Quichotte : il monta sur Rossinante, et embrassant son écu, la lance au poing, il alla se placer au milieu du grand chemin, suivi de Sancho et de toute la troupe des bergers, qui voulurent voir quel serait le succès d'un dessein si téméraire. S'étant donc placé sur la route, il poussa dans l'air les paroles suivantes : O vous autres passants, qui que vous soyez, chevaliers errants, écuyers, gens de pied et de cheval, qui passez ou qui devez passer ces deux jours-ci par ce chemin, sachez que don Quichotte de la Manche, chevalier errant, est ici pour soutenir que les nymphes qui habitent ces prairies et ces bocages surpassent en beauté et en courtoisie toutes les beautés de la terre, excepté la maîtresse de mon âme, Dulcinée du Toboso, et quiconque voudra dire le contraire, il n'a qu'à venir, je suis ici pour l'attendre. Deux fois il répéta les mêmes paroles, et il ne fut pas une fois entendu d'aucun chevalier errant.

Cependant la fortune, qui voulait seconder ses desseins, fit passer, quelque temps après, un grand nombre de gens à cheval, marchant tous en troupe et en grande hâte, et la plupart portant des lances. Ceux qui étaient avec don Quichotte ne les eurent pas plutôt aperçus qu'ils s'écartèrent un peu loin, jugeant qu'il y avait quelque danger à demeurer sur la route. Le seul don Quichotte les attendit de pied ferme avec un courage intrépide, et Sancho se mit derrière lui, se couvrant de Rossinante. Les cavaliers arrivèrent, et celui qui était à la tête commença à crier à don Quichotte : Eh ! que diable ne t'ôtes-tu donc du chemin, misérable ! veux-tu que ces taureaux te mettent en pièces ? Canaille, répondit don Quichotte, vraiment vous avez bien trouvé celui qui s'épouvante pour des taureaux ! Confessez, méchants, confessez que ce que j'ai publié ici est véritable, ou préparez-vous à me combattre. Cet homme n'eut pas le loisir de répliquer, ni don Quichotte de s'ôter du chemin, ce qu'il ne voulait pas non plus ; une grande troupe de taureaux et d'autres bœufs avec ceux qui les conduisaient heurtèrent notre cavalier et son écuyer, renversèrent homme et cheval et leur passèrent sur le ventre, les laissant moulus et froissés, comme on peut se l'imaginer. Don Quichotte se releva brusquement, mais tout étourdi de sa chute, et, bronchant à chaque pas, commença à courir après le troupeau téméraire, criant de toute sa force : Arrêtez, canailles, attendez ; c'est un seul chevalier qui vous défie, et qui n'est pas d'humeur à faire un pont d'or à l'ennemi qui fuit. Don Quichotte ne fut pas entendu, ou personne ne fit cas de ses menaces, et, le troupeau s'éloignant toujours, le chevalier, las et froissé, et encore plus fâché de perdre sa vengeance, fut contraint de s'asseoir à terre, en attendant Sancho, qui arriva bientôt avec Rossinante et le grison, tous deux si foulés, qu'ils avaient bien de la peine à se soutenir. Nos aventuriers montèrent à cheval, et, tout honteux de cette impertinente aventure, ils suivirent leur chemin, sans prendre congé des bergers de la nouvelle Arcadie.

CHAPITRE LII.

De ce qui arriva à don Quichotte, et que l'on peut véritablement appeler une aventure.

Une fontaine d'eau claire et fraîche, qui coulait dans un agréable bocage, fut un puissant remède à la lassitude de nos aventuriers. Ils descendirent au bord, et, après avoir ôté la bride au grison et à Rossinante, ils secouèrent la poussière dont ils étaient couverts, se lavèrent les mains et le visage, et se rafraîchirent la bouche. Cela fait, Sancho, le plus vigilant des écuyers, visita promptement le bissac, qu'il appelait son *vade mecum*, et en ayant tiré les provisions, les mit devant son maître. Don Quichotte était si las, qu'il ne songeait pas à manger, et Sancho, qui était civil, n'osait toucher aux viandes, que son maître n'eût commencé; mais, le voyant enseveli dans ses imaginations, la faim et les objets qui ont le pouvoir d'éveiller les appétits lui firent oublier toute considération, et il se mit à manger comme s'il ne l'eût fait de quinze jours. Mange, ami Sancho, lui dit don Quichotte, mange, jouis du plaisir de vivre, que tu goûtes mieux que moi, et laisse-moi mourir dans la rigueur de mes disgrâces. Je suis né, Sancho, pour vivre en mourant, et toi pour mourir en mangeant; pour te faire voir la vérité de ce que je dis, considère moi fameux dans l'histoire qu'on a imprimée de ma vie, plus fameux par mes exploits, je me vois terrassé et foulé aux pieds des animaux immondes, et dans le cas d'être méprisé par tous ceux qui apprendront mon aventure. Crois-tu? mon ami, que l'aigreur d'une si terrible pensée ne soit pas bien capable d'agacer les dents, d'ôter le goût et d'assoupir les sens et les membres. Je t'assure, mon enfant, que je n'ai pas le courage de porter la main à la bouche : aussi suis-je résolu de me laisser mourir de faim, genre de mort de tous le plus cruel. Vous êtes donc bien éloigné, repartit Sancho, qui ne cessait toujours d'avaler, du proverbe qui dit : Meure la poule, pourvu qu'elle meure soûle. Pour moi, je ne suis pas si sot que de me faire mourir moi-même, et je prétends faire comme le cordonnier, qui étend le cuir avec les dents, et je pousserai ma vie en mangeant jusqu'à la fin. Ma foi, mon maître, il n'y a pire folie que celle de se désespérer, et personne ne s'en est encore bien trouvé. Croyez-moi, mangez seulement, et, après avoir mangé, dormez deux heures sur l'herbe fraîche et le ventre au soleil; et quand vous vous réveillerez, si vous n'êtes pas mieux, dites mal de moi.

Don Quichotte se rendit aux discours de Sancho, mon fils, lui dit-il; si tu voulais faire pour moi ce que je vais te dire, tu accourcirais de beaucoup mes ennuis : pendant que je m'en vais un peu dormir, éloigne-toi d'ici et donne-toi trois ou quatre cents coups de fouet avec la bride de Rossinante, à compte sur les trois mille que tu dois te donner pour le désenchantement de Dulcinée; car, en vérité, il y a de la honte que cette pauvre dame demeure plus longtemps en l'état où elle est, et par ta pure négligence. Cela vaut bien la peine qu'on y pense, dit Sancho. Dormons auparavant tous deux, et après nous verrons de quoi il est question. Croyez-vous que ce soit une chose bien raisonnable qu'un homme se fouette ainsi de sang-froid et surtout quand les coups doivent tomber sur un corps mal nourri? Que madame Dulcinée prenne patience : un de ces jours qu'elle y pensera le moins, elle me verra percé, comme un crible, de coups de fouet. Jusqu'à la mort tout est vie, je veux dire qu'il n'y a rien de perdu pour attendre, et je n'oublierai pas ce que j'ai promis. Don Quichotte remercia Sancho, et il s'étendirent tous deux sur l'herbe, laissant à Rossinante et au grison la liberté de paître et de faire tout ce qu'ils voudraient.

Il était déjà tard quand nos aventuriers se réveillèrent, et ils se pressèrent de monter à cheval pour arriver de bonne heure à une hôtellerie qui leur semblait éloignée d'une lieue ou environ ; je dis une hôtellerie, parce que don Quichotte la nomma ainsi lui-même, contre sa coutume d'appeler toutes les hôtelleries des châteaux, ce qui donna bien de la joie à Sancho. Étant arrivés, ils demandèrent à l'hôte s'il y avait place pour eux. Il leur répondit que oui, et qu'ils y trouveraient toutes leurs commodités aussi bien qu'en aucune hôtellerie d'Espagne. Ils mirent pied à terre ; et Sancho ayant serré les hardes dans une chambre, dont l'hôte lui donna la clé, alla mettre Rossinante et le grison à l'écurie, et revint chercher son maître, qu'il trouva assis sur un puits. L'heure du souper étant venue, don Quichotte monta à sa chambre, et Sancho demeurant avec l'hôte, lui demanda ce qu'il avait pour souper. Vous n'avez qu'à parler, répondit l'hôte : en chair et en poisson, vous serez servi à bouche que veux-tu ; jamais les levrauts, les lapereaux, les perdrix et les cailles, la venaison ni la viande de lait, ne manquent ici. Il ne faut pas tant de choses, repartit Sancho, deux bons poulets tout au plus feront notre affaire, et il y en aura de reste, car mon maître est délicat et mange peu, et moi je ne suis pas le plus grand mangeur du monde. Pour les poulets, répondit l'hôte, il n'y en a plus, le milan les a tous enlevés. Eh bien! monsieur l'hôte, dit Sancho, servez-moi donc une poularde, une poularde qui soit grasse et tendre. Une poularde qui soit grasse! dit l'hôte en frappant du pied, par ma foi, j'en envoyai hier vendre plus de cinquante à la ville ; mais à l'exception des poulardes, voyez ce qu'il vous faut. Vous avez bien quelque morceau de veau ou de chevreau, demanda Sancho. Il n'y en a point céans pour l'heure, répondit l'hôte, ce matin on a mangé le dernier morceau; mais je vous assure que, la semaine qui vient, il y en aura de reste. Courage, dit Sancho, c'est bien ce qu'il nous faut : je gage que toutes ces grandes provisions aboutiront à du lard et des œufs. Cela est fort bien imaginé, s'écria l'hôte ; j'avertis monsieur que je n'ai point de poules, et il veut que j'aie des œufs! Voyez monsieur, s'il y a autre chose qui vous accommode, et laissons là toutes ces délicatesses. Et mordienne, finissons, monsieur l'hôte, répliqua Sancho, et dites-nous vite ce que vous avez pour souper, sans nous faire tant languir. Voulez-vous savoir ce que j'ai? répondit l'hôte, j'ai deux pieds de bœuf tout prêts, avec de l'oignon et de la moutarde, qui sont un manger de prince. Des pieds de bœuf! dit Sancho, je les retiens pour moi, que personne n'y touche ; je les paierai mieux qu'un autre : par ma foi, il n'y a rien au monde que j'aime tant. Je vous les garderai, répondit l'aubergiste, parce que mes hôtes, qui sont des gens de condition, ont ici leur cuisinier, leur sommelier, et bien des provisions. Pour la condition, dit Sancho, j'ai un maître qui n'en cède rien à personne ; mais son office ne veut pas qu'il ait ni de cuisiniers ni tant d'équipage : nous mangeons franchement dans le milieu d'un pré, et bien souvent des noisettes et des nèfles. Ce discours finit là ; et, quoique l'hôte eût demandé à Sancho quel office avait son maître, il partit sans répondre. L'heure du souper venue, l'hôte porta le ragoût, tel qu'il était, dans la chambre de don Quichotte ; ils se mirent à manger tous les deux, puis allèrent se reposer.

La matinée était fraîche et promettait une belle journée, et don Quichotte partit de l'hôtellerie après s'être informé de la route la plus courte de Barcelone, car maintenant ce n'était plus à Saragosse qu'il voulait aller ; il avait changé d'idée. Il marcha six jours sans qu'il lui arrivât rien de considérable ; mais le septième, vers le soir, la nuit les surprit sous des arbres épais, où ils furent contraints de s'arrêter, ne connaissant plus le chemin. Ils mirent pied à terre, et s'appuyant chacun contre le tronc d'un arbre, ils résolurent d'y attendre le jour. Sancho qui avait ce jour-là, un peu bu, s'endormit aussitôt ; mais don Quichotte, que ses visions tenaient toujours éveillé, ne put jamais fermer les yeux ; au contraire il repassait cent choses dans sa cervelle détraquée, et son imagination le portait en cent lieux différents : tantôt il se représentait la caverne de Montesinos, et Dulcinée convertie en paysanne et sautant sur son âne, et tantôt il croyait entendre les paroles du sage Merlin, qui lui apprenait comment il fallait s'y prendre pour la désenchanter. Dans cette pensée, il se désespérait de la lenteur de Sancho, qui s'était donné, à ce qu'il disait, seulement cinq coups de fouet ; ce qui ne valait pas la peine d'être compté sur le grand nombre de coups qu'il avait à se donner. Cette pensée lui donna tant d'ennui, qu'il songea à y mettre ordre sur-le-champ. Si Alexandre le Grand, disait-il, coupa le nœud gordien, en disant qu'*autant valait couper que délier*, et ne laissa pas pour cela d'être maître de toute l'Asie, pourquoi ne réussirais-je pas aussi, pour le désenchantement de Dulcinée, si je fouettais moi-même Sancho, malgré qu'il en ait ? car si la vertu du remède consiste à ce que Sancho reçoive les trois mille et tant de coups de fouet, que m'importe à moi qu'il se les donne lui-même, ou qu'un autre les lui donne.

Là-dessus prenant sa résolution, et se munissant des étrivières qu'il prit à la selle de Rossinante, il s'approcha doucement de Sancho, et commença à lui défaire l'aiguillette de ses chausses. Sancho, s'éveillant en sursaut : Qui est là ? cria-t-il ; qui donc détache mes chausses ! c'est moi, répondit don Quichotte, qui viens réparer ton défaut de parole, et chercher du remède à mes souffrances ; je viens te fouetter, Sancho, et te décharger en partie de la dette à laquelle tu t'es obligé. Misérable ! Dulcinée périt, tu vis sans inquiétude, et je meurs de désespoir et d'ennui. Détache-toi donc de bonne volonté, car la mienne est de te donner pour le moins deux mille coups de fouet pendant que nous sommes en cette solitude. Non pas cela, dit Sancho ; laissez-moi en patience, je vous en prie, ou, par ma foi, je crierai si fort que les sourds nous entendront. Les coups auxquels je suis obligé doivent être volontaires, et, à l'heure qu'il est, je n'ai nulle envie d'être fouetté. Qu'il vous suffise que je vous donne parole de m'étriller sitôt que la fantaisie m'en prendra ; mais il faut la laisser venir. Oh ! que je n'ai garde de m'en fier à toi, mon ami! répondit don Quichotte: tu es dur de cœur et tu crains trop pour ta peau. Et tout en parlant, il s'efforçait de lui abattre ses chausses. Sancho s'en apercevant, se leva aussitôt, et ayant pris son maître au corps, lui donna la jambette, et le renversa sous lui; puis, lui mettant un genou sur l'estomac, il lui prit les deux mains, le tenant en état de ne pouvoir remuer, ni seulement de prendre haleine. Comment, traître, s'écria don Quichotte, contre ton maître, contre ton seigneur naturel, contre celui qui te donne du pain? Je ne trahis point mon roi, répondit Sancho, je n'en change point; je ne fais que me secourir moi-même, qui suis mon propre maître et mon vrai roi. Que votre seigneurie s'engage de me laisser en paix, et de ne point songer à me fouetter pour l'heure, et je vous rendrai la liberté, sinon *tu mourras ici, traître ennemi de la dona Sancha*. Don Quichotte promit avec serment, et jura par la vie de Dulcinée qu'il ne passerait pas outre, et que désormais il s'en remettrait à sa bonne foi.

Sancho se leva, et chercha pour dormir un autre endroit assez loin de son maître. Comme il fut dessous un arbre, il sentit que quelque chose lui touchait la tête; il y porta la main, et trouva deux pieds avec des souliers et des chausses. La frayeur le prit, il alla sous un autre, et il lui arriva la même chose : A moi, seigneur don Quichotte, à moi! cria-t-il, au secours! Don Quichotte y courut, et lui demanda ce qu'il avait à crier. Ces arbres sont pleins de pieds et de jambes d'hommes, répondit Sancho. Don Quichotte y tâta, et, devinant d'abord ce que ce pouvait être : Tu n'as que faire d'avoir peur, dit-il à Sancho : ces pieds et ces jambes d'hommes, ce sont sans doute quelques bandits qu'on a pendus à ces arbres, car voici l'endroit où l'on a coutume d'en faire justice quand on les attrape, et on les attache par ci par là, vingt à vingt, et trente à trente, et cela me fait croire que nous sommes tout auprès de Barcelone : ce qui était vrai en effet. Quelque temps après, le jour commençait à poindre, ils aperçurent les arbres presque tous chargés de corps de bandoliers. Cet affreux spectacle les surprit; mais ce fut bien pis quand ils virent fondre sur eux tout à coup une cinquantaine de semblables marauds, qui sortirent d'entre les arbres, et leur crièrent en catalan de ne point bouger et d'attendre leur capitaine. Don Quichotte se trouvait à pied, son cheval débridé, sa lance loin de lui, en un mot sans aucune défense, qu'aurait-il pu faire? Aussi ne fit-il que baisser la tête, se réservant pour une meilleure occasion. Les bandoliers déchargèrent le grison de tout ce qu'il portait, et ne laissèrent rien ni dans le bissac ni dans la valise ; et bien prit à Sancho d'avoir sur lui les écus d'or qu'il tenait du duc, et tout l'argent de son maître qu'il portait dans une ceinture sous sa chemise; encore ces honnêtes gens l'auraient-ils bien trouvé, l'eût-il caché dans la moëlle des os, si en même temps leur capitaine ne fût arrivé. C'était un homme d'environ trente-cinq ans, vigoureux, de bonne taille et de bonne mine, le teint un peu brun; et un regard assuré, où il y avait je ne sais quoi d'honnête et d'engageant, il portait une cotte de mailles et quatre pistolets à sa ceinture, de ceux qu'on appelle en ce pays-là *poitrinaux*, qui sont comme de petites arquebuses, et il montait un puissant cheval. Comme il vit en arrivant que ses écuyers (c'est ainsi qu'ils appellent ceux qui font ce noble métier) allaient dépouiller Sancho, il leur commanda de n'en rien faire ; ils obéirent aussitôt, et c'est de cette sorte que la ceinture fut sauvée. Le capitaine, étonné de voir une lance contre un arbre, un écu par terre, et don Quichotte armé de pied en cap, comme il était, avec une mine triste et mélancolique, s'approcha de lui, et lui dit : Rassurez-vous, monsieur : vous n'êtes pas tombé entre les mains d'un ennemi dangereux, mais en celles de Roque Guinard, qui ne sait point maltraiter ceux qui ne l'ont point désobligé. Mon déplaisir, répondit don Quichotte, ne vient pas d'être en ton pouvoir, ô valeureux Roque, dont la renommée ne trouve point de bornes sur la terre, mais de ce que tes soldats m'ont pris au dépourvu et en désordre ; en effet je suis obligé par les lois de la chevalerie errante, dont je fais profession, d'être dans une continuelle vigilance, et de me servir toujours de sentinelle à moi-même : et, afin que tu le saches, brave Roque, s'ils m'avaient trouvé à cheval, la lance et l'écu au poing, ils n'en seraient pas venus si facilement à bout. Tu sais sans doute quel est dans le monde la réputation de don Quichotte de la Manche. Il ne fallut que ces mots pour faire connaître à Roque Guinard quelle était la maladie de don Quichotte ; il en avait souvent entendu parler ; mais il ne croyait pas que ce qu'on en racontait fût véritable, et il ne pouvait se persuader que de semblables imaginations fussent jamais entrées dans l'esprit d'un homme. Il fut ravi de l'avoir rencontré et d'avoir occasion de juger par lui-même si l'original répondait aux copies. Vaillant chevalier, lui dit-il, consolez-vous, et n'interprétez point à disgrace l'état où vous vous trouvez. Ce n'est pas ici une chute, mais peut-être une crise qui rétablira votre fortune abattue et languissante : c'est par des voies inconnues aux hommes que Dieu fait ses miracles, qu'il relève les humbles et enrichit les pauvres.

Don Quichotte fit des remercîments dignes de lui et du grand Roque, qui fit rendre à Sancho tout ce que lui avaient pris ses gens.

Don Quichotte, qui ne laissait jamais échapper une bonne occasion, tâchait, par un sage discours, de leur faire quitter une manière de vie périlleuse pour le corps et l'ame ; mais comme c'étaient la plupart des gascons, nation grossière et farouche, ils ne faisaient aucun cas de ce qu'il leur disait et se moquaient de lui. Roque demanda à Sancho si on lui avait rendu tout ce qu'on lui avait enlevé. Il répondit que oui, hormis trois coiffes de nuit qui valaient trois bonnes villes. Eh ! que diable dis-tu là, paysan ? dit un des bandoliers : c'est moi qui les ai, et elles ne valent pas dix sous. Cela est vrai, dit don Quichotte, mais mon écuyer les estime beaucoup à cause de la personne qui me les a données. Roque fit rendre les coiffes comme le reste, et, ordonnant à ses gens de se mettre en haie, il fit apporter devant lui tout ce qu'ils possédaient de pierreries, d'argent et d'effets depuis le dernier partage qu'il avait fait ; et après en avoir examiné le prix et réduit en argent ce qui ne pouvait se partager, il distribua le tout à sa compagnie avec tant d'égalité et de prudence, qu'il n'y en eut pas un qui ne fût content. Cela fait, il dit à don Quichotte : Voyez-vous, monsieur, si on ne gardait pas cet ordre et cette exactitude avec ces gens-là, il n'y aurait pas moyen d'y vivre un moment. Eh ! par ma foi, dit Sancho, il faut que la justice soit une bonne chose, puisqu'on la pratique même parmi les larrons ! Un des bandoliers qui entendit Sancho, le coucha aussitôt en joue avec son arquebuse, et allait lui casser la tête, si Roque ne l'eût empêché à force de crier. Sancho eut une belle peur, et fit serment de ne pas ouvrir la bouche tant qu'il serait parmi des gens qui entendaient si peu la raillerie. Au moment, arriva un des bandoliers chargés d'épier sur le grand chemin les gens qui passaient, pour en venir rendre compte au capitaine. Monsieur, dit-il, il y a une grande troupe de gens ici près qui va à Barcelone. Et as-tu remarqué, demanda Roque, si ce sont de ceux que nous cherchons, ou de ceux qui nous cherchent ? C'est de ceux que nous cherchons, repartit le bandolier. A cheval, enfants! dit Roque, et qu'on me les amène tous ici. Tous les bandoliers partirent; et Roque, don Quichotte et Sancho, étant demeurés seuls, Roque dit à don Quichotte : Ce genre de vie paraît sans doute bien étrange au seigneur don Quichotte, et je ne m'en étonne pas : ce sont toujours aventures nouvelles, toujours nouveaux événements, et tous périlleux; et j'avoue moi-même qu'il n'y a pas une vie plus inquiète et plus désordonnée que celle que nous menons. Pour moi, ajouta-t-il, je m'y trouve engagé par certains motifs de vengeance qui me troublent l'imagination, et dont je ne saurais revenir. Je suis naturellement d'une humeur douce et compatissante; mais, comme je vous le dis, le désir de me venger d'une offense qu'on m'a faite renverse toutes mes bonnes résolutions, et me retient dans ce malheureux métier malgré mon inclination naturelle; et comme un abîme conduit à un autre, et que les péchés sont enchaînés, non seulement je songe à me venger, mais j'entreprends encore la vengeance des autres. Avec tout cela, j'espère de la miséricorde de Dieu qu'il ne me laissera pas périr dans ce désordre, et j'attends que sa bonté m'en retire, n'ayant pas la force de le faire de moi-même. Don Quichotte fut fort étonné du discours de Roque : il ne croyait pas que parmi des gens de sac et de corde, il pût se trouver un homme qui eût de si bons sentiments; et, ravi de trouver l'occasion de signaler sa piété, il lui répondit : Seigneur Roque, c'est un grand point pour la santé que de connaître la maladie et de voir le malade disposé à prendre les remèdes nécessaires. Vous êtes malade, vous connaissez votre mal; ayez recours à Dieu, qui est un médecin infaillible : il ne manquera pas de vous donner des remèdes qui vous guériront à la fin. Un pécheur éclairé est bien plus prêt de s'amender qu'un idiot, parce que, discernant mieux le bien d'avec le mal, il a honte de ses propres vices; au lieu que l'autre, aveuglé par son ignorance, n'agit que par instinct et ne craint pas de s'abandonner à ses passions, dont il ne connaît pas le danger. Courage donc, seigneur Roque. Vous avez de l'esprit et de la prudence : servez-vous de vos lumières, et ne désespérez pas de l'entière guérison de votre ame. Mais voulez-vous avancer facilement dans le chemin du salut? quittez votre manière de vivre et venez avec moi : je vous enseignerai le métier de chevalier errant. C'est un abîme de travaux et de mauvaises aventures; vous n'aurez qu'à les offrir à Dieu, les souffrir par pénitence, et vous voilà dans le ciel. Roque sourit du conseil de don Quichotte. En ce moment les bandoliers arrivèrent avec leur capture : deux cavaliers assez bien montés, deux pèlerins à pied, et un coche où il y avait des femmes avec sept ou huit valets, tant à pied qu'à cheval, qui l'accompagnaient, et de plus deux valets montés sur des mules, et qui étaient à ces deux cavaliers. Les bandoliers environnèrent cette troupe de gens, et de part et d'autre régnait un profond silence, en attendant que le grand Roque parlât. Il demanda aux deux cavaliers qui ils étaient et où ils allaient. Monsieur, répondit un d'eux, nous sommes deux capitaines d'infanterie; nos compagnies sont à Naples; et nous allons nous embarquer à Barcelone, où se trouvent, dit-on, quatre galères qui ont ordre de passer en Sicile. Nous avons environ deux ou trois cents écus, avec quoi nous nous croyons assez riches : car, comme vous savez, le métier ne nous met guère en état de thésauriser. Et vous autres? demanda Roque aux pèlerins. Monseigneur, répondirent-ils, nous allons nous embarquer pour passer à Rome, et nous avons entre nous deux quelque soixante réales. Roque demanda pareillement quels étaient les gens du coche; et un des cavaliers qui l'ac compagnait lui dit que c'était la senora dona Guiomar de Quinones, femme du régent de la vicairie de Naples, avec mademoiselle sa fille, une autre demoiselle et une gouvernante ; qu'ils étaient six qui la suivaient, trois à cheval et trois à pied, et que leur argent montait à six cents écus. De sorte donc, dit Roque, que nous avons déjà ici neuf cents écus et soixante réales. Et moi j'ai soixante soldats : comptez, messieurs, ce qui peut vous revenir à chacun, car moi je ne sais pas trop bien compter. A ces mots, les bandoliers s'écrièrent : Vive le grand Roque Guinard, en dépit de tous les ladres qui songent à le perdre ! Les capitaines tenaient la tête baissée et faisaient bien voir à leur contenance qu'ils déploraient leur argent. Madame la régente et sa compagnie n'avaient guère plus de joie, et les pauvres pélerins n'avaient nullement envie de rire. Roque les laissa un moment dans cette affliction ; et se tournant vers les capitaines : Seigneurs capitaines, leur dit-il, de courtoisie, prêtez-moi soixante écus ; et madame la régente m'en donnera, s'il lui plaît, quatre-vingts. C'est afin de contenter mes soldats, car chacun vit de son métier. A ces conditions, vous serez libres d'aller où il vous plaira, avec un sauf-conduit que je vous donnerai, pour empêcher que les troupes que j'ai ici autour ne vous fassent d'insultes : car mon intention n'est pas qu'on maltraite ni les gens de guerre ni les femmes, et particulièrement celles qui sont de qualité. Les capitaines firent à Roque des remercîments infinis de sa courtoisie et de sa libéralité, et élevant jusqu'au ciel la générosité qu'il avait de leur rendre leur bien. Madame Guiomar voulait se jeter en bas du coche, pour lui embrasser les genoux ; mais il ne voulut pas le souffrir ; au contraire, il lui demanda cent fois pardon du tort que son métier et la nécessité de s'entretenir bien avec ses soldats l'obligeaient de lui faire. La régente et les capitaines donnèrent ce qu'on leur demandait, et les pauvres pélerins allaient donner tout leur argent, voyant qu'on ne parlait pas de modération pour eux. Mais Roque leur dit d'attendre, et s'adressant à ses gens : de ces cent quarante écus, leur dit-il, il vous en revient deux à chacun ; des vingt qui restent donnez-en dix à ces pélerins, et les autres à cet écuyer, afin qu'il ait sujet de se louer de cette aventure. Puis se faisant en même temps donner du papier et de l'encre, il écrivit un sauf-conduit par lequel il ordonnait à ses lieutenants de laisser circuler librement toute la compagnie, qui s'éloigna fort satisfaite, admirant tous les procédés du grand Roque. Un des bandoliers, qui ne s'accommodait pas de l'humeur obligeante de son capitaine : Pardienne, dit-il en son catalan, notre capitaine serait meilleur pour être moine que bandolier ; mais si dorénavant il a envie de se montrer libéral, que ce soit de son argent, et non pas du nôtre. Le malheureux ne parla pas si bas que Roque ne l'entendît. Il tira son épée, et lui fendit presque la tête, en disant : C'est ainsi que je châtie les insolents. Pas un n'osa remuer, tant il savait se faire craindre et obéir ! Roque se retira ensuite un peu à l'écart pour écrire à un de ses amis à Barcelone, et lui donner avis qu'il avait avec lui le fameux don Quichotte de la Manche, cet illustre chevalier errant dont on parlait tant en Espagne, l'assurant que c'était un homme fort plaisant, et qui avait beaucoup d'esprit ; que, dans quatre jours, à la fête de saint Jean-Baptiste, il le mènerait sur la place de Barcelone, armé de pied en cap, et monté sur le superbe Rossinante, avec Sancho, son écuyer, monté sur son grison ; qu'il le priait d'en avertir les Niarros, ses amis, à qui il en voulait donner le plaisir ; qu'il eût bien souhaité que ses ennemis, les Cadells, n'en eussent point leur pat ; mais qu'il voyait bien que cela était impossible, parce que les extravagances du maître et les bouffonneries du valet étaient trop grandes pour ne pas attirer et divertir tout le monde. La lettre fut portée par un des bandoliers, déguisé en paysan, qui la rendit à son adresse.

CHAPITRE LIII.

De ce qui arriva à don Quichotte à son entrée dans Barcelone avec d'autres choses qui semblent plus vraies que raisonnables.

Don Quichotte demeura trois jours entiers avec Roque, et dans cet intervalle, il y vit toujours choses nouvelles. Ils ne restaient jamais au même endroit : ils dînaient dans un lieu et soupaient dans un autre. Quelquefois ils fuyaient sans savoir pourquoi, et quelquefois ils s'arrêtaient avec aussi peu de sujet; toujours alertes et toujours en alarmes, tantôt dormant à cheval, et tantôt couchés à terre; il y avait incessamment des espions en campagne, et les sentinelles faisaient bonne garde, toujours la mèche sur le bassinet. Roque passait la nuit loin de ses soldats, et sans qu'ils sussent où il était, mais dans une inquiétude continuelle, n'osant se fier qu'à lui-même, à cause des poursuites du vice-roi de Barcelone, qui avait mis sa tête à prix. Enfin Roque, don Quichotte et Sancho, escortés de six bandoliers, et marchant par des sentiers couverts, se dirigeaient vers Barcelone, où ils arrivèrent de nuit, et se trouvèrent sur le port la veille de Saint-Jean. Il y eut de grands compliments entre don Quichotte et Roque, et de sincères remercîments de la part de Sancho pour les dix écus qu'il en avait eus; après quoi Roque s'en retourna, les ayant embrassés; et don Quichotte attendit à cheval la venue du jour.

Peu à peu la blanche aurore commença à paraître. Bientôt elle fit place au soleil, qui vint dorer et embellir tous les objets de la nature. En même temps on entendit un son confus et agréable de haut-bois, de trompettes, de tambours, de fifres, et d'autres instruments de guerre et de réjouissance. Don Quichotte et Sancho, jetant la vue de toute part, découvrirent la mer, qu'ils n'avaient jamais vue. Elle leur parut fort grande, ils considérèrent avec curiosité les galères qui étaient au port, et ce fut un agréable spectacle pour eux, après qu'on eût abattu les tentes, de les voir couvertes de mille banderoles de diverses couleurs, qui flottaient au vent, et de temps en temps balayaient la mer, pendant qu'au dedans le bruit produit par les clairons, les hautbois et les trompettes, faisait retentir l'air d'un son moins agréable que terrible. Elles commencèrent à se mouvoir, pour une espèce d'escarmouche; et un nombre infini de cavaliers, sortant de la ville, avec des livrées galantes, maniaient leurs chevaux de concert, réglant leurs pas sur les différents mouvements des galères, qui déchargeaient en même temps leur artillerie, à quoi celle de la ville et du château répondait. Tout était en joie et tout en inspirait, la mer calme, et le jour le plus beau du monde; un petit vent frais rafraîchissait l'air et dissipait la fumée et la poussière que faisaient les canonnades. Sancho admirait tout ce qu'il voyait sans comprendre comment les galères avaient tant de pieds, et comment ces pieds pouvaient faire mouvoir si vite de si grosses machines; ils regardait tout avec étonnement et sans avoir même le loisir de baisser de temps en temps la tête à chaque coup qu'on tirait. Cependant une troupe de cavaliers, vêtus de livrées, arrivèrent au galop, et avec des cris de joie, tout auprès de don Quichotte, qui était encore en admiration; et l'un d'eux, qui était celui à qui Roque avait écrit, commença à crier à haute voix : Le miroir, le nord et l'étoile polaire de la chevalerie errante, soit le bienvenu, le grand, le valeureux et l'inimitable don Quichotte, le vrai chevalier de la Manche, dont le grand cid Hamet Benengeli, la fleur des historiens, nous a donné un fidèle portrait. Don Quichotte ne répondit rien, et n'en eut pas le loisir, parce que les cavaliers, avec tous ceux qui les suivaient, l'entourèrent en caracolant, se mêlant cent fois les uns dans les autres, et faisant autant de différentes figures, au son des instruments et en signe d'allégresse. Notre chevalier s'en aperçut : Ceux-ci, dit-il à Sancho, nous ont reconnus, mon ami; je parierais qu'ils ont lu notre histoire. Le cavalier qui avait déjà parlé à don Quichotte s'approcha plus près de lui, et lui dit : Faites-nous l'honneur de venir avec nous, seigneur don Quichotte : Vous ne trouverez ici que de vos serviteurs et des amis intimes de Roque Guinard. Si les courtoisies, répondit don Quichotte, engendrent des courtoisies, la vôtre, seigneur cavalier, doit être fille ou proche parente de celle du grand Roque. Allons où il vous plaira : je vous suivrai partout. Le cavalier fit à don Quichotte un compliment non moins obligeant, et lui et ses amis l'enfermant au milieu d'eux, ils prirent le chemin de la ville, au son des tambours et des hautbois. On eût dit que les enchanteurs attendaient notre chevalier à l'entrée de la ville. Deux jeunes fripons, poussés de je ne sais quel malin esprit, eurent bien la hardiesse de percer jusqu'à lui, au travers de cette troupe de cavaliers qui l'environnaient, et attachèrent sous la queue de Rossinante et du grison un gros paquet de chardons. Les pauvres bêtes, tourmentées de ces nouveaux aiguillons, serrèrent la queue, et en souffrirent davantage; de sorte que, ne pouvant se délivrer de ce tourment, elles se mirent à sauter à ruer de toute leur force, et jetèrent enfin leurs maîtres par terre. Don Quichotte tout honteux et plus en colère qu'il n'en avait l'air, se releva et délivra Rossinante; Sancho en fit autant à son grison, pendant que les cavaliers se mettaient en devoir de châtier cette insolente canaille qui avait causé le désordre; mais il n'y eut pas moyen d'en attraper aucun : tous deux se perdirent dans la foule. Enfin don Quichotte et Sancho remontèrent à cheval, et le cavalier ami de Roque, qui était un des plus apparents de Barcelone, le mena chez lui, où nous les laisserons pour le moment.

CHAPITRE LIV.

Aventure de la tête enchantée, etc.

L'hôte de don Quichotte s'appelait don Antonio Moreno, cavalier riche et plein d'esprit, et qui aimait le plaisir en galant homme. Dès qu'il vit don Quichotte en sa maison, il songea à se divertir de ses folies. La première chose dont il s'avisa, ce fut de le faire désarmer, et de l'exposer, avec cet habit que nous avons vu sur un balcon qui donnait sur une des principales rues de la ville, où tout le peuple s'arrêtait comme pour regarder un singe. Ensuite les cavaliers en livrées firent des courses et des jeux devant lui, comme si c'eût été pour lui seul.

Sancho, fort joyeux, tirait de bons présages de tout ce qu'il voyait, se représentant de nouvelles noces de Gamache, une maison comme celle de don Diego de Miranda, et un château où tout se trouvait en abondance comme chez le duc. Il dîna ce jour-là avec don Antonio et cinq ou six de ses amis, qui rendirent tant d'honneur à don Quichotte, qu'il ne se sentait pas de joie. Sancho dit tant de choses plaisantes, qu'il réjouit tout le monde. Le dîner achevé, don Antonio prit don Quichotte par la main et le mena dans une chambre où il n'y avait pour tout ornement et pour tout meuble qu'une table qui paraissait de jaspe, posée sur un pied de semblable matière, et dessus un buste qui semblait de bronze, et représentant un empereur romain. Je vais vous conter des choses, dit Antonio, qui vous raviront en admiration. Cette tête que vous voyez là, seigneur don Quichotte, a été faite par un des plus habiles enchanteurs qu'on ait jamais connus; elle a la vertu de répondre à tout ce qu'on lui demande à l'oreille; mais les vendredis elle est muette, et il serait inutile de lui rien demander aujourd'hui. Vous n'avez qu'à songer d'ici à demain aux questions que vous voulez lui faire. Don Quichotte, fort étonné de ce que don Antonio lui disait, lui fit de grands remercîments de lui avoir confié un secret de cette importance. Ils sortirent de la chambre et retournèrent dans la salle où ils avaient laissé la compagnie. Sur le soir, ils allèrent tous ensemble se promener par la ville, don Quichotte sans armes, mais couvert d'un balandran de drap tanné, capable de faire suer un Lapon au milieu de l'hiver. Il n'était pas sur Rossinante, mais sur un grand mulet de pas, bien enharnaché; on lui avait attaché sur son balandran, sans qu'il le vît, un parchemin où il était écrit en grosses lettres : *Voici don Quichotte de la Manche.* Notre chevalier était bien étonné d'entendre que ceux qui le regardaient citassent son nom, comme s'ils l'eussent connu. Monsieur, dit-il à Antonio, qui marchait à côté de lui, n'avouez-vous pas que la chevalerie errante renferme en soi je ne sais quoi de grand et d'excellent, puisqu'elle rend ceux qui en font profession connus et fameux par toute la terre? jusqu'au peuple et aux petits enfants, tous me connaissent sans m'avoir jamais vu?

Je m'en aperçois bien, seigneur don Quichotte, répondit don Antonio. La foule des gens qui les suivaient pour lire l'écriteau les importuna tellement, que don Antonio fut obligé de l'ôter, en faisant croire à don Quichotte que c'était tout autre chose. La nuit venue, ils retournèrent tous chez don Antonio, où sa femme avait invité plusieurs de ses amies pour faire honneur à son hôte, et leur donner leur part de ses extravagances inouïes. On y soupa magnifiquement, et sur les dix heures on commença le bal. Parmi ces dames, il y en avait deux, entre autres, qui avaient beaucoup d'esprit. Pour réjouir la compagnie, elles prièrent don Quichotte de danser, l'une le reprenant aussitôt que l'autre l'avait quitté, et elles fatiguèrent si bien le pauvre chevalier, qu'il suait à grosses gouttes et ne pouvait presque plus se remuer. C'était une chose admirable à voir que sa figure, ce corps long, maigre et efflanqué, ce teint jaune et enfumé, ces yeux creux, et ces moustaches longues et abattues, avec un habit si juste, que les coutures crevaient de tous côtés, et lui sans air, sans contenance, et nullement agile. Les dames l'agaçaient et le cajolaient à la dérobée, l'une après l'autre, comme si elles en eussent été amoureuses; et lui les méprisait à la dérobée, craignant de leur faire honte. Mais enfin, se voyant importuné de leurs caresses : Fuyez, démons ! cria-t-il tout haut ; laissez-moi en paix ! Vous prenez mal votre temps, mes chères dames : la non pareille Dulcinée du Toboso, l'unique reine de mon cœur, ne souffre point que d'autres en triomphent. A ces mots, il alla s'asseoir à terre au beau milieu de la salle, tout rompu et tout en eau d'avoir tant dansé. Don Antonio le pria d'aller prendre quelque repos, et fit venir des gens pour le porter à sa chambre. Sancho fut le premier qui l'aida à se lever, il mit lui-même don Quichotte au lit, le couvrant bien chaudement, afin que la sueur le guérît de sa lassitude.

Le lendemain, don Antonio demanda à don Quichotte s'il ne désirait pas faire l'expérience de la tête enchantée, et il le mena dans la chambre où elle était. Aussitôt qu'ils furent entrés, don Antonio ferma la porte aux verroux, et s'étant approché de la tête, il lui dit d'une voix basse, de telle sorte pourtant que tout le monde pouvait l'entendre : Dis-moi, tête, par la vertu que tu enfermes, à quoi pensé-je à l'heure qu'il est ? En même temps la tête sans remuer les lèvres, mais d'une voix claire et distincte, répondit ces paroles, qui furent entendues de toute la compagnie : Je ne juge point des pensées. Tout le monde parut étonné, et les dames furent très effrayées. Combien sommes-nous ici ? lui demanda encore Antonio. Toi et ta femme, répondit la tête, avec de tes amis et deux de leurs amies, et un chevalier fameux appelé don Quichotte de la Manche, et son écuyer qui se nomme Sancho Pança. L'étonnement devint plus grand que jamais.

Don Quichotte s'approcha alors avec sa manière grave : Dis-moi, demanda-t-il, est-ce une vérité ou un songe que ce que j'ai rencontré dans la caverne de Montesinos ? Sancho, mon écuyer, se donnera-t-il les coups de fouet qu'il a promis ? et verrons-nous le désenchantement de Dulcinée ? Pour ce qui est de la caverne, dit la tête, il y a bien des choses à dire : l'aventure tient de la vérité et du songe. Les coups de fouet de Sancho seront effectifs, et l'enchantement de Dulcinée finira. Je n'ai pas autre chose à savoir, répliqua don Quichotte ; pourvu que je voie Dulcinée désenchantée, je me tiens bien sûr de sortir avec avantage de toutes les aventures que je voudrai entreprendre.

Cid Hamed Benengeli raconte ainsi le mystère de cette tête. Don Antonio dit-il, qui était curieux, fit faire cette tête à l'imitation d'une autre qu'il avait vue à Madrid, pour se divertir aux dépens des ignorants. La table avec son pied, d'où sortaient quatre griffes d'aigle, était de bois peint en jaspe, et la tête, qui était la figure d'un empereur romain, de couleur de bronze, était creuse, aussi bien que la table sur laquelle on l'avait enchâssée si adroitement, que tout paraissait d'une seule pièce. Le pied de la table était creux aussi, et répondait par deux tuyaux à la bouche et à l'oreille de la tête; ces tuyaux descendaient dans une chambre au-dessous, où était caché celui qui devait répondre, et qui, mettant l'oreille auprès d'un tuyau, et la bouche sur l'autre, entendait les demandes, et rendait les oracles, la voix coulant du haut en bas, et de bas en haut, par ces tuyaux, si bien articulée, qu'on n'en perdait pas la moindre parole; et, à moins de le savoir, il était comme impossible d'en reconnaître l'artifice. Un neveu du duc Antonio, jeune homme plein d'esprit, et bien instruit par son oncle, fut celui qui fit les réponses. Cid Hamet ajoute que la tête parlante répondit encore douze ou quinze jours; mais que le bruit de cette merveille s'étant répandu par la ville, don Antonio, sachant qu'on disait qu'il avait chez lui une tête enchantée et craignant que ce bruit ne parvînt jusqu'à l'inquisition, alla lui-même déclarer ce qu'il en était aux inquisiteurs, qui lui ordonnèrent de briser la machine, de crainte de scandaliser un peuple sot et ignorant.

CHAPITRE LV.

De l'aventure qui donna le plus de déplaisir à don Quichotte, de toutes celles qui lui étaient arrivées jusque-là.

Un matin que don Quichotte était allé voir la mer, et se promenait sur le rivage, armé de toutes pièces, il vit venir un cavalier, armé comme lui de pied en cap, avec un écu où était peinte une lune éclatante. Le cavalier s'approcha, et adressant ces paroles à don Quichotte, il cria à haute voix : Illustre chevalier, valeureux don Quichotte de la Manche! je suis le chevalier de la Blanche-Lune, dont les exploits inouïs seront, sans doute, parvenus jusqu'à tes oreilles. Je viens ici pour te combattre et pour éprouver mes forces contre les tiennes, avec dessein de te faire avouer que ma dame, quelle qu'elle puisse être, est incontestablement plus belle que ta Dulcinée du Toboso. Si tu veux confesser cette vérité, tu évites sûrement la mort et tu me délivres de la peine que je prendrais à te la donner; et si tu as envie de combattre, je ne te demande qu'une chose, après t'avoir vaincu, c'est que tu cesses de porter les armes durant l'espace d'un an, que tu te retires dans ta maison pour prendre un repos utile à ta santé et à tes affaires; et s'il arrive, par hasard, que tu me vainques, ma tête est à ta discrétion.

Don Quichotte, fort étonné de l'arrogance du chevalier de la Blanche-Lune et du sujet de son défi, lui répondit d'un air fier et sévère : Chevalier de la Blanche-Lune, dont les exploits ne sont point jusqu'ici venus à ma connaissance, je jurerais bien que vous n'avez jamais vu l'illustre Dulcinée ; car, si vous l'eussiez vue, vous avoueriez vous-même qu'il n'y a jamais eu de beauté qui puisse entrer en comparaison avec la sienne : ainsi donc, sans vous dire que vous mentez, mais seulement que vous vous trompez, j'accepte le défi aux conditions que vous dites, et la main à l'œuvre, afin que le jour ne se passe point sans décider l'affaire. Prenez donc du champ ce que vous voudrez, j'en vais faire autant, et le succès fera voir qui sait le mieux se servir de la lance. Le vice-roi arrivait justement au moment que don Quichotte tournait son cheval. Comme il vit que les deux chevaliers retournaient pour se rencontrer, il se jeta entre eux deux, et leur demanda ce qui les obligeait d'en venir si brusquement aux mains. Le chevalier de la Blanche-Lune répéta, en peu de mots, ce qui s'était passé entre lui et don Quichotte. Aussitôt le vice-roi se retira en disant : Le champ est libre, et Dieu vous conserve ! Alors don Quichotte se recommandant de tout son cœur à Dieu et à sa dame Dulcinée, prit un peu plus de champ qu'auparavant. Le chevalier de la Blanche-Lune était monté sur un cheval plus vif et plus vigoureux que Rossinante, si bien qu'il rencontra don Quichotte avec tant de force, sans se servir de la lance, qu'il envoya rudement homme et cheval par terre, et tous deux en fort mauvais état. Il se jeta aussitôt sur don Quichotte ; et, lui mettant la pointe de la lance sur la visière : Vous êtes vaincu, chevalier, lui dit-il, et il vous en coûtera la vie, si vous ne demeurez d'accord des conditions de notre combat. Don Quichotte, étourdi et froissé de sa chute, sans avoir la force de lever la visière, répondit d'une voix faible et sourde, comme si elle fût sortie d'un tombeau : Dulcinée du Toboso est la plus belle personne du monde, et moi je suis le plus malheureux de tous les chevaliers de la terre ; il ne serait pas juste que mon malheur démentît une vérité si généralement reconnue ; pousse ta lance, chevalier, et m'ôte la vie, puisque tu m'as déjà ôté l'honneur. Non, non, répliqua celui de la Blanche-Lune, que la réputation de la beauté de madame Dulcinée du Toboso demeure en son entier, je serai content, pourvu que le grand don Quichotte se retire chez lui pour un an, ainsi que nous en sommes convenus avant le combat. Don Quichotte répondit à son vainqueur que, pourvu qu'il ne demandât rien contre les intérêts et la gloire de Dulcinée, il l'accomplirait ponctuellement en véritable chevalier ; le chevalier de la Blanche-Lune se contenta de cette promesse, et tourna bride ; puis, saluant le vice-roi, il se dirigea au petit galop vers la ville.

On releva don Quichotte, on lui ôta son casque, et on le trouva pâle et abattu, couvert d'une sueur froide, comme s'il eût été près de rendre l'ame. Pour Rossinante, il était en tel état qu'il n'y eut pas moyen, pour l'heure, de le faire relever. Le vice-roi fit emporter don Quichotte dans une chaise, et partit aussitôt, avec grande impatience de savoir quel était le chevalier de la Blanche-Lune.

[CHAPITRE LVI.

Quel était le chevalier de la Blanche-Lune, et autres aventures.

Don Antonio Moreno suivit le chevalier de la Blanche-Lune, et entra avec lui dans une maison. Il le salua d'abord sans rien dire autre chose, attendant l'occasion de l'entretenir ; mais le chevalier, voyant que don Antonio ne le quittait point : Monsieur, lui dit-il, je vois bien ce qui vous amène : vous désirez sans doute savoir qui je suis. Je m'appelle le bachelier Samson Carrasco, et je suis du même village que don Quichotte de la Manche. La folie de ce pauvre gentilhomme, qui fait compassion, m'a fait encore plus de pitié qu'aux autres ; et, m'étant persuadé que sa guérison dépend de se tenir en repos et en paix dans sa maison, je me suis mis en tête de l'y ramener ; enfin je l'ai vaincu ; et, comme il est fort exact à garder religieusement les lois de la chevalerie errante, je suis persuadé qu'il accomplira ponctuellement les conditions de notre combat, puisqu'il m'en a donné sa parole. Voilà, monsieur, tout ce que vous vouliez savoir. Je vous supplie que don Quichotte n'en ait aucune connaissance, de peur que mes soins et ma peine ne soient perdus, et pour que le pauvre gentilhomme puisse recouvrer l'esprit. Ah ! monsieur, repartit don Antonio, je ne saurais vous pardonner le tort que vous faites à tout le monde en lui volant le plus agréable fou qu'on ait jamais vu. Cependant je vous promets que je ne dirai rien, ne fût-ce que pour voir si je me tromperai dans mon opinion ; c'est que les soins du seigneur Carrasco ne réussiront pas comme il se l'imagine. Monsieur, repartit Carrasco, l'affaire est en bon train, et j'espère qu'elle réussira.

Don Antonio alla rendre compte au vice-roi de ce que lui avait dit Carrasco ; le vice-roi ne put s'empêcher d'avoir quelque regret de ce que la retraite de don Quichotte allait priver tout le monde de ses folies.

Don Quichotte fut six jours au lit, fort incommodé de sa chute. Sancho se tenait constamment auprès de lui, tâchant de le consoler, et lui disait, entre autres choses : Allons, monsieur, courage ; il faut se réjouir plutôt que de s'affliger ? n'êtes-vous pas bien heureux d'être tombé si lourdement sans vous casser la tête. Croyez-m'en, mon cher maître, allons-nous-en bravement chez nous. Après tout, il se trouve que c'est moi qui perds le plus, bien que vous soyez le plus foulé ; en quittant mon gouvernement, j'avais bien quitté l'envie d'être jamais gouverneur, mais non pas l'envie d'être comte ; et cependant m'en voilà revenu, si vous n'êtes point roi, comme apparemment vous ne sauriez être si vous renoncez à vos chevaleries. Mon pauvre ami, répondit don Quichotte, il n'y a rien de désespéré, puisque ma retraite n'est que pour un an ; après cela, rien ne peut m'empêcher de reprendre l'exercice des armes, et je ne manquerai pas de royaumes à conquérir ni de comtés à te donner. Dieu le veuille ! répliqua Sancho : une bonne espérance vaut toujours mieux qu'une mauvaise possession. Tout cela ne satisfaisait pas l'esprit de don Quichotte; il garda le lit pendant deux jours, après lesquels il se mit en chemin, désarmé et simplement en habit de voyage; Sancho le suivit à pied, parce que le grison était chargé des armes de son maître.

CHAPITRE LVII.

De la résolution que prit don Quichotte de se faire berger tout le temps qu'il était obligé de ne point porter les armes.

Au sortir de Barcelone, don Quichotte, regardant tristement le lieu où il avait été battu : C'est là, dit-il, que fut Troie; c'est là que mon malheur, et non pas ma faute, enleva toute la gloire que j'avais acquise; c'est là que ma réputation est tombée pour n'en relever jamais. Quand j'étais chevalier errant, vaillant et hardi, mon bras et mes actions rendaient témoignage de ma valeur, et à présent que je suis un chevalier démonté, mon obéissance et l'accomplissement feront voir que je suis un homme de parole. Marche donc seulement, ami Sancho, et allons chez nous accomplir notre année de bannissement : là nous prendrons de nouvelle forces pour reprendre ensuite avec plus d'éclat l'exercice des armes. Monsieur, répondit Sancho, aller à pied n'est point une chose si plaisante, que cela me donne envie de faire de grandes journées, attachons ces armes à quelque arbre, et quand je serai sur le dos du grison, que je ne toucherai plus des pieds à terre, nous irons aussi vite que vous voudrez; mais, ma foi, tant que je marcherai à pied, il ne faut pas me presser, s'il vous plaît. Tu as fort bien dit, Sancho, dit don Quichotte; que mes armes demeurent ici en trophée, et nous graverons sur l'écorce des arbres l'inscription écrite au bas du trophée des armes de Roland :

> Que nul ne soit si téméraire
> Que de toucher ces armes-ci,
> S'il ne veut se résoudre aussi
> D'avoir avec Roland à démêler l'affaire.

Cela fera à merveille, monsieur, répondit Sancho; et, si ce n'était la faute que nous pouvait faire Rossinante par les chemins, je serais bien d'avis qu'on le pendît aussi avec les armes. Je ne prétends pas qu'on le pende, ni lui ni les armes; repartit don Quichotte, afin qu'on ne puisse dire : Bon service, mauvaise récompense. C'est fort bien dit, monsieur, répliqua Sancho; car, selon le dire des sages, la faute de l'âne ne doit point tomber sur le bât; et, puisque c'est vous qui avez le tort, châtiez-vous vous-même, et ne vous en prenez point à vos propres armes, qui sont déjà toutes rompues d'avoir bien servi, ni au malheureux Rossinante, qui n'a pas besoin davantage de fatigue, et encore moins à mes pauvres pieds, en les faisant marcher plus que de raison. Don Quichotte se coucha au pied d'un arbre, et là mille réflexions, et toutes fâcheuses, comme autant de mouches piquantes, venaient l'assaillir et ne lui donnaient pas le loisir de respirer. Pendant qu'il était en ce triste état, il lui vint à la pensée de dire à Sancho qu'il faisait grand tort à Dulcinée, en remettant toujours les coups qu'il devait se donner pour la tirer de peine : Et, sans mentir, mon ami, ajouta-t-il, tu crains si fort pour ta peau, que je voudrais la voir mangée des loups, puisque tu aimes mieux la garder pour les vers, que de la rendre utile à cette pavre dame. Monsieur, répondit Sancho, s'il faut dire la vérité, je ne saurais croire que ces coups de fouet puissent servir au désenchantement de personne. C'est tout comme qui dirait : Vous avez mal à la tête, frottez-vous les jambes. Mais, à tort ou à raison, je me les donnerai pour vous contenter, sitôt que l'envie m'en prendra et que j'en trouverai l'occasion. Dieu le veuille, dit don Quichotte. En parlant de la sorte ils se trouvèrent au même endroit où ils avaient été si bien foulé sous les pieds des taureaux ; et don Quichotte, s'en ressouvenant dit à Sancho : Voilà le pré où nous rencontrâmes, il y a quelque temps, ces bergers galants et ces agréables bergères qui voulaient renouveler l'Arcadie pastorale, dessein aussi nouveau que judicieux. Si tu veux m'en croire, Sancho nous nous ferons aussi bergers ; j'achèterai des moutons et toutes les choses nécessaires pour un semblable exercice, et, me faisant appeler le berger Quichotis, et toi Pancino, nous irons par les bois et les prés, chantant et jouant de la musette, composant des complaintes ; tantôt buvant le cristal liquide des fontaines, et tantôt les eaux pures des ruisseaux, ou celles des fleuves ; les chênes verts ou les hêtres nous donneront libéralement de leurs fruits ; nous trouverons des retraites dans le creux des liéges, et de l'ombre sous les tilleuls ; les roses nous embaumeront de leurs parfums ; les prés, couverts de mille fleurs différentes, nous prêterons une agréable et molle couche ; l'air pur et serein, des rafraîchissements délicieux ; la lune et les étoiles, une lumière tempérée ; nous trouveront du plaisir à chanter et du soulagement à nous plaindre ; Apollon nous inspirera des vers et l'amour des sentiments : ainsi nous ferons une destinée digne d'envie, et nous nous rendrons fameux, non seulement dans notre siècle, mais encore dans la mémoire des hommes. Par ma foi, monsieur, je suis enchanté de cette manière de vivre, dit Sancho ; et il faut que Carrasco et maître Nicolas le barbier ne s'en soient jamais avisés. Je m'en vais parier qu'ils seront ravis de venir avec nous ; et je n'en jurerais pas que la fantaisie n'en vînt à monsieur le curé, car il est brave homme et aime bien la joie. Tu dis fort bien, Sancho, repartit don Quichotte ; et si le bachelier Samson veut être de la partie, comme il n'y manquera pas, il s'appellera le berger Sansonino, ou le berger Carrascon ; maître Nicolas, Nicoloso, à l'imitation de l'ancien Boscan, qui s'appelait Nemoroso ; pour le curé, je ne sais pas bien quel nom nous lui donnerons, si ce n'est quelqu'un qui dérive du sien, l'appelant le berger Curiambro. Quant aux bergères que nous aurons à aimer, les noms ne seront pas difficiles à trouver, nous serons à même. Puisque le nom de Dulcinée convient aussi bien à une bergère qu'à une princesse, je n'ai que faire de me travailler à lui en chercher un autre ; et toi, Sancho, tu donneras à la tienne le nom que tu voudras. Je n'ai pas envie, répondit Sancho, de lui en donner un autre que celui de Théresona, qui s'accorde bien à sa taille ronde et au nom qu'elle porte, puisqu'elle s'appelle Thérèse, outre qu'en la nommant dans les vers que je ferai pour elle, tout le monde la connaîtra ainsi que je suis fidèle, puisque je ne vais point moudre au moulin des autres. Pour le curé, monsieur, il ne faudra point qu'il ait de bergère, afin de donner bon exemple; et si le bachelier veut en avoir une, à lui permis. Hé bon Dieu ! s'écria don Quichotte, quelle vie nous allons mener, ami Sancho! que de flageolets, que de cornemuses, que de hautbois et de tambours de basque, que de sonnets et de violons ! et puis nous ferons de la poésie.

Moi, je me plaindrai de l'absence; toi, tu te vanteras de ta persévérance et de ta fidélité ; le berger Carrascon se plaindra des mépris de sa bergère, et le berger Curiambro dira tout ce qu'il voudra; de cette sorte, la chose ira à merveille. Monsieur, dit Sancho, je suis si malheureux que je ne verrai jamais l'heure où nous devrons commencer une telle vie. Bon Dieu ! que je ferai de jolies cuillers de bois, si je me vois une fois berger Que de crème, que de fromages, que de cailles, que de guirlandes pour moi, et pour ma bergère, que de houlettes, que de bâtons enjolivés ! Hé ! qu'est-ce qui me manquera de toutes les drôleries que savent faire les bergers! La petite Sancha, ma fille, viendra aux champs nous apporter à dîner. Il allait continuer cette rêverie, lorsque don Quichotte l'interrompit : Le jour finit, lui dit-il ; éloignons-nous du grand chemin et cherchons quelque endroit pour passer la nuit : nous verrons demain ce que Dieu nous garde. Il s'écartèrent donc, et soupèrent tard et assez mal, au grand déplaisir de Sancho.

CHAPITRE LVII.

Aventure de nuit qui fut plus sensible à Sancho qu'à don Quichotte.

La nuit était un peu obscure, quoique la lune fût pourtant au ciel ; mais elle était dans un endroit où on ne pouvait la voir. Don Quichotte se laissa d'abord aller au premier sommeil ; mais il ne passa pas plus avant, au contraire de Sancho, qui avait toujours coutume de dormir tout d'une pièce depuis le soir jusqu'au matin. Don Quichotte se réveilla de bonne heure, et dit à Sancho, après l'avoir appelé à plusieurs reprises : Je t'admire, Sancho; on dirait que tu es de marbre ou de bronze. Tu dors pendant que je veille, tu chantes quand je pleure; je suis faible et abattu, faute de donner à la nature les aliments nécessaires, et toi, tu manges à toute heure, et la graisse t'ôte presque la respiration. Il est d'un serviteur affectionné de prendre part aux déplaisirs de son maître, de ressentir ses peines et de lui donner du soulagement. Cette nuit est la plus belle du monde, et le silence qui règne ici autour et la douceur du temps méritent bien qu'on se prive du sommeil pour profiter des beautés de la solitude : lève-toi donc, je t'en conjure, et, par pitié pour Dulcinée et pour moi, donne-toi quatre à cinq cents coups de fouet; quand tu auras fait, nous passerons le reste de la nuit à chanter, moi les maux que me fait souffrir l'absence, et toi, la loyauté; nous commencerons ainsi dès aujourd'hui la vie des bergers, que nous devons mener dans notre village. Monsieur, répondit Sancho, je ne suis pas chartreux pour me lever comme cela au milieu de la nuit et me donner la discipline; et, par ma foi, vous êtes bon de dire qu'après cela nous chanterons toute la nuit : croyez-vous qu'un homme qui a été bien étrillé ait grande envie de rire? Laissez-moi dormir, je vous en prie, et ne me pressez point de me fouetter : autrement je ferai un bon serment de n'y songer de ma vie. O cœur endurci! s'écria don Quichotte, écuyer ingrat, amitié et faveur mal employées! Est-ce là la récompense de t'avoir fait gouverneur et de t'avoir mis au point d'être à toute heure comte ou marquis? ce qui ne peut manquer d'arriver aussitôt que j'aurai accompli mon exil. Quand je dors, répliqua Sancho, je n'espère rien et ne crains rien, et béni soit celui qui a inventé le dormir ! manteau qui couvre tous les soucis des hommes, viande qui ôte la faim, breuvage qui apaise la soif, feu qui garantit du froid, froid qui rafraîchit l'ardeur du chaud, finalement monnaie générale pour acheter tous les plaisirs du monde! C'est une bonne chose que le sommeil, monsieur, et je n'y sache rien de mal que ce que j'ai entendu dire qu'il ressemble à la mort.

Comme Sancho achevait de parler, ils entendirent un bruit sourd qui remplissait toute cette vallée. Don Quichotte se leva brusquement et mit l'épée à la main ; et Sancho se coula vite sous son grison, se faisant un rempart à droite et à gauche du paquet des armes de son maître et du bât de l'âne ; ce bruit annonçait des marchands qui menaient à une foire plus de six cents pourceaux, dont les grognements étaient si grands que don Quichotte et Sancho en étaient assourdis, sans deviner ce que ce pouvait être. Les pourceaux non plus ne s'aperçurent point que don Quichotte et Sancho étaient dans leur chemin ; et sans aucun respect pour la chevalerie errante, ils leur passèrent sur le corps, confondant pêle-mêle le chevalier et l'écuyer, Rossinante et le grison, le bât et les armes. Sancho se leva bien en colère, et demanda à don Quichotte son épée pour apprendre, dit-il, à messieurs les pourceaux si c'est ainsi qu'on traite les chevaliers errants. Laisse-les aller, mon ami, répondit don Quichotte : il est juste qu'un chevalier errant vaincu soit mangé des mouches et foulé aux pieds par des pourceaux. Je n'ai rien à dire à cela, monsieur, dit Sancho; mais est-il juste que les écuyers des chevaliers vaincus meurent de faim et soient dévorés de la vermine? Si nous étions, nous autres écuyers, les enfants des chevaliers que nous servons, ou leurs proches parents, je ne m'étonnerais pas que nous fussions châtiés de leurs fautes, dût-ce être jusqu'à la quatrième génération; mais qu'est-ce que les Pança ont à démêler avec les Quichotte? Néanmoins prenons courage; encore ne faut-il pas jeter le manche après la cognée; tâchons de dormir le reste de la nuit : il sera jour demain, et nous verrons de quoi il sera question. Dors, Sancho, dors, toi qui es né pour dormir, répondit don Quichotte; pour moi, qui suis né pour veiller, je vais songer à mes malheurs, et tâcher de les soulager en chantant des vers que j'ai faits la nuit dernière, quoique je ne t'en aie rien dit. A mon avis, dit Sancho, les malheurs qui n'empêchent pas de faire des chansons ne doivent pas être bien grands; au reste, monsieur, chantez tant qu'il vous plaira ; pour moi, je dormirai tant que je pourrai, et n'appréhendez pas que je vous trouble. A ces mots, il s'étendit par terre et dormit d'un profond sommeil, sans songer à rien au monde. Don Quichotte, appuyé contre un hêtre, se mit à chanter des vers, en s'accompagnant de son pirs et de larmes. Cependant le jour parut, et les rayons du soleil donnant dans les yeux de Sancho, il commença à s'allonger, et, s'étant bien tourné d'un côté sur l'autre, il s'éveilla tout-à-fait. La première chose qu'il vit, ce fut le désordre qu'avaient fait les pourceaux dans son équipage, et ses premières paroles furent une terrible malédiction sur eux et sur ceux qui les conduisaient. Enfin ils montèrent à cheval, et continuèrent leur chemin; après avoir bien marché, ils virent sur le soir venir huit ou dix hommes à cheval, et cinq ou six autres à pied. Don Quichotte sentit quelque émotion à la vue de ces gens-là, et Sancho en fut épouvanté, parce qu'avec les autres armes, ils portaient tous des lances et des boucliers, et semblaient avoir quelque dessein. Ah! Sancho, dit don Quichotte, s'il m'était permis de me servir de mes armes, et que ma parole ne me liât pas les mains, que cet escadron ne me ferait guère de peur, et que je prendrais de plaisir à exercer ma valeur et la force de mon bras! Pourtant il se peut faire que ce soit toute autre chose que ce que je pense. Cependant les gens à cheval arrivèrent, et tous la lance au poing et sans rien dire, environnèrent don Quichotte et lui mirent la pointe de la lance dans l'estomac et dans les reins, le menaçant de le faire mourir. Un des gens de pied, le doigt sur la bouche, pour lui faire signe qu'il se donnât de garde de dire un mot, prit Rossinante par la bride, et le tira du chemin; et ses compagnons, entourant Sancho, firent marcher le grison du côté qu'on emmenait don Quichotte. Il prit deux ou trois fois envie au pauvre chevalier de demander ce qu'on lui voulait et où on le menait; mais dès qu'il pensait à remuer les lèvres, ses sévères gardes, d'un œil menaçant et faisant briller la lance, lui fermaient la bouche. Sancho n'en était pas quitte à si bon marché : pour peu qu'il fît mine de vouloir parler, on le piquait avec un aiguillon, et en même temps son âne, comme si on eût craint qu'il eût la même envie. La nuit vint, ils doublèrent le pas, et la frayeur augmenta dans le cœur de nos aventuriers, surtout quand ils s'entendirent crier : Marchez, Troglodytes; taisez-vous, barbares; souffrez, antropophages; fermez les yeux et la bouche, scythes; polyphèmes meurtriers, lions enragés, tigres dévorants, et d'autres épithètes semblables dont on leur étourdissait les oreilles. Aïe, aïe, disait Sancho en lui-même, et encore avec grand'peur qu'on l'entendît, que tous ces noms-là ne sonnent rien de bon! Mordienne, le mauvais vent qui souffle! tous les maux nous viennent d'un coup, comme les coups de bâton sur les chiens; et plût à Dieu que cette aventure finît par des coups de bâton! mais elle commence trop mal pour finir si doucement. Don Quichotte était tout troublé de l'état où il se trouvait. Après avoir marché près d'une heure en ce triste équipage, ils arrivèrent environ à une heure de nuit à la porte d'un château que don Quichotte reconnut pour celui du duc, où il avait demeuré quelques jours auparavant. Ils entrèrent dans la principale cour du château, et tout ce qu'ils y virent augmenta leur étonnement et redoubla leurs frayeurs.

CHAPITRE LIX.

De la plus étrange aventure qui soit arrivée à don Quichotte, et la plus surprenante de cette grande histoire.

Les gens de cheval mirent pied à terre, et eux et les gens de pied, prenant rudement don Quichotte et Sancho sur leurs chevaux, les firent entrer dans la cour, où il y avait tout autour cent flambeaux allumés, et sur les galeries plus de cinq cents lampes, qui ne donnaient pas moins de lumière qu'aurait pu faire le plus beau jour. Au milieu de la cour était un tombeau haut de sept à huit pieds, couvert d'un grand dais de velours noir, autour duquel brûlaient plus de cinq cents cierges de cire blanche dans des chandeliers d'argent; on voyait sur le tombeau le corps d'une jeune fille mais avec tant de restes de beauté, qu'elle effaçait tout ce qu'on trouve d'affreux dans la mort. Sa tête, qu'elle avait appuyée sur un carreau de brocart, était couronnée d'une guirlande de diverses fleurs; et dans ses mains, croisées sur sa poitrine, elle tenait une branche de palmier. Dans un coin de la cour était un théâtre où l'on voyait deux hommes assis avec des couronnes sur la tête, et le sceptre à la main, de la même manière qu'on représente Minos et Rhadamante; et ce fut là que ceux qui avaient pris don Quichotte et Sancho les menèrent, les faisant asseoir sur des sièges qui étaient à un des côtés du théâtre, et leur recommandant le silence avec un air farouche. Mais il n'était pas besoin de menaces; nos aventuriers étaient si étonnés, qu'ils ne savaient que dire. En même temps montèrent sur le théâtre deux personnes à la démarche grave, à qui don Quichotte et Sancho firent de profondes révérences, les reconnaissant pour le duc et la duchesse chez qui ils avaient demeuré. L'un et l'autre les saluèrent de la tête et prirent leurs places sur des sièges fort riches, tout proche de ceux qui portaient des couronnes. Notre chevalier regardait tout cela avec admiration et ne savait trop qu'en penser, en voyant que le corps placé sur le tombeau était celui de la belle Altisidore. On jeta sur Sancho une robe de boucassin noir, toute semée de flammes, et on lui mit sur la tête un bonnet en forme de mitre, assez semblable à celui qu'on donne par ignominie à ceux qu'on envoie au supplice; celui qui l'ajusta de la sorte lui dit à l'oreille que s'il desserrait les dents pour dire un mot, on lui donnerait les morailles ou on l'étranglerait. Sancho se regardait de la tête aux pieds, et il se voyait tout en flammes; mais, comme il ne se sentait point brûler, il ne s'en mettait guère en peine. Il ôta le bonnet, et le vit tout peint de diables, il le remit sur sa tête, et dit en lui-même : Encore est-ce quelque chose que ces flammes ne me brûlent point, et que ces diables ne m'emportent pas. Don Quichotte considérait aussi Sancho, et malgré toute sa frayeur, il ne put s'empêcher de sourire de le voir ainsi équipé. Pendant que tout le monde était attentif et dans le silence, on entendit de dessous le tombeau un concert de flûtes douces, qui jouèrent quelque temps des airs amoureux et tendres; puis tout d'un coup on vit paraître à la tête du tombeau d'Altisidore un jeune homme extrêmement beau vêtu à la romaine, qui, accordant une très belle voix avec une harpe dont il jouait lui-même, chanta les malheurs et les grâces d'Altisidore.

Altisidore, dit Minos, n'est pas morte, comme le pense le vulgaire, elle vit encore dans les cent bouches de la Renommée; et elle revivra parmi nous sitôt que Sancho Pança l'aura rappelée à la lumière par la peine qu'il est destiné à souffrir. Ainsi donc, ô Rhadamante! toi qui juges avec moi dans les antres obscurs du Léthé, puisque tu sais ce qui est arrêté dans les décrets immuables des destinées pour faire revivre cette aimable personne, déclare-le promptement, afin de ne pas différer davantage le bien que nous attendons de son retour. A peine Minos eut-il parlé de la sorte, que Rhadamante, se levant sur ses pieds : Accourez tous, s'écria-t-il, domestiques de cette maison, grands et petits, forts et faibles, hommes et femmes, et venez, les uns après les autres, donner sur le visage de Sancho vingt-quatre croquignoles, et sur ses bras et ses reins douze pincements et six piqûres d'épingles car c'est de là que dépend la résurrection d'Altisidore. Par la jarni! cria Sancho sans se soucier de rompre le silence, je me laisserai aussi bien manier comme je suis Maure. Mort de ma vie! je voudrais bien savoir ce que ma peau a à démêler avec la résurrection de cette demoiselle! Dulcinée est enchantée, il faut que je la désenchante à coups de fouet; celle-ci meurt du mal que Dieu lui envoie, et il faut que je me meurtrisse le visage à coups de croquignoles et que je me perce le corps comme un crible pour la faire revenir. A d'autres, de par tous les diables! à d'autres, c'est bien à moi qu'on vend des coquilles! Souffre et tais-toi, puisqu'on ne te demande pas des choses impossibles. Tu seras soufflété, tu te verras égratigner, et tu gémiras sous les poignantes piqûres d'aiguille. Sus donc, ministres de mes commandements, et qu'on exécute la sentence. Aussitôt parurent dans la cour six duègnes, marchant comme en procession, l'une après l'autre, quatre d'entre elles portant des lunettes, et toutes la main droite levée, avec le poignet découvert, pour la faire voir plus longue. Sancho ne les eut pas plutôt aperçues, qu'il se prit à mugir comme un taureau. Je me laisserai, dit-il, manier par qui voudra, je souffrirai que tout le monde mette la main sur moi; mais par des duègnes, je n'y saurais consentir. Qu'on me déchire le visage comme les chats firent à mon maître dans ce château, qu'on me perce le corps à coups de dague, qu'on me tenaille les bras avec des tenailles rouges, je le souffrirai comme je pourrai; mais que des duègnes me touchent, je n'en ferai rien, quand tous les diables de l'enfer devraient m'emporter. Hé! prends patience, mon enfant, dit don Quichotte, je t'en prie, et rends grâces au ciel de t'avoir donné la vertu de désenchanter les enchantées et de ressusciter les morts. Les duègnes étaient déjà tout proche de Sancho! et lui se rendant aux paroles de son maître, tendit le visage; la première lui appliqua une vigoureuse croquignole sur la joue, et fit une grande révérence. Eh, mordienne! point tant de civilité, madame la duègne, dit Sancho, et rognez-vous un peu plus les ongles. Enfin toutes les duègnes lui en donnèrent autant avec les mêmes cérémonies, et il fut pincé par tous les gens de la maison. Mais ce qui lui fit perdre patience, ce furent les coups d'aiguille. Au premier qu'il sentit, il se leva brusquement de son siège, et prenant une torche allumée qu'il trouva près de lui, il commença à donner sur les duègnes et sur les autres bourreaux, criant de toute sa force : Hors d'ici, ministres de Satan! croyez-vous que je suis de fer pour souffrir le martyre? A ces mots, Altisidore se tourna sur un côté; à cette vue, les assistants s'écrièrent presque tous en même temps : Altisidore est en vie ! Altisidore est en vie ! Rhadamante ordonna de s'apaiser, puisque ce qu'on souhaitait était accompli. Dès que don Quichotte eut remarqué le mouvement d'Altisidore, il alla se jeter aux genoux de Sancho, et l'embrassant tendrement : Hé ! mon enfant, lui dit-il, le bon moment que voici ! Si tu voulais te donner quelques coups de fouet, de ceux qu'on t'a ordonnés pour le désenchantement de Dulcinée ! Voici justement l'instant que la vertu est en état d'opérer ; donne-moi cette satisfaction, et travaille pour ta propre gloire. Savez-vous bien, monsieur, répondit Sancho, que soie sur soie n'est pas bon à faire doublure ? Est-ce que ce n'est pas assez d'être souffleté, pincé et égratigné, qu'il faille encore que je me fouette ? Non, il n'y a rien à faire, sinon de prendre une meule de moulin, me l'attacher au cou, et me jeter dans un puits. Allez, allez, vous devriez mourir de honte de me parler de cela à l'heure qu'il est ; et par ma foi, vous ferez tant que je ferai serment de ne guérir jamais personne, quand il ne m'en devrait coûter qu'un poil de barbe. Pardi, voilà un beau don que j'ai apporté du ventre de ma mère : je guéris les autres, et je deviens plus malade qu'eux. Je voudrais bien que tous les médecins en eussent un pareil ! Altisidore avait déjà entièrement repris ses esprits ; et, au moment qu'elle se mit sur son séant dans le tombeau, on entendit de toute part le son des hautbois et des musettes, et un nombre infini de voix qui criaient : Altisidore est vivante ! Altisidore est ressuscitée ! Le duc et la duchesse, Minos et Rhadamante se levèrent, et tous ensemble, avec don Quichotte et Sancho, s'avancèrent vers Altisidore pour lui aider à descendre. Elle fit une profonde révérence au duc, à la duchesse et aux juges infernaux ; et regardant don Quichotte de travers : Dieu te le pardonne, dit-elle, ingrat chevalier : il me semble que j'ai été mille ans dans l'autre monde à cause de ta cruauté. Pour toi, ajouta-t-elle, se tournant vers Sancho, ô le plus impitoyable écuyer de tout l'univers, je te rends grâce de la vie dont je jouis ; reçois en récompense six de mes chemises que je veux te donner pour t'en faire six autres ; si elles ne sont pas bien entières, au moins puis-je t'assurer qu'elles sont propres. Sancho lui baisa les mains pour la remercier, le genou par terre et le bonnet à la main. Et comme le duc dit qu'on lui rendît son manteau et son chapeau, et qu'on lui ôtât la robe semée de flammes, il le supplia très humblement de permettre qu'il emportât chez lui la robe et le bonnet, en mémoire d'une chose si extraordinaire. Après cette aventure, on mena don Quichotte et Sancho dans leurs chambres.

CHAPITRE EX.

Qui traite des choses nécessaires à l'intelligence de cette histoire.

Don Quichotte ne fut pas plutôt au lit, qu'il dit à Sancho : Que te semble de l'aventure de cette nuit? Tu as vu de tes yeux propres Altisidore au tombeau; et ce n'est aucune autre flèche, ni d'autre épée, ni d'autre venin qui l'a tuée, que le seul déplaisir de voir que je la traitais toujours avec mépris. Qu'elle fût morte, à la bonne heure, de ce qu'elle eût voulu, et quand elle aurait voulu, répondit Sancho, et qu'elle m'eût laissé en patience, puisque ce n'est point moi qui lui donnais de l'amour, ni qui l'avais méprisée! Je ne sais pas, comme je l'ai déjà dit une autre fois, ce que la guérison d'une folle peut avoir de commun avec le martyre de Sancho Pança; mais je ne connais que trop à cette heure, qu'il y a dans le monde des enchanteurs et des enchantements; et Dieu m'en délivre, s'il lui plaît puisque je ne sais point m'en garantir! Mais monsieur, laissez-moi dormir, si vous ne voulez pas que je me jette par la fenêtre. Dors Sancho, dors, mon enfant, dit don Quichotte, si tant est que le mal que tu as souffert te le puisse permettre. Hé! mort de ma vie, répliqua Sancho, je ne me soucierais guère des chiquenaudes, si ce n'était l'affront de les avoir reçues par des duègnes; mais, encore une fois monsieur, laissez-moi dormir : il n'y a que cela qui puisse me raccommoder. Je le veux bien, mon enfant, dit don Quichotte, et Dieu soit avec toi. Ils s'endormirent tous deux. Cette grande aventure avait été inventée et préparée par le duc, que Carrasco avait averti du retour de don Quichotte. Par son ordre, quantité de gens se postèrent dans les endroits par où l'on crut que don Quichotte pouvait passer. On le trouva, et on en donna avis au duc, qui se disposa à le recevoir.

Le jour surprit don Quichotte, enseveli dans ses rêveries ordinaires; il pensait à se lever, lorsqu'Altisidore ressuscitée, et avec la même guirlande qu'elle avait dans le tombeau, vêtue d'un satin blanc à fleurs d'or, les cheveux flottant par boucles sur les épaules, et appuyée sur un bâton d'ébène, entra dans sa chambre. A cette vue, il s'enfonça entièrement dans son lit, s'enveloppant des draps et de la couverture. Altisidore s'assit sur une chaise auprès de lui, et après un grand soupir, elle lui dit d'une voix faible et amoureuse : Quand les dames foulent la honte aux pieds, et qu'elles permettent à leur langue de découvrir les secrets de leur cœur, il faut croire qu'elles se trouvent dans un étrange état. Pour moi, seigneur don Quichotte, je suis une de ces malheureuses amantes, pressée par ma passion, en un mot éperdûment amoureuse; et cependant avec tant d'honnêteté et de retenue, que le seul soin de cacher mon martyre m'a coûté la vie. Il y avait deux jours, cruel chevalier, que les réflexions que je faisais sur la dureté de ton cœur que mes plaintes n'ont jamais pu attendrir, et le ressentiment que j'avais de tes rigueurs m'avaient mise au tombeau : au moins tous ceux qui m'ont vue ont jugé que j'étais morte; et si l'amour touché de compassion, ne m'avait fait trouver du remède dans le martyre de ce pitoyable écuyer, je serais assurément demeurée dans l'autre monde

Altisidore allait continuer ses plaintes contre les rigueurs de don Quichotte, quand il lui dit lui-même : Je vous ai déjà dit plusieurs fois, mademoiselle, que j'ai beaucoup de déplaisir de ce que vous avez jeté les yeux sur moi. Je suis né pour Dulcinée du Toboso ; c'est à elle que les destinées, s'il y en a, m'ont réservé. En voilà assez pour vous faire rentrer dans les bornes de l'honnêteté, car, en un mot, nul n'est tenu à l'impossible. Double tigre, s'écria Altisidore, je ne sais qui me tient que je ne t'arrache les yeux. Tu crois peut-être que je me suis laissée mourir d'amour pour ta maigre figure ? Non, non, je ne suis pas assez sotte : tout ce que tu as vu la nuit dernière n'était qu'une feinte. Je ne suis pas fille à me désespérer pour un animal comme toi, et je ne voudrais pas seulement qu'il m'en coûtât une larme, bien loin d'en vouloir mourir. Par ma foi, je crois comme vous dites, dit Sancho ; toutes ces morts d'amoureux ne sont que des contes ; ils disent qu'ils sont morts, mais au diable celui qui dit vrai ! Sur ces entrefaites, le duc et la duchesse entrèrent. Il y eut entre eux une longue conversation, et Sancho débita tant de plaisanteries, et la plupart malignes que le duc et la duchesse ne cessaient d'admirer tantôt sa simplicité, et tantôt la subtilité de son esprit. Don Quichotte supplia leurs excellences de lui permettre de partir ce jour même. Ils lui dirent qu'ils ne voulaient point le retenir malgré lui, et qu'il était le maître. La duchesse lui demanda si Altisidore était dans ses bonnes grâces. Madame, répondit don Quichotte, tout le mal de cette jeune demoiselle ne vient que d'oisiveté et de paresse, et une occupation honnête et continuelle en sera le remède. Qu'elle ait toujours les fuseaux à la main et l'esprit à son ouvrage, sans doute son imagination sera bientôt libre : c'est mon sentiment et mon conseil. Par ma foi ! c'est le mien aussi, ajouta Sancho ; car aussi bien n'ai-je jamais vu aucune faiseuse de dentelle qui fût morte d'amour ; et quand les filles sont occupées, elles songent plus à leur ouvrage qu'à faire l'amour. J'en juge par moi-même, car, lorsque je suis à labourer, je ne me souviens point de ma moricaude, je veux dire ma ménagère, que je chéris cependant comme la prunelle de mes yeux. Vous parlez fort bien, Sancho, dit la duchesse, et désormais j'occuperai Altisidore. Le seul souvenir des cruautés de ce tigre me servira de remède, et, avec la permission de votre excellence, je me retire pour ne pas voir davantage sa triste et désagréable figure. Altisidore fit semblant de s'essuyer les yeux, et, après une grande révérence, elle sortit de la chambre. Ma pauvre demoiselle, dit alors Sancho en branlant la tête, vous méritez bien ce que vous avez, puisque vous vous êtes si mal adressée. En bonne foi, si vous étiez venue à moi, vous auriez trouvé un coq qui chante bien d'une autre sorte. La conversation finie, don Quichotte s'habilla ; il dîna avec le duc et la duchesse, et, après le dîner, il prit congé d'eux et partit.

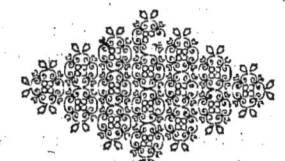

CHAPITRE LXI.

Où Sancho se met en devoir de désenchanter Dulcinée.

Notre chevalier poursuivit son chemin avec un esprit également mêlé de joie et de tristesse : de tristesse, parce qu'il se voyait vaincu, et de joie, pour avoir reconnu la vertu de Sancho dans la résurrection d'Altisidore. Sancho ne s'en allait pas trop content parce qu'Altisidore ne lui avait point donné les chemises qu'elle lui avait promises, et, en pensant à cette ingratitude, il dit à son maître : Par ma foi, monsieur, je suis un médecin bien malheureux! La plupart tuent leurs malades et ne laissent pas d'être bien payés de leurs peines ; aussi qu'on m'amène désormais d'autre malade, il faudra me graisser la main avant que je le guérisse, car le moine vit de ce qu'il chante, et je ne saurais croire que Dieu m'ait donné la vertu que j'ai pour mourir de faim. Tu as raison, Sancho, répondit don Quichotte. Pour moi, je puis bien t'assurer que, si tu avais souhaité quelque récompense pour les coups que tu dois te donner pour désenchanter Dulcinée, je te l'aurais déjà donnée, et si bonne que tu en serais content. Je ne sais pourtant pas trop si l'on peut, sans scrupule, promettre ici des récompenses, et je ne serais pas bien aise que cela empêchât l'effet du remède ; mais nous en pouvons faire l'épreuve. Regarde, Sancho, combien tu demandes, et fouette-toi sur-le-champ, et tu te paieras ensuite par tes mains de l'argent que tu as à moi. A ces paroles, Sancho ouvrit les yeux et les oreilles, et résolut tout de bon de se fouetter, puisqu'il y avait quelque chose à gagner. Allons, monsieur, dit-il, il faut vous donner contentement, l'amour que j'ai pour ma femme et mes enfants me fait songer à leur profit, bien que ce soit aux dépens de ma peau. Or çà, combien me donnerez-vous pour chaque coup de fouet? Si la récompense, répondit don Quichotte, devait être égale à la qualité et à la grandeur du remède, le trésor de Venise et les mines de Potosi ne seraient pas assez riches pour te récompenser. Fais toi-même le prix, et compte à combien cela peut monter. Il y a, repartit Sancho, trois mille trois cents tant de coups, sur lesquels je m'en suis donné cinq ; que ceux-là passent pour ceux qui sont au delà des trois mille trois cents, et comptons sur les trois mille trois cents qui restent. Il me faut un sou marqué pour chacun, et je n'en rabattrais pas un liard pour le pape. Ce sont donc trois mille trois cents sous marqués, qui font mille cinq cents fois six blancs, qui font sept cent cinquante pièces de cinq sous, et les trois cents que je n'ai pas comptés font trois cents sous marqués, qui font cent cinquante fois six blancs, qui font septante-cinq pièces de cinq sous, et les septante-cinq pièces de cinq sous, jointes avec les sept cent cinquante, font huit cent vingt-cinq, qui font justement, attendez, 200..., 206 liv. 5 sous. Je retiendrai cela sur l'argent que j'ai à vous, et je m'en irai content comme un roi, quoique véritablement bien fouetté ; mais on ne prend pas les carpes sans appâter. O mon cher ami Sancho, s'écria don Quichotte, ô mon aimable Sancho ! hé! que nous serons obligés, Dulcinée et moi, à te chérir tout le reste de nos jours, si cette pauvre dame se revoit jamais en l'état où elle était! Sa disgrâce aura été heureuse, et ma défaite aura été un glorieux triomphe. Regarde, mon fils, quand tu veux commencer. Afin de te donner courage et que tu finisses plus vite, je veux te donner deux pistoles de plus. Quand, répliqua Sancho ; ma foi, dès cette nuit ; faites seulement en sorte que nous couchions dehors, et vous verrez si je sais étriller.

Vint enfin la nuit que don Quichotte souhaitait avec tant d'impatience. Ils entrèrent dans un bois qui était un peu éloigné du chemin, et, après avoir ôté la selle à Rossinante, et le bât au grison, pour les laisser paître, ils s'étendirent sur l'herbe, et soupèrent de ce qui se trouva dans le bissac. Sancho ayant raisonnablement soupé, voyant d'ailleurs qu'il n'y avait plus rien de reste, voulut tenir parole à son maître : il prit le licou de Rossinante et une sangle du bât de son âne, s'enfonça dans le bois, à quelque vingt pas de don Quichotte. Mon enfant, lui dit son maître, le voyant marcher d'un air si délibéré, prends garde, je te prie, de ne point te mettre en pièces ; fais que les coups s'attendent l'un l'autre, ne te presse pas tant que l'haleine te manque au milieu de la carrière ; je veux dire que tu ne charges pas si fort qu'il t'en coûte la vie avant que la pénitence soit achevée ; et, de peur que le remède ne devienne inutile, pour avoir donné la dose trop forte ou trop faible, je vais me tenir ici près et compter les coups sur mon rosaire. Courage, mon ami, que le ciel favorise tes bonnes intentions, et les rende efficaces ! Le bon payeur ne craint point de donner des gages, dit Sancho, et je m'en vais me fouetter de manière que, sans me tuer toutefois, il ne laissera pas de m'en cuire, car je crois que c'est en cela que consiste la vertu du remède. Il se dépouilla aussitôt de la ceinture en haut et commença à s'étriller, et don Quichotte à compter les coups. Sancho ne s'en était encore donné que sept ou huit, qu'il commença à s'ennuyer, et, trouvant la charge trop pesante pour le prix : Ma foi, dit-il, j'en appelle comme d'abus, et ces coups-là valent six blancs comme un double. Continue, ami Sancho, et ne perds point courage, lui dit don Quichotte ; qu'à cela ne tienne, je double le prix et de bien bon cœur. A la bonne heure donc ! dit Sancho, que les coups de fouet tombent à présent comme la grêle. Mais le pendard ne s'en donna plus aucun sur les épaules, et se mit à fouetter les arbres de toute sa force, faisant de temps en temps de grands soupirs, comme s'il eût été près de rendre l'ame. Don Quichotte, qui était naturellement fort charitable, craignant que Sancho ne se tuât, aux rudes coups qu'il se donnait, et aussi que par son imprudence le remède demeurât sans effet : Arrête, mon ami, lui cria-t-il. Comme diable tu y vas ! C'est assez pour le coup ; la médecine me paraît un peu forte, il sera bon d'en faire deux fois, et Zamora ne fut pas pris dans une heure. Si j'ai bien compté, voilà plus de mille coups que tu t'es donnés, il suffit pour l'heure ; l'âne, comme l'on dit, souffre bien la charge, mais non pas la surcharge. Non, non, répondit Sancho, on ne dira jamais de moi : Il est payé par avance, il a les bras rompus. Éloignez-vous un peu, que je m'en donne encore un millier, et en deux assauts comme ceux-là l'affaire sera vidée, et même il y en aura de reste. Puisque tu te trouves en si bonne disposition, dit don Quichotte, fais à ton aise ; je vais m'écarter. Sancho retourna à sa tâche avec tant de courage, qu'il n'y avait déjà plus d'arbre autour de lui à qui il restât de l'écorce ; et, comme s'il eût pris une nouvelle vigueur, il s'écria, en donnant un coup de toute sa force contre un chêne : C'est ici que mourra Samson, et tous ceux qui sont avec lui. Don Quichotte courut vite au bruit de ce coup, et, se saisissant du fouet de Sancho : A Dieu ne plaise, mon fils, dit-il, que pour m'obliger, il t'en coûte la vie : elle est trop nécessaire à ta pauvre famille. Que Dulcinée attende un peu ; pour moi, je m'entretiendrai d'espérance jusqu'à ce que tu aies repris de nouvelles forces, et dans peu nous serons tous contents. Puisque votre seigneurie le veut ainsi, répondit Sancho, à la bonne heure : jetez-moi donc, s'il vous plaît, votre manteau sur les épaules, car je suis tout en eau, et je pourrais me refroidir, comme il arrive aux nouveaux pénitents. Don Quichotte lui donna bonnement son manteau, lui demeurant en pourpoint, et le bon compagnon dormit jusqu'au soleil levé. Ils se levèrent aussitôt et partirent; après trois heures de marche, ils s'arrêtèrent à une hôtellerie. On les fit coucher dans la même chambre : comme ils étaient au lit, don Quichotte parlant à son écuyer : Ah çà! dis-moi, ami Sancho, as-tu envie d'achever ta pénitence cette nuit, ou bien veux-tu que ce soit en pleine campagne, ou à couvert? Pardienne, monsieur, répondit Sancho, pour les coups que je songe à me donner, il ne m'importe pas où je me les donne, cela m'est égal; j'aimerais pourtant mieux que ce fût dans un bois, car j'aime naturellement les arbres, et il me semble qu'ils me donnent du soulagement. Non, dit don Quichotte, il faut que tu reprennes tes forces; gardons cela pour notre village, où nous arriverons après demain au plus tard. Comme il vous plaira, monsieur, vous êtes le maître, mais pour moi, si j'en étais cru, je voudrais expédier cette affaire et battre le fer pendant qu'il est chaud : il fait bon moudre quand la meule sort d'être piquée. Un tiens vaut mieux que deux tu auras, et le moineau à la main vaut bien la grue qui vole. Halte-là, de par tous les diables! interrompit don Quichotte; te voilà encore dans tes proverbes. Que ne parles-tu simplement et sans raffiner, comme je t'ai dit plusieurs fois! tu verras toi-même de combien cela est plus commode, et pour toi et pour les autres.

Je ne sais quelle malédiction j'ai là, repartit Sancho, que je ne saurais raisonner sans dire des proverbes, ni dire un proverbe qui ne me semble une raison. Mais je me corrigerai si je puis : qui pêche et s'amende à Dieu se recommande.

Don Quichotte demeura là tout le jour, attendant la nuit, pour donner à Sancho le moyen d'achever sa pénitence. Le soleil étant couché, ils partirent et passèrent encore la nuit dans un bois, pour donner moyen à Sancho de continuer sa pénitence, ce que le bon matois d'écuyer fit aux dépens des arbres, conservant si bien sa peau qu'il n'eut pas la moindre égratignure. Il sembla que le soleil s'était levé plutôt qu'à l'ordinaire, comme s'il eût été jaloux de l'avantage qu'avait la nuit d'assister à ce grand sacrifice; cependant il n'eut pas le plaisir d'en être le spectateur, mais seulement de l'interrompre. Nos aventuriers continuèrent leur chemin aussitôt qu'ils virent le jour. Tout ce jour-là et la nuit suivante se passèrent sans qu'il leur arrivât rien de remarquable, si ce n'est que Sancho acheva sa pénitence. Don Quichotte ne se sentait pas de joie, et il attendait le jour avec impatience, pour voir s'il ne rencontrerait point en chemin Dulcinée désenchantée. Le jour venu, ils partirent, et don Quichotte n'apercevait aucune femme sur la route qu'il n'allât vite voir si ce n'était point elle, tenant pour infaillibles les promesses du grand Merlin. Après avoir marché quelque temps, ils se trouvèrent au haut d'une colline d'où ils découvrirent leur village; et, dès que Sancho le reconnut, il se jeta à genoux, criant avec transport : Ouvre les yeux, ma patrie! et vois Sancho, ton fils, qui s'en retourne, sinon bien riche, au moins bien fouetté! Ouvre les bras, et revois ton fils don Quichotte, qui s'en retourne vaincu par le bonheur d'un autre, mais qui retourne vainqueur de lui-même, ce qui est, à ce qu'il m'a dit, la plus grande victoire du monde. Nous avons eu beaucoup de mal l'un et l'autre, parce qu'on ne trouve pas toujours ce qu'on cherche; j'ai pourtant un petit peu d'argent, car si j'ai été bien étrillé, je n'ai pas été mal payé. Laisse là ces folies, Sancho, dit don Quichotte, et prenons un autre esprit dans le lieu de notre naissance, où nous devons penser sérieusement à commencer l'exercice de la vie pastorale. En disant ces mots, ils descendirent de la colline; et peu après, ils arrivèrent à leur village.

CHAPITRE LXII.

De ce que vit don Quichotte en arrivant dans son village, et qu'il imputa à mauvais présage.

A l'entrée du village, don Quichotte vit deux petits garçons qui se disputaient, et l'un disait à l'autre : Oh! que tu ne la tiens pas, Péquillo: tu ne la verras de ta vie. Entends-tu, ami Sancho, dit don Quichotte, ce que dit cet enfant? tu ne la verras de ta vie. Et qu'importe, répondit Sancho, que ce petit garçon ait dit cela? Eh! ne vois-tu pas, répliqua don Quichotte, que cela signifie que je ne verrai de ma vie Dulcinée? Sancho allait répliquer, quand il entendit du bruit qui l'obligea de retourner la tête, et il aperçut un lièvre poursuivi par un grand nombre de lévriers et de chasseurs, qui se vint réfugier entre les jambes du grison. Il se jeta dessus, et le présenta à son maître; mais il ne le regarda pas, tant il était triste, et ne fit que dire : Ah! le mauvais signe que voilà! ah! le mauvais signe! un lièvre fuit, des lévriers le poursuivent, Dulcinée ne paraît point. Eh! par ma foi, vous êtes un étrange homme, dit Sancho : imaginez-vous que ce lièvre est madame Dulcinée du Toboso, et que les lévriers qui la poursuivent sont les malins enchanteurs qui l'ont changée en paysanne; elle fuit, moi je la prends, je la mets entre vos mains, vous en êtes le maître, vous la caressez : quel mauvais signe y a-t-il à cela, et qu'est-ce que vous pouvez craindre? Il achevait à peine, lorsque les deux petits garçons qui s'étaient disputés s'approchèrent pour voir le lièvre; et, Sancho leur ayant demandé ce qu'ils avaient à se quereller, celui qui avait dit à l'autre : Tu ne la verras de ta vie, répondit qu'il avait pris à son compagnon une cage, et qu'il ne la lui rendrait jamais. Sancho leur donna une pièce de cinq sous pour la cage, et la présentant à don Quichotte : Tenez, monsieur, dit-il, voilà tout le charme défait, et je suis une bête, ou il n'y a pas plus à voir avec nos aventures qu'avec les neiges d'Antan; si j'ai bonne mémoire, il me souvient d'avoir ouï dire à notre curé que des chrétiens et des gens sages ne doivent point s'arrêter à de tels signes; et vous-même vous me disiez encore, ces jours passés, que les chrétiens qui s'y amusent sont fous. Allons, allons, monsieur, entrons dans le village : cela ne vaut pas la peine de vous arrêter. Sur ce discours, les chasseurs arrivèrent, et don Quichotte leur fit rendre le lièvre.

Le curé et le bachelier Carrasco étaient dans un pré, à l'entrée du village, où ils disaient leur bréviaire; et, comme ils aperçurent don Quichotte, ils s'avancèrent aussitôt vers lui les bras ouverts. Don Quichotte descendit de cheval, et les embrassa, et ils s'en allèrent avec lui à sa maison. Sancho avait mis sur son grison, par dessus le paquet des armes de son maître, la robe semée de flammes qu'on lui avait donnée chez le duc, et il lui avait couvert la tête de la mitre peinte de diables; ce qui faisait le plus étrange effet et la plus singulière transformation qu'on se puisse imaginer; si bien que les petits enfants du village, s'en étant aperçus, accouraient de tout côté, criant les uns aux autres : Eh! venez! venez vite! venez voir l'âne de Sancho Pança, qui est plus galant qu'une mariée, et la monture de monsieur don Quichotte, qui est plus maigre qu'un hareng saur. Don Quichotte, accompagné du curé et du bachelier, et entouré de cette canaille, entra dans sa maison, et trouva sa nièce et sa gouvernante qui l'attendaient à la porte, car elles avaient été averties de sa venue. La femme de Sancho Pança en avait aussi appris la nouvelle, et on la vit arriver tout échevelée et nu-jambes, et tenant la petite Sancha par la main. Elle regarda son mari, et ne le voyant pas en l'état où elle s'imaginait que devait être un gouverneur : Eh, Notre-Dame! lui dit-elle, est-ce ainsi que tu t'en reviens, mon mari, à beau pied, et las comme un chien? Tu as bien plutôt la mine d'un gueux que d'un gouverneur. *Motus*, Thérèse, répondit Sancho : on ne trouve pas du lard partout où il y a des chevilles. Allons-nous-en au logis, et je te conterai merveilles. J'ai de l'argent, ce qui est le principal, et de l'argent que j'ai gagné par mon industrie, et sans faire de tort à personne. Ah! tu apportes de l'argent, mon mari? tant mieux, et qu'il soit gagné comme il pourra, vous n'en avez point amené la mode. Sancha se jeta au cou de son père, en lui demandant s'il ne lui avait rien apporté; puis, la mère et la fille le prenant chacune sous le bras, et tirant le grison par le licou, ils retournèrent chez eux, laissant don Quichotte avec sa compagnie.

Don Quichotte ne fut pas plutôt chez lui, que, sans attendre davantage, il tira le curé et le bachelier à part, et leur ayant conté en deux mots sa défaite par le chevalier de la Blanche-Lune, et l'obligation où il se trouvait de ne porter les armes d'un an, ce qu'il prétendait accomplir au pied de la lettre, il ajouta qu'il avait résolu de se faire berger pendant le temps de son exil, d'aller dans les bois et les prés entretenir ses pensées amoureuses, et qu'il les priait, s'ils n'avaient rien de meilleur à faire, de le vouloir accompagner dans un genre de vie si tranquille et si agréable; qu'il se chargeait d'en faire toute la dépense, d'acheter des brebis ce qu'il en fallait pour les uns et pour les autres; au reste, que le plus important était fait, parce qu'il leur avait déjà trouvé des noms qui leur convenaient admirablement. Le curé demanda ce que c'était que leurs noms, et il répondit que pour lui, il s'appelait le berger Quichotis, monsieur le curé le berger Curiambro, et le sieur bachelier le berger Sansonino ou Carrascon, et Sancho le berger Pancino. Ils furent tous étonnés de la nouvelle folie du pauvre chevalier; cependant ils firent semblant d'approuver son dessein, de peur qu'il ne leur échappât encore, espérant qu'une année de repos et une vie si paisible le guériraient entièrement. Ils s'offrirent donc d'être ses compagnons; et Samson Carrasco ajouta même qu'étant, au sentiment de tout le monde, un poète célèbre, il composerait à toute heure des chansons pastorales et des vers galants, pour les désennuyer dans ces lieux champêtres. Et ce que nous avons besoin le plus de faire, ajouta-t-il, c'est que chacun de nous choisisse vite le nom de la bergère qu'il veut célébrer dans ses ouvrages, et, après cela, qu'il n'y ait pas un arbre, quelque dur qu'il puisse être, où nous ne gravions leurs noms, comme c'est la coutume des bergers amoureux. Cela sera à merveille, dit don Quichotte. Pour moi, je n'ai pas besoin de feindre le nom d'une bergère, puisque je sers déjà la non pareille Dulcinée du Toboso, la gloire de ces rivages, l'ornement de nos prairies, la fleur de la beauté, la source de la bonne grâce, et, en un mot, un sujet digne de toutes les louanges de l'univers, à quelque point qu'on les puisse porter. Il faut demeurer d'accord de tous ces avantages, repartit le curé. Pour nous autres, nous chercherons ici quelques petites bergerettes, qui, sans aller jusqu'à ce degré de perfection, ne laissent pas d'être passables. Quand nous n'en trouverions pas, dit Carrasco, nous n'avons qu'à prendre les noms de celles qu'on trouve dans les livres, ou Philis, ou Amadis, ou Diane, ou Galatée. Nous pourrons les choisir selon notre goût. Le curé loua encore une fois don Quichotte du dessein qu'il avait, et lui et le bachelier lui ayant fait de nouvelles offres de l'accompagner tout le temps qu'il voudrait, ils se retirèrent en le priant de songer à sa santé et de ne rien s'épargner. La nièce et la gouvernante avaient écouté toute la conversation : dès qu'elles virent que don Quichotte était seul, elles entrèrent dans sa chambre, et la nièce lui dit : Qu'est-ce donc que ceci, mon oncle ? quand nous croyons que vous vous retirez dans votre maison pour vivre en paix, vous allez encore vous jeter en de nouveaux labyrinthes, en vous faisant un petit bergerot ? Vraiment, voilà un métier bien digne de vous ! Allez, allez, mon oncle, le blé est déjà trop dur pour faire des chalumeaux. Eh ! vraiment oui, ajouta la gouvernante, vous êtes bien en état de passer tout le jour aux champs dans le grand chaud de l'été et dans le froid de l'hiver ! Cela est bon aux paysans qui sont robustes et nourris à cela dès le ventre de leur mère ; et, mal pour mal, il vaudrait encore mieux être chevalier errant que berger. Mais voyez-vous, monsieur, prenez mon conseil, je vous le donne à jeun et je ne suis plus un enfant : faites valoir votre bien tout doucement ; prenez soin de votre maison et de vos affaires, priez Dieu et donnez l'aumône ; et s'il vous en mésarrive, je le prends sur moi. Bon, bon, mes amis, voilà qui est bien, répondit don Quichotte ; mais je sais bien ce qu'il me faut. Faites-moi seulement un lit, que je me couche : il me semble que je ne me trouve pas trop bien ; et soyez assurées que, chevalier ou berger, je ne vous manquerai jamais, vous le verrez par les effets. Ces bonnes filles le mirent au lit et lui donnèrent à manger, ne songeant qu'à le divertir et à lui faire faire bonne chère.

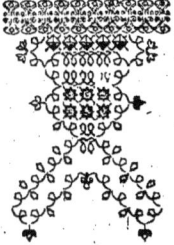

CHAPITRE LXIII ET DERNIER.

Maladie de don Quichotte, son testament, sa mort.

Don Quichotte tomba effectivement malade, soit que ce fût du déplaisir d'avoir été vaincu, soit que cela vînt des fatigues qu'il s'était données dans ses courses. Il lui prit une fièvre qui le retint six jours au lit. Le curé, le bachelier et le barbier le visitèrent souvent ; et Sancho ne quitta point le chevet de son lit, employant tous les moyens possibles pour le divertir. Carrasco l'exhortait à prendre courage, et à se lever pour commencer leur vie pastorale. Il avait, disait-il, déjà composé une églogue, et acheté d'un berger du Guitaux deux fameux chiens pour garder son troupeau. Rien de tout cela ne dissipait la mélancolie de don Quichotte. Ses amis appelèrent le médecin, qui lui tâta le pouls et n'en fut pas content. Il dit que le malade devait songer au salut de son ame, car il était en danger de mort. Don Quichotte reçut cette nouvelle avec calme ; mais il n'en fut pas de même de la nièce, de la gouvernante et de Sancho, qui pleuraient comme des Madeleine. Ces lamentations l'achèvent, dit le médecin. Don Quichotte demanda qu'on le laissât seul, parce qu'il voulait dormir un peu. Il dormit si profondément pendant six heures, que les deux femmes craignaient qu'il ne se réveillât plus. Il s'éveilla pourtant, et il dit à haute voix : Béni soit le Dieu tout puissant de la grâce qu'il vient de me faire ! sa miséricorde est sans bornes : les péchés de l'homme ne sauraient ni l'affaiblir ni l'éteindre. Que voulez-vous dire, seigneur ? lui dit la nièce : y a-t-il quelchose de nouveau ? de quelle miséricorde parlez-vous ? Cette miséricorde, ma nièce, est celle dont Dieu use envers moi dans cet instant. Mon jugement est maintenant libre et sain, et dégagé de ce nuage épais d'ignorance qu'avait répandue sur moi la dangereuse et continuelle lecture des détestables livres de chevalerie : j'en reconnais à présent le mensonge et les folies ; et je n'ai qu'un regret, c'est que le désillusionnement vienne si tard que je n'aurai plus le loisir d'éclairer mon ame par de plus profitables lectures. Je me sens près de la mort, ma chère nièce ; je voudrais qu'elle fût telle que je n'emportasse pas le surnom de fou. Je l'ai été ; mais je ne voudrais pas que ma mort en offrît un nouveau témoignage. Appelez mes bons amis le curé, le bachelier, et maître Nicolas le barbier ; je voudrais me confesser et faire mon testament. La nièce n'eut pas la peine d'aller les chercher, car ils arrivaient tous les trois. A peine don Quichotte les eût-il aperçus qu'il s'écria : Félicitez-moi, mes dignes amis, de ce que je ne suis plus don Quichotte de la Manche, mais bien Alonzo Quijano, auquel sa vie avait mérité le surnom de *bon*. Je me déclare ennemi d'Amadis de Gaule et de son interminable lignage. Toutes ces histoires de la chevalerie errante me sont maintenant odieuses. Je reconnais ma folie et le danger de ma lecture. En l'entendant parler ainsi, les trois amis le crurent atteint d'une nouvelle folie. Quoi ! lui dit Sancho, actuellement que Dulcinée est désenchantée pouvez-vous parler de la sorte ? Nous devions nous faire berger et mener, en chantant, une vie délicieuse, et voilà que vous songez à vous faire ermite ? Trêve de plaisanterie, reprit don Quichotte ; amenez-moi un prêtre pour me confesser et un notaire pour recevoir mon testament. Dans l'extrémité où je me trouve, l'homme ne doit point jouer avec son âme ; ainsi je vous supplie d'aller me chercher le notaire pendant que le curé me confessera. Tous les assistants se regardaient étonnés d'un si prompt retour au bon sens : selon eux, c'était indice de mort. A ses premiers discours, il en ajouta d'autres si bien dits, si raisonnables, si chrétiens, qu'il ne resta plus le moindre doute sur le changement qui s'était opéré en lui tout à coup. Le curé fit sortir tout le monde, resta avec lui et le confessa. La confession finie, le curé sortit en disant : il se meurt véritablement ce bon Alonzo Quijano, et il est véritablement dans son bon sens ; il est temps qu'il fasse son testament. Ces mots donnèrent une telle commotion aux yeux gonflés des deux femmes et de Sancho que Carrasco avait amené avec le notaire, qu'ils fondirent en larmes, et qu'on n'entendait que lamentations. Car le bon Alonzo, tout le temps qu'il avait été tout simplement Quijano, ou don Quichotte de la Manche, s'était toujours montré du caractère le plus doux et de la plus agréable humeur. Aussi était-il chéri non seulement de ceux de sa maison, mais encore de tous ceux qui le connaissaient. Le notaire entra suivi de tout le monde ; le préambule fait, et après avoir disposé de son âme suivant toutes les formules du sage, don Quichotte, arrivé aux legs, dit : *Item*, de l'argent qu'a dans les mains Sancho Pança, que, dans ma folie, j'appelais mon écuyer, comme il reste entre nous certains comptes de recette et de dépense, j'entends qu'on ne lui en demande aucun compte et qu'il n'en soit point responsable. Quand il sera payé de ce que je lui dois, le reste, qui est bien peu de chose, s'il y en a, lui demeurera en toute propriété, et grand bien lui fasse. Si, dans ma folie, je lui promis le gouvernement d'une île, je voudrais, maintenant que je suis sage, pouvoir lui donner le gouvernement d'un royaume, car son attachement et sa fidélité le méritent.

Se tournant alors vers Sancho : Pardonne-moi, lui dit-il, l'occasion que je t'ai donnée de paraître fou comme moi, en te faisant tomber dans l'erreur où j'étais, de croire qu'il y a eu et qu'il y a dans le monde des chevaliers errants. Ah ! Seigneur, s'écria Sancho en pleurant, ne vous laissez point mourir, mais suivez mon conseil, et vivez de longues années. La plus grande folie que puisse faire un homme est de se laisser mourir sans que personne le tue, ni que d'autres mains l'achèvent que celles de la mélancolie. Sortez de ce lit, et allons dans les champs, vêtus en bergers, comme nous en sommes convenus. Peut-être derrière quelque buisson, trouverons-nous madame Dulcinée complètement désenchantée. Si c'est le chagrin de votre défaite qui vous fait mourir, jetez-en la faute sur moi, en soutenant que vous n'avez été abattu que parce que j'avais mal sanglé Rossinante. Vous avez vu, d'ailleurs, dans vos livres de chevalerie, que c'est chose ordinaire de voir un chevalier renversé par un autre, et le vaincu d'aujourd'hui être vainqueur demain. Sancho a raison, dit Carrasco, et ne dit rien que de vrai sur ces sortes d'accidents. Doucement messieurs, reprit don Quichotte : aux rêts de l'an passé, il n'y point d'oiseaux cette année. J'étais fou, je suis devenu sage. J'étais don Quichotte de la Manche, à présent je suis redevenu le bon Alonzo Quijano. Puisse mon repentir et la vérité de mes sentiments me faire recouvrer l'estime que vous aviez autrefois pour moi : notaire, continuez, je vous prie.

Item, j'institue héritière unique, universelle, de mon bien Antonia Quijana, ma nièce, ici présente, après avoir prélevé sur le plus clair le montant des legs que j'aurai faits. Je désire que le premier payement soit d'acquitter ce que je dois à ma gouvernante, à laquelle, en outre, on donnera vingt ducats pour un habillement. J'institue pour mes exécuteurs testamentaires le seigneur curé et le bachelier Samson Carrasco ici présents.

Item, dans le cas où ma nièce Antonia Quijana voudrait se marier, j'entends que ce soit avec un homme que l'on saura, après information, ignorer ce que sont les livres de chevalerie : s'il se trouvait qu'il en eut connaissance et que ma nièce persistât à vouloir l'épouser, j'entends qu'elle perde tout ce que je lui laisse, et mes exécuteurs testamentaires pourront l'employer en œuvres pies à leur volonté.

Item, je supplie lesdits exécuteurs testamentaires, que, si, par hasard, ils viennent à connaître l'auteur d'une histoire qui circule sous le titre de *Seconde partie de l'Histoire de don Quichotte de la Manche*, ils lui demandent excuse de ma part, le plus instamment qu'ils pourront, de lui avoir, sans y penser, fourni l'occasion d'écrire tant d'extravagances. J'emporte avec moi le scrupule de cette faute involontaire.

Le testament clos, il lui prit une faiblesse, et il s'étendit dans son lit. Tout le monde prit l'alarme; on le secourut; et pendant trois jours qu'il vécut encore, il ne cessa de tomber en syncope. Toute la maison était en émoi : cependant la nièce mangeait, la gouvernante buvait, et Sancho se consolait, tant un héritage allége la peine que l'on doit ressentir en pareille circonstance. Enfin arriva le dernier jour de don Quichotte, après avoir reçu les sacrements et renié mille fois les livres de chevalerie. Le notaire était là quand il trépassa; il dit n'avoir jamais lu dans aucun livre qu'un chevalier errant fût mort dans son lit, aussi tranquillement, aussi chrétiennement que don Quichotte, qui rendit l'ame au milieu des regrets et des larmes de tous les assistants. Le curé requit le notaire de lui donner un acte attestant qu'Alonzo Quijano le bon, généralement connu sous le nom de don Quichotte de la Manche, avait cessé de vivre et était mort de sa mort naturelle, ladite attestation devait lui servir contre tout autre auteur que Cid Hamet Benengeli, qui prétendrait faussement le ressusciter et poursuivre à l'infini l'histoire de ses exploits.

Telle fut la fin du gentilhomme de la Manche, dont Cid Hamet n'a pas voulu nous faire connaître positivement la patrie, afin que tous les bourgs et villages de la Manche se disputassent l'honneur de lui avoir donné le jour, comme autrefois les sept villes de la Grèce pour Homère. Nous passons sous silence les plaintes de Sancho, de la nièce et de la gouvernante. Nous omettons aussi les nouvelles épitaphes que l'on fit en son honneur. En voici pourtant une de Samson Carrasco :

« Ci-gît le courageux gentilhomme qui posséda tant de valeur que la mort même, en le mettant au tombeau, ne put triompher de sa vie. Il tint en assez peu d'estime le monde, dont il fut l'admiration et l'effroi, et sa fortune s'augmenta de mourir en sage après avoir vécu en fou. »

FIN.

Paris. — Imprimerie de Lacour et Comp., rue St-Hyacinthe-St-Michel 33.

www.ingramcontent.com/pod-product-compliance
Lightning Source LLC
Chambersburg PA
CBHW071115230426
43666CB00009B/1968